浙江海外交流史研究

浙学与明清中西文化交流

徐海松　著

ZHEJIANG UNIVERSITY PRESS
浙江大学出版社
·杭州·

图书在版编目（CIP）数据

浙学与明清中西文化交流 / 徐海松著. -- 杭州 ：
浙江大学出版社，2025. 4. -- ISBN 978-7-308-26084-8

Ⅰ．B2；K248.03

中国国家版本馆CIP数据核字第 2025HA1978 号

浙学与明清中西文化交流
ZHEXUE YU MING QING ZHONGXI WENHUA JIAOLIU

徐海松　著

策划编辑	宋旭华	
责任编辑	闻晓虹	
责任校对	黄梦瑶	
封面设计	周　灵	
出版发行	浙江大学出版社	
	（杭州市天目山路148号　邮政编码310007）	
	（网址：http://www.zjupress.com）	
排　　版	杭州林智广告有限公司	
印　　刷	杭州捷派印务有限公司	
开　　本	787mm×1092mm　1/16	
印　　张	25	
字　　数	512千	
版 印 次	2025年4月第1版　2025年4月第1次印刷	
书　　号	ISBN 978-7-308-26084-8	
定　　价	132.00元	

浙江省文化研究工程指导委员会

浙江文化研究工程成果文库总序

　　有人将文化比作一条来自老祖宗而又流向未来的河，这是说文化的传统，通过纵向传承和横向传递，生生不息地影响和引领着人们的生存与发展；有人说文化是人类的思想、智慧、信仰、情感和生活的载体、方式和方法，这是将文化作为人们代代相传的生活方式的整体。我们说，文化为群体生活提供规范、方式与环境，文化通过传承为社会进步发挥基础作用，文化会促进或制约经济乃至整个社会的发展。文化的力量，已经深深熔铸在民族的生命力、创造力和凝聚力之中。

　　在人类文化演化的进程中，各种文化都在其内部生成众多的元素、层次与类型，由此决定了文化的多样性与复杂性。

　　中国文化的博大精深，来源于其内部生成的多姿多彩；中国文化的历久弥新，取决于其变迁过程中各种元素、层次、类型在内容和结构上通过碰撞、解构、融合而产生的革故鼎新的强大动力。

　　中国土地广袤、疆域辽阔，不同区域间因自然环境、经济环境、社会环境等诸多方面的差异，建构了不同的区域文化。区域文化如同百川归海，共同汇聚成中国文化的大传统，这种大传统如同春风化雨，渗透于各种区域文化之中。在这个过程中，区域文化如同清溪山泉潺潺不息，在中国文化的共同价值取向下，以自己的独特个性支撑着、引领着本地经济社会的发展。

　　从区域文化入手，对一地文化的历史与现状展开全面、系统、扎实、有序的研究，一方面可以借此梳理和弘扬当地的历史传统和文化资源，繁荣和丰富当代的先进文化建设活动，规划和指导未来的文化发展蓝图，增强文化软实力，为全面建设小康社会、加快推进社会主义现代化提供思想保证、精神动力、智力支持和舆论力量；另一方面，这也是深入了解中国文化、研究中国文化、发展中国文化、创新中国文化的重要途径之一。如今，区域文化研究日益受到各地重视，成为我国文化研究走向深入的一个重要标志。我们今天实施浙江文化研究工程，其目的和意义也在于此。

　　千百年来，浙江人民积淀和传承了一个底蕴深厚的文化传统。这种文化传统的独特性，正在于它令人惊叹的富于创造力的智慧和力量。

浙江文化中富于创造力的基因，早早地出现在其历史的源头。在浙江新石器时代最为著名的跨湖桥、河姆渡、马家浜和良渚的考古文化中，浙江先民们都以不同凡响的作为，在中华民族的文明之源留下了创造和进步的印记。

浙江人民在与时俱进的历史轨迹上一路走来，秉承富于创造力的文化传统，这深深地融汇在一代代浙江人民的血液中，体现在浙江人民的行为上，也在浙江历史上众多杰出人物身上得到充分展示。从大禹的因势利导、敬业治水，到勾践的卧薪尝胆、励精图治；从钱氏的保境安民、纳土归宋，到胡则的为官一任、造福一方；从岳飞、于谦的精忠报国、清白一生，到方孝孺、张苍水的刚正不阿、以身殉国；从沈括的博学多识、精研深究，到竺可桢的科学救国、求是一生；无论是陈亮、叶适的经世致用，还是黄宗羲的工商皆本；无论是王充、王阳明的批判、自觉，还是龚自珍、蔡元培的开明、开放，等等，都展示了浙江深厚的文化底蕴，凝聚了浙江人民求真务实的创造精神。

代代相传的文化创造的作为和精神，从观念、态度、行为方式和价值取向上，孕育、形成和发展了渊源有自的浙江地域文化传统和与时俱进的浙江文化精神，她滋育着浙江的生命力、催生着浙江的凝聚力、激发着浙江的创造力、培植着浙江的竞争力，激励着浙江人民永不自满、永不停息，在各个不同的历史时期不断地超越自我、创业奋进。

悠久深厚、意韵丰富的浙江文化传统，是历史赐予我们的宝贵财富，也是我们开拓未来的丰富资源和不竭动力。党的十六大以来推进浙江新发展的实践，使我们越来越深刻地认识到，与国家实施改革开放大政方针相伴随的浙江经济社会持续快速健康发展的深层原因，就在于浙江深厚的文化底蕴和文化传统与当今时代精神的有机结合，就在于发展先进生产力与发展先进文化的有机结合。今后一个时期浙江能否在全面建设小康社会、加快社会主义现代化建设进程中继续走在前列，很大程度上取决于我们对文化力量的深刻认识、对发展先进文化的高度自觉和对加快建设文化大省的工作力度。我们应该看到，文化的力量最终可以转化为物质的力量，文化的软实力最终可以转化为经济的硬实力。文化要素是综合竞争力的核心要素，文化资源是经济社会发展的重要资源，文化素质是领导者和劳动者的首要素质。因此，研究浙江文化的历史与现状，增强文化软实力，为浙江的现代化建设服务，是浙江人民的共同事业，也是浙江各级党委、政府的重要使命和责任。

2005年7月召开的中共浙江省委十一届八次全会，作出《关于加快建设文化大省的决定》，提出要从增强先进文化凝聚力、解放和发展生产力、增强社会公共服务能力入手，大力实施文明素质工程、文化精品工程、文化研究工程、文化保护工程、文化产业促进工程、文化阵地工程、文化传播工程、文化人才工程等"八项工程"，实施科教兴国和人才强国战略，加快建设教育、科技、卫生、体育等"四个强省"。作为文化建设"八项工程"之一的文化研究工程，其任务就是系统研究浙江文化的历史成就和当代发展，深入挖掘浙江文化底蕴、研究浙江现象、总结浙江经验、指导浙江未来的发展。

浙江文化研究工程将重点研究"今、古、人、文"四个方面,即围绕浙江当代发展问题研究、浙江历史文化专题研究、浙江名人研究、浙江历史文献整理四大板块,开展系统研究,出版系列丛书。在研究内容上,深入挖掘浙江文化底蕴,系统梳理和分析浙江历史文化的内部结构、变化规律和地域特色,坚持和发展浙江精神;研究浙江文化与其他地域文化的异同,厘清浙江文化在中国文化中的地位和相互影响的关系;围绕浙江生动的当代实践,深入解读浙江现象,总结浙江经验,指导浙江发展。在研究力量上,通过课题组织、出版资助、重点研究基地建设、加强省内外大院名校合作、整合各地各部门力量等途径,形成上下联动、学界互动的整体合力。在成果运用上,注重研究成果的学术价值和应用价值,充分发挥其认识世界、传承文明、创新理论、咨政育人、服务社会的重要作用。

我们希望通过实施浙江文化研究工程,努力用浙江历史教育浙江人民、用浙江文化熏陶浙江人民、用浙江精神鼓舞浙江人民、用浙江经验引领浙江人民,进一步激发浙江人民的无穷智慧和伟大创造能力,推动浙江实现又快又好发展。

今天,我们踏着来自历史的河流,受着一方百姓的期许,理应负起使命,至诚奉献,让我们的文化绵延不绝,让我们的创造生生不息。

2006 年 5 月 30 日于杭州

丛书序言

浙江古代海外交流史的发展历程

龚缨晏

浙江地处太平洋西岸，位于中国大陆海岸线中部，海岸线总长度及岛屿数量均居全国首位。浙江是中国海洋文化的重要发祥地，也是东亚海洋文化的一个重要源头，更是中国对外交往的门户。浙江古代海外交流史的内涵很广，包括涉外港口与海外航线、政府间的外交关系与政治交往、民间海外贸易与外贸管理体制、货物流通与人员往来、文化交流与科技传播等。纵观历史，1911 年清朝灭亡之前的浙江古代海外交流史，大体上可以概括为以下六个发展阶段。

一、奠基于史前

2013—2014 年，宁波余姚发现了距今 8000 多年的井头山遗址，这也是中国现今所知最早的贝丘遗址，它表明人们已经开始长期地、大量地、固定地利用海洋资源了。[1] 井头山遗址虽然尚未发现过独木舟，但出土了一支"加工精细、保存完好"的完整木桨[2]，这说明当时已经能够建造独木舟之类的"早期水上航行器"（early watercraft，缩写为EW）了。[3] 中国最早的独木舟是在杭州萧山跨湖桥新石器时代遗址中发现的，年代为距今 7070±155 年。[4] 这也是目前所知亚洲最早的独木舟。在随后的河姆渡文化（约距今 7000—5300 年）中，发现了更多的木桨，其中河姆渡遗址出土的有 8 支[5]，慈湖遗址出土的有 2 支[6]，田螺山遗址出土的有 6 支[7]。此外，在河姆渡遗址还发现了 2 件陶舟模型。这些考古发现有力地证明了，早在新石器时代，浙江已经出现原始的造船技术，而舟船的建造，正是与海外进行交往的最基本的条件。

---

1 童杰、龚缨晏：《井头山遗址在世界史前史研究中的意义》，《浙江社会科学》2022 年第 5 期。
2 孙国平、王永磊：《从井头山遗址看宁波地理环境与海洋文化的关系》，《宁波通讯》2020 年第 18 期。
3 相关研究可参见 Ronald Bockius and Miran Erič with Ambassadors (eds.), *Early Watercraft: A global perspective of invention and development*, Global Initiative, 2015.
4 浙江省文物考古研究所编：《跨湖桥：遗址考古报告》，文物出版社 2004 年版，第 42—50 页。
5 浙江省文物考古研究所编：《河姆渡：新石器时代遗址考古发掘报告》，文物出版社 2003 年版，第 139 页。
6 林士民：《宁波沿海地区原始文化初探》，《东南文化》1990 年第 5 期。
7 李安军主编：《田螺山遗址：河姆渡文化新视窗》，西泠印社出版社 2009 年版，第 101 页。

有学者认为，史前时代浙江与朝鲜半岛[1]、日本列岛[2]就可能已经存在着某种形式的海上往来。但就目前的国内外考古发现而言，这些观点尚无法得到确证。[3] 不过，大量的考古材料表明，太平洋西岸广泛流行的有段石锛（stepped adze），实际上起源于以河姆渡文化为代表的浙江沿海新石器文化。[4] 尽管有段石锛是经过漫长的岁月在海外逐渐传播开来的，在传播过程中又不断发生变异，其基本造型却是一脉相承的。因此，浙江古代海外交流的基础，是在新石器时代奠定的。

二、发端于汉晋

就整个中国而言，海上丝绸之路形成于秦汉之际，即公元前 200 年左右。[5] 这一时期中国通往日本的海上航线，沿着山东半岛海岸线向北航行，再沿朝鲜半岛西海岸南下，然后越过对马海峡到达日本列岛的北部。[6] 虽然由浙江直接通往海外地区的海上航线尚未出现，但在汉代，国外所产的玻璃器等物品已经辗转传入了浙江。例如，宁波奉化白杜南岙林场的三座墓葬中发现了 1 件琉璃珠和 2 件玻璃耳珰，其年代为西汉晚期至东汉早期。[7] 宁波市北仑区大碶街道璎珞村的一座墓葬中发现了一件蓝色玻璃质料珠和一件蓝色玻璃质耳珰，时代是在东汉早期（公元 1 世纪）。[8]

东汉末年，发源于印度的佛教也开始传入浙江。史载，汉桓帝（147—167）初年，中亚安息国僧人安清（字世高）到中国传教（有人猜测他可能经海路先到广州[9]），后来在江南活动，在会稽（绍兴）去世。会稽人陈慧曾追随安世高，"信道笃密"。[10] 佛教传入后，佛寺也随之出现。东吴赤乌五年（242），阚泽把自己在慈湖畔的住宅捐献出来作为佛寺，即后来的普济寺。[11] 吴太元元年（251），归安县的刘钺等人也献出房子创建了狮子吼寺。[12] 此外，在浙江制作的瓷器上，同样可以见到佛像等佛教题材图案。[13] 因此可以说，汉晋时代浙江已经与海外产生了联系，尽管这种联系是间接的而不是直接的。

1 毛昭晰：《先秦时代中国江南和朝鲜半岛海上交通初探》，《东方博物》2004 年第 1 期。
2 安志敏：《长江下游史前文化对海东的影响》，《考古》1984 年第 5 期。
3 蔡凤书：《中日交流的考古研究》，齐鲁书社 1999 年版，第 19 页。
4 林惠祥：《中国东南区新石器文化特征之一：有段石锛》，《考古学报》1958 年第 3 期；傅宪国：《论有段石锛和有肩石器》，《考古学报》1988 年第 1 期。
5 李庆新：《濒海之地：南海贸易与中外关系史研究》，中华书局 2010 年版，第 6 页。
6 孙光圻：《中国古代航海史》（修订本），海洋出版社 2005 年版，第 119—126 页。
7 浙江省文物考古研究所、宁波市文物考古研究所、奉化市文物保护管理所：《奉化白杜南岙林场汉六朝墓葬》，浙江文物考古研究所编著：《浙江汉六朝墓报告集》，科学出版社 2012 年版，第 214—337 页。
8 浙江宁波市文物考古研究所、浙江宁波北仑区博物馆：《浙江宁波北仑大碶璎珞东汉墓葬与五代窑址发掘简报》，《南方文物》2014 年第 3 期。
9 吴焯：《佛教东传与中国佛教艺术》，浙江人民出版社 1991 年版，第 170 页。
10 ［梁］释慧皎：《高僧传》，汤用彤校注，汤一玄整理，中华书局 1992 年版，第 7 页。
11 ［元］袁桷：延祐《四明志》卷一八，《宋元方志丛刊》，中华书局 1990 年版，第 6392 页。
12 ［宋］李景和修，［宋］谈玥撰：嘉泰《吴兴志》卷一三，《宋元方志丛刊》，中华书局 1990 年版，第 4751 页。
13 林士民：《青瓷与越窑》，上海古籍出版社 1999 年版，第 68—70 页；蒋明明：《佛教与六朝越窑青瓷片论》，《东南文化》1992 年第 1 期；阮平尔：《浙江省博物馆藏隋以前文物的佛教因素研究》，《东南文化》1992 年第 5 期。

三、跃升于盛唐

7世纪，随着新罗的崛起，由中国北方通往朝鲜半岛及日本的传统航路受到了严重冲击，在此背景下，经过中外航海者的不断探索，从7世纪末到8世纪，出现了从浙江沿海出发直达日本的海上航线。《新唐书》这样写道："新罗梗海道，更繇明、越州朝贡。"[1] 浙江沿海的杭州、明州（宁波）、台州、温州等港口，因此成为通向日本的门户。日本政府派出的遣唐使，实际成行的有16次，其中3次是在浙江宁波沿海登陆的，分别是在659年、752年和804年。[2] 更加重要的是，进入9世纪，民间商人在浙江沿海港口进出，直接与日本进行贸易。例如：842年，李处人从日本抵达温州；847年，张友信从明州出发前往日本；877年，崔铎从台州出发前往日本。[3]

唐代，浙江与东南亚地区虽然没有直接的往来，但间接的联系已经出现了，主要证据就是越窑瓷器的外销。1998年在印度尼西亚沿海发现的"黑石号"沉船上，打捞出了大量的中国瓷器，其中数量最多的是长沙窑瓷器（55000余件），此外还有越窑青瓷（约250件）、白瓷（约300件）等。越窑青瓷虽然数量并不多，但器物造型十分丰富。[4]"黑石号"沉船的时代为9世纪前期，即唐代中晚期。这说明当时的越窑瓷器已经开始外销到东南亚及更远的地区。在阿拉伯世界已知的8—10世纪遗址中，有69个遗址出土了中国青瓷，其中绝大部分是越窑青瓷。这些遗址分布的范围非常广泛，包括伊拉克的萨迈拉（Samarra）、伊朗的希拉夫（Siraf）、阿曼的苏哈尔（Sohar）、埃及的福斯塔特（Fustat）等。[5]

四、兴盛于宋元

宋元两朝对海外交往总体上是持开放和鼓励态度的。在此背景下，浙江的海外交流也达到了全面繁荣的新高度，主要表现在以下几个方面。

第一，出现了专门的外贸管理机构市舶司。唐朝只在广州设立了管理海外贸易的机构市舶司。宋朝先后在9个地方设置过市舶机构：杭州、澉浦、温州、明州、密州、秀州、江阴军、泉州、广州。[6] 前4个都设在浙江。元朝正式设立的市舶司有7处，分别是：杭州、澉浦、庆元（宁波）、温州、上海、泉州、广州。[7] 这从一个侧面说明，浙江在宋元海外贸易中，差不多占据了半壁江山。

1　[宋]欧阳修、宋祁等撰：《新唐书》卷二二〇，中华书局1975年版，第6209页。
2　李广志：《日本遣唐使宁波航线考论》，李卓主编：《南开日本研究2016》，天津人民出版社2016年版，第139—152页。
3　吴玲：《九世纪唐日贸易中的东亚商人群》，《西北工业大学学报（社会科学版）》2004年第3期。
4　陈克伦：《印尼"黑石号"沉船及其文物综合研究》，《文物保护与考古科学》2019年第4期。
5　Wen Wen, "Chinese ceramics in the Islamic world from the 8th to 10th centuries CE", a thesis submitted for the degree of Doctor of Philosophy, University of Oxford, 2018, pp. 54, 106, 154, 205, 210.
6　郑有国：《中国市舶制度研究》，福建教育出版社2004年版，第52页。
7　喻常森：《元代海外贸易》，西北大学出版社1994年版，第46页。

第二，出现了直达东南亚的海上航线。北宋淳化三年（992），阇婆（今印度尼西亚一带）国王派出的使者在中国海商毛旭的引导下，"泛舶船六十日至明州定海县"[1]，前来中国朝贡。1296年，温州人周达观随元朝政府派遣的外交使团出使真腊（今柬埔寨），就是从温州港启航，"历闽、广海外诸州港口，过七洲洋，经交趾洋到占城"，然后继续航行至真腊。1297年农历六月，周达观他们返回，"八月十二日抵四明泊岸"[2]。这说明从浙江沿海到东南亚的航线已经比较成熟了。

第三，出现了海外浙江侨民群体。唐末，已经有浙江商人到海外经商，如819年，越州人周光翰和言升则搭乘新罗人船只来到日本。[3] 不过，他们做完贸易后就回国了，史籍上没有出现他们在当地居留的记载。进入宋朝，有些浙江人由于种种原因在日本生儿育女。例如南宋时，宁波石匠伊行末被请到日本后成家立业，他的后代继续以石匠为业，并且形成了"日本石刻工艺史上声名显赫的'伊派'"[4]。11世纪末，博多出现了宋人居留地。[5] 虽然我们不知道到底有多少浙江侨民生活在博多，但至少在1233—1253年，博多的华人首领谢国明是临安府人，他的墓地一直保存至今。[6]

第四，出现了外国侨民的聚居区。随着海外贸易的持续兴盛，不少外国商人在浙江居住，并且逐渐形成了外国侨民聚居区。宁波城里东门口的市舶司附近，有来自阿拉伯及波斯商人的市场"波斯团"，他们聚居的地方被称为"波斯巷"。[7] 元代杭州也有许多来自阿拉伯世界的商人，并且形成了自己的聚居区及公共墓地。陶宗仪在《南村辍耕录》中写道："杭州荐桥侧首，有高楼八间，俗谓八间楼，皆富实回回所居……聚景园，回回丛冢在焉。"[8] 至今依然保存在杭州凤凰寺的20方元代阿拉伯文古墓碑[9]，就是阿拉伯人在此生活的有力证据。

第五，多种外来宗教汇聚。外国侨民来到浙江生活，自然带来了他们的宗教信仰。其中最主要的是伊斯兰教。宋代宁波就在狮子桥北建有"回回堂"，元代又在海运所西侧新建了一所。[10] 元朝延祐（1314—1320）年间，回回大师阿老丁在杭州建造了真教寺。[11] 其次是基督教（元代一般称其为"也里可温"）。元代杭州的基督教教堂建造在荐桥东，名为大普兴寺。基督教在元代传入温州后，还因与道教争夺信徒而发生冲突。[12] 此外，浙江还有摩尼教的寺院，如宋

1　［元］脱脱等撰：《宋史》卷四八九，中华书局1985年版，第14092页。
2　［元］周达观：《真腊风土记校注》，夏鼐校注，中华书局2000年版，第15—16页。
3　吴玲：《九世纪唐日贸易中的东亚商人群》，《西北工业大学学报（社会科学版）》2004年第3期。
4　刘恒武：《宁波古代对外文化交流：以历史文化遗存为中心》，海洋出版社2009年版，第145页。
5　苌岚：《关于博多居留宋人》，李世安主编：《史学论丛》，中国书店1999年版，第37—50页。
6　李广志：《南宋海商谢国明与中国文化在日本的传播》，《宁波大学学报（人文科学版）》2018年第6期。
7　［清］钱维乔修，［清］钱大昕等纂：乾隆《鄞县志》卷二，乾隆五十三年（1788）刻本，宁波天一阁博物馆藏。
8　［元］陶宗仪：《南村辍耕录》，中华书局1959年版，第348页。
9　参见［英］莫尔顿、［伊］乌苏吉释读：《杭州凤凰寺藏阿拉伯文、波斯文碑铭释读译注》，周思成译，中华书局2015年版。
10　［元］王元恭修，［元］王厚孙撰：至正《四明续志》卷一〇，《宋元方志丛刊》，中华书局1990年版，第6571页。
11　［明］田汝成撰：《西湖游览志》，浙江人民出版社1980年版，第209页。
12　刘梦溪主编：《中国现代学术经典·陈垣卷》，河北教育出版社1996年版，第27—28，42—43页。

朝慈溪的崇寿宫[1]、元朝温州的选真寺和潜光院[2]。

五、剧变于明清

明朝建立后，一方面，实行海禁政策，禁止私人进行海外贸易；另一方面，建立朝贡体制，禁止外国商人到中国进行民间私人贸易，只允许少数几个被正式承认的海外国家以政治上"朝贡"的名义与中国进行官方往来，并且规定他们只能分别在三个港口进出："宁波通日本，泉州通琉球，广州通占城、暹罗、西洋诸国。"[3]这样，宁波就成了明朝与日本进行官方往来的唯一港口。清朝统一中国后，曾经设立粤、闽、浙、江四大海关，其中浙海关于 1686 年设在宁波。但从 1757 年开始，清政府放弃了这种"多口通商"的政策，转而实行"广州一口通商"，宁波不再是对外贸易的港口。这个作茧自缚的闭关政策，使宁波乃至整个浙江成为最大的受害者。明清两朝政府对海外贸易的刻意打压，不仅严重阻碍了浙江海外交流的发展，而且还使中国错失了一次迈向世界的大好机遇。

宋元时代，东亚海域基本上是和平的，没有多少重大的暴力事件。但明朝建立后，东亚海域出现了倭寇，浙江沿海是倭寇活动最为猖獗的地区。同时，在明朝政府严禁私人海外贸易的背景下，沿海民众为了生计，不得不铤而走险，以走私的形式从事海外贸易，并且与倭寇结合在一起，亦盗亦商，冲击着传统的海外贸易。[4]清朝建立稳固的统治后，海盗活动并未消失，1800 年前后还出现了一次高潮。有学者这样写道："1520—1810 年是中国海盗的黄金时代，中国海盗无论是在规模上还是在范围上，一度都达到了世界其他任何地方的海盗均无以匹敌的地步。"[5]明清时期的浙江海外交流史，就是伴随着海盗活动而艰难展开的。

特别重要的是，1500 年之后，由欧洲人掀起的全球化浪潮日益猛烈地冲击着中国沿海，而浙江则是最早受到全球化浪潮冲击的区域。约 1524—1548 年，葡萄牙人在宁波沿海的双屿建立起了欧洲人在东亚的第一个贸易据点，浙江开始被纳入全球海上贸易网络中。通过这个网络，不仅中国的商品被输往欧洲，而且浙江沿海的一些居民也漂泊到了欧洲。[6]17 世纪后期，从宁波出发的商船直接航行到西班牙统治下的菲律宾。[7]就在这个时候，英国人也来到舟山进行贸易。随着全球化时代的到来，欧洲文化开始源源不断地传入中国。浙江学者在学习西方先进文化的过程中一直走在前列。明清之际，杭州还是中西文化交汇的学术研究中心，并且通过

1　陆永生：《崇寿宫与黄震〈崇寿宫记〉》，浙江省慈溪市政协文史资料委员会编：《慈溪文史资料》（第 11 辑），出版者不详，1996 年，第 149—153 页。

2　［美］马小鹤：《民国〈平阳县志〉摩尼教资料新考》，《绍兴文理学院学报（人文社会科学）》2021 年第 9 期。

3　［清］张廷玉等：《明史》卷八一，中华书局 1974 年版，第 1980 页。

4　林仁川：《明末清初私人海上贸易》，华东师范大学出版社 1987 年版，第 40—50 页。

5　［美］安乐博：《中国海盗的黄金时代：1520—1810》，王绍祥译，《东南学术》2002 年第 1 期。

6　龚缨晏、胡刚：《16 世纪发生在西班牙的一场"印第安斯人"诉讼案——近代早期漂泊到伊比利亚半岛的中国人》，《世界历史》2017 年第 5 期。

7　［西］胡安·希尔：《马尼拉的华人（16—17 世纪）》下卷，安大力译，文化公所、暨南大学澳门研究院，2022 年，第 266、270 页。

与西方学术界的密切互动，在中国古代景教研究等领域中引领着国际学术的前沿发展。

值得一提的是，从 16 世纪开始，在浙江发生的一些事件还对中国历史进程产生了重要影响。一个典型例子是，葡萄牙人自 15 世纪末开始海外扩张以来，所遇到的对手或者是落后的非洲部落，或者是分裂之中的印度，或者是羸弱的东南亚小国，因此在从大西洋进入太平洋的整个过程中，都是所向披靡，战无不胜。葡萄牙人到了中国沿海后，也想凭借先进的船舶及武器，以武力强行占取落脚点。但当他们在浙江沿海建立的第一个贸易基地双屿港于 1548 年被明朝军队彻底捣毁后，他们清醒地认识到，中国是一个前所未遇的强国。这样，葡萄牙人不得不调整策略，逐渐放弃海盗式的暴力强占方式，转而以谦卑恭顺的姿态，向明朝政府宣称自己是因为向往中华文明而前来朝贡的；与此同时，通过各种手段向明朝官员行贿。就中国方面而言，明朝政府在以武力驱赶葡萄牙人的过程中也逐渐认识到，这是一批历史上从来没有出现过的新型"蛮夷"，他们不仅拥有先进的武器，而且还精于经商，因此不能照搬历代治理其他"蛮夷"的传统方法来对付葡萄牙人。这样，明朝政府也调整了一味清剿的做法，转而采用怀柔的策略。由于中葡双方都调整了策略，最终的结果是中国政府同意葡萄牙人在缴纳关税及地租的前提下入居澳门，葡萄牙人则在接受中国政府管辖的前提下实行自治。从此，澳门成为东西方文化交汇的枢纽。因此，双屿是澳门历史的序曲，双屿的覆灭与澳门的出现存在着内在的联系。[1]

另一个影响更大的实例是，从 17 世纪末开始，英国商人多次到舟山进行贸易，并且受到了浙江官员及民众的欢迎。乾隆皇帝虽然清楚地知道，英国人所需要的丝绸、茶叶等货物主要产于江浙地区，如果允许英国人在宁波贸易，既可以节省英国人的商业成本，又可以促进东部地区的经济发展；但他出于对国家海防安全的担忧，最后还是于 1757 年宣布禁止英国商人前往宁波贸易。从此，清政府的外贸政策就从"多口通商"转为"广州一口通商"。而以英国为首的西方势力则"对中国的一口通商制度展开了一波又一波的、越来越猛烈的冲击，以图实现在中国各口岸'自由'通商的目的"[2]，最终结果就是 1840 年爆发了鸦片战争。

总之，从明朝建立到 1840 年前，浙江的海外交流活动一直受制于相互对抗的正反两股力量。正的力量主要是民间海外贸易的冲动，以及 1500 年之后全球化所带来的机遇与活力；反的力量主要是朝廷的残酷打压，以及倭寇海盗的野蛮冲击。这两股力量相互撞击，使浙江海外交流史充满了剧烈的动荡，并且在动荡中催生出前所未有的巨变，而这样的巨变又酝酿出更加剧烈的动荡。400 多年的浙江海外交流就是在这样的激变中曲折发展，同时也为进入下一个历史阶段积蓄能量。

1　吴志良、金国平、汤开建：《澳门史新编》第 1 册，澳门基金会，2008 年，第 70—74 页。
2　郭小东：《打开"自由"通商之路——19 世纪 30 年代在华西人对中国社会经济的探研》，广东人民出版社 1999 年版，第 379 页。

六、转型于近代

1840 年爆发的鸦片战争，标志着中国开始沦为半殖民地半封建社会。鸦片战争后，清政府被迫放弃"广州一口通商"政策，转而开放广州、厦门、福州、宁波、上海等五个港口城市。1877 年，温州成为对外开放城市。1896 年，杭州开埠。这样，以宁波、温州、杭州这三个对外开放城市为龙头，浙江海外交流史逐步从传统向近代转型，其内容主要包括：传统的海外交流是以农业手工业为经济基础的，而近代海外交流则是建立在机器大工业基础之上的；交通工具从传统的木帆船向轮船过渡；西方文化全面地、大规模地输入，包括学校和医院、电话和电报、报纸和杂志、灯塔和码头、马路和铁路、西服和西餐、肥皂和火柴、煤油灯和热水瓶……

中国海外交流史在从传统向近代转型的过程中，浙江在许多方面走在全国的前列。例如，1844 年，英国女子马利（Mary Ann Aldersey）在宁波创办了中国内地最早的女子学校。[1]1845—1860 年在宁波设立的华花圣经书房，不仅是当时中国"唯一拥有"四种中文活字的出版印刷机构，而且运用先进的电镀技术制造出中文活字，从而为"西式中文活字逐渐取代木刻"奠定了基础，"在近代中文印刷发展史上有非常重大的意义"。[2]1851 年，美国人玛高温（Daniel J. Macgowan）在宁波出版了最早介绍电磁学及电报知识的中文著作《博物通书》，并且提出了世界上第一套汉字电码方案。[3]1854 年玛高温在宁波创办的《中外新报》，是鸦片战争后中国创办的第二种报刊，晚于 1853 年在香港创办的《遐迩贯珍》，早于 1857 年在上海创办的《六合丛谈》。[4]1855 年，宁波商人购得"宝顺号"轮船，这是近代中国引进的第一艘轮船。[5]

这里需要指出的是，鸦片战争前，宁波港在对外交流上的地位要高于上海，因为宁波是"国际贸易网络和国内贸易网络的重要节点"，而作为国内最大内贸港的上海，"其直接和外洋的贸易联系并不发达"。鸦片战争后，上海港迅速"跃居中国各大港口的首位"，"成为远东地区的枢纽港之一"，宁波则衰退为上海的支线港。[6]尽管浙江最大的港口没落了，但浙江人抓住了上海崛起的机遇，在上海开埠之初就背井离乡，参与上海建设，"并且几乎在所有重要行业都具有重要影响，在不少行业稳执牛耳"。[7]1852 年，在上海的宁波人就有 6 万多人，"仅次于广东人"，到了 19 世纪 50 年代后期超过广东人，"成为上海外来居民中最大的移民集团"。[8]这样，大量浙江人就借助上海这个国际枢纽城市，从事与海外交流有关的活动，如充当买办的宁波人杨坊、余姚人王槐山、定海人朱葆三、湖州人顾福昌和许春荣等。这些浙江人还在上海从

---

1 龚缨晏、郑乐静：《来自英国的马利姑娘：中国近代女子教育的开创者》，《社会科学战线》2017 年第 3 期。
2 苏精：《铸以代刻——传教士与中文印刷变局》，台湾大学出版中心 2014 年版，第 387、439 页。
3 龚缨晏、郑乐静：《为中国设计电码：美国传教士玛高温的〈博物通书〉》，《自然辩证法通讯》2018 年第 6 期。
4 龚缨晏：《浙江早期基督教史》，杭州出版社 2010 年版，第 223 页。
5 龚缨晏：《中国第一艘轮船的由来》，《浙江大学学报（人文社会科学版）》2017 年第 2 期。
6 王列辉：《驶向枢纽港：上海、宁波两港空间关系研究（1843—1941）》，浙江大学出版社 2009 年版，第 59、62、70、375 页。
7 陶水木：《浙江商帮与上海经济近代化研究（1840—1936）》，上海三联书店 2000 年版，第 37 页。
8 李瑊：《上海的宁波人》，上海人民出版社 2000 年版，第 32 页。

事文化教育活动，如慈溪人叶澄衷创办了"澄衷蒙学堂"，鄞县人鲍咸昌创办了商务印书馆。而居住在上海的浙江人，又通过地缘及亲缘纽带与故乡保持密切、频繁的联系。这样，浙江的海外交流活动就延伸到上海这个国际大舞台，并将从上海吸收到的文化养料源源不断地回输到浙江。浙江的海外交流活动因此而变得在形式上更加多样，在内容上更加丰富，在影响上更加深远。

自先秦至隋唐，在中国海外交流史的巨大历史图景中，浙江从边缘逐渐走向前沿。到了北宋，浙江沿海的宁波港已经成为整个东亚海域的国际交流枢纽。进入16世纪，随着全球化的兴起，浙江沿海港口又被纳入环球航线中，从而成为全球海上贸易网络的一个重要节点，浙江沿海在东亚海域的枢纽地位因此得到进一步强化。野心勃勃的日本幕府首领丰臣秀吉（1536—1598）就曾梦想，一旦他以武力征服中国、朝鲜半岛，就将日本天皇安置在北京，而他自己则到宁波城定居，以控制整个东亚海域。[1] 不过，16世纪以来，浙江一直以被动的方式消极而又艰难地应对着全球化浪潮的一次次冲击，浙江海外交流史的历程也因此充满了曲折和灾难。

改革开放以来，浙江不仅以无比磅礴的气魄勇敢地直面新型全球化的猛烈挑战，而且还通过脚踏实地的拼搏，主动积极地参与全球化的进程，并且借助科技创新的巨大力量影响着全球化的进程。宁波舟山港已经成为世界第一大港，货物吞吐量连续十多年位居全球第一。

今天，当我们在国外偏远小超市里也能使用支付宝时，当我们在世界某个角落里也能找到来自义乌的小商品时，当我们在全球各地都能发现来自浙江的游客时，当我们在异域各类高校中都能看到来自浙江的青年学子时，再回头看看古代浙江海外交流史，我们会由衷地感受到，只有改革开放才能使浙江不断繁荣富强，才能使中华民族实现腾飞。

1　郑樑生：《明史日本传正补》，文史哲出版社1981年版，第732—733页。

"浙学"之概念自诞生以来，其学术内涵逐渐被挖掘和表彰，日益成为一种被学者们关注的富有活力的江南地域文化形态。

众所周知，以地域标示学术师承群体和流派风格乃是中国学术史的传统之一，因为地理环境是古代社会决定一个地区经济、社会、文化发展水平的重要基础条件，也是影响区域学术风尚形成并以"学派"之名流播传承的显性因素之一。

"浙学"在现代学界虽然不如后世兴起的敦煌学、藏学、徽学等地域之学名扬学界，但其命名和研究源远流长，"浙学"之概念由南宋大儒朱熹（1130—1200）在斥责浙江"永嘉、永康之说"为异端时首次提出。[1]南宋"浙学"与同时兴起的闽学、湖学、赣学，逐渐成为国内主要的地域性儒学流派。

明代后期，曾任浙江提学副使的刘鳞长（1598—1661）编《浙学宗传》，将阳明心学流派纳入"浙学"之宗传。明末清初学术领袖黄宗羲（1610—1695）在《移史馆论不宜立理学传书》中，首倡了"浙东学派"一词，并走出了一条自成系统的治史道路，后世称之为"浙东史学"。黄宗羲在《明儒学案》中总结阳明后学时，也采用以地理区域和学术宗旨来标示学脉分支的研究范式，分撰"浙中王门学案""江右王门学案""南中王门学案""楚中王门学案""北方王门学案""粤闽王门学案""止修学案""泰州学案"。

黄宗羲私淑弟子全祖望（1705—1755）在《宋元学案序录》中首次明确从地理学意义上把"浙学"与洛学、关学、闽学并举，特指宋元浙江地区的永嘉、金华、四明之学。章学诚（1738—1801）在《文史通义》内篇《浙东学术》中称"浙东贵专家，浙西尚博雅，各因其习而习"[2]，"浙学"遂有"浙东""浙西"之分，进一步在地理意义上把浙学分为浙东和浙西之学。

此后，晚清的浙东学人平步青（1832—1895）也沿用"浙东学术"一词，且勾勒了学术谱系。章太炎（1869—1936）在初刻于1900年的《清儒》中再次确认了章学诚在《文史通义》中首先论述的从黄宗羲、万斯同（1638—1702）到全祖望的清代浙东学派

1　吴光：《简论"浙学"的内涵及其基本精神》，《浙江社会科学》2004年第6期。
2　［清］章学诚著，叶瑛校注：《文史通义校注》，中华书局1985年版，第523页。

师承体系，又将乾隆时期浙东学者章学诚、邵晋涵（1743—1796），道光以后的学者黄式三（1789—1862）及其子黄以周（1828—1899），纳入清代浙东学派的学术谱系，并且注意到浙东学派擅长文史、礼法研究的学术特色。梁启超（1873—1929）在1920年撰写《清初史学之建设》时称："浙东学风，从梨洲、季野、谢山起以至于章实斋，厘然自成一系统，而其贡献最大者实在史学。"[1] 如此，"浙东学派"擅长"浙东史学"的学术特色开始得到近现代学界更多关注。

陈训慈（1901—1991）在1931年撰写的《清代浙东之史学》一文中首次明确提出"浙东史学"这一学术概念，指明了浙东学术的精髓所在。何炳松（1890—1946）在1932年所著《浙东学派溯源》中再次肯定了章学诚提出的"浙东学术"，并开始将南宋浙学与清代浙东史学合为一家，同称为"浙东学派"，学者至今因之。

正是经由章学诚、章太炎以及梁启超、何炳松等学者的不断总结和表彰，"清代浙东学派"或"浙东学术"这一学术概念逐渐清晰起来，并日益为学术界广泛接受，成为清代学术史上一个重要的学派名称。

可见，"浙学"是自宋代到晚清不断被建构而成的学术地理概念，拥有地理性、空间性和历史性等显著特征。本著沿用的"浙学"概念，包括了内含的浙东、浙西之学。

历史上，浙学中的浙东、浙西之学，既有自然行政地理之别，又有区域文化内涵之异，更有两者相互交融、凝练浙学经世致用之学的显著特色。就如钱塘江作为浙江省的母亲河，既是东西分界的地理分隔线，又是南北交汇的文化融合点。

浙江古代以钱塘江为行政区东西分界，始于东汉永建四年（129）会稽郡以钱塘江为界，分为吴、会稽两郡，会稽郡迁治山阴（今绍兴），形成浙东、浙西行政划分的雏形。自此，浙江境内行政区划以钱塘江为东西分界的局面长期延续下来。从现在的浙江省地域范围来看，若以钱塘江为界分为东、西两部分，西侧杭、嘉、湖三市总面积相当于东侧的甬、绍、台、温等八市总面积的三分之一，未免不成比例。其实，历史上的"浙西"地域范围与现在有很大差异，苏南和浙北曾经都包含在"浙西"的空间和文化地理概念中。

浙江自唐宋时代始有"浙东""浙西""两浙"等区域地理名称。"浙江"首次作为一个单独的省级行政区名称则始于元代末年。元至正二十六年（1366）朱元璋攻占杭州，同年十二月置江浙等处行中书省，简称江浙行省，明洪武九年（1376）改为浙江承宣布政使司。清代浙江地方行政组织基本沿袭明制，包括沿用明代十一府政区名称及辖区。

虽然元明清时，浙东、浙西统领于一个省级行政单位之下，但浙东、浙西的区域和

---

1 梁启超：《中国近三百年学术史》，中华书局2015年版，第93页。

文化地理概念反而强化。直至清雍正《浙江通志》卷一明确界定了浙东、浙西的行政地理概念："省会曰杭州，次嘉兴，次湖州，凡三府，在大江之右，是为浙西。次宁波，次绍兴、台州、金华、衢州、严州、温州、处州，凡八府，皆大江之左，是为浙东。"即所谓以钱塘江为界的浙东"上八府"、浙西"下三府"定义清晰。然而，在明清之际的学者群体中，浙东、浙西的概念不仅是指地理空间和政区范围的区别，更多则是指学术文化上的标签。其中，浙东学者的区域学术认同更为强烈，会稽（今浙江绍兴）学者章学诚提出的浙东之学"贵专家"、浙西之学"尚博雅"的立论深刻影响后世学界。

历史上，浙西与浙东同为文化繁盛之区，但与浙西相比，"浙东学术""浙东学派"在学术文化史上有着更为别具一格的特殊地位，影响深远。浙西之学相对浙东之学的声名不彰，既与浙东学者的自我认同意识比较强烈有关，也与浙西行政地理变迁进而影响其学术文化概念相关。

浙西的行政地理概念曾经长期与苏南和浙北地区相连。直到元朝设置江浙行中书省，仍兼管苏南地区与两浙地区。可以说，苏南（含上海）与两浙（尤其是浙西）的分离是从明朝开始的。明代浙江布政使司建置完成后，浙东、浙西合为一省的局面稳定下来，但浙东、浙西的划分则延续了下来，在文化上的分野甚至一度得到了强化。

洪武十四年（1381），明朝将直隶（京师南京）辖下的湖州、嘉兴二府划归浙江。自此，苏南、浙北彻底分家，杭州、嘉兴、湖州等属于浙江省，而苏州、松江、常州等属于现在的江苏省。清朝初年，改南直隶为江南省（今江苏、安徽、上海二省一市），江苏省当时为江南省的一部分。康熙六年（1667），分江南省为江苏（含上海）、安徽二省。此后，浙西在行政地理上只限杭、嘉、湖，不包括苏南的局面固定下来，但是在文化地理上，"浙西"概念仍然涉及苏南地区。清代乾嘉时期的章学诚以顾炎武〔1613—1682，南直隶昆山（今江苏昆山市）人〕为浙西之学的宗师，此乃历史上的浙西概念，包括浙北和苏南地区，这在当时的文人学士中是不言而喻的。不过，章学诚虽然提到"浙西之学"，并与"浙东之学"对举，却并未深入阐发，此后"浙西之学"的概念也罕有人沿用，不如"浙东之学"受重视而行之远。

清乾嘉以后，浙东学术风光不再，学派式微，但仍然出现了黄式三、黄以周父子（定海人，治经学），李慈铭（1830—1894，会稽人，治文史之学），孙诒让（1848—1908，瑞安人，治朴学）等著名学者。而此时的浙西之学出现了阮元（1764—1849）、龚自珍（1792—1841）、俞樾（1821—1907）、章太炎、王国维（1877—1927）等一批杰出学者，无论学术成就还是影响，清末民初浙西之学都在浙学中占据了举足轻重的地位。

本著关注的"西学"一词则是由明末入华欧洲传教士高一志（Alfonso Vagnone，1566—1640）、艾儒略（Giulio Aleni，1582—1649）定义的，并被明清士人学者广泛接受，概称由欧洲传教士传入的西方科学（涉及天文、数学、地理、物理、医学、气候、植物等）、语言、宗教、哲学和艺术等文化知识。1623年意大利耶稣会士艾儒略著的《西学凡》初刊于杭州，为该书作"小引"的杭州人许胥臣即以"西学"称述艾氏书中介绍的欧洲六科（文、理、医、法、教、道）之学。晚明"西学"又与概称中国传统文化的"中学"相对应，成为中西文化相遇的主流。直到乾隆时官修《四库全书》正式收入《天学初函》《西洋新法算（历）书》等汉文西学著作，乃成为明清间输入之西学正式进入中国主流学界视野的标志。

浙江是明末来华欧洲传教士从广东进入内地传教的先行区，又是明末清初欧洲传教士的活动中心、西学书籍的出版传播中心，也是中西之学激烈交锋，乃至多次发生排教、禁教之地，由此激发的明清之际中西交汇中的浙江"西学叙事"对于学界透视地域、学派、社团等因素如何影响这一中西文化碰撞的历史场景及其多元表征具有典型意义，同时也是我们洞察具有强烈区域传统色彩的"浙学"士人群体与西人西学究竟是在怎样的历史时空背景下展开接触、互动、取舍和传播的历史依据。

概而言之，本著涉及三个关键词：明清之际、浙学、西学。笔者的研究聚焦"明清之际"，即明末万历年间以意大利耶稣会士利玛窦入华为开端，讫于清乾隆四十年（1775）在华耶稣会正式宣布解散，以欧洲传教士为媒介，"西学"即西方宗教和学术文化知识的传播及其引发的中西两大文化系统首次正面碰撞和交流，这一事件绵延达200年之久，余波直至乾嘉之后。在此中西文明直接相遇的历史阶段中，笔者特别关注：西学东渐如何影响中国整个士林学界？明清之际的西学与中学在政治经济和学术文化最发达的江浙地区如何因缘际会地相遇和冲突？西士（传教士）、西学如何与浙西、浙东等区域学术群体双向交流与沟通？浙学士人群体如何回应西学东渐及其在学术视野和治学风尚上触及了多少西学因素？浙学与西学的交汇给明清之际的浙江士人学界，乃至乾嘉学术和晚清学界带来怎样的历史影响？笔者将基于中外历史文献及前期相关研究，并借鉴中外学界的相关研究成果，对以上问题做综合梳理和个案探讨，旨在揭示明清之际浙学与西学交汇的历史真相，为中西文明互鉴提供历史的启迪。

目录

第一章

明清之际浙学与西学相遇的时代背景

明清之际沟通中西的主要媒介即是入华传教的欧洲耶稣会士。自 1583 年意大利耶稣会士利玛窦（Matteo Ricci，1552—1610）入居肇庆，建立教堂开始传教[1]，讫于 1775 年在华耶稣会接获罗马教廷命令正式解散，约 200 年间，伴随着欧洲天主教传教士来华，西方文化开始大规模输入中国。这就是学术界习称的明清之际的"西学东渐"，并由此引起了中西两大文化在历史上的首度直接交汇。

　　据耶稣会中国省区年报统计，在 1581 年至 1712 年的 131 年间，至少有 249 名耶稣会士前往中国，至少有 127 名死于途中。[2] 这应该是耶稣会官方的统计。其实来华耶稣会士人数远高于此数，主要原因有三：一是除耶稣会之外，欧洲殖民列强和罗马教廷也派遣耶稣会士来华，并且来自多个民族和语言地区；二是耶稣会士来华持续到乾隆禁教之后；三是由于入华耶稣会士除了大部分与官方和士人接触者留下中文姓名之外，仍有部分在民间活动者没有留下任何中文姓名，直到发现中西文档案记载而逐渐增补。因此，法国学者费赖之（Louis Pfister，1833—1891）所作入华耶稣会士列传至 1773 年的统计为 481 名（含附传），除了中国籍耶稣会士 78 名及其他亚洲国籍和不明国籍者约 10 名[3]，来华欧洲耶稣会士约有 400 名。而另一位法国学者荣振华（Joseph Dehergne，1903—1990）增补为 975 名[4]（至 1800 年），其中澳门人 64 名、内地人 75 名[5]，其他非欧洲国籍者 10 余名，这是迄今最为权威的统计数字。除了出于死于途中等各种原因并未实际入华约 50 名，有 700 多名西方耶稣会士到过中国活动。他们来自欧洲十几个国家，如康熙年间（1662—1722）真正入华的欧洲耶稣会士有 280 余名，其国籍分布为葡萄牙、法国、意大利、德国、比利时、荷兰、奥地利、西班牙、瑞士、波兰等。[6] 如果加上明末至顺治年间（1644—1661）的来华人数，清初到中国活动过的欧洲耶稣会士不下

1　［意］利玛窦、［法］金尼阁著，何高济、王遵仲、李申译：《利玛窦中国札记》第二卷第四章，中华书局 1983 年版。
2　转引自许文敏：《徐日升：中瑞两国历史上的第一名使者》，《国际汉学》2015 年第 4 期。
3　［法］费赖之著，冯承钧译：《在华耶稣会士列传及书目》，中华书局 1995 年版。经本人查对，该书传记编号共 467 个，实含附录的副号 14 个，中国籍 78 名（其中一名或为日本人）均系原作者注明。
4　［法］荣振华著，耿昇译：《在华耶稣会士列传及书目补编》，中华书局 1995 年版。
5　江晓原：《开普勒天体引力思想在中国》，《自然科学史研究》1987 年第 2 期。
6　荣振华在《在华耶稣会士列传及书目补编》"入华耶稣会士国籍统计表"（耿昇译本下册，第 973—987 页）中所列"中国人（包括澳门人）"共 133 人。但经本人逐条查对应为 139 人（包括依荣振华例，将少数设疑"中国或××国人"也计为中国人）。以上各项统计均依据荣振华《在华耶稣会士列传及书目补编》"入华耶稣会士国籍统计表"。

300 名。

入华欧洲传教士，除了耶稣会士之外，还有来自多明我会、方济各会等修会及罗马教廷传信部派出的传教士，如黎玉范（Juan Bautista de Morales，1597—1664，多明我会士）、利安当（Antonio de Santa Maria Caballero，1602—1669，方济各会士）、马国贤（Matteo Ripa，1682—1745，传信部直辖在华传教士）等，[1] 也在明清间中西文化的交汇中扮演过重要角色。特别值得一提的是西班牙多明我会士闵明我（Domingo Navarrete，1618—1686）。他不仅在浙江金华、兰溪传教，而且在"康熙历狱"期间被捕入杭州监狱，并将其亲身经历记录下来，成为观察明清之际"礼仪之争"和中国印象的另类视角。[2] 更加令人意外的是闵明我对杭州监狱的描述，在一百年之后竟然引起了法国重农学派领袖魁奈（Francois Quesnay，1694—1774）的关注，成为他在《中华帝国的专制制度》一书中以中国为榜样构建开明专制"理想国"的素材和理据。然而，不可否认，引发中西双方首度大规模接触的这两百年间，在文化交流的层面及其深度上，耶稣会士的作用是其他欧洲传教士难以匹敌的，这是历史事实。

耶稣会士成为明清之际西学东渐的首要担当者，在很大程度上是由明末利玛窦开创的"学术传教"（或称"知识传教"）策略所奠定的，而传教士具有的宗教与科学传播者的双重身份使其充当了明清之际中西文化正面相遇的桥梁和媒介。

一、入华耶稣会士的"学术传教"与西学东渐

欧洲耶稣会士充当中西文化首次正面交汇的媒介和桥梁，缘于其为实现在华传播宗教的使命，奉行由耶稣会远东传教负责人范礼安（Alexandre Valignani，1538—1606）制定的"适应"中国文化的传教路线，学界称之为"文化调适"或"学术传教"策略。其要义是要求耶稣会士通过"习华言，易华服，读儒书，从儒教"来打破晚明社会依然流行的保守排外风气，赢得明朝官员和士人的同情、好感和支持，乃至明朝皇帝的宽容，在中国开展基督教传播事业。利玛窦是这一"学术传教"策略的倡导者和践行者，他从"西僧（效仿佛僧）"转变为"西儒（效仿儒士）"，借助展示、赠送西洋器物，合作翻译出版中文西书，争取到明朝士绅官员的宽容与优待，乃至于 1601 年进京获得明朝万历皇帝的接见，一举成功立足帝都北京，开始了更为广泛的"合儒易佛"[3] 学术传教活动。

1　黎玉范于明末来华，1643 年到罗马递呈有关中国礼仪十七个问题的报告，导致 1645 年秋教皇通谕禁止中国天主教徒参加祭祖敬孔礼仪，从而首次将"礼仪之争"在中国之外揭开；利安当于明崇祯至清康熙初年在华传教，所著《天儒印》为天主教适应儒家学说之名著；马国贤于康熙末年来华，擅长传授西洋画法，雍正元年回意大利后，创办那不勒斯中国学院，以招收中国留学生为目的。可参见方豪著《中国天主教史人物传》（中华书局 1988 年版）等资料。

2　见［西］闵明我著，何高济、吴翊楣译：《上帝许给的土地——闵明我行记和礼仪之争》，大象出版社 2009 年版。

3　所谓"合儒"是指利玛窦等欧洲传教士通过将天主教信仰的上帝拟同中国古代儒家所称的"上帝"，宣扬天主教教义与古代儒学相似，以取得在华传播天主教的合法性；所谓"易佛"则指排斥佛教，即将佛教作为天主教批评的对象，包括吸收了某些佛教思想的宋明理学。

利玛窦在 1609 年（去世前一年）致耶稣会远东副省会长巴范济（Francois Pasio，1551—1612）神父的书简中，汇报了他设计这套传教策略的初衷和目的：

> 利用良好读物与推理，对读书人逐渐介绍我们的教义让中国人知道，天主教的道理不但对中国无害，为中国政府尚且大有帮助，它为帝国缔造和平。以此原则我设法使知识分子皈依成为教友，对象不是大批的民众；假如有一批知识分子或进士、举人、秀才以及官吏等进教，由于知识分子能进教，自然可以铲除一般人可能对我们的误会。如果我们有相当多的教友，那就不愁给皇帝上奏疏了。[1]

利玛窦及其追随者，为了完成其宗教使命而在华实施的"学术传教"策略，客观上开启了一场无论在广度还是深度上都史无前例的中西文化交流高潮。

利玛窦采用"学术传教"策略是基于对明末中国社会的实际了解，以及他在中国传教实践的经验总结。他在 1596 年写给罗马一位神父的信中，提到了在华传教活动采取策略性措施的必要性：

> 中国十分广大，大多读书识字，写好的文章，但对所有外国人十分敏感，好像所有外国人皆能强占他们的领土似的，不让任何洋人入境。因此对传教事业十分不利，我们不能聚集很多人给他们布道，也不能声明我们来这里是为传扬天主教，只能慢慢地，个别的讲道不可。[2]

关于利玛窦"学术传教"策略的内涵，综合中外有关文献的记载，在明末传教之初，概而言之：它以迎合中国文化习俗为前提，利用西方科学文化知识，争取士大夫们的广泛同情与好感，以便传教士跻身中国的上层知识界，并伺机打入宫廷，甚至企图归化皇帝，以期获取在中国社会传布天主教的机会。如利玛窦在 1596 年致罗马一位神父的信中所言："现在我们所希望的，是无论采什么方式，务必先获得中国皇帝的青睐，准许我们自由传教，假使能办到这一项，我敢说，很快能归化几十万、几百万人。"[3]

而利玛窦实践这一策略所利用的主要工具正是西学中文著作，如他所说："因为所有教派多以书籍，而不以口讲作宣传；获取高官厚禄也是利用撰写佳作，而不是利用口才获得。"[4]此举对明末士大夫颇具吸引力：

> 人们争相拉拢我们，有的刻印我们的作品，有的重刻我们的书籍，有的撰

1　［意］利玛窦著，罗渔译：《利玛窦书信集》下册，光启出版社、辅仁大学出版社 1986 年版，第 410 页。
2　［意］利玛窦著，罗渔译：《利玛窦书信集》上册，光启出版社、辅仁大学出版社 1986 年版，第 219 页。
3　［意］利玛窦著，罗渔译：《利玛窦书信集》上册，光启出版社、辅仁大学出版社 1986 年版，第 219 页。
4　［意］利玛窦著，罗渔译：《利玛窦书信集》下册，光启出版社、辅仁大学出版社 1986 年版，第 324 页。

5

述欧洲风土人情的书，有的在自己的著作中引用我们的意见。对我们的教会、伦理、哲学与数学无不钦佩；至论《世界地图》每年都有出版，或单独印刷，或附在讨论地理的书籍之中。[1]

"学术传教"的效果是耶稣会士始料未及的，利玛窦曾多次请求教会、教友从西欧寄来书籍，甚至与利玛窦的传教主张有分歧的龙华民（Nicolas Longobardi，1559—1654）也感叹"神父所寄来的书籍给我们带来莫大的荣誉"，承认"通达数学者，通达中国文字是吸引中国人信教的途径"。[2]利玛窦在 1609 年致巴范济神父的书简中，汇报了他所设计的传教策略："请求中国皇帝恩准自由传教之事，就是我日夜所思所念，也可以说，是我多年希望能够获得到的。"[3]

此后，明末清初入华耶稣会士从艾儒略、汤若望（Johann Adam Schall von Bell，1592—1666）到南怀仁（Ferdinand Verbiest，1623—1688）又出色地将这种策略一以贯之，终于在清初铺就"通天捷径"，直接打入中国社会的最上层，迎来明清间西学东渐的"黄金时期"。

事实上，利玛窦"学术传教"策略的制定及实施，与瞿太素（1548—1610，名汝夔，字太素，常熟人）和徐光启等明末士大夫的启迪和协助是分不开的。利玛窦曾接受徐光启的忠告：刊印西书"是在中国惟一的传教和建立教会的方法"[4]。包括利氏在内的明末入华耶稣会士译编的大量汉文西学著作，主要也是由徐光启、李之藻、杨廷筠等士人参与翻译、刊印和传播的。崇祯二年（1629），李之藻在杭州编刊第一部西学丛书《天学初函》，辑录 20 部介绍西方宗教与科学文化的中文著作，此书"在明季流传极广，翻板者数本"[5]。同年，明廷谕令徐光启主持历局（后由李天经接任），正式开始了长达五年的翻译并参照西方天文学改革历法的活动。直接参加这项工程的耶稣会士有邓玉函（Jean Terrenz，1576—1630）、罗雅谷（Jacques Rho，1593—1638）、汤若望等。至崇祯七年（1634）十一月，译著历书 46 种，共 137 卷，分五次进呈，即为《崇祯历书》。其直接成果是引进了以第谷（Tycho Brahe，1546—1601）宇宙体系为基础的西方天文学。虽然终明之世《崇祯历书》未得朝廷采用，但此书已有刊本行世。《天学初函》与《崇祯历书》的编刊标志着明末西学东渐的高潮。骎骎而入的西来之学，号为"天学"或"西学"，流播朝野，竟成明末学界盛极一时的新异之学。正如明人邵辅忠《天学说》所云："自神宗朝泰西利玛窦始倡天主之教，其所立言以天文历数著，一时士大夫争慕向

1　［意］利玛窦著，罗渔译：《利玛窦书信集》下册，光启出版社、辅仁大学出版社 1986 年版，第 369 页。
2　《龙华民神父致罗马总会长阿桂委瓦神父书》（1610 年 11 月 23 日撰于广东韶州），［意］利玛窦著，罗渔译：《利玛窦书信集》下册，光启出版社、辅仁大学出版社 1986 年版，第 544 页。
3　［意］利玛窦著，罗渔译：《利玛窦书信集》下册，光启出版社、辅仁大学出版社 1986 年版，第 408 页。
4　［意］利玛窦著，罗渔译：《利玛窦书信集》下册，光启出版社、辅仁大学出版社 1986 年版，第 291 页。
5　陈垣：《重刊〈灵言蠡勺〉序》，《陈垣学术论文集》第一集，中华书局 1980 年版，第 67 页。

之，遂名天学云。"[1]

明末清初以传教士为媒介的西学东渐，其具体的传播渠道主要包括他们的口头传授、译撰中文著作、携入或自制西洋科学仪器等。当然中译的西学图书是当时西方文化东传的主要载体，西书的刊传也是最有影响的西学传播途径，故学术界常以欧洲传教士译编汉文西学书籍的数量为西学流播的重要标志。在耶稣会解散约十年后，清朝官方编成《四库全书》，其采进书目中收入了西书 23 部，存目中著录西书 37 部。梁启超在《中国近三百年学术史》中指出，当时"中外学者合译或分撰的书籍，不下百数十种"[2]，而附表所列耶稣会士在华译著西书共 321 部。费赖之的《在华耶稣会士列传及书目》统计西士的汉文著作有 360 多种。徐宗泽的《明清间在华耶稣会士译著提要》卷九"译著者传略"所列 72 名西士译著共有 216 部。侯外庐主编的《中国思想通史》统计西士的中文著作约 370 种，其中科技类占 120 种左右。[3]美籍学者钱存训据费赖之《在华耶稣会士列传及书目》和裴化行（Henri Bernard，1889—1975）《欧洲著作汉译书目》统计耶稣会士的中译西书凡 437 种。其中宗教书籍 251 种，占半数以上；人文科学 55 种，包括哲学、伦理、教育、语言文字、地理等；自然科学 131 种，包括数学、天文、物理、地质、生物、医学、军事等。[4]

二、耶稣会士的双重传播角色：宗教与科学

耶稣会士入华的动机与目的无疑是其肩负的宗教使命，然而中国社会的特殊性，迫使他们走上"学术传教"的道路。不管"学术传教"策略带有多少权宜性的色彩，历史却的确让欧洲的耶稣会士扮演了宗教与科学传播者的双重角色。

这里我们无意探讨宗教与科学的因缘关系，而是要揭示一种历史的真实：耶稣会士在华的科学传播活动。同时，本著也不想赘述耶稣会士在天文、数学、地理、物理、生物、医药、建筑、语言、音乐、美术等自然与人文科学方面的所有传播内容，但要特别指出他们输入的对明清之际中国科学影响最大的西方天文历学、数学和地理学的科学内涵。

在天文学方面，利玛窦所著《乾坤体义》（1605 年刊于北京）被认为是当时欧洲天文学的百科全书克拉维斯（Christopher Clavius，1538—1612，德国耶稣会士科学家）的《萨克罗博斯科天球论注释》（1561 年）一书的译编本。伽利略（Galileo Galilei，

1　［明］邵辅忠：《天学说》，吴相湘编：《天主教东传文献续编》第 1 册，台湾学生书局 1966 年版，第 3 页。
2　梁启超著，朱维铮校注：《梁启超论清学史二种》，复旦大学出版社 1985 年版，第 99、126—137 页。
3　侯外庐主编：《中国思想通史》第四卷下册，人民出版社 1960 年版，第 1254 页。
4　钱存训：《近世译书对中国现代化的影响》，《文献》1986 年第 2 期。裴化行的《欧洲著作汉译书目》原文"Les adaptation chinoises d'ouvrages europeens, 1514-1668"，刊于《华裔学志》（Monumenta Serica）第 10 期（1945 年），第 1—57、309—388 页。新近的研究成果参见邹振环：《晚明汉文西学经典：编译、诠释、流传与影响》，复旦大学出版社 2011 年版。

1564—1642）用望远镜得出的天文学新成果，发表于 1610 年的《星际使者》，而阳玛诺
（Emmanuel Diaz Junior，1574—1659）于 1615 年在北京刊行的中文著作《天问略》中已
择要介绍。《崇祯历书》引进了精度明显高于哥白尼（N. Copernicus，1473—1543）体系
的第谷宇宙体系，它对修订历法更为实用，且该书也采纳了开普勒（J. Kepler，1571—
1630）的多种著作成果，并介绍了直接译自哥白尼《天体运行论》的地动之说。汤若望
的《历法西传》中还为哥白尼作小传，并为《天体运行论》写了提要。[1]《崇祯历书》的
星表星图参考了西方第谷星表、拜耳（J. Bayer，1572—1625）星图（1603 年）、格林伯
格（C. Grienberger）星表（1612 年），而第谷星表是 17 世纪初欧洲最权威的星表。尤
为可贵的是《崇祯历书》星表中记录的南天增星数据不仅在中国是首次出现，在世界上
也可能是首次。而它们很可能是由耶稣会士来华途中测量的。[2]崇祯初年徐光启的《见
界总星图》则是明末引进西方天文学后由中国学者参与绘制的第一幅星图，它是近代
恒星天文学理论和实践的产物，使中国的古星图发生了革命性的变化。[3]国内研究者还
在原"北堂藏书"中找到了耶稣会士们亲手使用过的西方科学家第谷、哥白尼、开普
勒、伽利略、格林伯格等的著作底本。[4]在《崇祯历书》编成后的一个世纪中，它几乎成
了中国天文学家学习西方天文学的唯一源泉。[5]在数学方面，耶稣会士输入的西方数学有
平面几何学、对数和三角学等。影响最大的是利玛窦、徐光启合译的《几何原本》前六
卷（1607 年），明末《崇祯历书》的译编又进一步引进了作为第谷天体运动体系基础的
西方几何学和三角学，并立即得到广泛的应用。[6]1631 年由罗雅谷译成呈进的《测量全
义》所依据的底本，包括意大利数学家玛金尼（G. A. Magini，1555—1617）的《平面三
角测量》（1604 年）和《球面三角学》（1609 年），德国数学大师克拉维斯的《实用几何
学》（1611 年）、第谷的《新编天文学初阶》（1602 年）等。[7]在地理学方面，利玛窦初
入肇庆即展出了他带来的世界地图，接着又亲自绘制了中文的世界地图，使中国人第一
次闻知地圆及五大洲说，这是对中国传统地理观念的首次冲击。最新研究成果表明，南
京博物院藏利玛窦《坤舆万国全图》摹绘参照的欧洲地图底本，除了佛兰德（今属比利
时）学者、地理学家亚伯拉罕·奥特柳斯（Abraham Ortelius，1527—1598）的《地球大
观》（1570 年拉丁语初版，又译为《寰宇大观》《世界舞台》，是欧洲第一部近代意义上
的地图集）所刊地图之外，还有 4 幅 16 世纪欧洲编制的流传普及的椭圆形世界地图：西

1 江晓原：《通天捷径——明清之际耶稣会士在华传播的欧洲天文学说及其作用与意义》，朱维铮主编：《基督教与近代文化》，上海人民出版社 1994 年版，第 13 页。
2 孙小淳：《〈崇祯历书〉星表和星图》，《自然科学史研究》1995 年第 4 期。
3 潘鼐：《梵蒂冈藏徐光启〈见界总星图〉考证》，《文物》1991 年第 1 期。
4 江晓原：《通天捷径——明清之际耶稣会士在华传播的欧洲天文学说及其作用与意义》，朱维铮主编：《基督教与近代文化》，上海人民出版社 1994 年版，第 4—5 页；孙小淳：《〈崇祯历书〉星表和星图》，《自然科学史研究》1995 年第 4 期。
5 江晓原：《开普勒天体引力思想在中国》，《自然科学史研究》1987 年第 2 期。
6 梅荣照：《明清数学概论》，梅荣照主编：《明清数学史论文集》，江苏教育出版社 1990 年版，第 1—20 页。
7 白尚恕：《〈测量全义〉底本问题的初探》，《科学史集刊》第 11 辑，地质出版社 1984 年版，第 143—159 页。

蒙·格里诺伊斯（Simon Grynaeus，1493—1541）的世界地图（1532年，木版刻印）、贾科莫·加斯塔尔迪（Giacomo Gastaldi，1500—1566）的世界地图（1546年，刻版）、保罗·福拉尼（Paolo Forlani，生卒年不详，16世纪中叶制图师）的世界地图（1565年，铜版刻印）、安东尼奥·拉弗雷里（Antonio Lafreri，约1512—1577）的世界地图（1580年，木版刻印）。[1] 明天启三年（1623），艾儒略著《职方外纪》，这是更为有力的第二次冲击。明末部分知识分子开始接受西方地理观念，这对后来中国地理学的发展，特别是世界地理观念的形成，具有深远的影响。

关于如何看待耶稣会士传入中国的科学知识，如何测定其历史影响和意义，中外学术界迄今仍有分歧。争论的焦点问题之一是，究竟耶稣会士传入的西方科学是过时落后的还是先进的？上述揭示的天文学、数学、地理学入传知识的科学内涵，已经包含了国内外学者新的研究成果，在一定程度上可以说明耶稣会士传播科学的水平，然而国内至今仍有学者对某些已经求证的事实视而不见，在此有必要进一步引述国外学者自20世纪80年代以来的研究成果，以便更加客观地认识耶稣会士的科学传播者角色。

经常用来指责耶稣会士传播落后知识的一个主要理由是他们没有及时地把西方近代科学的基石——哥白尼的日心地动说与开普勒、牛顿（I. Newton，1642—1727）的万有引力理论引进中国。对此，日本学者山田庆儿的举证颇具说服力，他指出：哥白尼的《天体运行论》出版于1543年，当时"地动说只不过是一个假说，而且对它的重大意义，几乎没有人觉察到"，耶稣会士对华传播的天文学宇宙体系是哥白尼与开普勒、牛顿、托勒密（Claudius Ptolemaeus，约90—168）体系的折中——第谷体系，但是"第谷体系的出现是1583年"，是利玛窦来到中国以后的事情。利氏向中国介绍的第一幅世界地图《万国全图》，其中"地球（圆）说的证明和地理知识的扩大明明白白都是大航海时代的成果，而地球假说则是由古希腊人提出的（按：指托勒密说）"。而作为"在近代科学中具有第一个确实基石地位的开普勒的《新天文学》于1609年出版，伽里略的《星界的报告》（原注：意大利文译本，英译本名为《星际使者》）于1610年出版"。利氏于同年去世，他不可能知道这些。因此，山田庆儿的结论是：

> 利玛窦并未完全掌握近代科学知识乃是理所当然的事。他所知道的科学是古代中世纪科学，可以认为：在此范围内他把当时最有权威、最好的科学知识提供给中国。明末中西文化的接触是从近代科学形成的前夜开始的。[2]

他还特别解释了1742年清朝编成的《历象考成后编》为何仍然没有提到地动说和万有引力理论。他认为要理解这一点必须考虑哥白尼和牛顿的学说在欧洲的传播情

1　阙维民：《南京博物院利玛窦〈坤舆万国全图〉藏本之诠注》，《历史地理研究》2020年第3期。
2　［日］山田庆儿：《近代科学的形成与东渐》（该文原为作者1983年来华讲演底稿），《科学史译丛》1984年第2期。

况。山田庆儿认为，这两种学说的诞生日期分别为 1543 年和 1687 年，但在欧洲普遍得到承认并确立不可动摇的权威地位，是从 18 世纪 20 年代到 30 年代，而《历象考成后编》的编著者耶稣会士戴进贤（Ignatius Kogler，1680—1746）和徐懋德（Andre Pereira，1690—1743）都是 1716 年来中国的。牛顿主义在法国取得胜利，仅是在他们编成《历象考成后编》前几年的事情。他归结道："牛顿力学被普遍接受需要五十年，哥白尼学说需要一百六七十年。"[1]基于同样的认识，比利时学者罗歇-A.布隆多（Roger-A. Blondeau）也撰文指出，死于 1688 年的南怀仁，不可能传播牛顿定律，并且他又特别强调"我们不应该忘记即使在欧洲，职业天文家也只是在 17 世纪的最后 25 年才产生的"，因此他的结论是："南怀仁和 17 世纪的耶稣会士，把他们能够了解到的欧洲已有的一切（科学）都提供给了中国。"[2]针对有人指责利玛窦只同意与徐光启合译《几何原本》前六卷此举为"蓄意隐瞒"，中外学者也予以澄清。山田庆儿指出，利氏译出《几何原本》前六卷所依据的版本，"是当时最有权威的欧几里德译注书"，并且是他离开欧洲前四年刚出版的教科书。[3]而据欧洲学者研究，《几何原本》最早的德译本、西班牙译本和瑞典译本都是六卷本。[4]显然，指责耶稣会士所传西方科学都属过时落后，甚至"蓄意隐瞒"西方先进科学的说法是有失公允的。同时，我们更应该具体考察传入的西方科学对当时中国科学的发展起到了怎样的实际作用。以《几何原本》为例，这部数学名著虽然是古希腊数学家欧几里得（Euclid，约前 330—前 275）在公元前 3 世纪编成的，但有许多学者认为该书所代表的严密的逻辑推理方法，是近代科学产生的重要前提之一。因此它对明末清初中国学者的影响不仅仅体现在数学上，而且在思想方法方面。《几何原本》所体现出来的那种逻辑推理的说服力，曾令徐光启等学者推崇不已，徐光启指出"能精此书者，无一事不可精；好学此书者，无一事不可学"，故认为"举世无一人不当学"。[5]

三、晚明学风与传教士西学的相遇

明代中后期，政治、经济方面的变化引起了社会思想及社会风气的变迁。阳明心学的盛行，实学思潮的兴起，东林学派对传统价值观的崇尚，李贽（1527—1602）等人的早期启蒙思想的流传……晚明社会的复杂局面被形容为"儒学和佛学相和，西学和中学相交，实学和玄虚相抗，启蒙和保守相遇，异端和正统共存"[6]。可见，明末社会各种思想

---

1 ［日］山田庆儿：《近代科学的形成与东渐》，《科学史译丛》1984 年第 2 期。
2 Roger-A. Blondeau: "Did the Jesuits and Ferdinand Verbiest Import Outdated Science into China ?", *Ferdinand Verbiest, S. J.: (1623—1688) Jesuit Missionary, Scientist, Engineer and Diplomat*, edited by John W. Witek, S. J., Nettetal: Steyler Verlag, 1994, pp. 53-54.
3 ［日］山田庆儿：《近代科学的形成与东渐》，《科学史译丛》1984 年第 2 期。欧几里德现一般译作欧几里得。
4 席泽宗、吴德铎主编：《徐光启研究论文集》，学林出版社 1986 年版，第 51 页。
5 ［明］徐光启著，王重民辑校：《徐光启集》，中华书局 2014 年版，第 76 页。
6 夏清瑕：憨山大师佛学思想研究，学林出版社 2007 年版，第 1 页。

争鸣，各种学术流派竞争，深刻地影响了晚明社会风气的变迁，从而为西学东渐与中西文化交汇创造了历史机遇，同样成为明清之际浙学与西学相遇的时代背景。

（一）阳明学盛行与西学媒介

阳明学是明朝中晚期的主流学说之一，后传于朝鲜和日本，对东亚有较大影响。浙江是阳明学的发祥地和大本营。王阳明（1472—1529）的学术思想正是在明朝封建社会开始解体、商品经济初步发展的情况下逐步形成的。王阳明深感统治思想界达两三百年之久的程朱理学和佛老思想应对不了社会的变化，因此，他开始对程朱理学的僵化和教条化进行检讨、反省和批判。王阳明主张"心即理"，并据此提出"知行合一"的口号，晚年又提出"致良知"的主张，从而用一种注重身心修养的学说来取代朱熹沉溺辞章、务外遗内、博而寡要、支离决裂的格物致知说。

王阳明的思想影响除了在其家乡浙江余姚形成势力巨大的浙中学派外，还在他长期做官讲学的江右（即江西）形成了颇有势力的江右学派，但真正在晚明思想界产生极大影响的，还要数泰州学派。泰州学派的创始人是王阳明的高足王艮（1483—1541）。王艮在发挥阳明学说时，更注意结合百姓的实际情况，发挥百姓日用之学。他说："圣人之道，无异于百姓日用。凡有异者，皆谓之异端。"[1] 这样，王艮便自然地剥掉了儒家道学的神圣外衣，使之成为愚夫愚妇都能知能行的"日用之学"。也正是从这个意义上说，王艮的学说不仅预示着宋明理学的危机加深和崩溃，而且其思想体系中确实闪耀着某些近代理性的火花。

王艮之学的众多门生及三传、四传弟子中，又出现了像李贽、颜钧、何心隐等具有极强叛逆性格的"异端思想家"，故而他们的学术传承系统虽仍属于王学一系，但其思想资源、学术主张自非王学一门的孤立传承系统，而是具有似儒、似道、似禅，亦儒、亦道、亦禅的复杂特征，开启了晚明特殊社会背景下一股强劲的异端思潮。

从王阳明的"心学"主张到王门后学的"异端"思想，引导晚明士人冲破传统观念束缚，一改二百余年的陈旧格套，给学术界带来一种自由解放的精神，这在客观上为西学的传播创造了一种文化氛围。对此，法国教会史学家裴化行曾指出："某些温和学说的影响，例如王阳明的直觉伦理学，仍然使得利玛窦的某些听众有了接受基督信息的思想准备。"[2]

欧洲传教士在明末社会的西学传播正逢王学风行之际，王学（特别是王门后学）所特有的自由解放精神在客观上为天主教的传播创造了良好的文化氛围，同时也为一部分士大夫或学人接受西方宗教文化提供了一定的思想基础。中国学者朱维铮、陈卫平对于

---

[1] ［清］黄宗羲著，沈芝盈点校：《明儒学案》下册，中华书局1985年版，第714页。
[2] ［法］裴化行著，管震湖译：《利玛窦神父传》上册，商务印书馆1998年版，第305页。

晚明王学与西学东渐的关系做了专门的深入论述。

朱先生特别指出了王学与西学接近的内在理路：王学提出的种种命题，"对正统理学无疑是一种严重的挑战。照王学的逻辑，必定走向撤除纲常名教的思想樊篱，包括所谓'夷夏大防'在内"。"十六世纪晚期罗明坚和利玛窦等入华的时候，正是王学思潮旺盛之际。在士大夫中间，首先对利玛窦传播的欧洲教义发生兴趣，乃至改宗天主教而不自以为非的，有不少正是王学的信徒，例如李贽、徐光启等。反之，明末《圣朝破邪集》所录攻击西士西教的文章，大部分作者都是以卫道士自居的朱学末流。"并认为"作为中世纪统治学说异端的王学信徒，较易接受近代意义的外来文化"，"从中西文化交流史的角度来看，王学在明清之际并非只有负面意义"，"王学藐视宋以来的礼教传统，在客观上创造了一种文化氛围，使近代意义的西学在中国得以立足"。[1]

陈卫平则对王学与西学交汇的内在机制做了阐析：明清之际传播的西学主要是天主教教义和科学技术。晚明王阳明心学的大为流行，为恰在其时来到中国的西学充当了媒介。王学打破了程朱理学对思想的垄断，创造了西学得以输入和传播的文化氛围；王学注意伦理学的自愿原则，为天主教教义的传播架设了思想桥梁；王学大兴讲学会的风气，为天主教的传播提供了组织形式上的借鉴。[2]

自明中叶以降，如日中天的王阳明心学日渐式微。王学式微的根本原因是其自身内在的逻辑矛盾。相比实学思潮对西学传播的影响，王学为西学东渐所提供的思想基础是相当有限的。有学者指出：王学风行与天主教传播在性质上和目标上无疑存在着根本的差异，虽然在批判程朱理学、倡导人己平等和推崇建立超越血缘亲情的朋友关系基础上的社会组织等方面，两者可以找到某种相近或相似的地方，但是，"王门后学虽然具有强烈的批判意识，但很少从正面借鉴天主教对世俗政权及宗法制度的批判精神。他们在批判旧传统时，要么就事论事，对旧制度进行一些修补，要么全盘否定旧传统，此后却又不能提出更高的价值和重构新的传统，结果眼前全是一片虚无黑暗"[3]。王学与西学的相遇具有相当大的局限性。

（二）实学思潮高涨与西学东渐

明末清初西学输入和传播之际，正值中国学术文化界实学思潮高涨之时[4]。西学在晚明学界已被视作一门单独的新异之学，恰与实学思潮际会于同一时空，这并非偶然。概而言之，实学思潮在治学方法与旨趣上为西学入传提供了一定的土壤和条件，而耶稣会

1　参见朱维铮：《利玛窦在中国·渗入王学开拓的空间》，《走出中世纪（增订本）》，复旦大学出版社 2007 年版，第 142、144 页；朱维铮：《晚明王学与利玛窦入华》，《中国文化》2004 年第 1 期。

2　陈卫平：《王学对明清之际西学的接应及其意义》，《贵州文史丛刊》2016 年第 1 期。

3　陈登：《明末王门后学与天主教的传播》，《湖南大学学报（社会科学版）》2003 年第 2 期。

4　学术界关于"实学"的定义以及可否用"实学"一词来概称明末清初的学术思潮，仍存在分歧。本书采用的"实学"概念，既指反对空虚、讲求实证的务实学风，又指关注国计民生、经世致用的实用之学。

士带来的西方科学技术又对经世实学的高涨起到了积极的刺激和催化作用。

明清实学思潮与宋明理学末流的空疏相对立，以"崇实黜虚""经世应务"为宗旨。它初起于明代中叶，此后自东林学派至复社士子，把经世实学之风大为推进。

经世致用是明清之际实学思潮的核心精神。在中国的思想史上，经世致用的学术思想往往与封建统治的风雨飘摇相伴随，晚明实学思想的高涨亦然。概而言之，当时的明王朝正处于内外交困的境地，阶级矛盾与民族矛盾相互交织，而政治上则出现了黄仁宇提出的以道德为尺度而非以行政为尺度的官僚倾向。面对晚明社会危机和内部矛盾，空疏的程朱理学和陆王心学显然难以提出有效的治理整改措施，所谓"明季士大夫问钱谷不知，问甲兵不知"[1]，而一批进步的知识分子如顾宪成、高攀龙、徐光启等，从对理学、心学的批判出发，提出了学术应"反（返）之于实"，反对"平时袖手谈心性"的学术倾向，倡导"思以济世""学必实用""不发空言""见诸实效"的务实致用的学风，从而以有用的实学取代"明心见性"之空谈，并且通过书院讲学、编写实学书籍如《农政全书》等形式，对现实生活给予关注，践行经世致用的学术精神。"更多的儒士开始关注经世致用的落实问题，即从经验生活中探讨经世致用的达成，对形而下的生活世界的关注成为实学理论结构上的一大特点。"[2]

明清王朝更替之际，主流知识阶层反思明朝灭亡的教训，"崇实黜虚""经世应务"的实学思潮更加高涨。明亡以后，顾炎武、王夫之、黄宗羲、方以智从民族复兴的时代危机感出发，反思明王朝覆灭的根源，认为就在于学术思想上的务虚禅化，从而进一步提出了"明道救世""经世致用"的学术思想和治学原则。顾炎武就将明王朝的覆灭归因于程朱理学和阳明心学的清谈："刘、石乱华，本于清谈之流祸，人人知之，孰知今日之清谈，有甚于前代者？昔之清谈，谈老庄，今之清谈，谈孔孟。未得其精而已遗其粗，未究其本而先辞其末，不习六艺之文，不考百王之典，不综当代之务，举夫子论学论政之大端一切不问，而言'一贯'，言'无言'，以明心见性之空言代修己治人之实学，股肱惰而万事荒，爪牙亡而四国乱，神州荡覆，宗社丘墟。"并进一步提出"君子之为学，以明道也，以救世也"。[3]黄宗羲也明确提出"学贵适用"的治学精神："道无定体，学贵适用，奈何今之人执一以为道，使学道与事功判为两途。事功而不出于道，则机智用事而流于伪；道不能达之事功，论其学则有，适于用则无，讲一身之行为则似是，救国家之急难则非也：岂真儒哉！"[4]可以说，这一时期的经世致用思想在明清易代的冲击下，具有浓厚的民族复兴理想和救世情怀。在这些大儒的身体力行之下，清初的学风为之丕变，强调实证、实用、实行，开启了"崇实黜虚"新学风。可以说，从晚明

1　［清］张廷玉等：《明史》卷二五二，中华书局 1974 年版，第 6524 页。
2　张岱年：《中国哲学大纲》，中国社会科学出版社 1994 年版，第 590 页。
3　［清］顾炎武：《日知录集释》，上海古籍出版社 2014 年版，第 158 页。
4　［清］黄宗羲著，吴光编：《黄宗羲全集》第十九册，浙江古籍出版社 2012 年版，第 271 页。

到清初这一阶段，"经世致用"成为实学的核心精神，无论是经济领域提出的"利用厚生""惠商恤民"，还是政治领域提出的"公其是非于学校"，无不强调学术活动对现实生活的关注；同时，极力提倡实事求是的治学态度，将能否付诸实行、能否有利于实行作为检验知识的重要标准。换言之，就是能否有助于现实问题的解决成为当时治学研究的重要尺度，以"外王"的学术取向取代"内圣"的学术取向，这是明清鼎革之际实学最重要的一个特征。[1]

在晚明方兴未艾的经世思潮中，最早倡导接纳西学的杰出代表，第一位是徐光启 [1562—1633，南直隶松江府上海县（今上海市）人]。他在批判"名理之儒土苴天下之实事"的虚浮学风的同时，将其毕生的学术志向确立为"率天下之人而归于实用"，并向统治者力陈"方今事势，实须真才；真才必须实学"，"造就人才，务求实用"的救世之策。[2] 而耶稣会士输入的"泰西"之学，"皆返本跽实，绝去一切虚玄幻妄之说"，其"实心、实行、实学"之特质正与徐光启的旨趣相投。[3]

第二位便是明代浙江仁和（今杭州市）人、著名士人李之藻（1565—1630）。他对西学的理解与推崇，更加充分地说明了17世纪以后的中国知识界，是站在经世实学思想的立场上引进与接纳西方科学的。他在《请译西洋历法等书疏》中除重点推荐西洋历术之外，又一一列举了水法、算术、测望、仪象、医理乃至格物穷理等近十种西方实学，并直陈其引进西方科学、补我经世实学之见解：

> 今诸陪臣真修实学，所传书籍，又非回回历等书可比；其书非特历术，又有水法之书，机巧绝伦，用之灌田济运，可得大益。又有算法之书，不用算珠，举笔便成。又有测望之书，能测山岳江河远近高深，及七政之大小高下。有仪象之书，能极论天地之体，与其变化之理。有日轨之书，能立表于地，刻定二十四气之影线；能立表于墙面，随其三百六十向，皆能兼定节气；种种制造不同，皆与天合。有万国图志之书，能载各国风俗山川险夷远近。有医理之书，能论人身形体血脉之故，与其医治之方。有乐器之书，凡各钟琴笙管，皆别有一种机巧。有格物穷理之书，备论物理事理，用以开导初学。有几何原本之书，专究方圆平直，以为制作工器本领。以上诸书，多非吾中国书传所有，想在彼国，亦有圣作明述，别自成家。总皆有资实学，有裨世用。[4]

李之藻与耶稣会士傅汎际（Franciscus Furtado，1587—1653）合作翻译的《名理探》实际上与他内心崇尚实学，厌恶晚明心学末流"空谈心性"的空疏学风有很大的关系。

1　戴红宇：《论明清鼎革之际实学的特征》，《大理大学学报》2019年第5期。
2　［明］徐光启著，王重民辑校：《徐光启集》上册，中华书局2014年版，第80、77页，下册，第473、438页。
3　［明］徐光启著，王重民辑校：《徐光启集》上册，中华书局2014年版，第80、66页。
4　徐宗泽编著：《明清间耶稣会士译著提要》，中华书局1989年版，第255—256页。

李天经（1579—1659，字长德，河北吴桥人）在《〈名理探〉序》中说：

> 世乃侈谭虚无，诧为神奇；是致知不必格物，而法象都捐，识解尽扫，希顿悟为宗旨，而流于荒唐幽谬；其去真实之大道，不亦远乎！西儒傅先生既诠寰有，复衍《名理探》十余卷。大抵欲人明此真实之理，而于明悟为用，推论为梯；读之其旨似奥，而味之其理皆真，诚为格物穷理之大原本哉。[1]

李天经与李之藻同为明末西学派士人，曾主持《崇祯历书》的编译，他将陆王心学的"空疏"与程朱理学的"格物致知"相对立，又将程朱理学的"格物致知"与亚里士多德（Aristotle，前384—前322）的逻辑学乃至西学相比附，这在某种程度上也是当时接受西学的国人看待西方学术理论的态度。在李之藻看来，要矫正当时这种空疏的学术流弊，有必要引入讲究实际的西学来帮助恢复以往的"实学"之风。

徐光启、李之藻等西学派的经世思想与学术旨趣又直接影响了明末清初的实学派士人。复社领袖张溥、陈子龙，皆因钦佩徐光启"生平所学，博究天人，而皆主于实用"，他们或向光启"问当世之务"[2]，或就天文历法"往问所疑"[3]。崇祯十一年（1638），陈子龙将所编《徐文定公集》六卷（选录遗文33篇）收入《皇明经世文编》卷四八八至四九三。"志在征实""济于实用"的《皇明经世文编》的刊行，乃是晚明经世思潮高涨的标志之一。与此相随，以《天学初函》与《崇祯历书》等西学中文书的编刊发行为标志，明清之际的西学东渐也掀起了高潮。

晚明实学思潮与西学东渐的并起，显然不仅仅止于时空上的巧合，更有其内在的呼应。以徐光启为代表的务实派学者，无疑是见证明清之际实学与西学内在关联的典型个例。事实上，明末清初士人对徐光启治学风格的认定，已经从一个侧面反映了实学与西学的关系。在当时的士大夫眼里，徐光启治学所讲求的即是引入西学中的实用之学。明末松江府推官李瑞和，于崇祯十四年（1641，光启卒后8年）撰文记光启与西学曰："是时徐文定公光启假归里居，讲求经国实用之学，而西士郭仰凤、黎宁石二先生者不远而来，文定与语契合……"[4]又清初顺治十七年（1660）上海知县涂赟记曰：

> 其（注：此指西士）所论列天文、地理以及制器利用之学，靡不精诣；于是朝端卿尹，咸切景从，而上海徐文定公信服特甚。盖文定学术弘密，其生平讲求，皆裨实务，故崇奉最先。[5]

1 ［葡］傅汎际译义，［明］李之藻达辞：《名理探》，生活·读书·新知三联书店1959年版，第3页。
2 ［明］徐光启撰，石声汉校注：《农政全书校注》，上海古籍出版社1979年版，"凡例"第4—5页。
3 ［明］徐光启撰，石声汉校注：《农政全书校注》，上海古籍出版社1979年版，"张溥原序"第1页。
4 康熙《上海县志》卷七"天学"，转引自方豪：《中国天主教史人物传》中册，中华书局1988年版，第58页。引文中所称西士郭居静（Lazzaro Cattaneo，1560—1640），字仰凤，意大利耶稣会士；黎宁石（Pierre Ribeiro，1572—1640），字攻玉，葡萄牙耶稣会士。
5 康熙《上海县志》卷七"天学"，转引自方豪：《中国天主教史人物传》中册，中华书局1988年版，第59页。

明清易代，以满洲贵族入主中原而告终，这给汉族知识分子以巨大的震动，尤其是以经世应务为己任的晚明实学派士人，难以接受一夜之间沦为"夷族"臣民的事实。他们抱着家国天下系吾身的激情，纷纷投笔从戎，加入抗清斗争的行列。在这场民族和阶级斗争交织的血与火的洗礼中，思想家们以前所未有的深度，对他们认为导致民族衰败、学风堕落的封建专制主义和蒙昧主义进行了检讨和批判，并把矛头直指作为封建正统思想的宋明理学，从而使实学思潮汇入了清初以启蒙学派为代表的各种进步思想潮流中。

在清初思想学术界深沉反思、推陈出新的时代潮流中，崇实致用始终是进步学者们的共识。他们抨击明末的空疏学风，或痛斥"天崩地解，落然无与吾事"[1]的痼习，或力主讲求"当世之务"[2]的经世实学，或专以"实文、实行、实体、实用"[3]为倡。学以经世致用成为清初学术思想的主流，学术研究的旨趣从专注于个人的心性涵养拓展到关系国计民生的实用之学，研究的范围已扩大到自然、社会和文化各个领域。浙西之学的宗师顾炎武说："士当求实学，凡天文、地理、兵农、水土，及一代典章之故不可不熟究。"[4]清初实学思潮高涨造就的文化氛围，无疑为西方科学跻身于清初经世学术之林提供了机遇，而西学的特长正可以弥补中学之缺失，使西学与经世实学更具亲和力而易被吸收。

概而言之，明末到清初这一时期实学与"西学"相遇对于明清之际学术风尚的影响主要体现在以下几方面：

其一，西学负载的大量新知识为探求经世实学的明清学人开阔了视野，树立了标杆，并激励知识界倡导务实的新学风。明末西学的传入，逐渐赢得了士人学者的信任，从李贽、陈第到东林、复社士子，均沾染上西学之风，徐光启更将"泰西"之学付诸"富国强兵"的追求（如他提出的"度数旁通十事"等）。清初学界，从启蒙学派的领袖顾炎武、黄宗羲、王夫之到志存经世的理学名士江东二陆（陆世仪、陆陇其）等，正是受到明末实学之风的熏染，也将西学纳入他们的学术视野，从而把务实致用的新学风推向高潮。

其二，西方科学重实证、讲逻辑的思维方法可补中国传统学术之缺失。明末以《名理探》《几何原本》的译传为标志，引进了西方严密的逻辑思维方法。徐光启最早从中西科学的比较中指出西学之长在于"一一从其所以然处，指示确然不易之理，较我中国往籍，多所未闻"，并将西方科学方法比喻为绣鸳鸯的金针，倡导学者得其金针"使人人真能自绣鸳鸯"。[5]李之藻也从西方的度数之学中看到了"其所以然处"，提出了"缘

---

1 ［清］黄宗羲：《留别海昌同学序》，吴光主编：《黄宗羲全集》第20册，浙江古籍出版社2012年版，第561页。
2 ［清］顾炎武：《与人书三》，《顾炎武全集》第21册，上海古籍出版社2011年版，第130页。
3 ［清］颜元：《颜元集·存学编》卷一"上太仓陆桴亭先生书（甲寅）"，中华书局1987年版，第47、426页。
4 ［清］顾炎武：《顾亭林诗文集》，中华书局1983年版，第155页。
5 ［明］徐光启著，王重民辑校：《徐光启集》下册，中华书局2014年版，第344页，上册，第78页。

数寻理"的思想方法。[1] 清初传教士南怀仁则以一个外国人的眼光，看到了中国学者思维方式的不足，而专门译编介绍亚里士多德哲学的《穷理学》一书进呈，向清初士人推荐西学中的理推之法。其《进呈穷理学书奏》说："今习历者，惟知其数，而不知其理；其所以不知历理者，缘不知理推之法故耳。……设不知其推法，则如金宝藏于地脉，而不知开矿之门路矣。"[2] 南怀仁所介绍的"理推之法"即为西方的形式逻辑方法，故《穷理学》继《名理探》之后把西方逻辑学方法更加完整地介绍给了中国。清初以王锡阐和梅文鼎为代表的科学家，在比较中西历算之学时，已经认识到中西之学的差异不仅在学问内容上，更在思维方法上是讲求"当然之理"还是"所以然之理"，因而有意识地吸收西方的数理逻辑思维方法。如王氏提出"欲求精密则必以数推之，数非理也，而因理生数，即数可以悟理也"[3]，梅氏认为"西历所推者，其所以然之源，此其可取者也"，而"由于中法之未备，又有以补其缺"。[4] 可见，在王、梅等人会通中西科学的实践中，已经尝试运用西方的逻辑思维方法。

四、经世实学与西方科学的合作

明清之际经世实学兴起与"西学东渐"在当时国家治理的实际事务上体现了"互为因果"的实用价值。一方面，"崇实黜虚"的思潮冲破传统理学思想中的"夷夏大防"，为"外夷之学"西学中科技思想的传入和传播提供了一定的思想准备；另一方面，这一时期的实学家们"经世致用"的学术取向促使他们积极地引进、借鉴西方科学技术，从而使"经世实学"融入了"泰西实学"的成分，赋予明清之际实学思潮新的内涵。

概而言之，明末清初实学与西学的合作在治国理政的"应世实务"中主要体现在三个方面[5]：

一是出于农业生产的需要对历法进行的改革，主要是明末徐光启、李之藻与耶稣会士艾儒略、汤若望等人共同完成的《崇祯历书》，以及清初南怀仁等人完成的《康熙永年历法》，极大地解决了当时历法存在的问题，有效地促进了农业的生产。

二是出于军事需要，对地理学知识和西方火器技术的学习。事实上由于晚明较大的军事压力，传统的实学家们就已经十分注意以考据的方式研究明代边疆地理。西方地理学知识的传入使中国学者们开始接受西方地理学的"实测"方法，对山川地貌进行实地考察和绘制，其集大成者便是康熙年间完成的《皇舆全览图》（又称《皇舆全图》）；此

1　［明］李之藻：《请译西洋历法等疏》《〈同文算指〉序》，徐宗泽编著：《明清间耶稣会士译著提要》，中华书局 1989 年版，第 255、267 页。
2　参见徐宗泽编著：《明清间耶稣会士译著提要》，中华书局 1989 年版，第 191 页。《穷理学》于康熙二十二年（1683）进呈。
3　［清］王锡阐：《晓庵遗书》之四"杂著·历说一"，光绪十七年刻本；又见凌淦编：《松陵文录》卷一，同治十二年刻本。
4　［清］梅文鼎：《历学疑问·论中西二法之同》，《梅氏丛书辑要》，乾隆二十二年承学堂刊本。
5　参见戴红宇：《论明清鼎革之际实学的特征》，《大理大学学报》2019 年第 5 期。

外，明末清初的学者们还通过翻译、编写书籍的方式介绍、引进西方的火器和火器技术，如著名的红夷大炮就在明末清初的军事战争中发挥了巨大的作用。

三是出于水利、建筑、商业等的现实需要，对西方数学、物理、机械等知识的学习。李之藻在《〈同文算指〉序》中说："其道使人心归实，虚骄之气潜消。"又如徐光启在《译〈几何原本〉引》中说："开济之士，究心实理，于向所陈百种道艺，咸精其能，上为国家立功立事。"可见其翻译《几何原本》不仅是出于学术兴趣，更是对经世致用的践行。明末清初的方以智则贯通传统实学"格致"和西学"质测"的思维方式，写成《物理小识》以达到通知致用的目的。黄宗羲在《明夷待访录·取士下》中提出："绝学者，如历算、乐律、测望、占候、火器、水利之类是也。郡县上之于朝，政府考其果有发明，使之待诏。"[1]

可见在实学思想和西学知识的共同影响下，学术的经世致用成为实学家们判定人才的重要尺度；而充分吸收西方科学知识以解决中国的现实问题，也体现了明清鼎革之际实学思想极大的开放性特征。对西方科学知识的主动学习，不仅更新了中国传统的知识体系，更重要的是更新了当时的学术思维，进一步形成了"征实之学"的为学方法，甚至出现了"算造根本，当凭实测"的科学精神的萌芽，从而极大丰富了明清鼎革之际实学思想的内涵。

另有学者进一步揭示了明清之际兴起的实学思潮与西学东渐存在思想层面的某种内在关联："对西学的接应，为这个时期重建思想世界增添了一幅新的图案：以天主教'补儒易佛'为核心的精神世界和以汲取西学科技为基础的知识世界。就此而言，西学与明清之际的思想世界的重建是有着内在关联的。"由此得出结论：实学与西学在价值观和方法论上皆有相通之处。[2]

五、官修浙江地方文献中的西学叙事

通过明末清初官方文书档案中的西人西学叙事，一则可以窥见官方看待西人西学的态度，二则可以证实西学东渐已经进入官方视野，无论容纳或排斥、互动或取舍，均已表明中西相遇已经成为官方不可忽视的真实存在。

虽然明清间代表朝廷态度的《明神宗实录》《明熹宗实录》《崇祯长编》少量记录了欧洲传教士来华活动事迹，有关引进西洋历法、火器等活动的叙事，基本上以客观记述为主，并未出现强烈排外意识；但是，地方政府对待西人西学的态度并非铁板一块，官修浙江地方志中的西学叙事，仍然是我们观察明清之际浙江地区西学东渐兴衰和演变轨

1　[清]黄宗羲：《明夷待访录·取士下》，吴光主编：《黄宗羲全集》第 1 册，浙江古籍出版社 2012 年版，第 17 页。
2　陈卫平：《明清之际西学流播与中国本土思想的接应》，《南京大学学报（哲学·人文科学·社会科学版）》2009 年第 6 期。

迹的重要视角之一。

其一，康熙《仁和县志》卷二二"利玛窦传"。赵世安（生卒年不详，字惟康，汉军镶红旗人）于康熙二十一年（1682）任浙江仁和知县，康熙二十六年（1687）负责编纂康熙《仁和县志》，卷二二"寓贤"有"利玛窦传"曰：

> 利玛窦，字西泰，大西洋人。虬髯碧眼，声若巨钟。明万历九年陛见京师，献所携经像方物。明敏多才辨，中国书籍过目辄成诵，一时名公巨卿皆推重之。其学尤精治历、制器诸法。钦赐堂宇，给以禄廪。后傅汎际、金尼阁、阳玛诺、艾儒略等相继至，与杭人杨廷筠、李之藻交，结庐湖上，后移钱塘门内。顺治初，圈入满城，复徙天水桥西。世祖有《御制天主堂碑序》，武林堂中虔奉之以为荣云。墓在方井。[1]

从康熙《仁和县志》的"利玛窦传"内容可见，这实际上并非意大利传教士利玛窦的个人人物传记，而是明末清初欧洲传教士在中国的活动简史，而且抓住了关键：一是表达了利玛窦"学术传教"策略的有效性，文中所称"一时名公巨卿皆推重之"是最好的评价；二是重点记述传教士与明清朝廷和士人合作传播西学的事迹，特别提到的四位欧洲耶稣会士傅汎际、金尼阁（Nicolas Trigault，1577—1628）、阳玛诺、艾儒略都是明末西学东渐的骨干分子。该"利玛窦传"所述从传播历法、制器（火炮机械等），到合作翻译西学著作，再到获得钦赐教堂、俸禄，甚至御制天主教堂碑、杭州的传教士墓地，都是欧洲传教士在华活动的标志性成果。从中也可窥知康熙《仁和县志》的作者在一定程度上代表了清初杭州地方政府对待西学东渐与中西交流的态度。

其二，雍正《浙江通志》卷二一七"祠祀"记载李卫《改天主堂为天后宫碑记》。李卫（1686—1738），字又玠，江苏徐州人。康熙五十六年（1717），捐资员外郎。深受雍正皇帝赏识，历任户部郎中、云南盐驿道、云南布政使、浙江巡抚、浙江总督、直隶总督等职，为官清廉，不畏权贵。雍正九年（1731），李卫担任浙江总督期间主持编纂了《浙江通志》。李卫《改天主堂为天后宫碑记》曰：

> 自明季万历间大西洋利玛窦入中国，造为天主之名，而其教遂蔓延于愚夫愚妇之口。其徒之入中国者，遂大兴土木，营建居室于通都大邑之中。我朝定鼎以来，圣祖仁皇帝念其人生长海外，远来就化，虽为说不经，然皆具心思识，未必不可教导。居之京师，使沐浴圣朝德化之盛，久而幡然改悟，归以教其国中之人，咸知天经地义之正。此乾坤覆载之深恩，不遗一物之义也。岂知荒诞狂悖之见，固结而不可解。我皇上御极之初，洞烛其奸，黜其人皆归南

澳，不得盘踞内地。而直省之所为天主堂者，以次而改，顾其制皆崇隆巍焕，非编户之所可居，空之又日就倾圮。去荒诞狂悖之教而移以奉有功德于苍生之明神，不劳力而功成，不烦费而事集，此余今日改武林天主堂为天后宫之举也。虽然，自利玛窦之入中国迄今几二百年，浸淫沉溺，惑其教者，未必一旦豁然有悟，即悟矣。或以为不妨存而不论，以见天地之大，无所不有，是以得罪于天而为害于人心风俗者，卒未大白于天下也……[1]

此篇《改天主堂为天后宫碑记》正是雍正八年（1730），浙江总督李卫兴起教难，凿掉杭州天主教堂康熙题写的"敕建"二字，改作天后宫，并亲自撰文勒刻《改天主堂为天后宫碑记》的直接文献证据。在雍正年间禁止天主教过程中，各地天主堂频遭改易公用，然而李卫却是亲自主持改易活动中地位最为显赫的地方大员之一，所以其举动自然引人注目。李卫此次将杭州天主堂改为天后宫，曾为此专门上奏请示雍正帝获得准许，被视为国家意志的体现，因为康熙二十三年（1684），妈祖被朝廷敕封为"护国庇民妙灵显应仁慈天后"，正式上升为具有帝国象征意义的国家守护神祇。因此，李卫此举具有非同一般的意义。他曾为此次改易活动专门撰文竖碑，就是著名的《改天主堂为天后宫碑记》，随着碑记广为流传，其举动广为人知。

李卫此次改易天主堂为天后宫，其理由是天主堂作为宗教公共空间，其建筑形制适合庙宇所用："顾其制皆崇隆巍焕，非编户之所可居，空之又日就倾圮。去荒诞狂悖之教而移以奉有功德于苍生之明神，不劳力而功成，不烦费而事集，此余今日改武林天主堂为天后宫之举也。"也就是说，李卫此次改易天主堂，首先是其注意到了天主堂建筑空间的独特性。天主堂"崇隆巍焕"，不利于改建为民居，尽管其"规模制度，与佛宫梵宇不相符合"，但在功能上与中国传统庙宇并无差别，"字样诸凡合式不用更造，只须装塑神像"，即只要更换崇拜对象便可使用。此外，李卫显然也注意到杭州天主堂的另一个特别之处：这座建筑曾与康熙帝联系在一起，它是传教士用康熙帝南巡时赐银所建。

西洋人之居武林者，圣祖仁皇帝曾有白金二百两之赐，此不过念其远来而抚恤之，彼遂建堂于此而颜其额曰敕建。夫曰敕建，必奉特旨建造，今以曾受赐金遂冒窃敕建之名，内外臣工受白金之赐者多矣，以之筑室，遂可称赐第乎？干国宪而冒王章，莫此为甚，他复何可胜道耶？[2]

---

1 ［清］李卫等修：《浙江通志》卷二一七"祠祀"，影印《文渊阁四库全书》第 525 册，上海古籍出版社 1987—1989 年版，第 15—16 页。又见浙江省地方志编纂委员会编：《清雍正朝〈浙江通志〉》（标点本）第 11 册，中华书局 2001 年版，第 6141—6142 页。该志编于雍正九年至十三年，乾隆元年（1736）进呈收入《四库全书》，现有学者称以乾隆《浙江通志》。

2 ［清］李卫等修：《浙江通志》卷二一七"祠祀"，影印《文渊阁四库全书》第 525 册，上海古籍出版社 1987—1989 年版，第 18 页。又见浙江省地方志编纂委员会编：《清雍正朝〈浙江通志〉》（标点本）第 11 册，中华书局 2001 年版，第 6143 页。后一版"遂可称赐第于于"，此处"于于"有误，前一"于"应为"乎"，后一"于"应为"干"。

显而易见，李卫明确否认杭州天主堂为康熙帝"敕建"之所，他认为这是传教士冒窃康熙帝御赐名义，借此增加杭州天主堂的神圣性与权威性。因此，他希望将之改换为名正言顺的国家认可的宗教神圣空间。李卫此时利用朝廷禁止天主教之机，将杭州天主堂改易为供奉天后的宫庙，不仅可以正本清源、攘除邪说，也包含着借改易天主堂为天后宫的行动，以天后信仰来宣威海外的象征意义。

> 荒诞狂悖者宜去，则有功德于人者宜祠也。冒窃敕建之名者宜毁，则列在祀典者宜增也。天后之神，姓氏颠末见于记载者虽亦未可尽信，然我朝列圣相传，海外诸国献琛受朔者，重译而至。鱼盐商贾出入于惊涛骇浪之中，计日而出，克期而还，如行江河港汉之间，而天后之神，实司其职。神之灵应，呼吸可通，功德之及民，何其盛哉。诞罔不经者去，而崇德报功之典兴。毁其居室之违制者，改为祠宇，撤其像塑之诡秘者，设以庄严。夫而后武林之人，目不见天主之居，耳不闻天主之名，异端邪说，久且渐熄，其有关于风化，岂浅鲜哉。[1]

总之，李卫此举充分利用了天后信仰在清前期社会影响力上升的时机，其改易天主堂为天后宫的行动中，深刻隐含着以国家正祀来抵抗异域"淫祀"的用意。[2] 同时也鲜明地表征了雍正年间围绕天主教传教士在华传教活动的礼仪之争最终导致发生禁教后，清朝浙江地方政府的严厉政策。

六、浙江在明清间西学东渐中的地位

明清间天主教在浙江的活动，不仅推动了早期浙江与西方的文化交流，而且对浙江地方的社会文化产生了一定的影响。明末天主教在杭州开教前，耶稣会士罗明坚（Michele Ruggieri，1543—1607）与麦安东（Antoine d'Almeida，1556—1591）曾在绍兴有过短时间的传教活动。[3] 万历三十五年（1607），新都汪孟朴在杭州重版了利玛窦的《天主实义》。万历三十七年（1609），湖州三和堂出版了耶稣会士罗如望（Joao da Rocha，又译罗儒望，1565—1623）的《天主圣教约言》。传教士在绍兴的活动和天主教神学著作的出版，对浙江产生了较大的影响。利玛窦于1608年8月致罗马耶稣会总会长的信中说："天主教在这个文风鼎盛的省份（浙江）相当著名，他们希望有神父到他

---

[1] ［清］李卫等修：《浙江通志》卷二一七"祠祀"，影印《文渊阁四库全书》第525册，上海古籍出版社1987—1989年版，第18页。又见浙江省地方志编纂委员会编：《清雍正朝〈浙江通志〉》（标点本）第11册，中华书局2001年版，第6143页。

[2] 李卫改杭州天主堂为天后宫的政治和文化意义的相关研究，参见张先清：《帝国潜流：清代前期的天主教、底层秩序与生活世界》第九章"神圣的空间：清前期天主教堂的改易及其象征意义"第四节，社会科学文献出版社2021年版，第302—306页。

[3] 《罗明坚致总会长阿桂委瓦神父书》（1586年11月8日），［意］利玛窦著，罗渔译：《利玛窦书信集》下册，光启出版社、辅仁大学出版社1986年版，第491—494页；［法］裴化行，萧浚华译：《天主教十六世纪在华传教志》，商务印书馆1936年版，第310页。

们那里去，仔细给他们讲解。"[1]

明万历年间，入华耶稣会士在仁和人李之藻的帮助下，得以在杭州传播天主教。万历二十九年（1601），李之藻在北京认识了利玛窦，此后他一直追随利氏研究西方科技与宗教。利氏十分赞赏李之藻的学识。万历三十八年（1610）三月，李氏忽然患病京师，因京邸无家眷，利氏亲自照顾之藻。在利氏劝导下，李之藻受洗入教，取教名良（Leo）。第二年，李之藻因父丧返里。途经南京时，李之藻邀耶稣会士郭居静（Lazzaro Cattaneo，1560—1640）、金尼阁等来杭开教。另一位杭州士大夫杨廷筠，万历三十年（1602）也在北京认识了利玛窦；万历三十七年督学解甲归里，次年闻同里李之藻邀请西教士来杭州传教，遂与西教士结交；万历三十九年（1611）五月在杭州由郭居静领洗入教，名曰"弥格"。杨氏入教后，竭力协助郭居静、金尼阁和艾儒略等开展传教活动。此后，西方传教士纷纷来杭。

据考，明末或因杨廷筠、李之藻之请，或来杭避难，或担任教授，或从事翻译，或学习华语，先后来杭的传教士有19人。清初来浙江活动的传教士也有不少。他们来杭州、宁波等地传教，许多人老死于浙江。据方豪（1910—1980）考证，仅至清初康熙末年，安葬于杭州西溪老东岳桃源岭下传教士墓地（今西溪路549号）的耶稣会士就有15人，其中欧洲籍12人。[2] 短期来浙活动的西教士更是难计其数。这些来浙江的西教士中不乏学识渊博者。其中最为著名的就是金尼阁和卫匡国（Martino Martini，1614—1661），相关事迹见后文介绍。

总体而言，浙江在明清之际西学东渐与中西交汇的历史进程中，确实发挥过举足轻重的作用。概而言之：

其一，浙江是天主教传教重地。明末中国天主教"三大柱石"徐光启、李之藻、杨廷筠三人中后两位是浙江杭州人氏，而离浙江不远的松江的徐光启也与李、杨二人交情深厚。协助李之藻来杭开教的郭居静神父，是在徐光启等的企盼下来到杭州的。特别是在晚明万历、天启年间爆发的"南京教案"期间，杭州成为传教士最重要的避居地，杨、李二人为庇护传教士不遗余力。清初在时任浙江巡抚佟国器的支持下修建的杭州天主堂，被誉为"中国最美丽的教堂"。康熙帝第三次南巡时曾赐银给当时的杭州天主堂主教、意大利传教士潘国良（Emmanuel Laurifice，1646—1703）重修教堂。[3] 潘国良乘机在重修教堂时于门额上加刻"敕建"二字。哪怕是在雍正、乾隆朝禁教之后，西方传教士被驱逐出境，限于澳门一地，江南地区因河道纵横，水网密布，便于隐匿，故仍有

---

[1] 《利氏致罗马总会长阿桂委瓦神父书》（1608年8月22日），［意］利玛窦著，罗渔译：《利玛窦书信集》下册，光启出版社、辅仁大学出版社1986年版，第386页。

[2] 方豪：《杭州大方井天主教古墓之沿革》，《方豪六十自定稿》，台湾学生书局1969年版。

[3] 韩琦、吴旻校注：《熙朝崇正集 熙朝定案（外三种）》，中华书局2006年版，第189页。而前述浙江总督李卫所撰《改天主堂为天后宫碑记》称康熙帝赐银二百两，黄伯禄《正教奉褒》也称赐银二百两，见辅仁大学天主教史料研究中心编：《中国天主教史籍汇编》，辅仁大学出版社2003年版，第554—555页。

不少传教士在这里进行隐匿性的传教活动。

其二，浙江是西学中文书籍的编辑刊印中心。李之藻在明末卸任官职返归故里后，同传教士一起编译西学书籍，并编辑刊印了中国历史上第一部西学丛书——《天学初函》，其用意盖在"为圣教创造一公教文化"[1]。《天学初函》辑刊 20 部介绍西方宗教、科学和文化的中文著作，此书"在明季流传极广，翻板者数本"[2]。同时，李之藻还协助徐光启译编西学巨著《崇祯历书》，推动明末西学东渐高涨。《崇祯历书》的直接成果是引进了以第谷宇宙体系为基础的西方天文学。虽然终明之世《崇祯历书》未得朝廷采用，但此书已有刊本行世。入清后汤若望将《崇祯历书》删订为《西洋新法历书》，并奏准作为清朝官方历法，获得公开颁行，传播甚广，极大地推动了天主教传播与西学东渐。

其三，浙江是晚明中西文化首次正面交锋的中心阵地。明末天主教传播曾引起僧俗士人的强烈反弹，著名的"耶佛之辩"主要阵地便在浙江。如佛教居士虞淳熙［1553—1621，钱塘（今杭州）人，与杨廷筠同年中举］撰有《杀生辩》《利夷欺天罔世》，名僧莲池［1535—1615，名袾宏，仁和（今杭州）人，云栖寺僧人］撰有《天说》，均系当时浙人对天主教传播不予认同甚至排斥的反映。袾宏说道："现前信奉士友皆正人君子，表表一时，众所仰瞻，以为向背者，予安得避逆耳之嫌，而不一罄其忠告乎？"[3] 即担心李之藻、杨廷筠等人的奉教带来对佛教信仰的冲击。时虞淳熙和袾宏皆在杭州，而热诚奉教之杨廷筠、李之藻亦为杭州人士，杭州遂成为明末天主教与佛教争辩的中心。而掀起南京教案的沈㴶亦是浙江人（乌程人，今湖州南浔人氏），且与杨廷筠为同科进士（万历二十年壬辰科）。清初康熙三十一年（1692）所颁布的对传教事业影响甚大的"容教敕令"，也起因于浙江地方官员所掀起的教案。[4] 因此，明清间浙江的天主教传播蔚为大观，浙江成为明清之际名副其实的西学东渐中心之一。

1　徐宗泽：《中国天主教传教史概论》，上海书店出版社 2010 年版，第 199 页。
2　陈垣：《重刊〈灵言蠡勺〉序》，《陈垣学术论文集》第一集，中华书局 1980 年版，第 67 页。
3　［明］袾宏：《天说一》，夏瑰琦编：《圣朝破邪集》，建道神学院 1996 年版，第 320 页。
4　王伟斌：《明清浙江天主教史编年考论》，广西师范大学硕士论文，2015 年。

第二章

明清之际浙学与西学相遇的杭州角色

明清之际浙学与西学相遇，杭州既为浙江首府，又为浙西中心，其扮演的角色不可替代。其时以 1583 年 9 月意大利耶稣会士罗明坚、利玛窦入驻广东肇庆为起始标志，直至清乾隆中期罗马教皇废禁耶稣会，欧洲入华传教士掀起了一幕持续两百年的中西两大文明正面碰撞和交汇的历史场景。

杭州因缘际会地成了第一位深入内地传教的耶稣会士罗明坚到访的第一个内地省会城市，同时他留下了《游到杭州府》等三首汉文诗，从而使杭州搭上了耶稣会士实施"文化调适"和"学术传教"策略的第一趟班车，揭开了杭州在明清之际中西文化交流史上扮演独特角色的历史序幕，同时也开启了浙学与西学，尤其是浙西之学与西学的交汇历程。近几十年来，随着中外学界对大批中西文原始档案文献的发掘整理、翻译出版，以及相关史事的跨学科、多领域深入研究 [1]，杭州在这场跨越两百年的中西文化交流盛宴中的座次、面貌及其背后潜藏的多元文化因素的角力，已然穿越历史的尘埃，逐渐清晰地呈现在世人面前。

一、国内外相关学术研究概述

明清之际的杭州中西文化交流是由入华欧洲天主教传教士开启的，相关学术研究早在中外学术界有关中西关系史、海外汉学史、宗教史、传教史等领域展开。如果从时、地、人、事皆以杭州为中心的研究才能归属本专题研究成果的维度出发，则此领域研究的奠基之作为陈垣著《明浙西李之藻传》（1919 年），还有杭州籍学者方豪所撰论著《关于杨廷筠家族之新史料》（1935 年）、《杭州大方井天主教古墓之沿革》（1936年）、《李我存研究》（1937 年）等，以及杨振锷著《杨淇园先生年谱》（1944 年）。而外国学者涉及本专题的相关研究，早期成果主要有法国费赖之的《明清间在华耶稣会士列传（1552—1773）》（1897 年）、高龙鞶（Augustinus M. Colombel，1833—1905）的《江

---

1 相关介绍参见：《〈明清之际西学文本〉的编辑缘起和有关说明》，黄兴涛、王国荣编：《明清之际西学文本：50 种重要文献汇编》第一册，中华书局 2013 年版；邹振环：《晚明汉文西学经典：编译、诠释、流传与影响》，复旦大学出版社 2011 年版；张西平：《中西文化交流史研究三论：文献、视野、方法》，《国际汉学》2012 年第 1 期；邹振环：《汉文西书新史料的发现及整理与重写学术史》，《河北学刊》2014 年第 1 期。

南传教史》（1905 年）和史式徽（Joseph de la Servière，1869—1937）的《江南传教史》（1914 年）。这批研究成果，都是在 19 世纪末 20 世纪初先后由上海土山湾印书馆用法文出版的，由于搜集了大量今已佚失或难得见到的档案、碑铭、图片等史料价值很高的资料，对江南地区传教史及入华耶稣会士的研究仍有重要参考价值，在教会内部和学术界享有盛誉。现当代外国学者的研究成果莫如美国学者孟德卫（D. E. Mungello）所著《被遗忘的杭州天主教徒》（The Forgotten Christians of Hangzhou，University of Hawaii Press，1994）、比利时学者钟鸣旦（Nicolas Standaert）著《杨廷筠——明末天主教儒者》（社会科学文献出版社 2002 年版）等。有关现当代中外学者对于明清之际天主教在杭州的史事、人物研究综述，另有不少论著索引可资参考。[1]

自 20 世纪 80 年代以来，明清之际中西文化交流史便成为国际学术研究的热点问题，并取得长足进展。16 世纪中叶至 18 世纪的杭州中西文化交流史研究也在很大程度上受此学术热点影响，因此明清欧洲天主教入华传播史的研究进展必然同时带动本课题的研究。

首先最值得关注的是涉及本章基础性研究史料的原始文献发掘整理所取得的一系列成就。近几十年，大批中西文原始档案文献的整理、影印、翻译出版，有力地推动了本领域的学术研究。西文原始文献的翻译出版并在内容上与本专题有关的主要有：利玛窦、金尼阁著，何高济等译《利玛窦中国札记》（中华书局 1983 年版），此书又有据意大利原文版的汉译本：利玛窦著，文铮译《耶稣会与天主教进入中国史》（商务印书馆 2014 年版）；利玛窦著，罗渔译《利玛窦书信集》（光启出版社、辅仁大学出版社 1986 年版）；费赖之著，冯承钧译《在华耶稣会士列传及书目》（中华书局 1995 年版）；荣振华著，耿昇译《在华耶稣会士列传及书目补编》（中华书局 1995 年版）；曾德昭著，何高济译《大中国志》（上海古籍出版社 1998 年版）；门多萨著，何高济译《中华大帝国史》（中华书局 1998 年版）；利玛窦著，朱维铮主编《利玛窦中文著译集》（复旦大学出版社 2001 年版）；闵明我著，何高济、吴翊楣译《上帝许给的土地——闵明我行记和礼仪之争》（大象出版社 2009 年版）；荣振华等著，耿昇译《16—20 世纪入华天主教传教士列传》（广西师范大学出版社 2010 年版）；黄兴涛、王国荣编《明清之际西学文本：50 种重要文献汇编》（中华书局 2013 年版）。

尤其是国家清史编纂委员会推出的编译丛刊，翻译出版了一批来华传教士的著作书

---

[1] 黄一农：《明末清初天主教传华史研究的回顾与展望》，《新史学》1996 年第 1 期；Nicolas Standaeredt ed.（钟鸣旦主编）：Handbook of Christianity in China，Volume One: 635-1800（《中国基督教史手册·第一卷：635—1800 年》），Brill，2001（博睿出版社 2001 年版）；徐海松：《耶稣会士与中西文化交流论著目录》，黄时鉴主编：《东西交流论谭（第二集）》，上海文艺出版社 2001 年版，第 455—494 页；顾卫民：《中国天主教编年史》，上海书店出版社 2003 年版；顾裕禄：《中国天主教述评》，上海社会科学院出版社 2005 年版；周萍萍：《十七、十八世纪天主教在江南的传播》，社会科学文献出版社 2007 年版；王伟斌：《明清浙江天主教史编年考论》，广西师范大学硕士论文，2015 年；董少新：《西文史料与中国史研究》，《中国史研究动态》2013 年第 1 期。

简，其中涉及杭州史事的译作已有：安文思著，何高济、李申译《中国新史》（大象出版社 2004 年版）；李明著，郭强、龙云、李伟译《中国近事报道（1687—1692）》（大象出版社 2004 年版）；杜赫德编，郑德弟等译《耶稣会士中国书简集：中国回忆录》（上中下卷，大象出版社 2005 年版）等。

中文天主教东传文献，除了早年间出版的《天学初函》（台湾学生书局 1965 年版）、《天主教东传文献》（台湾学生书局 1965 年版）、《天主教东传文献续编》（台湾学生书局 1966 年版）、《天主教东传文献三编》（台湾学生书局 1984 年版）之外，近二三十年陆续出版的专题文献档案丛书主要有：钟鸣旦、杜鼎克、黄一农等编《徐家汇藏书楼明清天主教文献》（方济出版社 1996 年版）；钟鸣旦、杜鼎克、王仁芳等编《徐家汇藏书楼明清天主教文献续编》（台北利氏学社 2013 年版）；钟鸣旦、杜鼎克主编《耶稣会罗马档案馆明清天主教文献》（台北利氏学社 2002 年版）；周骎方编校《明末清初天主教史文献丛编》（北京图书馆出版社 2001 年版）；中国第一历史档案馆编《清中前期西洋天主教在华活动档案史料》（中华书局 2003 年版）；韩琦、吴旻校注《熙朝崇正集 熙朝定案（外三种）》（中华书局 2006 年版）；钟鸣旦、杜鼎克、蒙曦主编《法国国家图书馆明清天主教文献》（台北利氏学社 2009 年版）；张西平、马西尼、任大援、裴佐宁主编《梵蒂冈图书馆藏明清中西文化交流史文献丛刊》第一、二辑（大象出版社 2015、2016 年版）。有关近年明清西学汉籍的出版情况可参见谢辉《明清之际西学汉籍整理出版的百年历程》（《中国出版史研究》2018 年第 3 期）。上述各出版丛书收录的书目参见肖清和《明清基督宗教汉语文献总书目》[1]。另外，还有一批中国学者在大量吸收中外学术研究成果之后，全面收集整理的相关史料文集也为学界所称道。如朱维铮、李天纲主编《徐光启全集》（上海古籍出版社 2010 年版）即为徐光启及李之藻等相关重要历史人物的研究，提供了升级版的高质量原始文献。汤开建汇释、校注的《利玛窦明清中文文献资料汇释》（上海古籍出版社 2017 年版），旨在穷尽明清文献档案中关于利玛窦研究的专门史料，上起明朝中叶，下至清朝末年，但凡涉及利玛窦的生平介绍、在华活动具体事迹、著述思想及中国社会的反响与评价，全数网罗、考释精编，尤其涉及大量与利玛窦和西学相接触的明清士林学者，实际上牵涉了整个明清时期中西文化交汇的历史面貌，其学术贡献可谓功德无量。

综观中外学者有关明清之际杭州中西文化交流史的研究成果，主要成就体现在以下三个方面：

一是关于杭州天主教传播史研究。上述高龙鞶、史式徽分别所著《江南传教史》以及萧静山《天主教传行中国考》（1923 年初版）、徐宗泽《中国天主教传教史概论》

1　肖清和博士整理的书目见 "汉语基督教研究网" https://chinesecs.cn/912.html，又详见其个人网站 http://t.cn/zQqqLc2。

（1938 年）等早期通史性传教史、教会史著作对包括杭州在内的江南各地区天主教活动进行了追溯，虽然限于体例，内容过于简略，叙述不够精练，但所述史事大多依据中西文原始文献，故仍有参考价值。现代学者仍有以江南或浙江区域传教史涵盖杭州天主教传播史研究，如康志杰《明清之际天主教在长江三角洲的传播》[1]、周萍萍《十七、十八世纪天主教在江南的传播》（社会科学文献出版社 2007 年版）、赵殿红《清初耶稣会士在江南的传教活动》（暨南大学博士论文，2006 年）、王伟斌《明清浙江天主教史编年考论》（广西师范大学硕士论文，2015 年）。不过专题性研究成果开始增多，如夏瑰琦《明末天主教杭州开教与活动考述》（《世界宗教研究》1994 年第 3 期）、朱峰青《卫匡国与杭州天主堂》[2]、龚缨晏《欧洲与杭州：相识之路》（杭州出版社 2004 年版）、李熊熊《天主教杭州开教前史》（《中共杭州市委党校学报》2009 年第 4 期）、陈夏玲《明末清初天主教在杭州地区的渗透与士人的互动》（复旦大学硕士论文，2014 年）、吴莉苇《晚明杭州佛教界与天主教的互动——以云栖袾宏及其弟子为例》（《中华文史论丛》2014 年第 1 期）、王申《明末清初传教士在杭州刊刻书籍活动探赜》（《古籍整理研究学刊》2016 年第 4 期）都开始对明清杭州天主教传播史做深入的专题性研讨。龚缨晏利用新发现的梵蒂冈图书馆收藏中文手抄件，考证了西方人所称"1692 年宽容敕令"的颁布与浙江禁教事件及其在杭州的教务负责人意大利传教士殷铎泽（Prospero Intorcetta，1625—1696）大力斡旋的关系，进一步厘清了杭州在清初天主教传播史上的地位。[3]

此外，其他阐述明清间天主教传播史的论文，也兼及杭州的传教活动和影响，如冯尔康《康熙帝第二次南巡优遇传教士·浙江禁教·容教令出台——从中国天主教史角度看康熙帝政治》[《安徽大学学报（哲学社会科学版）》2015 年第 1 期]。

二是关于杭州天主教史人物研究。前述本领域研究开拓者陈垣、方豪、杨振锷、费赖之所著对于入杭西方传教士如金尼阁、卫匡国、殷铎泽等，以及杭州天主教史重要人物如李之藻、杨廷筠、张星曜等做了开拓性研究。现当代学者在掌握多种研究方法、多种语言文献史料的基础上继续深入研究杭州天主教史人物。代表作如美国学者孟德卫所著《被遗忘的杭州天主教徒》[4]，以卫匡国、殷铎泽等耶稣会士以及张星曜等奉教士人为主角，描摹出明末清初发生在杭州的中西文化交流的若干精彩历史场景，尤其具体而形象地勾勒了与张星曜同一时代的一批活跃在杭州的传教士和信教群体，乃至基层普通教友，以不同的视角描述了杭州天主教的发展历程。作者特别通过以张星曜所著《天儒同异考》为代表的汉文西学著作，深入分析了江南地区奉教士人面临传统儒学与天主教信

1　卓新平、许志伟主编：《基督宗教研究（第 2 辑）》，社会科学文献出版社 2000 年版。

2　陈村富主编：《宗教与文化论丛（1994）》，东方出版社 1995 年版，第 89—113 页。

3　龚缨晏：《关于康熙时期的几起天主教案子——梵蒂冈图书馆所藏相关中文文献研究》，《社会科学战线》2007 年第 3 期。

4　原著为英文版，现有中文节译本，见［美］孟德卫著，杨少芳译：《被遗忘的杭州天主教徒》，张西平、罗莹主编：《东亚与欧洲文化的早期相遇：东西文化交流史论》附录四，华东师范大学出版社 2012 年版。

仰之间的抉择，最终由儒学走向天学的历程，据此作者认为中国人与天主教传教士的交往富有成效，并在文化上产生了深远的影响。美国学者的著作为学界提供了透视明末清初浙学与西学交汇的实证视角。中国学者韩琦根据新发现的张星曜的信件等史料发表《张星曜和〈钦命传教约述〉》一文［原刊于 Sino - Western Cultural Relations Journal，XXII，2000，后又收录于韩琦、吴旻校注《熙朝崇正集 熙朝定案（外三种）》，中华书局 2006 年版］，补充了孟德卫著作中的相关结论。近年来，关于张星曜的原始文献整理和他在"礼仪之争"中发出的中国声音研究均有进展。[1]

比利时学者钟鸣旦的《杨廷筠——明末天主教儒者》在新发掘中西文献史料的基础上，对杨廷筠奉教前后的事迹及其从儒佛走向天学的转变做了深入细致的考论，尤其是作为欧洲作者，熟练地运用大量中文原始文献，再结合其擅长的西文文献，从多元复杂的视角，揭示杨廷筠在中西之学的碰撞中呈现的"天主教儒者"或"儒家天主教徒"的独特角色。"天主教儒者"也几乎成了学界描述处于中西文化碰撞中的明清士人的一个具有鲜明特征和历史内涵的学术专用名词，可谓树立了浙学与西学相遇个案研究的学术范例。

张西平和意大利学者马西尼等合作主编的《把中国介绍给世界：卫匡国研究》（华东师范大学 2012 年版）中包含几十篇论文，其中中外学者利用意大利文等欧洲原始文献和中文资料，使卫匡国的生平事迹和学术贡献的相关研究上了一个新台阶。此外，一些学界名家的学术论著，以其高深的学养，或多或少地论及明清之际中西文化碰撞和交流中的西人、西学与浙人、浙学。如黄一农著《两头蛇：明末清初的第一代天主教徒》（上海古籍出版社 2006 年版）对浙江嘉善人魏学濂（1608—1644，字子一，号内斋，东林党要角魏大中次子）背负忠孝世家之名而又信奉天主教，并与西人、西学交流的事迹所作的"e 考据"案例，不仅具有创新研究范式的重要学术意义，而且通过魏学濂的交际网络，更加深入地揭示了浙江学界士人交际与西学传播的关系[2]。黄时鉴著《黄时鉴文集Ⅲ·东海西海——东西文化交流史（大航海时代以来）》（中西书局 2011 年版）中收录的《明末清初天主教入华史的研究：范式的转变与汉文文献的利用》《飞马尾上的杭州》《纪昀与西学》《利玛窦世界地图探源鳞爪》《〈康熙字典〉与中西文化交流》等文章，涉及明清浙学与西学交汇的时空背景、传播路径、传播媒体及研究范式，尤其首次揭示了欧洲早期地图上的杭州等，启迪后学从多元交叉、中西双向的视角来考察浙学与西学的交流、碰撞及影响问题。特别值得一提的是法国当代著名汉学家谢和耐（Jacques Gernet）的名作《中国与基督教——中西文化的首次撞击》（耿昇译，商务印书馆 2013 年版），

1 ［清］张星曜著，肖清和、王善卿编注：《天儒同异考：清初儒家基督徒张星曜文集》，台湾橄榄出版有限公司 2015 年版；肖清和："求同"与"辨异"：明清第三代基督徒张星曜的思想与信仰初探》，《比较经学》2013 年第一辑。
2 黄一农：《两头蛇：明末清初的第一代天主教徒》，上海古籍出版社 2006 年版，第 178—228 页。

这部被称为"改变了基督教在中国的历史记录的整个研究领域"的开创性著作，以"中国人对这种宗教的反应"为立足点，将研究视角聚焦于明清之际的中国人对基督教的态度和反应，揭示了明清间的中国士人学者对西方基督教从同情到敌视的转变，尤其是当时浙西和浙东地区的士僧与传教士西学在观念、伦理、宗教、政治诸方面的碰撞和异同，选取了《破邪集》中的沈淮、许大受、袾宏、虞淳熙等反教人士，李之藻、杨廷筠、张星曜等奉教士人，以及刘宗周、黄宗羲、陆世仪等儒家学者的思想材料，来揭示他们身处中西文化首次撞击中的矛盾、冲突和取舍。谢和耐在该书中论证了中国可以和基督教世界交流与接触，而其研究视角和方法具有改变范式的学术风格，足以为我们揭示明清之际浙人与西人、浙学与西学首次相遇的内幕提供学术研究范例。

另有龚缨晏著《欧洲与杭州：相识之路》基于大量中外文献，全面梳理了欧洲传教士与李之藻、杨廷筠等杭州士人以及南巡清朝皇帝交往的事迹，并介绍了西溪大方井天主教墓地的变迁。赵晖所著《耶儒柱石：李之藻、杨廷筠传》（浙江人民出版社2007年版）一书，则从家族背景方面拓展研究视野，对于李、杨生平事迹的考述更为详尽。近来也有多篇论文对杨廷筠的思想及其影响展开深入研究。董少新著《葡萄牙耶稣会士何大化在中国》（社会科学文献出版社2017年版），利用葡萄牙原始文献对何大化（António de Gouvea，1592—1677）在华传教47年的事迹做了全面的研究，其中何大化在杭州的活动、见闻及其贡献，得到了首次基于可靠原始文献的学术梳理，弥补了学界的空白。

基于陆续发现的史料，学界对于李之藻的研究推进不少。如龚缨晏、马琼《关于李之藻生平事迹的新史料》[《浙江大学学报（人文社会科学版）》2008年第3期]、郑诚《李之藻家世生平补正》[《清华学报》（台湾新竹）2009年第4期]、徐光台《西学对科举的冲激与回响——以李之藻主持福建乡试为例》（《历史研究》2012年第6期）。肖清和则对张星曜事迹及其作为清初天主教普通信徒的历史文化意义做了深入研究。[1]

中外学界对于来杭欧洲传教士的研究也大有进展。如对金尼阁的研究论文，有计翔翔《明末在华天主教士金尼阁事迹考》（《世界历史》1995年第1期）和《明末在华传教士金尼阁墓志考》（《世界宗教研究》1997年第1期）。对卫匡国的研究论文，较早的有马雍《近代欧洲汉学家的先驱马尔蒂尼》（《历史研究》1980年第6期）、徐明德《意大利汉学家卫匡国墓地考》（《历史研究》1981年第4期）、许明龙《卫匡国在华行迹再探》（《世界宗教研究》1995年第2期）、沈定平《论卫匡国在中西文化交流史上的地位与作用》（《中国社会科学》1995年第3期）。2000年后卫匡国故乡的学者十分重视相

---

1 ［清］张星曜著，肖清和、王善卿编注：《天儒同异考：清初儒家基督徒张星曜文集》，橄榄出版有限公司2015年版；肖清和：《张星曜与〈天儒同异考〉——清初中国天主教徒的群体交往及其身份辨识》，赵建敏主编：《天主教研究论辑（第4辑）》，宗教文化出版社2007年版，第213—263页。

关文献整理和国际学术交流：意大利汉学家白佐良（Giuliano Bertuccioli）发表了《卫匡国的〈中国文法〉》[德国《华裔学志》（*Monumenta Serica*）2003 年第 51 期] 一文；意大利特伦托市成立了"卫匡国研究中心"；罗马大学东方学院费德里科·马西尼（Federico Masini）发表了《关于〈卫匡国全集〉第三卷〈中国新地图集〉的几点说明》（《国际汉学》2005 年第 1 期）一文；"卫匡国研究中心"等有关学术机构现已整理出版了五卷本《卫匡国全集》，中译本已于 2024 年由浙江大学出版社出版第一卷。对于过去研究较少的在杭活动葡萄牙传教士曾德昭（Alvaro Semedo，1585—1658，原名谢务禄，1623 年前后在杭州）、安文思（Gabriel Magaillans，1609—1677，1640 年前后在杭州）等的研究也有进展，除前述中译本曾德昭《大中国志》、安文思《中国新史》出版之外，学者研究论著有计翔翔《十七世纪中期汉学著作研究》（上海古籍出版社 2002 年版）、汤开建和吴艳玲《葡萄牙传教士安文思在华活动考述》[《华中师范大学学报（人文社会科学版）》2006 年第 2 期]、赵欣《汉学名著安文思〈中国新志〉英译者辩误》[《江南大学学报（人文社会科学版）》2009 年第 4 期]、白蓉《〈大中国志〉中的民俗事象》（《文化学刊》2016 年第 8 期）、刘亚辉《曾德昭〈大中国志〉中的汉字字体名称研究》（《洛阳师范学院学报》2017 年第 4 期）。

另外特别值得一提的是德国波恩东亚研究院许文敏的《徐日升：中瑞两国历史上的第一名使者》（《国际汉学》2015 年第 4 期）一文，依据西文耶稣会年报等原始文献，对瑞士耶稣会传教士徐日升（Nicolaus Fiva，约 1609—1640，安葬于西溪卫匡国传教士墓地）在杭州教区的事迹做了开创性研究，填补了明清之际杭州与瑞士文化交流史研究的空白。

总体而言，目前学界对曾在杭州活动的西方传教士的研究，仍然集中于卫匡国、金尼阁等较为著名的传教士，对其他曾在杭州活动的传教士如郭居静、殷铎泽、阳玛诺、傅汎际、罗如望、艾斯玎（Augustin Barelli，1656—1711）、德玛诺（Roman Hinderer，1669—1744）等的介绍和研究明显不足。值得一提的是，过去长期被忽视的方济各、多明我会等非耶稣会传教士在中国的活动及其影响，随着大批葡萄牙语、西班牙语和法语等西方语言文献档案的发现和整理，研究有了不少进展，如西班牙方济各会士关于杭州的记述，对多明我会士闵明我在浙江金华、杭州的活动事迹的考述[1]，均有补缺之贡献。

三是多语种原始文献史料的发掘与研究视野和范式的拓展。在近几十年中，国际学术界关于明清之际由欧洲传教士引发的中西文化交汇持续成为研究热点，其重要原因之一是相关中西文原始档案文献的发现、整理和翻译出版，从而促使本领域的中外学者在研究视野和范式上的转变，相关研究评述参见李天纲《中文文献与中国基督宗教史研

1　崔维孝：《明清之际西班牙方济各会在华传教研究（1579—1732）》，中华书局 2006 年版；赵殿红：《西班牙多明我会士闵明我在华活动述论》，《暨南学报（哲学社会科学版）》2009 年第 5 期。

究》和钟鸣旦《中国基督宗教史研究的史料与视界》(二文均见于张先清编《史料与视界——中文文献与中国基督教史研究》,上海人民出版社2007年版)。

另外,夏伯嘉的《明末至清中叶天主教西文文献中的中国:文献分布与应用讨论》[《复旦学报(社会科学版)》2010年第5期],董少新的《17世纪来华耶稣会中国年报评介》(《历史档案》2014年第4期)都谈及葡萄牙语、西班牙语、法语等耶稣会中国年报档案史料的发掘整理情况及其重要的学术利用价值。黄一农基于中西文献史料的"e考据"方法,开展了明清间中国第一代天主教徒的个案研究,其研究深度和方法路径赢得学界广泛赞誉。[1]张先清等学者有关方济各会与中国礼仪之争的关系研究[2],上述崔维孝有关西班牙方济各会与赵殿红有关西班牙多明我会士闵明我在华活动事迹的研究,尤其是关于西班牙方济各会士和多明我会士在杭州的史迹更是填补了过去学术研究的空白,是多语种、多视野研究路径的优秀成果代表。在中外学者个案研究和深度研究获得突破的基础上,自然引起学界有关本领域研究范式、思想方法和评价尺度上的高层次思考,如肖清和《明清天主教研究方法与研究模式回顾(1933—2008)》(《宗教哲学季刊》2011年第55期)、张西平《中西文化交流史研究三论:文献、视野、方法》(《国际汉学》2012年第1期)、黄兴涛《明末至清前期西学的再认识》(《清史研究》2013年第1期)、邹振环《汉文西书新史料的发现及整理与重写学术史》(《河北学刊》2014年第1期)即是这方面的代表作。肖清和对杭州著名天主教史人物张星曜的研究取得不少成果,他对中外学界在此领域的研究范式转变深有感触:

> 在过去25年中,基督宗教在华传播史的研究发生了重要的范式转换。与此同时,中国本土的天主教研究也出现些微变化,逐渐改变自上世纪80年代以来的"文化交流与文化融合"的单一模式。学界不断涌现从新的角度、运用新的理论、发掘新的材料之著作。整体上来看,以研究传教士为中心不断转向以研究中国本土信徒为主,以著名信徒为中心转向普通信徒为研究对象,以史料考证梳理转向文本自身,以单纯人物历史之考察转向思想史、社会史研究,等等。但目前学界仍未充分重视信徒群体研究,也仍未注重明清天主教信徒对自己身份之辨识。[3]

然而,综上所述,目前国内外学界在明清间由传教士引起的杭州中西文化交流史研究领域,仍然留下了相当的空间和余地:一是明清之际杭州士人群体与西人、西学交汇的史事仍然处于点少面窄、缺乏专题研究深度和广度的处境,也即基础性研究明显不

---

1 黄一农:《两头蛇:明末清初的第一代天主教徒》,上海古籍出版社2006年版。
2 张先清:《多明我会士黎玉范与中国礼仪之争》,《世界宗教研究》2008年第3期。
3 肖清和:《张星曜与〈天儒同异考〉——清初中国天主教徒的群体交往及其身份辨识》,赵建敏主编:《天主教研究论辑(第4辑)》,宗教文化出版社2007年版,第214页。

足；二是研究视野和高度仍显不足，如何从中西文化首次交汇的高度，乃至世界文明互鉴的意义，来审视明清间杭州在中西文化交汇历史轨迹中所处的关键节点、内涵、特征及其历史意义，无疑是本课题研究最大的学术价值。

二、第一位入杭的耶稣会士罗明坚

明清之际欧洲传教士进入杭州是在入华耶稣会士践行"学术传教"策略的背景下发生的，来杭传教士除了耶稣会士之外，还有多明我会、方济各会等其他修会的传教士，但耶稣会士在沟通中西文化中的历史贡献是无可匹敌的。明代末年，杭州与欧洲的首次相遇即由第一位入杭的意大利耶稣会士罗明坚开创。

明末最早正式进驻内地的欧洲传教士是意大利耶稣会士罗明坚、利玛窦，于1583年9月获准从澳门入驻广东肇庆。当时接待并协助他们修建教堂开展传教活动的知府王泮（字宗鲁，生卒年不详）为浙江山阴人。中外学者在梵蒂冈档案馆发现了罗明坚留下的三首汉文诗。他是迄今所知第一位进入杭州的耶稣会士。

1584年王泮迁任按察司副使、岭西分巡道，接任肇庆知府的是王泮的同乡郑一麟（号趾庵，1548—1613）。罗明坚为了打开在中国内地的传教局面，有意跟随进京述职的郑一麟到北京传教，但郑氏顾虑带外国人进京的政治风险，又碍于情面，遂邀请罗明坚前往他和王泮的家乡浙江绍兴传教。1585年10月罗明坚离开肇庆，11月罗明坚又在广州寻得从澳门来的葡萄牙籍耶稣会士麦安东神父为同伴，一起搭乘王泮之弟的商船从广州北上。

1585年初冬，罗明坚、麦安东跟随着郑一麟，与王泮的兄弟一起，踏上了前往浙江绍兴的路程。虽然天气不利于长途旅行，但他们一路上非常顺利。两个月后的1586年1月他们到达绍兴，罗明坚受到王泮亲友和绍兴地方官员的款待。罗明坚住在王泮的家中，在其家中设置礼拜小堂。他在绍兴居住约四个月，在民众当中宣传天主教，但仅发展了两个教徒，其一是王泮之父，另一个则是一位病重的16岁少年。[1] 后因帮助绍兴知府萧良干求子成功，萧意欲将罗明坚留居绍兴，还打算为他建造寓所和教堂。但在这关键时刻，肇庆传教点遭到民众指控，传称外国神父劫掠儿童运往澳门鬻卖。王泮收到指控后，遂将罗明坚等人召回肇庆以平息事态。罗氏心有不甘，最后在郑一麟的强令下不得不离开。其间，罗明坚还继续北上，首次游历杭州，这便有了罗明坚后来的三首汉文诗。现转录如下：

---

[1]　宋黎明：《罗明坚绍兴之行始末》，《澳门理工学报》2016年第4期。

游到杭州府

不惮驱驰万里程，云游浙省到杭城。

携经万卷因何事？只为传扬天主名。

寓杭州天竺诗答诸公二首

其一

僧从西竺来天竺，不惮驱驰三载劳。

时把圣贤书读罢，又将圣教度凡曹。

其二

一叶扁舟泛海涯，三年水路到中华。

心如秋水常涵月，身岂菩提那有花。

贵省肯容吾着步，贫僧到处便为家。

诸君若问西天事，非是如来佛释迦。[1]

意大利耶稣会士罗明坚所写三首汉文诗

从诗中可见罗明坚自称"西僧"，历经三年从"西竺（指欧洲）"经海路到"天竺

1　Albert Chan, S. J.（陈伦绪）："Michele Ruggieri, S. J.(1543—1607) and His Chinese Poems", *Monumenta Serica*（《华裔学志》），Volume 41(1993), pp.129-176.

（指中国，又杭州有天竺三寺，此或指杭州）"，或以云游僧人的身份入驻杭州灵隐天竺寺，对佛僧、儒圣和天主三者有清晰的区别，并以广读"圣贤书"、传播天主圣教为己任，隐晦地透露了入华耶稣会士从西僧到西儒、从南向北积极宣扬"耶儒融合"和基督教中国化的传教路线。

罗明坚三首汉文诗具有独特的历史价值，正如学者龚缨晏指出的："罗明坚的这三首诗，可以说是欧洲人关于杭州的最早中文诗作。从中世纪开始直到今天，虽然马可·波罗等不少欧洲人都有关于杭州的种种描述，可是，他们都是用西方语言文字撰写的，能够用中文撰写关于杭州的西方人，可以说是凤毛麟角，而用中国古体诗来描述杭州，那就更加难得了。所以，罗明坚的这三首诗非常珍贵。"[1]

罗明坚的杭州之行是短暂的，1586 年 7 月，罗、麦两位神父即已返回广东。但是随着耶稣会士推行"学术传教"策略的日渐成功，杭州士人接触西方文化的机会逐渐增加，关注中西文化相遇的晚明杭州士僧也越来越多。

罗明坚离开杭州后不久，于 1588 年奉当时的罗马天主教会中国和日本教区视察员范礼安之命，由澳门登舟回欧洲，以便请罗马教廷派遣使节来华。1589 年，罗明坚回到里斯本，面见国王腓力二世（Felipe Ⅱ）。1590 到 1591 年，罗明坚先后面见了四位天主教教皇，但罗马教廷遣使往华之事一拖再拖，无法成行。罗明坚心力交瘁，只得回到意大利西南部的萨莱诺（又译萨勒诺、撒列诺）居住，最后于 1607 年 5 月 11 日在那里去世。

罗明坚是较早来到当时已被葡萄牙殖民者占据的中国澳门进行活动的传教士，并最早被中国地方官员允许到中国内地居住与活动，是耶稣会在华传教先驱之一。他在传教之外，还为中西文化交流做出了巨大贡献。在西学东传方面，他主要译印了《祖传天主十诫》与《天主圣教实录》等宣扬天主教教义的汉文西书。在中学西传方面，他不仅与利玛窦合编了世界历史上第一本《葡汉词典》，绘编了西方第一种专门的中国地图集，更首次将中国古典文献《三字经》与《大学》译成拉丁文。尤其值得注意的是，罗明坚在回到欧洲之后将《大学》的部分内容译成拉丁文，后来被收入波赛维诺（Antonio Possevino，1533—1611）的《历史、科学、救世研讨丛书选编》（*Bibliotheca Selecta qua agitur de ratione studiorum in historia，in disciplinis，in salute omnium procuranda*）一书，于 1593 年在罗马首次出版，又于 1603 年在威尼斯、1608 年在德国科隆印制发行。而利玛窦在 1591 年开始要将"四书"翻译成拉丁文，但直到 1595 年才最终定稿寄回欧洲。因而有学者指出，罗明坚才是最早将儒家典籍译成西方文字之人，是名副其实的传教士

1　龚缨晏：《欧洲与杭州：相识之路》，杭州出版社 2004 年版，第 117 页。

汉学时期的开启者，是西方汉学的重要先驱人物。[1]

三、杭州开教及充当全国教务中心

（一）杭州开教之初

晚明耶稣会士的传教事业开始于 1583 年 9 月罗明坚和利玛窦在肇庆建立的第一个传教驻地。1588 年罗明坚被召回罗马，拟请教皇派使节来华，恰逢教皇虚位而作罢，终老于意大利的萨莱诺。此后，利玛窦先后于 1589 年在韶州，1595 年在南昌，1599 年在南京建立传教驻地。1601 年他获准常驻北京，建立了由他开创的第五个传教驻地。

利玛窦在北京陆续结识了大批明朝官员士人，其中就有杭州籍士人李之藻、杨廷筠、虞淳熙等，另有嘉兴籍的朱国祚、沈德符。李之藻初会利玛窦，见了后者绘的《世界舆图》而被吸引，"利玛窦见之藻性情正直，渴求真理，便先授以科学的基本知识，进而示以教理"，"（之藻）遂从神父们研究天文舆地之学"。[2]1602 年，他便协助利玛窦绘制出了著名的《坤舆万国全图》，并亲自撰写序文，出资刊刻此图。该图问世后，不仅在晚明王公贵族、文人学士中赢得广泛赞誉，被多次翻刻摹绘，而且流传到日本、朝鲜等国。[3]接着，李之藻又翻译了利玛窦带来的西方科学著作，会同徐光启翻译《几何原本》等，内容涉及天文、地理、数学等西学知识。

其间，另外一位杭州人也在北京接触了利玛窦。他就是冯琦的得意门生，杭州龙坞乡人葛寅亮。[4]他在回乡讲学的书稿《四书湖南讲》（此"湖南"指讲学之地：杭州西湖之南）中记述了在北京从利玛窦处听讲的有关西方教会和社会的新奇知识碎片。

1610 年 5 月利玛窦在北京逝世，同年底龙华民接替利玛窦为耶稣会中国传教区会长，直至 1622 年卸任。1611 年 4 月李之藻因父丧回籍守制，途经南京时邀请传教士到杭州开教，会长龙华民同意指派耶稣会士郭居静、金尼阁与澳门耶稣会修士钟鸣仁（Sebastiao Fernandes，1562—1621，又叫钟巴相）前往杭州传教。三人抵杭，李之藻接待他们下榻于城外别墅。5 月 8 日，神父们在李之藻城内寓宅举行了杭州历史上第一次弥撒。这是公认的天主教杭州开教之始。[5]

不过，根据近年最新发掘的葡萄牙文献史料，曾在杭州学习中国语言和进行传教活动的耶稣会士何大化，在其巨著《远方亚洲》中提供了有关杭州开教细节的另一种略有

1　张西平：《西方汉学的奠基人罗明坚》，《历史研究》2001 年第 3 期；岳峰、郑锦怀：《西方汉学先驱罗明坚的生平与著译成就考察》，《东方论坛》2010 年第 3 期。

2　［法］高龙鞶著，周士良译：《江南传教史（第一册）》，辅仁大学出版社 2009 年版，第 99、132 页。

3　详见黄时鉴、龚缨晏：《利玛窦世界地图研究》第四、五、八章，上海古籍出版社 2004 年版。

4　李熊熊：《天主教杭州开教前史》，《中共杭州市委党校学报》2009 年第 4 期。

5　［法］高龙鞶著，周士良译：《江南传教史（第一册）》，辅仁大学出版社 2009 年版，第 131 页；夏瑰琦：《明末天主教杭州开教与活动考述》，《世界宗教研究》1994 年第 3 期。

差别的说法：

> 正在南京任职的李之藻得到父亲病重的消息，请一位神父赶往杭州，为他
> 的父亲讲授教义并付洗。事情已安排好，但在神父到达之前，他的父亲就已过
> 世，去世时身边有两位已进教的亲戚。李之藻丁忧三年，由传教团长上任命三
> 位耶稣会士，他们沿长江而下，途经镇江府（Chin Kiam Fu），到达杭州，受到
> 李之藻接待。[1]

何大化自 1636 年进入内地传教，不久后到杭州活动。1637 年 11 月，他在杭州完成
了一份《耶稣会年札》（又译年信，即年度传教报告），因此何大化所述杭州开教的一个
明显不同之处在于：李之藻当初请求派一位神父赴杭州为其父亲受洗入教时，他父亲应
该是病重未亡，而且亲戚中已有天主教教徒，服丁忧期间李之藻才提出请求，由耶稣会
中国副省会长龙华民派遣三位传教士赴杭州开教。

不久，出身于笃信佛教之官宦世家的仁和人杨廷筠，也因同乡李之藻和西教士劝
谕，弃佛向耶，改佛堂为教堂，名为"救主堂"，并接受郭居静神父施洗，圣名"弥
格尔"。

1612 年复活节后，郭居静率林斐理（Félicien da Silva，1578—1614）、石宏基
（Francisco de Lagea，1585—1647）两位教士回杭州传教。1614 年 5 月，林斐理去世，
葡萄牙耶稣会士黎宁石（Pierre Ribeiro，1572—1640）调往杭州补缺。1616 年，郭居静
神父给廷筠夫人施洗，廷筠为谢恩，即购入教士租居的房屋赠予耶稣会。此后，廷筠还
购入一个山丘作为贫寒教徒的"义阡"（即义冢），赠送神父一块墓地，廷筠卒后，其
子又赠田地数亩充作教士墓田，这便是日后集中埋葬欧洲传教士的留下老东岳司铎公墓
（简称"卫匡国墓地"）。[2]

李之藻、杨廷筠皈依天主教后，竭力协助郭居静、金尼阁和艾儒略等开展传教活
动，传教士纷纷来杭。其间还经历了由浙江乌程（今湖州）人沈潅发动的基督教在中国
遭遇的第一次教案——南京教案的严峻考验，明朝下令禁止天主教，逮捕并驱逐传教
士。其时李之藻和徐光启在北京，杨廷筠在杭州，从沈潅上第一疏开始，三人即竭力为
传教士辩护，并积极营救在南京被捕的西教士，杨廷筠则邀请未被捕的神父避居家中，
杭州一时成为欧洲传教士的避难容留所。

南京教案之后，李之藻回杭州，主要从事西学书籍的著述和翻译工作。1627 年秋，
杨廷筠捐助的住院房屋和田地正式为教会所有，李、杨资助的教堂也告落成。年末，杨

1　薛晓涵：《中欧文化交流在明清之际的南京与杭州（1583—1707）——以耶稣会士与中国士人的互动为中心》，北京外国语大学
　　博士论文，2021 年，第 40 页。
2　今位于杭州西溪路与古墩路交界处的桃源岭大方井，墓前矗立的中式石牌坊上刻有"天主圣教修士之墓"，系 1985 年重修，
　　1989 年 12 月公布为浙江省级文物保护单位。

廷筠去世。[1]

（二）杭州充当全国教务中心

据教会史家高龙鞶记述，明末杭州、上海、嘉定曾是全国教务中心，因为这三地设有类似修会会院的住院，而且有徐光启、李之藻、杨廷筠的声望担保，足以为教徒做保障。但在1611年杭州开教后，耶稣会内部曾发生过将教务中心设在上海或杭州的讨论。最终确定"上海不设固定的住院，而设在杭州李之藻家中，在杭州的教士经常来上海，照管教务。以后数年便照此办法"[2]。最终耶稣会放弃了上海，仍然选择杭州。这其中的决定性因素可能在于：一是当时江南传教初期，成效尚不显著，集中力量办好一个传教中心，便于推进传教事业；二是杭州是江南省会，而上海仅是县城，影响力不可比；三是上海籍的徐光启当时主要在北京活动，而李之藻、杨廷筠都在杭州，传教活动更能得到庇护，而且杭州离上海不太远，住院教士可以兼管上海教务。

又据高龙鞶考述，杨廷筠入教后捐献建造的教堂乃是明末杭州天主教第一座圣堂。晚明杭州住院屡次试办过一所小型"公学"，甚至"初学院"，专为培养辅助教士的传教人员，修士们在院内攻读西方神学哲学，在杭西教士郭居静、艾儒略、费奇规（Gaspar Ferreira，1571—1649）、伏若望（Jean Froes，1591—1638）、阳玛诺曾先后担任这所初学院的指导或教师。[3]但据耶稣会内部规定，驻地公学必须由耶稣会总部承认，因而直到1636年杭州耶稣会驻地试办的公学才终于成为一个"完全的"公学。[4]直至明末，杭州府共有一座大教堂、一处贞女院，以及约四座小堂、六处住院和一处修道院。[5]

在教会史及明清士人的评述中，徐光启和李之藻、杨廷筠三人被称为明末中国天主教的三大柱石，其中李之藻主要因为热衷西方科学而走向天学，而杨廷筠则因信仰而皈依天主教。自杭州开教和南京教案两大事件之后，在李之藻、杨廷筠的扶持下，杭州受洗的乡人为数更多，据《教务报告书》记述，单以杭州住院而言，1621年便有一千三百人受洗。[6]杨廷筠不仅资助修建住院，而且"又在家中雇刻工二名刊印教会书籍，这可以说是中国教会的第一个印刷所"[7]。而嘉定住院，"由于缺乏人员，又因地处偏僻，神父们不能常驻院中。未几，嘉定教务便由上海、杭州的教士兼管"[8]。1616—1621年的南京教难期间，杭州住院成为传教事业的中心。凡是来到中国的教士，大都先到杭州住院，稍事休息，便到其他省份开辟教务。耶稣会高级人员也驻在院中。杨廷筠尽力守护住院。

1　[法]高龙鞶著，周士良译：《江南传教史（第一册）》，辅仁大学出版社2009年版，第134、141页。
2　[法]高龙鞶著，周士良译：《江南传教史（第一册）》，辅仁大学出版社2009年版，第233、241页。
3　[法]高龙鞶著，周士良译：《江南传教史（第一册）》，辅仁大学出版社2009年版，第234页。
4　薛晓涵：《中欧文化交流在明清之际的南京与杭州（1583—1707）——以耶稣会士与中国士人的互动为中心》，北京外国语大学博士论文，2021年，第43页。
5　周萍萍：《十七、十八世纪天主教在江南的传播》，社会科学文献出版社2007年版，第56页。
6　[法]高龙鞶著，周士良译：《江南传教史（第一册）》，辅仁大学出版社2009年版，第183—184页。
7　[法]高龙鞶著，周士良译：《江南传教史（第一册）》，辅仁大学出版社2009年版，第234页。
8　[法]高龙鞶著，周士良译：《江南传教史（第一册）》，辅仁大学出版社2009年版，第236页。

李之藻在给假期间也住在杭州。因而，直到明代末叶，杭州住院无疑是全国教务中心。[1] 杭州成为明末全国传教事业中心之后，吸引大批西方传教士来杭活动，刊印传教活动所需的教会书籍，杭州又成为明晚西学书籍的出版发行中心，从而助推杭州成为明清之际的中西文化交流中心。

近年来，中外学者披露的在华耶稣会年报史料证实，明末杭州成为全国天主教活动中心并非虚言。在一份标记为《1618 年耶稣会中国传教区年报》（系第一份正式年报，葡萄牙文）的文件中，内容多有涉及杭州教院情况的条目："杭州住院""从杭州前往北京、河南传教""从杭州前往湖广、南京、广东传教""从杭州前往上海传教"等。而 1636 年的年报也将杭州教会的情况单独列目汇报，排在北京、南京、上海（归属"南京府"）之后，列中国副省教区第四位。[2]

综合中外文献记载和学者考述，有学者认为明末出于各种缘由先后来过杭州的西教士有 19 位[3]。其实还有短期来杭活动的传教士，著名者如葡萄牙人安文思等，尤其是非耶稣会天主教传教士，总数超过 20 位。清初在杭州活动的西教士著名者如卫匡国、殷铎泽等，加上清初多明我会士闵明我等三人短暂被捕入杭州监狱，另有葡萄牙、意大利、法国等欧洲国家的传教士来杭活动，其中以法国籍传教士居多。杭州天主教传教事业在康熙后期趋于兴盛，据统计，1679 年前后，杭州大约有 500 名基督教徒，而到 1718 年法国人德玛诺在杭州主持教务，该年内"付洗 228 人；告解 2158 人，圣体 1230 人"[4]，教徒已发展到 1000 人，增长了一倍。

四、欧洲传教士在杭州的事迹

（一）在杭州留下足迹的欧洲传教士

明清间来过杭州从事各种活动的欧洲传教士，截至康熙末年，有据可查、有迹可循者超过 35 人，至乾隆禁教前超过 45 人。近年来，学界基于新的史料和研究进展，掌握欧洲传教士在杭州活动过的人数有所增加，活动的史事更为充实，他们所扮演的文化传播角色更为凸显。现将来杭活动有迹可考的传教士及其主要事迹简介如下。

郭居静（Lazzaro Cattaneo），字仰凤，意大利托斯卡纳人。1560 年出生，1594 年至潮州，后随利玛窦在北京传教。1596 年，徐光启邀郭居静到上海开教，建一天主堂。1611 年到杭州开教，1640 年在杭州去世，安葬于大方井传教士墓地。遗著有中文版《灵

---

1 ［法］高龙鞶著，周士良译：《江南传教史（第一册）》，辅仁大学出版社 2009 年版，第 183、234 页。
2 ［美］夏伯嘉：《明末至清中叶天主教西文文献中的中国：文献分布与应用讨论》，《复旦学报（社会科学版）》2010 年第 5 期；董少新：《17 世纪来华耶稣会中国年报评介》，《历史档案》2014 年第 4 期。
3 夏瑰琦：《明末天主教杭州开教与活动考述》，《世界宗教研究》1994 年第 3 期。
4 方豪：《中国天主教史人物传》，宗教文化出版社 2007 年版，第 436 页。

性诣主》《悔罪要旨》。

费奇规（Gaspar Ferreira），字揆一，葡萄牙人。1571 年出生，1593 年赴印度学习，1604 年被派遣赴北京。利玛窦欲其练习语言及传教事务，除委之训练修士亘六年外，以庞迪我（Diego de Pantoja，1571—1618）神父新在近畿建设之诸教所数处委付之。曾执教鞭于杭州中国初学院，来杭岁月不详。1649 年卒于广东。

龙华民（Nicolas Longobardi），字精华，意大利西西里人。1559 年生，贵族家庭出身。1582 年入耶稣会。1597 年抵达澳门，一开始在韶州传教，1613 年到北京，次年继利玛窦之后担任在华耶稣会会长。在华传教 58 年，经常在山东济南一带活动。他对利玛窦的"文化适应"传教路线并不赞成，坚持将中国人的祀孔祭祖视为迷信，不准教徒参加。传教史家费赖之认为，龙华民为"引起中国礼仪问题之第一人"[1]。龙华民约于 1622 年第二次南京教案之后来杭州，与杨廷筠穷究天理，对杨的著作有所批评。1654 年以 95 岁高龄在北京去世。他的主要著作有《圣教日课》、《地震解》、《人身图说》（与邓玉函、罗雅各合译）等。

金尼阁（Nicolas Trigault），字四表。关于他的国籍有多种说法，这是历史原因。他 1577 年 3 月 3 日生于今法国的杜埃城，它位于历史上的佛兰德斯境内，包括今比利时的东佛兰德省和西佛兰德省，因而被称为比利时人。金尼阁生活的时代该地区处在西班牙统治下，而他的故乡杜埃在其去世半个多世纪后又被法国征服并划入法国版图，因而金尼阁又被看作法国人。1611 年初经由肇庆抵达南京，正式开始了在中国的传教生涯。1611 年 4 月，李之藻因父亲去世，告假回故乡杭州，并邀郭居静、金尼阁和钟鸣仁同往杭州开教。

1613 年 2 月，受龙华民特遣返罗马晋见教皇。金尼阁此行还有两个任务：一是请求耶稣会总会增派人手，二是采购图书仪器。他在返回欧洲的漫长旅程中，把利玛窦用意大利文写作的回忆录手稿翻译成拉丁文并做了补充和润色，书名为《利玛窦中国札记》。1615 年，金尼阁在德意志的奥格斯堡出版他翻译并增写的《利玛窦中国札记》时，在封面上明确自署"比利时人"。这本著作刊印后，在欧洲引起轰动，耶稣会内掀起了到中国传教的热潮。

1618 年 4 月，他率领 20 余名新招募的传教士搭船离开里斯本，再次踏上来华旅途。同船来华的邓玉函、罗雅谷、汤若望、傅汛际等人都有很深的学术造诣，日后在中国大力传播西学。在天主教史上，金尼阁成为第一位返回欧洲又从那里率领大型传教团重来中国的传教士。

1620 年 7 月抵澳门。1621 年初，金尼阁偕曾德昭神父赴南昌，其时南京教案尚未

1　［法］费赖之著，冯承钧译：《在华耶稣会士列传及书目》上册，中华书局 1995 年版，第 65 页。

平息，乃于 1622 年避居杭州。

金尼阁第二次来华时还带来大量外文图书。这不仅因为他个人热爱书籍，遵循利玛窦开创的学术传教之路，而且因为金尼阁在返回西欧前接受了在华传教会让其在欧洲广泛募集图书，从而在北京等地建立教会图书馆的任务。金尼阁这次前来，不只带来了这些西学人才，还为中国带来了"西书七千部"。为此，金尼阁拟订了一个庞大的翻译计划，联络了艾儒略、徐光启、杨廷筠、李之藻、王徵、李天经等中外人士共同翻译出版这些书。

1628 年，金尼阁在杭州病逝，介绍"西书七千部"给中国知识界的计划流产。其中少部分西学图书为李之藻和王徵等人零星翻译。金尼阁葬于杭州市西郊老东岳附近桃源岭麓大方井耶稣会司铎公墓。1938 年，北平天主教堂整理藏书楼时发现了"西书七千部"中残余的数百部，其中有哥白尼的《天体运行论》和开普勒的《哥白尼天文学概要》等重要的西方科学典籍。

金尼阁在华活动的主要学术贡献之一，是他的著作《西儒耳目资》和利玛窦共同开启了以拉丁文为中文注音的先河，即汉语拼音的先驱之一。其他中文遗著有《况义》（即《伊索寓言》选译本）。详见第三章第二节所述。

罗如望（Joao da Rocha），字怀中，葡萄牙人。1565 年出生。1591 年来华，曾在江西、江苏、浙江等地传教，并为瞿太素、徐光启洗礼。1623 年在杭州去世。徐光启闻讣后，全家服丧。中文著作有《天主圣像略说》《天主圣教启蒙》。

黎宁石（Pierre Ribeiro），字攻玉，葡萄牙人。1572 年出生。1604 年到澳门，曾长期在江浙和上海一带传教。1635—1640 年再次赴杭州传教。1640 年在杭州去世。

艾儒略（Giulio Aleni），字思及，意大利人。1582 年出生，生长于威尼斯。肄习哲学完毕，教授文学两年。1610 年抵达澳门，教授数学两年。1613 年始得进入内地，初派至北京，不久随徐光启赴上海，奉命至扬州为某位大官讲授西学。1620 年前后赴杭州，为李之藻母亲预备后事。在杭州期间，艾儒略与杨廷筠共同研究天主教神学，同时开展传教活动，先后约四年。当时二人互相学习，艾儒略"为杨廷筠圣学神师，于中学则奉廷筠为师"。1624 年应叶向高之请入闽传教。有关杭州的遗著主要有《万物真原》（初刻于杭州）、《杨淇园行略》（写杨廷筠生平）、《性学粗述》（1622 年杭州刻本）、《西学凡》（1623 年杭州刻本）、《职方外纪》（1623 年杭州刻本）。艾氏所著《职方外纪》一书，卷首有叶向高、杨廷筠序及艾儒略自序，该书是继利玛窦《坤舆万国全图》之后详细介绍世界地理的中文西书。艾儒略学识渊博，对天文、历学均有研究，且通汉学，有"西来孔子"之称。1649 年，艾儒略在福州逝世。

王丰肃（Alfonso Vagnoni），又名高一志，字则圣，意大利人。1566 年出生，1605年来华。"初入中国之四年，他精研中国语言文字，欧罗巴人鲜有能及之者，因是撰作甚多，颇为中国文士所叹赏。"[1] 1616 年南京教难时被遣送澳门。1617 年途经杭州时，曾在杭逗留一小段时间。后于 1624 年底返回中国，至山西传教，因识之众，改名高一志。1640 年 4 月 9 日卒于山西绛州（今山西新绛县）。主要遗著有《西学修身》（又名《修身西学》）、《西学治平》、《西学齐家》、《童幼教育》、《寰宇始末》（由阳玛诺、傅汎际、罗雅谷三神父准印）、《空际格致》。

毕方济（Francois Sambiasi），字今梁，意大利人。1582 年出生于那不勒斯，1603 年 4 月 30 日入会，1610 年抵达澳门，1613 年进入北京，后去淮安、南京、无锡、嘉定传教，曾在南京城内兴建圣堂。南明永历帝封他为太师。约于 1622—1623 年，应杨廷筠邀请来杭。杨与"龙精华、毕金梁辈朝夕促膝，惟穷究天学奥旨"[2]。1649 年 1 月卒于广州。著有《毕方济奏折》、《灵言蠡勺》（毕方济口授，徐光启笔录）、《睡答》等。

傅汎际（Franciscus Furtado），字体斋，葡萄牙人。1587 年出生，1608 年入修院，曾在教会中肄习哲学神学，旋晋司铎，愿赴远方传教。1618 年随金尼阁招募的传教士团前往中国，1620 年抵达澳门。初派至嘉定肄习语言。已而赴杭州与李之藻相随，似留杭至 1630 年之藻去世。此后赴陕西、山东等地传教。1635 年在杭，曾与佛教高僧袾宏的弟子张广湉辩论。傅与李之藻同译《寰有诠》《名理探》等。

《名理探》由傅汎际译义、李之藻达辞，即傅用中文讲解，李理解后用合适的词写作。该书从 1623 年开始合作翻译，历经数年，于 1629 年完稿十卷。《名理探》原名《亚里士多德辩证法注释大全》（*In Universam Dialecticam Aristotelis*，其全名为 *Commentarii Collegii Conimbricensis e Societate Jesu In Universam Dialecticam Aristotelis*，即《科英布拉大学亚里士多德辩证法大全注释集》），1611 年在德国印行，是 17 世纪葡萄牙科英布拉大学耶稣会士的逻辑讲义。它很可能是根据波斐利的《亚里士多德范畴概论》和他以后的正统经院哲学家的有关哲学论辩问题编写而成的。《亚里士多德范畴概论》原文为拉丁文，分上、下两篇，上篇讲述了五公称和十范畴，下篇讲述了三段论。

曾德昭（Alvaro Semedo），原名谢务禄，葡萄牙人。1585 年生，17 岁入修院。1608 年肄习哲学时，请赴印度，在果阿完成其学业。1613 年被派至南京，最初冠名曰谢务禄，开始肄习语言。1616 年南京教案时与同案王丰肃（即高一志）相伴入狱，被遣送至澳门，1620 年重入内地，遂改谢务禄名为曾德昭，"留居浙江数年，居杭州时为多，杨廷筠曾助之开辟新教区"[3]。后至陕西、江西等地传教。至 1636 年以中国副教区会计员名义被派至罗马，陈述传教会之需要，并请多派会士至中国。1637 年从澳门出发，1638 年在果阿完成其《大中国志》，1640 年回到葡萄牙里斯本。1644 年 4 月起程返回中国。其时正

---

1 ［法］费赖之著，冯承钧译：《在华耶稣会士列传及书目》上册，中华书局 1995 年版，第 88 页。

2 ［意］艾儒略述、［明］丁志麟记：《杨淇园先生超性事迹》，［比］钟鸣旦、［比］杜鼎克、黄一农等编：《徐家汇藏书楼明清天主教文献》第 1 册，方识出版社 1996 年版，第 236 页。

3 ［法］费赖之著，冯承钧译：《在华耶稣会士列传及书目》上册，中华书局 1995 年版，第 149 页。

值明清易代之际，在此危难时刻出任 1645—1650 年耶稣会中国副省会长。晚年长居广州，1658 年 7 月去世。而法国学者荣振华说曾德昭 1657 年在杭州[1]，似可存疑。著作主要有《大中国志》（第十三章有李之藻传记）、《字考》（葡汉字书）、《中国年报 1622—1623》（文后题"1623 年 6 月 3 日作于杭州"）。

利类思（Ludovic Bugli），字再可，意大利人，贵族出身。1606 年出生于西西里。1635 年 4 月 13 日起程赴澳门，1636 年抵达。1638 年到内地学习语言，并在江南传教。利氏当于 1638 年到杭州，至 1639 年经其施洗入教者约 700 人。其中包括 1638 年由他施洗的著名中国儒家天主教徒、浙江鄞县人朱宗元（字维城，1617—1660）[2]。1640 年离杭赴四川传教，与安文思在张献忠起义军中供职。1647 年，为清军所俘。次年与安文思同被押至北京。1651 年获释后，建立北京东堂。1682 年 10 月 7 日卒于北京，赐葬栅栏教堂。在当时耶稣会士中被公认为汉语造诣最高深者，所遗著作、译作 20 余种。

安文思（Gabriel de Magaillans），字景明，葡萄牙人。1609 年出生，17 岁时加入耶稣会。1634 年抵达印度果阿，在那里教授修辞学。两年后他要求去日本。途经澳门时，视察员让他留下来教哲学。这时澳门来了一个明朝官员，安文思被派遣随这位官员进入内地，取汉名安文思，字景明。1640 年，安文思前往当时副主教的驻扎地杭州，1640—1641 年在杭传教。当时利类思病于四川，安文思就向上级请求派他去相伴，1641 年获准去四川协助利类思。1648 年入京，1677 年在北京去世。著有《超性学要》《中国新志》等。

史惟贞（Pierre Van Spiere），字一览，法国人。1584 年出生，1603 年入耶稣会，1609 年登舟赴印度，在果阿肄习神学，受司铎，后被派至中国。1611 年抵达澳门。1616 年因南京教案起，避难于杭州杨廷筠家，1617 年北上至南京。1628 年卒于江西。

费乐德（Rodrigue de Figueredo），字心铭，葡萄牙人。1594 年出生，1608 年入修道院，1618 年随金尼阁同行，1622 年抵澳门，首先传教杭州。1627 年，费乐德神父在杭州建了一座贞女院，交由杨廷筠的女儿杨阿格奈斯（Agnes）负责管理。同年转往宁波传教。1942 年逝于开封。遗著有《圣教源流》等。

邓玉函（Jean Terrenz），字涵璞。1576 年生，年轻时熟悉多国文字，擅长学习医学、哲学、数学知识，35 岁时入耶稣会。1618 年 4 月随金尼阁神父在里斯本登舟前往中国，同行的传教士还有汤若望、罗雅谷、傅汎际。1621 年抵澳门，初派至嘉定研究华语，继至杭州执行传教教务。未久，朝廷闻其博学，召之至北京修历。1622 年因南京教案，修历未成，与罗如望同至杭州避难。1623 年到达北京。1629 年，经徐光启推荐在历局任

1　［法］荣振华著，耿昇译：《在华耶稣会士列传及书目补编》下册，中华书局 1995 年版，第 610 页。

2　关于朱宗元出生、受洗等生平事迹的最新考证参见龚缨晏：《明清鼎革之际中国天主教徒朱宗元及其同伴——读〈在地之人的全球纠葛：朱宗元及其冲突的世界〉有感》，《史学理论研究》2023 年第 6 期。

职。1630 年病逝于北京，埋葬在北京滕公栅栏。著有《泰西人身说概》（译于杭州李之藻家）、《远西奇器图说》、《大测》等。邓玉函是第一个把天文望远镜带进中国的西方人。他还是伽利略的朋友。

林斐理（Felicien da Silva），字如泉，葡萄牙人。生于 1578 年，1605 年被派入华，管理南京教务几有九年。1612 年曾偕郭居静神父、钟鸣仁修士共赴杭州，最后往浙江处州府（今丽水市）传教，会病重还南京。1614 年死于南京。

徐日升（Nicolaus Fiva），字左恒，瑞士弗里堡（Freiburg）人。[1] 1609 年出生，1638 年来华，当年底，徐日升受命前往杭州，协助年近八旬、已经传教 50 年的老神父郭居静。应浙江嘉善人魏学濂邀请为他举行洗礼仪式，徐日升和修士郭玛诺（Emmanuel Gomez）赴嘉善开教，1640 年返回杭州，当年去世，葬于西溪大方井墓地。据 1640 年的耶稣会人事评估报告记载，这位徐日升神父"具有特别出色的传教天赋"，可他的身体状况不佳。

伏若望（Jean Froes），字定源，葡萄牙人。1591 年出生。1624 年入华即到杭州学习语言，曾任杭州神学院院长，后来基本上在杭生活。为人品行纯洁，善演讲、守苦行，待人温和，受人敬仰。1638 年在杭州去世，出城时普通市民亦跪拜致敬。熟练掌握中文，遗著三本，均在杭州刻印：《助善终经》（1859 年由法国天主教传教士爱桑的土山湾印书馆重刻数版）、《苦难祷文》、《五伤经礼规程》。曾于 1634 年为徐光启（教名"保禄"）写过葡萄牙文《徐保禄进士行实》（"行实"犹行状，记述死者生平事迹的文章），有董少新中译，刊于《澳门历史研究》（2007 年第 6 期）。

阳玛诺（Emmanuel Diaz Junior），字演西，葡萄牙人。1574 年出生，1593 年加入耶稣会。1596—1600 年在科英布拉大学学习哲学。1601 年从里斯本出发，抵达印度传教。1604（一说 1605）年到达澳门，1610 年开始进入中国内地。1611 年起在韶州等地传教。1613 年到达北京。在北京期间，在一些中国教友的帮助下，开始撰写《天问略》，1614 年完成。1614—1615 年担任中国、日本两国教区负责人。1615 年在北京刊印《天问略》。1616 年南京教案时被遣送回澳门。1621 年徐光启、李之藻等人筹划赴澳门购买火炮时，向皇帝推荐征召阳玛诺等人来京商量制炮之事宜，阳玛诺因此重回北京，帮助制造火炮。1623—1635 年被任命为耶稣会中国副省会长。1626 年到南京，此后活动于上海、杭州等地，还曾经在江西、福建等省活动。卸任副省会长之后，阳玛诺致力于用中文撰著宗教书籍，最后定居在杭州。杨廷筠去世前后，阳玛诺正在杭州。1659 年死于杭州。中文著作有《天问略》、《圣经直解》（1642）、《代疑篇》、《经世全书》（1640）、

---

1 徐日升传记见［法］费赖之著，冯承钧译：《在华耶稣会士列传及书目》上册，中华书局 1995 年版，第 250—251 页。特别要注意的是，清初来华耶稣会士还有另外一位中文同名的葡萄牙人徐日升（Thomas Pereira，1645—1708），字寅公，传记见［法］费赖之著，冯承钧译：《在华耶稣会士列传及书目》上册，中华书局 1995 年版，第 380—384 页。

《天主圣教十诫直诠》（现有日本 1798 年京都始胎大堂藏版）、《景教流行中国碑颂正诠》（1644）等。其主要贡献是最早向中国介绍伽利略望远镜和伽利略的天文发现。

《天问略》为阳玛诺的一部结合天主教教义的天文学著作，首刊于 1615 年，1629 年被李之藻辑入《天学初函》"器编"，《四库全书》和《古今图书集成》亦收录。全书以问答形式写成，分为"天有几重及七政本位""日天本动及日距赤道度分""昼夜时刻随北极出地各有长短""月天为第一重天及月本动""月食"五篇。与其他著作不同，《天问略》中的宇宙结构为十二重天："敝国历家详论此理，设天十二重焉。最高者即第十二重，为天主上帝、诸神圣处，永静不动，广大无比，即天堂也。其内第十一重，为宗动天。其第十、第九，动绝微，仅可推算而甚微妙，故先论九重，未及十二也。十二重天，其形皆圆，各安本所，各层相包，如裹葱头，日月五星、列宿在其体内，如木节在板，一定不移，各因本天之动而动焉。"《天问略》中的宇宙体系实际上是将利玛窦十一重天中的第九重无星天分为"东西岁差""南北岁差"两重，从而为十二重天，在当时显得很特别，颇为时人称引。其实这也是中世纪很有影响的一种理论。《天问略》中的这种学说，似来自丁先生（利玛窦的老师）的晚期版本。此书为问答体，只是就一些具体的问题作答，未能对各论题进行系统阐述，对水晶球体系的论述也只是一个大概，星体大小和各天高下之距均未详细涉及。[1]

何大化（António de Gouvea），字德川，葡萄牙人。1592 年生，1623 年东来，在果阿耶稣会学院教授文科四年。约 1630 年来到澳门，1636 年进入内地传教。不久到杭州学习中国语言，1637 年 11 月，他在杭州完成该年的《耶稣会年札》。当时有两位信奉天主教的官员，皆为湖北武昌人，一名雅各伯（Jacobe），一名玛弟亚（Mathias）[2]，他们向时任耶稣会中国副省会长的傅汛际建议，派遣一名神父到他们的家乡传教。有学者考证，教名雅各伯的官员，即为供职历局、参与明末以西法修编《崇祯历书》的奉教士人、湖北武昌人邬明著。[3] 何大化于 1637 年 12 月从杭州出发，经过南京时与傅汛际短暂会面，获得正式任命。他于 1638 年 1 月 6 日抵达武昌，为湖北开教之始。后接替意大利耶稣会士艾儒略负责耶稣会福州住院 20 余年，在华传教长达 47 年之久。1677 年逝于福州。何大化编纂过八份耶稣会中国年信（1636，1643—1649），包括 1637 年在杭州完成的 1636 年信。著作有《远方亚洲》（两卷，1644 年）和《中国分期史》，均为葡萄牙文，在中西文化交流史上发挥了"中学西传"的作用，将大量包括杭州在内的中国信息介绍给欧洲。[4]

1　孙承晟：《明末传华的水晶球宇宙体系及其影响》，《自然科学史研究》2011 年第 2 期。
2　［法］费赖之著，梅乘骐、梅乘骏译：《明清间在华耶稣会士列传（1552—1773）》，天主教上海教区光启社 1997 年版，第 251—252 页。《在华耶稣会士列传及书目》第 78 何大化传中所指两名官员分别为雅克（Jacques）和马蒂亚斯（Mathias），见［法］费赖之著，冯承钧译：《在华耶稣会士列传及书目》上册，中华书局 1995 年版，第 227 页。
3　董少新：《明末奉教天文学家邬明著事迹钩沉》，《中华文史论丛》2012 年第 3 期。
4　详见董少新：《葡萄牙耶稣会士何大化在中国》，社会科学文献出版社 2017 年版。

卫匡国（Martino Martini），原名马尔蒂尼，字济泰，意大利人。1614 年出生于意大利特伦托。1643 年夏抵达澳门，1650 年春到北京，曾觐见顺治帝。当年受耶稣会中国传教会委派，赴罗马教廷陈述耶稣会关于中国礼仪之争的见解，并将当时明清战争的记录带往欧洲。1657 年 4 月动身返回中国，同行的有南怀仁等 16 名耶稣会传教士。1659 年 6 月抵达杭州，1661 年 6 月 6 日因霍乱于当地逝世。著有《中国新地图志》《中国上古史》《鞑靼战纪》《中国耶稣会教士纪略》《汉语语法》《逑友篇》等，成为欧洲汉学的奠基者之一。详见第三章的专论。

汪儒望（Jean Valat），字圣同，法国人。1651 年入华，最初就到杭州传教。费赖之所撰传记称："其始传教杭州，继至南京，后居上海若干时，未几赴直隶。"[1]1652 年在山东，1656 年在北京，后到山东济南。康熙二十三年（1684）十一月康熙帝南巡到金陵，传见汪儒望、毕嘉（Giandomenico Gabiani，1623—1694[2]），传教士献方物四种，康熙帝赏赐青纻、白金，特别问询传教士靠什么开支度日，知否格物穷理之学，身上可否带有天主像。[3]汪、毕一一回答，又获赐各饮葡萄酒一杯。1696 年逝于济南。

洪度贞（Humbert Augery），字复斋，法国人。1618 年出生。1656 年 11 月抵达中国，1657 年到达上海，1658 年 8 月前往杭州。1661—1664 年任耶稣会中国副省会长。1663 年，主持完成了由卫匡国发起的武林门内杭州第一座天主教堂的建造工程，称无原罪圣母堂，位于今中山北路天水桥。该堂建筑规模大，可以容纳众多传教士居停留，有花园，特建房舍专门储存传教士印刷天主教书籍的刻版。"康熙历狱"期间被押往广州，1671 年重回杭州。1673 年 2 月在杭州去世。

鲁日满（François de Rougemont），字谦受。1624 年生于小镇马斯特里赫特（Maastricht），因该镇今属荷兰，而在历史上曾为比利时领土，故费赖之说鲁日满为比利时人，荣振华所撰列传则说他是荷兰人。[4]1641 年加入耶稣会。1654 年取得教士资格后申请前往中国传教。1656 年随波兰籍耶稣会士卜弥格（Michel Boym，1612—1659）率领的中国传教团来华。1658 年 7 月抵达澳门（费赖之书称他于 1658 年末 1659 年初到达澳门），然后在杭州停留一年，1660 年在上海和苏州，1663 年在常熟传教。1665 年被流放到广州，直到 1671 年返回江苏，长驻常熟。1676 年 11 月在江苏太仓去世，后

1　关于汪儒望的出生年份，费赖之说生于 1599 年，他又说在别的名录在有见到生于 1613 年和 1611 年，荣振华说可能为 1614 年生，见［法］费赖之著，冯承钧译：《在华耶稣会士列传及书目》上册，中华书局 1995 年版，第 284—287 页；［法］荣振华著，耿昇译：《在华耶稣会士列传及书目补编》下册，中华书局 1995 年版，第 692 页。

2　关于毕嘉的卒年，费赖之《在华耶稣会士列传及书目》（冯承钧译本，中华书局 1995 年版）中记为 1696 年，此据荣振华著，耿昇译：《在华耶稣会士列传及书目补编》，中华书局 1995 年版，第 344 页。

3　韩琦、吴旻校注：《熙朝崇正集 熙朝定案（外三种）》，中华书局 2006 年版，第 155—156 页。

4　［法］费赖之著，冯承钧译：《在华耶稣会士列传及书目》上册，中华书局 1995 年版，第 336—339 页；［法］荣振华著，耿昇译：《在华耶稣会士列传及书目补编》下册，中华书局 1995 年版，第 576—577 页。

迁葬于常熟虞山墓地，至今俗称"老爷坟"或"十字坟"。另据鲁日满账本[1]，他于康熙十四年（1675）春夏间、秋冬间两次到杭州活动。鲁日满在杭州有传道员和司事协助其传教，并付给杭州有关人员生活费，包括杭州有名的文人、教徒诸际南。他还在杭州掌管教会三栋房屋，收取房租。又在杭州刻印教理文献和传教材料，如使用几两银子刻印《主制群征》（汤若望在 1629 年山西绛州初刊的天主教护教著作）。

殷铎泽（Prospero Intorcetta），字觉斯，意大利人。1625 年出生，1659 年随卫匡国来华，抵达杭州，学习中国语言文字，后被派往江西传教。杨光先兴历狱时，被遣送至广州。1671 年奉命回到欧洲，向罗马耶稣会总会长报告教务。1674 年返华后被派往杭州活动。1676 年在杭州建立了第一所耶稣会士初学院，并担任院长和导师，同年任中国、日本会务视察员。1677 年，他被任命为杭州耶稣会士长上。1696 年在杭州去世。殷铎泽在中学西传上做出过特殊贡献，在杭期间曾为平息张鹏翮禁教与促成康熙颁布"容教令"效力，接待过南巡的康熙帝。1662 年与郭纳爵（Ignatius da Costa，1599—1666）将部分《论语》《大学》翻译成拉丁文，取名《中华箴言录》（*Sapientia Sinica*，又译《中国的智慧》）在江西建昌刊行（徐家汇藏书楼发现此藏本）。1667 年，殷铎泽又把《中庸》翻译成拉丁文，在广州刻印《中庸》，但未完成。1672 年在巴黎出版了《中庸》法文译本，书的标题为《中国的政治道德学》（*Sinarum Scientia Politico-Moralis*）。2016 年11 月，杭州举行殷铎泽半身塑像奠基典礼，意大利驻上海总领事馆领事发表讲话。

艾斯玎（Augustin Barelli），意大利人。1656 年 8 月出生，在米兰加入耶稣会，获得文艺学学士学位，教授哲学两年。1690 年随意大利耶稣会士罗历山（Alessandro Cicero，1639—1703，曾任南京主教）来华，1692 年到达中国。后不知何故离开传教会，但于 1702—1711 年在杭州生活了九年，并于 1703 年起管理杭州及其附近教堂。1707 年康熙第六次南巡时，在杭州行宫召见艾氏。1711 年 1 月去世，葬于杭州。

法安多（Antonio Faglia），字圣学，意大利人。1663 年出生。1694 年 7 月到达澳门，偕闵明我至北京。1695 年传教于广东，后到浙江。1704 年因病回澳门治疗，后又返回浙江。1706 年 12 月在嘉兴府去世，而非江苏嘉定[2]，后葬于杭州。

德玛诺（Roman Hinderer），法国人。1669 年出生，1686 年入耶稣会，曾教授古典学、修辞学四年，以神学、数学显名于当时。1706 年随卫方济（François Noël，1651—1729）、庞嘉宾（Gaspard Kastner，1665—1709）神父来到中国。康熙帝赏识其才能，命

1　［比］高华士著，赵殿红译：《清初耶稣会士鲁日满常熟账本及灵修笔记研究》，大象出版社 2007 年版。另据［比］高华士著，赵殿红译：《耶稣会士鲁日满账本》，《暨南史学》2002 年第一辑。鲁日满账本记于 1674 年 10 月—1676 年 3 月或 4 月。鲁日满在杭州活动的记载主要见于日记原文第 9、157、166、193、197 页，中译本分别见于《暨南史学》2002 年第一辑第 323、309、308、305 页。
2　［法］荣振华著，耿昇译：《在华耶稣会士列传及书目补编》上册，中华书局 1995 年版，第 208 页。《在华耶稣会士列传及书目》第 194 传误为死于江苏嘉定，见［法］费赖之著，冯承钧译：《在华耶稣会士列传及书目》上册，中华书局 1995 年版，第473 页。

其与雷孝思（Jean-Baptiste Régis，1663—1738）、冯秉正（Joseph-Anne-Marie de Mailla，1669—1748）神父等测绘河南、江南、浙江、福建、台湾等处地图。他在测绘工作闲暇时，兼事传教。后回京复命，康熙欲留他在北京为朝廷效力，但他坚决要求赴外省传教，获得颁赐凭照，允许其传教全国，遂再回曾经艰苦工作过的江浙一带传教。1718年在杭州主持教务。后赴各地传教，1738年重回浙江。1718年居住杭州时，传教人数达数千人。后曾遇官府禁教被捕，押解至广东，不久返回杭州，遭人殴打投江，幸得教友相救，而官府欲将行凶者以凶手定罪时，德玛诺反而为他们求情。1744年在江苏常熟去世。遗作中有杭州信札两件：一是1719年9月27日信札，言及禁教之事；二是1725年8月3日致哈劳尔神父信札，言传教会被破坏等事。[1] 德玛诺在传教史上最显著的事迹之一便是在杭州创建了中国第一座圣心堂。[2]

潘国良（Emmanuel Laurifice），原名潘玛诺，字国良，意大利人。1646年出生于西西里，1674年4月起程，1679年11月到达中国。1680年在上海，10月被召赴松江，为许太夫人（即许甘弟大，徐光启的第二个孙女）行终傅礼。继至杭州。1684年在山西，此后在各地传教，1693年在南京，1697—1700年在杭州。1697年重返杭州担任神学院院长，1699年赴无锡迎接第三次南巡的康熙。1703年死于广州。

颜理伯（Philibert Geneix），字务本，法国人。1665年生，1682年入耶稣会。1698年3月，受白晋（Joachim Bouvet，1656—1730）招募，搭乘法国商船"安菲特利特号"（L'Amphitrite）远航中国。同年11月到达广州，颜理伯被派往江苏淮安。曾于1699年短暂来杭，因病很快离开，同年9月底死于淮安。

郭天宠与习圣学两位传教士，曾在康熙四十二年（1703）二月康熙第四次南巡杭州时获得接见。从郭、习两位事迹查对费赖之、荣振华所著传教士列传可知，郭天宠即为郭若望，习圣学即为利圣学。[3]

郭若望（João Baptista），即郭天宠，葡萄牙人。1654年出生。荣振华列传称郭若望于1671年进入初修院，费赖之书则称1681年加入耶稣会，1695年12月到达澳门。1699年在南京、镇江和丹阳地区传教。曾负责重建杭州天主教堂。1701年在上海，1704年返回澳门，任耶稣会中国副省司库（代理人），直至1714年死于澳门。

利圣学（Charles de Broissia，或Jean-Charles de Broissia），即习圣学，字述古，法国人。1660年出生。1681年加入耶稣会。1698年随白晋抵达广州，学习语言。1700年被派往江西传教。1701年到达宁波。1702—1704年在杭州传教，1703年得到第四次南

1　［法］费赖之著，冯承钧译：《在华耶稣会士列传及书目》下册，中华书局1995年版，第625页。

2　方豪：《中国天主教史人物传》中册，中华书局1988年版，第305页。

3　郭若望、利圣学传见［法］费赖之著，冯承钧译：《在华耶稣会士列传及书目》上册，中华书局1995年版，第483、503页；又见［法］荣振华著，耿昇译：《在华耶稣会士列传及书目补编》上册，中华书局1995年版，第53、118页。但费、荣两书均未记录郭、利两位在杭州的事迹，相关文献记载见韩琦、吴旻校注：《熙朝崇正集 熙朝定案（外三种）》，中华书局2006年版，第190—191页。

巡的康熙帝接见。

何纳笃（Giovanni Donato Mezzafalce），意大利人，罗马传信部教士。1661 年出生，1691 年晋铎为神父，在 1697 年或 1700 年来到中国。在福建停留几个月后，主动要求赴浙江省杭州市东南（钱塘江以南）的萧山县（今杭州市萧山区）建立天主堂。1705 年，罗马教皇特使多罗任命他为湖广省副代牧，同年浙江宗座代牧去世，何纳笃即被指派为继任者。1706 年何纳笃与福建宗座代牧颜珰（Charles Maigrot，1652—1730，汉译名另有满格老、颜当、阎当、严裆、严嘉乐等）一起被康熙帝驱逐至澳门。1707 年返回欧洲，他与颜珰等人同为 1715 年 3 月 19 日教皇克莱芒十一世（Clement XI，又译克莱孟、克雷门特、格勒门等，1700—1721 年在位）反对中国礼仪的通谕《自登基之日》的编译者。1720 年 8 月在欧洲去世。

雍正之后，到过杭州并参与地下传教活动的欧洲传教士主要有法国人卜文起（Louis Porquet，1671—1752）、葡萄牙人黄安多（Antonio-Jose Henriques，1707—1748）、法国人卜日升（Jean Baborier，1678—1752）等。

明清时期来杭州活动过的欧洲传教士，除了上述耶稣会士之外还有来自其他修会的欧洲传教士，著名者如多明我会（也称道明会）传教士黎玉范、闵明我、希伯禄等。

黎玉范（Juan Bautista de Morales），西班牙人。1597 年出生，1614 年加入多明我会，1633 年 7 月黎玉范和方济各会士利安当一起进入中国福建传教，后来又转往浙江杭州、温州等地传教。1638 年福建教案爆发，黎玉范被官府驱逐至澳门。作为明清之际中西"礼仪之争"的主要当事人和见证者，他曾主持托钵修会首次在闽东传教区就中国礼仪问题展开系统调查，又被委派为代表与方济各会士利安当一起于 1640 年起程前往罗马，就中国礼仪问题向罗马教廷陈述观点。1643 年到达罗马，即向教皇提出了关于中国礼仪问题的 17 条申诉意见，得到了教廷的认可与支持。1645 年 9 月 12 日，教皇英诺森十世发布通谕，明令禁止中国教徒参加祭祖、敬孔、拜城隍的礼仪。1646 年黎玉范带领闵明我等 27 位多明我会士前往东方，经停墨西哥、马尼拉之后，于 1649 年 7 月重返福建，11 月回到福安。他此次返回中国的一个重大使命就是将罗马教廷 1645 年通谕传达给在华各个天主教修会。在华耶稣会认为黎玉范在中国礼仪问题上误导了罗马教廷，两年后，委派卫匡国前往罗马为耶稣会申辩，1656 年 3 月教廷又发表了倾向耶稣会主张的裁决。1656 年，黎玉范等人离开福建，到浙江兰溪传教，置地建堂，管理浙江多明我会的教务。1661 年，多明我会在浙江兰溪召开会议，详细讨论中国礼仪问题，他们仍然决定贯彻 1645 年教廷禁令的精神。兰溪会议后，黎玉范身体每况愈下，1664 年 9 月在福宁病逝。黎玉范为了捍卫他在中国礼仪之争中的反对立场，书写了一系列著作和论文、报告。如现藏梵蒂冈图书馆的《圣教孝亲解》即是黎玉范反对耶稣会中国礼仪观点的重要文献。梵蒂冈图书馆所藏另一部《汉西词典》是以单个注音汉字作为词目编写的汉语与西班牙语双语词典。据学者考证，黎玉范编写《汉西词典》的时间是在他 1656 年到浙江传教直至兰溪会议期间。[1]

闵明我（Domingo Fernández Navarrete），西班牙人。1618 年出生，1634 年进入多明我会修道院。1648 年到达菲律宾传教，1657 年离开马尼拉转往中国，1658 年 10 月到达广州，11 月抵达福建省福安传教。1661 年离开福建，前往浙江兰溪、金华传教，当地均有多明我会教堂，闵明我在那里两年内为 250 多名教徒施洗。1664 年 9 月，闵明我继任为中国多明我会的会长，不久马尼拉的多明我会省分会任命他负责浙江兰溪的圣约翰教堂。同年，因"康熙历狱"发生，闵明我一直没有机会担任此职，而朝廷指令各地督抚缉拿西洋传教士，统一押解京城，其中就包括当时正在浙江兰溪传教的闵明我。闵明我等三位神父被押送到杭州，于 1665 年 2 月 27 日（康熙四年正月十三）到达，他们在监狱里见到了在杭州传教的法国耶稣会士洪度贞。闵明我在其旅行笔记中专门写了《浙江之旅》《京城之旅》以记录在杭州的见闻。[2] 康熙四年（1665）七月，朝廷又决定将受审的 25 位传教士流放广东，闵明我 1666 年 3 月到达广州后被拘禁，直到 1669 年乘机出走澳门。当他离开中国返回西班牙后，意大利耶稣会士 Philippus Maria Grimaldi（1639—1712）冒用西班牙闵明我的名字进入北京，而且成了康熙"帝师"南怀仁的助手。闵明我在浙江省内活动的 1664 年至 1666 年，曾撰写出版了多部中文著作，如《天主教真理阐释和关于在中国普遍错误的争论》四卷，涉及中国礼仪之争，可惜都没有留传下来。

希伯禄（Petrus de Alcala），音译名为"阿尔卡拉"，西班牙人。1640 年前后生于西班牙，加入多明我会后于 1667 年经马尼拉到达福建，再转到浙江。1696 年，浙江成立代牧区，1697 年希伯禄就任浙江代牧区首任代牧，常驻金华，曾到杭州、宁波等地视察教务。礼仪之争中，希伯禄等多明我会士因禁止教友"敬孔祭祖"而被驱逐。1705 年在浙江去世。

（二）法国传教团的杭州见闻

清初短暂来杭的欧洲传教士，除了多明我会士闵明我等三人因"康熙历狱"而被关押在杭州，影响最大的就是法国国王路易十四派出的"国王数学家"传教团。1685 年 3 月 3 日，六名"国王数学家"耶稣会士从法国的布雷斯特港起程，去往中国。这六名传教士在途经暹罗（今泰国）时，除一名被暹罗国王留下，其余五人，即法国耶稣会士洪若翰（Jean de Fontaney，1643—1710）、张诚（Jean-François Gerbillon，1654—1707）、

---

1 参见张先清：《多明我会士黎玉范与中国礼仪之争》，《世界宗教研究》2008 年第 3 期；杨慧玲：《梵蒂冈图书馆藏明清中西文化交流史重要文献——对梵蒂冈图书馆藏稿抄本 Borg.cin.503 的初步研究》，《史学史研究》2016 年第 2 期。

2 ［西］闵明我著，何高济、吴翊楣译：《上帝许给的土地：闵明我行记和礼仪之争》，大象出版社 2009 年版，第 120、128 页。闵明我的生平参见该著"译者的话"。闵明我的记录中将 2 月 27 日说成是"阴历十五号"，实际上是正月十三，不知闵明我何故要将正月十三说成是十五元宵灯节。

李 明（Louis Le Comte，1655—1728）、白 晋（Joachim Bouvet，1656—1730）、刘 应（Claude de Visdelou，1656—1737），经过种种周折，在 1687 年 6 月 19 日，乘坐一艘由暹罗开往中国宁波的广东商人王华士之船，于 7 月 23 日到达浙江宁波沿海。浙江巡抚金鋐奏疏称：洪若翰等五名西洋传教士"据称欲往苏杭天主堂探望同教之人，如肯容留，情愿长住内地"[1]。金鋐害怕担责，不敢决断，于是"据实奏闻朝廷，请旨处断。当时在朝诸臣，忌西士者尚多，谓宜驱逐回国，不令登岸"[2]。

法国传教团在宁波港口遇阻之际，洪若翰写信通报了在杭州主持教务的殷铎泽，请他拜托在北京宫廷任职的南怀仁神父出面向康熙陈情。洪氏还通过殷铎泽向浙江的官员赠送了望远镜和钟表等物，以便获得入京批准。殷铎泽神父"立刻就给我们派遣了其手下的讲授者之一，此人是天主教会法学院毕业生，同行的还有他的两位佣人。殷铎泽神父还指点我们在与中国官员打交道时应如何行事"[3]。洪若翰和两位神父的费力周旋，终使康熙帝在同年九月初六日下令："洪若等五人内有通历法者亦未可定，着起送来京候用，其不用者听其随便居住。"[4]

浙江巡抚金鋐遂奉命允许五名法国耶稣会士登陆前往北京，并令宁波长官遣送诸神父来杭州。可见，促成康熙帝最终放行法国传教团登陆北上的幕后功臣之一便是在杭州主持教务的殷铎泽神父。

1687 年 11 月 26 日，五位法国耶稣会士从宁波出发，经浙东运河北上，经历五天的行程，于 12 月 1 日抵达浙江省会杭州。[5]综合李明和洪若翰两位教士的亲笔记录，法国耶稣会士到达杭州时，由殷铎泽神父派出的杭州基督徒来到河边迎接，并用轿子抬着他们穿过整个城市。护卫队伍中还举着一块金色牌子，上书"奉诏进宫大学士"（冯承钧译为"奉召入京之天学西士"），而殷铎泽神父在他的教堂门前等候他们。据洪若翰追忆："在杭州，我们深感欣慰地看到了殷铎泽神父，并与他共度了若干日子。……这位已去世多年的神父当时是本修会在中国的副省会长。虽然他头发已经全白，年纪也在六十岁上下，但他仍极为健康并精力充沛。我把他的像带回了法国；此像是在他逝世后画的，根据中国人的习俗，当人们将其遗体运往墓地时，此画被挂在灵堂。"[6]诸神父留杭数日后，登浙江巡抚金鋐所备之官船，溯运河而上。洪若翰还在书信中称"在我们从杭

---

1 韩琦、吴旻校注：《熙朝崇正集 熙朝定案（外三种）》，中华书局 2006 年版，第 166 页。"洪若"即指洪若翰。

2 方豪：《中国天主教史人物传》中册，中华书局 1988 年版，第 270 页。

3 《耶稣会传教士洪若翰神父致拉雪兹神父的信（1703 年 2 月 15 日）》，［法］杜赫德编，郑德弟等译：《耶稣会士中国书简集：中国回忆录》上卷，大象出版社 2005 年版，第 262 页。

4 韩琦、吴旻校注：《熙朝崇正集 熙朝定案（外三种）》，中华书局 2006 年版，第 166 页。

5 法国传教士从宁波到杭州再到北京的时间，据李明书信整理而成，见［法］李明著，郭强、龙云、李伟译：《中国近事报道（1687—1692）》，大象出版社 2004 年版，第 40、44 页。但到达北京的时间李明记为 1688 年 2 月 8 日，洪若翰和费赖之则记为 2 月 7 日。见《耶稣会传教士洪若翰神父致拉雪兹神父的信（1703 年 2 月 15 日）》，［法］杜赫德编，郑德弟等译：《耶稣会士中国书简集：中国回忆录》上卷，大象出版社 2005 年版，第 264—265 页；［法］费赖之著，冯承钧译：《在华耶稣会士列传及书目》上册，中华书局 1995 年版，第 427—428 页。

6 《耶稣会传教士洪若翰神父致拉雪兹神父的信（1703 年 2 月 15 日）》，［法］杜赫德编，郑德弟等译：《耶稣会士中国书简集：中国回忆录》上卷，大象出版社 2005 年版，第 264—265 页。

州到北京所经过的其他城市，我们均受到礼遇。有一位中国官员与我们同行，他负责照料我们所必需的一切"[1]。法国传教团直到 1688 年 2 月 7 日才到达北京。

法国传教团成员李明对于杭州的亲历见闻也有详尽的描述：在经过杭州时，殷铎泽神父热情接待他们，甚至为他们"每人准备了一抬四人大轿"，将他们抬至教堂，殷铎泽在教堂门前等候他们。李明对杭州新建"救世主堂"的印象特别深刻，大为赞赏："杭州教堂的雅致大方使我们赞不绝口：我们在那里一眼望去尽是金光闪闪的装饰、图画和油画；一切都是如此装饰，甚至有寓意有层次。中国人能够非常完美地完成这个红黑相间的美丽漆饰，他们用金色的花朵和其他图案使清漆显得起伏跌宕，使各处都具有世界上最美好的效果"[2]。

据教会史认定，前述杨廷筠捐献建造的教堂乃是明末杭州天主教第一座圣堂。1659 年，意大利籍耶稣会士卫匡国从罗马返杭，得到浙江巡抚佟国器等人的支持和资助，在杨廷筠旧居附近（该堂原址，即今中山北路天水桥附近）"购地扩建圣堂"。当年动工，1660 年卫匡国曾举行过开堂礼，但教堂全部完工是在 1661 年 6 月卫匡国去世之后，由继任的法国传教士洪度贞主持完成。[3]1687 年底到达杭州的法国传教士称赞这座教堂"壮丽冠于全国"[4]。

遗憾的是，当李明 1692 年写信给神父拉雪兹时，杭州这座美丽的教堂却遭遇一场毁灭性火灾，李明不无痛心地写道："但这座美丽的教堂，基督徒虔诚和殷铎泽神父热情的成果，刚刚被一场殃及城市一大片区域的火灾烧成灰烬；看来有很长时间我们都将不能够修建同样的教堂了"[5]。

（三）传教士笔下的张鹏翮禁教与康熙"容教令"

法国传教团一行五人短暂停留杭州之后，再经大运河北上，直到 1688 年 2 月 7 日进京觐见康熙帝，奉旨"留白进（晋）、张诚在京备用"，两人后被康熙传旨学习满语，九个月后学成，留在宫廷效力，成为康熙和皇太子学习西方科学的导师，其他三人则获准分往各省管理教务。三年多以后的 1691 年 9 月由浙江巡抚张鹏翮发动的杭州教案，直到 1692 年 3 月的康熙"容教令"［又称"容教敕（诏）令"］，殷铎泽与欧洲传教士们又被卷入了这场以杭州为中心的清初中西宗教和文化冲突事件，而康熙的"容教令"被誉为"鸦片战争以前天主教在华'正教奉传'之惟一官方正式认可之文件"[6]，实则开启了天主教在华传播的"黄金时代"。欧洲传教史学者认为促成康熙"容教令"之功者"盖

---

1 《耶稣会传教士洪若翰神父致拉雪兹神父的信（1703 年 2 月 15 日）》，［法］杜赫德编，郑德弟等译：《耶稣会士中国书简集：中国回忆录》上卷，大象出版社 2005 年版，第 265 页。
2 ［法］李明著，郭强、龙云、李伟译：《中国近事报道（1687—1692）》，大象出版社 2004 年版，第 335 页。
3 ［法］费赖之著，冯承钧译：《在华耶稣会士列传及书目》上册，中华书局 1995 年版，第 263 页。
4 方豪：《中国天主教史人物传》中册，中华书局 1988 年版，第 115 页。
5 ［法］李明著，郭强、龙云、李伟译：《中国近事报道（1687—1692）》，大象出版社 2004 年版，第 335 页。
6 顾卫民：《中国天主教编年史》，上海书店出版社 2003 年版，第 211 页。

日升、安多、张诚三人之力也"[1]。不过，笔者以为从杭州教案的平息到康熙"容教令"的制定，均离不开当时在杭州天主堂主持教务的耶稣会中国副省会长殷铎泽的申诉和斡旋。

在欧洲传教士笔下，"张鹏翮禁教"也被称为"杭州教案"和"浙江教案"。综合中外文献与学者研究成果可见，记录这场教案史事的既有身在杭州教堂的当事人意大利耶稣会士殷铎泽，也有教案的见证者洪若翰、李明、刘应、白晋、张诚、苏霖（Joseph Suarez，1656—1763，葡萄牙人）、徐日升、安多（P. Antoine Thomas，1644—1709，字平施，比利时人）等人，还有从未来过中国的同时代欧洲学者郭弼恩（Charles Le Gobien，1653 — 1708）、莱布尼茨（Gottfried Wilhelm Leibniz，1646—1716）等留下的著作。[2]

教案发生时，正在南京和广州传教的洪若翰以及自 1690 年后随洪若翰在广州活动的李明，均通过与在杭州的殷铎泽的书信往来等多种途径了解教案实情，并将杭州教案的情况写信通报给法国国内的重要人士。其中，洪若翰关于杭州教案的记录见于由法国传教士汉学家杜赫德（Jean-Baptiste Du Halde，1674—1743）编著的《耶稣会士中国书简集：中国回忆录》上卷第 23 封信中，即写于 1703 年 2 月 15 日浙江舟山的"耶稣会传教士洪若翰神父致拉雪兹神父的信"。[3]李明于 1691 年底受洪若翰派遣返回法国，1692 年抵达，报告了法国传教士在华处境，不久即转赴罗马，向教皇当面陈述有关中国的情况，之后回到法国，担任勃艮第公爵夫人的告解神父。其时，有关中国祭祖尊孔礼仪的争论日益激化，已从耶稣会内部之争扩大到与其他修会之争，如多明我会士、方济各会士、巴黎外方传教会会士纷纷介入中国礼仪之争，并借机抨击耶稣会士在华传教策略。李明即于 1696 年在巴黎以法文出版了以书信形式撰写的《中国近事报道》（*Nouveaux mémoires sur l'état présent de la Chine*），旨在以自己的亲身见闻声援耶稣会在华传教路线。《中国近事报道》是李明在华期间写给法国国内要人的通信汇编，该书上下两卷共收录了 14 封信，他以自己的亲身经历对中国的风土人情、时事新闻做了详尽的阐述。其中第 13 封信"致让松红衣主教大人"，对 1691 年张鹏翮禁教的缘起、平息过程及 1692 年康熙"容教令"的出台做了详细介绍，并且还收录了欧洲传教士参与其事的几份奏折与康熙的谕旨敕令。[4]

1　［法］费赖之著，冯承钧译：《在华耶稣会士列传及书目》上册，中华书局 1995 年版，第 382 页。此三人中"日升"即指葡萄牙耶稣会士徐日升，安多为比利时耶稣会士，张诚为法国耶稣会士，均受康熙任用，在北京为朝廷事务效力。

2　参见相关研究：张先清：《康熙三十一年容教诏令初探》，《历史研究》2006 年第 5 期；龚缨晏、陈雪军：《康熙"1692 年宽容敕令"与浙江》，《浙江社会科学》2007 年第 2 期；冯尔康：《康熙帝第二次南巡优遇传教士·浙江禁教·容教令出台——从中国天主教史角度看康熙帝政治》，《安徽大学学报（哲学社会科学版）》2015 年第 1 期。苏霖的记述见于《苏霖神父关于 1692 年"容教诏令"的报告》，［德］G. G. 莱布尼茨著，［法］梅谦立、杨保筠译：《中国近事——为了照亮我们这个时代的历史》，大象出版社 2005 年版。

3　［法］杜赫德编，郑德弟等译：《耶稣会士中国书简集：中国回忆录》上卷，大象出版社 2005 年版，第 250—299 页。

4　［法］李明著，郭强、龙云、李伟译：《中国近事报道（1687—1692）》，大象出版社 2004 年版，第 7、339—365 页。

德国科学家兼哲学家莱布尼茨，在 1689 年 7 月在罗马认识了从中国返回的意大利耶稣会士闵明我。1694 年，当闵明我再次回中国时，莱布尼茨交给他一个希望了解中国的提纲，共 30 项之多，几乎包括了所有的知识领域，从此莱布尼茨与在华传教士的通信持续时间长达 20 年。在 1697 年出版的《中国近事——为了照亮我们这个时代的历史》（ *Novissima Sinica：Historiam nostri temporis illustratura* ），莱布尼茨专门收录了入华传教士的 6 封书信，其中全文收录了《苏霖神父关于 1692 年"容教诏令"的报告》。莱布尼茨在序言中叙述了这份报告的重要性，指出这份报告是由葡萄牙神父、北京学院院长（即耶稣会驻北京传教团团长）苏霖从北京发出的。据苏霖报告："有一个地方官把一篇认为天主教是邪教的通告刻于木版，公开示众。"[1] 浙江巡抚张鹏翮坚持禁止天主教，还下达了一些命令。紧接着基督徒受到了迫害，"有的被关押，有的被抢掠……就连传教士也常常受到威胁，甚至被遣返，或把他们的教堂强行变为崇拜偶像的地方，或把教堂没收移交给国库"[2]。

另外，法国传教士、汉学家郭弼恩虽然从未到过中国，但由于他负责入华耶稣会士们寄回法国的书信与著述等档案资料，因而在其所著《中国皇帝诏令史》（又译为《中国皇帝敕令史》《中国皇帝容教令史》）中"极其详尽地叙述了这次教案的过程"。[3] 郭弼恩此著显然是依据李明等在华欧洲传教士的书信、著作等第一手资料写成的，因而于 1698 年以《中国近事报道》系列第三卷的名义出版，著作全名为《中国近事报道（第三卷）：1692 年康熙宽容天主教传教诏令史兼论对中国祭孔祭祖问题的澄清》，其中卷一记叙了杭州教难的前因后果，卷二则论述康熙颁布"容教诏令"的具体过程。[4] 另有一则记载少有人关注。郭弼恩所著《中国皇帝敕令史》第 96 页云：浙江教案发生时，（刘）应适在杭州，曾将其忠实记录寄还法国。[5] 这表明郭弼恩《中国皇帝诏令史》最直接的史料来源之一便是法国国王数学家传教团成员刘应在"张鹏翮禁教"杭州案发现场的真实记录。这是汉学造诣最深的法国耶稣会士刘应自 1687 年随传教团从宁波进京，首次途经杭州之后的第二次杭州之行，竟然见证了杭州教案的发生。

禁教事件最初缘起于康熙二十九年（1690）西班牙多明我会传教士希伯禄在浙江兰溪县当地买屋定居传教，明显违反了"康熙历狱"期间颁发的禁教令，激起兰溪地方官绅的不满和反对。几个月之后，"在兰溪官员煽动下，或至少受到他的榜样的激励"，杭

1　［德］G. G. 莱布尼茨著，［法］梅谦立、杨保筠译：《中国近事——为了照亮我们这个时代的历史》，大象出版社 2005 年版，第 22 页。

2　［德］G. G. 莱布尼茨著，［法］梅谦立、杨保筠译：《中国近事——为了照亮我们这个时代的历史》，大象出版社 2005 年版，第 24 页。

3　《耶稣会传教士洪若翰神父致拉雪兹神父的信（1703 年 2 月 15 日）》，［法］杜赫德编，郑德弟等译：《耶稣会士中国书简集：中国回忆录》上卷，大象出版社 2005 年版，第 282 页。

4　谢子卿：《法国耶稣会士郭弼恩〈1692 年康熙宽容天主教传教诏令史〉节译》，澳门《文化杂志》2015 年第 96 期，第 127—142 页。

5　［法］费赖之著，冯承钧译：《在华耶稣会士列传及书目》上册，中华书局 1995 年版，第 458 页

州府临安县也出现了反教举动，知县陈谦吉"在一些地方张贴命令，禁止在他的管辖范围内信奉我们的宗教"。此举引起杭州天主堂住堂教士殷铎泽的强烈不满，认为这个知县对天主教完全无知，而且违反康熙帝的有关诏令，因此向浙江巡抚张鹏翮（1649—1725，字运青）写了一封"措辞极为强硬的信"，控告陈谦吉，请巡抚"迫使这位下级官员推翻前言，并让人撕掉这个不公正的告示"。[1]感到压力的临安知县遂向驻扎杭州的浙江巡抚张鹏翮报告。其时，浙江巡抚张鹏翮和杭州官吏多为"康熙历狱"中反西学主将杨光先（1597—1669，安徽歙县人，祖籍浙江余姚）的至交旧友，在对待西洋传教士活动一事上，明显持保守立场。张鹏翮不仅不制止下属的反教行为，相反还把殷铎泽的控告信在庭讯公堂上转给了陈谦吉。陈谦吉得知殷铎泽的控告信，更加怒不可遏，从公堂上站起来，公开宣称他将报复。陈谦吉遂与兰溪官员联合，共同采取措施，一举彻底摧毁基督教。他们首先从攻击兰溪多明我会的希伯禄神父开始，但未找到有用的定罪证据，后来终于在刑部的档案室中找到了康熙八年（1669）的禁教敕令，直接将敕令作为在浙江推行禁教的法律依据，如禁止修建教堂、为中国人洗礼、颁发十字架等宗教标志物。临安、兰溪知县的禁教意图均获得了巡抚张鹏翮的全力支持，终于在康熙三十年闰七月十六日（1691年9月8日）发布了第一道禁教令，[2]下令审查殷铎泽神父，点名批评殷铎泽未经许可在浙江居住，刻印天主教书籍，张挂天主教画像，吸引人民入教守斋，下令驱逐殷铎泽等传教士，惩罚习教者，最后由杭州府县审讯判决。其禁教布告用木刻版印刷，张贴在各教堂门口，并大量刊印，在杭州城乃至全省散发，很快在浙江省内掀起了一场查禁天主教的风波，史称"张鹏翮禁教"。

关于张鹏翮禁教的具体内容，从在京传教士根据殷铎泽神父的报告向康熙提出的申诉奏章中即可反证其实。任职于钦天监的传教士徐日升、安多于康熙三十年十二月十六日（1692年2月2日）正式上奏康熙，这份中文官方文件保存在《熙朝定案》中，其中述及张鹏翮禁教令的核心内容："杭州府住堂臣殷铎泽使人来称，彼处巡抚令地方官毁教堂、破书板，目为邪教，逐出境外。"[3]而当时在华活动的法国耶稣会士洪若翰、李明的书信以及从未到过中国的郭弼恩著作中均有张鹏翮禁教令实施细节的描述。

洪若翰记述："挑起这次教案的浙江巡抚现已无法体面地后退，他已经发出指责基督教的文告，要求杭州城内和全省的基督徒回到本国的宗教；他还下令关闭了我们的教堂，把他发的文告的抄件贴在教堂门上。"洪若翰又从殷铎泽神父的来信中得知："根据浙江巡抚的命令，殷铎泽神父被传到衙门，审问他是如何获准在城内居留的。这位耶稣

1　［法］李明著，郭强、龙云、李伟译：《中国近事报道（1687—1692）》，大象出版社2004年版，第341页。
2　关于浙江巡抚张鹏翮发布禁教令的确切时间，李明著《中国近事报道》中译本、莱布尼茨著《中国近事》中译本中的记载均不准确，仅有郭弼恩所撰《中国皇帝诏令史》准确记载为"闰七月"，其他记载有误的关键是将农历闰七月误为七月。参见龚缨晏、陈雪军：《康熙"1692年宽容敕令"与浙江》一文注释⑩，《浙江社会科学》2007年第2期。
3　韩琦、吴旻校注：《熙朝崇正集 熙朝定案（外三种）》，中华书局2006年版，第183页。

基督的忠诚使者忍受了巡抚对他施行的一切折磨，但是中国信徒们的遭遇使他深为难受。"殷铎泽来信中还描述了杭州信徒遭受迫害的情况："人们对我的可怜的基督徒履行的暴力：人们抢劫他们的钱财，进入他们的住宅，虐待他们，扔掉他们的圣像，使他们整日不得安宁。"[1]

随洪若翰在广州活动的李明，在给法国红衣主教的信中记述了张鹏翮禁教令："命人在我们房子的大门上、在省府的所有公共场所，而后在他辖区的七十多个城市里张贴了一个新的法令，禁止信仰基督教，违者将处以重刑；命令那些已经信奉基督教的人放弃信仰。"[2]

郭弼恩则全面综述了张鹏翮在杭州先后发布的三道禁教令，其主要内容可概括为：其一，援引礼部于康熙九年（1670）发布的禁教令（实际上是礼部依据康熙八年谕旨拟定的实施令，故又称"康熙八年禁教令"），宣布天主教蛊惑人心，严禁百姓违抗朝廷律令入教，且令各州府衙门，告诫百姓西洋邪教妖言惑众，凡入教者即刻脱教，违令者据保甲制实行"检举告发"和"同罪连坐"；其二，强调儒家伦理是修身治国之本，呼吁农工商各界臣民，做人行事，践履康熙九年颁布的《圣谕十六条》，恪守本分，传习仁义孝悌、孔孟之道；其三，拘捕审查殷铎泽神父，质疑其在杭州教堂居住传教的合法性，[3] 查禁教堂刊印传布《天主律法释》（即《七胜》）等异端邪书，毁弃殷铎泽所藏之书板，禁毁上帝画像，严令违旨传教者拘捕，引诱入教者严惩，包藏庇护者同罪论处。最终，杭州府判决将殷铎泽驱逐出省，查封其教堂。[4]

其实，张鹏翮禁教公告发布之初，杭州天主堂住堂教士殷铎泽神父"事先预见到迫害将会异常猛烈，就写信给宫廷里的传教士，以便他们设法解决"。殷铎泽当初写信给在北京效力朝廷的徐日升、安多求助。徐日升等于九月见信，同时期南京的毕嘉亦将浙江禁教之事通知了正在北京效力朝廷的法国耶稣会士张诚，而当时康熙皇帝正在外地狩猎，张诚认为不宜将此事上奏给康熙。徐日升、张诚因在《尼布楚条约》签订过程中担任翻译而与清朝首席代表索额图建立了友情，这时徐日升找到索额图，请他过问此事。索额图即写信给张鹏翮，希望他停止禁教。但张鹏翮却固执己见，没有给索额图答复，致使西教士希望私下了结禁教的愿望落空，转而直接请求康熙帝出面制止张鹏翮禁教。

康熙三十年十二月十六日（1692年2月2日）徐日升、安多正式出面上奏为杭州教案申诉，这份奏章列数西士效力朝廷功绩与教士遭难现状，陈述种种理由，恳请皇帝撤

---

1 《耶稣会传教士洪若翰神父致拉雪兹神父的信（1703年2月15日）》，［法］杜赫德编，郑德弟等译：《耶稣会士中国书简集：中国回忆录》上卷，大象出版社2005年版，第281页。

2 ［法］李明著，郭强、龙云、严伟译：《中国近事报道（1687—1692）》，大象出版社2004年版，第342—343页。

3 此指殷铎泽于康熙十三年（1674）重返中国时，没有按康熙八年的规定居住在江西，却来杭州教堂居留，接替已故法国传教士洪度贞主持教务。

4 谢子卿：《法国耶稣会士郭弼恩〈1692年康熙宽容天主教传教诏令史〉节译》，澳门《文化杂志》2015年第96期，第129—130页。

销此前于康熙八年（1669）、二十六年（1687）诏令中禁止传教的条文，从而釜底抽薪，使张鹏翮禁教令失去合法理由。康熙将奏本发交礼部"议奏"，提出解决方案。礼部于三十一年正月二十日（1692年3月7日）议复，提出了一个非常保守的方案：依然搬出康熙八年、二十六年禁止传教的条文，坚持不许传教士聚会传教，唯因二十六年诏令中有地方官不得"将天主教同于白莲教谋叛"的谕旨，以此通知浙江巡抚"其杭州府天主堂应照旧存留，止令西洋人供奉"。[1]

康熙对礼部提出的这个方案很不满意。康熙三十一年正月三十日（1692年3月17日），康熙决定废除礼部的处理方案，并要求大学士伊桑阿等人提出处理意见。二月初二（3月19日），康熙与伊桑阿等人谈话，肯定了西洋传教士为朝廷效力之种种"劳绩"，明确表示将其"目为邪教禁止，殊属无辜"，指示内阁会同礼部重新议奏。二月初三（3月20日），大学士伊桑阿等提出了解决方案，上奏康熙，对西人西教行为做出定性："西洋人并无违法之事，反行禁止，似属不宜，相应将各处天主堂俱照旧存留，凡进香供奉之人仍许照常行走，不必禁止。"显而易见，这份由礼部尚书顾八代领衔，由内阁大学士们主导的奏章，其核心意见就是允许天主教在中国自由传播，在上面署名的满汉官员有熊赐履（1635—1709，湖北孝感人，理学名臣）、王熙（1628—1703，北京人）等18人。仅两天之后的二月初五（3月22日），康熙帝当即批示"依议"。[2]这便是被中国传教史学者称颂的康熙"容教令"。

有学者指出，所谓的"1692年宽容敕令"（即康熙"容教令"），实际上包括康熙皇帝在1692年3月17日、3月19日、3月20日和3月22日发布的一系列谕令。[3]当年四月三十日（6月14日），杭州教案的当事人殷铎泽赴京。五月初一日（6月15日），殷铎泽奏谢解除禁教令之恩。五月初三日（6月17日），殷铎泽入朝进呈康熙"天学穷理各书及方物十二种，内有五彩玻璃球远画等物"。五月初九日（6月23日），康熙帝召见殷铎泽于乾清宫，赐茶饮，问候殷铎泽："你老人年寿几何？那一年到中国？在江西住了几多年？在杭州住了几多年？"[4]其安抚之情溢于言表。至此，这场持续仅半年的杭州教案完美落幕。

回顾康熙帝处理杭州教案的过程，他没有就事论事地直接指斥浙江巡抚张鹏翮及地方官员，强令他们撤销禁教令，而是听取传教士的申诉，让礼部官员和大学士们提出解决方案，并经过多次君臣商议沟通，逐渐达成一致意见，最后由礼部提出兼顾各方的终

1　韩琦、吴旻校注：《熙朝崇正集 熙朝定案（外三种）》，中华书局2006年版，第183—184页
2　相关"容教令"制定过程的奏章题本原始文献，见于《熙朝定案》《正教奉褒》，韩琦、吴旻校注：《熙朝崇正集 熙朝定案（外三种）》，中华书局2006年版，第181—186、356—359页。关于二月初二有18人签名的礼部奏章抄本，有学者在梵蒂冈图书馆发现了比《熙朝定案》《正教奉褒》收录的抄件更为完整的一个抄本，签名者留有官衔，参见龚缨晏、陈雪军：《康熙"1692年宽容敕令"与浙江》，《浙江社会科学》2007年第2期。
3　孙尚扬、［比］钟鸣旦：《一八四〇年前的中国基督教》，学苑出版社2004年版，第340页。
4　韩琦、吴旻校注：《熙朝崇正集 熙朝定案（外三种）》，中华书局2006年版，第186—187页。

极处理方案：撤除康熙八年、二十六年禁止传教和信教的诏令，顺理成章地解决了西人西教在全国范围允许传教和信徒们可以照常信教的根本问题。这是罗马天主教自明末入华百余年后首次得到以朝廷旨令形式获准传播的官方凭证，确实是中西关系史上的标志性事件。同时，学界很少有人提及在处理这场发生在浙江但影响全国的重大事件中，年富力强的康熙皇帝，面对棘手的涉及中西文化价值观差异的宗教冲突事件所展现的高度政治智慧和处理能力。

值得注意的是，当代法国汉学家艾田蒲（René Etiemble，1909—2002）对于康熙"容教令"出台缘由的解释别树一帜："康熙没有忘恩负义，耶稣会士的政治（铸造大炮，传播福音），恕我冒昧直言，表露得十分充分。为了报答法国国王路易十四的数学师、效力于中国的外交官、耶稣会士张诚为他出的力，满族皇帝发布了两个敕令，即1692年3月17日敕令与19日敕令，赋予了罗马天主教的被接纳权……这是耶稣会士和法国的胜利；而对葡萄牙来说，则是失败；对梵蒂冈，却是一种侮辱。"[1]

然而，以康熙"容教令"为标志的清朝中期天主教在华传播的"黄金时代"并没有维持多久，到康熙四十六年（1707）左右，形势就发生了剧变，即康熙对天主教从实行"容教"政策改变为"禁教"政策，其主要原因则是自明末延续而来的中国礼仪之争，在罗马教廷和在华传教士内部就中国礼仪产生的矛盾争议渐趋激烈的形势下，最终演变为清朝与罗马教廷的外交冲突。

不过，从康熙"容教"到"禁教"，却伴随着另外一件历史大事——"康熙南巡"同时展开。其中，欧洲传教士与康熙在杭州的相遇就发生在几次康熙南巡杭州的历史场景中。

（四）传教士与皇帝在杭州的相遇

康熙六次南巡有五次到达杭州，其中1689年第二次南巡、1699年第三次南巡、1703年第四次南巡、1705年第五次南巡、1707年第六次南巡，均在杭州接见了法国、意大利等国籍的传教士，包括奉旨扈从的法国耶稣会士张诚、白晋，以及在严州（今杭州建德市）传教的拂郎济亚国（即法兰西）人蒙翼（François de Montigny，？—1742，法国人，巴黎外方传教会传教士）等。[2]

清初在华西方传教士和奉教士人，为了宣扬清廷对天主教的支持，专门收集康熙朝优容传教士的奏疏、上谕、碑文和纪事等，辑成《熙朝定案》书稿刊出，在京耶稣会士南怀仁曾将其作为礼物赠送给清初理学名士陆陇其。[3]上述在张鹏翮禁教事件处理过程中康熙与传教士和礼部官员互动决议的往来奏章谕令，均被收录在《熙朝定案》中。其后

---

1 ［法］艾田蒲著，许钧、钱林森译：《中国之欧洲》上卷，河南人民出版社1994年版，第273页。
2 韩琦、吴旻校注：《熙朝崇正集 熙朝定案（外三种）》，中华书局2006年版，第172—193页；又见黄伯禄：《正教奉褒（第二册）》（光绪甲午重印本），辅仁大学天主教史料研究中心编：《中国天主教史籍汇编》，辅仁大学出版社2003年版，第555页。
3 参见徐海松：《清初士人与西学》，东方出版社2000年版，第228—229页。

增补的《熙朝定案》版本中，重点内容之一便是康熙南巡途中在济南、江宁、金陵、苏州、无锡、杭州等地接见欧洲传教士和教徒的经过、对话。光绪年间，传教史学者黄伯禄（1830—1909，名成亿，字志山，号斐默，教名伯多禄，江苏海门人）的《正教奉褒》辑录了历朝优待天主教的权威文书事证，其中清朝部分即主要依据《熙朝定案》的内容，从而让世人得以窥知清帝与洋教士在杭州相遇的实情。

康熙二十八年（1689）二月初九，康熙帝第二次南巡，驾幸杭州，时任耶稣会中国副省会长、在杭州天主教堂主持教务的意大利耶稣会士殷铎泽"特雇小船，恭持手本，迎至黄金桥，敬遇龙舰"。康熙即刻召见了殷铎泽，一番问对后，即钦赐嘉果、异饼、乳酥三盘，随后殷铎泽又回到教堂接驾。十一日，康熙再派侍卫赵昌等人前往教堂拜访，并钦赐银二十两，殷铎泽则进献皇上西洋方物八种，康熙仅选了其中的玻璃彩球一种留下。十七日，康熙起驾回京，殷铎泽和从松江天主堂赶到杭州迎驾的意大利传教士潘国良在天主堂门口跪迎。康熙差侍卫传旨，请殷、潘二人至龙船观见。二人随即乘一小船出拱宸桥外停泊，等候康熙龙船，"谨随塘路排列，与百官一体跪送"。康熙与教士一番问对后，殷铎泽蒙康熙辞返，潘国良则随送至苏州。

康熙三十八年（1699）三月，康熙帝第三次南巡，驻杭州天主堂传教士潘国良于三月十四日赴无锡境内恭迎。二十二日，圣驾临幸杭州。二十四日，潘国良送浑天仪进呈御览，因皇上要的是浑天星球，随即发还浑天仪。二十六日，潘国良与陪同康熙南巡杭州的法国传教士张诚、白晋等"蒙上赐宴湖舫，游览西湖，至晚偕诣行宫，谢恩而归"。即两位法国传教士除了获赐御宴湖舫，游览西湖之外，晚上又陪驾到西湖行宫（即今西湖中山公园）。二十九日，圣驾回銮，经过天主堂，差内臣进堂细看。因教堂此前被火焚毁，重建工程仍未完成，康熙遂"赐银壹百金与潘国良造完"，潘乘机在重修教堂时于门额上加刻"敕建"二字。四月初一日，康熙在从杭州赴苏州的路上问远臣张诚："杭州天主堂潘国良在那里？"张诚回奏："现在船上恭送圣驾。"[1]

康熙四十二年（1703），康熙第四次南巡到杭州，当时在杭州天主堂的葡萄牙耶稣会士郭天宠和法国耶稣会士习圣学特雇小船，"于黄金桥北十里"恭迎圣驾，幸获康熙召见。两位西士一一回答了康熙所问国籍、何时入华、年龄、住地等细节，并奉献西洋方物十八种。其中有十副"万年眼镜"，即度数不同的眼镜，以备不同年岁时使用，这是西洋近视眼镜最早传入中国的实证之一。[2]康熙天颜喜悦，收下十四种，并钦赐鸡、鹅、鸭、馒首（即馒头）等物。二月十五日，康熙帝"钦赐百金"给杭州天主堂，郭天宠与利圣学再献西洋特产四种，康熙收下了其中"西药、西纸二种"。[3]

1　韩琦、吴旻校注：《熙朝崇正集 熙朝定案（外三种）》，中华书局 2006 年版，第 189 页；黄伯禄：《正教奉褒（第二册）》（光绪甲午重印本），辅仁大学天主教史料研究中心编：《中国天主教史籍汇编》，辅仁大学出版社 2003 年版，第 555 页。
2　孙承晟：《明清之际西方光学知识在中国的传播及其影响——孙云球〈镜史〉研究》，《自然科学史研究》2007 年第 3 期。
3　韩琦、吴旻校注：《熙朝崇正集 熙朝定案（外三种）》，中华书局 2006 年版，第 190—191 页。

康熙四十四年（1705），康熙第五次南巡。三月初九日，皇上南巡抵达淮安皇华亭（今位于江苏省如皋市）住泊，浙江严州府（下辖今建德、桐庐、淳安三县市）天主堂西洋教士蒙輗同江宁天主堂西洋教士杨若翰（Jean de Saa，1672—1731，葡萄牙人）恭迎圣驾。

蒙輗与杭州府天主堂的耶稣会士艾斯玎、湖州府天主堂耶稣会士隆盛（Guillaume Melon，1666—1710）特雇小舟，至塘栖镇迎接康熙。四月初三日中午，康熙到达杭州城内，蒙輗在杭州恭迎圣驾，随至织造府行宫，进呈西洋方物。在织造府行殿，三位教士各献方物六种，共计十八种，其中康熙收下日月星钟、天文比例尺、西洋文具、西洋秤、日晷、鱼骨珠等六件，皇太子收下十二件。康熙以白金九十两，特赐蒙、艾、隆三位洋教士。四月初九日，康熙驻跸西湖行宫期间，萧山县天主堂的何纳笃、衢州府天主堂的多明我会士艾毓翰（Juan Astudillo，1670—1714）也献上西洋方物十六种，康熙收下十三种，并钦赐白金六十两。次日，命艾斯玎、隆盛、艾毓翰、蒙輗、何纳笃五臣送驾。五人特雇小舟，至谢村塘口（今属杭州市拱墅区康桥街道）跪送，康熙即命御前内监烹炙熟猪一口，赏赐给五位洋教士为点心。[1]

康熙四十六年（1707），最后一次南巡。"圣驾南巡，钦颁敕文，备载履历，杭州传教修士艾斯玎、宁波郭中传、绍兴龚当信，四月初四日叩觐于杭州行宫。"[2]此时正值"中国礼仪之争"[3]的关键时期。

五、中国礼仪之争中的杭州角色与欧洲传播

发生在明末清初的"中国礼仪之争"是中西两大文化系统首次正面碰撞后最为显著、最为集中和最为深刻的中西文化冲突和交融的表征，这期间杭州扮演了重要的角色。

学界所谓的中国礼仪之争是指17—18世纪天主教神学界就中国传统礼仪是否违背天主教教义发生的争论。争论由最初的在华欧洲天主教传教士内部之争，扩大到欧洲神哲学界的中西文化之争，不仅有部分中国天主教徒参与了争论，而且影响了部分欧洲学者加入争论，并升级为罗马教廷与清廷的国际外交对抗，最终导致清廷下令禁止天主教

---

1 韩琦、吴旻校注：《熙朝崇正集 熙朝定案（外三种）》，中华书局 2006 年版，第 191—193 页。又参见韩琦：《南巡、传教士和外交：兼论康熙对礼仪之争和教廷特使多罗来华的反应》，澳门《文化杂志》2018 年第 102 期。

2 韩琦、吴旻校注：《熙朝崇正集 熙朝定案（外三种）》，中华书局 2006 年版，第 215 页。

3 关于"中国礼仪之争"的专题研究，请参见李天纲：《中国礼仪之争：历史·文献和意义》，上海古籍出版社 1998 年版；［美］孟德卫著，吴莉苇译：《中国礼仪之争研究概述》，《国际汉学》2000 年第 1 期；［美］苏尔、［美］诺尔编，沈保义、顾卫民、朱静译：《中国礼仪之争西文文献一百篇（1645—1941）》，上海古籍出版社 2001 年版；［比］钟鸣旦著，陈妍蓉译：《礼仪之争中的中国声音》，上海人民出版社 2021 年版；［德］柯蓝妮著，王潇楠译：《颜珰在中国礼仪之争中的角色》，《国际汉学》2010 年第 1 期；纪建勋：《"中国礼仪之争"的缘起和中西学统的关系》，《世界历史》2019 年第 1 期；韩琦：《康熙时代的江南天主教徒与"礼仪之争"》，《国际汉学》2021 年第 3 期。

在华传播的百年禁教。曾经在杭州活动过的欧洲传教士金尼阁、傅汎济、曾德昭、卫匡国、黎玉范、闵明我、殷铎泽、白晋、张诚、洪若翰、李明等人，以及杭州籍天主教信徒李之藻、杨廷筠、张星曜等人都参与了这场旷日持久的争议，尤其是多次南巡杭州并与传教士互动频繁的康熙帝也被卷入了这场影响深远的中国礼仪之争。这场争议实际上是由一些传教士和罗马教廷不尊重中国传统文化习俗而引发的，结果演变成为一场触及明清之际中西文化碰撞、冲突和交流之深度和广度的标志性历史事件。有关中国礼仪之争中的杭州角色的研究，中外学界的早期开拓者就是当代杭州籍中外关系史著名学者方豪，其研究成果主要体现在他的代表作《方豪六十自定稿》中。

（一）托钵修会发起的中国礼仪之争与杭州印象在欧洲的传播

中国礼仪之争缘起于明末天主教内部对以利玛窦为首的耶稣会士适应中国礼仪习俗的传教方式发生的争议，争议的焦点：一是所谓"译名之争"，即儒家经典中的"天"、"天主"和"上帝"与天主教最高神"Deus"（拉丁文，音译"陡斯"，本义"神"）是否具有同一意义？二是中国天主教徒敬天、祭祖、祀孔的礼仪习俗是不是违背天主教教义的偶像崇拜和迷信活动？围绕中国礼仪问题，明末在华耶稣会传教士内部分裂成了两个派别：一派追随利玛窦的观点，坚持适应中国国情的传教方针，引用儒家经典中关于天、上帝的观念，论证基督教至上神的存在，因而认为天、上帝、天主三个名称可以并用，而祭祖、祀孔等中国礼仪问题不含宗教意味，天主教徒完全可以参加。另一派追随龙华民的耶稣会传教士则主张以中文译音"陡斯"代称基督教最高神，并坚持认为祭祖、祀孔属于崇拜偶像，天主教徒参加这类活动明显违背教义教规。

1627 年 12 月至 1628 年 1 月（明天启七年），耶稣会中国副省会长阳玛诺（曾避居上海徐光启和杭州杨廷筠家）在江苏嘉定主持召开了专门讨论中国礼仪之争的"嘉定会议"。参加会议的主要有在江南地区传教的十多名耶稣会士，以金尼阁为首的耶稣会士多数派主张延续利玛窦的传教策略。另外，被称为明末中国天主教三大柱石的徐光启、李之藻和杨廷筠列席了嘉定会议，但会议并未消除耶稣会士两派的分歧。

明末崇祯年间，扎根于福建闽东地区传教的托钵修会（始于 13 世纪，以托钵乞食为生，以维护正统教义为宗旨的天主教修会）传教士，即方济各会、多明我会传教士也加入了这场争论。其中学界公认，1633 年后进入福建传教的西班牙方济各会传教士利安当和多明我会传教士黎玉范乃中国礼仪之争的始作俑者。[1]

在黎玉范的主持下，托钵修会首次在闽东就中国礼仪问题展开比较系统的调查。

1　张铠：《西班牙的汉学研究（1552—2016）》，中国社会科学出版社 2017 年版，第 220—224 页；李天纲：《中国礼仪之争：历史·文献和意义》，上海古籍出版社 1998 年版，第 33—35 页；崔维孝：《明清之际西班牙方济各会在华传教研究》，中华书局 2006 年版，第 157 页；张先清：《多明我会士黎玉范与中国礼仪之争》，《世界宗教研究》2008 年第 3 期，第 58—59 页；罗莹：《利安当与"中国礼仪之争"》，《国际汉学》2023 年第 2 期，第 60 页。

1635 年 11 月，黎玉范专门赴福州向到此巡视的耶稣会中国副省会长傅汎济（他于 1620 年后留在杭州，与李之藻合作编撰西方哲学书《寰有诠》和《名理探》）报告有关中国礼仪的十三点意见，但双方未能达成一致意见。傅汎济表示尊祖敬孔在中国仅是一种表达对祖先与孔子礼敬的行为，从传教策略上应当允许。[1] 显然，追随利玛窦观点的一派传教士仍然占据优势，身为耶稣会中国副省会长的傅汎济甚至令人将龙华民神父的书付之一炬。[2]

1636 年，黎玉范要求再做第二次调查，并在与耶稣会中国副省会长傅汎济讨论的十三点意见基础上汇总成了一份有关中国礼仪问题的长达数百页的调查报告，派遣代表利安当等人将报告提交给在菲律宾马尼拉的多明我会和方济各会负责人。马尼拉大主教最后决定将问题上交给罗马裁定。

1637 年，在华耶稣会派遣葡萄牙传教士曾德昭（1620 后再次进入内地，留居浙江多年，居杭州为多，杨廷筠曾协助他开辟新教区）前往罗马教廷，为本会在华传教策略做辩护。鉴于耶稣会无意与托钵修会在远东协商中国礼仪之争，1640 年，马尼拉多明我会与方济各会决定派遣中国礼仪问题的重要当事人与见证人黎玉范和方济各会士利安当一起前往罗马（利安当止步于澳门），就中国礼仪问题向教廷陈述观点。

1643 年 2 月，到达罗马的黎玉范终于有机会觐见教皇乌尔班八世，向罗马教廷陈述中国礼仪的"十七个问题"，主要指控耶稣会允许中国基督徒敬孔、祭祖等的立场，正式在欧洲挑起了中国礼仪之争。令人意外的是，受在华耶稣会派遣前往罗马抢先为耶稣会适应策略辩护的使者曾德昭，于 1643 年在罗马出版了名著《大中国志》，在该书第十六章"中国人的丧葬"、第十七章"太后的葬礼"、第十八章"中国的教派"中，较为详细地描绘了中国人流行的祭祖、敬孔、偶像崇拜等传统礼仪[3]，这些礼仪明显具有不同于天主教教规仪式的习俗特征，因而该书的出版很快引起了欧洲天主教会的重视，事实上间接地支持了黎玉范的指控。[4] 曾德昭《大中国志》对浙江省会杭州的风土人情、沈㴶南京教案时传教士避难杭州、明末中国天主教三大柱石中的两位杭州人李之藻（教名"李良"）和杨廷筠（教名"弥格尔"）的事迹都有介绍，尤其是第十三章专门记述了李之藻的生平事迹及其编译的西学著作。这是继十三世纪末《马可·波罗游记》问世 340 多年之后，在欧洲传播的杭州形象内涵从城市风貌走向城市人物和城市文化的一座里程碑。

如《大中国志》概括了杭州的三大特色："首先是西湖，它是世界奇景之一，……其中筑有优良的宫廷"，并特别介绍了西湖"备有小艇，供休歇宴乐之用，船舱或头

1　张先清：《多明我会士黎玉范与中国礼仪之争》，《世界宗教研究》2008 年第 3 期，第 60—61 页。

2　［法］维吉尔·毕诺著，耿昇译：《中国对法国哲学思想形成的影响》，商务印书馆 2000 年版，第 78 页。

3　［葡］曾德昭著，何高济译：《大中国志》，上海古籍出版社 1998 年版，第 90—115 页。

4　张先清：《多明我会士黎玉范与中国礼仪之争》，《世界宗教研究》2008 年第 3 期，第 65 页。

舱，设有厨房，中间地方作厅室用。上层是妇女的居所，四周有格子窗，避免有人窥见她们。这类船，其色彩和镀金形式，奇特而且多样化"；"第二是优质丝绸，……制成品大多富有艺术，用贵重漂亮的金丝饰边"；"第三是偶像崇拜，从中尤其可观察他们庙宇建筑的起源"。[1] 对照杭州地方文献，可知葡萄牙人曾德昭对杭州西湖的记载可信度很高：明万历年间，司礼监太监孙隆（1530—1609）督苏杭织造，兼任税监，长期驻守杭州，斥巨资重修杭州西湖白堤和苏堤，并重建望湖亭，改建湖心亭为"清喜阁"，重修了灵隐寺、湖心亭、净慈寺、烟霞洞、龙井、片云亭、三茅观、十锦塘等古迹。万历三十五年（1607）钱塘县令聂心汤，万历三十九年（1611）钱塘县令杨万里，先后浚治西湖，初步形成三潭印月景观。成书于万历四十年（1612）的《武林梵志》记载，杭州西湖南山有寺院 100 所，北山有 196 所。晚明作家张岱（1597—1689）在其著《西湖梦寻·十锦塘》中评价孙隆的功绩时说："孙太监以数十万金钱装塑西湖，其功不在苏学士之下。"又据张岱《陶庵梦忆》卷四描述西湖游船："西湖之船有楼，实包副使涵所创为之。大小三号：头号置歌筵，储歌童；次载书画；再次佽美人。"可见，1620 年后在杭州定居多年的葡萄牙人曾德昭在其《大中国志》中所描述的杭州西湖印象，正是对再次达到巅峰期的明末万历年间杭州西湖景观的亲身见闻。曾德昭的《大中国志》被中国礼仪之争中的欧洲社会格外关注，也意外促进了杭州形象在欧洲的传播。

经过两年争论之后，罗马教廷传信部最终支持了黎玉范的立场，首次谴责中国礼仪。1645 年 9 月 12 日，罗马教廷经教皇英诺森十世批准，由传信部发布通令，明令禁止中国天主教徒祭祖祀孔。[2]

在华耶稣会士获悉教皇谕旨后大为震惊，决定派代表赴罗马申诉。1650 年，学识渊博的卫匡国被选派为赴罗马报告的代表，此时卫匡国自 1643 年入华之后已经在浙江杭州、金华、绍兴、宁波等地游历传教多年。1654 年 10 月，卫匡国回到罗马，向教皇申诉利玛窦一派的观点，对黎玉范报告中的十七点中国礼仪问题进行了驳斥，并带去在华耶稣会的四条陈述意见。关于祭祖祀孔，卫匡国辩称儒生文士祭拜孔子，仅是表示尊敬之意，纯属世俗性和政治性的礼仪；至于祭祖，只是中国人借此表示对亡者的孝道、礼敬及追思。因而中国人的祭祀均不具有视祖先和孔子为神灵而加以祭拜的宗教性质，只是一种社会性礼节。教皇亚历山大七世对卫匡国的汇报做出重新裁定，于 1656 年 3 月 23 日发出了有利于中国耶稣会士的部令。[3]1658 年，卫匡国携带罗马教廷新令返回中国，受到在华耶稣会的欢迎，但罗马教廷这两个前后矛盾的命令却加剧了在华欧洲传教士的

1　[葡]曾德昭著，何高济译：《大中国志》，上海古籍出版社 1998 年版，第 15—16 页。

2　[美]苏尔、[美]诺尔编，沈保义、顾卫民、朱静译：《中国礼仪之争西文文献一百篇（1645—1941）》，上海古籍出版社 2001 年版，第 1—7 页。

3　[美]苏尔、[美]诺尔编，沈保义、顾卫民、朱静译：《中国礼仪之争西文文献一百篇（1645—1941）》，上海古籍出版社 2001 年版，第 8—11 页。

中国礼仪之争。

在教廷的态度反复的情况下，1661 年春，黎玉范、万济国（Francisco Varo，1627—1687，西班牙人）等六位在华多明我会士在浙江兰溪县圣若翰教堂举行会议，再次详细讨论了中国礼仪问题，并在部分中国文人教徒中展开专门调查，于 4 月 20 日签署了一份《在华圣多明我修会会士在 1661 年兰溪会议商议之决定》，仍然决定贯彻 1645 年的教廷禁令，并差人带到罗马申辩。但是黎玉范没能等到罗马教廷对兰溪会议辩词做出答复，就于 1664 年 9 月在福建省福宁去世。

1667 年 12 月至 1668 年 1 月，因"康熙历狱"（杨光先反教案）被集中流放关押在广州的 23 位来华传教士召开了"广州会议"，各修会之间继续就中国礼仪的性质、译名问题展开辩论。会上，方济各会士利安当坚决反对祭天祭孔等中国礼仪，并获得汪儒望等四位耶稣会士的支持，但大多数与会者都表示赞成中国礼仪并最终在 1668 年初达成了 42 条共识，即在华天主教传教士必须无条件服从教皇亚历山大七世 1656 年的通谕，也就是说追随利玛窦观点的耶稣会一派占了上风，而在"广州会议"上与耶稣会士们争论失利的多明我会士闵明我，拒绝接受这个决议。

多明我会不服 1656 年教皇亚历山大七世在听取卫匡国代表耶稣会的汇报后而做出的重新裁决，要求教皇对 1645 年禁令是否有效做出表态。教皇克莱芒九世于 1669 年 11 月 13 日答复：罗马教廷 1645 年和 1656 年发布的两项裁决并行不悖，至于实际如何操作，由在华传教士根据具体情况定夺。这种折中做法无形中加剧了在华欧洲传教会内部的混乱。[1]

1670 年，耶稣会士殷铎泽受委派前往罗马并于 1671 年到达，奉命向耶稣会总会长汇报教务，尤其是向罗马教廷报告"广州会议"的决定。殷铎泽早先于顺治十六年（1659）抵达杭州，学习中国语言文字，后被派往江西传教。殷铎泽返回欧洲时，带走了一些中国儒家文献，1672 年在巴黎以法文出版了儒家经典《中庸》，书名为《中国的政治道德学》，向欧洲做介绍。此时仍被监禁在广州的闵明我决意回到欧洲，并将前往罗马与殷铎泽当面对质，向罗马教廷陈诉自己对中国礼仪问题所持立场的理由。[2]

1676 年，西班牙多明我会士闵明我回到了罗马，向罗马教廷呈递有关中国礼仪之争事件的意见书，汇报托钵修会在华的传教策略。1676 年，他在马德里又出版了题为《中华帝国历史、政治、伦理与宗教论集》（*Tratados históricos, políticos, éthicos y religiosos de la monarquía de China*，其中书名"论集"又译为"概述""概论"，以下简称《论集》）的著作。《论集》由七卷组成，彼此独立成册。闵明我是儒家思想的赞赏者，在前两卷中，他全面描述了中华帝国的文明，尤其对中国的思想史、礼仪史、风俗史都做了

---

1 张先清：《多明我会士黎玉范与中国礼仪之争》，《世界宗教研究》2008 年第 3 期，第 58—71 页。
2 赵殿红：《西班牙多明我会士闵明我在华活动述论》，《暨南学报（哲学社会科学版）》2009 年第 5 期。

一定的介绍和分析。第六卷的前半部分包含了闵明我的个人游记，后半部分叙述了满人南侵中原、郑成功其人其事，并批判性地审读了耶稣会士卫匡国的名作《鞑靼战纪》。[1]

闵明我的《论集》旨在回击耶稣会的"中伤"，为多明我会在华传教策略辩护，并希望借此向当时的欧洲人尽量展示中华帝国的真实全貌，让罗马教廷更好地理解他对待中国儒家礼仪的立场，首次将礼仪问题在中国的分歧与争论公诸欧洲，从而使本已停息的中国礼仪之争再次白热化。不过，这样的争议主要发生在欧洲的神学界，并未影响到教会在中国的传教。

闵明我居留中国约12年，一度担任过中国多明我会会长。闵明我的《论集》对中国全面而生动的记录再一次激起了欧洲人对中国的强烈兴趣，该书在欧洲广泛传播开来，先后被翻译为法、德、意、英等文字译本以及多种缩写本，引起了包括雅克-贝尼涅·博须埃（Jacques-Bénigne Bossuet，1627—1704）、莱布尼茨、魁奈、伏尔泰（Voltaire，1694—1778）、约翰·洛克（John Locke，1632—1704）在内的欧洲神学家和启蒙思想家的极大兴趣，成为17—18世纪欧洲知识界有关中国信息最为集中的来源之一。[2]

法国启蒙思想家伏尔泰在《风俗论》中称赞闵明我此书"在有关中国的事上没有人（比他）写得更好"。现代著名中国科技史学者李约瑟（Joseph Terence Montgomery Needham，1900—1995）这样评价闵明我和他的著作："他是十七世纪在中国的欧洲人中最引人注意的人物之一，'中国礼仪之争'中关键人物之一。……虽然他和耶稣会士'几何学家们'意见不同，但他完全沉迷于中国的人民和他们的文明。他的记述为我们提供了许多1658—1670年有关中国生活的细节。"[3]

英国学者库敏士（J. S. Cummins，又译"卡明斯"，1920—2004）以《论集》第六卷为蓝本，再摘引《论集》的其他部分内容，编辑成《闵明我行记与礼仪之争》一书，现有中译本问世[4]，从中可见闵明我对浙江金华和杭州风土人情的记录。

闵明我曾经在浙江金华、兰溪传教，康熙历狱时被押解赴北京途中，经过富春江到达杭州，被关押在杭州的监狱40天。闵明我在他的行记中有"浙江之旅""京城之旅"两篇记录了他在金华和杭州的见闻。其中，他专门记录了金华城内民间在日食或月食发生时救助日、月的古老仪式和传统元宵灯节。"1663年，我在晚上八点出去观赏这个奇景……肯定超过八万盏（灯）。在他们的偶像庙里还有更大的新奇东西。""省城杭州的灯是全中国最知名的。1665年我被因在该城的监狱里，因此不能去看……有天晚上我

1　魏京翔：《〈中华帝国历史、政治、伦理与宗教论集〉文献来源初考》，《国际汉学》2021年第3期。
2　［西］闵明我著，何高济、吴翊楣译：《上帝许给的土地——闵明我行记和礼仪之争》，大象出版社2009年版，第2页；魏京翔：《〈中华帝国历史、政治、伦理与宗教论集〉文献来源初考》，《国际汉学》2021年第3期，第30页；韩凌：《洛克中国观的知识来源初探》，《北京行政学院学报》2018年第4期。
3　赵殿红：《西班牙多明我会士闵明我在华活动述论》，《暨南学报（哲学社会科学版）》2009年第5期。
4　见［西］闵明我著，何高济、吴翊楣译：《上帝许给的土地——闵明我行记和礼仪之争》，大象出版社2009年版。

出去看灯，好奇地作了一点观察……"闵明我还特别补充记录了一种"中国常吃的最普通、最便宜的食品……它就是豆腐（Teu Fu）"。[1]

闵明我特别详细地记述了杭州监狱的设施和监管："我们在这里关押了 40 天……所有人都出奇地服从监管人，所以没有吼叫或争吵，这里安静得像管理良好的修道院内新信徒的住宅，我们对此大加赞叹。"同时指出，男女监狱是分开的，而且监狱里的生活设施和服务齐全，因而闵明我对杭州监狱的总体印象是："这样整个监狱像是管理有序的社团组织。"同时闵明我还看到了同监狱的中国犯人虔诚的宗教信仰："我们最赞赏的，莫过于看见这些可怜的人虔诚地、不断地祈求他们的偶像救他们于危难中。"闵明我还顺便记录了当时杭州城的人口约有 650 万人。[2]

闵明我的《论集》对杭州风俗人情的真实记录，随着中国礼仪之争的扩大和《论集》的广泛传播，使欧洲人对杭州的印象有了更加充实的内容，可以说，闵明我的《论集》是继卫匡国《鞑靼战纪》（1654 年）和《中国新地图志》（1655 年）之后构建西方人眼里的杭州印象最重要的知识源头之一。

（二）中国礼仪之争中的法国耶稣会士以及杭州教案和康熙"容教令"在欧洲的传播

1688 年 2 月（康熙二十七年正月）执掌钦天监的比利时耶稣会士南怀仁去世，数月之前经停杭州北上的五名法国耶稣会士传教团进入北京，其中白晋和张诚被康熙留下为朝廷效力，这引起了葡萄牙在华传教士的不满。当代法国汉学家艾田蒲指出："发现路易十四在中国安插了可以为其世俗利益效劳的人，葡萄牙怒不可遏，连忙给予反击。"葡萄牙耶稣会士徐日升接替了去世的南怀仁的职位，"竭力迫害法国的张诚和白晋神父，迫使他们俩离开了北京。对葡萄牙来说，张诚神父更让人憎恨，因为不久前在中国与俄国发生争端之后，他赢得了康熙的友谊"[3]。然而，法国耶稣会士的表现赢得了康熙的信任，1693 年 7 月 4 日，白晋、张诚两人用洪若翰、刘应自印度带来并进献的奎宁治愈了康熙帝的疟疾，获得了赐地建房作为住宅的酬谢，同时，康熙皇帝为招徕更多的法国耶稣会士，任命白晋为特使出使法国，招募传教士来华，并携带赠送法国国王路易十四的珍贵图书 49 册。白晋一路辗转，直至 1697 年 5 月回到巴黎。白晋带回的汉文书让路易十四感到非常欢喜和惊奇。白晋于该年出版《康熙皇帝传》一书，献给路易十四。1697 年 10 月 8 日，白晋给莱布尼茨写信并赠给他不久前出版的《康熙皇帝传》及康熙帝的画像，并且告诉莱布尼茨他带了大约 30 本书到巴黎。值得一提的是，《康熙皇帝传》在 1699 年再版，引起了莱布尼茨的兴趣，他请求白晋允许将其附在自己的《中国近事——为了照亮我们这个时代的历史》一书中。

---

1 ［西］闵明我著，何高济、吴翊楣译：《上帝许给的土地——闵明我行记和礼仪之争》，大象出版社 2009 年版，第 119—125 页。
2 ［西］闵明我著，何高济、吴翊楣译：《上帝许给的土地——闵明我行记和礼仪之争》，大象出版社 2009 年版，第 128—131 页。
3 ［法］艾田蒲著，许钧、钱林森译：《中国之欧洲》上卷，河南人民出版社 1994 年版，第 272—273 页。

白晋此行赴欧，一共带回了 15 名欧洲耶稣会士（自己带领 8 人和另做安排 7 人）。一行人于 1699 年 3 月返回北京，其中包括雷孝思、马若瑟（Joseph de Prémare，1666—1736）、巴多明（Dominique Parrenin，1663—1741）等，这些人在清初西学东渐和汉学研究方面皆有过突出的贡献。1699 年 4 月，白晋和张诚陪同第三次南巡的康熙帝泛舟杭州西湖，而他们都被卷入了这场引发中西文化冲突与交汇的中国礼仪之争。

1699 年 9 月之前，白晋以拉丁文写成《中国语言中的天与上帝》，后被译成意大利语，收录在一本名为《1699—1700 年中国礼仪问题》的书中。此外，1700 年到 1701 年，正值中国礼仪之争白热化的阶段，白晋与在北京的诸位神父联名写下《礼仪问题声明》、《北京耶稣会士的反驳信》和《关于中国皇帝康熙 1700 年对于敬天、祭孔、祭祖等事宜的声明的简述》三篇文章寄往罗马教廷，期望反驳其他教会对耶稣会的中伤，让中国礼仪合法化。[1]

中国礼仪之争扩大到欧洲的一个直接影响是迫使欧洲人更加关注中国。生活在 17 和 18 世纪之交的莱布尼茨正处于欧洲"中国热"的高潮时代，当时的中国已成为欧洲的日常话题。正如艾田蒲在《中国之欧洲》中指出的："在 1700 年前后，不管是冉森派教徒，还是耶稣会士，不论是怀疑主义者，还是笛卡尔主义者，只要进行思想的人都不可避免地要想象中国，对中国作出思考。"莱布尼茨也成为当时研究中国并关注中国礼仪之争的一员，而且"莱布尼茨比培尔、费奈隆和马勒伯朗士还更关注礼仪之争；与这三位作者相比，莱布尼茨也更经常地向传教士们索求有关中国的消息与资料；而且，他的思想也比他们三人更受中国思想的激励"。[2]

1689 年 7 月，莱布尼茨在罗马认识了冒充西班牙多明我会士闵明我入华的意大利耶稣会士闵明我。当时闵明我奉康熙帝之命，办理与俄国人的外交，途经欧洲。他们"就中国的问题进行了多次交谈，其中涉及中国的数学、算盘、零的意义、中国语言、东鞑靼及西鞑靼的语言等等"[3]。莱布尼茨还向闵明我提出了有关中国的 30 个具体的问题。莱布尼茨于 1689 年 7 月 19 日在罗马写给闵明我的信是他与在华传教士通信的开始。自此，他先后与闵明我、白晋、洪若翰、杜德美（Petrus Jartoux，1668—1720，法国耶稣会士）、刘应等入华传教士交往和通信，持续时间长达 25 年（1689—1714），共计 70 封书信。[4]他很希望这样的通信能成为他获取资料以研究中国的主要渠道。莱布尼茨还有一个难得的习惯，他发给他人的信件，包括远在北京的耶稣会传教士的信件，要么誊写了

---

1 张西平、全慧：《中法文化交流早期使者白晋著述研究》，《中华读书报》2024 年 3 月 6 日第 17 版。该文透露，《白晋文集》九卷本将由商务印书馆陆续出版。
2 ［法］艾田蒲著，许钧、钱林森译：《中国之欧洲》上卷，河南人民出版社 1994 年版，第 333、374 页。
3 ［德］G. G. 莱布尼茨著，［法］梅谦立、杨保筠译：《中国近事——为了照亮我们这个时代的历史》，大象出版社 2005 年版，第 167 页。
4 ［德］G. G. 莱布尼茨等著，杨紫烟译：《〈莱布尼茨中国书信集〉选译》，《国际汉学》2016 年第 1 期。

复件，要么留下了底稿，因而他与在华传教士的信件完整地保存了下来。[1]

1697 年，莱布尼茨经过长期准备，用拉丁文出版了《中国近事》第一版，其内容包括莱布尼茨撰写的序言、一份外交官写的报告和入华传教士写的五封书信：《苏霖神父关于 1692 年"容教诏令"的报告》《南怀仁的〈欧洲天文学〉概述》《闵明我神父从印度果阿写给莱布尼茨的信》《安多神父写自北京的信》（1695 年 11 月 12 日）、《1693—1695 年俄罗斯使团访问中国的沿途见闻》《张诚神父写自尼布楚的信》（节选）。1699 年《中国近事》再版时，又收入了白晋的《康熙皇帝传》，将法文版转译为拉丁文（译名改为《中国现任皇帝传》）。该书收录的来华传教士书信，有些是通过直接通信获得的，有些是通过教会友人辗转得到的。

一个值得关注的背景是，推动莱布尼茨出版《中国近事》一书的直接动因就是驻北京耶稣会传教团团长苏霖神父写的一份有关发生在浙江的"张鹏翮禁教（即杭州教案）"与康熙"容教令"的书信体报告，因为在传教士和莱布尼茨眼中，"容教令"被解读为康熙帝允许基督教在中国自由传播的实证材料。1697 年 3 月 23 日，莱布尼茨收到了德国明斯特耶稣会士约翰·克雷夫（Johannes）从罗马寄来的两份文献：一份即是《苏霖神父关于 1692 年"容教诏令"的报告》，另一份是安多神父写自北京的关于基督教在中国的情况的一封信。莱布尼茨在仅隔一个多月后的 1697 年 4 月 27 日就赠送给克雷夫一本《中国近事》。这足以说明克雷夫寄赠的苏霖神父报告对莱布尼茨编辑《中国近事》的直接影响。莱布尼茨在《中国近事》的序言中提及全文出版这份《苏霖神父关于 1692 年"容教诏令"的报告》的重要性，又在出版该书当年的 12 月初的一封书信中阐述了苏霖神父报告中所称康熙"容教令"的重要意义："这是'光明的开始'，不但有益于中国，亦造福于欧洲，因为从此欧洲能够有机会接触中国的千年文化，中国可以认识欧洲的精神财富。"[2] 可见，苏霖神父的报告使莱布尼茨看到了基督教在中国传播的前景和中西方交流的希望，因而有研究者认为，正是因为收到了这份报告，莱布尼茨最终出版了《中国近事》。[3]

综合考察莱布尼茨出版《中国近事》一书的背景，就会发现在该书于 1697 年出版之前，新一轮中国礼仪之争已经传到了罗马。

巴黎外方传教会士颜珰于 1684 年升任为主管福建、湖广和浙江地区的代理代牧，并于 1687 年由罗马教皇正式任命为福建宗座代牧。1693 年，颜珰打破各方妥协，在他所管辖的福建代牧区内，突然谴责"利玛窦规矩"，发布了严禁教徒祭祖祭孔并要求摘

1　李文潮：《莱布尼兹书信与著作全集》，《文景》2008 年第 12 期；［德］克劳德亚·冯·柯兰尼著，张静译：《莱布尼兹与耶稣会在中国的传教活动》，李文潮、［德］H. 波塞尔编，李文潮等译：《莱布尼兹与中国：〈中国近事〉发表 300 周年国际学术讨论会论文集》，科学出版社 2002 年版，第 77 页。

2　［德］克劳斯·莎茨著，李文潮译：《耶稣会士在中国的文化选择》，李文潮、［德］H. 波塞尔编，李文潮等译：《莱布尼兹与中国：〈中国近事〉发表 300 周年国际学术讨论会论文集》，科学出版社 2002 年版，第 56 页。

3　李秀芳：《莱布尼兹〈中国近事〉研究》，东北师范大学硕士论文，2015 年，第 71 页。

除天主堂中悬挂的"敬天"匾额等七条禁令。[1]1694 年，颜珰派两名巴黎外方传教会士赴罗马，将七条禁令上呈教皇，挑起了新一波中国礼仪之争的高潮。1696 年，颜珰晋升为主教，但直到 1700 年才获正式祝圣。[2]1697 年，教皇英诺森十二世正在指令圣职部调查和讨论颜珰派人呈交罗马教廷有关中国礼仪七条禁令的问题。莱布尼茨敏感地意识到欧洲关于中国礼仪的争论，尤其是罗马教皇强硬的态度很可能导致中国刚刚打开的大门被重新关上。而恰恰在这个时候，有关中国的礼仪之争越来越激烈，欧洲人对中国人则越发感兴趣。莱布尼茨精选欧洲传教士书信——将这些关于在中国的亲身经历的最新报告结集为《中国近事》出版之后，自然轰动欧洲，尤其是因杭州教案的平息而促成的康熙"容教令"对欧洲宗教界和知识界的触动尤其显著。莱布尼茨在书中写道："中国和欧洲代表了人类文化的两个高峰，如果中西加强合作与文化交流，便可以达成完美和谐的世界。"因而，中外学界认为莱布尼茨出版《中国近事》的思想意图是很清楚的，就是唤起西方人对中国的认识，引导欧洲学者走近中国，推动中西两大文化高峰在宗教、哲学、科学上的交流与互补。

事实上，莱布尼茨在《中国近事》的序言中也提到了曾经在杭州活动过的法国耶稣会士李明于 1696 年在巴黎出版的《中国近事报道》，指出书中已经报告了中国皇帝允许天主教自由传播的 1692 年康熙"容教令"。

当初，在华耶稣会士并不知晓福建宗座代牧颜珰于 1694 年派人赴罗马呈请教皇批准中国礼仪禁令、激化礼仪之争之事。颜珰派人把七条禁令送往罗马，并让自己在欧洲的代表夏莫尔（Charmot）找巴黎红衣大主教，希望得到他的支持，一场反对耶稣会士对华传教适应政策的活动在巴黎兴起。当时，受派遣返回欧洲汇报教务的李明于 1692 年回到巴黎。李明敏锐地觉察到形势的危机，于是他一方面敦促北京的耶稣会士寻求清廷对有关礼仪问题的支持，另一方面为了替耶稣会士在华传教方法辩护，并寻求欧洲各界的支持，将自己于 1687—1692 年写的 14 封书信以《中国近事报道》为题汇编成书，于 1696 年在巴黎出版。李明在第 7 封信中详细介绍了孔子的生平事迹和重要的思想语录，第 10 封信介绍了中国人的宗教信仰，第 13 封信详细叙述了"张鹏翮禁教"在浙江兰溪、杭州发生的过程，尤其是介绍了在杭州和北京的传教士努力促成 1692 年康熙帝"容教令"出台的过程。作为第一本赴中国传教亲历者的个人书信集，李明《中国近事报道》的出版在欧洲引起了轰动。但在莱布尼茨《中国近事》出版四年之后，欧洲神学界为了摧毁耶稣会的声誉，也为了支持在华的颜珰主教，于 1700 年 7 月至 10 月在巴黎大学索邦神学院展开了 13 次激烈的争论，在六个方面谴责李明书中的论点。这期间，

1　［美］苏尔、［美］诺尔编，沈保义、顾卫民、朱静译：《中国礼仪之争西文文献一百篇（1645—1941）》，上海古籍出版社 2001 年版，第 15—19 页。

2　关于颜珰事迹，参见方豪：《中国天主教史人物传》下册，中华书局 1988 年版，第 24—26 页；黄一农：《两头蛇：明末清初的第一代天主教徒》，上海古籍出版社 2006 年版，第 393 页。

李明还发表了《关于中国礼仪问题致德曼尔公爵的信札》和《就外方传教会士关于中国礼仪问题致教皇书》两封信札,信中多次强调祭孔、祭祖不是偶像崇拜,而是一种政治的和世俗的礼仪。但是,李明的申辩并未产生有利的效果。索邦神学院 160 名学者经过三个多月的持续辩论,最终以 114 ∶ 46 于 1700 年 10 月 18 日做出判决:李明的《中国近事报道》"有悖于神学原则",被列为禁书。[1] 而在当时的欧洲学界,对李明《中国近事报道》感兴趣的不仅有莱布尼茨,还有法国著名思想家伏尔泰、孟德斯鸠(Baron de Montesquieu,1689—1755)。

巴黎索邦神学院对李明《中国近事报道》的判决,也给罗马教廷这个中国礼仪之争的裁判者造成了压力,主因在于罗马教廷有关耶稣会士对华适应政策与中国礼仪之争的裁决有所反复、自相矛盾,而让人无所适从,致使中国礼仪之争持续百年之久仍未得到根本解决。为此,罗马教皇宣布不承认巴黎索邦神学院对李明的判决,但也不能不考虑早日解决这项争议。

(三)中国礼仪之争高潮期的历史进程与杭州足迹

中外学界通常以为缘起于明末在华传教士内部的中国礼仪之争,其走向激化和高潮的重要标志性事件是 1693 年 3 月福建宗座代牧颜珰在当地发布了祭祖祀孔七条禁令,并于次年派人上书罗马教廷。到 1704 年 11 月,教皇克莱芒十一世发布严禁中国教徒行使中国礼仪的禁令,并派遣教皇特使多罗来华,于 1707 年在南京宣布禁令,使中国礼仪之争进入白热化的对抗高潮期,直至 1720 年教皇特使嘉乐(Carlo Ambrogio Mezzabarba,1685—1741)来华和 1721 年康熙宣布禁教。

这场从宗教和文化冲突扩大到政治外交对抗的中国礼仪之争,曾经在杭州活动过的欧洲传教士和杭州奉教士人共同参与其间,尤其是杭州的儒家天主教徒在中国礼仪之争高潮中发出了自己的声音,而康熙帝对此争议的重要主张和应对措施就是在他五次南巡杭州(第一次南巡未到杭州)的途中提出、试行和实施的。可见作为明清之际西学传播中心之一的杭州,其在中国礼仪之争中担当的角色在中西文化交流史上独具时代和典型意义。

为了深入揭示明清之际浙学与西学相遇的历史背景,我们有必要梳理中国礼仪之争走向高潮的历史进程,从而透视浙学与西学在这场跨越百年、惊动中西的争议中究竟发生了怎样的碰撞和互动。

1.中国礼仪之争高潮期的历史进程

前述,1694 年福建宗座代牧颜珰将七条禁令派人呈送教皇裁决之后,罗马教廷力

---

1 罗光:《教廷与中国使节史》,光启出版社 1961 年版,第 97 页;[法]维吉尔·毕诺著,耿昇译:《中国对法国哲学思想形成的影响》,商务印书馆 2000 年版,第 110、118 页;周燕:《法国耶稣会士兼"国王数学家"李明及其〈中国近事报道〉研究》,浙江大学博士论文,2008 年,第 97 页。罗光的著作将索邦神学院判决李明的著作作为禁书的时间定为 1701 年,笔者从毕诺说。

图尽快对由颜珰禁令再度挑起的中国礼仪之争问题做出结论，因此要求在华天主教各修会提出相关陈述。在华耶稣会直到康熙三十七年（1698）方知颜珰上书教皇之事，为了答复罗马教廷有关中国礼仪的询问，由闵明我领衔，与徐日升、安多、张诚联名起草了一份致罗马教廷有关中国礼仪问题的复函，呈请康熙帝审阅。为此，这一拉丁文函件的概要内容先被译成中文，又由清朝内务府员外郎赫世亨将中文译成了满文，并于康熙三十九年十月二十日（1700 年 11 月 30 日）上奏给康熙御批。两天之后，即十月二十二日，闵明我等耶稣会士联名致函罗马教皇的这份被称作"宣言"或"请愿书"的奏疏（以下简称"闵明我奏疏"）和康熙皇帝的批语，随信一道寄往罗马。

与此同时，在华耶稣会又将此结果通告了反对派的主要代表，当时在福建传教的外方会主教颜珰。几天后，北京邸报（专门用于朝廷发布传播朝政的文书和政治情报的新闻文抄，主要刊登谕旨、奏章、法令等政府公文）公布了西洋人的上书以及这一事件的经过。

接着，闵明我等耶稣会士在内务府官员的帮助下，又将上述回复罗马教廷的拉丁文文件的副本、闵明我奏疏的汉文译文、赫世亨所译满文奏疏、康熙御批、北京邸报上刊发的汉文译文及事件经过说明等文献汇集整理，于 1701 年 7 月 29 日编辑成《简短的报告》（*Brevis Relatio*）一书。该书的最后一页题有拉丁文，并留下十名传教士的签名：安多领衔，署名于后的有闵明我、徐日升、张诚、苏霖、白晋、纪里安（Barnard Kilian Stumpf，1655—1720）、雷孝思、南光国（Ludovicus Pernon，1663—1702）、巴多明。

闵明我等在华耶稣会士联名上疏康熙的满汉文奏疏原件仍然保留在耶稣会罗马档案馆中，而闵明我奏疏的副本刊载于耶稣会士所编辑的《简短的报告》一书，闵明我奏疏的汉文本也收录在耶稣会士所辑录的《熙朝定案》一书中。原文如下：

> 治理历法远臣闵明我、徐日昇、安多、张诚等奏为恭请睿鉴，以求训诲事。远臣等看得，西洋学者闻中国有拜孔子及祭天、祀祖先之礼，必有其故，愿闻其详等语。臣等管见以为，拜孔子敬其为人师范，并非求福祈聪明爵禄而拜也。祭祀祖先，出于爱亲之义，依儒礼亦无求祐之说，惟尽孝思之念而已。虽设立祖先之牌位，非谓祖先之魂在木牌位之上，不过抒子孙报本追远如在之意耳。至于郊天之礼典，非祭苍苍有形之天，乃祭天地万物根原主宰，即孔子所云"郊社之礼所以事上帝也"。有时不称上帝而称天者，犹如主上不曰主上，而曰陛下、曰朝廷之类，虽名称不同，其实一也。前蒙皇上所赐匾额，亲书"敬天"之字，正是此意。远臣等鄙见，以此答之。但缘关系中国风俗，不敢私寄，恭请睿鉴训诲，远臣等不胜惶悚待命之至。

> 康熙三十九年十月二十日奏，是日奉旨：这所写甚好，有合大道，敬天及

事君亲敬师长者，系天下通义，这就是无可改处。[1]

上述历史档案资料的影印全文已在钟鸣旦所著《礼仪之争中的中国声音》(*Chinese Voices in the Rites Controversy*)一书中公布，终使学界得以一窥闵明我奏疏的原貌。[2]

闵明我奏疏的核心内容是耶稣会士们对敬天、祭孔、祀祖等中国礼俗的理解和解释。一方面阐明和强调中国传统祭祀礼仪的人文性：祭孔实则是敬仰孔子的"为人师范"，祀祖则是出于"爱亲之义""惟尽孝思之念而已"，至于在郊外祭天的"郊天之礼典"，并非祭拜有形之天神，而是为了祭拜天地万物的"根原主宰"；另一方面强调中国的礼仪活动与宗教信仰无关。

《简短的报告》一书刊定后，即成为在华耶稣会全面阐明其就中国礼仪问题所持观点态度的一部权威宣言书，并且得到了中国皇帝的正式签署和认可。闵明我、安多等驻北京耶稣会士在获得康熙帝的御批之后，很快就将该奏折连同康熙御批一起刊印成册，并发送回欧洲，以此作为耶稣会在中国礼仪之争问题上对罗马教廷的正式答复。

遗憾的是，在罗马教廷收到闵明我等在华耶稣会士的礼仪之争回复报告之后，教皇克莱芒十一世仍然一意孤行，于 1704 年 11 月 20 日发布通谕，全面认可颜珰的七条禁令，几乎无条件地禁止中国教徒进行祭祖、祀孔。[3]

不过，在罗马教廷调查颜珰七条禁令之际，为了最终解决中国礼仪之争，又决定派遣多罗(Charles Thomas Maillard de Tournon，又译为铎罗，1668—1710)为特使，出使中国。早在 1702 年 7 月，多罗即率领庞大的特使团离开罗马，其时教廷对颜珰禁令尚未完全做出决定，多罗也仅知禁令的大纲。1703 年 5 月，多罗使团离开欧洲，11 月抵达印度，1704 年 9 月抵达马尼拉，同年前往中国。教皇克莱芒十一世在对颜珰禁令做出决定之时，多罗正在从马尼拉前往中国的途中，他并未及时获悉教皇禁令的正式通谕。1705 年 4 月，多罗经澳门进入广州。在广州期间，多罗请在北京的耶稣会院长安多代奏，最终获许进京觐见皇帝，于 12 月抵达北京。1705 年 12 月 31 日，康熙第一次召见多罗，但多罗只字未提礼仪问题。

1706 年 3 月，多罗由马尼拉获得消息，终于得知教皇克莱芒十一世关于颜珰禁令的决议已于 1704 年 11 月 20 日发布，多罗又肩负在华宣布教皇正式禁令的使命。[4] 不过，直到多罗 1707 年 2 月 7 日在南京公布罗马教皇禁令之时，他仍然没有收到罗马教

---

1 韩琦、吴旻校注：《熙朝崇正集 熙朝定案（外三种）》，中华书局 2006 年版，第 189—190 页。文中"徐日昇"即葡萄牙耶稣会士徐日升。

2 ［比］钟鸣旦著，陈妍蓉译：《礼仪之争中的中国声音》，上海人民出版社 2021 年版，第 422—453 页。

3 ［美］苏尔、［美］诺尔编，沈保义、顾卫民、朱静译：《中国礼仪之争西文文献一百篇（1645—1941）》，上海古籍出版社 2001 年版，第 14-42 页。

4 方豪：《中国天主教史人物传》中册，中华书局 1988 年版，第 318—325 页。

廷 1704 年 11 月 20 日发布的正式禁令文件。[1]

1706 年 6 月 29 日，康熙第二次召见多罗。其时，康熙已经获悉多罗来华的真实意图，他向多罗解释了中国礼仪的意义，请他转告教化王（教皇）：祭孔是尊重圣人之意，祭祖是不忘养育之恩，敬天事君是天下之通义，这些礼仪涉及中国传统的伦理观念、风俗习惯，它与天主教理并行不悖，若有西教士反对中国礼仪，则不得留住中国。多罗为了避免与康熙发生正面冲突，未做正面回答，只是提议将引荐通晓中国礼仪的颜珰来继续讨论这一问题。

7 月，康熙在热河行宫召见颜珰。这位在华传教 25 年的所谓中国通，竟然只会说福建方言，听不懂康熙的官话，只得请随行的具有语言天赋的法国耶稣会士巴多明当翻译。康熙当场拷问颜珰识读御座背后的四个汉字，颜珰只认得一字；康熙又问儒家与天主教不同之点，意义何在，颜珰根本回答不上来，康熙大为不悦。8 月 2 日，康熙御批："（颜珰）愚不识字，擅敢妄论中国之道。" 8 月 3 日曰："谕示多罗，颜珰既不识字，又不善中国语言，对话需用翻译，这等人敢谈中国经书之道，像站在门外，从未进屋的人，讨论屋中之事，说话没有一点根据。"[2]

8 月 11 日，多罗请准离京南下，康熙立即照准。多罗于 1706 年 12 月 17 日到达南京。就在同一天（康熙四十五年十一月十三日），康熙发布谕旨，令军机处派官员将颜珰、何纳笃遣送广东，由广东总督将他们驱逐至澳门，同时要求所有在华传教士赴京"领票"，以获取居住和传教的资格。[3] 在南京得知消息的多罗竟然做出强硬回应，1707 年 1 月 25 日，他以自己的名义发布教令，这份文件于 1707 年 2 月 7 日正式公布，事实上宣布了罗马教廷 1704 年 11 月 20 日发布的严禁中国教徒行使祭祖祀孔礼仪的敕令。康熙闻讯大怒，下令驱逐多罗，将其解送澳门，交付葡萄牙人软禁监管，直至多罗 1710 年病死于澳门监狱。

至此，由颜珰七条禁令再度掀起的中国礼仪之争进入高潮，这一事件的性质也由当初的传教方针和宗教事务之争，演变为清王朝和梵蒂冈之间公开的外交对抗。

面对清廷与教廷因礼仪问题发生的冲突，康熙帝曾经展示力图沟通的外交意识和行动。1706 年 8 月 17 日，康熙帝在给多罗的谕旨中就初步表达了要派使者前往教廷进行解释沟通和解决冲突的意愿。随即派出龙安国（Antonio de Barros，1664—1708，葡萄牙人）及薄贤士（Antoine de Beauvollier，1656—1708，法国人）出使罗马，探清教廷关于中国礼仪之争的真正态度。遗憾的是，龙、薄二人的使欧行程异常艰难，二人最终因

---

1 ［美］苏尔、［美］诺尔编，沈保义、顾卫民、朱静译：《中国礼仪之争西文文献一百篇（1645—1941）》，上海古籍出版社 2001 年版，第 48 页。

2 方豪：《中国天主教史人物传》中册，中华书局 1988 年版，第 323—324 页。

3 关于康熙谕旨驱逐颜珰等史实，参见［德］柯蓝妮著，王潇楠译：《颜珰在中国礼仪之争中的角色》，《国际汉学》2010 年第 1 期。康熙四十五年（1706）冬开始实行的传教士领票制度，规定传教士必须申请入京觐见，由内务府发给印票。清廷准许领票的传教士留居中国，行止不予限制；拒绝领票者，各地教堂均不得居住，一概遣往澳门。

遭遇风浪而罹难。但康熙帝初心不改，又于 1707 年底派出外交使团，携带康熙帝致教皇诏书出使罗马，再去向教皇解释中国礼仪。该使团由意大利耶稣会士艾若瑟（Joseph-Antoine Provana，又译艾逊爵，1662—1720）、西班牙耶稣会士陆若瑟（Raymond-Joseph Arxo，1659—1711）与随行的中国教徒樊守义（1682—1753）组成。[1] 他们离开澳门时，法国耶稣会士卫方济加入使团。他们一行带去了 69 件相关的文献。使团一行于 1709 年 3 月到达罗马并觐见教皇，耶稣会士做了最后的努力为中国礼仪辩护，但教皇不仅不接受，反而宣布了 1704 年 11 月 20 日的禁止中国礼仪决议。1710 年 9 月 25 日，教皇克莱芒十一世再次发令重申有关人士必须遵守 1704 年发布的中国礼仪禁令，[2] 并且禁止再出版相关著作，除非得到教皇的特别许可。

1715 年 3 月 19 日，罗马教皇克莱芒十一世颁布《自登基之日》通谕，更加严厉地重申 1704 年的禁令，并且强调坚决反对中国礼仪。1716 年 1 月 4 日，克莱芒十一世在致葡萄牙国王的信中指出中国礼仪活动有很大的迷信嫌疑，要求葡萄牙国王支持罗马教廷反对中国礼仪的教令。[3] 同年 8 月，教皇通谕寄达广州后又秘密分寄各省教士，11 月送达北京公布。而在教皇通谕公布前的同年 9 月，康熙召集面谕意大利遣使会（即味增爵会）传教士德里格（Theodoricus Pedrini，又译德理格，1670—1746）等在京西洋人，德里格已透露教皇之通谕，康熙闻讯大怒，痛责德里格："朕数次与尔说多罗、颜当的坏处，尔为何不将朕的旨意带信与教化王去？"并且声明："论中国的规矩，若不随利玛窦规矩，并利玛窦以后二百年的教传不得中国，连西洋人也留不得。"[4] 为此，康熙特制一件用汉、满、拉丁文写成的回复罗马教廷的朱批谕旨，俗称"红票"，其主要内容是询问康熙四十五年（1706）差遣西洋人龙安国、薄贤士，四十七年（1708）差遣西洋人艾若瑟、陆若瑟奉旨往西洋，至今数年，没有回信。意在希望获得与罗马教廷的直接沟通。红票经广东巡抚盖印后寄往欧洲。该红票的底稿收集在《康熙与罗马使节关系文书》中。[5] 从后续文献记载可知，罗马教皇收到了该红票，这也成为 1720 年教皇特使嘉乐使团来华的原因之一。这表明康熙皇帝与教皇通过红票实现了信息沟通。

1720 年，教皇特使嘉乐主教携带 1715 年教皇《自登基之日》通谕到达北京，意图说服康熙帝接受教皇的禁令，允许传教士继续在华传教。但是鉴于禁令在当时清廷与教廷关系中的敏感性，嘉乐一直不敢公布教皇通谕，反而接受劝告，暗中与在京耶稣会士

1　［法］费赖之著、冯承钧译：《在华耶稣会士列传及书目》上册，中华书局 1995 年版，第 417 页。费赖之认为艾、陆二神父所持诏书乃龙安国、薄贤士出使时所携诏书之副本。
2　［美］苏尔、［美］诺尔编，沈保义、顾卫民、朱静译：《中国礼仪之争西文文献一百篇（1645—1941）》，上海古籍出版社 2001 年版，第 54 页。
3　［美］苏尔、［美］诺尔编，沈保义、顾卫民、朱静译：《中国礼仪之争西文文献一百篇（1645—1941）》，上海古籍出版社 2001 年版，第 15—16 页。
4　陈垣编：《康熙与罗马使节关系文书》影印本（七），故宫博物院 1932 年版。
5　陈垣编：《康熙与罗马使节关系文书》影印本（九），故宫博物院 1932 年版。

谈判，拟定了"八项准许"，准备在中国礼仪问题上妥协。[1]康熙帝也表现出谈判的诚意，先后 13 次接见嘉乐。《嘉乐来朝日记》记录，康熙五十九年十二月十七日（1721 年 1 月 14 日）第 4 次接见嘉乐时，康熙要求他"直言无隐"，并告诫在场西洋人"尔欲议论中国道理，必须深通中国文理，读尽中国诗书，方可辩论"。嘉乐回答康熙提问"在中国传教，有何不合尔教之处？"时指出，教徒供奉牌位、称天为上帝均不合教规，之后康熙明确解释："供牌位原不起自孔子，此皆后人尊敬之意，并无异端之说。呼天为上帝，即如称朕为万岁、称朕为皇上。"[2]康熙五十九年十二月二十日（1721 年 1 月 17 日），康熙命令译出嘉乐带来的教皇通谕呈览，康熙在阅览中文译本、了解教廷禁令的真实意图之后，当即严词拒绝，朱批声明："览此条约，只可说得西洋人等小人，如何言得中国之大理。况西洋人等无一人通汉书者……彼此乱言者，莫过如此。以后不必西洋人在中国行教，禁止可也，免得多事。"[3]康熙帝试图借与教皇特使嘉乐的当面沟通以解决与罗马教廷中国礼仪之争的最后一点希望终成泡影。此后，康熙仍然接见嘉乐 8 次，但不再谈论礼仪禁令问题。康熙六十年一月二十六日（1721 年 2 月 22 日），康熙最后一次接见嘉乐，当即把朝臣用中文记录完成且经康熙朱笔删改定稿的《嘉乐来朝日记》交给他，日记中详细记录了清朝对中国礼仪的观点，让嘉乐转交给教皇，告诉欧洲大众，并催他早日返欧。这场旷日持久的中国礼仪之争最终以清廷与教廷不可调和的外交对抗告结，从而加速了在华全面禁教。

虽然康熙帝与教廷的沟通均告失败，但他仍然继续任用西洋传教士为朝廷效力。特别值得关注的是，康熙四十七年（1708）至康熙五十八年（1719）测量绘制《皇舆全览图》的空前壮举。据载："康熙四十七年，上谕传教西士分赴蒙古各部、中国各省，遍览山水城郭，用西学量法，绘画地图，并谕部臣选派干员，随往照料，并咨各省督抚将军，札行各地方官，供应一切要需。"[4]这是在康熙要求下，主要由法国传教士主持，一些朝廷和地方军政官吏职员辅助合作参与，运用西方测量方法，对全国及其毗邻地区进行的地图测绘编制工作。学界认为，这是我国首次利用西方经纬度和三角测量法等现代测绘技术绘制的全国地图，也是当时世界上范围最广的实测地图，在世界地图史上具有里程碑式的意义。参与测量和绘制工作的主要是法国传教士白晋、雷孝思、杜德美、冯秉正、德玛诺等七人，其中康熙五十一年（1712），冯秉正、雷孝思、德玛诺奉命前往中国最富裕的河南、江南、浙江、福建地区测量绘图。康熙五十六年（1717），各省地图绘毕，由白晋等人绘制成总图一幅，并将各省分图进呈御览。[5]这也是浙江第一次采用

1　李天纲：《中国礼仪之争：历史·文献和意义》，上海古籍出版社 1998 年版，第 79 页。

2　陈垣编：《康熙与罗马使节关系文书》影印本（十三），故宫博物院 1932 年版；方豪：《中国天主教史人物传》中册，中华书局 1988 年版，第 331—335 页。

3　陈垣编：《康熙与罗马使节关系文书》影印本（十四），故宫博物院 1932 年版。

4　黄伯禄：《正教奉褒》，辅仁大学天主教史料研究中心编：《中国天主教史籍汇编》，辅仁大学出版社 2003 年版，第 559 页。

5　黄伯禄：《正教奉褒》，辅仁大学天主教史料研究中心编：《中国天主教史籍汇编》，辅仁大学出版社 2003 年版，第 562—563 页。

西方现代测绘技术绘制成的实测地图。康熙五十七年（1718），由杜德美集其大成，《皇舆全览图》编绘告成。[1] 全图的印制工作，康熙帝交由意大利传教士马国贤负责。康熙五十八年（1719）二月，马国贤采用铜版雕刻印刷术印制《皇舆全览图》，共计 41 幅，收藏于内府。后来又用了 44 块铜版印制《皇舆全览图》，并将它带到了意大利那不勒斯的"中国学院"。[2]

跨越明清、长达百年之久的这场中国礼仪之争，本身就是一段空前的中西文明相遇史，也是浙学与西学由表及里、由浅入深的交汇和碰撞过程。观察中国礼仪之争高潮期间浙江和杭州充当的历史角色，一则需要考察这期间发生了什么样的事件，二则需要辨析这期间发出了怎样的声音。

2. 中国礼仪之争高潮期的杭州足迹

中国礼仪之争走向高潮期间，发生在浙江和杭州的几个历史事件，成为我们观察中国礼仪之争影响清初中西关系走向及其历史意义的重要指标。

康熙六次南巡有五次到过杭州，自康熙三十八年（1699）的第三次南巡到康熙四十六年（1707）的第六次南巡处在中国礼仪之争的高潮期，尤其是最后一次南巡期间康熙与传教士互动、推行"领票"制度的关键期。

康熙第三次南巡已是在康熙"容教令"实施多年之后，随行的法国耶稣会士白晋、张诚还获得康熙钦赐湖舫御宴，同游西湖。第三次南巡次年，因颜珰禁令上诉教廷激化中国礼仪之争，闵明我等在华耶稣会士上疏（即前述"闵明我奏疏"）争取康熙支持。康熙三十九年（1700）十月二十日御批赞同，首次就中国礼仪之争正式表态："敬天及事君亲、敬师长者，系天下通义。"

此后的三次南巡杭州，康熙依次在杭州接见了郭天宠、习圣学（1703 年第四次），杨若翰、艾斯玎、隆盛、蒙鞥、何纳笃、艾毓翰（1705 年第五次），以及艾斯玎、郭中传、龚当信（1707 年第六次）等人。康熙在与这些传教士的对话当中，突出表明他对西方科学有浓厚的兴趣，因而特别问询他们是否晓得天文、医学、地理等"格物穷理"的知识。[3] 南巡之后，自康熙四十七年（1708）开始的《皇舆全览图》测绘工作，包括康熙五十一年（1712）开始的对浙江省等江南地区的地图测绘，证实了因中国礼仪之争激化的清朝与罗马教廷的矛盾并没有改变康熙利用欧洲传教士和西方科学为朝廷效力的初衷，但是礼仪之争又促使康熙十分重视规范传教士来华活动、定居和选用的标准，尤其是康熙四十五年（1706）四月，康熙在接待教皇特使多罗的过程中已经意识到需要规范西洋人来华活动，有文书为证：

1 方豪：《中国天主教史人物传》中册，中华书局 1988 年版，第 300 页。
2 ［意］马国贤著，李天纲译：《清廷十三年：马国贤在华回忆录》，上海古籍出版社 2004 年版，第 58、62—63、77 页。
3 参见韩琦：《南巡、传教士和外交：兼论康熙对礼仪之争和教廷特使多罗来华的反应》，澳门《文化杂志》2018 年第 102 期。

> 朕所欲发旨意者，近日自西洋所来者甚杂，亦有行道者，亦有白人借名为行道，难以分辨是非。如今尔来之际，若不定一规矩，惟恐后来惹出是非。也觉得教化王处有关系，只得将定例先明白晓喻，命后来之人谨守法度，不能少违方好。以后凡西洋来者，再不回去的人，许他内地居住。……凡各国各会皆以敬天主者，何得论彼此，一概同居同住，则永无争竞矣。[1]

随后数月，康熙与多罗特使和福建宗座代牧颜珰的会谈，令康熙非常不满。1706 年 8 月，多罗离开北京南下；12 月，康熙下令驱逐颜珰和浙江代牧何纳笃。康熙四十五年（1706）冬，上谕内务府：

> 凡不回去的西洋人等，写票用内务府印给发，票上写西洋某国人，年若干，在某会，来中国若干年，永不复回西洋，已经来京朝觐陛见，为此给票，兼满汉字，将千字编成号数，挨次存记，将票书成款式进呈。钦此。[2]

这便是清廷正式建立的西洋人领取信票制度，它标志着清初在华传教士进入由朝廷颁发许可执照的"领票"制传教时代。

康熙四十六年（1707）三月，第六次南巡的康熙帝驻跸苏州时明确指示："谕众西洋人，自今以后，若不遵利玛窦的规矩，断不准在中国住，必逐回去。"[3] 显然，西洋传教士遵守以适应中国礼仪习俗为传教方针的"利玛窦规矩"是获得"领票"资格的关键。

在此，不得不提及罗马教廷特使多罗主教在华期间的得力助手法国传教士刘应。他作为法王路易十四国王数学家传教团成员，曾在 1687 年从宁波北上进京时途经杭州，又在 1692 年"张鹏翮禁教"期间第二次来杭州，将他在杭州亲自记录的教案真相传回了法国。这位精通文史的汉学家却是中国礼仪的反对者。刘应在多罗到达北京之后，"遂集合反对礼仪之言论以献"。他认为中国祭祖祀孔的礼仪具有明显的偶像崇拜性质，如若继续容忍，必然会给迷信打开大门，因而强力反对，而鉴于刘应的汉学修养深厚，"其研究既属专门，故其意见颇有力量"[4]。负有特殊使命的多罗，他乡遇知音，在刘应身上找到了共鸣，但刘应"作为这位主教的得力助手，背负了后者激起的种种不满。这个罗马教皇特使强加给他的种种恩惠并没有使其得到保护，而是将他投入了不幸的漩涡之中"[5]。身遭软禁的多罗还为刘应争取到了罗马教廷的主教任命，刘应于 1709 年（康熙四十八年）2 月 2 日在多罗的澳门牢房里行就职礼，同年 6 月离开澳门回欧洲赴任。

1　陈垣编：《康熙与罗马使节关系文书》影印本（二），故宫博物院 1932 年版。
2　黄伯禄：《正教奉褒》，辅仁大学天主教史料研究中心编：《中国天主教史籍汇编》，辅仁大学出版社 2003 年版，第 557 页。
3　陈垣编：《康熙与罗马使节关系文书》影印本（四），故宫博物院 1932 年版；中国第一历史档案馆编：《清中前期西洋天主教在华活动档案史料》第一册，中华书局 2003 年版，第 12 页。
4　［法］费赖之著，冯承钧译：《在华耶稣会士列传及书目》上册，中华书局 1995 年版，第 453 页。
5　吕颖：《清代来华法国传教士刘应研究》，《福建师范大学学报（哲学社会科学版）》2014 年第 3 期，第 141 页。

刘应在华期间曾和洪若翰等人用奎宁治好了康熙的疟疾[1]，也曾奉皇帝之命到各省去治理洪灾，但康熙对刘应拒绝"领票"而在中国礼仪之争中站在罗马教廷一方的态度一直耿耿于怀，直到刘应离华多年之后的1711年（康熙五十年）5月，康熙仍然在读了白晋研究《易经》的手稿后点名刘应："览博津（即白晋）引文，甚为繁冗。其中日后如严党（即颜珰）、刘英（即刘应）等人出，必致逐件无言以对。从此若不谨慎，则朕亦将无法解脱。西洋人应共商议，不可轻视。"[2] 可见中国礼仪之争对康熙处理与欧洲政治、外交和文化关系的负面影响很深。这在事实上印证了当初莱布尼茨因为预见到中国礼仪之争将会冲击中西交流而急切出版《中国近事》具有先见之明。

康熙第六次南巡始于康熙四十六年正月（1707年2月），其时要求传教士"领票"的旨令已经发出。按照康熙帝的旨意，只有"领票"并遵守"利玛窦规矩"的传教士，才能在中国各地传教和永久居住，否则就要被驱逐到澳门或回国。为此，本次南巡时康熙专门派了直郡王（即皇长子胤禔，1698年被封为"多罗直郡王"）就领票事召见南巡重要城市的传教士，详细询问他们对礼仪问题的看法。同年二月二十日（3月23日）直郡王到达淮安，二月二十九（4月1日）到达扬州。巴多明介绍了五位在镇江的葡萄牙耶稣会士给直郡王，直郡王问他们是否愿意领票，是否遵循利玛窦的规矩。他们回答说，愿意领票并遵守利玛窦的规矩，但多罗让他们遵守教皇发出的禁止中国礼仪指示，因而拒绝领票。三月初一（4月3日），康熙发布谕旨，将他们遣送广州。三月初六（4月8日），康熙到达江宁府（南京），其时多罗已经南下广州，而当时在南京集中了约20名传教士，外加两名追随多罗的意大利和法国传教士。大多数耶稣会士都表示愿意遵守"利玛窦规矩"，并永不回西洋，追随多罗的两名传教士则表示不愿领票。其他各地的传教士也同样受到朝廷的盘问。三月初八（4月10日），拒绝领票的传教士被驱逐到澳门。[3]

在南京发生的传教士拒绝领票事件之后，康熙帝于四月初四（5月5日）先在南巡终点站杭州接见了传教士艾斯玎等，又在四月二十六日（5月27日）回程途中于扬州接见了法国传教士庞克修（Jean Testard，生卒年不详，1703年至华）等各省22位传教士，并命直郡王亲手颁给愿意领票的传教士"敕文"，文内书写"永在中国各省传教，不必再回西洋"等语，康熙还亲口说"领敕文之后，尔等与朕犹如一家的人了"。[4] 而据杭州奉教士人张星曜等撰写的《钦命传教约述》中列举的康熙第六次南巡之后完成领票的传

---

1 康熙三十二年（1693）患疟疾，当时正在北京的洪若翰和刘应，将自印度带来的奎宁进呈。因当时在华耶稣会士张诚、白晋（进）留在京城为康熙帝效力，洪若翰所带奎宁便由张诚、白晋、洪若翰、刘应一同进呈。参见黄伯禄《正教奉褒》康熙二十三年五月，上海慈母堂1904年版。

2 中国第一历史档案馆：《康熙朝满文朱批奏折全译》，中国社会科学出版社1996年版，第725页。转引自吕颖：《清代来华法国传教士刘应研究》，《福建师范大学学报（哲学社会科学版）》2014年第3期，第142页。

3 关于康熙南巡与南京传教士拒绝领票事件，参见韩琦：《南巡、传教士和外交：兼论康熙对礼仪之争和教廷特使多罗来华的反应》，澳门《文化杂志》2018年第102期。

4 黄伯禄：《正教奉褒》，辅仁大学天主教史料研究中心编：《中国天主教史籍汇编》，辅仁大学出版社2003年版，第558页。

教士名单，共计 43 人，其中包括康熙在杭州接见的艾斯玎、郭中传、龚当信 3 位传教士。[1] 这些传教士拿到了在中国继续居留传教的护身符。

　　康熙最后一次南巡，先是派遣直郡王在淮安、扬州、南京与传教士面对面沟通领票制的可行性，再是康熙本人从南京、杭州到回銮扬州，亲自出面与传教士互动，显然双方的互动气氛与以往各次均有所不同，传教士们都被要求就是否遵守"利玛窦规矩"、是否领票进行表态。这表明康熙帝为了防止罗马教廷以礼仪之争为突破口对中国内部事务变本加厉地干涉，开始对入华欧洲传教士建立一套从获取传教与居住资格，到传教活动应该遵循的方针等一系列制度性审核规范，其政治意图显然是想掌控中西关系的主动权。

　　中国礼仪之争高潮期发生的第二个历史事件是闽浙总督梁鼐的排教案政治乌龙事件，而此次教案实际上又与清廷在各地贯彻执行来华传教士必须领票的康熙旨令有密切关系。

　　康熙四十六年（1707）二月，刚升任闽浙总督不到一年的梁鼐"驱逐西士，阻止行教。……通咨直隶各省，文内止将西洋郭多禄（西班牙国人）一人，许在广东居住，其余俱令回国。其给赐印票，准留中国传教之煌煌恩旨，反无一语提及"[2]。梁鼐的排教案发生在浙江和福建省内，而且正是康熙第六次南巡到达杭州之前夕，其时清廷明明已开始实施西洋传教士领票制度，为何还会发生排教案？在京耶稣会院长闵明我等人经查询获悉，问题出在地方官的行政惯例上："臣等细询，方知定例，各省俱以部咨为据，倘不将奉旨引见、领票安居传教原由通咨各省督抚，则地方官终无凭免议。"[3] 意思是说让西洋传教士领票的制度仅仅是皇上的旨意，朝廷行政部门未能及时下达地方督抚执行令，地方官员无据可依，自然未能落实西教士领票传教许可制。换言之，这是一个因领票制度实施政令不畅、未能在地方贯彻执行圣旨的政治乌龙事件。为此，朝廷大臣会议提出建议，并由内务府通知礼部下达实施：凡领有内务府印票、驻各省教堂的传教者，听其照常居住，不必禁止；其未经领票、情愿赴领者，地方官速催来京，毋许久留，有司不许阻滞；若无票而不愿领票者，则驱逐到澳门安置。此事即在梁鼐排教案发生不到一个月之后的三月初一就立即实施：

　　　　寻于三月初一日奉旨：李若瑟、索玛诺、瞿良士（俱葡萄牙国人）等着来领票，俱往广东修道。钦此。自是各省教士艾若瑟（意大理国人）、隆盛、殷

1　［清］何文豪、张星曜、杨达等述：《昭代钦崇天教至华叙略》，韩琦、吴旻校注：《熙朝崇正集 熙朝定案（外三种）》，中华书局 2006 年版，第 207—208 页。
2　黄伯禄：《正教奉褒》，辅仁大学天主教史料研究中心编：《中国天主教史籍汇编》，辅仁大学出版社 2003 年版，第 557 页。
3　黄伯禄：《正教奉褒》，辅仁大学天主教史料研究中心编：《中国天主教史籍汇编》，辅仁大学出版社 2003 年版，第 557 页。又见《钦命传教约述》，韩琦考证该书作者即为杭州奉教士人张星曜、何文豪等，载韩琦、吴旻校注：《熙朝崇正集 熙朝定案（外三种）》，中华书局 2006 年版，第 217、425 页。

洪绪、傅圣泽、赫苍壁、冯秉正（俱法兰西国人）等数十人，陆续来京引见，请领印票，前往各省敷教。[1]

其中包括驻浙江湖州的法国传教士隆盛、驻江西的传教士冯秉正等数十人赴京申请领票。四月初三（5月4日），康熙南巡到达杭州，四月初四（5月5日）即在杭州行宫接见了在杭州传教的艾斯玎、在宁波传教的郭中传和在绍兴传教的龚当信，他们接受了内务府颁发的印文，正式领票，拿到了容许他们继续在杭州居留和传教的执照。可见，浙江杭州是礼仪之争刺激下清廷推行在华传教士领票执照制的先行实践区。

（四）中国礼仪之争高潮期杭州发出的声音

礼仪之争进入高潮期，杭州一些奉教士人及教徒（相公）积极向传教士解答有关祭祖祀孔等中国传统礼仪的真实含义，并对礼仪之争激化下的仇教反教之风发出了自己的声音。其标志性人物即是康熙年间杭州籍奉教人士洪依纳爵、张星曜。

两人的护教代表作分别为：洪依纳爵回答"泰西殷先生"即杭州天主教堂意大利传教士殷铎泽之问询"中国祭祀祖先之义"的书面记录《祭祀问答》，以及洪依纳爵与朱西满、杨伯多禄一起写给殷铎泽的书信。[2] 书信末尾又署"白老师大人台臺"（"台臺"为旧时对长官的尊称），台湾学者黄一农据此考证"白老师大人"应该是指数次到过杭州并在朝廷任职的法国传教士白晋，可知此信又是抄送给白晋的，意在寻求机会上达朝廷。[3]

以洪依纳爵为代表的杭州教徒首先在礼仪之争核心问题"祭祖"的真实含义上发出了自己的声音，解释了泰西耶稣会士关心的中国祭祀先祖的问题。众所周知，中国人祭祀祖先的仪式，从上古时期开始就已存在。人们通过在宗庙中祭祀祖先，表达子孙慎终追远的态度，以求得先祖的荫庇和眷顾，这往往是中国人在传统节日期间最重要的礼仪活动之一。祭祖虽然是人们表达信仰的重要方式，但中国人的祖先祭祀只是对祖先的崇敬与追忆，与西方宗教对超现实神灵的崇拜不可等量齐观。因而，洪依纳爵在回答传教士殷铎泽所问"中国祭祀祖先之义"时反复强调指出：祭祀之礼"不过子孙行其孝敬尊亲之意"，"乃子孙表其追忆之孝思"，"谓子孙表其忆念祖先之诚"而已，这与西方"事上帝之礼"完全不同，因而中国教徒正规的祭祀祖先之典礼仪式不应该被禁止，而需要严禁者"止于祀典中错杂浑用违悖圣道者尔"，诸如正规典礼中混杂进的纸钱箔锭、焚

1 黄伯禄：《正教奉褒》，辅仁大学天主教史料研究中心编：《中国天主教史籍汇编》，辅仁大学出版社 2003 年版，第 558 页。
2 参见黄一农：《两头蛇：明末清初的第一代天主教徒》，上海古籍出版社 2006 年版，第 420—421 页。又据杭州籍奉教人士编撰的《钦命传教约述》来看，洪依纳爵、朱西满、杨伯多禄是杭州籍天主教徒，其中杨伯多禄又是张星曜的门生。参见韩琦、吴旻校注：《熙朝崇正集 熙朝定案（外三种）》，中华书局 2006 年版，第 428 页。
3 黄一农：《两头蛇：明末清初的第一代天主教徒》，上海古籍出版社 2006 年版，第 420—421 页；洪依纳爵：《祭祀问答》，[比]钟鸣旦、[比]杜鼎克主编：《耶稣会罗马档案馆明清天主教文献》第 11 册，台北利氏学社 2002 年版，第 235—255 页。

化楮帛、宣讲祝文等民间杂祭迷信活动。[1]

以张星曜为代表的杭州奉教士人则因礼仪之争高潮时出现的仇教反教言行，从学理上为天主教正名辩护，并对祭祖祀孔等传统中国礼仪的内涵进行深入辨析，在高度认同自利玛窦以来耶稣会强调中国礼仪人文性特点的同时，又试图从"天教合儒、天教补儒、天教超儒"的高度，深入阐述"天儒相融"的礼仪观，突出了祭祀礼仪在连接人与神之间的重要作用。张星曜不愧为明末清初第三代儒家天主教徒的代表人物（第一代以徐光启为代表，第二代以韩霖和朱宗元为代表）[2]，在礼仪之争中发出了自己的声音。

张星曜（1633—？），字紫臣，又字弘夫，杭州府仁和县人，因其教名为依纳爵（Ignatius），故又号依纳子。[3] 据学者披露，张星曜是耶稣会士殷铎泽神父在 1678 年至 1679 年两年间在杭州施洗的 20 人之一，殷神父对此做了记录。[4]

据统计，从 1678 年开始，张星曜大约编辑、撰写了 10 部著作，其中比较重要的有撰于 1689 年的《辟妄条驳合刻》（与仁和人洪济合撰）、1690 年主编的《历代通鉴纪事本末补后编》50 卷、1704 年撰写的《祀典说》、1707 年与人合著的《钦命传教约述》、1708 年与人合著的《昭代钦崇天教至华叙略》、1711 年编纂的《天教明辨》20 册、1715 年完稿的《天儒同异考》3 卷。[5] 这些著作按其性质，大致可分为三类：礼仪类、合儒类、辟佛道类。其中卷帙最多的是辟佛道类，其代表作是《历代通鉴纪事本末补后编》；而思想学术上影响最大的无疑是合儒类作品，其代表作是《天儒同异考》；其礼仪类著作《祀典说》和《钦命传教约述》则是礼仪之争高潮期代表中国教徒发出的杭州人的强烈声音。

张星曜辟佛道类著作《辟妄条驳合刻》，实是为了反驳佛教僧人庐山北涧的普仁截所著《辟妄辟略说》对明末徐光启所著《辟释氏诸妄》的批评，抨击佛教用持咒、破狱、施食、轮回、往生等教义邪说蛊惑百姓，并劝人放弃佛教，改为信奉天主教。

卷帙浩繁的《历代通鉴纪事本末补后编》（以下简称《补后编》），其 50 卷主要内容是诠释儒家与佛教、道教的区别，摘录历朝各代佛道两教之资料，列举各种批判佛道两教危害世间的内容，并在批判之余，运用儒家思想诠释基督教的一神论、天堂地狱等教义，从而进一步促进耶儒之间的融合。因而有学者认为，《补后编》从表面上看是儒家

1 洪依纳爵：《祭祀问答》，[比] 钟鸣旦、[比] 杜鼎克主编：《耶稣会罗马档案馆明清天主教文献》第 11 册，台北利氏学社 2002 年版，第 236—245 页。
2 关于三代基督徒的划分，参见 D. E. Mungello, *The Forgotten Christians of Hangzhou*, Honolulu: University of Hawaii Press, 1994, pp.70-71.
3 有关张星曜的生平事迹和著作研究，参见韩琦、吴旻校注：《熙朝崇正集 熙朝定案（外三种）》第 3—4 种及附录十二，中华书局 2006 年版；[比] 钟鸣旦、[比] 杜鼎克、王仁芳等编：《徐家汇藏书楼明清天主教文献续编》第 6—12 册，台北利氏学社 2013 年版；肖清和：《"求同"与"辨异"：明清第三代基督教徒张星曜的思想与信仰初探》，《比较经学》2013 年第一辑；[清] 张星曜著，肖清和、王善卿编注：《天儒同异考：清初儒家基督徒张星曜文集》，台湾橄榄出版有限公司 2015 年版；[清] 张星曜等编，吴青、肖清和、张中鹏整理：《历代通鉴纪事本末补后编》，齐鲁书社 2016 年版。
4 此据 [美] 孟德卫著，杨少芳译：《被遗忘的杭州基督徒》，张西平、罗莹主编：《东亚与欧洲文化的早期相遇——东西文化交流史论》，华东师范大学出版社 2012 年版，第 197、203 页。
5 肖清和：《"求同"与"辨异"：明清第三代基督教徒张星曜的思想与信仰初探》，《比较经学》2013 年第一辑，第 48—49 页。

卫道士的护教之作，但实际上是基督教徒的护教作品，因为张星曜认为所谓"真儒"就是"基督教"，而"俗儒""伪儒"则是宋明以后受到侵蚀的儒家，因此"真儒"与"基督教徒"对待佛道的态度是一致的。[1]

值得注意的是，《补后编》摘录历代文史资料中佛道两教乱世的内容汇编成册，利用中国传统的"纪事本末体"史书体裁来记录中国历史上的佛教与道教之祸，标志着张星曜在中国史学史上首创宗教史叙事，这是清初浙江史学与西学相遇的新迹象，相关论述详见本著第五章"三、清初浙西史家与传教士的交往和西学叙事"。

由于《补后编》的编纂宗旨在于竭力穷尽清代及之前各代佛道两教的各种乱世资料，因而工作量庞大，仅凭一己之力显然难以完成，于是张星曜组建了一个多达数十人的编辑群体，仅编纂《补后编》"校订及门姓氏"就列出 68 人团队，其中杭州 7 人，仁和 5 人，钱塘 14 人，余杭 7 人，嘉兴、海宁、慈溪、平阳各 1 人，浙江籍共计 37 人，超过一半。[2] 可见张星曜交游之广泛。

张星曜交游圈的影响力，通过他的人际网络中一个叫诸际南（名殿鲲）的人物可见一斑。张星曜谓诸氏为"今之博学人"。诸际南曾经校阅张潮《昭代丛书》中所收《西方要纪》，又与在常州和杭州活动的比利时耶稣会士鲁日满有过密切往来。据康熙《杭州府志》，诸殿鲲为"仁和县学廪膳生员"，并参与编纂《杭州府志》。又据乾隆《杭州府志》，诸际南有《订正新步天歌、十二宫恒星性情等 第歌》，可见其对天文历法有所研究。清初名儒陆陇其则称诸际南有"经济之才"，并与其有过交往。[3] 值得注意的是，张星曜的门生葛殿桢（字枚臣）、关樊桐（仙圃），以及好友诸殿鲲（际南）均曾校阅过杭州籍理学名士应撝谦的名著《性理大中》。[4]

1711 年编纂成的《天教明辨》20 卷，内容庞杂，不仅包括基督教的教义、教理、礼仪等各个方面，甚至还有风雨雷电等自然科学之内容，亦有诸多批判佛道和民间信仰之内容。书中的大部分内容都是张星曜摘录自其他儒家天主教徒撰写的宣教著作，如朱宗元（生卒年不详，字维城，浙江鄞县人，1638 年在杭州接受意大利耶稣会士利类思施洗入教[5]）的《答客问》等，因而保留了不少明末清初天主教中文著作的内容，甚至还有个别反教作品的材料。据张星曜《〈天教明辨〉自序》，撰写此书的主要目的是为自己受洗入教进行辩护，回击有人攻击他受洗入教是从"西戎之教"而背弃了儒家正统。因

1　肖清和：《"求同"与"辨异"：明清第三代基督教徒张星曜的思想与信仰初探》，《比较经学》2013 年第一辑，第 60—61 页。
2　方豪：《中国天主教史人物传》中册，中华书局 1988 年版，第 102 页。
3　［清］陆陇其：《三鱼堂日记》卷下，《丛书集成初编》第 2985 册，商务印书馆 1936 年版，第 76 页。转引自肖清和：《"求同"与"辨异"：明清第三代基督教徒张星曜的思想与信仰初探》，《比较经学》2013 年第一辑，第 60—61 页。
4　肖清和：《"求同"与"辨异"：明清第三代基督教徒张星曜的思想与信仰初探》，《比较经学》2013 年第一辑。关于应撝谦与西学的关系参见本著第六章第一节。
5　有关朱宗元生平事迹的最新考证参见龚缨晏：《明清鼎革之际中国天主教徒朱宗元及其同伴——读〈在地之人的全球纠葛：朱宗元及其相互冲突的世界〉有感》，《史学理论研究》2023 年第 6 期。该文纠正了［德］多米尼克·萨克森迈尔著、张旭鹏译《在地之人的全球纠葛：朱宗元及其相互冲突的世界》（商务印书馆 2022 年版）中的一些错误。

而，张星曜需要论证的是他加入基督教并不是弃儒家而从夷教，相反，张星曜想要说明的是基督教才是真正的儒家，俗儒或当代儒家已经受到佛道的侵蚀而不是真正的儒家了。显然，张星曜著《天教明辨》的目的就是说明论证其接受基督教信仰的合法性或合理性。

1715 年完稿的《天儒同异考》三卷（其中第一卷《天教合儒》写于 1702 年、第二卷《天教补儒》写于 1705 年、第三卷《天教超儒》写于 1715 年），其实源于《天教明辨》，但因卷帙浩繁，不易刊刻流传，张星曜便选取了其中的《天教合儒》《天教补儒》《天教超儒》三部分合在一起，订为《天儒同异考》"梓以问世"。该著是张星曜全面阐述其合儒、补儒和超儒之西学观的重要著作，虽然在表面上没有直接涉及礼仪之争核心问题祭祖祀孔的论述，但《天教合儒》用西方神学的框架，将中国古代儒家经典中合乎天主教信仰的经文搜集整理在一起，书中以"上帝之名""上帝之性情""上帝创造""上帝掌管""上帝赏罚""人当敬畏上帝"等篇目来阐明"天儒相合"即儒家与天主教的宗教信仰相合之主张。其中"上帝之名"一节中称："程子曰：以形体言，谓之天；以主宰言，谓之帝。经书之言天，即指上帝也。"这清楚表明张星曜在涉及礼仪之争的译名问题上支持以"上帝""天"之词来译称天主教之主宰"Deus"。

张星曜在《天儒同异考》合订本序中写道："我中国皆知有天主上帝也。自黄帝作合宫以祀上帝以来，经书之言具在，概可见矣。"这表明，张星曜同利玛窦以及徐光启等其他儒家天主教徒一样，将中国先秦儒家经典中的"上帝"与天主教中的唯一神"天主"画了等号，但较前辈徐光启的"补儒易佛"论更进一步，明确提出"天教合儒"（主要论述天主教信仰思想与儒家思想互相符合的内容）、"天教补儒"（主要论述天主教信仰思想补充儒家思想的内容）和"天教超儒"（主要论述天主教信仰思想超越儒家思想的内容）论，而在信仰天主教之后试图将儒家与"天教"进行融合。张星曜的天儒融合论，显然也是为其信仰基督教的同时，又想继续维持其儒家身份，提供一种理论依据和合理解释。中外学者认为张星曜在此时大力论证天儒融合，或许正是因为日趋激烈的礼仪之争，导致张星曜等儒家天主教徒们的儒家身份与基督教徒身份之间张力不断扩大，从而造成"身份认同"的危机感。

张星曜针对礼仪之争中有关祭祖祀孔是否具有宗教性的核心争议问题做出回应，其代表作就是撰于 1704 年的《祀典说》。该著逐一解释了祭祖祀孔典礼的来源，赞同耶稣会士适应中国文化传教策略的做法，即容忍中国教徒的祭祖祀孔礼仪，但对于生祠、城隍等礼仪提出批评或改造。他在《祀典说》开头首先就对"祭祀"的含义进行解释："先王之制，祭祀也，有二义焉：一曰祈、一曰报。祈者，乞求福泽也；报者，报其成功也。"[1] 这是张星曜论述祭祀的出发点,在将"祈、报"定义为祭祀的内在含义时,突出了祭祀礼仪在连接人与神之间的重要作用,实际上是进一步阐扬了祭祀礼仪的"人文性"。

前文已述,以利玛窦适应中国文化为传教政策的耶稣会士一方,对中国祭祖祀孔礼仪做出人文性解释。意大利耶稣会士卫匡国曾受委派赴罗马教廷陈述耶稣会关于中国礼仪之争的见解,卫匡国在罗马与多明我派辩论多时,最后罗马教廷接受了他的见解,事后教皇亚历山大七世于1656年3月23日颁布敕令,允许中国教徒参加敬天祭祖尊孔等仪式,并明确表示"(尊孔)这种仪式看来纯粹是民俗性和政治性的",同时指出"中国人并不认为亡灵是鬼神",中国人的三种祭祀仪式——设置祭坛、祠堂祭祖、祭坟扫墓,只是纪念他们先人的仪式,只要不做任何迷信的事情,中国教徒均可进行[2],这事实上等于承认这三种祭祀仪式不具宗教性。张星曜显然非常清楚教会内部礼仪之争对立各派的立场和观点,因而他对地方上将圣王杰士、孝子忠臣等列入祀典的行为表示赞同,"盖以若人之丰功盛德,不可遗忘,祀之以垂永久,且使后之人,观厥庙貌,溯其休风"[3]。张星曜显然强调了中国民间祭祀典礼行为的"人文性"而非"宗教性",不过张星曜对周代以后中国的祠庙泛滥情况,以及后来盛行的生祠祭祀等带有迷信色彩的祭祀活动都持批判态度。

前述礼仪之争的杭州历史记录表明,其间不仅包含了清廷与罗马教廷的外交冲突,也始终伴随着各地反教仇教的政治和文化冲突。如康熙四十六年(1707)二月,闽浙总督梁鼐就发动了"驱逐西教士,阻止传教"的排教事件,另外衢州、严州等教友有来杭州向张星曜反映地方官的种种禁教举措,而且禁止天主教、驱逐西洋人的事件遍布金华、兰溪、嘉兴、萧山等浙江各地。[4] 身在浙闽首府之地的张星曜自然不能对杭州及省内各地兴起的反教浪潮漠然视之,张星曜、何文豪等人撰写的护教著作《钦命传教约述》和据此增删而成的《昭代钦崇天教至华叙略》(署名"杭州后学何文豪、张星曜、杨达等同述")就是在这样的背景下出炉的。[5] 其中杨达曾在北堂担任相公(此处意为类似文秘之职位)。这两部著作均收录了明清皇帝关于优容传教活动的谕旨,包括由康熙帝亲自出面正在推行落实的传教士领票制度,其立意显然是告诉世人朝廷对天主教活动之认

1　[比]钟鸣旦、[比]杜鼎克主编:《耶稣会罗马档案馆明清天主教文献》第10册,台北利氏学社2002年版,第439页。

2　[美]苏尔、[美]诺尔编,沈保义、顾卫民、朱静译:《中国礼仪之争西文文献一百篇(1645—1941)》,上海古籍出版社2001年版,第8—11页。

3　张星曜:《祀典说》,[比]钟鸣旦、[比]杜鼎克主编:《耶稣会罗马档案馆明清天主教文献》第10册,台北利氏学社2002年版,第439—458页。原文无误"休风"指美好的风气。

4　韩琦:《张星曜与〈钦命传教约述〉》,韩琦、吴旻校注:《熙朝崇正集 熙朝定案(外三种)》,中华书局2006年版,第425—426页。

5　《钦命传教约述》,[比]钟鸣旦、[比]杜鼎克、黄一农等编:《徐家汇藏书楼明清天主教文献》第3册,方济出版社1996年版,第1249—1332页。

可。[1]

《钦命传教约述》开篇即言："天主者，生天、生地、生神、生人、生物之大主宰也。自开辟以来，人皆尊奉，即吾儒五经所称上帝是也。"其语气意涵，非常符合张星曜等儒家天主教徒融合"天儒"之观念立场。其内容通篇即是皇帝怀柔远臣、奖励西洋教士，各地助力兴建教堂等敕令谕旨和优容传教活动的案例，尤其注重宣扬"西洋人并无违法之事""西儒之学足辅王化"之理念。而在精简的《昭代钦崇天教至华叙略》中特别保留了"天儒"相融的宣教内容："盖西国之称天主，即吾儒之称上帝，同此造天地万物之真主也。吾辈人类皆为天主上帝所生所养……"[2]凡此种种，均可见在礼仪之争走向高潮的历史进程中，杭州籍儒家天主教徒发声背后的中西文化碰撞与交融。

那么，学界究竟如何观察礼仪之争的激化对中西关系的历史性影响？笔者赞同张国刚先生的观点："当礼仪之争进入罗马教皇（以特使为代表）与中国皇帝的直接对峙后，争执中的政治气息、权力意识已跃居主导地位，而早先那种浓郁的思想与文化内涵被大大压倒，神学家的抽象思辨、耶稣会士的文化阐释都将变得无关紧要。"[3]明清之际的浙学与西学之交流和碰撞就是在这样复杂的背景下展开的。

六、杭州西溪欧洲传教士墓地的变迁

现存西溪大方井"卫匡国传教士纪念园"内的卫匡国墓，教会史上曾被称为"天主教司铎公墓"，实际上并非指意大利传教士卫匡国一个人的墓地，而是指安葬了一批明末清初欧洲来华天主教传教士的公共墓地的简称。它位于杭州市西湖区古墩路、西溪路丁字路口一处院落内，以铁栏圈起，园内立牌"浙江省省级文物保护单位——卫匡国墓"，门牌挂西溪路549号，其东侧紧贴新建楼群，西侧紧靠杭州青春宝集团旧厂区。

据前述，欧洲传教士开教杭州有赖于李之藻的请求。李之藻于1610年3月由利玛窦施洗加入天主教会，5月利玛窦在北京去世。1611年4月，李之藻的父亲在杭州去世。按惯例，李之藻必须回杭守孝三年。途经南京时，李之藻邀请传教士到杭州开教，耶稣会中国教区会长龙华民同意指派郭居静、金尼阁与钟鸣仁前往杭州传教：这便是杭州开教之始。此后，杭州有了常驻传教士，加之有李之藻、杨廷筠等奉教士人协助，杨廷筠更是购屋献给教士，作为耶稣会的住院，因而在数年后，杭州即成为耶稣会中国传教会

1　［清］张星曜：《祀典说》，［比］钟鸣旦、［比］杜鼎克主编：《耶稣会罗马档案馆明清天主教文献》第10册，台北利氏学社2002年版，第439—458页；《钦命传教约述》，［比］钟鸣旦、［比］杜鼎克、黄一农等编：《徐家汇藏书楼明清天主教文献》第3册，方济出版社1996年版，第1249—1332页；［清］何文豪、张星曜、杨达等：《昭代钦崇天教至华叙略》，韩琦、吴旻校注：《熙朝崇正集 熙朝定案（外三种）》，中华书局2006年版，第203—235、416—432页；肖清和：《"求同"与"辨异"：明清第三代基督教徒张星曜的思想与信仰初探》，《比较经学》2013年第一辑。
2　韩琦、吴旻校注：《熙朝崇正集 熙朝定案（外三种）》，中华书局2006年版，第211、213、234、207页。
3　张国刚：《从中西初识到礼仪之争：明清传教士与中西文化交流》，人民出版社2003年版，第477—478页。

卫匡国传教士纪念园（即西溪大方井传教士墓地，笔者摄于2022年6月）

的教务中心；又因杭州身为东南省府重地，其各种经济、文化和交通等基础条件吸引多位欧洲传教士来杭州活动，《1618 年耶稣会中国传教区年报》等多份外文（葡萄牙文等）档案史料证实了这种情况（详见前述）。

其后，杨廷筠又在杭州桃源岭大方井南附近购买了一块土地，作为贫穷天主教教友的墓地；杨去世后，其长子又购地作为守墓之用，大方井天主教墓地正式形成。此后，陆续有在华逝世的传教士葬于此地，卫匡国 1661 年去世后也安葬于此。直到清代，西溪大方井墓地先后归葬数十位欧洲天主教传教士，成为仅次于北京滕公栅栏墓地[1]的明清以来第二大西方传教士在中国的集中安息之所。

安葬于杭州西溪大方井墓地的欧洲传教士，既有在杭州去世的传教士，也包括迁葬于此的外地传教士。杭州西溪大方井传教士墓地历经毁建，其遗址传承至今。回顾其历史变迁，尤其是梳理这些长眠于异国他乡的西方传教士生前的文化传播事迹，是我们准确理解西方传教士扮演的中西文化交流媒介角色及其历史地位的基础，也是我们保护这份独特历史文化遗产的前提。

（一）安葬于西溪大方井的欧洲传教士

杭州西溪大方井墓地究竟安葬了多少欧洲传教士？他们在中西文化交流史上究竟有

1　滕公栅栏墓地位于北京市西城区车公庄大街 6 号北京行政学院校园内，始建于明万历三十九年（1611）。利玛窦为第一个安葬于此的西方传教士。直到 1949 年，该地先后埋葬了数百位西方传教士，成为西方传教士在中国最为集中的安息之地。

何贡献？这是历代中外学者最为关注的问题。从学术史梳理可见，杭州籍著名历史学家方豪因出生于基督教圣公会家庭，精通拉丁文及英文、法文等多种西方语言文字，又以其天主教神父学者的身份，获得在欧洲访学研究之便利。方豪学贯中西，其研究成果被公认为在中西文化交流史领域具有开拓性、奠基性的学术地位。

20世纪30年代，方豪在实地调查这个墓地之后所撰写的《杭州大方井天主教古墓之沿革》一文仍然具有不可替代的学术地位。根据方豪的实地考证，墓窟的石门两旁各有一块石碑。右碑上的文字为：

> 天学耶稣会泰西修士受铎德品级诸公之墓
>
> 罗怀中先生，讳儒望，圣名若翰，●●玻耳杜嘉尔国人，于万历甲午年入中国，于天启癸亥年正月十三日卒，享年五十八岁。
>
> 金四表先生，讳尼阁，圣名尼各劳，●●●●拂兰第亚国人，于万历己亥年入中国，于崇祯己巳年十月二十八日卒，享年五十二岁。
>
> 黎攻玉先生，讳宁石，圣名伯多禄（利伯落），玻耳杜嘉尔国人，于●●●年○月○日卒，享年○十○岁。
>
> 徐左恒先生，讳日升，圣名尼各劳（费□），亚勒玛尼亚国人，于崇祯戊寅年入中国，于○年○月○日卒，享年○十○岁。
>
> 郭仰凤先生，讳居静，圣名辣杂禄（加达尼阿），意大理亚国人，于万历甲午年入中国，于○年○月○日卒，享年○十○岁。
>
> 伏定源先生，讳若望，圣名若望（福乐依斯），玻耳杜嘉尔国人，于天启甲子年入中国，于○年○月○日卒，享年○十○岁。

左碑上的文字为：

> 阳演西先生，讳玛诺，圣名玛努阨尔（低亚斯），玻耳杜嘉尔国人，于万历庚戌年入中国，于顺治己亥年○月○日卒，享年○十○岁。
>
> 卫济泰先生，讳匡国，圣名玛尔听（得玛尔定斯），意大理亚国人，于崇祯癸未年入中国，于顺治辛丑年五月初六卒，享年五十五岁。
>
> 洪复斋先生，讳度贞，圣名翁伯尔笃（奥日里），拂郎济亚国人，于顺治丙申年入中国，于康熙癸丑年五月二十五日卒，享年五十七岁。
>
> ○○○先生，讳○○，圣名○玛○○○○○亚国人，于顺治己亥年入中国，于康熙（以下因碑文漫漶，不能细辨）。[1]

1　在以上碑文中，●表示原来是有字的，后因脱落而不可辨识；○表示刻碑时由于不详其事，当时就是空白；□表示碑上不可辨识的字。

根据上述碑文可以确定,当时埋葬在这个墓窟中的有罗儒望、金尼阁、黎宁石、徐日升、郭居静、伏若望、阳玛诺、卫匡国、洪度贞,诸人的生平参见本章"四、欧洲传教士在杭州的事迹"。

根据历史文献,在杭州去世的天主教耶稣会传教士共有 15 人,除了上述 9 人,还有 6 人,他们是庞类思(字克己,1606 年出生。其父亲为葡萄牙人,其母亲为中国人,欧洲人称之为 Louis Gonzalez。长期在杭州生活,1630 年在杭州因病去世)、游文辉(Manuel Pereira,1575—1633)、钟鸣仁、殷铎泽、法安多、艾斯玎(后 3 人生平事迹参见本章"四、欧洲传教士在杭州的事迹")。

方豪在大方井墓地调查时,发现在墓窟内共有 21 个骨瓮存放着传教士的遗骸。其中,17 个骨瓮上写有名字,分别为:(1)阳玛诺演西先生、(2)徐日升左恒先生、(3)金尼阁四表先生、(4)罗儒望怀中先生、(5)郭居静仰凤先生、(6)伏若望定源先生、(7)黎宁石攻玉先生、(8)钟巴相念江兄、(9)庞类思克己兄、(10)魏多尔先生、(11)雪博陆公之骨、(12)宝殿金公之骨、(13)和公、(14)味增爵会司铎阮公遗骸(余略)、(15)傅公、(16)傅岩霖司铎貌禄之遗骸、(17)Gabriel Michel。[1]

如果把 15 位在杭州去世的耶稣会传教士的名单与这 17 个骨瓮上的名字的名单相比较,我们就会发现,只有 9 个耶稣会士的骨瓮尚存,还有以下 6 人的遗骸不知去向:游文辉、卫匡国、洪度贞、殷铎泽、法安多、艾斯玎。方豪认为,骨瓮中的"魏多尔先生"可能就是卫匡国。其他 4 个没有名字的骨瓮,则可能是洪度贞、殷铎泽、法安多、艾斯玎的。即便如此,尚缺游文辉的遗骸。这表明,早在 20 世纪 30 年代,西溪大方井传教士公墓的有些遗骸已散失,有些则无法分辨,包括卫匡国的遗骸实际上也已无法确认,方豪也仅能指出魏多尔先生的骨瓮疑似为卫匡国的。

石墓内的其他几个骨瓮,则主要为遣使会传教士的。20 世纪 30 年代大方井石墓中还安放着 3 具灵柩,分别属于刘博理(Lobry)、李平华(Lamers)和傅毓岩(未知其西名)这 3 位去世不久的司铎。此外,在墓地附近,还埋葬着其他大小修院修士和仁爱会修女各 5 人,以及圣心会修女 2 人。

当方豪在大方井考察时,见到石墓正中门上有一块石碑,上面写着"天主圣教公墓",右边刻有"同治十三年岁次甲戌蒲月上旬重修",左边则刻着"乾隆元年岁次丙辰菊月日超性堂立"。由此可见,这个墓地曾在 1736 年和 1874 年分别修理过。1874 年重修墓地是完全可以理解的,因为此时教会早就可以在浙江自由活动了。1736 年的重修则颇有意义,因为此时尚在禁教时期,说明当时传教士又曾在杭州偷偷地活动过。根据记载,1736 年前后在浙江的传教士主要有德玛诺、卜文起和黄安多。

---

1 方豪:《杭州大方井天主教古墓之沿革》,《方豪六十自定稿》下册,台湾学生书局 1969 年版,第 1944—1945 页。

法国人德玛诺于 1669 年出生于阿尔萨斯，1706 年来到中国，曾在北京朝廷中工作过，受到康熙的器重，并被派到浙江、福建等地参与测绘中国地图。测绘工作结束后，德玛诺留在浙江等地传教。德玛诺在浙江期间，杭州的传教事业发展得较快。1679 年前后，杭州大约只有 500 名基督教徒，而在 1718 年前后，杭州的基督教徒已发展为 1000 人左右。卜文起是法国人，1671 年出生，1701 年到中国，1729 年在杭州避难过。后到过中国许多地方，1752 年在澳门去世。黄安多是葡萄牙人，1707 年出生，曾于 1744 年任南京代理主教。1747 年被捕，1748 年在苏州被处决。1736 年重修大方井墓地的，可能是他们三人中的某一个人。

20 世纪，还有一些神父的遗骸被安放在大方井墓地，其中较著名的有江道源和郑心镜。

江道源（又名雅各），江西人。20 世纪 20 年代起在杭州教会中工作。他学识渊博，致力于中西文化的结合：他推崇杭州人李之藻（字我存）那种勇于学习外来先进文化的精神，于 1933 年创办了《我存杂志》。1937 年，因日寇全面侵华，该杂志停办。1944 年，江道源病逝。

郑心镜，浙江江山人。曾在金华等地开办教会学校，进行平民教育。新中国成立后，于 1956 年任杭州教区代理主教。1957 年，赴北京参加中国天主教爱国会筹备会议和中国天主教爱国会成立大会。因劳累过度，同年回杭后因病去世。其棺椁曾存放在大方井墓地中，三年后才被运回江山。[1]

（二）西溪大方井传教士墓地的变迁

西溪大方井传教士墓地原由杨廷筠捐献，其子后来再捐赠若干亩，建成杭州天主教公墓。迄今已有多名学者依据中外文献档案资料，详细勾勒出墓地的变迁和时代面貌；这些考证有助于准确掌握西溪大方井传教士墓地的历史遗产形成过程。[2] 笔者在吸收这些研究成果的基础上，整理出墓地变迁的几个阶段。

1. 杨廷筠父子捐地初创

杨廷筠皈依天主教后，曾献出西溪大方井祖茔作为来华欧洲传教士墓地，后来又购买一处房屋献给传教士，作为耶稣会士在杭州的住院。1622 年，他又在杭州桃源岭大方井南附近购买一块土地，作为贫穷教友的坟墓，并在公墓附近建立一座教堂，"以行大祭，祝祈主眷，祐其灵魂"[3]。这时金尼阁还在世。杨廷筠于天启七年（1627）逝世，"公

1　参见龚缨晏：《欧洲与杭州：相识之路》，杭州出版社 2004 年版，第 183—186 页。

2　方豪：《杭州大方井天主教古墓之沿革》，《方豪六十自定稿》下册，台湾学生书局 1969 年版，第 1940—1946 页；徐明德：《意大利汉学家卫匡国墓地考》，《历史研究》1981 年第 4 期；沈坚：《卫匡国墓地的演变》，《杭州文博》2014 年第 1 期；宋黎明：《"死亦为鬼雄"——卫匡国神父墓地及其传奇》，《杭州文史》2017 年第 4 辑。

3　［意］艾儒略述记，［明］丁志麟记：《杨淇园先生超性事迹》，［比］钟鸣旦、［比］杜鼎克、黄一农等编：《徐家汇藏书楼明清天主教文献》第一册，方济出版社 1996 年版，第 227 页。

没，其次公子，将田房原契，赠泰西先生，嗣后西来先生，故于武林者，未有葬地；因取公所购旧坟捐入圣堂，为诸先生前后藏魄之所。而长公之子，又充田若干亩，为守茔之需"[1]。可知，自杨廷筠捐赠墓地，再到他去世后其长子又赠予几亩土地，杭州大方井的天主教公墓才完整落成。西溪大方井墓地成为天主教公墓之后，陆续有在华逝世的天主教传教士葬于此地。卫匡国 1661 年去世后即葬于此。

2. 殷铎泽神父购地扩建

清初顺治、康熙时期，清政府对天主教采取优容政策。康熙亲政不久，即处理了"康熙历狱"事件，汤若望等欧洲天主教士在政治上得到平反。康熙帝明显重用通晓天文历算、地理、机械等西方科技的传教士，比利时耶稣会士南怀仁直接为朝廷所用，官至钦天监监正。康熙帝更是主动向传教士学习西方科学知识，常与李光地等朝廷大臣讨论西学知识，风气所向，使天主教在中国各地获得较快发展。清初主持杭州教堂的殷铎泽神父于 1676 年在大方井附近又购置土地，进一步扩大了墓区，"建小堂一所，并构公墓，以瘗本处已故诸教士"[2]。

关于殷铎泽主持扩建的墓室细节，据方豪记载："墓系石窟，正方形，深广各可二丈，高出地面亦寻丈。入地凡六级，拾级而下，窅然幽暗，虽在白昼，非火不见。顶作环弧式，凡三列，中较大，环置石几，陈瓷其上，瓷质陋劣，大小不等，中贮遗骸，上识姓氏，或镌或书，亦间有无字者。"[3] 从该记载来看，墓窟规模较大。

两年后的 1678 年，殷铎泽把分散在杭州各处墓地中的传教士遗骸迁葬于此，特别将卫匡国遗棺移葬于新建的墓窟中，棺枢置于中室，装有遗骸的瓦瓮则安放在旁室。迁葬时，"启卫公的棺，见其尸如初死然，并不朽坏，因另移置在一新棺中，不盖钉焉，杭州教友有时久不得教士之来临，竟移卫公之尸于座椅，置诸堂中，诵经祈祷，教外人士见这奇事，亦有焚香来敬者。据说即在这时期，卫公的尸也逐渐朽废了"[4]。

据沈坚考证此事，至清嘉庆年间，杭州教堂的神父才将卫匡国遗骸从棺枢中取出，置入瓦瓮，但仍安放在墓窟内。[5]

3. 康雍乾嘉禁教托管

康熙之后各朝，清廷相继颁布了各项限制天主教传教的命令。雍正禁教期间，杭州再无传教士，耶稣会墓地等教产面临出售，恐流落到外教人之手；后赖施姓家族托管，家族中有位女教友施三婆，把地契保存了起来，才使此墓地免于一劫。19 世纪中期，法国传教士田嘉璧（Louis Gabriel Delaplace，1820—1884）到杭州任浙江代牧后，施姓家

1　［意］艾儒略述，［明］丁志麟记：《杨淇园先生超性事迹》，［比］钟鸣旦、［比］杜鼎克、黄一农等编：《徐家汇藏书楼明清天主教文献》第一册，方济出版社 1996 年版，第 234—235 页。
2　方豪：《中国天主教史人物传》，中华书局 1988 年版。
3　方豪：《杭州大方井天主教古墓之沿革》，《方豪六十自定稿》下册，台湾学生书局 1969 年版，第 1940 页。
4　方豪：《杭州大方井天主教古墓之沿革》，《方豪六十自定稿》下册，台湾学生书局 1969 年版，第 1940 页。
5　沈坚：《卫匡国墓墓地的演变》，《杭州文博》2014 年第 1 期。

族将地契交还给他。[1]

清乾隆元年（1736）和同治十三年（1874），在杭神父又两次重修了墓地，墓窟正中门上竖十字碑一座，横书"天主圣教公坟"，一边书"乾隆元年岁次丙辰菊月日超性堂立"，另一边书"同治十三年岁次甲戌蒲月上旬重修"。墓窟正南立有双十字石牌坊一座，高三丈，宽四丈，正面横书"天主圣教修士之墓"，反面横书"我信肉身之复活"，旁书"同治十三年仲冬月重修"。至道光十六年（1836），"小堂已半圯，尚有一祭台，壁顶悬救主像，殊精美，下有牌，满书汉文，历述降生奥迹。堂下有地窖，置二柩，尚封闭完整"。[2]墓地小教堂坍塌，墓窟尚存。仅有一教外人守墓，墓地日益颓败。直至鸦片战争前，墓地规模尚在。

4. 近代渐趋荒废

鸦片战争后的近代中国处于半殖民地半封建社会，天主教重新进入中国，在杭州传教的是遣使会士。道光二十三年（1843）遣使会士王儒翰（Jean-Bapriste Wang）司铎视察了大方井墓地后，向该会驻澳门办事处主任吉列特（M. Guillet）神父报告"墓地与教堂共占地七亩半。司铎之墓在祭台后，全部由石质砌成，有三间。内二间有西洋教士十二人，装于十二大瓮"[3]。清咸丰五年（1855），杭州耶稣会墓地移交给浙江主教田类思（即田嘉璧主教，圣名"类思"），其后小堂石窟也开始安葬耶稣会士之外的传教士。

太平天国运动（1851—1864）中，太平军占领杭州，大方井墓地或许遭到破坏；同治十三年（1874）重修，石制牌坊上有"同治十三年仲冬月重修"的字样。[4]对墓窟及牌楼的重修，可能是为了医治太平天国运动所留下的创伤。

从 20 世纪初美国社会经济学家、北京基督教青年会调查干事西德尼·戴维·甘博（Sidney David Gamble，1890—1968）在杭州西溪拍摄的大方井墓地照片来看，民国时期的墓地已经荒废。

1936 年方豪对墓地做了实地考察，发现"窟上旧有小堂，今则荒烟蛮草而已"，而"窟内阴暗，不能视辨"，所以他将窟内 21 个骨瓮移至室外，一一录下瓮上之题名。在 21 个骨瓮中，4 个已经失其姓名，方豪猜测它们是洪度贞、殷铎泽、法安多和艾斯玎的；在可辨姓名的骨瓮上，有一名字为"魏多尔"，查无此人，方豪疑为卫匡国。[5]方豪辨认出的骨瓮无"卫匡国"的名字，但王儒翰 1843 年抄录的名单上，除"魏多尔"之外，还有"卫济泰"，故不能排除方豪不能识别的 4 个骨瓮中有一个为卫匡国。对于"魏多尔"之谜，徐明德肯定了方豪的假设，并试图解释个中原因："可见，为了避免教外

1　参见龚缨晏：《欧洲与杭州：相识之路》，杭州出版社 2004 年版，第 185 页。
2　徐明德：《意大利汉学家卫匡国墓地考》，《历史研究》1981 年第 4 期。
3　方豪：《杭州大方井天主教古墓之沿革》，《方豪六十自定稿》下册，台湾学生书局 1969 年版，第 1942 页。
4　徐宗泽：《中国天主教传教史概论》，上海书店出版社 1990 年版，第 367 页。
5　方豪：《杭州大方井天主教古墓之沿革》，《方豪六十自定稿》下册，台湾学生书局 1969 年版，第 1942 页。

人再把卫匡国的遗体当作'神灵膜拜',遣使会神父才有意识地处理遗体,在瓮上不书'卫匡国',而书近音的'魏多尔',再在他瓮上书'卫济泰'以作标记,借此以假乱真,以致后人无法辨认卫匡国遗骸即魏多尔遗骸了。"[1]如果这一推测能够成立,则不失为一则卫匡国墓地的历史传奇。

整个20世纪前半期,当时的西溪大方井,只有一户蒋姓教友世代看管墓地,因地处城郊,墓地荒芜,即使在抗日战争和解放战争期间,也没有受到人为破坏。

5."文革"时期拆毁破坏

新中国成立以后,西溪传教士墓地区域于1958年划归杭州市管辖,同年10月人民公社化时,归属于留下公社东岳村。20世纪60—70年代的"文化大革命"期间,西溪传教士墓地遭到严重破坏。1966年夏,一批"造反派"来到这里,墓地石坊被推倒石坊,墓窟被捣毁。那些存收着传教士遗骸的骨瓮全部被砸毁,瓮里的骸骨被四处抛撒。此后几个月,又来了一批农民,他们把那些破碎了的墓石连同撒落了的遗骸一起清理干净,使墓地成了一块平整的菜地,并在上面种起了蔬菜。后来,墓地的一部分面积被并入相邻的西湖啤酒厂。[2]至20世纪80年代初,墓地地面建筑无存,但遗址地基仍保存完整,清晰可辨。

6. 20世纪80年代重修保护

20世纪70年代末,中国进入改革开放时期,中外交流日趋频繁。意大利各界人士纷纷要求寻找卫匡国墓并前往墓前悼念。1980年9月意大利总统亚历山德罗·佩尔蒂尼(Alessandro Pertini)访华来杭时,也提出同样的要求,但由于墓地已毁,未能满足意总统及国际友人的愿望。经杭州市计委、城乡建委出面与该区块西湖啤酒厂协商,在啤酒厂围墙内划出一块土地。1984年,杭州市文物部门修复墓穴并提请市政府将卫匡国墓等文物古迹公布为第一批杭州市级文物保护单位。1986年,卫匡国墓修复工程完工。1989年,卫匡国墓被列入浙江省人民政府公布的第三批省级重点文物保护单位。同年,根据政协提案,政府落实宗教政策,将大方井卫匡国墓墓地归还浙江天主教杭州教会管辖。

修复后的卫匡国墓,墓园朝向从坐北朝南改为坐西南朝东北,占地面积1400多平方米。墓地大门设在西北面,正对古墩路。铁栅栏门楣上有"卫匡国传教士纪念园"九个字。大门进内的石板路向东南延伸,和墓道垂直。墓道位于墓园的中部,长20余米,随建筑的设置逐级抬高,共有三坛。[3]墓道上的主要建筑自东北向西南分布着影壁、牌坊、墓窟三座建筑,均坐西南朝东北。其中影壁紧贴墓园东北面围墙,在石板路的左侧,是墓道的起点。壁身上部用红砖砌成,壁座为白色斩假石须弥座。正立面为糙面,背立

---

1 徐明德:《意大利汉学家卫匡国墓地考》,《历史研究》1981年第4期。
2 参见龚缨晏:《欧洲与杭州:相识之路》,杭州出版社2004年版,第186页。
3 关于新修墓园之墓道形式引用沈坚《卫匡国墓墓地的演变》(《杭州文博》2014年第1期)一文,但文中叙述新修墓道共有"三坦",笔者以为"坦"应为"坛"之误。

面、侧立面都用长方形青砖贴面，背立面中间部分用方砖贴出菱形格图案。壁顶上盖阴阳合瓦，有简单正脊，无纹饰。壁后正中立有省级文物保护单位标志碑。

墓道第一坛从影壁接大门过来的石板路，尽头设三级踏步。踏步上去的第二坛墓道形式与第一坛相同，踏步前方约 4 米处立有墓地标志性建筑——牌坊。

作为墓地标志性建筑的牌坊为三间四柱的冲天柱式，青石质地，横跨墓道。柱前后施抱鼓石，柱头雕坐狮，向东北呈蹲坐状。柱与柱之间置小额枋、大额枋，明间额枋之间有坊额。坊额正面刻"天主圣教修士之墓"，背面刻"我信肉身之复活"，均为正楷，自右向左横刻。明、次间额枋上均雕蕃草纹，所有雕刻均为高浮雕。

牌坊向西南设三级踏步，踏步上为第三坛墓道。墓道尽头接墓窟台基，台基为长方形，台基周围设"回"形踏步，也是三级。东踏步前约 3.2 米处即为墓窟。墓窟平面呈长方形，长 6.6 米、宽 4.6 米、高 3.6 米。块石墙基，墙面用细料石错缝横砌，上覆钢筋混凝土穹隆顶，顶部做成斩假石面。穹顶前立石碑，碑身竖刻有"天主圣教公坟"六字，正楷，碑额浮雕祥云纹，碑顶竖十字架，碑各部分之间采用榫卯连接。正立面中间开拱门，设铁门一道。门左右各开一圆形漏窗，钢筋混凝土浇筑。漏窗图案为八瓣花朵，花瓣中空。

墓窟内地面比台基低，设五级踏步，最上一级踏步上有压面石。地面为花岗岩石板错缝横铺。南、北、西三面沿墙设石案，呈"凹"形连接在一起，高 0.8 米、宽 0.32 米，其中南、北石案长 4 米，西面石案长 3.5 米。西面石案上部墙上有一个小十字架，上面钉着耶稣受难像。案上共放置着 12 个骨殖瓮和 8 个骨灰盒。骨殖瓮放置在西面石案上，2 个大的居中，10 个小的分列两边，每边 5 个。骨殖瓮外观为黄色，瓮身绘有圆形飞鸟纹，形态各异。瓮盖为平盖，中间有提手孔，可以拎着打开。瓮身也有半圆形提手孔。瓮内部是空的，无骨殖等遗骸。南、北石案上放置的骨灰盒形式不一，以长方体居多，不少盒子上盖着红缎面，内有近期逝世教职人员及教友的遗骸。

墓窟前左右各立石碑一通，大小相同，无碑额。碑文为正楷，自右向左竖刻，记载了包括卫匡国在内的十名来华传教士的姓名、国别、来华时间、卒年等情况，部分字迹残缺。北碑除碑名"天学耶稣会泰西修士受铎德品级诸公之墓"外，还刻有六人的介绍。[1]

7. 墓地建筑中西合璧的文化内涵

从西溪大方井传教士墓地演变历程来看，自康熙十五年（1676）殷铎泽神父购地扩建至康熙十八年（1679）完工，奠定了墓地的格局和形式；历经兴衰，墓地建筑的核心结构特色基本传承下来。不过，学界对于墓地建筑体现中西合璧风格的关键部分——牌坊的建造时间仍有分歧。

1　参见沈坚：《卫匡国墓墓地的演变》，《杭州文博》2014 年第 1 期。

据方豪先生《杭州大方井天主教古墓之沿革》一文记述："乾隆元年之重修，墓窟正中门上有石碑曰'天主圣教公坟'，右书'同治十三年岁次甲戌蒲月上旬重修'，左书'乾隆元年岁次丙辰菊月日超性堂立'。墓前又有石坊，外题'天主圣教修士之墓'，内题'我信肉身之复活'，旁书'同治十三年仲冬月重修'。"[1]学者据此解读为：墓地石牌坊在乾隆、同治年间重修时建造。但宋黎明先生认为墓地牌坊在康熙年间殷铎泽的改扩建工程时已建造完成，并指出"因为1679年信中说得非常清楚，与小堂一同建成的还有'前庭之门（portam atrij）'即牌坊，因此石牌坊竣工的日期也当为1679年4月"[2]。

不过，传教士墓地建造有石牌坊这一事实，仍可以上引美国社会经济学家西德尼·戴维·甘博拍摄于1917—1919年的墓地照片为证。从照片判断，西溪大方井传教士墓地牌坊的式样为"冲天"式，也叫"柱出头"式陵墓坊。

中国古代牌坊一说是由汉代棂星门衍变而来，另一说是源于周代由两根柱子架一根横梁构成的"衡门"。牌坊成熟于唐、宋，至明、清为鼎盛期，并从实用建筑衍化为一种纪念碑式的建筑，其作为一种文化地标载体被极广泛地用于旌表功德、标榜荣耀。

卫匡国墓从初期仅建有教堂和墓窟，到改扩建后，形成前教堂后墓地加中式牌坊的格局，既体现了天主教的丧葬习俗，又便于举行传教、葬礼和各种宗教仪式，尤其是采用了中国传统陵墓的标志性建筑——牌坊，融宗教和艺术于一体，巧妙地烘托出墓地庄严肃穆的氛围，显示出墓窟的重要性，匠心独具地适应了中国天主教徒所处的文化环境。由此可见，西溪大方井传教士墓地中西合璧的建筑格局，恰恰是来华欧洲耶稣会士奉行自利玛窦、金尼阁、卫匡国以来"学术传教""耶儒相合"传教理念和策略的表征。

（三）殷铎泽主持墓地扩建与卫匡国迁葬事件的真相

西溪大方井传教士墓地变迁史上最重要的一件大事是1676年殷铎泽神父主持的购地改扩建与1678年卫匡国棺柩迁葬事件。改扩建与迁葬实际上是同一事件的两个阶段。因迁葬时棺柩内的卫匡国遗体似生前一般，衣巾也保存完好，一时轰动教界内外，传教士墓地也因此得到学界广泛关注。近年来，学者宋黎明还专题探讨了国内外相关研究成果，并利用罗马耶稣会档案馆所藏有关卫匡国迁葬事件最新发现的中文和西文原始材料，还原殷铎泽主持改建墓地、卫匡国遗棺迁葬的历史场景，揭开西溪传教士墓地格局演变史上最重要的历史真相。[3]

罗马耶稣会档案馆藏有三件有关卫匡国迁葬事件的中文证词，其中就有一份署名为洪济、朱轼两人的杭州天主教徒中文证词，现转录如下：

1　方豪：《杭州大方井天主教古墓之沿革》，《方豪六十自定稿》下册，台湾学生书局1969年版，第1943页。
2　参见宋黎明：《"死亦为鬼雄"——卫匡国神父墓地及其传奇》，《杭州文史》2017年第4辑。
3　宋黎明：《"死亦为鬼雄"——卫匡国神父墓地及其传奇》，《杭州文史》2017年第4辑。

康熙十七年夏六月，杭之大方井诸神父藏魄处，年久地湿，棺木朽坏，鸠工复收遗骨，至卫济泰神父枢，及启盖，见其须发依然，衣被不变，远近叹异，急欲趋墓亲叩者，不一其人。殷老师期于追思教中先亡，瞻礼日许看。至日，教友几百人于墓中弥撒。礼毕，启枢亲看，验过即掩，是以济、轼辈不及细观，众皆快怅而返。今十八年正月初九日，常熟县会长吴历暨诸教友等十三人来杭，恭迎鲁师，力请至方井墓中叩拜，济等因获偕往，亲睹奇迹，不止须发巾帻无损，益且衣被敛布如新。济等以负罪微躬，得亲灵异，中华数千百年以来所绝无者也。纪此证明天主台前，并以奉闻大圣神父。

洪济　朱轼[1]

这份中文证词的原件原先存档于耶稣会北京档案馆，1701 年底，时任耶稣会中国副省会长的比利时人安多在证词上写下说明并署名盖印后将其送往罗马教廷存档。

关于卫匡国迁葬的西文第一手资料，载于耶稣会 1679 年年报《杭州会院》（ *Collegium Hamcheanum* ）。这一资料在孟德卫和白佐良的著述中有所引用。[2]

综合中西文证词及其他相关文献记录，关于卫匡国迁葬及墓地改建的几个问题总结如下。

1. 关于殷铎泽扩建或新建大方井墓地

根据上述杭州天主教徒洪济与朱轼的证词，卫匡国原墓就在 "杭之大方井诸神父藏魄处"，即大方井旧墓地。1676 年殷铎泽神父主持的购地改扩建大方井墓地，实际上是在墓地一侧高处建造了小堂以及牌坊，将已逝同会的骨殖或遗体一并置于小堂石窟之中，以取代大方井旧墓地。此后，耶稣会士去世后棺枢再也没有埋在地下，而是直接置于小堂石窟中。殷铎泽建造的小堂，从 1676 年起开始兴建，历时约三年而成，堪称中西合璧。

因此，从严格意义上说，殷铎泽实际上是另起炉灶，主持新建小堂而非 "扩建" 墓地，即废弃原先地势较低而潮湿的露天墓地，转而启用地势较高而干燥的室内墓地。当然，小堂外面的墓地依然存在，它可能变成天主教徒的公墓。[3]

2. 卫匡国遗棺迁葬的时间、缘由和遗体传奇

卫匡国埋葬 17 年之后，其棺枢被打开的时间，学者历来有不同说法。如费赖之的《在华耶稣会士列传及书目》第 263 页、高龙鞶的《江南传教史（第二册）》第 96 页记述，卫匡国死后 18 年，即 1679 年开棺迁葬。方豪《杭州大方井天主教古墓之沿革》一

1　宋黎明：《 "死亦为鬼雄" ——卫匡国神父墓地及其传奇》，《杭州文史》2017 年第 4 辑。

2　D. E. Mungello, *The Forgotten Christians of Hangzhou*, Honolulu: University of Hawaii Press, 1994；［意］白佐良：《卫匡国生平及其著作》，张西平、［意］马西尼等主编：《把中国介绍给世界：卫匡国研究》，华东师范大学出版社 2012 年版。此两份西文材料的全文及中译，见上揭宋黎明的论文。

3　参见宋黎明：《 "死亦为鬼雄" ——卫匡国神父墓地及其传奇》，《杭州文史》2017 年第 4 辑。

文"墓地之渊源"一节肯定了 1678 年行迁葬礼之说,而"卫匡国遗尸之奇迹"一节中又录柏应理之说:"卫氏卒后十八年(1679 年),尸仍完好如初。"而孟德卫、白佐良、沈坚等学者则认为卫匡国遗棺迁葬在 1678 年 8 月。但根据宋黎明先生发现的上述杭州天主教徒洪济和朱轼的证词,卫匡国开棺时间为"康熙十七年夏六月",即 1678 年 7 月 19 日至 8 月 18 日,可以印证"8 月初"之说。之所以有此异说,实际上是忽略了开棺与迁葬的先后间隔时间。因为根据殷铎泽在 1679 年的年报,卫匡国棺柩于 1678 年 8 月初被打开,并于次年新建墓地小堂竣工后的 4 月 20 日迁葬。

关于卫匡国遗棺迁葬缘由,前述杭州天主教徒洪济与朱轼的证词为"杭之大方井诸神父藏魄处,年久地湿,棺木朽坏",即西溪旧墓地原址低洼潮湿,导致墓室损坏,棺木腐朽。

关于卫匡国遗体不朽的传奇,据杭州天主教徒的证词,开棺后令人大感意外,"卫匡国遗体完整无缺,面色红润,胡须和头发以及指甲均如生前,衣巾也是完整无损",由此引起中国教徒们以"奇迹""灵异",乃至"中华数千百年以来所绝无者也"的"传奇"来看待卫匡国迁葬事件。但从殷铎泽 1679 年年报中所述卫匡国迁葬的汇报来看,殷铎泽等涉事传教士圈内人,非常清楚卫匡国遗体称不上奇迹:一是 1678 年 8 月初卫匡国棺木打开之时,其遗体未腐,似乎是奇迹,但到 1679 年 4 月迁葬,经过将近 9 个月的时间,卫匡国尸体已经开始有所腐朽;二是卫匡国遗体不朽,其实与药物有关。根据柏应理 1687 年 4 月 26 日致门采尔(Christian Mentzel,1622—1701)的函,可能因为卫匡国染上传染病,去世前受到严重胃病的折磨,为此服用了大量的大黄,其剂量比中国医生开的要大得多,故没过几天就不治而亡。[1] 虽然殷铎泽的报告中并未明言卫匡国遗体不朽与服用药物有关,但他显然不想对卫匡国遗体不朽之事夸大其词,甚至沾染某些迷信因素,更不想让教外人士利用卫匡国遗体不朽来达到某种背离教义的"偶像崇拜"传播效应。

然而,卫匡国墓迁葬以后发生的卫匡国遗体不朽传奇却继续在杭州西溪墓地上演。其主因在于中国的普通天主教徒们,仍然深受道教灵丹妙药、羽化成仙与佛教肉身坐化的传统信仰影响,加之卫匡国墓地所在的西溪大方井附近的西溪法华坞中建于南宋乾道三年(1167)的东岳祠,后来俗称的老东岳庙,是杭州建立最早、规模和影响最大的道教庙宇之一。因而卫匡国的遗体一直受到教内和教外人士,特别是道教徒的顶礼膜拜,并非偶然。

雍正禁教之后,卫匡国遗体的传奇和对其的崇拜持续不断。高龙鞶《江南传教史》载:"以后该地没有传教士时,教徒们遇有重大节日,便把卫的遗体扶起,整理头发,

---

1　〔意〕白佐良:《卫匡国生平及其著作》,张西平、〔意〕马西尼等主编:《把中国介绍给世界:卫匡国研究》,华东师范大学出版社 2012 年版,第 38—39 页。

纳于椅中端坐，主持着他们的祈祷。教外者既知有此奇事，用他们的方式向之膜拜，争来进香，视如神道。到了这时，匡国的遗体便照常例朽坏了。"[1]1843 年，遣使会士王儒翰访问杭州耶稣会墓，见新救世主堂石窟中有放置传教士遗骸的 12 个瓮，其中包括卫匡国的遗骸，他在致该会驻澳门办事处主任吉列特的函中写道："据华人云，第十一人曾显奇迹，因多年之后，其人仍栩栩如生，教友每年必来为其剪发及指甲。"[2]"第十一人"无疑指卫匡国。据浙江代牧田嘉璧主教的消息，直至嘉庆年间（1796—1820），卫匡国的遗体一直保存完好。每逢大瞻礼日，教友们上坟把神父的遗体安坐在太师椅上，为之整理须发，同时诵经赞颂天主。但教外人前来焚香膜拜，奉若神明，从此尸体逐渐风化，后被遣使会士装瓮保存。1877 年，在浙江传教的和安当（Heckmann）在其拉丁文《圣教史》抄本上记曰："卫匡国之尸体，直至嘉庆时仍未腐烂。迨教外人前来敬拜，遣使会传教士乃将其遗骸移置瓮中，但仍完好。"1936 年初夏，方豪先生实地考察卫匡国墓地，亲笔记录：墓前有一石坊，外题"天主圣教修士之墓"，内题"我信肉身之复活"，旁书"同治十三年仲冬月重修"。[3]我们从杭州西溪传教士墓地卫匡国遗体的传奇中也可窥见中西文化碰撞后产生的诸如"肉身"与"复活"信仰杂糅的复合形态。

今天，杭州西溪大方井传教士墓地早已被列为浙江省文物保护单位。随着杭州的迅速发展，地处古墩路与西溪路相交丁字路口的传教士墓地已是繁华地段，高楼大厦和车水马龙边的墓地越来越显得"低矮"和"萧索"，然而金尼阁、卫匡国等欧洲传教士在中西文化双向交流史上的开创之功，依然召唤着 21 世纪的中国人，我们有责任传承这份历史遗产，承担继续推进东西方文明互鉴的历史使命。

七、杭州在中西交汇中的历史地位

基于上述对明清间在杭州留下足迹的欧洲传教士事迹以及中外学界的相关研究成果的梳理，我们大致可以对杭州在明清之际中西文化交流史上的角色定位做一概论。

（一）杭州是欧洲传教士"学术传教"策略的实践基地

耶稣会士成为明清之际西学东渐的首要担当者，在很大程度上是由利玛窦开创及其追随者奉行的"学术传教"策略所奠定的。然而实施这一策略的前提是选定"学术传教"策略的对象——士人群体以及具备文化传播和辐射力的实践基地。在明末清初入华传教士由南到北展开的宣教之旅中，作为拥有深厚历史文化积淀的历史名城、首屈一指

1 ［法］高龙鞶著，周士良译：《江南传教史（第二册）》，辅仁大学出版社 2013 年版，第 96 页。转引自宋黎明：《"死亦为鬼雄"——卫匡国神父墓地及其传奇》，《杭州文史》2017 年第 4 辑。
2 方豪：《中国天主教史人物传》中册，中华书局 1988 年版，第 117 页。
3 ［法］费赖之著，梅乘骐、梅乘骏译：《明清间在华耶稣会士列传（1552—1773）》，天主教上海教区光启社 1997 年版，第 295、298 页。

的江南省会都市、江河一体的水陆交通枢纽[1]、全国著名的出版和销售中心、各类文人学士和社团组织集聚之地的杭州，其凭借得天独厚的文化传播力和辐射力，成为继肇庆、南昌、南京之后崛起的传教基地，实乃肩负传播西学使命的欧洲传教士的明智之选。

因此，我们不难理解明末中国天主教三大柱石中居然有两位出自杭州。而且在明末社会动荡、教案频发的时局中，杭州成为入华西方传教士们的避难场所、新来教士们的首选安身之地，以及耶稣会高级人物的常驻之地，实属难能可贵。教会史家还考明杭州开办了培养教务人员的"公学"和"初学院"，同时又具备实施"学术传教"必需的中文西书编撰、刊印的条件，因而杭州成为当时耶稣会士实施"学术传教"策略的"全国教务的中心"可谓实至名归。[2]

（二）杭州是明清之际西学东渐的传播中心

自大航海时代以来，欧洲天主教传教士在美洲和非洲常用的传播手段是一手拿刀枪、一手拿《圣经》，然而他们来到这个东方文明古国后发现，在中国的传教工具只能是语言和文字。不过，鉴于中西语言的差异和传播学上的天然障碍，从传播的时效性、实用性而言，中文西书的编译出版具有不可替代的作用，尤其是在中西两大文化首次大规模正面碰撞之际。需要说明的是，这里所说的中文西书，既包括传教士个人或合作编译的西学书籍，也包括中国奉教士人乃至教外士人对西学所做的移植性、融合性和发挥性的论述，甚至包括西洋奇器、图画、文玩、手工艺品等实物性作品（后期还有建筑园林艺术作品等）。但是必须承认，西学图书是当时西学东传的主要载体，中文西书的刊传也是最有影响的西学传播途径，故学术界常以欧洲传教士译编中文西书的数量为西学流播的重要标志。

近来有学者专门研究了杭州编撰出版的中文西书。据统计，1583—1753年，欧洲入华传教士刊刻的汉文西书不少于243种，主要分布在杭州、北京、福州和绛州等地，杭州刊刻至少53种，约占全国刊刻本总量的22%，尤其是李之藻辑刻的第一部西学丛书《天学初函》更将刊刻活动推向高潮。从时间上看，明末清初杭州刊刻汉文西书至少40次，计32种。其中，明末刊刻35次，计29种。从内容来看，杭州刊刻的53种汉文西书中，人文10种，科技9种，宗教34种，这与传教士的宗教职责相一致。[3]

我们还可以从杭州天主教徒和教堂自身对待中文西书的态度和行为这个视角，来透视杭州成为明清之际西学传播中心的内在动力。有学者在梵蒂冈收藏的一份手抄档案中，发现了一份"浙江杭州天主堂书目"[4]，共有36部中文文献。通过这份书目，我们可以看出：杭州天主教堂这个宗教活动中心，俨然成了书籍出版中心，而且刊印了诸如

1　据明代徽商黄汴作于明代隆庆年间的《一统路程图记》，杭州有数条通往全国的水陆交通路线。

2　相关史实参见［法］高龙鞶著，周士良译：《江南传教史（第一册）》，辅仁大学出版社2009年版，第233—234页。

3　王申：《明末清初传教士在杭州刊刻书籍活动探赜》，《古籍整理研究学刊》2016年第4期。

4　张西平：《传教士汉学研究》，大象出版社2005年版，第186页。

《泰西水法》《天问略》等主要涉及科学内容的非宗教类西学书。假如我们从宗教与科学的对立关系来看待这一现象，无疑会大惑不解；但是我们把它放到明清间入华欧洲传教士肩负的特殊宗教使命中来看，我们就不难理解，这些天主教神父为了在中国这块具有自身文化根基的土地上实现其宗教使命而不得不实施的"文化调适"策略，由此引发了意想不到的中西文化碰撞和交融。这份书目恰恰就是西方耶稣会士实施"学术传教"策略的最好说明，也是杭州成为西学传播中心的有力证据。

再从杭州出版的中文西书对明清社会的影响力来考察，更能说明杭州作为"西学东渐传播中心"当之无愧。因为杭州出版的中文西书不仅在数量和内容上占据优势地位，而且凭借其固有的文化辐射力，大量进入士林群体和民间社会，被各大官私藏书楼、丛书目录收录，西学的内容和方法更是与明清思想的裂变和实学思潮的高涨因缘际会，广大士人学者对西学的反应和取舍引起的传播效应更是难以估量。[1]比如李之藻所编《天学初函》收录的代表性西学著作《天主实义》《西学凡》《职方外纪》《泰西水法》等，直到民国时期仍然不断被翻刻。这是明末清初杭州刊刻中文西书影响深远的明证。

（三）杭州架起了中学西传的第一座桥梁

直至晚明，以"四书""五经"为源头的传统儒家学说一直是传承千年中国国学的主要部分，它对中国的影响可谓深入骨髓，不仅支配了上层建筑和意识形态，而且影响到社会生活的各个方面。东来的西方传教士虽然经历了从"西僧"到"西儒"的曲折，但还是抓住了"文化调适"的核心对象——了解、比较和拟同，通过"合儒易佛""天儒相印"找到了基于中国传统文化土壤的"学术传教"路线。欧洲传教士们惊奇地发现，要真正熟悉和了解东方这片神奇的土地，首先要从读懂儒学经典开始，这也是从西方文明走向东方文明的必由之路，而杭州又在这一中西文明的沟通中走在了前列。

关于儒家经典何时由何人于何地传入欧洲，学术界已有不少研究。大家比较一致的看法是，以儒家学说为代表的中学西传是从"四书""五经"的西译和西传开始的。其中杭州架起了第一座桥梁。

第一个将"五经"译为拉丁语的是法国耶稣会士金尼阁。他在1626年于杭州刊印了拉丁文《中国五经》（*Pentabiblion Sinense*）一册，并附注解"中国第一部神圣之书"，此书成为最早在中国本土刊印的中国经籍西文翻译本。

"五经"中最早受到注意的是《易经》和《尚书》。意大利耶稣会士卫匡国于1658年在慕尼黑出版了拉丁文《中国上古史》（*Sinicae Historiae Decas Prima*），介绍了《易经》。葡萄牙耶稣会士曾德昭于1645年在巴黎出版的法文版《大中国志》里叙述中国早期文化发展时，也介绍了《易经》，他还注意到中国的"四书""五经"作为中国科举考

1　相关研究参见徐海松：《清初士人与西学》前言、第一章，东方出版社2000年版。

试的核心内容所产生的重要影响。

意大利耶稣会士殷铎泽和葡萄牙耶稣会士郭纳爵，1662 年在江西建昌府刻印出版了一本拉丁文书，书名为《中国的智慧》，内有 2 页孔子传记和 14 页《大学》译文以及《论语》前半部的译文。这是"四书"第一次被正式译成拉丁文并刊行，后被带往欧洲。

殷铎泽所译的《中国的政治道德学》(*Sinarum Scientia Politico-Moralis*)，于 1667 年和 1669 年分别刻于中国广州和印度果阿，并于 1672 年重版于巴黎（题目改为《中国之科学》）。其中的内容包含了法文和拉丁文的《孔子传》，以及殷铎泽所写的一篇短序和所译的拉丁文版《中庸》。[1]

1687 年，由比利时传教士柏应理（Philippe Couplet，1623—1693）吸收殷铎泽的翻译成果，将儒家经典"四书"的西文译本整理成《中国哲学家孔子》一书，最终在巴黎出版。殷铎泽对此书的贡献不亚于柏应理，因而殷被学界称为将孔子介绍到西方的第一人。

上述从金尼阁、曾德昭、卫匡国到殷铎泽这些将中国儒家经典西译的先驱，恰巧都是在杭州活动甚至埋骨于此的入华西方传教士。我们不禁好奇其中的缘由。在此反思一下金尼阁与杭州的关系，或许能够激励我们重新审视明清间中学西传中杭州所担当的特殊角色。

我们知道正是这位意大利耶稣会士金尼阁独具慧眼，在返回欧洲故乡后再度东来之时，他完成了两件大事：一是他在 1613 年 2 月开始返回欧洲的漫长旅程中，把利玛窦用意大利文写作的回忆录手稿改编为《利玛窦中国札记》，并译成当时的通用语拉丁文出版发行。这本著作刊印后，在欧洲引起了轰动，在耶稣会内部也掀起了到中国传教的热潮。这让金尼阁真实地体会到书籍充当跨文化传播媒介的魅力。二是向教皇和欧洲各国募集了七千余部西文图书，其中包括最新出版的介绍哥白尼日心说的《天体运行论》和开普勒的《哥白尼天文学概要》等重要科学典籍，并且拟订了一个中外人士合作翻译的庞大计划。同时为了推进在华传教事业，他还专门请示教皇并获得诏谕，允许用中文翻译《圣经》。从体现中西文化整体现实面貌的《利玛窦中国札记》和七千余部西文图书的中西传译，到代表中西双方核心文化的"五经"和《圣经》的双向对译，加之重返中国再以杭州为落脚点，在在透露出金尼阁以杭州为桥梁，构建西学东渐和中学西传双向文化交流平台的宏伟理想，金尼阁所要推动的中西文化交流活动已然超出了宗教界的狭隘视野。虽然他赍志而殁，但是他所设想的中西交流宏图仍然有卫匡国等后来者继承发扬，并且再次从杭州这块土地上出发。

1　相关研究参见张西平：《中国与欧洲早期宗教和哲学交流史》下编第五章"儒、释、道在西方的早期传播"，东方出版社 2001 年版，第 296—328 页；赵晓阳：《传教士与中国国学的翻译——以〈四书〉〈五经〉为中心》，鞠曦主编：《恒道（第二辑）》，吉林文史出版社 2003 年版，第 482—492 页。

（四）杭州是明清之际中西文化碰撞和交汇的重镇

明末清初在杭州活动的欧洲传教士，通过他们撰写的著作、书信、报告、回忆录等向西方大量介绍了中国的历史文化和社会面貌，充当了明清之际推动中西之学双向交流的先锋。其中两位长眠于杭州的意大利传教士金尼阁和卫匡国就是公认的杰出代表。杭州作为中外文化碰撞的重镇，对其历史内涵可以有以下几点观察：

其一，明清间杭州籍士人群体接触西学的广度与深度超出学界过去的认知程度，他们回应西学的层面已经涉及当时各大主流思想学派。在明末清初由欧洲入华传教士开启的中西文化双向交流的高潮中，出现了一大批直接与欧洲传教士面对面交流的中国士人，其中最为著名的就是被誉为明末中国天主教三大柱石的徐光启、李之藻、杨廷筠，而李、杨二位均为杭州人。尤其值得关注的是，以徐、李、杨为代表的明末清初实学派士人，他们虽然直接接触西教西学，甚至成为名义上的天主教徒，但他们没有放弃中国的传统儒家文化，而且秉承宋儒陆九渊倡导的"东海西海，心同理同"的理念，与西方传教士共同研读、翻译、出版西学著作，并且竭力试图在宗教和学术上辨析天学与儒学、西学与中学的异同，从中寻找一条崇实黜虚、经世致用的治学之道。

其二，明清间杭州的中西文化碰撞，不仅是天主教神哲和儒学思想之间精英文化的冲突，而且引发了中西社会礼俗文化之间的碰撞；同时随着天儒碰撞的加深，天主教与佛教的中西宗教文化冲突也被卷入其间。传教士和实学派士人引进的西方宗教与科学知识，遭遇了固守夷夏之辨的保守士大夫及以杭州佛教居士虞淳熙、云栖祩宏为首的本土佛教人士和信徒们的强烈排斥，进而引发了一场中国传统儒佛之学与西教西学的激烈论辩，震动整个明清之际的士林学界，乃至引发教案事件。[1] 因而，可以毫不夸张地说，杭州既是明末清初西学东渐的传播中心，也是中西文化交汇与碰撞之重地。

其三，明清间杭州士人与西学的交汇，其主流是一次中外文化的平等对话。虽然西学东渐的主体是宗教徒，并且发生过政治干预性的反西教案件，但这是所有异质文化碰撞中的正常现象。即便是反西教最为激烈的《圣朝破邪集》派士僧也是在认真研读了西学著作之后，有针对性地展开笔伐，主要运用文攻的方式参与中西对话。

其四，回顾明清时期这场延续两百年的中西文化交流盛会，它留给了杭州丰富的文化遗产，首要的就是位于西溪桃源岭大方井的欧洲传教士墓地，这里长眠着中西文化交流的先驱，他们将永远激励后人——敞开胸怀迎接任何异质文化的挑战和交流。另外，我们还有一份特殊的遗产不应该被遗忘，那就是清代乾隆年间编纂的《四库全书》，它收录了包括李之藻主编的《天学初函》在内的中西文化交汇成果，而这部代表清朝官方对待西方文化态度的文化典籍，在南方唯一幸存至今的是收藏于杭州西湖孤山的文澜阁《四库全书》。

1　参见徐海松：《清初士人与西学》第二、三、四章，东方出版社 2000 年版。

第三章

明清间中西双向交流的

开拓者：金尼阁和卫匡国

杭州西溪大方井传教士墓地安葬着两位开拓中西文化交流事业的先驱金尼阁和卫匡国，他们的活动和著作对于明清之际浙学与西学的交汇影响深远。

一、穿着明朝服饰的金尼阁及其在华活动

金尼阁的西洋名字叫 Nicolas Trigault，中文直译名叫尼古拉斯·特里戈。他出生于旧时的佛兰德斯地区，现为法国的杜埃市。他自 1607 年开始，从葡萄牙出发，在印度中转后到达澳门。1610 年，在耶稣会士在华传教事业的开创者利玛窦去世六个月后，金尼阁抵达了澳门。到达中国后，他仿照在华耶稣会士前辈的先例，取了一个地道的中国姓名"金尼阁"，字四表。中文金姓取其原姓 Trigault 的后半部"gault"的音，德语中为 gold（金），取其原名 Nicolas 的前半部"Nico"的音作为中文名字"尼阁"或者"尼谷""尼各"。而他的字"四表"，在中文里指四方极远之地，源出于《尚书》："光被四表，格于上下。"《汉书》中有"陛下圣德充塞天地，光被四表"，颜师古注曰："四表，四方之外也。"从金尼阁的中文姓名就可以窥知明末入华欧洲传教士对中国语言文字和传统文化有一份敬意。从此，明朝末年的中国土地上留下了这位欧洲人 12 年的足迹。

金尼阁与杭州的缘分始于 1611 年杭州籍朝廷官员李之藻回老家守孝，邀意大利耶稣会士郭居静去杭州开教，金尼阁神父和澳门华人修士钟鸣仁随即同行。1611 年 5 月 8 日，郭居静、金尼阁一行即在李之藻的寄寓之所举行了杭州历史上第一次弥撒。在李之藻的帮助下，杭州名士杨廷筠亦在同年 6 月领洗入教，从此奠定了欧洲传教士在杭州活动的良好基础，同时也拉开了金尼阁在华 12 年传教生涯中与杭州相遇的序幕。

在天主教在华传教史上，金尼阁的特殊性在于他是第一位返回欧洲又重返中国的传教士。回到欧洲期间，金尼阁先后于 1615 年和 1616—1617 年两次进行环欧旅行，常常身着儒服出现在公众场合，向西方人介绍中国文化。1615 年，金尼阁整理翻译的《利玛窦中国札记》在德国刊印后，在欧洲引起轰动，耶稣会内掀起了到中国传教的热潮。

（一）同乡画家鲁本斯眼中的金尼阁

1617 年，金尼阁结识了他的佛兰德斯同乡、17 世纪欧洲早期巴洛克绘画大师彼得·保罗·鲁本斯（Peter Paul Rubens，1577—1640），从而为世人留下了这几幅珍贵的金尼阁身着明朝服饰的肖像作品，总称《穿中国服饰的尼古拉斯·特里戈肖像》。[1]

彼得·保罗·鲁本斯《穿中国服饰的尼古拉斯·特里戈肖像》，1617年，美国纽约大都会艺术博物馆藏

彼得·保罗·鲁本斯或安东尼·凡·戴克《尼古拉斯·特里戈肖像》，1617年，瑞典斯德哥尔摩国家博物馆藏

1　以下三幅特里戈（金尼阁）肖像引自王加：《鲁本斯笔下着明朝服饰的金尼阁》，王明明主编：《大匠之门 31》，广西师范大学出版社 2021 年版，第 138、145、151 页。

鲁本斯工坊《尼古拉斯·特里戈肖像》，1616年，法国杜埃夏特斯博物馆藏

艺术史研究者为我们提供的这三幅鲁本斯的金尼阁肖像画，既是17世纪巴洛克画派早期代表人物鲁本斯对中国文化和服饰抱有兴趣和关注的绝佳案例，也为世人提供了中西服饰文化直接交流的实证。因为鲁本斯在比利时安特卫普工坊中创作的金尼阁肖像画，不仅意外地为我们留下了明代文人服饰的真实样式，而且证实了金尼阁充当了中国服饰在欧洲的最早直接传播者角色，也为我们今天重新评价这位长眠于西溪墓地的传教士先驱的历史功绩提供了新的视角——中国传统服饰文化西传欧洲的先锋。

笔者查阅有关入华耶稣会士人物传记最权威的费赖之和荣振华所撰两份"金尼阁传"发现，确有金尼阁画像留世。费赖之所撰传记只简单称在1617年2—3月，金尼阁回到故乡杜埃与家人团聚的数星期"有人为尼阁绘像，尼阁衣华服"。[1] 荣振华所撰传记则记载有由贝勒甘贝（Bellegambe）1617年所画金尼阁像，藏于杜埃夏特斯博物馆，并注明其史料依据是"杜蒂洛埃尔（Duthilloeul）：《杜埃画廊》，杜埃1844年版，第374页下"。另一幅藏于斯德哥尔摩博物馆（裴化行：《由吕本斯所画的金尼阁画像》）。除了这两幅画像之外，荣振华还记载说："此外还有由无名氏所画的各种画像。"[2] 这里荣振华记载的1617年收藏于杜埃夏特斯博物馆的金尼阁画像作者并非鲁本斯，而是贝勒甘贝。历史上有一位佛兰德斯画家叫让·贝勒甘贝（Jean Bellegambe），但他的生卒年是1467—1535年，显然不符合金尼阁画像作者的年龄。可见荣振华记载的金尼阁画像作者贝勒甘贝另有其人，或许是鲁本斯工作室的一名普通画师。不过，荣振华引用裴化行的文章指出，斯德哥尔摩博物馆的金尼阁画像作者"吕本斯"即为"鲁本斯"，是同一人的汉文异译。

1　［法］费赖之著，冯承钧译：《在华耶稣会士列传及书目》，中华书局1995年版，第118页。
2　［法］荣振华等著，耿昇译：《16—20世纪入华天主教传教士列传》，广西师范大学出版社2010年版，第352页。

那么，金尼阁何以遇见他的佛兰德斯同乡画家彼得·保罗·鲁本斯爵士呢？原来他们的相遇通过了两个中间人：金尼阁在途经意大利米兰期间，结识了被罗马教皇任命的另一位传教士约翰·史瑞克（John Shreck）。而史瑞克是教皇保罗五世的医生让·法博尔（Jean Faber）的挚友，而早在1606年，法博尔同时也是鲁本斯的私人医生。通过这两层关系，金尼阁得以在1617年结识他的佛兰德斯同乡，生活在比利时安特卫普的鲁本斯爵士。

1617—1618年，鲁本斯带领其规模庞大的艺术工坊成员（其中还包括当时年轻的安东尼·凡·戴克）接受了大量教会的委托合约，为在中国和印度进行传教工作的传教士们画像留念。金尼阁的素描肖像便是在此番机缘下完成的。鲁本斯超凡的素描技法在画稿中展现得淋漓尽致。艺术史研究者王加在其《鲁本斯笔下着明朝服饰的金尼阁》一文中，对作品中透露的服饰文化信息做了深度解读：

> 金尼阁双手搭在身前，连站姿都颇具我国文人风范，若非其高耸的鼻梁和深陷的眼窝，甚至会错认为他是中国人。而在这幅传神精到的素描稿中，有两个细节特别值得玩味，其一是画中人头顶的冠帽，其二是他所穿的长袍。
>
> 画中金尼阁所戴头冠乃是明代著名的四方平定巾。此头冠以黑色纱罗制成，可以折叠，展开四角皆方，故亦名"四角方巾"，乃是明初颁行的一种为职官和文人儒士所戴的方形软帽。……鲁本斯此作完成于1617年，恰逢明末时期，因此画稿也侧面印证了史料文献中所记载的当时文人墨客的装束。[1]

王加判断金尼阁画像上的穿着："明代的文人士大夫普遍身穿蓝色或黑色的斜领长袍，又名直裰。"[2] 王加还通过金尼阁画像的艺术手法和细节内容，看出"鲁本斯认真探讨过明朝服饰的特色和其文人装扮背后的深意"，"他对金尼阁在远东的传教使命及见闻显然有着浓厚的兴趣"。[3] 继金尼阁之后，同样两度往返欧洲来杭州传教的耶稣会士卫匡国在其1655年首次在欧洲出版的名著《中国新地图志》（又称《中国新地图集》拉丁文版）中江南（Kiangnan）省地图的"漩涡花饰"（Cartouches）图（详见本章第五节卫匡国《中国新地图志》的内容、特点介绍）上，留下了他亲自绘制的明朝官民服饰图，其中醒目地绘有头戴"四方平定巾"帽子的明朝官员和西洋传教士。可见，身着明朝服饰的金尼阁及其他在华西教士形象真实可信。

1　王加：《鲁本斯笔下着明朝服饰的金尼阁》，王明明主编：《大匠之门31》，广西师范大学出版社2021年版，第144—145页。
2　王加：《鲁本斯笔下着明朝服饰的金尼阁》，王明明主编：《大匠之门31》，广西师范大学出版社2021年版，第145页。
3　王加：《鲁本斯笔下着明朝服饰的金尼阁》，王明明主编：《大匠之门31》，广西师范大学出版社2021年版，第150页。

江南省花饰图中的戴帽传教士[1]

河南（Honan）省花饰图中的戴帽官员

在瑞典斯德哥尔摩国家博物馆中，还藏有另一幅和鲁本斯此作如出一辙的素描稿，由于没有大都会版绘制精细，且没有任何题字，因此暂被学术界认定为鲁本斯在完成前作之后的重绘版。而位于金尼阁故乡杜埃市的夏特斯博物馆中，收藏有一幅出自鲁本斯在安特卫普工坊的《尼古拉斯·特里戈肖像》，王加先生据此认为"鲁本斯为金尼阁画像或许不光是其对异国服饰的兴趣和来自耶稣会的委约，更具有向友人致敬的含义"[2]。

（二）金尼阁重返中国的传教生涯及其在杭州的活动

1618 年 4 月，金尼阁率领新招募的传教团搭船离开里斯本，再次踏上来华旅途。1620 年 7 月，他抵达澳门。此后整整九年，金尼阁四处奔波，杭州、开封、绛州、西安，都成为他的传教活动地区。

1　本图及下一张图来自中国科学院自然科学史研究所研究员、博士生导师汪前进先生分享的电子版卫匡国《中国新地图志》全版地图 1655 年版，特致谢意。
2　王加：《鲁本斯笔下着明朝服饰的金尼阁》，王明明主编：《大匠之门 31》，广西师范大学出版社 2021 年版，第 150 页。

第二次来到中国的金尼阁，不仅带来了邓玉函、汤若望、罗雅谷、傅汎际等著名传教士，而且携带了号称有"七千部"的大批西学书籍，成为明末西学东渐进程中影响最为深远的标志性事件。向达先生称金尼阁此举"比之玄奘求经西竺，盖不多让"。1938年，北平天主教堂整理藏书楼时发现了"七千部"中残余的数百部西学图书，其中有哥白尼的《天体运行论》和开普勒的《哥白尼天文学概要》等重要科学典籍。

1628年，金尼阁在杭州病逝。20世纪30年代，方豪先生抄录了他的墓志："金四表先生，讳尼阁，圣名尼各劳，●●●●拂兰第亚国人，于万历己亥年入中国，于崇祯己巳年十月二十八日卒，享年五十二岁。"[1]

鲁本斯画作中金尼阁身着的中国长袍，与方豪先生抄录的西溪传教士墓地中51个汉字的金尼阁墓志，书写了金尼阁在明末清初推动西学东渐的浓重一笔，也为杭州留下了一份中西文化直接交汇的宝贵遗产。

中外学界有关金尼阁的生平事迹仍有不少争议。首先是金尼阁的国籍问题，至今仍有两种说法：比利时说和法国说。杭州西溪桃源岭大方井耶稣会司铎公墓的金尼阁墓碑上刻有"金四表先生，讳尼阁，圣名尼名劳，●●●●拂兰第亚国人"。以前，不少学者认为"拂兰第亚国"即为法国。但从读音上来看，"拂兰第亚国"不可能是France一词的音译，反倒像是Flanders（法文又作Flandre，一般译为"佛兰德"）的音译，因为金尼阁于1577年3月3日出生在杜埃城，而杜埃城传统上属于佛兰德斯地区的一部分，当时的佛兰德斯正处在西班牙统治下，因此我们应该称金尼阁为西属尼德兰人。

但由于在金尼阁1628年去世约半个世纪后，杜埃城便被法国军队占领，根据1668年达成的《艾克斯-拉-沙佩勒条约》（Treaty of Aix-la-Chapelle），杜埃城被割让给法国。到1713年，杜埃城完全并入法国，一直延续至今。因此，金尼阁长期以来也多被视为法国人。然而这是金尼阁与他的同时代人所始料不及的，金尼阁的墓志也绝不会依据后代历史地理的变迁而把他写作"法国人"。[2]

再则，金尼阁生前曾自称比利时人。1615年，金尼阁在德意志的奥格斯堡刊印由他本人翻译整理的利玛窦中国札记遗稿时，在封面上自署"Belga"（比利时人）。原因在于，历史上在佛兰德斯地区居住的多是比利时人部落，金尼阁本人大概便是其中一员。而且在金尼阁去世两百年之后的1830年，包括佛兰德斯在内的原西属尼德兰南部各省脱离尼德兰王国而独立，成立了比利时王国。因此，称金尼阁为比利时人也并非毫无根据。

关于金尼阁加入耶稣会的具体时间，学界也有不同说法。法国传教士、汉学家费赖

1　方豪：《杭州大方井天主教古墓之沿革》，《方豪六十自定稿》下册，台湾学生书局1969年版。关于金尼阁的卒年，1925年《圣教杂志》载《道学家传》谓为1629年，即崇祯己巳年，也就是墓志记载的年份。但据费赖之《在华耶稣会士列传及书目》（冯承钧译，中华书局1995年版，第121页）一书所述，金氏卒于1628年11月14日，本著采用此说。

2　郑锦怀、岳峰：《金尼阁与中西文化交流新考》，《东方论坛》2011年第2期。

之所著《在华耶稣会士列传及书目》上册中的"金尼阁传"称，金尼阁曾在杜埃城耶稣会士主持的学校就读，于1594年获得文艺学硕士学位，几周之后便加入了耶稣会，并于同年11月9日在法比教区的土尔城修院开始受业。另一位法国学者荣振华所著《1552—1800在华耶稣会士列传》也称金尼阁于1594年11月9日在杜埃被接受进入初修院，在那里成为文学士。但威赛尔斯（C. Wessels）则称金尼阁于1594年11月24日加入耶稣会。[1]

费赖之的"金尼阁传"称："见习之后被派至里尔城学习修辞学与哲学。嗣后在根特城教授修辞学两年。"与此同时，金尼阁还"从事研究有裨于传教士之语言及地理、天文、数学、医学等科"。这样的教习生涯过了八年。[2]

1607年2月，经耶稣会总会长许可，金尼阁被派赴远东传教，从葡萄牙里斯本搭乘"我主耶稣"号船出发，于同年10月9日到达印度果阿，并在那里传教两年多。

1610年秋，金尼阁应召来到澳门，年底抵达肇庆府。1611年初，他被派往南京，真正开始了他在中国的传教生涯。

在南京，金尼阁随王丰肃、郭居静两神父学习中文，并从事教务工作。当时李之藻在明朝的陪都南京任职，跟郭居静、金尼阁交往甚密。1611年4月，李之藻因父亲去世，告假回故乡杭州守孝。趁此机会，李之藻报请当时中国天主教会负责人龙华民的同意，邀郭居静、金尼阁两神父和钟鸣仁修士同往杭州开教。金尼阁一行5月7日到达杭州。次日，就在灵隐寺附近的李之藻寓邸举行了杭州历史上首次弥撒礼。不久，郭、金等人迁居城外杨廷筠府中。杨廷筠是李之藻的朋友，通过李之藻的介绍，他经常与金尼阁辨析宗教问题，对基督教由钦佩而信仰，于同年6月受洗入教。不久，郭居静、金尼阁、钟鸣仁三人都患上重病，郭居静久病不愈，只得送往南京治疗，而金尼阁则去北京报告教务。金尼阁正是在这次北京之行中发现了利玛窦的札记，后来将其整理出版。完成任务后，金尼阁南返，其传教足迹遍及江南六省。

1613年2月，金尼阁受龙华民特遣，作为传教区司库，返回罗马晋见教皇保罗五世，汇报在华教务情况。金尼阁此行还有两个任务：一是请求耶稣会总会增派人手；二是采购图书、仪器，以在北京建立一个教会图书馆。

1614年10月11日，金尼阁到达罗马，他把旅途中翻译整理完成的利玛窦回忆录手稿《利玛窦中国札记》进呈教皇，并于1615年在德国奥格斯堡出版。1615年3月，金尼阁从罗马教廷那里获许在中国的弥撒礼中用文言文代替拉丁语，可用中文译写《圣经》，这为日后在中国大量编译出版中文传教图书提供了合法依据。同年又获准创建耶稣会中国副省会（正式成立于1619年12月）。1615年5月，金尼阁离开罗马，先后到

1　郑锦怀、岳峰：《金尼阁与中西文化交流新考》，《东方论坛》2011年第2期。
2　［法］费赖之著，冯承钧译：《在华耶稣会士列传及书目》，中华书局1995年版，第115页。

达里昂、慕尼黑、科隆、杜埃，从事出版事业。[1]

在欧洲期间，金尼阁先后于 1615 年和 1616—1617 年两次进行环欧旅行，极力向欧洲人介绍中国文化，宣传耶稣会的在华传教活动，为在华传教士募集图书，以及招募新人前往中国传教，取得了很好的效果。

1618 年 4 月，他率领 20 余名新招募的传教士和几千部募集的图书搭船离开里斯本，第二次踏上来华旅途。金尼阁率领的这批精挑细选派往中国的各国传教士精英代表，其中有葡萄牙人 10 名，比利时人 5 名，意大利人 3 名，德国人 4 名。经过漫长而又艰难的航程，他们大多死于旅途中的瘟疫、海上风暴和海盗的袭击，先后有 7 名传教士染病死亡，包括金尼阁的弟弟。抵达印度果阿后，同伴中有 6 人身体尚弱，学业亦未完毕，乃留印度，金尼阁仅携余伴 4 人于 1619 年 5 月 20 日登舟，于 1620 年 7 月抵达澳门。[2]此据费赖之著"金尼阁传"，但法国传教士荣振华和高龙鞶的著作均称金尼阁返回澳门的时间是 1619 年 7 月。[3]

随同金尼阁到达的新来的传教士，有来自著名科学研究机构罗马灵采学院（Accademia dei Lincei）的院士邓玉函、罗雅谷、汤若望，以及后来在杭州指导李之藻翻译西学书籍并成为耶稣会中国副省会长的傅汛际。其中大名鼎鼎的物理学家伽利略（Galileo Galilei，1564—1642）即为灵采学院的院士及邓玉函的同事和好友。

金尼阁 1620 年 7 月返回澳门后，在那里遇见了因南京教案而被驱逐的王丰肃、谢务禄。稽留数月后，1621 年初，金尼阁与葡萄牙耶稣会士曾德昭同赴南昌，居留数月，后到建昌、韶州等地传教。由于民众仇教，金尼阁于 1622 年不得不赴杭州避难，较长时间住在杨廷筠家，并以杭州为中心，到嘉定等地活动。1623 年，金尼阁来到河南开封开教。1624 年，应中国教徒韩霖、韩云两兄弟的邀请，金尼阁由开封前往山西绛州定居，并建一座小教堂，这是山西天主教堂的开端。因此，金尼阁也被誉为山西天主教内的首任本堂神父。金在绛州仅一年，1625 年 4 月，应王徵的邀请，金尼阁入陕西传教，主要在西安活动。1626 年在王徵的协助下，金尼阁完成中文书《西儒耳目资》三卷。他大部分的著作为拉丁文，这是他唯一的一部中文著作。在绛州、西安传教期间，金尼阁设立"广大印书工厂"，印行相当多的中文图书与数种拉丁文图书。[4]

1626 年，在华耶稣会会长阳玛诺命令金尼阁返回杭州，专心从事文字创作。1627 年，金尼阁再度被召，返回杭州。此后他就在杭州专心传教与著述，直至 1628 年 11 月 14 日逝世。金尼阁的遗体安葬于杭州西溪桃源岭大方井耶稣会司铎公墓。

1　此据［法］费赖之著，冯承钧译：《在华耶稣会士列传及书目》，中华书局 1995 年版，第 117—118 页。又见［法］荣振华等著，耿昇译：《16—20 世纪入华天主教传教士列传》，广西师范大学出版社 2010 年版，第 352 页。

2　此据［法］费赖之著，冯承钧译：《在华耶稣会士列传及书目》，中华书局 1995 年版，第 119—120 页。

3　［法］荣振华等著，耿昇译：《16—20 世纪入华天主教传教士列传》，广西师范大学出版社 2010 年版，第 352 页；［法］高龙鞶著，周士良译：《江南传教史（第一册）》，辅仁大学出版社 2009 年版，第 208—209 页。

4　参见［法］费赖之著，冯承钧译：《在华耶稣会士列传及书目》，中华书局 1995 年版，第 120—121 页。

二、金尼阁的"西书入华"与中学西传

金尼阁两度来华，在他 12 年的在华传教生涯中为引进和传播西方文化所做的杰出贡献，一是在欧洲募集了"西书七千部"，尽管确切数量至今仍有争议，但明清之际除传教士随身携带或由教廷和教会不断向内地寄送的书籍外，有记载的西文书籍大规模入华就是金尼阁携来的"西书七千部"。无论如何，金尼阁都称得上是西学东渐史上"西书入华"的第一人，难怪中西关系史研究大家向达先生称金氏此举"比之玄奘求经西竺，盖不多让"。二是金氏译介西学的著作丰富，据费赖之所撰金氏传记列举约有 20 种。其中最为著名的就是《伊索寓言》的第一部独立汉译本，由金尼阁口授、张赓笔录的《况义》一书。

（一）返回欧洲募集"西书七千部"入华

1613 年，时任在华耶稣会会长龙华民，出于耶稣会传教事业的需要，派遣金尼阁返回欧洲，向教皇和耶稣会总会长汇报在华教务情况，同时请求增派教士来华，设立中国教区，并向教皇和欧洲各修会的图书馆募集图书，以备在中国创办教会图书馆，因而返欧征募图书成为金尼阁的重要使命之一。[1]

鉴于耶稣会在华传教取得的巨大成就，罗马教皇很快就同意了在北京设立图书馆的建议，并捐赠了约 500 卷图书。此外，教皇和其他的耶稣会会长每人还捐赠了 1000 枚金币用于购书，显赫的美第奇（Medici）家族和哈布斯堡（Habsburg）家族的达官显贵们也都纷纷献上送给中国皇帝的礼物。

在这笔捐款的资助下，从 1616 年 5 月开始，金尼阁离开罗马，先后到达当时欧洲的图书出版中心里昂、法兰克福、慕尼黑、科隆等地，购置了大量图书，还由里昂出版商卡登（Cardon）将教皇赠予的约 500 卷图书加以"豪华装帧"，一律采用大红封面，加印教皇纹章和烫金书名。其间，金尼阁还收到了许多作家和出版商赠送的书。在里昂，金尼阁和后来一起到达中国的耶稣会士邓玉函参加了法兰克福一年一度的图书展销会，接着经由科隆到达布鲁塞尔。然后，他又到达西班牙和意大利那不勒斯。金尼阁的遗札曾提及西班牙主教曾表示愿意捐出 5000 册图书，任他选择。[2]

前述金尼阁再次返回中国已是 1620 年 7 月，刚好躲过了由南京礼部侍郎沈㴶引发的逮捕传教士和信徒数十人的事件，即第一次反天主教教案"南京教案"。金尼阁的欧洲之行对中国天主教及西学东渐影响深远，他不仅带来了"西书七千部"，而且招募了多名学识渊博的传教士。这批直接受金尼阁影响而来华的传教士，成为日后实施西书翻

1　参见方豪：《北堂图书馆藏书志》"八、名贵的西文书"，《方豪六十自定稿》下册，台湾学生书局 1969 年版。
2　方豪：《北堂图书馆藏书志》，《方豪六十自定稿》下册，台湾学生书局 1969 年版，第 1844 页。

译计划和在华传教事业的中坚力量。

金尼阁于 1614—1618 年在欧洲募集"西书七千部",并将它们带回中国,不仅因为他个人热爱书籍,遵循利玛窦开创的"学术传教"路线,还因为他接受了龙华民指派的募集图书在华创建教会图书馆的任务。他为了募书,拜会了教皇保罗五世,又到了那时欧洲以印书业著称的城市,如里昂、慕尼黑、法兰克福、美茵茨和科隆等城。可惜金尼阁在报告中没有说明募到西书的总数有多少,只在一个报告中说教皇约捐赠了 500 卷。金尼阁一行于 1620 年 7 月回到澳门后,其时沈淮发动的南京教案虽然已经平息,但余波仍在,金尼阁将募集到的西学图书暂留澳门,直到 1623 年才开始运往北京。令人遗憾的是,当时正值明末社会的动荡时期,耶稣会在华传教事业遭受南京教案重创之后尚未恢复元气,传教士们在各地的活动形势仍然紧张,原本金尼阁为杭州等地方教堂募集的西书也因驻地传教士的不确定而一时难以带进,因而绝大多数西学图书滞留在澳门,带进者尚不及总数的十分之一二。

关于"西书七千部"的来源,荷兰遣使会神父惠泽霖(Hubert Verhaeren,1877—?)在为《北堂图书馆书目》所撰序言《北堂书史略》[1] 中,认为金氏"西书七千部"的来源可分为三类:第一类为教皇赠书,共 534 部,其中有 302 卷标有保罗五世的金色纹章,其他一些间或有些家族标志以及耶稣会 JHS 的标志;第二类为让·德·圣·洛朗(Jean de Saint Laurent)修道院长的书,其中有署名"杜埃人让·德·圣·洛朗";第三类藏书在金尼阁的札记中并未明确提及,这批书中偶有"邓"或"金"字标记,还有部分是来自亚历山大·罗(Alexandre Rho)送给他的儿子罗雅谷的(后随金尼阁赴华)。这批书大部分都是数学、天文类,还有许多是医学、化学和炼金术类,惠泽霖认为这批书均出自德国传教士邓玉函神父,因为他曾被意大利灵采学院吸收为院士,拥有极高科学素养。

学界关于金尼阁募集西书的数量和实际带入内地并遗存的西书数量问题,一直存在争议。方豪先生的两篇代表作无论从史料还是逻辑上都力证金尼阁携"西书七千部"入华真实可信,并就惠泽霖对金氏携"西书七千部"入华提出的各种质疑做了强力反驳。[2]进入 21 世纪以来,又有学者对金尼阁"西书七千部"的募书动机、募集原则、北堂金氏遗书等问题做了新的探讨。[3]

金尼阁"西书七千部"入华是中西交通史上的重要事件。这批书随金尼阁一行进入中国内地后辗转流传,在历史上曾分属北京东、南、西、北四个教堂和外省教堂及个人

1 [荷]惠泽霖著,[美]李国庆译注:《北堂书史略》,《文献》2009 年第 2 期。
2 相关研究论文主要有方豪:《明季西书七千部流入中国考》,《方豪六十自定稿》上册,台湾学生书局 1969 年版;方豪:《北堂图书馆藏书志》,《方豪六十自定稿》下册,台湾学生书局 1969 年版;计翔翔:《明末在华天主教士金尼阁事迹考》,《世界历史》1995 年第 1 期;计翔翔:《金尼阁携西书七千部来华说质疑》,《文史》1996 年第 41 辑;毛瑞方:《关于七千部西书募集若干问题的考察》,《历史档案》2006 年第 3 期。
3 毛瑞方:《关于七千部西书募集若干问题的考察》,《历史档案》2006 年第 3 期;毛瑞方:《金尼阁与中国早期西学文献》,《枣庄学院学报》2017 年第 4 期。

收藏，其中杭州天主教堂收藏的金氏西书有 31 种 35 册[1]。北京天主堂原有东、南、西、北堂四座，南堂最老，由利玛窦购造，西堂最晚，建于康熙六十一年（1722）。四堂藏书都很丰富。西堂的书在嘉庆十六年（1811）移入南堂；次年，东堂的书不慎失火，残存 111 册；北堂的书自道光初年移藏多处并埋入土中，道光二十三年（1843）取出时霉烂很多；南堂的书，则于道光十八年（1838）迁往北京东北角的俄罗斯教堂，直到咸丰十年（1860）才收回，尚存 5400 卷。至此，西、南、北三堂之书乃合而为一，成为"北堂图书馆"。光绪十三年（1887），北堂图书馆正式迁于西什库，延续至今。[2]金氏西书，历经数次灾难，最终大多成为著名的新北堂藏书。

北堂藏书中，金尼阁"西书七千部"是已知来历的数量最多的一部分，也是最具装潢特色的书，它们是北堂图书馆中最古老的书之一，即所谓"金氏遗书"（惠泽霖称为"金氏藏书"），是北堂藏书中价值最高的一部分。早在 20 世纪 30 年代末，惠泽霖司铎就着手为北堂图书馆藏书编目，1944 年出版第一部北堂书目，即法文部分书目；1948 年，出版了第二册拉丁书目、第三册其他各国文书目。1949 年，教会出版社正式出版由北堂图书馆馆长惠泽霖主编的《北堂书目》。这本书目分四个部分，其序言部分《北堂书史略》介绍了目录编纂的缘起和经过，梳理了藏书的来源、聚散、流传和现状。惠泽霖考察出北堂藏书中的金尼阁遗书总数为 757 种 629 册。这或许是目前最确切、最权威的有关金氏遗书的数字。惠泽霖还指出，北堂图书馆西文藏书中，"耶稣会士金尼阁神父从教皇保罗五世那里得到的那一部分最有价值"。[3]

但是，惠泽霖司铎并没有明确地为我们标明金氏遗书的具体书号。稍后，方豪先生在惠泽霖工作成果的基础上进一步研究。他曾经两次从《北堂书目》中考察出金氏遗书书目。他认为，在《北堂书目》中，"凡金尼阁携来之教宗赠书，均注明 Bibl. Trig.，不能确定者，附加问号。但是据编目之惠泽霖司铎云，即附加问号者，就其个人判断言，殆必属金氏遗书无疑"。根据这些标志，方豪先生对《北堂书目》中的金氏遗书书目进行梳理，曾经将考察后的结果发表于《明季西书七千部流入中国考》一文中。

该文第一次载于 1948 年出版的《方豪文录》，考察出在《北堂书目》中，确定为金氏遗书的图书共计 257 种，怀疑是金氏遗书的图书共 156 种。第二次考察结果载于 1969 年出版的《方豪六十自定稿》。其确定为金氏遗书的图书共有 428 种，而怀疑是金氏遗书的共计 151 种。西文书的语种基本上是拉丁文、法文、意大利文、希腊文、德文、荷兰文六种，未见葡萄牙文、西班牙文西学书。可能的原因是："耶稣会总长表示……不希望在西班牙收集，以免激怒菲利普三世来反对传教事业。"[4]

1 方豪：《北堂图书馆藏书志》，《方豪六十自定稿》下册，台湾学生书局 1969 年版，第 1836 页。
2 方豪：《明清间译著底本的发现和研究》，《方豪六十自定稿》上册，台湾学生书局 1969 年版，第 58 页。
3 ［荷］惠泽霖著，［美］李保华译：《北堂书史略》，《文献》2009 年第 2 期。
4 ［荷］惠泽霖著，［美］李保华译：《北堂书史略》，《文献》2009 年第 2 期。

方豪先生前后两次考察北堂图书馆"金氏遗书"的数量结果出入比较大。他自己的解释是:"《方豪文录》在北平出版时,北堂图书馆目录尚未出齐……又在巴黎惠泽霖神父处,或见更正与增补表;盖有以后发现者,有当初不敢确定而后确定者,计以前所计仅二百三十种,现在所计凡多出一百九十八种。"上述解释是合理的。

经方豪先生两次考察并标明的金氏遗书具体书号共计 579 种(确定 428 种,疑似 151 种),为后人留下了宝贵的资料。[1] 据说,这些西书都是精装本,无一重复,在内容上几乎囊括了欧洲古典名著和文艺复兴运动以后的神学、哲学、科学、文学、艺术等方面的最新成就。而据方豪先生《明清间译著底本的发现和研究》考证,明末清初翻译出版的著名中文西书《奇器图说》《名理探》《进呈鹰论》《狮子说》《比例规解》《寰有诠》等的底本就是金尼阁带来的"西书七千部"精本其中几本。[2]

1958 年,中国国家图书馆接收北堂藏书,但是未及清点。1987 年,它们迁入国家图书馆紫竹院新馆。这批珍贵的历史遗产开始得到最佳保护。由于到目前为止,归入国家图书馆的北堂藏书还不能开放,无法为人所见,故金氏遗书究竟还存多少,还有待今后的进一步核查。

金尼阁"西书入华"的重要学术文化价值,在于直接推动了晚明时期的西学东传和中西文化的融合。金尼阁为中国带来了整整一个图书馆的珍贵图书,带来了邓玉函、汤若望、罗雅谷、傅汎际等一批杰出的西学人才,他还为此拟订了一个庞大的翻译计划,联络了艾儒略、徐光启、杨廷筠、李之藻、王徵、李天经等中外人士共同翻译出版这些西学图书,这更加激发了晚明士人对引进和学习西方知识文化的需求。比如,金尼阁带来的亚里士多德的著作在晚明时期即有四种被译为中文:《范畴论》(*De Categoriae*)被译为《名理探》,《论天》(*De Ceolo*)被译为《寰有诠》,《论灵魂》(*De Anima*)被译为《灵言蠡勺》,其伦理学思想被译为《修身西学》。[3] 邓玉函与王徵合译的《远西奇器图说》,原作便是金尼阁带来的"西书七千部"之一,于 1627 年在北京出版,它被誉为晚明中国第一部物理学启蒙书。

金尼阁"西书入华"对于杭州士人的激励更是前所未有。金尼阁第一次来华传教即受到李之藻邀请,随郭居静一行来杭州开教,促使杭州开始成为全国教务中心。而金尼阁第二次携西书来华传教,他与李之藻、杨廷筠等士人学者共同掀起了西书译著出版高潮,尤其是以李之藻主编的中国历史上第一部西学丛书《天学初函》为标志,杭州成为名副其实的明末清初西学东渐的中心城市,这与金尼阁的"西书入华"和杭州传教活动带来的影响密不可分。正如李之藻作于 1623 年的《刻〈职方外纪〉序》所说:"金子

---

1 方豪:《明季西书七千部流入中国考》,《方豪六十自定稿》上册,台湾学生书局 1969 年版;方豪:《北堂图书馆藏书志》,《方豪六十自定稿》下册,台湾学生书局 1969 年版。

2 方豪:《明清间译著底本的发现和研究》,《方豪六十自定稿》上册,台湾学生书局 1969 年版,第 59 页。

3 毛瑞方:《金尼阁与中国早期西学文献》,《枣庄学院学报》2017 年第 4 期。

118

者，赍彼国书籍七千余部，欲贡之兰台麟室，参会东西圣贤之学术者也。"[1]

李之藻的《天学初函》收录了 20 种汉文西书，该丛书分为理、器二编，理编主要是 10 部阐发天主教教义、教理的著作，器编则主要收录了 10 部西方科学著作。《天学初函》等汉文西书刊印之后，迅速被明末清初士人学者广泛阅读和收藏，而且这些汉文西书又被编入各种官私文献丛书，如《四库全书》《海山仙馆丛书》《指海》《守山阁丛书》《墨海金壶》《艺海珠尘》《传经堂丛书》《昭代丛书》《中西算学丛书》《说铃》《文选楼丛书》《龙威秘书》《丛书集成》等；同时，西学书籍也被频繁收录进各种官私古籍文献目录中，从而让汉文西书获得了更为广泛的传播。

（二）汉文西书的代表作：《况义》和《西儒耳目资》

据费赖之《在华耶稣会士列传及书目》记载，金尼阁的遗作共有 20 余部，其中较为著名的有《推历年瞻礼法》一卷，1625 年西安刻本。明朝末年通用的是以阴历为主的《授时历》，带有很浓的迷信色彩。对基督徒而言，更需要另一种历本，以预告主日、瞻礼及教会规定的斋期等，同时既标示欧洲普遍使用的阳历，亦标示中国传统使用的阴历。当时印发的这类新年历，有中文的、拉丁文的，还有叙利亚文的。中国教友非常欢迎这种新年历。另有《利玛窦中国札记》五卷，根据利玛窦的信札整编而成，介绍耶稣会士在华传教情况；《中国年鉴》，亦被称作《中国编年史》，是"西方第一部系统的中国史著作"；《中国五经》一卷，继利玛窦用拉丁文译介"四书"之后，金尼阁也开始用拉丁文译介"五经"，并附以注解。此外，两部重要的汉文西书是《况义》和《西儒耳目资》。

1.《况义》：《伊索寓言》第一部独立成书的汉译本

《况义》是由金尼阁口译、张赓笔录而成的文言文选译本，天启五年（1625）在西安出版，是《伊索寓言》第一部独立成书的汉译本。《伊索寓言》相传为古希腊奴隶伊索所著的寓言集，也是世界上流传最广的经典作品之一。其实《伊索寓言》的汉译并非从金尼阁开始，他的同道先驱意大利耶稣会士利玛窦和西班牙耶稣会士庞迪我分别先在《畸人十篇》（1608）和《七克》（1614）中引用了几则伊索寓言。[2]

《况义》的拉丁文译名是 *Fabulae Aesopi Selectae*（即《伊索寓言选》），该书共收录38 则寓言，《况义》正文 22 则，《况义补》16 则，另有谢懋明跋附在正文之后。从利玛窦《畸人十篇》中的三四则到庞迪我《七克》中的五六则，再到《况义》中的 38 则，汉译《伊索寓言》的数量大大增加，而且《况义》正文的每则均由寓言故事和以"义曰"引出的寓意两部分组成，因而它的出版"标志着西方文学首度以独立文学作品的形

1　徐宗泽编著：《明清间耶稣会士译著提要》，中华书局 1989 年版，第 315 页。
2　戈宝权：《谈利玛窦著作中翻译介绍的伊索寓言——明代中译伊索寓言史话之一》，《中国比较文学》1984 年第 1 期；戈宝权：《谈庞迪我著作中翻译介绍的伊索寓言——明代中译伊索寓言史话之二》，《中国比较文学》1985 年第 1 期。

式传入中国"。[1]

据戈宝权先生多方寻访，《况义》的原刊本实在无从查找，现存于世的只有巴黎图书馆所藏明抄本两种，以及牛津大学图书馆所藏的伟烈亚力藏本中清代天主教徒抄本一种。国内存戈宝权先生抄录的 22 则一种和杨扬根据北京图书馆所藏明抄本复制件而抄录的 38 则一种，都来自巴黎图书馆藏明抄本。1985 年，北京图书馆才收藏了《况义》明抄本的全文复制件，即数量最多的一种明抄本（38 则）的全文复制件，学者杨扬整理标校后首次全文发表在《文献》上。[2]

新近的研究者指出，《况义》正文收录伊索寓言 22 则，后又补录 16 则。前 22 则寓言中，每则寓言的后面都附有"义曰"以点明故事的寓意，而后补录的 16 则寓言的寓意没有用"义曰"引出，而是多用"噫""吁""嗟乎"之类的语气词来代替，因而推测"后 16 则寓言很有可能并非由金尼阁选译，而是后人添加的，也有可能是张赓一人补录"。[3]

《况义》一书由金尼阁口授、张赓笔录完成，尽管金尼阁才是《况义》实际上的译者，但笔录者张赓也功不可没。张赓，字夏詹，福建泉州晋江人，自署名"温陵张赓"，是一名天主教徒。张赓曾于明万历二十五年（1597）中举，在浙江平湖担任教谕一职，淡泊名利，为官清廉，提携后进。万历四十七年（1619）父亡后为守丁忧，返乡。天启元年（1621）守制将满，北上途经杭州时，经杨廷筠结识了在杭州活动的耶稣会士艾儒略等人，并从艾氏处领受了天主教。在得闻天主教后，他并未马上受洗，而是经过了杨廷筠的点拨。张赓在《阅〈杨淇园先生事迹〉有感》一文中谈及他在杭州与杨廷筠相遇之事，自称："假缘辛酉之春，读书渐湖上，乃得闻天主正教，一时目传言者，耳传教言者，亦知吾死，朝闻夕可……乃俗缘难除，坐进此道不果……京兆淇园杨先生爱予、开予、再三提斯予，令予向所难除者一刀割绝，而日于传教诸先生是侍。"[4]此处"辛酉"即明天启元年，而"渐湖"即为杭州西湖，此乃源于钱塘江古称"浙江"之故，由此可见张赓在从平湖县教谕一职离任之后来到杭州。而在这一年，金尼阁正避居杭州。因此，张赓完全有可能因在杭州结识了金尼阁而开始了解天主教教义，进而成为一名信徒。天启二年（1622）前后，张赓受洗归入天主教，教名为玛窦（新教译为"马太"）。到了天启三年（1623），张赓又出任河南中州（开封一带）教谕，此时恰逢金尼阁也正好到开封传教。次年，金尼阁去山西传教，再过一年又赴陕西。《况义》一书也在金尼阁入陕的天启五年（1625）在西安刊行。因此，从时间上推算，张赓与金尼阁很可能在

1　梅晓娟：《翻译目的与翻译策略的选择——论〈况义〉中的天主教化和中国化改写》，《外语学刊》2008 年第 2 期。
2　杨扬：《〈伊索寓言〉的明代译义抄本——〈况义〉》，《文献》1985 年第 2 期；戈宝权：《谈金尼阁口授、张赓笔传的伊索寓言〈况义〉——明代中译〈伊索寓言〉史话之三》，《中国比较文学》1986 年第 1 期。
3　王青：《〈伊索寓言〉在中国的译介史研究》，河北大学硕士论文，2018 年。
4　包兆会：《历史文化名人信仰系列之四十三：张赓》，《天风》2017 年第 7 期。

开封再度见面时，即天启三年，两人才合作翻译《况义》一书。[1]

关于金尼阁汉译《况义》，学界早就注意到他的传教策略意图。作为明清之际西学东传的一部分，《况义》的翻译目的与来华耶稣会士奉行的"学术传教"路线有着极为密切的关系。利玛窦作为入华耶稣会士"学术传教"的开创者和践行者，他首先看到了《伊索寓言》故事中"迁善远罪"的道德训诫功能的宗教意义，因而尝试引用其中的寓言作为吸引中国士人从接受西学到皈依天主的"学术传教"策略。金尼阁作为利玛窦传教路线最坚定的捍卫者之一，自然深得利玛窦"学术传教"的真谛。他在《畸人十篇》和《七克》中看到了借助《伊索寓言》传教的可行性。《伊索寓言》情节简单，贴近生活，富有趣味性，每则寓言都蕴含哲理，其中不乏与天主教教义相似的寓意和教理，其潜移默化的"劝人信道入教"的功能，就是金尼阁认同的这种利玛窦"学术传教"方式；因而他直接将《七克》中的三则伊索寓言搬录到自己的翻译作品中，这也说明了他对先辈们的《伊索寓言》汉译工作的关注和认可。

可见，金尼阁和张赓翻译《况义》的真正目的并非介绍西方文学，而是希望能借《伊索寓言》的道德训诫功能传教。因而，在翻译时自然就会把天主教精神渗入其中；同时，《伊索寓言》毕竟代表的是古希腊文化，其中必然包含与中国文化不相吻合的成分，要使汉文译书顺利地被有着强烈民族文化心态的中国士人群体接受，就必须根据中国文化传统对原文本做中国化的改写。

比如，《伊索寓言》出自民间，原文本反映的是古希腊平民阶层的生活，语言朴实无华，并曾一度因"文字有欠雅驯"而为正统学者所不齿。金尼阁和张赓翻译《况义》时没有遵循原作的语言风格，而是采用明朝知识分子通用的书面语，以雅洁的文言文吸引熟读四书五经、注重诗文辞赋的"正统"知识分子，使译作更有可能被晚明主流社会接受，有助于实现其"学术传教"的宗教使命。[2]

不过，无论金尼阁的译介出于何种意图，《况义》作为我国第一部独立的《伊索寓言》汉译本，在《伊索寓言》的汉译史和传播史上都有着标志性的重要意义。

2.《西儒耳目资》：明末中西语言文化会通的结晶

《西儒耳目资》是金尼阁重返中国后第二次传教（1621—1628）的成果之一，也是金尼阁用汉语撰写著作的一个代表性作品，天启六年（1626）在杭州首次出版。原书署名：泰西金尼阁撰述，晋绛韩云诠订，秦泾王徵校梓。该书历时五个月，三易其稿而成，由谷口（今陕西泾阳县西北）张问达出资付刻，张有《刻〈西儒耳目资〉序》，其后有王徵序、韩云序及金尼阁自序。

民国学者徐宗泽（1886—1947，徐光启第十二代孙）编著的《明清间耶稣会士译著

1　戈宝权：《张赓——福建最早的外国文学翻译者》，《福建外语》1984 年第 1 期。
2　相关研究参见梅晓娟：《翻译目的与翻译策略的选择——论〈况义〉中的天主教化和中国化改写》，《外语学刊》2008 年第 2 期。

提要》将《西儒耳目资》归于科学类介绍，称"此书是文字学书，包含形声义三者；首册言文字学及译者之大意；次册是依字之音韵，排列华字；末册是从字之边画排列华文，而以西字拼其音"[1]。即全书共分为三册：第一册是《译引首谱》，是对于全书的总论，包括《西儒耳目资》的编纂目的、编纂过程、成书意义及对《西儒耳目资》音韵系统的介绍与说明；第二册是《列音韵谱》，可以利用已知的字音（罗马字拼音）来查汉字；第三册是《列边正谱》，可以根据汉字的笔画和部首来查汉字的拼音。

徐宗泽还对《西儒耳目资》的书名含义和金尼阁写作此书的初衷做了解释："书名《西儒耳目资》者，意谓为西士攻读华文之便，耳以听字之音韵，目以视字之拼合，拼合即以西字码拼成字之声。金公自序中自言曰：'幸至中华，朝夕讲求，欲以言字通相同之理。但初闻新言，耳鼓则不聪，观新字，目镜则不明，恐不能触理动之内意；欲救聋瞽，舍此药法，其道无由；故表之曰耳目资也。'准此，此书可谓合中西方法，以研究中国文字，何怪当时文人学士视为奇书而惊异之。吾国许多小学家，无论直接间接受金公之影响者实多。"[2] 可见，金尼阁的《西儒耳目资》实际上是第一本供耶稣会士学习汉语和汉字用的、用拉丁字母给汉字注拼音的汉语字汇辞书。

《西儒耳目资》的传世版本有：泾阳张问达刊行的原刊本（1626年）和王徵、张问达的刻本（1626年）。前者藏于上海东方图书馆，后者藏于北京大学图书馆。另有新中国成立后，文字改革出版社将《西儒耳目资》列入"拼音文字史料丛书"，于1957年影印出版了《西儒耳目资》，分上、中、下三册。[3]

不过，用罗马字母给汉字注音的方案并非金尼阁首创，而是从最早进入内地传教的耶稣会士开始的。由罗明坚、利玛窦、郭居静、庞迪我等为代表的欧洲耶稣会士开始探索以拉丁字母来标注汉字语音的方法路径，并且尝试用中文著书立说，取得了巨大的成就。其中，对《西儒耳目资》产生直接影响的要算1584—1588年罗明坚主编、利玛窦参编的《蒲汉词典》，1605年利玛窦的《西字奇迹》，郭居静和庞迪我的注音方案，这些都是以西式字母来标注汉语语音的早期探索。可以说，他们开启了欧人研究汉语汉字的风气，也为金尼阁编制更加完善的汉字注音方案提供了一个良好的基础。

金尼阁第一次来华传教最早的落脚点是1611年初的南京，随意大利籍耶稣会士王丰肃和郭居静，以及一位名叫菲利普的中国秀才（他也是一位天主教徒）学习汉语。明末西洋教士在中国传教的历程，也是他们深入学习研究汉语的历程。金尼阁的中文水平在同会教士们的帮助下提高很快，且他开始关注汉语的特点和中西语言的差异，比如他发现b、r这两个辅音不存在于汉语之中。不过，《西儒耳目资》的编著是在金尼阁第二

1　徐宗泽编著：《明清间耶稣会士译著提要》，中华书局1989年版，第321页。

2　徐宗泽编著：《明清间耶稣会士译著提要》，中华书局1989年版，第321—322页。

3　参见郭书林：《〈西儒耳目资〉异读研究》，北京语言大学硕士论文，2006年。

次来华传教之后。

1625 年，金尼阁在充分吸收利玛窦等人的罗马字注音方案之后，开始撰写一部完整的罗马注音字专书，几经修改，终于在五个月以后完成了《西儒耳目资》，于 1626 年在杭州出版。字典的编撰正是金尼阁深入学习研究汉语的阶段性成果。当然，如果没有王徵、韩云等明朝士人学者的参与，金尼阁也不可能写出《西儒耳目资》这样的奇书。

关于金尼阁《西儒耳目资》中的罗马字注音方案，全书共分析出 29 个字母。29 个字母又分为三类："自鸣音"即元音 5 个，"同鸣音"即辅音 20 个，"不鸣音"即"他国用，中华不用"的辅音 4 个。书中又分"字父"（声母）、"字母"（韵母），因为声母和韵母配合可生出一个字音来，所以金尼阁把它们称为"父"和"母"。此外，还有"子母"（复合元音和单元音带鼻音韵尾）、"孙母"（三合元音及复合元音带鼻音韵尾）、"曾孙母"（三合元音加鼻音韵尾）。声调分清（－）、浊（∧）、上（＼）、去（／）、入（∨）。

金尼阁《西儒耳目资》只用了 25 个字母（5 个元音字母、20 个辅音字母）和 5 个表示声调的符号，就可以拼出明朝"官话"的全部音节。这种比中国古代传统注音方法"反切"更为简单容易的汉字注音方法，引起了当时晚明音韵学者极大的关注和兴趣。

罗常培先生在《耶稣会士在音韵学上的贡献》一文中指出：《西儒耳目资》是为当时在中国传教的西儒们所作的一部汉语学习手册，因经过"中国学者的指示"，而且又根据"中国音韵原理"，经过一番"整齐划一的功夫"，所以比起先前利玛窦和以后何大化（曾在杭州学习中文，编著《无罪获胜》，沿用利玛窦《西字奇迹》的注音体系）"顺手拼写"的注音都"更为系统"。[1]

罗先生在《耶稣会士在音韵学上的贡献》中列举了《西儒耳目资》的三大贡献：一是首次运用罗马字母为汉字注音，是我国引入音素分析法的开端；二是为后人推测明末"官话"的音值提供了参考材料；三是影响了后来方以智的《通雅·切韵声原》、杨选杞的《声韵同然集》、刘献廷的《新韵谱》等，给中国音韵学研究带来了新思路。

当代学者对《西儒耳目资》的关注主要集中在两方面：一是书中所代表音系的性质，二是书中所提供的汉字拉丁注音体系。[2] 关于《西儒耳目资》的性质问题，杜松寿的看法较为中肯。他认为"罗马化拼音方案"远不是《西儒耳目资》的全部，此书也不是"简单的供西方人士学习汉语汉字的工具书"。这意味着，《西儒耳目资》不只是一本字典，其读者也不限于西儒。有学者认为，《西儒耳目资》包含了三个方面的内容：一是汉字拉丁注音体系，二是字典，三是语音理论。[3]

1　罗常培：《汉语拼音方案的历史渊源》，原载《人民日报》1957 年 12 月 18 日，现收入《罗常培文集（第 3 卷）》，山东教育出版社 2008 年版。
2　相关研究成果如谭慧颖：《〈西儒耳目资〉概念术语辨源》，《暨南学报（哲学社会科学版）》2006 年第 1 期；王仲男、方环海：《西方汉学中汉字注音一瞥》，《汉字文化》2014 年第 4 期。
3　杜松寿：《罗马化汉语拼音的历史渊源——简介明季在西安出版的〈西儒耳目资〉》，《陕西师范大学学报（哲学社会科学版）》1979 年第 4 期。

综合多年来学术研究成果而言，金尼阁《西儒耳目资》的首要目的在于帮助初来中国的西方传教士学习汉文时识字发音、拼读汉语，其学术价值不仅在于对我国语言学的发展具有划时代的意义，而且它是中国历史上第一部中西合璧的语言学著作，是明末中西语言文化交流与会通的结晶。

其一，金尼阁《西儒耳目资》在我国语言学发展史上的贡献主要体现在：第一，此书研究了汉语的音韵，用西方语音来探讨汉语音韵的规律。第二，创造了新的注音方法，可称作我国最早的汉语拼音方案。第三，依声分类和依形分类，查检方便，在我国辞书的检索方法上有所创新。第四，有助于西文汉译的规范化。《西儒耳目资》在中国音韵史上的价值也十分重要，是金尼阁把利玛窦等人的罗马字注音方案加以"修改补充"后写成的一部用"罗马字注音"的"专书"，它"完整系统地记录了明末官话音系"，为我们了解和研究汉语自《中原音韵》到明清时期乃至现代的发展演变规律提供了很有用的帮助。[1]

其二，金尼阁的《西儒耳目资》更是明末中西语言文化交流与会通的结晶，在中国语言学史和西方汉语研究史上都具有重要的影响和价值。无论是成书背景、写作基础，还是体例特点、内容结构，都体现了中外合作、中西合璧的特色。金尼阁虽然是《西儒耳目资》的首要作者，但是中国学者如王徵、韩云等的独特贡献不可或缺。可以说，《西儒耳目资》是欧洲音韵学最早输入中国的历史见证，它建立了一个成熟完备、科学严谨的汉字拉丁字母注音系统，形成了用拉丁字母给汉字注音的新风气，是我国现存最早的汉语罗马化拼音方案。同时，《西儒耳目资》用西方的音素理论来研究古典音韵学，为中国音韵学研究开辟了一条新的途径，成为中国音韵学现代化的最早萌芽；《西儒耳目资》同时也影响了后世西方学者对汉语的探索和研究，成为近代西洋人研究中国音韵学的发端。[2]《西儒耳目资》的文化意义，不仅在于完善了中国传统语言学，也在于会通了中西语言文化。

（三）金尼阁在中学西传方面的开拓之功

金尼阁明末两度来华，在华时间长达 12 年之久，对中西文化的直接交流和基督教在中国的传教事业做出了贡献。在中学西传方面，金尼阁的主要成就包括：将《大秦景教流行中国碑》碑文译成拉丁文；将中国儒家经典"五经"译成拉丁文 *Pentabilion Sinense*（一般译为《中国五经》）；编译 *Annales Regui Sinensis*（一般译为《中国编年史》，冯承钧译为《中国年鉴》）。

1625 年 4 月，应王徵的邀请，金尼阁赴陕西传教，长居西安。此前在 1623 年，《大

---

1 许光华：《16 至 18 世纪传教士与汉语研究》，《国际汉学》2000 年第 2 期。
2 封传兵、邓强：《〈西儒耳目资〉出版：明末中西语言文化的交流与会通》，《图书馆工作与研究》2013 年第 12 期。

秦景教流行中国碑》在西安附近的盩厔县（今周至县）出土。该碑记录了基督教的一个支派"聂思脱里派"即景教的第一位教士阿罗本来华传教的经历，提供了基督教首次传播入华与中西文化交流的重要证据。金尼阁幸运地成为目睹该碑真容的第一位欧洲人。1625 年，正在西安的金尼阁在王徵、张缑芳等中国文人的帮助下，将其译成拉丁文，然后将其寄给在山西传教的罗雅谷，经后者整理、誊抄，于同年寄往欧洲，这是《大秦景教流行中国碑》碑文的第一个西文译本。[1]

据费赖之所撰"金尼阁传"列举的 20 部著作中，金尼阁译有："《中国五经》一卷，一六二六年。中国《五经》之译注本也。利玛窦前有《四书》译注本，尼阁又取《五经》译为拉丁文，附以注解。吾人不知此译本之归宿，且不知其是否已寄达欧洲。"[2] 目前，中国学界在论述金尼阁将"五经"译成拉丁文之举时，多引用法国戴哈尼（Chrétien Dehaisnes）所著《金尼阁传》（*Vie du Pere Nicolas Trigault*，1861 年在法国杜埃刊印；或译《金尼阁神父传》）第 206 页作为证据。但据学者查证，戴哈尼所著《金尼阁传》第 206 页似乎并无相关文字提到金尼阁所译这本《中国五经》。不过，安东尼奥·维埃拉（António Vieira）等人所编《先知的钥匙》（*Chave dos Profetas*）第 3 卷在列举金尼阁著译书目时有其所译"五经"拉丁文译本，全名为 *Pentabiblion Sinense quodprimae atque adeo Sacrae Auctoritatis apud illos est*，中译即为《中国五经——中国第一部神圣之书》。[3]

迄今，中外学者一致认定金尼阁是"五经"最早的西译者。据说，他 1626 年在杭州刊印的这部"五经"拉丁文译本，口碑极佳，时称"其词理之优，欧罗巴诸司铎中殆无能及之者"[4]。遗憾的是，该译本已失传，但它在中国儒家典籍外译史上具有重要意义。

金尼阁编译的《中国编年史》在费赖之所录金尼阁著译书目中即第十四种——《中国年鉴》四卷。其实，金尼阁早就想写一部中国编年史。他于 1615 年 1 月在罗马为《利玛窦中国札记》一书所写的序言"金尼阁致读者"中称："如果上帝保佑在那么多的流离颠沛之后，我还能被允许返回我原来的岗位，并且如果假我以若干年的光阴，那么我将为你写一部有关中国人的风俗习惯的记述，以及一部中国编年史概要，它将从四千年前谈起，按时代顺序毫不间断地写下来。"[5] 不过，金尼阁的这个计划一直到其人生的最后几年才在杭州开始。

据费赖之所言，金尼阁自云曾读遍 120 卷之中国史书。1624 年曾写完了自远古到公元前 560 年的中国历史，1626 年写到纪元时（公元元年），1627 年又写到公元 200 年。

1　郑锦怀、岳峰：《金尼阁与中西文化交流新考》，《东方论坛》2011 年第 2 期。
2　［法］费赖之著，冯承钧译：《在华耶稣会士列传及书目》上册，中华书局 1995 年版，第 124 页。
3　郑锦怀、岳峰：《金尼阁与中西文化交流新考》，《东方论坛》2011 年第 2 期。
4　马祖毅、任荣珍：《汉籍外译史》，湖北教育出版社 1997 年版，第 45 页。
5　［意］利玛窦、［法］金尼阁著，何高济、王遵仲、李申译：《利玛窦中国札记》，中华书局 1983 年版，第 42 页。

凡四卷，第一卷为二开本，当时已经正式刊印，其余三卷应在其后未久付梓。第一卷已于 1628 年携至欧洲，但其他三卷不知所在。[1] 从第一卷写到公元 200 年东汉末年来推测，金尼阁《中国编年史》的第四卷应该可以写到明朝。可以说，金尼阁是第一个撰写系统的中国历史著作的西方人，或者说金尼阁编译了西方第一部系统的中国历史著作《中国编年史》，并且出版了第一卷，该书奠定了他作为传教士汉学家的地位。

遗憾的是，金尼阁中学西传的重要著作《中国五经》与《中国编年史》都没有流传下来。据戴仁主编《法国当代中国学》（耿昇译，中国社会科学出版社 1998 年版）一书所述："金尼阁似乎也曾从事编写过一部中国史《中华帝国史》，并翻译（？）了《五经》（1626 年）。但这些著作都没有流传到我们的手里。"[2] 这当然影响了金尼阁中学西传的传播效应，但是综观金尼阁著译活动的历史价值，仍然称得上极大地推动了中西文化交流，意义十分重大。

三、卫匡国的学术传教活动及其历史影响

位于杭州西溪大方井的传教士墓地，历史上曾被称为"天主教司铎公墓"，但传承至今的正式名称却是"卫匡国传教士纪念园"，民间习称"卫匡国墓"，1989 年被列为浙江省重点文物保护单位，足见卫匡国这位长眠于西溪的意大利耶稣会士所具有的代表性和影响力。

卫匡国，意大利原名 Martino Martini，直译称马尔蒂诺·马尔蒂尼，1614 年 9 月 20日出生于意大利特伦托城，1631 年 10 月加入耶稣会（荣振华撰传记为 1632 年 10 月入罗马初修院），之后便被派往中国传教，1640 年 3 月乘船赴印度果阿，1643 年夏抵达澳门，1644 年到达杭州。入华传教后，他遵照同道先例，为自己取中文名卫匡国，字济泰。名字"匡国"，即取"匡救国家"之意；字"济泰"，则取"帮助、救助"之意。他取名卫匡国，"可能因为目睹当时的危局，力图表示自己愿为明朝效忠之意。他这样做当然也是为了取悦于明朝政府、取悦于明朝的士大夫，以便于立足于中国"[3]。

卫匡国两度来华传教，正值明末清初动荡之际，但他非常热衷于利玛窦开创的"文化适应"传教策略。他主要在杭州学习汉语，广泛阅读中国典籍，悉心研究中国历史、地理和文化，尊重中国传统风俗，积极参与明末士人的社交活动。明人对他的印象是："卫氏慷慨豪迈，往还燕、赵、晋、楚、吴、粤，启诲甚多，名公巨卿，咸尊仰之，希一握手为幸。"[4] 他用汉文编著的论友谊的西方格言集《逑友篇》，试图用中国人熟悉的经

---

1 ［法］费赖之著，冯承钧译：《在华耶稣会士列传及书目》，中华书局 1995 年版，第 124 页。
2 转引自谢露洁：《中学西渐之滥觞：耶稣会士对四书五经的译介》，《浙江外国语学院学报》2013 年第 5 期。
3 马雍：《近代欧洲汉学家的先驱马尔蒂尼》，《历史研究》1980 年第 6 期。
4 方豪：《中国天主教史人物传》中册，中华书局 1988 年版，第 114—119 页。

典语言来阐释西方的神哲学思想，成为继利玛窦名著《交友论》之后中西合璧的典范之作，对明末清初及后世的中西文化交融都产生了深远的影响。

卫匡国亲身经历了鞑靼（清朝）军队南下与明朝军民反抗的明末战争以及清初社会的纷乱，并先后分两个阶段实地考察了全国 15 个行省中的 7 个（直隶、浙江、山西、河南、江南、福建、广东）[1]，亲自勘测地理数据；同时他也以西方人的视角，观察、研究和记录中国各地的风土人情，为他的"中学西传"事业准备了丰富的实证和图文材料。1651 年 3 月，卫匡国受命离开杭州赴罗马教廷为中国礼仪之争辩护，从厦门到马尼拉，又从巴达维亚（今雅加达）再回欧洲的旅途中，他积极介绍中国见闻，"沿途备受各国学者欢迎"。正是在他的积极辩护下，罗马教廷同意在华传教士继续实行尊重中国礼仪习俗的利玛窦适应性传教策略，该策略在清初得以持续推行。

同时，他又勤奋地写作了 3 部为满足欧洲社会了解神奇中国欲望的著作：《鞑靼战纪》、《中国新地图志》（又称《中国新地图集》）和《中国上古史》（又称《中国历史初编十卷》）。自 1654 年开始，在欧洲陆续刊行的这 3 部著作都用当时欧洲大学里通用的语言——拉丁文写作，书中以西方人的认知心理，描述了明末清初的易代战乱、民族历史、行政建制、城市格局和各省的风土人情。3 部著作一经问世，便引起了欧洲社会的强烈反响。因而，中外学界公认，卫匡国是一位颇具国际影响的 17 世纪欧洲汉学家、地理学家、历史学家。尤其是他在中国地理学和历史学研究方面取得了卓越的功绩，被西方学界誉为"中国地理学之父"，是继马可·波罗和利玛窦之后，在维护和推动中西科学文化交流方面起了关键性作用的重要历史人物。

1654 年在安特卫普首次出版的拉丁文本《鞑靼战纪》中，卫匡国提到他在杭州曾居住过三年。1657 年，卫匡国再次赴华，曾觐见清顺治帝。1658 年（又说 1657 年或 1659 年），他重返杭州传教，得到时任浙江巡抚佟国器的支持，在天水桥附近购地扩建天主教堂。但未及竣工，卫匡国便于 1661 年 6 月 6 日在杭州病逝。关于卫匡国生平事迹及其在中西文化交流史上的贡献，中外学者已发表众多成果。新近的研究成果中，特别值得关注的是已故意大利汉学家白佐良撰写并于 2012 年发表中译本的《卫匡国生平及其著作》一文[2]，以及由佛朗哥·德马尔基（Franco Demarchi）、白佐良（Giuliano Bertuccioli）主编的由拉丁文翻译成意大利文的《卫匡国全集》（五卷本，1998—2013 年）。近年来，《卫匡国全集》前三卷在浙江大学和特伦托大学近五年的共同努力下，由意大利文翻译成中文，目前已出版第一卷。

综合各种研究成果，卫匡国两度来华传教，其毕生从事的学术传教活动主要可以分

1　黄盛璋：《卫匡国〈中国新图志〉研究初论》，张西平、［意］马西尼等主编：《把中国介绍给世界：卫匡国研究》，华东师范大学出版社 2012 年版，第 200—201 页。
2　［意］白佐良：《卫匡国生平及其著作》，张西平、［意］马西尼等主编：《把中国介绍给世界：卫匡国研究》，华东师范大学出版社 2012 年版，第 11—40 页。

为三个阶段。

第一阶段，1643—1650 年，第一次来华传教，以杭州为中心展开活动。卫匡国来华之前就具备了良好的知识和学术素养。18 岁时，他离开乡来到罗马神学院求学，师从当时著名耶稣会士、学者阿塔纳修斯·基歇尔（Athanasius Kircher，1602—1680，出生于德国，欧洲 17 世纪百科全书式的著名学者）。在基歇尔的指导下，卫匡国专研数学，并攻读哲学、修辞学等课程。1643 年，29 岁的马尔蒂尼历经千辛万苦，终于到达杭州，并且给自己起了中文姓名——卫匡国，以坦露自己匡扶、保卫大明的心意。同时取字"济泰"，与在华"学术传教"开创者利玛窦之字"西泰"遥相呼应。

1643 年，卫匡国从广州走水路北上，途经嘉兴、上海、镇江，在南京稍作逗留，于 10 月到达杭州。1644 年 2 月，卫匡国同葡萄牙耶稣会士费奇规去常熟教区传教。3 月下旬，赴南京接替毕方济职位。1644 年 7 月卫匡国重返杭州，接替孟儒望（Joao Monteiro，1603—1648）。1645 年 8 月杭州被清军攻陷前，卫匡国在金华、兰溪等地活动，杭州陷落后被派往福建延平地区传教。在此期间，他还负责指导刚从广州到那里的波兰耶稣会士穆尼阁（Jan Smogolenski，1611—1656）学习汉语。朱聿键在福建建立隆武南明政权后，卫匡国晋见隆武帝，加入反清复明大军，协助南明大将抗击清兵。1646 年 7—8 月，卫匡国在温州瑞安遭遇清兵，易冠易服，转而支持清朝，得清兵礼遇，被送返杭州。

1647 年 6 月，卫匡国在兰溪与当地著名学者祝石交游，相互探讨了友谊的问题。卫匡国口述，祝石执笔，完成《述友篇》。《述友篇》参考了利玛窦的《交友篇》体例，内容上广泛引用西方关于友谊的格言警句，为接续利玛窦《交友篇》的友谊论著作。卫匡国和利玛窦都选择友谊这个具有文化适应特征的主题，意味着耶稣会士试图通过友谊来开辟一条通往中国文人灵魂深处的道路。1648 年，卫匡国与宁波天主教学者朱宗元，开始在杭州合作翻译西班牙神学家、法学家弗朗西斯科·苏亚雷斯（Francisco Suárez，1548—1617）的拉丁文著作《论法律与上帝作为立法者》。合作翻译进行了约两年（1648—1650）而中断，"旋因（卫匡国）派往罗马，译事中辍"[1]。

1648 年，卫匡国任杭州住院的会长（即杭州传教区负责人）。在他带领下，杭州地区教务获得发展，1648 年为 250 人施洗，其中有士人数人。[2] 意大利著名汉学家、罗马大学东方学院教授费德里科·马西尼撰文指出："直到成为杭州教区负责人时，卫匡国才开始过上一段难得的平静生活。事实上，从他离开故乡特伦托，直到 1650 年浙江教区神甫阳玛诺派他作为数学家去北京，与正在朝廷钦天监工作的汤若望合作止，卫匡国的

---

1 ［法］费赖之著，冯承钧译：《在华耶稣会士列传及书目》上册，中华书局 1995 年版，第 266 页；［法］荣振华著，耿昇译：《在华耶稣会士列传及书目补编》，中华书局 1995 年版，第 411 页。
2 ［法］费赖之著，冯承钧译：《在华耶稣会士列传及书目》上册，中华书局 1995 年版，第 261 页。

生活始终在奔波中度过。"[1]

　　然而，卫匡国与汤若望的合作因故并未实现，于是他借此机会游览了长城，还有山西、陕西等地。1650 年下半年，卫匡国回到杭州，被任命为杭州地区耶稣会会长。不久，耶稣会中国教区会长阳玛诺与教廷巡视员傅汎际商议后，决定派卫匡国作为特派员返回欧洲，赴罗马教廷为中国祭祖祀孔的习俗辩护。当时在华耶稣会传教士曾对委派卫匡国担此重任有不同意见，最终卫匡国"几乎是偷偷摸摸地仓促启程，而且没有像往常一样从澳门出发，选择了另一条路，为此还引起了葡萄牙当局的怀疑"[2]。不久，他被推选为中国副省教区巡视员（或称司库、代表），就中华民族祭祖祀孔习俗引发的礼仪之争返回欧洲向罗马教廷申辩，面陈原委。

　　卫匡国在首度来华传教的 7 年时间里，主要以杭州为据点，往返于金华、绍兴、宁波等地传教。其间，他还亲历了明清鼎革、世事纷乱之局势。他曾分别于 1643—1645 年、1647—1650 年两次漫游中国，足迹遍及当时中国 15 个省（两京、13 个布政司）中的 7 个省，包括直隶、山西、河南、江南、浙江、福建、广东等地，"北至京师，抵于长城。所经数省一一图而测之，定其经纬"，故对中国的山川地理、风物掌故十分熟悉。同时，他又广交江南文人名士，致力于学习汉文华语，大量阅读中国典籍、舆志和方志，在中国历史文化方面的造诣颇深。这些经历和知识，为他日后的汉学研究奠定了坚实的基础。

　　第二阶段，1651—1657 年，作为礼仪之争特使返回欧洲，赴罗马教廷为中国礼仪问题陈情辩护，途经欧洲各地宣传在华传教活动及整理写作、出版刊行汉学著作。

　　前述卫匡国受阳玛诺委派赴北京协助在钦天监为清朝服务的汤若望，但两人的合作并未展开，意大利汉学家马西尼认为"或许是因为与汤若望不和"[3]。卫匡国又被委派回欧洲向罗马教廷申辩中国教徒的礼仪之争问题。1651 年，卫匡国启程返欧。"他于 1651 年 3 月带领一位名叫多米尼克的中国青年，从厦门附近的安海出发驶往马尼拉，在那里逗留了一年多才搭船前往望加锡。……1652 年，他在海上被荷兰人拦截，7 月 15 日被押解到巴达维亚。卫匡国由于发烧而滞留该地。1653 年 2 月 1 日，他才搭乘英国船奥利方号离开巴达维亚。"[4]

　　卫匡国在返回欧洲的旅途中，随身携带上船的 50 多本中文著作专供研究参考，他悉心整理在华数年游经各地的实地探测数据和历史文献资料。卫匡国著名的汉学代表作《鞑靼战纪》、《中国新地图志》和《中国文法》都是在此期间完成的。"惟至英、法海峡

1　［意］马西尼：《关于〈卫匡国全集〉第三卷〈中国新地图集〉的几点说明》，《国际汉学》2005 年第 1 期。
2　［意］白佐良：《卫匡国生平及其著作》，张西平、［意］马西尼等主编：《把中国介绍给世界：卫匡国研究》，华东师范大学出版社 2012 年版，第 21 页。
3　［意］马西尼：《关于〈卫匡国全集〉第三卷〈中国新地图集〉的几点说明》，《国际汉学》2005 年第 1 期。
4　许明龙：《卫匡国在华行迹再探》，《世界宗教研究》1995 年第 1 期。

遇逆风吹至爱尔兰、英吉利之北而抵挪威”，至 1653 年 8 月 31 日卫匡国于挪威卑尔根登陆欧洲，然后“绕道，经行德意志、比利时，沿途备受各国学者欢迎”。“抵荷兰之阿姆斯特丹，即从事于《中国新地图志》及其他诸书之刊行，然会中命令至，促其赴罗马。”[1]

卫匡国在欧洲各国介绍他的中国之行和传教活动，以期获得更多欧洲人的支持，以达到招募新教士、募集资金的目的，同时也为前往罗马做礼仪之争辩论的舆论准备。途中，他还拜见了一些著名学者和重要官员、贵族，如荷兰学者葛列斯（Jacob Gool 或 Jacob Golius，1596—1667）、比利时总督、奥地利大公和奥地利皇帝等。更为重要的是，他还要为自己的书与各出版商商量出版事宜。

1654 年，他在低地国家逗留了一段时间，主要是在阿姆斯特丹和安特卫普。这些城市是 17 世纪欧洲重要的出版中心。在阿姆斯特丹著名的出版商布劳（Blaeu）那里，卫匡国出版了一部编印精美的中国地图集《中国新地图志》（*Novus Atlas Sinensis*，1655）。这部地图集（或多或少地）依据新校正的当地原始资料和作者本人的观察，第一次向欧洲读者介绍了中国的情况，包括各省的地图。这本地图集还附有 200 页的拉丁文本，信息丰富，不仅介绍了地形地貌等地理要素，还记录了人类活动和经济地理分布等情况。在安特卫普的出版商普兰丁（Plantin）那里，卫匡国出版了《鞑靼战记》（*De bello Tartarico historia*，1654），一部讲述满洲人征服过程的著作。这部著作在当时是绝对的畅销书，有超过 20 个版本，同时被翻译成法语、德语、荷兰语、意大利语、葡萄牙语、瑞典语和英语。其英文版全名为 *Bellum Tartaricum, or the Conquest of the Great and Most Renowned Empire of China, by the Invasion of the Tartars, Who in These Last Seven Years, Have Wholy Subdued That Vast Empire*（London: John Crook，1654），并附有中国各省及主要城市的地图，以便读者能够更好地理解书中所记叙的故事。这部根据作者亲身经历写成的观察报告，不仅令低地国家，而且使整个欧洲都迅速地了解了当时中国的情况。卫匡国返回中国后，普兰丁出版社和清初的在华耶稣会士一直保持着直接联系。卫匡国返回欧洲的另一大成果，是招募了新一代的来自低地国家的耶稣会传教士，他们后来也在向欧洲传播清朝知识上起到了重要作用。这些人包括柏应理、鲁日满和南怀仁。[2]

1654 年 10 月，卫匡国抵达罗马，在罗马向红衣主教团汇报中国传教情况，特别就中国礼仪之争问题据理力争，向传信部提出了四个问题。[3] 经过长达五个月的争辩，卫匡国赢得了信任，看来中国仪式纯粹是民俗性和政治性的，教皇亚历山大七世最后降谕准

---

1 ［法］费赖之著，冯承钧译：《在华耶稣会士列传及书目》上册，中华书局 1995 年版，第 262 页。
2 参见［比］钟鸣旦著，王学深译：《低地国家的清史研究》，《清史研究》2019 年第 2 期。
3 ［美］苏尔、［美］诺尔编，沈保义、顾卫民、朱静译：《中国礼仪之争西文文献一百篇（1645—1941）》，上海古籍出版社 2001 年版，第 8 页。

许采用中国礼仪，罗马教廷事后在 1656 年 3 月 23 日正式颁布敕令。[1] 该敕令明示，中国教徒的敬天、祭祖、尊孔等礼仪只要无碍于天主教的传播均可照旧进行，因而西方传教士进入中国的障碍得以暂时排除，促使天主教逐渐中国化。

卫匡国在罗马教廷完成有关中国礼仪问题的申诉之后，于 1656 年 1 月即离开热那亚赴葡萄牙，着手返回中国。1657 年 4 月，卫匡国带着南怀仁、殷铎泽等一批新招募的耶稣会士，从里斯本乘船返回中国。

第三阶段，1658—1661 年，第二次来华传教，1659 年 6 月 11 日回到杭州（费赖之著记为 1658 年），修建全国最华丽的天主教堂，刊行汉文西书《逑友篇》，在欧洲出版西文汉学著作《中国上古史》，直到 1661 年因病去世。

卫匡国一行于 1658 年 7 月末抵达澳门，旅途中"十七人死者十二"，仅存五人。这批人之后又滞留澳门数月。后来，在北京任职的汤若望奏报顺治帝卫匡国回归的消息。顺治帝颁给他们凭证，准许卫匡国及其同伴入境。卫匡国等人得到恩准后，于 1659 年 3 月 5 日离开澳门，一路被奉为上宾，于 6 月 11 日返抵杭州。再次回到杭州，卫匡国得到浙江巡抚佟国器之妻和萧王妃的资助，"建筑新堂，修理旧堂，诸堂为之焕然一新。杭州教堂在其后任洪度贞神甫时落成，为中国全国最美丽之教堂"[2]。时人描述这座教堂"造作制度，一如大西；规模宏敞，美奂美轮"[3]。

1658 年，卫匡国编著的《中国上古史》首版于慕尼黑，4 开本，共 362 页。第二年又以拉丁文在阿姆斯特丹再版。1692 年又译为法文，在巴黎出版。书的全名为《中国历史初编十卷，从人类诞生到基督降世的远方亚洲，或中华大帝国周邻记事》(*Sinicæ historiæ decas prima : res à gentis origine ad Christum natum in extrema Asia, sive magno Sinarum imperio gestas complexa*)。从这一冗长的标题我们可以知道，卫匡国的这部书上自远古，下至公元前一年，即西汉哀帝元寿二年。这部著作的资料，全部以中国经典历史文本为基础，系统详尽地向欧洲人讲述了中国从上古神话时期直到耶稣诞生的这段历史。冯承钧译费赖之传记中将该书称为《中国先秦史》。1661 年，卫匡国病逝于杭州，享年 47 岁，被葬于杭州城外大方井的墓地内。同年，《逑友篇》出版。

卫匡国在明末清初中国社会变革动荡之际两度来华，他的历史性贡献在于，在 17 世纪中后期将近半个世纪的时间里，在维持和推动中西文化交流和融合方面均起到了关键性的作用。

首先，卫匡国将利玛窦开创的天主教合儒、补儒的传教策略进一步推向深入，从合儒、补儒走向超儒，特别是他为中国教徒的敬天、祭祖、祀孔等礼仪之争亲赴罗马辩

---

1 ［法］费赖之著，冯承钧译：《在华耶稣会士列传及书目》上册，中华书局 1995 年版，第 262 页；［美］苏尔、［美］诺尔编，沈保义、顾卫民、朱静译：《中国礼仪之争西文文献一百篇（1645—1941）》，上海古籍出版社 2001 年版。
2 ［法］费赖之著，冯承钧译：《在华耶稣会士列传及书目》上册，中华书局 1995 年版，第 263 页。
3 方豪：《中西交通史》下册，岳麓书社 1987 年版，第 941 页。

护，为赢得罗马教廷默许和赞成这种适应中国文化的传教策略，发挥了决定性的作用。

卫匡国从合儒、补儒走向超儒的传教思想在他于杭州出版的中文著作《述友篇》中开始表露出来。1647 年卫匡国经过浙江兰溪时，与祝石先生谈论交友之道，随后由他口授，祝石笔录，完成了《述友篇》初稿。在 1653—1657 年返回欧洲期间，卫匡国有可能对《述友篇》做了修订与补充。利玛窦的《交友论》引用的大部分格言出自苏格拉底、亚里士多德、西塞罗、塞内卡和奥古斯丁等 28 位欧洲思想家，没有直接引用基督教圣人与《圣经》中的语录，反而多用中国古代儒家经典来解释西方名人格言，因为利玛窦的主要目标是合儒与补儒，促进天主教与中国传统文化的融合。但卫匡国著《述友篇》已经在利玛窦《交友论》之后半个多世纪了，他不能仅仅满足于合儒与补儒了，而需要在前人的基础上更进一步做"超儒"的工作，即需要更加直接地宣扬天主教教义。因而，《述友篇》中不只罗列了古希腊、古罗马格言，还常常引用基督教圣人和《圣经》名句来阐释交友之道。[1] 卫匡国的这种思想又在 1654 年完成的《中国耶稣会教士纪略》一书中得到了明确的印证："卫匡国在其《纪略》中强调，他的耶稣会同伴们进行大规模的福音化工作，并不向中国人隐藏关于道成肉身、受难和基督之死的思想。"[2]

其次，积极践行利玛窦开创的"学术传教"事业，为赢得欧洲主流社会对中国传教事业的支持，大力编著刊行西文汉学著作，实质性地推进了中学西传和欧洲汉学的兴起，并为早期欧洲启蒙思想家准备了历史资料。

卫匡国用拉丁文写作并在欧洲出版的有关中国的三部著作，即《中国上古史》《中国新地图志》《鞑靼战纪》，较为全面地介绍了中国的历史、地理和文化，是自 1615 年《利玛窦中国札记》问世之后及 17 世纪晚期有关中国的较多作品出版以前，欧洲读者所能见到的关于中国最新、最全面的报道和评论，这使他成为欧洲早期汉学的少数几位奠基人之一，同时也是欧洲汉学研究中心从意大利转移到法国之前的最后一位著名的意大利学者。

尤其值得注意的是，自从卫匡国的《中国上古史》出版以后，由于他确认中国远古皇帝伏羲即位的年代较之《旧约圣经》所记述的挪亚洪水发生时间早了 600 年，从而引发了欧洲思想界对于《圣经》记载的可靠性和中国纪年的长期争论。其影响所及，动摇了《圣经》和基督教会的权威，并直接为欧洲启蒙思想家进行历史批判提供了依据。[3]

最后，卫匡国对其主要传教地杭州的翔实描述，纠正了一些《马可·波罗游记》中对杭州的错误说法，并向欧洲全景式地展示了杭州的历史风貌。

笔者业师黄时鉴先生曾详细考证《马可·波罗游记》各种抄本和印本上所载的"杭

1　参见石衡潭：《从合儒、补儒到超儒——利玛窦〈交友论〉与卫匡国〈述友篇〉试论》，《世界宗教研究》2016 年第 5 期。

2　梁作禄（A. Lazzarotto）著，王志成译：《〈中国耶稣会教士纪略〉一书所论述的中国基督教》，陈村富主编：《宗教与文化论丛（1994）》，东方出版社 1995 年版，第 36 页。

3　参见沈定平：《论卫匡国在中西文化交流史上的地位与作用》，《中国社会科学》1995 年第 3 期。

州"一词的多种罗马字母的拼写，有 Quinsay、Quinsai、Quisai、Quinzay、Quinzai、Kinsay、Cansay、Chisai 和 Chesai 等。元朝西域来华诸人的其他拼写又有：鄂多力克的 Cansay、Camsay 和 Chansay，瓦撒夫的 Khanzai，以及阿布尔费达、伊本·巴都达的 Khanza 等。尽管拼写如此繁多，但学者们经过长期研讨以后，认为它们实际上指称的都是杭州，此点已无异议。只是对这些拼写与汉语名称的审音和勘同，大体上存在三种意见：一种认为当与"京师"勘同，一种认为当与"行在"勘同，也有人以为其对音就是"杭州"。"京师"或"行在"应是沿袭南宋时对杭州的称呼。正是在马可·波罗记下 Quinsay 并对它做了大量描述以后，杭州才开始受到西方人的注意，而且随着时间的推移，其影响越发广泛，这也明显地表现在西方人绘制的古地图上。

大航海时代到来以后，从 15 世纪 60 年代起就开始有制图家在地图上标出明代中国的少量地名，尤其是在 1584 年巴尔布达的《中国新图》问世以后，西方所绘的中国地图上，明代地名渐渐取代马可·波罗的地名；但当时西人还分不清 China 和 Cathay、Manzi 的关系，因而在范围较大的地图上，基本上是"北马南巴、马巴并存"的格局。到了 1655 年卫匡国的《中国新地图集》问世，这种局面才基本结束。[1]

1655 年卫匡国编绘的《中国新地图集》成为近代西方人基本上真实认知中国的标志。卫匡国详尽论证了马可·波罗的"行在（Quinsay，Quinsai，Kingsai）"就是杭州。卫匡国指出：在学者的正式语言中称为京师，"行在（Kingsai）"是社会下层的普遍叫法，稍欠准确，威尼斯人使用的 Quinsay 就来源于这个词。他特别强调：京师是所有皇城的尊称，不特指某一个地方，实际上，"京师"只不过是"朝廷之所在"的意思，这个城市有自己的名字——杭州。[2]

1655 年出版的卫匡国《中国新地图集》向欧洲提供了完整而正确的中国地理知识、全国地图和分省地图，因而卫匡国被西方人誉为中国地理学之父。同年，卫匡国的《鞑靼战纪》英译本附录于曾德昭的《大中国志》之后在伦敦出版，其中收录了一幅卫匡国 1654 年绘制的《中国地图》。在这幅地图上，不仅标有浙江（Chekiang），还画有钱塘江（Cientang flu.），并在江北标出杭州（Hangchou）。从此，杭州的罗马字拼写 Hangchou 开始出现在西方人绘制的西文地图上。后来，杭州也被拼作 Hangchow、Hangchau、Hangchew、Hangcheu、Hamcheu 和 Hangtcheou 等，这只是标音系统略有差别而已。不过，在 Hangchou 之类名称出现之后，Quinsay 之类的标写仍然保留了一段时间。[3] 另外，卫匡国还详细地引介了西湖，特别指出西湖沿岸遍布寺院、文化机构和私人宅第，以致让你

1　黄时鉴：《飞马尾上的杭州》，《黄时鉴文集Ⅲ·东海西海——东西文化交流史（大航海时代以来）》，中西书局 2011 年版，第 219—222 页。

2　［意］路易吉·布雷桑编著，姚建根译：《西方人眼里的杭州》，学林出版社 2010 年版，第 109 页。

3　黄时鉴：《马可波罗游记与西方古地图上的杭州》，中国元史研究会、杭州文史研究会编：《马可波罗游历过的城市 QUINSAY：元代杭州研究文集》，杭州出版社 2012 年版，第 16 页。"北马"指长城以北大多用马可·波罗的地名，"南巴"指长城以南大多用巴尔布达的地名。

误认为西湖在大城市里，其实西湖不在城墙之内。此外，卫匡国还详细介绍了杭州的城市沿岸、钱塘江、城隍山、桥梁、牌坊、缫丝工、基督徒、西湖和游船、天竺山和飞来峰等城市历史风貌，又对杭州天目山上的"中国蘑菇"、临安昌化的"小金鱼"做了非常详细的描写，[1] 足见卫匡国对杭州的观察之深入，积累了诸多最新的人文地理知识，不愧为西方人心目中的"中国地理学之父"。

可以说，卫匡国是继马可·波罗、利玛窦、金尼阁之后，在中国和意大利两国友好关系史上的标志性历史人物，他对中意乃至中西科学文化交流做出的历史性贡献主要体现在对中国历史、语言和地理的研究及其向欧洲的传播。

四、卫匡国的中国史研究及其对欧洲的影响

1651 年 3 月卫匡国从福建厦门出发奔赴罗马，为在华传教事业争取更大支持时，他把首次来华传教八年时间里辛勤调查、搜集和研究获得的有关中国文化、历史、地理、图集等 50 多种图书资料装入了行囊。在此后历时三年的惊险旅途和漂泊生活乃至困苦的监狱生活中，他详细阅读整理了自己搜集到的丰富资料，决心效仿长眠于杭州的同道先驱金尼阁在欧洲翻译出版《利玛窦中国札记》，开始认真进行中国历史、地理和风俗文化方面的编撰工作。《鞑靼战纪》就是卫匡国从巴达维亚到欧洲海上航行途中的产物，他用在中国八年间的亲身见闻和搜集到的素材写成了这部作品。同在返欧旅途中编著的中国历史学著作还有《中国上古史》、《中国耶稣会教士纪略》（亦称《中国基督教徒数量和素质的简述》或《在华教士的人数和品德简报》，1654 年在罗马出版）以及带有自传性质的《卫匡国行实》等。

《鞑靼战纪》1654 年的拉丁文本在安特卫普首先问世后，随即受到欧洲各国文化界的重视和读者的追捧，产生了巨大的影响。不久，就有多种文字版本同时面世，成为当时欧洲的畅销书，其版本之多在 17 世纪的欧洲极为罕见。而卫匡国另一部中国历史巨著，1658 年出版的《中国上古史》首次向欧洲完整介绍了从传说中的上古帝王（自盘古始）到西汉末年的中国古代历史，并提供了中国干支纪年和公元纪年之间的系统换算[2]，其影响力更是超越了历史学领域，在思想文化界引起不小的波澜。可以说，卫匡国是欧洲 17 世纪最成功的中国历史书写者。[3] 正如意大利汉学家马西尼指出的："卫匡国的著作使欧洲几代学者和宗教界人士了解了中国：《简报》[4] 帮助他们知道了基督教在中国的状

1　张西平、［意］马西尼等主编：《把中国介绍给世界：卫匡国研究》，华东师范大学出版社 2012 年版，第 290—300 页。其中第 298 页译文"杭州城西'天柱山'，有的地方异常险恶……山上有座山峰名为飞来峰"，此处"天柱山"应为"天竺山"之误译。另可参见［意］路易吉·布雷桑编著，姚建根译：《西方人眼里的杭州》，学林出版社 2010 年版，第 104—153 页。

2　吴莉苇：《明清传教士中国上古编年史研究探源》，《中国史研究》2004 年第 3 期。

3　参见吴孟雪、曾丽雅：《明代欧洲汉学史》，东方出版社 2000 年版，第 153 页。

4　《简报》指向耶稣会呈交的在华教务报告。

况；《中国新地图集》让他们了解了中国的地理状况；《鞑靼战纪》使他们清楚了明朝政权被推翻（1644 年）的历史；《中国历史十卷》介绍的是中国上古史。"[1]

（一）《鞑靼战纪》的学术价值：真实性、他者视角与欧洲的反响

1654 年出版的《鞑靼战纪》，亦称《鞑靼战争史》，是卫匡国《中国历史概要》庞大写作计划中完成的成果之一。全书共 240 页，不分章节。扉页绘有一张努尔哈赤肖像画，书前附了一张中国参考地图。《鞑靼战纪》根据卫匡国的亲身经历与传教士、儒生、官员等提供的大量有关清军入关和下江南战事的实况资料而写成，是一部笔记体明清易代战争史。

该书主要描绘了明清易代之际的战事，书后所附录的《对前段历史的补充》摘引了几封中国来信，又将历史事件叙述的时间延后至 1654 年。

《鞑靼战纪》取材于作者亲身见闻、友人与传教士的信件以及当时史书的记载，是一部笔记体的著作。首先我们应该明确，卫匡国的《鞑靼战纪》在写作风格上与欧洲传统的游记有所不同，不是一般意义上的域外采风，而是当时西方人眼中有关中国政权更迭、军事征服的重大事件的记载，但这并不妨碍作者对中国历史、地理、民情风俗的介绍。

关于《鞑靼战纪》的史学价值，国外学者白佐良、孟德卫、柯兰尼（Claudia Von Collani）、康士林等多有研究，国内学界从民国时期学者方豪、徐宗泽到 20 世纪 80 年代以来的学者马雍、朱雁冰、徐明德、顾卫民、沈定平、张西平、吴伯娅、郑辉等学者从多角度研究获得进展，近年来又有陈凌菲等青年学者开拓新的研究视野。特别值得一提的是，戴寅先生最早完整翻译了卫匡国的《鞑靼战纪》，载于 1985 年杜文凯主编的《清代西人见闻录》，由中国人民大学出版社出版。学界认为戴先生译作，文笔流畅优美，译文忠于原著，为明清史和中国基督教史的研究者提供了很有价值的原始材料，功不可没。2008 年，中华书局又出版了何高济翻译的《鞑靼战纪》。[2]

从卫匡国的《鞑靼战纪》中，我们不仅读到了战争与王朝更迭，也看到了明清朝廷内外的宗教发展的局部画像。

概而言之，卫匡国《鞑靼战纪》这部作品之所以具有以上特点，主要是因为许多事件的描述就来自卫匡国的亲身经历——在浙江传教期间，他曾遭遇南下的清军，之后辗转流离各地——以及当时中国官员的记叙和传教士的信件等一手资料。该书最大的特点就是取材真实，直言不隐，立场客观，具有较高的史料价值，显示出作者具有相当敏锐的历史洞察力。

1　［意］马西尼：《关于〈卫匡国全集〉第三卷〈中国新地图集〉的几点说明》，《国际汉学》2005 年第 1 期。

2　［西］帕莱福、［比］鲁日满、［意］卫匡国著，何高济译：《鞑靼征服中国史·鞑靼中国史·鞑靼战纪》，中华书局 2008 年版。

徐宗泽 1938 年在《圣教杂志》上著文称《鞑靼战纪》"颇能补充中国史料之缺陷，盖满清入主中原，自为史事，无征信之价值，卫公之书，直笔无隐，不愧为信史"[1]。方豪也高度评价《鞑靼战纪》："所记至详，直言不隐，足补我国正史之阙略。"[2]

《鞑靼战纪》作为一部最早真实地反映明末清初改朝易代这一重大历史转折点的历史著作，其拉丁文本首版于 1654 年在安特卫普一经问世，即在当时的欧洲激起各界巨大反响。就在同一年里，安特卫普又两次再版，还在科隆、维也纳再版，1655 年欧洲各地出版的拉丁文版更多。与 1654 年拉丁文初版同年出版的《鞑靼战纪》其他欧洲语言版本，有在阿姆斯特丹首版的荷兰文本（1655 年再版）和德文本，在米兰首版的意大利文本，在伦敦首版的英文本（1655 年再版的英文本，附录于曾德昭的《大中国志》之后）。西班牙文本首版于 1665 年，法文本首版于 1667 年，附在曾德昭的《大中国志》之后。[3]

据统计，《鞑靼战纪》在 1654—1706 年的欧洲，共用九种不同的语言发行 211 版。其版本之多在 17 世纪的欧洲极为罕见，可见该书在当时曾经广泛流传。难怪《鞑靼战纪》被欧洲学者誉为 17 世纪第一部中国现代史和欧洲第一部中国政治史，卫匡国也因此在史学领域获得较大声誉。此外，《鞑靼战纪》还意外地影响了欧洲戏剧家的创作题材，一些戏剧家将明清间三股政治势力斗争的故事改编成了欧洲的戏剧，受到了人们的欢迎。[4]

（二）《中国上古史》溢出史学领域的影响力：思想启蒙与易学西传

卫匡国返回欧洲旅途中完成的三部代表作中最晚出版的就是《中国上古史》，1658 年在慕尼黑以拉丁文首次出版。第二年又以拉丁文在阿姆斯特丹再版。《中国上古史》是欧洲第一部全面而系统地介绍中国历史的编年体著作。费赖之所撰"卫匡国传"中称该书："在冯秉正神甫之《中国史》出版前[5]，记公元前中国古代史之书，只此一本足备参稽。"[6]然而，《中国上古史》在欧洲译传的影响力，却超出了史学或汉学的范畴，具有动摇《圣经》年代学和创世说基础的思想启蒙的意义；相伴而生的首次《易经》西传，则加深了欧洲人对中国文化的了解。

1.《中国上古史》的译传及其对《圣经》年代学的冲击

《中国上古史》全书按照历史发展的顺序，共分为十卷：首卷介绍了中国的神话和中国人的世界起源观，如"混沌说"，所谓"两仪未开，其气混沌如鸡子，盘古氏出，

---

1 转引自顾卫民：《本世纪中国学者对马尔蒂尼（卫匡国）的介绍和研究》，《社会科学》1994 年第 9 期。

2 转引自郑辉：《卫匡国及其汉学名著〈鞑靼战纪〉》，《新世纪图书馆》2009 年第 2 期。方豪：《中国天主教史人物传》中册《卫匡国传》称《鞑靼战纪》"为研究清史重要著作"，中华书局 1988 年版，第 118 页。

3 参见陈凌菲：《卫匡国〈鞑靼战纪〉对塞特尔〈鞑靼中国之征服〉的影响》，北京外国语大学硕士学位论文，2018 年，第 10 页。

4 参见张西平：《欧洲早期汉学史——中西文化交流与西方汉学的兴起》，中华书局 2009 年版，第 378 页。

5 法国耶稣会士冯秉正的《中国通史》1777 年在巴黎出版。

6 ［法］费赖之著，冯承钧译：《在华耶稣会士列传及书目》上册，中华书局 1995 年版，第 265 页。

则天地之道，达阴阳之理"。还提到了伏羲、神农、黄帝等三皇五帝的故事。第二卷为夏代史，自禹至桀。第三卷为商代卷，自汤至纣。第四、五卷为周代史，包括西周和东周，自公元前 1022 年的周武王至公元前 256 年赧王亡国。第六卷为秦代史，自秦昭王五十三年（公元前 254 年）至子婴降刘（公元前 206 年）。第七至十卷均为西汉史，自高祖刘邦（公元前 206 年）到哀帝刘欣（公元前 1 年）。

日本学者小西鲇子评述卫匡国的这部史书："在他之前，门多萨的《中华大帝国史》和塞梅多（即曾德昭）的《中华帝国志》中，就已谈到中国的历史，但都是支离破碎的，而由马蒂尼起才有了系统的介绍。"[1]

不过卫匡国虽然从盘古说起，但他并不认为这是真正的历史，而认为伏羲以后的历史才是可信的。他说："中国人毫不怀疑初代帝王以后的传说。世界上再没有像他们那样重视历史并具有丰富学识的民族了。这是历代皇帝的功绩，因为皇帝总是选拔最优秀的学者来整理前代皇帝的事迹，这种习惯至今延绵不衰。"[2]

其实，卫匡国出版《中国上古史》的初衷不过是向欧洲读者介绍中国悠久的历史传统，似乎就是要说明中国文献中所记载的上古历史是真实的，其现实意图主要是持续吸引欧洲人对这个东方文明古国的关注，进而获得欧洲社会对在华天主教士传教活动的支持。但是，卫匡国事实上把传统的中国历史引入了欧洲史学体系，引入了《圣经》的编年史。这当中既有科学的成分，也有宗教的动机，两者调和在一起，就产生了卫匡国本人意想不到的结果。

卫匡国的这部史书出版后，引起了欧洲读者的广泛关注。17 世纪后期，法国人对卫匡国的著作发表了几份书评。其中最早、最有权威而最能反映当时宗教、历史和自然科学界动态的《学者通信》杂志在 1692 年 7 月 7 日号上发表了如下书评：

> 耶稣会教士马蒂尼曾为教化异教徒而被派往中国。在该地十余年，学习了那里的语言和历史，……中国史是由一些公正无阿的人撰写的，极为可靠。中国历代皇帝都挑选史官，史官接替上代史官续写史书。马蒂尼奉召返欧后，参考中国史书用拉丁语写成 10 卷中国史，记述了从中国最古老的王朝到基督诞生这段时期中国历代皇帝的事迹。如果此后马蒂尼不意外谢世，他将再整理出 20 卷，以介绍异族入侵中国的历史。[3]

佩尔蒂埃（Pelletier）1692 年的法译本大受欢迎，因为它使许多人了解了除《圣经》历史以外的一直不为欧洲人所知的较之任何历史都更古老的中国历史。该书第一卷介绍

1　［日］小西鲇子著，曲翰章译：《关于 17 世纪后期介绍到欧洲的中国历史纪年（上）》，《国外社会科学》1988 年第 8 期。
2　［日］小西鲇子著，曲翰章译：《关于 17 世纪后期介绍到欧洲的中国历史纪年（上）》，《国外社会科学》1988 年第 8 期。
3　［日］小西鲇子著，曲翰章译：《关于 17 世纪后期介绍到欧洲的中国历史纪年（上）》，《国外社会科学》1988 年第 8 期。

了最早的人类及开天辟地的传说、中国人对洪水的看法，以及纪年等有趣的史料。法国人的书评如此写道：

> 中国人有的主张世界没有起始，有的主张偶然创世说。他们对洪水的描述不很清楚，不知与《圣经》挪亚时代的洪水是否一回事，抑或是其后发生的另一场洪水。只能确定的是这是一场公元前三千年前后发生的大洪水。他们热心研究年代学，利用天文学推算年代。据推算，初代皇帝伏羲似乎是公元前三千年以前的人。……第一卷的结束部分及其他九卷都表明，伏羲及其以后帝王们的传说，都确有根据。[1]

从书评中也可以看出，当时欧洲人关心的只是上古部分，就是把中国上古的史实与《旧约圣经》的描述相对照。这就是年代的推算问题。据卫匡国的推算，伏羲即位于公元前 2952 年。此外，欧洲自古以来也一直根据《旧约圣经》和犹太教典籍以及《新约圣经》使徒们的话，从基督教的立场来推算人类重大历史事件的年代。其中，当时最权威的一种推算方法当推英国国教会神职人员、都柏林大学神学教授厄谢尔（Usher Jacques，1580—1656）的算法。据他推算，创造天地是公元前 4004 年，挪亚时代的洪水发生在公元前 2348 年。卫匡国的推算方法与他不同，是另外根据七十子希腊文本《圣经》推算出来的。这样一来，伏羲即位比挪亚洪水早了 600 多年。那么如果承认中国的传说，伏羲即位后的中国史从未中断，这就否定了挪亚洪水曾经覆盖整个大地。[2] 随后，欧洲天文学家对中国历史上不间断记录的日食、月食和行星相合日期的验算，更证实了卫匡国所断言的中国编年史的可靠性。

于是卫匡国的《中国上古史》在欧洲的传播触及了一个震动欧洲思想界的大问题：《圣经》年代学问题。

有学者撰文指出：在 16 世纪末的欧洲学界，普遍将年代学视为文明的标志。荷兰学者德比斯贝克（Ogier Ghiselin de Busbecq，1522—1592）认为突厥人野蛮的表现之一就是没有可靠的历史纪年。法国学者蒙田（Michel de Montaigne，1533—1592）也指出阿兹特克人有复杂的年代学体系，说明他们比中美洲其他民族更文明，技艺更发达。因此，要让西方人相信中国是一个文明发达的国家，就需要证明从中国历史记载中可以推导出可靠的年代信息。虽然早在 16 世纪末，已有关于中国历史的知识传到西方，但恰如法国学者维吉尔·毕诺（Virgile Pinot）所言，直至 17 世纪中叶，中国的历史并未引起欧洲严谨的神学家们的担心。因为年代太不具体，以至于学者们无法确定应当接受还是拒绝，甚至无法加以评判。而改变这种状况的就是意大利耶稣会士卫匡国。

---

[1] ［日］小西鲇子著，曲翰章译：《关于 17 世纪后期介绍到欧洲的中国历史纪年（上）》，《国外社会科学》1988 年第 8 期。
[2] ［日］小西鲇子著，曲翰章译：《关于 17 世纪后期介绍到欧洲的中国历史纪年（上）》，《国外社会科学》1988 年第 8 期。

卫匡国的《中国上古史》在正式出版之后的百余年间，堪称最详细的西文中国史著作，它第一次较为完整地向欧洲介绍了公元以前的中国历史并进行了年代学计算。自此，中国和西方的历史便可在一个绝对的、抽象的、线性的时间框架内进行比较。卫匡国将西历与干支纪年并列，宗教、年代学和文化等主题与帝王联系在一起讲述，并不成系统。[1] 不过，最让欧洲人感到惊异的可能还是卫匡国非常明确地指出："中国人可靠地保存了从第一位帝王以来的编年史，世界上还没有哪个民族能像他们那样做到这一点，能像他们那样对时间有如此深刻的认识。"[2]

卫匡国根据当时中国已有的干支纪年体系，以黄帝登基之年为甲子循环的开始，依据自黄帝至当代的干支纪年总数计算出黄帝登基在公元前 2697 年，进而推出作为中国君主制的可信开端——伏羲即位的时间在公元前 2952 年。这样，依靠这套干支纪年体系，自伏羲以来中国的历史年代信息，可以进行非常可靠的推算，以至于可以将从伏羲到基督时代的历史连贯起来。研究表明，卫匡国关于三代以前帝王世系的叙述出自陈桱的《通鉴续编》和康熙的批注。[3]

直至 17 世纪的最后几年，欧洲学界都未彻底否定中国上古历史的年代体系，甚至没有非常激烈的批评。因为缺乏可供评判的必要材料，学者们只能接受卫匡国提供的信息。之后，柏应理的《中华帝国年表》（1686 年首版）和杜赫德的《中华帝国全志》（1735 年首版）基本上沿用了卫匡国的推算。

卫匡国用公元纪年体系撰写的《中国上古史》在欧洲出版，使中国和西方的历史得以在一个共同的时间序列中进行比较，从而引发疑问：中国最早产生的历史年代与《旧约圣经》中所说的人类祖先的年代是否有矛盾？这就是所谓纪年问题。卫匡国的推算确认中国远古时代伏羲即位的时间比《旧约圣经》记述的挪亚时代的洪水早 600 余年，使欧洲奉为经典的《圣经》创世说陷于窘境，从而引发了欧洲思想界对《圣经》记载的可靠性和中国纪年的长期争论。

正如法国学者伊莎贝尔·席微叶和约翰-路易·席微叶在揭示 18 世纪启蒙思想家伏尔泰跟这场神学辩论的关系时所指出的："与这种令人难以置信的（中国）古老历史相比较，犹太-基督教世界史就似乎是不值一提了。这一发现在一个多世纪中维持了一场极其重要的神学辩论，因为中国那已得到证实的古老特征使圣经年代体系的准确性受到了置疑，这样一来就使在圣经的价值上笼罩着一片疑云。在这样的背景下，大家就会明白伏尔泰的热情在于一箭双雕。中国的年代纪既是旨在反对圣经的一种武器，同时又是他自己的史学体系的基石。世界史是随着中国而开始的，文化、科学和艺术也是随着中国

1　陈喆、丁妍：《从年代学到通史：17—18 世纪耶稣会士的中国史撰述》，《世界历史评论》2019 年第 4 期。
2　陈喆、丁妍：《从年代学到通史：17—18 世纪耶稣会士的中国史撰述》，《世界历史评论》2019 年第 4 期。
3　吴莉苇：《明清传教士中国上古编年史研究探源》，《中国史研究》2004 年第 3 期。

而发展的。中国的优越性在所有的领域中都闪闪发光，如政治、经济、宗教和文化等。"[1]
可见，由卫匡国《中国上古史》译传欧洲引起的纪年问题的争论，已经超出了 17 世纪
的时限和一般汉学研究的范畴，威胁到《圣经》和基督教会的权威，动摇了《圣经》年
代学和创世说基础，并直接为 18 世纪启蒙思想家批判中世纪神学传统和确立新的史学
观提供了依据。

2.《易经》译传欧洲的开创者

卫匡国的《中国上古史》在中西文化交流史上的另一个重要意义，就是最早向欧洲
介绍了中国儒家经典《易经》及其卦图，包括《易经》最早的作者伏羲、卦图中阴阳爻
的定义、太极八卦的演化过程和象征意义等。《易经》在欧洲的译传是中学西传的重要
内容。

关于《易经》西传之始，中国学者过去认为，最早向西方介绍《易经》的应推比
利时入华耶稣会士柏应理。但实际上，早在柏应理之前 29 年，即 1658 年，卫匡国就
在慕尼黑出版的《中国上古史》第一卷中，向西方介绍了中国儒家群经之首《易经》。
他把"儒家的"译作"Cumfucium"，将"易经"译作"Yeking"，并把"易"之意翻
译成等同于"Philosophy"之意的拉丁文"Philosophantur"，这为后来通用的英译名
"Confucian"和"Yi-King"提供了参照。[2]

卫匡国对《易经》十分重视，他认为这是中国最古老的书，并且依据中国上古史的
年表和古代"河图洛书"的传说，介绍伏羲是第一个看到龙负卦图出于水的人，因而能
据此作易卦。神秘的《易经》甚至早于毕达哥拉斯的论著，后来被用来卜卦。他认为，
既然伏羲是中国的第一个皇帝，那么中国的第一门科学就是数学，《易经》"是中国第一
部科学数学著作"[3]，因为易卦是反映天人关系的一种数学模式。卫匡国还说孔子本身就是
基督徒。[4]

研究者认为，卫匡国在易学西传中有两个重要贡献：一是他第一次向西方指出伏羲
是《易经》最早的作者；二是他初步介绍了《易经》的基本内容，其中包括阴阳的定义、
太极八卦的演化过程。他向西方读者介绍说"阴"代表着隐蔽和不完全，"阳"代表着
公开和完全，"阴"和"阳"两种符号相结合构成了八个"三重符号"[5]（teigrams）。这八
个由"阴"和"阳"构成的"三重符号"分别为乾（☰）、坎（☵）、艮（☶）、震（☳）、
巽（☴）、离（☲）、坤（☷）、兑（☱），这八个符号反复相变又产生六十四种"六线形"

---

1 ［法］伊莎贝尔·席微叶、［法］约翰-路易·席微叶：《入华耶稣会士和中西文化交流》，［法］安田朴、［法］谢和耐等著，耿昇
译：《明清间入华耶稣会士和中西文化交流》，巴蜀书社 1993 年版，第 18—19 页。
2 林风：《生生之谓易：哲学诠释学视域下西方〈易经〉译介研究》，福建师范大学博士论文，2017 年，第 23 页。
3 D.E Mungello，*Curious Land, Jesuit Accommodation and the Origins of Sinology*, University of Hawaii Press，1989，p.128.
4 古伟瀛：《明末清初耶稣会士对中国经典的诠释及其演变》，《台大历史学报》2000 年第 25 期；岳峰、林风：《在索隐与文本之
间：鸦片战争前耶稣会士对〈易经〉的译介》，《中国文化研究》2016 年秋之卷。
5 应该是指取三个阴爻［符号为"--"］、阳爻［符号为"—"］符号，叠加为一个卦的图符。

（hexagram），它们分别象征和预示着自然和社会的各种变化与发展。卫匡国第一次向欧洲公布了六十四卦图，从而使西方人对《易经》有了直观理解，这幅图比柏应理等人在《中国哲学家孔子》一书中所发表的六十四卦图早 27 年。[1]

总之，卫匡国的《中国上古史》对《易经》的初步翻译和介绍，开启了易学西传四百年的漫漫征途。虽然卫匡国对《易经》的一些翻译用语似乎不太准确，但他终究是第一个把八卦、六十四卦等《周易》基本内容及其六十四卦图介绍到西方的人。同时他又承袭了利玛窦、金尼阁翻译和介绍中国四书五经的意愿，踏着同道先贤金尼阁的足迹，立足杭州、往返欧洲，在中学西传的浩大事业中，不愧为孜孜以求的开拓者。

五、卫匡国对中国地理学的研究和文化传播价值

卫匡国因编著《中国新地图志》[2]而享有"中国地理学之父"的美称。他在返欧途中用拉丁文编写的《中国新地图志》于 1655 年首次在阿姆斯特丹与当时欧洲最重要的制图家之一布劳合作出版，成为近代欧洲第一部正式刊行的质量最好、影响最大的西文中国分省地图集，又因被译为多种欧洲语言而广泛传布。正如意大利汉学家马西尼指出的："当 19 世纪新教进入中国，并由此开创了东西方关系的新时代之际，卫匡国的《中国新地图集》一书仍是研究中国制图学不可或缺的参考书。"[3]显然，直到 19 世纪，西方人对中国地理的认识仍然深受该著的影响。

该著的意大利文本现由已故意大利汉学家、罗马大学东方学院教授白佐良翻译完成，并附有详细注释说明，2002 年由卫匡国故乡的意大利特伦托大学出版。其原本即为 1655 年版的拉丁文本《中国新地图志》，收入意大利特伦托大学卫匡国研究中心主编的《卫匡国全集》第三卷，中译本正在翻译出版中。[4]

（一）《中国新地图志》的结构和内容简介

卫匡国的《中国新地图志》的结构内容，总体而言仍然带有中国传统地理著作"图"（地图）和"志"（说明文字）并用的特色（此著实以志文为主、图像为辅），然而其编纂理念、方法和内容却已超出传统地理学体系，而呈现出中西合璧的特色。其内含的大量晚明风俗等珍贵人文地理信息，是 17 世纪中西地理学融合的结晶。1655 年阿姆斯特丹初版

1　张西平：《〈易经〉在西方早期的传播》，《中国文化研究》1998 年第 4 期；［美］孟德卫著，陈怡译：《奇异的国度：耶稣会适应政策及汉学的起源》第四章第 4 节，大象出版社 2010 年版。

2　该书又译称《中国新地图集》《中国新地图册》，但中国传统地理学一向图志并存，图即地图，志即地理说明文。费赖之所撰"卫匡国传"中译为《中国新地图志》，而荣振华所撰"卫匡国传"译为《中国全舆新图》，且出版时间误记为 1654 年。不过，此著采用西法，面向欧洲读者，原文"Atlas"这个术语，既指多卷本的地图合集，又有新兴地理学的学科含义，故意大利当代汉学家白佐良、马西尼的论著中涉及 Novus Atlas Sinensis 均被译为《中国新地图集》。笔者仍以图志相称，乃看重该著融合中西地理学之价值。

3　［意］马西尼：《关于〈卫匡国全集〉第三卷〈中国新地图集〉的几点说明》，《国际汉学》2005 年第 1 期。

4　杨雨蕾：《卫匡国〈中国新地图集〉考论》，《文献》2021 年第 6 期。

《中国新地图志》双面印刷，以拉丁文编制，其主体内容包括 1 幅中国总图（Sinarvm）、15 幅分省图、1 幅日本和朝鲜地图（Iaponia），还有 19 页的目录、171 页的志文（即地理图说），并附有一份包含 1750 余条目的中国城市、聚落经纬度表。其中 15 个省分别是直隶（Pecheli）、山西（Xansi）、陕西（Xensi）、山东（Xantvng）、河南（Honan）、四川（Svchven）、湖广（Hvqvang）、江西（Kiangsi）、江南（Kiangnan）、浙江（Chekiang）、福建（Fokien）、广东（Qvantvng）、广西（Qvangsi）、贵州（Qveichev）、云南（Ivnnan）。

每个省为一章，每章之前配有一幅符合标准的彩色地图，并在每幅图的四周都标识出精密的经纬度。总图经纬刻度每度都以黑白格表现，逢 5 和 10 标出数字，并绘出网格线。可以查明中国各地城关的经纬度，均按照省份和城市大小排列。附录部分有各地经纬度表，卫匡国共列出 1757 个城市、聚落地点的经纬度。这是一份十分宝贵的资料，因为它不仅以一览表的形式标明了中国每个省、每个府的位置，更主要的是提供了书里提及的所有地方的经纬度数据。[1]

同时，每幅分省图上分别绘有海洋、山脉、河流、湖泊、运河、长城、大小城市以及能反映当地风土人情、传说掌故等的图画。地图上的地理信息，如水系特征等十分明显，重要的河流标有名称，湖泊、山脉和沙漠等也有较为形象的标识，各级各类行政区划有相对统一的符号区别标识。如浙江省图，除了标出所属全省 11 个府之外，还特别标出了隶属湖州府的安吉（Gankie）州［明正德元年（1506）改县为州］。学者指出："可证浙江省所据材料年限当在此以后，亦比北直隶为晚。"[2]

卫匡国的《中国新地图志》不仅在"图"的形式上采用西式方法绘制地图，而且在"志"的具体内容上，也与中国传统的官私地理志书有很大的差别。其关键在于挣脱了中国传统地理志书偏重政治地理、行政建制的局限，着重体现了欧洲地理学所主张的综合性学科的性质。

卫匡国的《中国新地图志》前言逾 80 页，意大利汉学家梅文健（Giorgio Melis）曾将其单独整理翻译出版。马西尼介绍了这篇前言的主要内容："卫匡国在《前言》中描述了中国的地理疆界，分析了它们名称的起源，介绍了中国的自然屏障、气候和地形，讲述了物产，最后还说明了各地的人文地理状况——这同时也是卫匡国书中最为宝贵的部分。卫匡国非常准确细致地描述了中国人以及中国的艺术、科学、信仰和风俗习惯，其中既有赞扬，也有尖锐的批评。……在叙述了中国人的衣着甚至饮品等细节后，卫匡国开始描述中国人的聪明才智，介绍了道路、舟船、简朴的房屋与豪华的宫殿、行政管理体制、佛塔和寺院。他还用两大段分别介绍了中国的水系和长城。水在中国被称为

---

1 参见杨雨蕾：《卫匡国〈中国新地图集〉考论》，《文献》2021 年第 6 期。
2 马雍：《近代欧洲汉学家的先驱马尔蒂尼》，《历史研究》1980 年第 6 期。明正德元年，安吉升县为州，划孝丰县下辖，仍属湖州府管辖，乾隆三十九年（1774），又把安吉降州为县。

'水利文明'，卫匡国在书中说明了水在中国古代文明中所起的重要作用，概括地描述了中国的河流，特别是两条大河——长江和黄河的情况。"[1]

可见，前言是卫匡国对晚明中国的总体概述，反映了他对中国基本国情的了解，并介绍了给他留下深刻印象的象征中国社会和文化特色的事物——长城、长江、黄河、汉字、制度和风俗等。特别值得关注的是他对某些中国传统陋习的评述，比如他针对妇女缠足写道："中国女人的脚仅比羊蹄子或牛蹄子大一点。在这些文明人中间，即使是看到《伊里亚特》中美丽的海伦，也会因为她的脚太大而瞧不起她，这实在是奇怪而又可笑的愚蠢行为。可在这里，所有的女人为了取悦男人，都会心甘情愿地自残（缠足）。"[2]显然，卫匡国始终坚守利玛窦的"文化适应"传教策略，深入明末社会和士人交际圈，长期奔波于南北各地进行实地考察，积累了丰富的有关中国的人文地理知识，由此他迅速成长为一名学者型传教士。从这篇前言的字里行间，我们可以比较全面地观察卫匡国心目中的中国形象，可以窥见他究竟想给欧洲人传递一个什么样的中国观——一个比较真实而有趣味、生动而又立体的中国观！

从卫匡国对各个行省的志文介绍中，我们可以更加深切地感受到他是以西方人的视角、欧洲人的兴趣和传教士的理性为基点，配以精致的视觉语言，力图全面介绍这个东方神秘国度的所有欧洲人渴求的自然和人文地理信息。

卫匡国分省图志的优点在于：各省各府的图文体例大体一致，首先综述全省的情况，该省的边界、主要特点、省名的历史沿革、人口及其性格特征、主要物产（比如浙江的丝绸或陕西的大黄等）。然后按府分叙每个行政辖区州、县和镇的情况。各府所辖之州、县的名称都用中间有黑点的圆圈标出。对每个辖区的介绍内容丰富、条理清晰，主要包括地理位置、名称来源、建制沿革、面积四至、气候物产、名山大川、重要城镇、户口租赋、风俗习惯、名胜古迹、掌故逸闻等，几乎中国地理书中常见的项目，此书都有。

（二）《中国新地图志》的主要特点和学术价值

卫匡国的《中国新地图志》与同时代的地理图集相比，其内容特色和学术价值，概而言之有以下几大方面。

第一，该著是第一部在欧洲正式刊行的多语种西文中国分省地图集。

利玛窦的《坤舆万国全图》以奥特柳斯的《地球大观》（*Theatrum Orbis Terrarum*）为蓝本向明朝人展示了世界原本的面貌，重点在于首次传播了世界地图上的中国，以及中国仅仅是世界的一员，但没有进一步介绍中国境内各省的详细情况，而卫匡国的《中国新地图志》则首次正式向欧洲介绍了明代中国地方各省之间的异同。《中国新地图志》

1　[意]马西尼：《关于〈卫匡国全集〉第三卷〈中国新地图集〉的几点说明》，《国际汉学》2005年第1期。
2　[意]马西尼：《关于〈卫匡国全集〉第三卷〈中国新地图集〉的几点说明》，《国际汉学》2005年第1期。

除了首版拉丁文本之外，又有德文本、荷兰文本、法文本、西班牙文本等。

《中国新地图志》吸引人之处更在于：书中包含17幅彩色地图。这无疑是卫匡国在其所熟知当时中国地图的基础上，根据手中的地图样本绘制而成的。[1]

第二，该著是第一部采用西方制图方法"漩涡花饰"向欧洲人展示出系统编绘的晚明中国社会及明朝人的生活场景的图像志。

花饰是欧洲地图中特有的地图装饰，也是卫匡国中国地图中最引人注目之处。卫匡国《中国新地图志》中的全部17幅地图都采用了欧洲地图中特有的漩涡花饰，又利用了当时地图制作技术处于顶峰时期的荷兰专家，运用欧洲地图最具代表性的装饰绘法，用地图展现明代风俗场景，向欧洲全面介绍了明朝。荷兰阿姆斯特丹的布劳制图家族首次出版了卫匡国的《中国新地图志》拉丁文版，其风格面貌是典型的佛兰芒（Flemish）地图学派式，它们的绘制不仅受到地理大发现的影响，图示方面也将简洁明快的风格与装饰结合在一起，最突出的即是采用漩涡花饰。学者指出：漩涡花饰通常是椭圆形的盾状徽章或是长方形的结构，用作地图或地球仪中的装饰标记，一般包含地图标题、制图者的姓名、出版日期、家族徽章、地图比例尺和图例，有时也会有地图内容的介绍。漩涡花饰的设计风格也会根据不同的制图者和时代发生变化。[2]

在荷兰乌特勒支收藏的《中国新地图志》原刻本中，晚明各省，如北直隶、山西、浙江、福建和广东省的地图中均出现精美的花饰。这些花饰描绘了晚明社会的各个生活场景，就像是晚明的分页地理"风俗画"。这种对地图集装饰的重视，暗示了作者或出版方期望有关中国的地图能引起欧洲读者的兴趣，使得地图集不仅更准确地呈现明代中国的地理地形，而且能通过详细的文字介绍，图文并茂地将中国的形象展现在欧洲人面前。

从笔者截取的卫匡国《中国新地图志》15幅分省地图的漩涡花饰图统计分析来看：

一是15幅分省地图上，总计绘有22个漩涡花饰图像。其中，北直隶（右侧上、下各1个）、山西（左上、右下各1个）、陕西（上中、下左各1个）、山东（左上1个）、河南（左上1个）、四川（左上、右下各1个）、湖广（右下1个）、江西（右下1个）、江南（左下1个）、浙江（右下1个）、福建（上部左、右各1个）、广东（右下1个）、广西（左上1个）、贵州（上左、下右各1个）、云南（左上、右下1个）。

二是漩涡花饰图像种类有人物、动物、武器、神灵、植物等，但以人物为主。花饰人物图像中主要有官吏、儒士、洋教士、妇人、武士、农夫、童子、猎户、手工业者等。在不同分省图的花饰人物图像中，多见服饰多样、社会身份不同的明朝人物形象，但传统士人描绘较少，这表明卫匡国可能想向欧洲人传达晚明社会不同社会阶层和身份

1　张西平、［意］马西尼等主编：《把中国介绍给世界：卫匡国研究》，华东师范大学出版社2012年版，第356页。
2　参见郭亮：《耶稣会士地图中的晚明社会与风俗》，《国际汉学》2019年第2期。

地位的中国人，尤其是广大普通中国人的生活面貌。其次，也有各种民间神灵用作地图花饰，如关羽、周仓、观世音菩萨等。还有极少量的动植物花饰，如竹子、凤凰等。显然，卫匡国意在全方位地展现晚明中国各地社会的真实风貌，这也是卫匡国足迹遍及中国各地，长期观察研究中国各地风土人情的佐证。

北直隶图饰

山西图饰

陕西图饰

山东图饰

河南图饰

四川图饰

湖广图饰

江西图饰

江南图饰

浙江图饰

福建图饰

广东图饰

广西图饰

贵州图饰

云南图饰

三是各省花饰图像尽可能结合当地的风物特产，选择具有代表性和标志性的。比如，卫匡国最熟悉的浙江省，他采用的花饰图像是养蚕、缫丝的风俗场景：有三位妇人分立左右两侧，左侧之人旁有炉灶，即所谓"缫丝之灶"（见浙江图饰之左侧），此人右手在摇车。研究者指出，卫匡国所绘"缫丝之灶"与明清时期我国专业桑蚕技术著作所记载的工艺流程非常接近，因为画面已经仔细绘出缫丝之时，安灶、排车之工艺。这些细节的展示，说明了卫匡国对桑蚕纺织工艺技术的熟悉程度。[1] 对照《中国新地图志》浙江篇的志文解释，卫匡国确实花费了不少笔墨论及桑蚕。作为亲历之地，他很熟悉浙江省桑蚕丝绸方面的状况，甚至做了相关的赋税统计：浙江每年纳税数量十分可观，有370466磅生丝和2547卷丝绸。每年还要分四次，用大型的"龙衣船"载满特制的丝织品送往京城。它们精美绝伦，多用金银丝线甚至彩色的羽毛编织而成，专供皇帝、皇室成员和个别得到皇帝特许之人穿用。[2]

他说："浙江省内随处可见桑林。和我们种植葡萄的方法相似，这里的桑树也是每年修剪一次，以确保它们不过分生长。经验表明，蚕丝的质量主要取决于桑树的大小；桑树越小，用它的叶子喂养出来的蚕越能吐出质量上乘的蚕丝……来这里之前，我一直有个疑问：与中国丝绸相比，为什么欧洲的丝绸显得既厚且粗糙？现在我想，大概就是因为欧洲人没有注意桑叶的问题吧。"[3]

卫匡国对丝绸商品的价格也有深入了解："这里（浙江）的丝织品被认为是全中国质量最好的，但价格却相当低……在中国，丝绸的价格差异很大，主要取决于蚕丝的质量：用春天产的蚕丝制成的丝绸质量最好，价格也最贵……"[4]

卫匡国的地图集中，他对浙江省地图花饰中展示场景的精心选用和对所选桑蚕产业的精心描绘，说明一个道理：15幅分省地图上的花饰图像传递了十分丰富的中国区域人文地理信息。而对卫匡国来说，地图是欧洲人对明代中国深入了解的开始，地图花饰承载的某种博物学和社会学功能，让卫匡国的"中国式"图像模式充当了"中学西渐"与中西交流的独特载体。

比如，当卫匡国于1655年在荷兰首次出版这部地图集时，明朝的灭亡已经过去了11年之久，但是卫匡国却在分省地图上，依然采用欧洲人熟悉的漩涡花饰图像模式，绘制那些给他留下深刻印象的穿着明朝服饰的各色人物，实际上，他悄无声息地表达了一种强烈的"故国之思"。或许这正是他对当年在杭州取名"卫匡国"的初衷的纪念，而这种情感在清初遗民士人群体中曾经普遍存在。可见，《中国新地图志》采用的漩涡花饰图像，让地图得以承载超出地理信息之外的中西文化交流载体的功能，至今仍然具有

1 参见郭亮：《耶稣会士地图中的晚明社会与风俗》，《国际汉学》2019年第2期。
2 张西平、〔意〕马西尼等主编：《把中国介绍给世界：卫匡国研究》，华东师范大学出版社2012年版，第289页。
3 张西平、〔意〕马西尼等主编：《把中国介绍给世界：卫匡国研究》，华东师范大学出版社2012年版，第288页。
4 张西平、〔意〕马西尼等主编：《把中国介绍给世界：卫匡国研究》，华东师范大学出版社2012年版，第288页。

值得深入探究的价值。

第三，该著是近代以前中国地理测绘得最完备、最精确的一部地图集。

马雍先生在《近代欧洲汉学家的先驱马尔蒂尼》一文中认为卫匡国《中国新地图志》的详细和正确程度是其他耶稣会士的地图集所不能及的。他专门列举了《中国新地图志》对浙江省内几处地名的正确解释：卫匡国在解释金华府的名称来源时指出，该府得名于金华山，而金华山是因金星与婺女星争华而得名的；他在介绍台州府的名山时指出，盖竹山道书以为第十九洞天；他在标举严州府桐庐县的富春山时，指出该山位于七里濑附近，是纪念著名哲人严子陵的胜地。马先生指出，卫匡国作为一位 17 世纪来华的外国人，能对中国地理做出这样水平的报道，简直使人不敢相信。阅读这部著作就如同阅读中国地理学家所修的地理志一样。因而，他认为："直到十九世纪中叶以前，这是对中国地理测绘得最完备、最精确的一部地图。我国与之时代相当的地图，甚至时代更晚一些的地图，如《读史方舆纪要》《大清一统志》等书中的图，在精确度和绘制技巧方面都比不上这部地图集。"[1]

1982 年，中国科学院地理研究所高泳源先生在《自然学史研究》第 4 期上发表了《卫匡国（马尔蒂尼）的〈中国新图志〉》一文。他认为，卫匡国在地理学方面的贡献超过了马可·波罗和利玛窦。卫氏《中国新地图志》对中国海岸线的描绘，比以前任何欧洲地图都更为精确，山东半岛、杭州湾的喇叭口、漳州湾和珠江口都显现出来；对于水系这一地理要素，大部分标示得比较完整、准确，对珠江流域、长江上游自金沙江以下的流向、黄河上游大转弯的起点，描述得都相当准确，分省图的水系也完善而富有特色；全国 15 个省的界线和分省图上府州的界线都非常清晰；此外，在分省图上标示了矿坑、土类等与经济有关的现象，表示矿坑有金、银、汞、石材等八种，分布在山东、河南、湖广、江西、浙江、福建、广东、广西、贵州、云南十省。卫匡国还精通测量技术，曾设计过用一种磁针偏差来测定经度的方法，来华以后，每到一地，就测量经纬度，附录于《中国新地图志》最后部分的经纬度详表。卫匡国共搜集了全国各地 1754处（前引杨雨蕾《卫匡国〈中国新地图集〉考论》一文说为 1757 处）经纬度数据，这在地图史上也是首创。

第四，该著融入了卫匡国对中国地理和历史文化的考察和研究成果，有关中国各地人文地理知识的图像文字记录，其史料具有丰富性和多样性，为欧洲学界提供了更加准确和翔实的汉学研究资料。

卫匡国在图集中多处引用了马可·波罗的记载，也对游记中的一些错误做出纠正，并对欧洲当时仍然流行的有关中国的一些错误认知做出解释。比如卫匡国在图集前言中

1　马雍：《近代欧洲汉学家的先驱马尔蒂尼》，《历史研究》1980 年第 6 期。

说："欧洲人没有必要再对Cathay、Mangin、Quinsai等城市的名字胡乱猜测了……"Cathay（契丹）并非中国之外存在的另一个广阔的国度，Mangin（蛮子）在当地语言中的意思是野蛮未开化的人，是对汉人的蔑称，而Kingsai、Quinsay或Quinsai（行在）等就是指杭州（Hangcheu）。虽然卫匡国没有指出Cathay实际上就是指中国这一点，但利玛窦等先人已经告诉欧洲人。而卫匡国则再次强调了Cathay、Mangin指代的是中国或中国的居民，并且强调西方人所称中国的"Sinae或China"当来源于Cin（秦），并且第一个将"支那"（Sina）解释为"秦"的对音。[1]另外，卫匡国还考证出马可·波罗所说的Singui是苏州，Cugui是衢州，Cingiam是镇江等。

卫匡国在书中还对各地基督教的传布情况与教堂详加叙述。尤其是他先后分两个阶段实地考察了全国各地许多地区，他自述曾经实地勘测了明朝15个行省中的7个（直隶、浙江、山西、河南、江南、福建、广东）。[2]他亲自勘测地理数据，附录于书后的1754条（或1757条）明末中国城市和聚落的经纬度数据，成为珍贵的地理学研究资料。同时他也以西方人的视角，观察、记录和研究中国各地的风土人情。凡此种种，均证明卫匡国是综合了中西双方的资料并加以自己的研究才写成此书的。因而《中国新地图志》内含丰富的人文地理信息，尤其是保存在图集中的15个省的17世纪中国地方人文地理资料，其在图像、语言、地名、风俗、物产等方面资料的真实性、稀缺性和独特性，不可多得。

比如仅从语言学方面考虑，卫匡国的地图集至少用了5种欧洲语言出版，在地图集的17幅图及其志文中收录了大量西文中国地名，其承载的地理信息和语言文化材料，就是一份难得的中西语言比较和地区方言研究的第一手实用史料。马雍先生早在1980年发表的论文中就已经关注到这一价值并提出精彩见解："根据马尔蒂尼的地名译音可以判断他所学的汉语是浙江方言而非北方官话。例如：他对'柔''玉'二字不分，均译作jo；'满'译作muon；'肃'译作so；'完'译作huon；'栾'译作lo；'阜'译作heu；'严'译作nien；'岩'也译作nien。这类例子不胜枚举。由此也可以补充证明，他初到中国时，先在杭州停留了较长时间，而并非早就北上京师。否则他将学会北方官话而不会使用浙江方言了。"[3]

另外，中外学者还指出卫匡国《中国新地图志》的主要学术价值是运用欧洲近代科学方法和仪器，进行实地的考察测量，同时又吸收了中国历史上丰富的地理学遗产。

从卫匡国的科学素养和经历来看，他具有成就当时最优秀的地理学著作的必备条件。首先，卫匡国进入耶稣会后在罗马学习期间，曾随当时最杰出的学识渊博的数学

1　费赖之所撰"卫匡国传"称："以支那之对音本于秦（公元前二四九年至公元二〇六年）者，即首见于匡国之《中国新地图志》，今人大致皆采其说。"见［法］费赖之著，冯承钧译：《在华耶稣会士列传及书目》上册，中华书局1995年版，第265页。

2　张西平、［意］马西尼等主编：《把中国介绍给世界：卫匡国研究》，华东师范大学出版社2012年版。

3　马雍：《近代欧洲汉学家的先驱马尔蒂尼》，《历史研究》1980年第6期。

家基歇尔神父研习数学；其次，卫匡国到达中国后，即使是 1645 年在温州附近躲避战乱时，他仍随身携带着不少的欧洲图书、望远镜、反射镜和其他数学仪器，以作观测之用。此外，卫匡国还是欧洲著名的物理学家、幻灯的发明者阿塔纳修斯·基歇尔的学生。卫匡国在返回欧洲期间，即利用基歇尔刚发明不久的在欧洲还极为罕见的幻灯片，为在华的传教事业进行宣传。英国著名科学史专家李约瑟指出："很少为人知道的是卫匡国——从中国回来的一位耶稣会士——1654 年在欧洲的一次旅游中曾利用幻灯片进行讲演。"[1] 凡此种种皆可说明，卫匡国既具备包括数学和天文学在内的良好的科学素养，又注意运用新的科学成果，这为他在中国进行实地的测量观察打下了坚实的基础。

众所周知，卫匡国来到中国之际，晚明中国已经诞生了一位伟大的地理学家徐霞客（1587—1641，名弘祖，字振之，号霞客），他是南直隶江阴县（今江苏省江阴市）人。他在 30 多年的时间里，足迹及于当时的 14 个省，以日记体裁的形式记录了其大部分行程及观察所得，撰成了 60 万字的地理学名著《徐霞客游记》。《徐霞客游记》成书于 1642 年，即卫匡国到达杭州的前一年，开辟了我国地理学上实地考察自然、系统地观察和描述自然的新方向。徐霞客在地理知识上的主要贡献，是以无可辩驳的事实材料否定了传统所公认的长江导源于岷江的说法，而得出长江源头实为金沙江的结论，以及通过对广东西江之源南北盘江的实地勘察，搞清楚了该水系的大体轮廓。

那么，中外学界自然会关注：徐霞客是否与传教士接触并吸收西方科学知识？卫匡国在编著《中国新地图志》时是否吸收了徐霞客考察研究的成果？如裴化行和方豪都曾著文予以探讨，并得出"霞客一生，似不能不受西洋科学之影响，而与当时之西洋教士不能无间接之关系"[2] 的结论。在此基础上，中国地理学者高泳源推论道，"卫匡国要采用《徐霞客游记》的资料，必定会选择和了解徐霞客在地理学上的主要贡献，而不是舍本逐末，去追求一些无足轻重的枝节问题"。通过分析比较，高泳源比较同意方豪的推测，进而认为，徐霞客的《江源考》和《盘江考》两篇地理文献，对长江和黄河进行比较分析，对南盘江、北盘江之源做了考察，贡献卓著。"恰恰在这样两个重要问题上，《中国新图志》表现得很准确，出类拔萃，而且这些地区，卫匡国都没有到达过。这不是偶然的巧合，只有在卫匡国参照了《徐霞客游记》，抓住了它的精神实质之后，才能做到这一点。"[3]

由此可见，《中国新地图志》特别注重吸收当时中国地理学家徐霞客的最新考察和研究成果，卫匡国堪称融合中西地理学研究成果的先锋。正如中国学者马雍所评价的："从欧洲人的眼光来看，马尔蒂尼最有科学意义的著作是他的《中国新地图集》。他由此

1　[英]李约瑟：《江苏的光学技艺家》，潘吉星主编：《李约瑟文集（修订版）》，辽宁科学技术出版社 2024 年版，第 354 页。
2　方豪：《徐霞客与西洋教士关系探索》，《方豪六十自定稿》上册，台湾学生书局 1969 年版，第 287 页。
3　高泳源：《卫匡国（马尔蒂尼）的〈中国新图志〉》，《自然科学史研究》1982 年第 4 期。

而获得'中国地理学之父'的美誉。这个称号，他是当之无愧的。这部地图集是他一生用力最勤、学术水平最高的著作。"[1]

（三）关于《中国新地图志》的文献史料来源

主编意大利文译注本《卫匡国全集》的学者白佐良详细整理出了《中国新地图志》所引用的中国史料，另一学者马西尼则概述了《中国新地图志》史料来源的学术史背景。[2]据卫匡国在《中国新地图志》序言中写道："简短介绍过上述内容后，下面我会逐个描述每一个省，其中有我亲自游历过的（事实上我到过其中七个），也有我从值得信赖的中国制图学家那里了解到的信息。事实上，他们一丝不苟地撰写了很多书籍，标注了所有城市、县、河流、山峰的名字和其它有用信息，还细致地注明了距离，但没有经度和纬度。因为我亲自对很多地区进行了测量，所以我在地图和那些被我视若珍宝般带回祖国的中国书籍的帮助下，可以毫不费力地得到这方面的准确信息。"[3]又说当他"奉召回欧洲的时候，编纂工作方才开始，带了五十多种中文著作上船"。[4]"他携带了关于中国历史和近期发生的事件的 50 卷书籍及笔记，其中包括 15 本中国地理著作。"[5]卫匡国告诉我们他的著作文献来源：一是他收集的中国书籍，但没有说明哪些书；二是源于他自己的实地测量。

卫匡国作为一个西方人，竟然编著了第一部在欧洲正式出版的中国分省地图集，那么《中国新地图志》中丰富的中国地理学文献史料究竟来自何方？这种学术思维，从中外学者关注卫匡国这部地理学名著之初就自然发生了。

费赖之所著的《在华耶稣会士列传及书目》"卫匡国传"中即指出："所本者疑是十七世纪初年之《广舆记》。当时识中国之舆记，要以是编为最完备正确，尚可备今日之参考。"[6]费赖之此著撰写于 1868—1875 年的上海，改定成书于 1886 年。费赖之可谓最早关注卫匡国《中国新地图志》之文献史源的学者之一。

20 世纪 80 年代，中国社科院历史研究所马雍于 1980 年发表的《近代欧洲汉学家的先驱马尔蒂尼》一文专门阐述了《中国新地图志》的文献来源问题："读者不禁会怀疑，马尔蒂尼是否完全翻译中国的某部地志，或简单地作一些文摘。当然，此书毫无疑问是以中国的方志作为根据的。但是，作者绝不是进行一种简单的摘译工作，而是参考了大量材料，并加以自己的研究才得出这样的成果。"[7]

1 马雍：《近代欧洲汉学家的先驱马尔蒂尼》，《历史研究》1980 年第 6 期。
2 ［意］马西尼：《关于〈卫匡国全集〉第三卷〈中国新地图集〉的几点说明》，《国际汉学》2005 年第 1 期。
3 白佑良意大利文译注本，转引自杨雨蕾：《卫匡国〈中国新地图集〉考论》，《文献》2021 年第 6 期。
4 高泳源：《卫匡国（马尔蒂尼）的人中国新地图志》，《自然科学史研究》1982 年第 4 期。
5 张西平、［意］马西尼等主编：《把中国介绍给世界：卫匡国研究》，华东师范大学出版社 2012 年版，第 167 页，此外第 210 页也有类似表述。
6 ［法］费赖之著，冯承钧译：《在华耶稣会士列传及书目》上册，中华书局 1995 年版，第 265 页。
7 马雍：《近代欧洲汉学家的先驱马尔蒂尼》，《历史研究》1980 年第 6 期。

据他研究，卫匡国对各省所采用的材料大抵年代上限不出宣德，下限不出万历，至少参考了宋代税安礼的《历代地理指掌图》，明代罗洪先的《广舆图》，以及吴学俨、朱绍本等的《地图综要》等多种中国地图汇集，其书是大量参阅各类中国志书的结晶。同时，马雍又指出，卫匡国在志文中标出了有关的经纬度，对《马可·波罗游记》中的一些错误做出纠正，他对各地基督教的传布情况与教堂的叙述，均为中国方志之所无。因此，卫匡国《中国新地图志》是综合了中西双方资料并加以自己的研究才写成的。[1]

此后，高泳源《卫匡国（马尔蒂尼）的〈中国新图志〉》一文特别就《中国新地图志》与明代学者罗洪先（1504—1564）所著《广舆图》之间的联系做了考证。高泳源认为，前者采用了坐标网格，有较好的数学基础，而后者用的是我国传统的"计里画方"之法。关于人口统计两者相差也很大，在对待长江以何为主流的问题上，两者亦有分歧，因此，可以认为卫匡国曾参照过《广舆图》，但并没有"摹抄"，因而不能贬低卫匡国的特殊贡献。

白佐良非常仔细地将《中国新地图志》的文本与此前出版的中国已有的13部地理著作逐段地进行了对照，从而全部列出了卫匡国所引用的中文地理书目。他根据《中国新地图志》对这些中文著作所参考和引用的不同程度从高到低排序为：《广舆考》《广舆图》《图书编》《三才图会》《皇舆考》《明史》。这最后一部书，特别在第七省湖广和第八省江西中，在那些最难以解释的地方，曾多次被引用。[2]

近年来学者林宏和杨雨蕾发表文章，对卫匡国《中国新地图志》的文献来源问题做了更深入的探讨。林宏指出，19世纪以来，许多学者误认为卫匡国及其他耶稣会士以实测经纬度数据为基准，参考了《广舆图》的计里画方网格推测各地度数，对中文原图做出修正，但现在可以肯定现藏于梵蒂冈图书馆的晚明凝香阁刻本《广舆记》才是卫匡国的最主要参考依据。同时他对于《中国新地图志》附录中全国1750多个城市、聚落经纬度数据的来源问题进行了详细考证，并得出结论：卫匡国在华旅行经历有限，且并非如部分先行研究者猜测的那样，习惯于沿途测量城址纬度，因此仅有极少数本人纬度实测值用于《中国新地图志》的绘制。为使图集尽快出版，他沿用欧洲制图家的旧图示设定中国的总体经度范围。经纬度表中的绝大多数数值是在少量控制点数值基础上，主要根据《广舆记》分省地图上的相对方位推算得出的。[3]

杨雨蕾则对卫匡国重点参考的中文文献《广舆记》、《广舆图》和《大明一统志》做

---

1 马雍：《近代欧洲汉学家的先驱马尔蒂尼》，《历史研究》1980年第6期。
2 ［意］马西尼：《关于〈卫匡国全集〉第三卷〈中国新地图集〉的几点说明》，《国际汉学》2005年第1期。
3 详见林宏相关研究成果：《卫匡国〈中国新图志〉的绘制方法——基于梵蒂冈藏卫匡国批注本〈广舆记〉之〈广东省图〉的研究》，戴龙基、杨迅凌主编：《全球地图中的澳门（第二卷）》，社会科学文献出版社2017年版，第347—397页；《卫匡国〈中国新地图志〉的制图方法》，上海交通大学科学史与科学文化研究院博士后出站报告，2018年；《〈广舆记〉与卫匡国〈中国新地图志〉城址经纬度推定过程研究》，《历史地理研究》2021年第1期；《卫匡国〈中国新地图志〉经纬度数据的来源》，《中国历史地理论丛》2022年第1期。

了进一步研究，同时也对卫匡国《中国新地图志》参考的其他中西文献做了说明。[1]

（四）《中国新地图志》的欧洲影响

《中国新地图志》在欧洲的影响从 1655 年阿姆斯特丹首次出版拉丁文本就开始发生了，拉丁文是当时欧洲大学和知识界的主流语言文字，这表明《中国新地图志》一开始就进入了欧洲主流知识界，引起欧洲地理学界的重视，成为当时欧洲了解中国地理的必读之书。事实也正是如此，拉丁文本出版的当年（1655 年）就出版了德文本，1656 年出版了荷兰文本和法文本，1658—1659 年出版了西班牙文本，其中法文本在 1663 年和 1667 年又有重印本。其中除了与《大地图集》（Atlas Major）合编出版[2] 之外，拉丁文、德文、法文、荷兰文四个语种均有单行本出版发行。至今在欧洲的不少图书馆除了有完整的《中国新地图志》，还能看到有单幅的卫匡国绘制的"中国总图"。[3]

正因为《中国新地图志》是首次在欧洲公开发行的全面而深入地介绍中国地理的专著，卫匡国迅速地赢得了"中国地理学之父"的称号，其图志亦被欧洲地理学界视为地图绘制史上的里程碑。

《中国新地图志》以其卓越的地理科学价值受到欧洲学界的推崇。英国早期的汉学家亨利·玉尔（Henry Yule，1820—1889）指出，17 世纪中叶所绘的欧洲国家地图无一能和卫匡国的相比。近代德国地理学家李希霍芬（Ferdinand von Richthofen，1833—1905）也称赞卫匡国的这部地图集是"我们所拥有的一本最完整的中国地理著述，因此，卫匡国成为中国地理学之父"。费赖之所撰《在华耶稣会士列传及书目》中称《中国新地图志》为"当时识中国之舆记，要以是编为最完备正确，尚可备今日之参考。杜赫德神甫在一七三五年所撰之书，虽晚出，然后来未能居上也"[4]。即费赖之认为卫匡国《中国新地图志》的学术影响力超过了 80 年之后出版的法国汉学家杜赫德所著《中华帝国全志》，而且直到 19 世纪后期仍然是欧洲学界常备的参考书。

有中国学者对德国柏林国家图书馆藏 16 至 18 世纪西文中国地图藏品做了分析：1655 至 1736 年出版的含"中国"的地图共 66 份，其中有 33 份参考了卫匡国的中国全图，近 60％的地图在绘制中国或中国部分地区的轮廓时以卫匡国作品为参考标准。[5]

中国学者的新近评价是：卫匡国作为第一个将中国的自然面貌、经济和人文地理的现状系统地介绍给欧洲的人，他的《中国新地图集》较好地展现出"中国"作为一个地

1　杨雨蕾：《卫匡国〈中国新地图集〉考论》，《文献》2021 年第 6 期。
2　《大地图集》系荷兰东印度公司的绘图师约翰·布劳（John Blaeu，1596—1673）于 1622 年编制的地图集，它印制精美、篇幅宏大，仅拉丁语版就有 11 卷 594 幅地图，成为世界史上最昂贵的地图。卫匡国《中国新地图集》作为《大地图集》的第六部分出版。
3　杨雨蕾：《卫匡国〈中国新地图集〉考论》，《文献》2021 年第 6 期。
4　［法］费赖之著，冯承钧译：《在华耶稣会士列传及书目》上册，中华书局 1995 年版，第 265 页。
5　吴莉苇：《欧洲近代早期的中国地图所见之欧人中国地理观》，《世界历史》2008 年第 6 期。

理单元整体所具有的自然和文化特征。[1]

不过，当代欧洲汉学家的评价，应该更能说明卫匡国《中国新地图志》对欧洲的影响。当代西方学者约克·汉斯（Yorck Haase）指出，《中国新地图志》是"十七世纪地图绘制中最受人称羡的成就之一。它不仅使当时欧洲绘制的中国地图大大前进了一步，而且直到今天，在欧洲仍然是唯一的包括比例约为 1 ：1500000 的 15 幅分省的中国地图集。[2]"可见正是在介绍和融合东西方地理学知识的问题上，卫匡国对于欧洲进步的社会思潮的发展又做出了新的贡献。

这部非凡的地图集引导欧洲人，从流行于欧洲文化的中世纪观念，发展到重视人类在时空中的作用"。正如巴尔达奇（O. Baldacci）所说："自卫匡国的《中国新地图集》问世后，从前在公众中广泛传播的所有介绍中国的印刷品通通成了废纸。[3]"

而当代意大利汉学家马西尼作为《卫匡国全集》的主要编译者和研究者，他对卫匡国《中国新地图集》的评价最具代表性意义：

> 卫匡国的地图集至少在近一个世纪里都保持着最权威的地位，直到 1735 年，法国耶稣会士唐维尔（Jean-Baptiste Bourguignon d'Anville，1697—1782）才在荷兰海牙出版了《中国新图》（*Nouvel Atlas de la Chine*），采用的是西方传教士在北京奉康熙皇帝之命绘制的《皇舆全览图》的副本。尽管如此，当 19 世纪新教进入中国，并由此开创了东西方关系的新时代之际，卫匡国的《中国新地图集》一书仍是研究中国制图学不可或缺的参考书。
>
> 如果说利玛窦和艾儒略让中国认识了欧洲，尤其让中国认识了欧洲的地理，那么卫匡国则是在马可·波罗带回那些根据不足的信息后，第一个将中国的自然面貌、经济和人文地理的现状系统地介绍给欧洲的人，为欧洲在 19 世纪对中国先后进行的文化和商业开拓铺平了道路。这个伟大的功绩确实应归于卫匡国。[4]

（五）《中国新地图志》中的第十省浙江：卫匡国的浙江人文地理叙事

1.浙江省是中国最重要的第三大省区

《中国新地图志》第十"浙江（Chekiang）省图"的志文中，标列了"省边界""盛产丝绸""捐税""居民性格"四个子目，分别介绍了浙江省的边界、丝绸、税收商业、居民人口及水上交通简况。其开篇即对浙江省做了明确定位："从重要性的角度看，浙

1　杨雨蕾：《卫匡国〈中国新地图集〉考论》，《文献》2021 年第 6 期。
2　朱雁冰：《耶稣会与明清之际中西文化交流》，浙江大学出版社 2014 年版，第 93 页。
3　张西平、［意］马西尼等主编：《把中国介绍给世界：卫匡国研究》，华东师范大学出版社 2012 年版，第 3 页。
4　［意］马西尼：《关于〈卫匡国全集〉第三卷〈中国新地图集〉的几点说明》，《国际汉学》2005 年第 1 期；张西平：《欧洲早期汉学史——中西文化交流与西方汉学的兴起》，中华书局 2009 年版，第 380 页。

江省在中国的地位仅次于曾经设有京城的两个省份，而它的一个城市也曾是宋朝的都城。"[1] 所谓设有京城的两个省份即指历史上的都城，又是明朝的两京所在地：直隶省的北京和江南省的南京。卫匡国显然认为他长期驻留过的浙江省是当时中国最重要的第三大省区，他给出的主要理由是："与中国其他地区相比，浙江的面积不仅最大，其富饶程度也远远超过其他地区。浙江省有 11 个府，每个都有能力成为一个单独的省，其中杭州府一府就可以成为独立王国。另外还有 63 个小型城镇属于这 11 个府，此外浙江还有数不清的小镇和乡村。"[2]

2. 浙江的养蚕方法和丝织品优于欧洲

前述《中国新地图志》中的浙江省地图，卫匡国采用的漩涡花饰图像就是最具浙江风物特色的养蚕、缫丝场景，即所谓"缫丝之灶"花饰图。他在《中国新地图志》浙江省图的志文中特别指出：浙江的丝织品质量之所以优于欧洲，主要原因在于"蚕丝"的质量，而蚕丝的质量主要取决于桑树的大小，小桑树喂养的蚕才能吐出质量上乘的蚕丝，即桑叶的质量最终决定了蚕丝的质量和价格！最后卫匡国发现浙江人的养蚕方法与欧洲地区并无二致，但是惊讶于"这里的蚕可以乖乖地在树上吐丝，完全不需要有人专门辛勤地照管"[3]。

丝绸在明末清初的来华传教士中成为他们著述中的重要描述对象，从《利玛窦中国札记》到 1641 年曾德昭的《大中国志》，它们都对包括中国丝绸在内的中华物产做了记录。《利玛窦中国札记》中描述："我也毫不怀疑，这就是被称为丝绸之国（Serica regio）的国度，因为在远东除中国外没有任何地方那么富饶丝绸，以致不仅那个国度的居民无论贫富都穿丝着绸，而且还大量地出口到世界最遥远的地方。"[4] 曾德昭《大中国志》中描述："论富庶它超过其他许多省，（浙江省）可称作中国商品潮流的最佳源头。它的特产是丝绸，无论生丝还是成品，也不管是茧还是原料，都运往各地。总之，中国输出的丝绸，都产自该省。"[5] 显然，利玛窦、曾德昭等传教士对中国丝绸的描述脱不了"印象式"或"想象性"叙事的痕迹。

3. "龙衣船"和杭州漕运皇家丝绸贡品的故事

卫匡国的《中国新地图志》对浙江丝绸的描述基于他的耳闻目睹。从桑林、桑树、桑叶、蚕种、蚕丝（生丝）、丝绸、丝织品、价格和税收，甚至作为"龙衣船"输送宫廷的贡品，书中做了全产业链的纪实性叙述，其描述方式已然从传统的"猎奇性"或"想象性"叙事转向为科学的"证实性"描述阶段，影响深远。此后，葡萄牙传教士安

1　张西平、〔意〕马西尼等主编：《把中国介绍给世界：卫匡国研究》，华东师范大学出版社 2012 年版，第 288 页。

2　张西平、〔意〕马西尼等主编：《把中国介绍给世界：卫匡国研究》，华东师范大学出版社 2012 年版，第 288 页。

3　张西平、〔意〕马西尼等主编：《把中国介绍给世界：卫匡国研究》，华东师范大学出版社 2012 年版，第 289 页。

4　[意]利玛窦、[法]金尼阁著，何高济、王遵仲、李申译：《利玛窦中国札记》，中华书局 1983 年版，第 4 页。

5　[葡]曾德昭著，何高济译：《大中国志》，上海古籍出版社 1998 年版，第 15 页。

文思所著号称"17世纪欧洲的中国百科全书"的《中国新志》，又将对中国丝绸的描述与想象又推向了新的实证性叙事阶段。安文思（1640—1641年曾来杭州传教）于1668年写成《中国的十二特点》一文称颂中国，后以《中国新志》（今译为《中国新史》）为名刊行于巴黎，记述了中国的名称、地理位置、历史、语言、物质生活、矿产、航运、船舶、政治制度和国家结构等，特别是对中国社会的礼仪风俗、城镇特点、官僚贵族体制和皇城建筑等做了较为详尽的记述，呈现出一幅全景式的中国图画。安文思在书中详细描述了四种属于皇帝的船，其中"第三种皇帝的船叫做龙衣船（Lum y chuen），即给皇帝运送衣裳、丝绸、纱缎到皇宫的船。船的数目和一年的日子一般多，即三百六十五"[1]。实际上卫匡国《中国新地图志》浙江省图志文的"捐税"篇目中就清晰记录了"浙江省每年向皇帝缴纳的捐税数量十分可观，有2510299袋米、370466磅生丝和2547卷丝绸。另外，每年还要分4次，用一种被称为'龙衣船'的大船载满特制的丝织品送往京城。这些特制的丝织品精美绝伦，花色多样，多用金银丝线甚至彩色的羽毛编织而成，专供皇帝、皇室成员和个别得到皇帝特许的人穿用，严禁平民使用"[2]。可见，卫匡国的《中国新地图志》最早向欧洲介绍了"龙衣船"和皇家丝绸贡品的情况。

4.浙江居民的性格和水路交通

卫匡国在《中国新地图志》浙江省图的志文中称"这个地区的居民和蔼可亲，好交往，聪明，崇拜偶像，迷信。"[3]他还介绍浙江省内大小河流众多，水路交通发达，尤其是人工运河和石拱桥梁起到了骨干作用："给人的感觉仿佛是置身于临海的比利时，但这里的条件更佳。源自北方的运河在这一地区经过能工巧匠的整治，如出天然，令人很难相信人力居然也可以达到如此效果。这里的河道又宽又深，两岸都以方石铺就。虽然河流将全省分隔成一个个小岛，但得益于桥梁众多，且多为承重能力强的多孔拱桥，人们步行或乘船也可以到达全省各地。"[4]

5.浙江省十一府地方风貌集体亮相欧洲

卫匡国在《中国新地图志》浙江省图的志文中全面介绍了下辖十一府的地方风貌，依次为杭州、嘉兴、湖州、严州、金华、衢州、处州、绍兴、宁波、台州、温州。最后加上"要塞"一节，介绍了15座建在浙江沿海要冲地带、为抵御日本海盗入侵而修建的海防工事。

首先重点介绍了浙江省第一府、大都市杭州。其描述的杭州历史风貌已在本章"卫匡国的学术传教活动及其历史影响"一节中详述。概而言之，卫匡国《中国新地图志》对杭州的描述最大的历史影响在于——欧洲人对杭州的称呼从Quinsai变为Hangcheu，

1　[葡]安文思著，何高济、李申译：《中国新史》，大象出版社2004年版，第82页。

2　张西平、[意]马西尼等主编：《把中国介绍给世界：卫匡国研究》，华东师范大学出版社2012年版，第289页。

3　张西平、[意]马西尼等主编：《把中国介绍给世界：卫匡国研究》，华东师范大学出版社2012年版，第289页。

4　张西平、[意]马西尼等主编：《把中国介绍给世界：卫匡国研究》，华东师范大学出版社2012年版，第290页。

杭州的城市风貌首次以图文并茂的形式在欧洲知识界亮相。

第二府嘉兴,古称秀州,下辖6个县。卫匡国笔下的嘉兴地理优势主要包括运河穿城而过、水陆交通发达、牌坊和桥梁众多以及拥有五台山这一休闲胜地,而嘉兴的主要特产有荸荠、黄雀、丝绸、螃蟹、海盐。

第三府湖州,秦朝时称乌程县,唐朝改名湖州,宋朝时称昭庆,明朝重新启用湖州之名。湖州的特产就是丝绸,"仅仅德清一个小镇生产的丝绸每年就能卖出50万枚金币,而这里的产量只占湖州地区全部丝绸产量的1/10"[1]。

第四府严州(今杭州的桐庐、建德、淳安),地处山地丘陵地带,两河汇合之地,早先称新都,唐朝称睦州,宋朝称严州。严州城"以制造和销售纸而闻名,附近的山上还有铜矿"。此外,卫匡国还特别提到了严州特产"中国漆",以金黄色漆最好,其次是红色和黑色的漆,并且指出这种漆的气味有毒。他还指出严州生产的漆器"典雅大方又干净透亮,因此在欧洲很受欢迎",并说欧洲一直从日本和中国进口漆器盒子。卫匡国对严州的人文地理印象深刻的除了严州城边小山丘上的"七级宝塔"和"神庙",以及城内的4座"英雄庙"之外,还单独描写了严子陵的故事和富春山上为"纪念伟大哲学家严子陵的祠堂和学堂"。[2]

第五府金华,卫匡国首先介绍了"金华"之名乃取"金星之花"之意,源于金星和婺女星斗花的传说故事。接着,他介绍了金华的西大桥、烈酒、李子干、火腿,还有已经开建的教堂。他又特别指出,金华盛产稻米,并重点介绍了两种金华土特产:一种是人称"柏油"的树脂,可以用来制作质量上乘的白蜡烛;另一种是核桃,可以用来榨油。此外,卫匡国还介绍了金华城北的金华山、义乌的鸡鸣山、浦江的仙华山、永康的方岩山,以及从金华城西流向兰溪的"好溪"。卫匡国笔下的金华人"比中国其他地方的人更慷慨大方"而且"非常勇敢"。[3]

从第六府衢州、第七府处州(今丽水)、第八府绍兴、第九府宁波、第十府台州、第十一府温州的地理风貌介绍,有一个共同的特点:卫匡国特别关注这些地区的人文地理,突出记录当地特产和宗教信仰。[4]

衢州府城南的烂柯山为道教第八山,而在衢州通往福建的仙霞岭顶上,"除了一座宏伟的寺庙,还能看到不少店铺酒馆,给游客带来许多方便",在开化县附近的古田山上则"有许多并无危险的老虎和蛇"。[5]

1　张西平、〔意〕马西尼等主编:《把中国介绍给世界:卫匡国研究》,华东师范大学出版社2012年版,第303页。

2　张西平、〔意〕马西尼等主编:《把中国介绍给世界:卫匡国研究》,华东师范大学出版社2012年版,第303—304页。

3　张西平、〔意〕马西尼等主编:《把中国介绍给世界:卫匡国研究》,华东师范大学出版社2012年版,第304—307页。

4　卫匡国在浙江省十一府的志文中主要介绍了当地的道教、佛教和基督教信仰情况,其中他特别关注浙江各地的道教仙山胜境,即所谓"洞天福地",包括十大洞天、三十六小洞天和七十二福地。这些名山胜地构成了道教地上仙境的主体部分,历代道士居住修行其间,建宫立观,留下了许多历史人文景观和神话传说。

5　张西平、〔意〕马西尼等主编:《把中国介绍给世界:卫匡国研究》,华东师范大学出版社2012年版,第308页。

地处山区的处州府共有 10 个县，当地人用木材来"盖房造船"，虽然出产瓷瓶，但"由于所用的泥土比较粗糙，花瓶的质量不能和陶瓷相媲美"。处州有 3 座著名的寺庙，其中括苍山是道教第十八山。卫匡国在《中国新地图志》中将处州景宁附近"卢栖敖溪"特产的竹子冠以"中国竹"的称号，其中有种竹子类似于印度人所称的"雄竹"。卫匡国还特别记录了竹子的广泛用途：编制竹席、竹箱、竹盒和其他小物件，盖房子或做门窗框，做竹竿和输水管等，"砍下来的新鲜竹子在被烘干时流出的汁液还可入药"，竹笋可以食用，"如果把它们在醋中泡上一年，就成了佐餐的美味，就像我们醋腌的小嫩黄瓜和茴香"。[1]

绍兴府城东的会稽山是道教第十一山，自余姚到宁波的四明山是道教第九山，嵊县的丹池山是排名第二十七的道教名山，新昌的沃洲山和天姥山分别是道教第十五山和第十六山。

宁波府"海产品丰富，鲜货干货皆有，种类繁多，牡蛎、大虾和海蟹等供应全国。这里全年都能捕到鲻鱼。到了夏初时，黄鱼则成为渔民的主要捕捞对象。……渔民们经常把打上来的黄鱼冰冻起来，留到冬天卖个好价钱"[2]。卫匡国还记载了宁波城漂亮的建筑，运河东岸有两座七级宝塔和许多牌坊，运河出口处修有一座船闸。卫匡国曾多次游历宁波，而宁波也有许多基督教信徒，慈溪县有很多居民放弃佛教而皈依了基督。慈溪县的"芦山上有一座雄伟的寺庙，迷信的人们总会到这里来烧香拜佛，求签算命，祈求好运"[3]。卫匡国记录的这座寺庙应该就是传承至今的慈溪千年古寺"芦山禅寺"。

台州府的渔民将捕来的鲨鱼剥皮，然后把皮出口到日本，供制作刀鞘用，非常赚钱。台州城南的盖竹山是道教第十八山，黄岩附近的委羽山在道教名山中排第二，天台山附近的赤城山是道教第六山。而同在这一地区的天台山位列中国道教名山之首，"被认为是中国最幸福最吉利的山"，天台山上，"宏伟的寺庙多得难以计数，每座寺庙中都有自己的住持"。[4]

温州府城的建筑非常精致漂亮，因而被卫匡国称为"小杭州"。温州因地处一条大河的出海口，是一个繁忙的港口，商人很多。看来，卫匡国并不知道这条大河就是瓯江。记入《中国新地图志》的还有温州瑞安附近的道教第二十六名山仙岩山，还特别写到"温州城南的孤屿山四面被水环绕，山上有一座精美的寺院"。对照《大明一统志》

---

1 张西平、［意］马西尼等主编：《把中国介绍给世界：卫匡国研究》，华东师范大学出版社 2012 年版，第 310 页。此处"卢栖敖溪"的说法可能有误，据《方舆纪要》卷九四"景宁县"：卢栖溪在"县东六十里。溪上岩洞奇胜，昔有道士卢遨栖其中。旁多笋，亦曰卢栖笋溪。下流至青田县界入大溪"。据此，应为"卢栖溪"，即传说道士卢遨曾栖居溪上，因而得名。

2 张西平、［意］马西尼等主编：《把中国介绍给世界：卫匡国研究》，华东师范大学出版社 2012 年版，第 313 页。卫匡国在这里说宁波渔民把捕获的黄鱼"冰冻"起来，显然有点可疑，以宁波的气候条件，夏季渔民何来冰窖冷藏？是否原文记录或翻译有误？或许用"晾晒"一词更合适。

3 张西平、［意］马西尼等主编：《把中国介绍给世界：卫匡国研究》，华东师范大学出版社 2012 年版，第 313 页。

4 张西平、［意］马西尼等主编：《把中国介绍给世界：卫匡国研究》，华东师范大学出版社 2012 年版，第 314—315 页。

的相关记载，这座寺院应该就是江心寺。[1] 不过，卫匡国对温州的民风多有贬斥："温州的名声并不好，因为这里的居民不知羞耻，在公共场合也毫无节制。这里的官员曾试图改变这种过度放荡的习性……却始终没有什么进展。"[2]

综上所述，卫匡国作为入华欧洲传教士，记录了浙江各地除基督教之外的宗教信仰和风土人情，虽在情理之中，但也说明他编制《中国新地图志》主要基于科学和人文精神，他对明末清初浙江人文地理的叙事独具科学和文化价值。

六、卫匡国的《中国文法》及其语言学贡献

《中国文法》（*Grammatica Sinica*）是卫匡国在返回欧洲途中撰写的第一部汉语语法书，并于 1653 年将此书展示给了北欧的学者们。可是它从未得以出版，直到 20 世纪末年，还以手抄本的形式保存着，被人抄了再抄，以至被重写和改写。为何会如此？意大利汉学家白佐良研究认为，卫匡国可能从来没有想过要出版他的语法书。这本书看起来更像是个人参考用书，或在与欧洲的外国学者们见面时使用。因为在那些年代里，任何一位想学习中文的人都不得不满足于手抄字典和语法书，而这些书又是很难弄到手的；抄写既费时又枯燥，购买则价格非常昂贵。学者们对这些语法书有着极高的奢望，谁拥有它们就是一种优势。[3]

经白佐良考证，卫匡国大约在 1652 年返欧途中被巴达维亚（印尼雅加达）的荷兰人扣留了将近 8 个月时间，他于此间编写完成《中国文法》最初的手稿，并把一个副本留给了在当地的一个朋友。卫匡国于 1653 年从挪威卑尔根登陆欧洲，将语法手稿展示给了欧洲的学者，受到了欧洲学者的热烈欢迎。语法的另一抄本，他留给了在欧洲旅行中遇到的荷兰学者葛列斯。随着时间的流逝，北欧的汉学家们把卫匡国的语法书当作学习基础汉语的教科书来使用，并广泛传抄。因此，如同在地理和历史领域中，卫匡国在这个领域中也扮演了一位先锋的角色，并成为欧洲汉学的奠基人之一。但是，除了引起广泛关注之外，卫匡国的语法手稿却从没有正式出版过。实际上，它很可能是遗失了。[4]

费赖之在其撰写的"卫匡国传"中列出的第十二部作品就是《中国文法》："匡国旅行欧洲时，曾以所撰《中国文法》赠戈林斯（Golins）。此书颇有助于蒙采尔（Mentsell）和巴耶二人。"[5]

1　张西平、［意］马西尼等主编：《把中国介绍给世界：卫匡国研究》，华东师范大学出版社 2012 年版，第 316 页。
2　张西平、［意］马西尼等主编：《把中国介绍给世界：卫匡国研究》，华东师范大学出版社 2012 年版，第 315—316 页。"放荡的习性"在意大利学者看来是指温州作为港口城市有不少外国海员和商人，也有很多人以卖淫为生。
3　［意］白佐良著，白桦译：《卫匡国的〈中国文法〉》，《国际汉学》2007 年第 1 期。
4　［意］白佐良著，白桦译：《卫匡国的〈中国文法〉》，《国际汉学》2007 年第 1 期。
5　［法］费赖之著，冯承钧译：《在华耶稣会士列传及书目》上册，中华书局 1995 年版，第 266 页。此戈林斯即为上述白佐良文中的荷兰学者葛列斯。

1997 年意大利特伦托大学成立卫匡国研究中心，特伦托省政府和卫匡国研究中心委托白佐良编辑《卫匡国全集》，其中第二卷《短篇集》，就编入了用拉丁文和中文写的《中国文法》，附有意大利文译文。又在白佐良、马西尼这对师生汉学家的努力下，2011 年《中国文法》的中译本首先在中国发行。

中外学者对卫匡国《中国文法》的研究持续获得进展，首要成果即是意大利汉学家白佐良的《卫匡国的〈中国文法〉》一文，先刊于德国《华裔学志》2003 年第 51 期，后又有白桦的中译文刊于《国际汉学》2007 年第 1 期。其他如意大利陆商隐的《从〈中国文法〉到〈中国语文文法〉：卫匡国语法的流传与不断丰富的过程探讨》（卫匡国著，白佐良、白桦译：《中国文法》，华东师范大学出版社 2011 年版，第 24—41 页）、《卫匡国〈中国语文文法〉对欧洲"中文钥匙"的影响》（《北京行政学院学报》2013 年第 2 期），邬佳伊的《卫匡国的中国语言观研究——以〈中国文法〉为例》（浙江大学硕士论文，2017 年），崔梦君的《卫匡国〈中国文法〉研究》（四川外国语大学硕士论文，2018 年）等。

意大利学者陆商隐的文章进一步考证了卫匡国《中国语文文法》（即《中国文法》）在欧洲的传布情况，文章指出：卫匡国在 1651—1653 年担任中国耶稣会代理人，赴欧洲期间编辑完成了他的语法书。开始编辑该书时，卫匡国可能仅考虑个人参考之用，并未想到给更多人使用，该书最早的抄本中有很多语言例子却缺乏语法解释就是一个很好的证明。之后，卫匡国可能意识到他的语法书如果在欧洲学者和未来的传教士间流传，就可以被用于传教的目的。因此，他重新修订了原来的手稿，加入具体的语法解释，并取名 *Grammatica Linguae Sinensis*（《中国语文文法》）。

卫匡国的这部作品一进入欧洲，就吸引了很多学者的注意力，大家纷纷索要抄本。据推断，抄本还被再次传抄；最后，这部语法书还流入一些曾开办过的耶稣会学院。

在接下来的几年中，卫匡国的语法书被看作旅行者的手册。1696 年，《中国语文文法》的一个抄本被收录在一部旅行报告文选中，尽管那时其他不少语法书已经出版，然而，卫匡国的这部语法书以其简明性仍备受赞赏。无论如何，一直到 18 世纪末，卫匡国的这部作品在东方学家、欧洲学者或者"好奇者"中间仍然备受欢迎。

陆商隐的文章还重点考证了卫匡国《中国语文文法》与 17 世纪欧洲学界流行一时的对"通用语"的探索及"中文钥匙"或译为"中文入门"（Clavis Sinica）研究工作之间的关系。其中有两位学者从卫匡国手中得到了抄本：葛列斯和卡拉姆耳（Juan Caramuel，1606—1682）。

卫匡国于 1653 年至 1657 年访问欧洲，激起了卡拉姆耳原有对汉语的好奇。卡拉姆耳在罗马由卫匡国教授部分汉语课程，并得到卫匡国的一本语法书，由此激发他自己编写了几页材料，这是欧洲本土对汉语分析的最早尝试。卡拉姆耳创造的编号方式以及对简化汉语学习所做的尝试，又使他被视为真正提出了"中文钥匙"（中文入门）的"汉学鼻祖"之一。

国内学者从语言学、语言史的专业视角，把卫匡国《中国文法》研究推向深入。有学者研究指出：《中国文法》作为中国历史上第一部西人编撰的语法著作，其中对汉语特点的深刻认识可以说是意义非凡的。在卫匡国的《中国文法》中，我们可以发现，在"套用"西方传统语言学方式的基础上"创新"汉语语法研究，两者相辅相成。正是在"套用"西方语言学方法的基础上，他慢慢察觉到了汉语的特殊性，随后做出了一系列适当的调整。卫匡国对于"汉语没有形态变化"的深刻理解，不论是对他后续对于汉语语法的探索还是对后世编撰汉语语法著作的西方人都起到了十分重要的启发作用。

第四章

明清间中西首次交汇的
浙西之学与两大柱石

自笔者二十多年前编的《耶稣会士与中西文化交流论著目录》[1]以来，海峡两岸及国际学术界对于由利玛窦等入华传教士所开创的明清间中西文化交流史之研究，业已取得累累硕果，为我们进一步探讨浙西士人与西学接触的广度和深度提供了更多的学术资源。

回顾明末清初中西文化交流史上的许多标志性事件，人们会发现浙江籍的士人群体充当了重要的角色。如第一个接待利玛窦的中国官员，第一个刻印、题识由利玛窦译绘的第一幅近代意义上的汉文世界地图《山海舆地全图》的人，均是时任广东肇庆知府的明末浙东绍兴人王泮。1584年，王泮的继任者郑一麟（浙江上虞人）邀请意大利籍耶稣会士罗明坚和葡萄牙籍耶稣会士麦安东访问王泮的家乡绍兴，而王泮的家属及同乡则成为第一批接受基督教洗礼的内地中国信徒。随后，罗明坚北上省府杭州，并写下《游到杭州府》等三首中文诗。被誉为明末中国天主教三大柱石中的两位——李之藻和杨廷筠都是杭州人，在他们的努力下，杭州成为明末来华西教士最重要的活动基地和西学传播中心。同时，明末反西教运动"南京教案"的发起者沈㴶，反西教反西学的名著《破邪集》的主编徐昌治（1582—1672，字觐周，浙江海盐人）和写作骨干都是浙江人，而《破邪集》乃1639年初刻于浙江。

种种史实表明，浙江是明清之际中西文化交汇的主要舞台之一。究其主因：一方面，浙江作为当时全国首屈一指的士宦之乡和经济文化重镇，其士人学者自然有更多机会成为来华西方传教士实施"文化适应"和"学术传教"策略的对象；另一方面，置身于明末清初学术嬗变之大势，从王学末流到实学思潮，从理学复兴到启蒙经世学说的萌芽，浙籍士人群体站在主流学术思潮变迁的前沿，对于西方异质文化的介入具备更加灵敏的文化嗅觉。

明清浙江学术主要分为浙东、浙西之学。笔者多年来一直关注明清士人如何回应由利玛窦等传教士引起的西学东渐问题，缘于本人对区域专门史的研究兴趣和教学需要，

1　目录所列相关研究成果的中文论著仅限于大陆地区出版的，原刊于黄时鉴主编《东西交流论谭（第二集）》，上海文艺出版社2001年版，第455—494页。

此前曾对明清间浙东学派与西学东渐的关系做过专题考述[1]。而自清代浙东学派殿军章学诚将浙东、浙西学术对举，并评论"浙西尚博雅"，则浙西之学与西学之关系同样是一个有实证意义的视角，继而考证浙西之学中的西学因素自然顺理成章；尤其鉴于明清浙江学术在全国具有举足轻重的地位和影响，浙江文人学士回应西学的立场和方式显然更具典型意义。

然而，鉴于浙西之区域概念有不同的定义，士人群体也相对庞杂，浙西之学在总体上又未出现如浙东学术那样从黄宗羲、万斯同、全祖望到章学诚一线独大的传承脉络，其学术面貌和风格更加多元复杂，因而，深入考证浙西士人群体涉足西学的真实面貌，需要检阅大量的文集、笔记、史志等原始文献，才能挖掘到更多的实证材料。

一、"浙西之学"的概念与汉文西书的刊传

（一）"浙西之学"的概念

明清间的浙江学术主要由浙东和浙西两部分组成。本书采用的"浙西之学"是与"浙东之学"相对应的一个区域学术文化概念。众所周知，中国历史上的学术群体往往具有地域性传统，而以地域标示学派、学风乃是中国学术史的传统。学界习称之清代"浙东学派"开山祖黄宗羲即以地域性学派为主线撰写《宋元学案》和《明儒学案》，勾勒出宋元明时代的中国哲学思想史轨迹。

学有浙东、浙西之称，亦源于历史地理和行政区域概念。作为地理概念之"浙"乃指钱塘江（古称"浙江""之江"等），而作为行政概念始于唐代的浙江西道、浙江东道以及后期的两浙道。北宋改为两浙路，南宋分为两浙东路、两浙西路。元代设置江浙行中书省。据清雍正《浙江通志》卷一的记载："元至正二十六年，置浙江等处行中书省，而两浙始以省称，领府九。明洪武九年，改浙江承宣布政使司。十五年割嘉兴、湖州二府属焉，领十一府。国朝因之，省会曰杭州，次嘉兴，次湖州，凡三府，在大江之右，是为浙西。次宁波、次绍兴、台州、金华、衢州、严州、温州、处州，凡八府，皆大江之左，是为浙东。"[2]可知清代"浙东"主要是宁波、绍兴、台州、金华、衢州、温州、处州（今丽水）等地区；清代"浙西"为今天的杭州、嘉兴、湖州。但在历史上，嘉兴、湖州与相邻的苏南地区曾同属一个行政区，如明初嘉兴、湖州二府与苏州府、松江府同属于南直隶省。明洪武十五年（1382）又从南直隶省割出嘉兴、湖州二府，归属浙江省。我们姑且把清代行政区划上的浙西称为"小浙西"，而把唐宋以降历史上形成的浙

1　徐海松：《西学东渐与清代浙东学派》，卓新平主编：《相遇与对话：明末清初中西文化交流国际学术研讨会文集》，北京：宗教文化出版社 2003 年版，第 186—215 页；修订本见 Xiaoxin Wu ed., *Encounters and Dialogues: Changing Perspectives on Chinese-Western Exchanges from the Sixteenth and Eighteenth Centuries*, Sankt Augustin-Nettetal: Steyler Verlag, 2005, pp.141-160。

2　浙江省地方志编纂委员会编：《清雍正朝〈浙江通志〉》（标点本）第 1 册，中华书局 2001 年版，第 67 页。

西称为"大浙西"，其范围包括杭嘉湖和苏松太地区，即今天的浙北、苏南地区。在明清学人心目中，"浙西"之概念并非如行政区划那么严格，而往往泛指大小浙西，这在当时的文人学士中是不言而喻的。

明末浙江仁和（今杭州）人李之藻 1602 年在北京刊行的利玛窦《坤舆万国全图》上作序，落款"浙西李之藻撰"，这是明末杭州学者自我认同属于"浙西"范围的明证。杰出先辈学术大家陈垣，为杭州李之藻所作的传记即命名为《明浙西李之藻传》。

清代浙东学派殿军章学诚在《文史通义·浙东学术》中首次论述了"浙东之学"与"浙西之学"的异同，并分析了各自的学术渊源："世推顾亭林氏为开国儒宗，然自是浙西之学。不知同时有黄梨洲氏出于浙东，虽与顾氏并峙，而上宗王、刘，下开二万，较之顾氏，源远而流长矣。顾氏宗朱而黄氏宗陆，盖非讲学专家各持门户之见者，故互相推服而不相非诋。学者不可无宗主，而必不可有门户，故浙东、浙西道并行而不悖也。浙东贵专家，浙西尚博雅，各因其习而习也。"[1]章学诚以顾炎武为浙西之学宗师，而顾氏为苏州府昆山县人，可知章氏之浙西概念乃是包括浙北和苏南的"大浙西"。

近现代清学史研究者，大多认同章学诚把浙西、浙东两种不同学术取向的学问归纳为"浙西尚博雅，浙东贵专家"，即浙西学术主要表现为尊朱学以经世，而浙东学术则注重治史以经世，并将二者的学术风格概括为浙西之学以考证见长，而浙东之学以史学为宗，但二者治学的根本之道是并行不悖、互相兼容的。

（二）汉文西书的刊传

利玛窦倡导"学术传教"策略的主要手段即是翻译出版汉文西学书籍，这基于他对中国社会传统习尚的深刻了解。他在 1606 年致罗马耶稣会总会长阿桂委瓦的信中汇报说："在这里用书籍传教是最方便的方法，因为书籍可以在任何地方畅行无阻；这里很多人皆可看书，很多事皆可由书籍传授，讲话便没有那样方便，这是我们的多年经验之谈。"[2]因此，编译出版中文西书成为欧洲传教士们的主要活动之一，而杭州作为江浙省会城市——浙西首府，兼具刻书出版中心和传教士活动基地之地位，尤其在李之藻和杨廷筠等奉教士人的大力协助下，自然成为晚明西书出版发行和西学传播中心。

晚明杭州成为西书刊刻中心，也与明中后期江南出版业的勃兴有关。江南地区得天独厚的自然资源、地理位置和交通条件，高度发展的市民经济，书籍刻印业的物质、技术、人工和运输优势（即富足的刻书原材料、印刷技术的进步和装帧形式的演进、规模大而流动性强的工匠人才、低廉的刊刻成本），人们对书籍需求的激增（源于科考和教育的普及、读书与识字率的提升、藏书家的涌现、士大夫以书为礼的交往形式、书籍消

1　章学诚：《章学诚遗书》，文物出版社 1985 年版，第 15 页。
2　［意］利玛窦著，罗渔译：《利玛窦书信集》下册，光启出版社、辅仁大学出版社 1986 年版，第 324 页。

费社会的形成等），共同造就了明中后期江南地区出版业的盛况。16世纪中期以后，印本逐渐取代写本，开始在中国书籍史上占据核心地位，具有里程碑的意义。

据张西平《传教士汉学研究》，在法国国家图书馆发现过一份《浙江杭州府天主堂刊书板目录》，在梵蒂冈图书馆发现过一份《浙江杭州天主堂书目》[1]。有人据此记载及其他文献，共找出53种在杭州刊刻的汉文西书。[2]

1629年，儒家基督徒李之藻辑刻《天学初函》，将汉文西书的刊刻活动推向高潮。明末刊刻活动的发达与天主教在杭州的发展有直接关系。入清后，特别是杨光先"历狱"案之后，杭州天主教活动遭官府打压。1691年，浙江巡抚张鹏翮命令改天主堂为佛寺，并焚毁堂内所有书板。[3]清初，杭州仅刊刻汉文西书约5次，其中初刻图书约3种。传教士卫匡国曾经想试译苏亚雷斯的神哲学著作，也受到军队的干扰。此时，各思想学说发展的空间遭到官方压制，传教士在杭州的刊刻活动遂走向衰落。[4]

杭州刊刻的53种汉文西书，从内容来看，人文10种，科技9种，宗教34种，这与传教士以传教为主的职责相一致。人文除《逑友篇》、《名理探》和《西方答问》外，其余7种均刊刻于1629年前；同样，科技除《泰西水法》外，没有1629年后在杭州刊刻的。杭州初刻的汉文西书中，大多流传至福建、北京和广州等地重刻。其他地方刊刻的书也有被人拿到杭州重刻的。部分杭州刊刻的汉文西书重刻，一直延续到民国时期，如《天主实义》、《西学凡》、《职方外纪》和《泰西水法》等著作不断被各种书目和丛书收录。[5]

据统计，明末在杭州初版或再版的传教士译著，被收入《明史·艺文志》的有11种，为《四库全书》收录或存目的有22种。

浙西首府杭州成为西书出版、发行中心，有力地推动了西学在浙西地区的传播。这从浙西士人广泛收藏汉文西书的事实获得实证。

现存名闻士林的明清浙西藏书楼大多收藏西学书籍，如江苏虞山（今常熟）钱谦益（1582—1664）的"绛云楼"，江苏昆山徐乾学（1631—1694）的"传是楼"，江苏虞山钱曾（1629—1701）的"也是园"与"述古堂"，浙江秀水（今属嘉兴）朱彝尊（1629—1709）的"潜采堂"，江苏吴县（今苏州）王闻远（1663—？）的"孝慈堂"等均收有西学书籍。以下是从其藏书目中摘出的西书目录：

《绛云楼书目》卷二历算类共录10种西书：《西学凡》（艾儒略）、《浑盖通宪图说》（李之藻）、《勾股义》（徐光启）、《表度说》（熊三拔等译）、《圜容较义》（利玛窦、李

1　张西平：《传教士汉学研究》，大象出版社2005年版，第186页。

2　王申：《明末清初传教士在杭州刊刻书籍活动探赜》，《古籍整理研究学刊》2016年第4期。

3　方豪：《中国天主教史人物传》中册，中华书局1988年版，第136页。

4　参见王申：《明末清初传教士在杭州刊刻书籍活动探赜》，《古籍整理研究学刊》2016年第4期。

5　参见王申：《明末清初传教士在杭州刊刻书籍活动探赜》，《古籍整理研究学刊》2016年第4期。

之藻译)、《测量法义》(利玛窦、徐光启译)、《天问略》(阳玛诺等译)、《西洋测食略》(汤若望)、《几何原本》(利玛窦、徐光启译)、《同文算指通编》(利玛窦、李之藻译)。[1]
这些大多为李之藻在杭州所刊《天学初函》"器编"所收西书。

《传是楼书目》子部释家、天文、农家共收西学著作约 27 部，如明耶苏 (即耶稣) 会士艾儒略述《天学初函》、耶苏会 (卫) 匡国述《天主理证》、庞迪我《七克》《庞子遗诠》、利玛窦译《几何原本》、明释普润《辟邪集》、南怀仁《不得已辨》《灵台仪象志》、汤若望《浑天仪说》《汤若望新法历 (书)》《崇祯历书》，包括受西学影响深刻的明末清初士人王英明的著作《历体略》，此外另有反西学的著作杨光先的《不得已》等西学类书目。[2]

《也是园藏书目》卷一"经部·数"、卷五"子部·律历"与《述古堂藏书目》卷三"天文历法"、卷四"数术"，共录西书约 9 部 (不含重复)：利玛窦《赤道南极北极图》《测量法义》《圜容较义》《乾坤体义》《同文算指通编》，汤若望《西洋测食略》、《西洋新历法书》(恐"历法"二字应颠倒) 一百卷，以及李之藻《浑盖通宪图说》等。[3]

《潜采堂书目》四种之三、之四著录有西洋书 43 本及包含西学内容的方以智《物理小识》《通雅》、徐光启《农政全书》16 本。[4]

《孝慈堂书目》著录西学书：《圜容较义》、《奇器图说》(邓玉函)、《泰西水法》(熊三拔、徐光启译)，以及黄宗羲、姜希辙《西历假如》《授时历假如》。[5] 该书目仿钱曾《述古堂藏书目》体例。另外，曾于康熙二十九年 (1690) 任苏州织造的曹寅 (1658—1712)，三年后任江宁织造，在其晚年编《楝亭书目》卷二经济类、卷三说部和杂部录有西书约 30 部：汤若望《西洋历书》一百二十卷 (从其所列子目看即为《西洋新法历书》)，梅文鼎《历学疑问》《三角法》《勿庵历算书目》《数表》，利玛窦《交友论》、《天学初函》20 册 (是书"理""器"二编共收西书正好 20 部)，方以智《物理小识》，黄百家《勾股矩测解原》。另有杨光先的《不得已》等。

上述可知，在明清士人中流传最广的西学书籍，一类是明末李之藻于杭州辑刊的西学丛书《天学初函》"理""器"二编所收 20 种西方宗教与科学图书，另一类是清初在华活动的耶稣会士如汤若望、南怀仁等所著的西学图书。其中笔者曾专门关注过两部介绍西方地理学的名著《职方外纪》和《坤舆图说》在清初学界的流传，这可谓西书流播清初士林的一个缩影。需要说明的是，上述藏书楼所收西学书籍并非皆在杭州出版，但至少可以佐证明清浙西地区的西学资源是一种真实的存在。

1　[清] 钱谦益撰，陈景云注：《绛云楼书目》，中华书局 1985 年版，第 57—58 页。
2　[清] 徐乾学辑：《传是楼书目》不分卷钞本，广东省立中山图书馆、中山大学图书馆编：《六编清代稿钞本》第 271 册，广东人民出版社 2014 年版，第 110、208—209 页。
3　[清] 钱曾：《也是园藏书目》，《丛书集成续编》第 5 册，新文丰出版公司 1991 年版，第 15、47 页。
4　[清] 朱彝尊撰：《潜采堂书目》，《丛书集成续编》第 5 册，新文丰出版公司 1991 年版，第 540、550、555 页。
5　[清] 王闻远撰：《孝慈堂书目》，《丛书集成续编》第 5 册，新文丰出版公司 1991 年版，第 203 页、第 205 页。

二、浙西士人的西学风尚

明清间，随着欧洲传教士的交际活动深入北京宫廷和主流士林学界，尤其是汉文西书的刊刻传播，汤若望和南怀仁等耶稣会士获得清初顺治、康熙帝的优宠，"西学"或"天学"这门自晚明兴起的新异之学至清初几成时髦之学。面对西学东渐这股强有力的异质文化冲击波，相当一部分明末清初士人的学术视野被吸引，流风所及，自然波及浙西学界。如明清间士人文德翼（江西德化人，崇祯间曾授嘉兴推官）描述："近有西洋学，与中国所谈加巧密，虽小异而未尝不大同，世以郊子比之，闽浙传其学者甚多。"[1] 梁启超也指出："自《崇祯历书》刊行以后，治历学者骤盛。若黄梨洲及其弟晦木，若毛西河，若阎百诗，皆有所撰述。"[2]

然而，明清之际浙西士人西学风尚的形成离不开内外两大层面的刺激和推动。外因是明清之际全国性事件和风气的影响，其中最为显著的有以下几点。

其一，跨越明清迭代并持续数十年的中西历法之争、政治事件"康熙历狱"，以西洋历法取胜为结局，既为西学赢得社会声誉，同时也极大地激起了浙江士人学者对西学的关注和热情。无论赞成或反对西学者，都力图从中西学说的比较中找到攻击对方或固守己见的理由。随着康熙帝出面以实测方法验证西学取胜，平息"历狱"，并再度确认了西洋历法的钦定地位之后，西学备受浙西士人注目当在情理之中。

其二，康熙帝对西方科学的热衷与提倡是推动浙西士人西学风尚的重要因素。受康熙帝宠遇的比利时耶稣会士曾不无得意地说："几乎所有的人都知道，我不仅是遍用于中国各地的历法的制定者，而且善于传布基督教义，特别是杨光先被罢黜放逐后，我向中国再输入欧洲天文学，是人所共知的。"[3]

康熙帝还多次以西洋历算之学与群臣问对。1687年，他召对李光地于乾清宫，曾问及西洋历法、西洋乐理和《几何原本》。1692年，康熙与群臣讨论历算，熊赐履、张玉书、张英等大学士俱不能答，他大为不满，竟至公开诘难："你们汉人，全然不晓得算法。惟江南有个姓梅的，他知道些。他俱梦梦。"[4] 而康熙帝对梅文鼎的兼通中西历算之学大加赞赏，且特书"绩学参微"四字表彰。康熙帝热衷西学的直接意义不仅在于使西学拥有某种"帝王之学"的光环，而且对文人学士具有明显的导向作用，即所谓"上有所好，下必甚焉"的效应。对于这种效应，李光地心领神会，做了最好的注解："此固我皇上膺历在躬，妙极道数，故草野之下亦笃生异士，见知而与闻之。"[5]

1　［清］文德翼：《〈璇玑遗述〉序》，［清］揭暄：《璇玑遗述》，清光绪二十四年刻鹄斋丛书本。
2　梁启超：《中国近三百年学术史》，中华书局2015年版，第147页。
3　［比］南怀仁著，薛虹译：《鞑靼旅行记》，杜文凯编：《清代西人见闻录》，中国人民大学出版社1985年版，第80页。
4　［清］李光地：《榕村续语录》，中华书局1995年版，第815页。
5　［清］李光地：《榕村文集》卷十二，清光绪九年李维迪刻榕村全书本。

　　当然，明清之际浙西地区西学风尚的形成更由其内部的、现实的条件促成。除了杭州籍的李之藻、杨廷筠、许胥臣、张星曜等奉教派士人，直接与欧洲传教士接触，并合作翻译汉文西书、传播西方宗教和科学这一主要推动力之外，还有以下几个因素：

　　其一，浙西之学宗师顾炎武对西方传教士引进西学的关注，其回应西学东渐的态度体现在他的《日知录》《菰中随笔》等著作中，本书另有专门章节讨论。

　　其二，浙西地区藏书楼和浙西学者所撰藏书目中收录的汉文西书体现的西学流播之风。前已述及浙西地区收藏有西学书籍的藏书楼。此外，吕留良（1629—1683，桐乡人）撰《澹生堂藏书目》卷六、八、十中显示该堂收藏有十几部西书，主要有利玛窦之《天主实义》《畸人十篇》《交友论》《二十五言》《测量法义》《几何原本》等，以及其他西书如《七克》《简平仪说》《西洋火攻图说》等。虽然澹生堂藏书楼在浙东山阴（今绍兴），但足以表明浙西士人吕留良无疑受到了西学东渐的影响。

　　其三，浙西士人学者面对西学的反应。如李日华（1565—1635，嘉兴人）《紫桃轩杂缀》和《味水轩日记》、沈德符（1578—1642，秀水人）《万历野获编》、谈迁（1594—1658，海宁人）《北游录》、查继佐（1601—1676，海宁人）《罪惟录》、张履祥（1611—1674，桐乡人）《杨园先生全集》、陆陇其（1630—1692，平湖人）《三鱼堂文集》等浙西士人著作中都对西人西学做出回应，这也表明西学之风已经进入浙西学者的学术视野。

　　其四，集晚明经世实学之大成的《皇明经世文编》对西学中实用科技的推崇。《皇明经世文编》的主编——陈子龙（1608—1647）、徐孚远（1599—1665）、宋征璧（约1602—1672）——均为浙西松江华亭（今上海松江区）人。该编收录了明末奉教西学派代表徐光启、李之藻的著作和奏疏。崇祯十一年（1638），陈子龙将编辑定稿的《徐文定公集》六卷（选录遗文 33 篇）收入《皇明经世文编》。其中陈子龙在收录徐光启《农政全书》的"凡例"中明确表示"志在征实""济于实用"。《皇明经世文编》的刊行，乃是晚明经世思潮高涨的标志之一。而徐光启与意大利耶稣会士熊三拔（Sabbatino de Ursis，1575—1620）合作翻译的《泰西水法》，是中国第一部介绍欧洲农田水利技术的专业著作，汇集了当时欧洲科学的最新成就，向国人展示了螺旋原理、液压技术的具体应用，受到明清士人学者的广泛关注，流传很广，对中国水利科学技术的发展产生了深远的影响。徐光启把《泰西水法》的部分章节收录进其皇皇巨著《农政全书》中。《皇明经世文编》中收录了李之藻在万历三十九年（1611）向朝廷上的一份奏章，其中建议召请"平素究心历理"之人翻译由欧洲传教士带来的天文历法著作[1]；天启元年（1621）四月间，李之藻呈上《奏为制胜务须西铳乞敕速取疏》，建议把他与杨廷筠于前一年所

1　参见龚缨晏、马琼：《关于李之藻生平事迹的新史料》，《浙江大学学报（人文社会科学版）》2008 年第 3 期。

购的四门西洋火炮从存放处江西广信火速运来。[1]

其五，晚明以《破邪集》为代表的耶佛争议在以杭州为中心的浙西地区兴起，极大地推动了当时佛学僧人和保守士人对西学书籍的关注和研读，从而激起明清之际浙西地区中西文化碰撞之高潮。详见本著第八章之论述。

三、中西首次交汇的两大柱石：李之藻和杨廷筠

在明清间中西文化交流史上有重要地位的杭州籍士人李之藻和杨廷筠与上海籍士人徐光启通常在教会史书上被称为明末中国天主教三大柱石（此说源于西方基督教会史上的"圣教三柱石"称呼，以后又有中国圣教三柱石、天主教三柱石、第一代教会三柱石等说法）。但有关李之藻的文献资料很少，虽经方豪等著名史家努力考索，至今仍有许多史实不清。不过，后来又有学者获得新发现。学者龚缨晏等从上海图书馆和宁波天一阁博物馆收藏的《万历二十六年进士履历便览》中发现了李之藻简历的珍贵史料，据此得知，李之藻（字我存、振之）出生于明穆宗隆庆五年（辛未）九月二十五日（1571年10月13日），万历二十二年（甲午，1594）举人。在万历二十六年（戊戌，1598）会试中名列第五，成为五魁之一。所以他自己后来所盖的印章即为"戊戌会魁"。[2] 万历二十九年（辛丑，1601），利玛窦获准入居北京，并与李之藻相见。

李之藻在1601年与利玛窦在北京相遇后，自述他被利玛窦房间内挂着的一幅《大地全图》震撼到了，而这幅图实际上就是利玛窦绘作的第一幅中文世界地图《山海舆地全图》；李之藻又看到利氏房间内"别有巨册"，则是利玛窦制作《山海舆地全图》的蓝本——1570年欧洲出版的制作精美的《地球大观》，它被认为是第一部真正意义上的世界地图集。原本就有良好科学素养的李之藻，从此开启了学习和引进西学的学术道路，而对这些包含西方宗教、哲学和科学等内容的西来之学，李之藻更愿意用"天学"这个词来命名，并且立志揭示儒学与天学的互补之道，在晚明掀起的"崇实黜虚"学术思潮中，探索吸收西方科学的经世实学。

1610年，在利玛窦主持下，大病初愈的李之藻受洗加入天主教。不久利玛窦去世，虽然李之藻失去了一位意气相投、亦师亦友的西学导师，但他接纳和传播西学的热情未减，继续投身于引进西学、修订历法、翻译科学和哲学书籍。1611年回故乡杭州途经南京时（一说原在南京任职），李之藻邀请郭居静、金尼阁两位西教士来杭州开教，杨廷筠成为他们第一位吸收的杭州本地士人天主教徒，并且在短时间内将杭州发展成为地

1　参见龚缨晏、马琼:《关于李之藻生平事迹的新史料》,《浙江大学学报（人文社会科学版）》2008年第3期。
2　参见龚缨晏、马琼:《关于李之藻生平事迹的新史料》,《浙江大学学报（人文社会科学版）》2008年第3期。因李之藻生年新说尚为孤证，本著仍用1565年旧说。

区传教中心。1613 年，李之藻上奏"西洋天文学论十四事"，请朝廷开馆局翻译西方天文历法。延至七月，崇祯帝诏开历局，命徐光启、李之藻督修，吸收欧洲历法优点，补《大统历》之所失，编撰采用西洋新法历书《崇祯历书》，开启明末清初影响最大、持续时间最久的一项官方引进西学工程，同时掀起明末西学东渐的高潮。

1616 年南京教案发生后，杭州更是成为欧洲传教士的避难中心，最多时有 7 至 10 名传教士同时集聚在杭州的杨廷筠家中。安眠于西溪墓地的葡萄牙耶稣会士阳玛诺，在 1618 年底代表整个中国教区向欧洲耶稣会总会长提交的教务报告中说："如前所言，省城杭州是浙江省的首府，在这场风暴中是一片安全的沙滩，被逐出各自住院的耶稣会士，几乎全部聚在这里。"[1] 此后，杭州成为欧洲传教士最愿意来的地方，他们在杭州传教、译书、著书、刊书，使杭州的地位迅速上升为耶稣会中国传教会的五大住院之一，而苏州、常熟、嘉兴乃至信教人数颇多的松江，都归杭州耶稣会住院管辖。可以说，除北京地区之外，明末江南地区的传教士人数最多、素质最高，而明末江南的传教士则以杭州为重镇，其中有许多著名传教士成为李之藻、杨廷筠至交学友。康熙《仁和县志》卷二二《寓贤》专列"利玛窦"条曰："后傅汎际、金尼阁、阳玛诺、艾儒略等相继至，与杭人杨廷筠、李之藻交，结庐湖上。"这些欧洲传教士，或长驻杭州，或在此活动，或著书出版，关于他们在杭州留下的足迹已见前述。阳玛诺在同年 12 月澳门发出的《1618 年耶稣会中国年信》中专列一节，详细汇报了"从杭州住院向几个省份传教"的情况，[2] 可见杭州在明末西学传播中的地位。

金尼阁因改编利玛窦的回忆录手稿之事而于 1611 年的通信中记曰："李我存博士的别墅，离城一里，临小河，颇喧嚣。另有一处房产，离城远两倍，在一秀丽山岭上，仅产盗贼，附近为进香胜地；有天生木石，又似经人工刻凿者。"[3] 方豪认为李之藻的一处宅园附近有进香胜地，则在灵隐和天竺间无疑，但另一临小河的别墅，"杭州附近之小河，一为运河，一为西溪；其地既烦杂，似近运河"[4]。但笔者以为明清时的西湖山水各自都有属于钱塘和仁和县境内的部分，邻近运河主干道则难称"小河"，多为支流，而"喧嚣"之地非必靠近运河，杭州近郊市镇，商贸交通，四方人员集聚，更为喧闹。故从临小河、离城一里、比灵隐天竺宅园离城更近一半、晚明西溪古荡市镇兴起，且古荡南可通西湖、北可通余杭塘河与大运河等因素综合考虑，李之藻另一别墅更可能的地点是在城郊接合处的西溪古荡附近。

1629 年（或说 1628 年），寄托李之藻以西学合儒、补儒愿望的第一套西学丛书《天学初函》问世了。李之藻汇集了当时最优秀的西学著作，并且渴望以此为起点，将

---

1 董少新、刘耿：《〈1618 年耶稣会中国年信〉译注并序（下）》，《国际汉学》2018 年第 2 期。
2 董少新、刘耿：《〈1618 年耶稣会中国年信〉译注并序（下）》，《国际汉学》2018 年第 2 期。
3 方豪：《李之藻研究》，海豚出版社 2016 年版，第 158 页。
4 方豪：《李之藻研究》，海豚出版社 2016 年版，第 158 页。

金尼阁带来的"西书七千部"精华都融入天学东传的二函、三函乃至无穷的理想中。现代史学大师陈垣先生曾说"《天学初函》在明季流传极广，翻板者数本"[1]，杭州成为明清之际名副其实的西学传播中心。

杨廷筠不仅为在杭州活动的西教士提供传教场所和西溪墓地，而且著书立说，努力比较儒学、佛学与西学的异同，最终成为一位独特的"明末天主教儒者"，在晚明的中西文化碰撞中走出了自己的道路。

如果说在晚明的西学东渐浪潮中，李之藻以关注西学中"科技与实学"为特色，那么杨廷筠则以侧重天学中的"哲学和思想"而闻名；然而他俩都信奉"东海西海，心同理同"的跨文化交流理想境界，引领部分开明士人从事中西之学的比较、会通乃至吸收和应用。但是，在传统文化积淀深厚的江南地区，尤其是在拥有王朝古都和省会重镇双重身份的杭州，天主教和西学的传播同样遭到了最多地方士绅、士林学者、佛道僧人等保守势力的强烈反对。他们抱持"夷夏之辨"文化立场而结成"破邪"团体，排斥、拒绝西教、西人和西学，从而在杭州上演了一场东西方两大文化系统首次正面碰撞的历史大戏，波及社会各个层面，尤其在学术思想文化领域影响深远。在这个东西方两大文化体系首次正面碰撞的历史事件中，杭州士人与来华欧洲传教士的互动尤其精彩，其中就有李之藻和杨廷筠。他们在与西溪传教士及晚明西学东渐的相遇和互动中，实际上都是根植于自己深厚的中国传统文化功底，他们在与西士、西学的交流中无不打上中国文化的烙印，而西溪欧洲传教士墓地正是这场从李、杨开启的明清之际士人群体与欧洲传教士正面交流互动的重要历史见证。

（一）从世界地图到杭州开教：李之藻与利玛窦和西学的相识相知

李之藻（1565—1630），字振之，又字我存，号凉庵居士，又称凉庵逸民、凉庵子、凉叟。明嘉靖四十四年（1565）生于杭州府仁和县（约今杭州东北部，今属临平、上城、拱墅相交地带，西南毗邻西溪）。万历二十二年（1594）考取举人，二十六年（1598）考取进士，任南京工部营缮司员外郎之职。此后，历任工部分司、开州知州、南京太仆寺少卿、敕理河道工部郎中等职。[2]

关于李之藻在杭州的确切住址，中文史料迄今未见明确记载，笔者从1620年后曾在杭州居住的葡萄牙耶稣会士曾德昭1643年在欧洲出版的《大中国志》获知，李良（即李之藻）"住在离杭州两天旅程的地方"，郭居静和金尼阁神父住在他家，常去他的乡间房屋。[3]据此推断，李之藻大约住在仁和县有运河通达杭州城的临平镇或塘栖镇附近。明万历二十八年（1600），利玛窦第二次进京，次年初才获准抵达。已在北京工部任职

1　陈垣：《重刊〈灵言蠡勺〉序》，《陈垣学术论文集》第一集，中华书局1980年版，第67页。
2　关于李之藻的生平履历，参见方豪：《李之藻研究》，海豚出版社2016年版，第3—7页。
3　［葡］曾德昭著，何高济译：《大中国志》，上海古籍出版社1998年版，第252、293页。

的李之藻与他相识。万历三十八年（1610）初李之藻在赴南京上任前，在北京病倒。他在生病期间受到了利玛窦的悉心照顾，深为感动，最终受洗成为天主教徒，取教名良（Leon）。徐光启曾专门记述了李之藻入教的原委：

> 太仆我存李公久习利子，服其器识，凡有所行，多与相商，觉从利子之言则顺，间有不从者，后必有悔也。厥后李公忽患病京师，邸无家眷，利子朝夕于床第间，躬为调护。时病甚笃，已立遗书，请利子主之。利子力劝其立志奉教于生死之际。公幡然受洗，且奉百金为圣堂用。赖大主宠佑，而李公之疾已痊矣。[1]

就在这一年的 5 月，利玛窦在北京去世，李之藻与利玛窦相识了近九年时间。可以说，李之藻在北京结识利玛窦，改变了他一生的学术和思想轨迹。

李之藻从小就对天文、地理等自然科学十分感兴趣，年轻时还曾参加过全国地图的编绘。据利玛窦所说："他（李之藻）年轻的时候，曾绘制了一幅《天下总图》，图中有十五个省，非常详细，他认为那就是全世界了。"明万历二十八年，利玛窦入居北京后，已在北京工部任职的李之藻也与许多人一样慕名前去拜访。在利玛窦的住房内，李之藻被一幅名为《山海舆地全图》的巨大地图吸引住了，这就是利玛窦在中国刻印的第一幅依照西洋方法绘制的世界地图。这幅前所未见的怪图，给李之藻展示了一个他完全陌生的庞大世界，中国仅仅被安放在不显眼的角落里。"当他看到我们的《山海舆地全图》时，才知道中国很小，只是全世界的一部分。"这幅首次出现于中国人面前的世界地图，确实使李之藻大开眼界，并且激发了他对西方科学的兴趣。李之藻的好学给利玛窦留下了深刻印象：

> 由于他天资聪颖，很快就理解了神父们所讲的真理，包括地球的大小及其球体的形状，与地球相对的十重天，以及太阳和其他比地球大得多的星球的大小，还有很多让别人难以置信的事情。这样，他与神父们成了过从甚密的好友，他希望在公务之余学习这些科学知识。[2]

李之藻多年后在《刻〈职方外纪〉序》中回忆在北京初见利玛窦和世界地图的情景时写道："万历辛丑，利氏来宾，余从寮友数辈访之。其壁间悬有《大地全图》，画线分度甚悉。利氏曰：'此吾西来路程也。其山川形胜土俗之详，别有巨册，已借手进大内

1　［意］艾儒略：《大西利先生行迹》，［比］钟鸣、［比］杜鼎克主编：《耶稣会罗马档案馆藏明清天主教文献》第 12 册，台北利氏学社 2002 年版，第 220 页。
2　上述利玛窦的记述和与李之藻相遇的几则引文，均见［意］利玛窦著，文铮译：《耶稣会与天主教进入中国史》，商务印书馆 2014 年版，第 305 页。

矣。'”[1] 这里的“别有巨册”也就是《地球大观》地图集，这是1570年尼德兰制图学家奥特柳斯编辑出版的世界地图集，被认为是第一部真正意义上的世界地图集。利玛窦从欧洲带来的这部地图集，封面烫金、装订精美，被作为贡品送给了明朝万历皇帝，这实际上也包含利玛窦“学术传教”的策略意图。

利玛窦对着世界地图，向李之藻等人详细讲解了欧洲最新的世界地图知识，介绍了自己来华的路程，而且介绍了经纬度知识及其测量方法。李之藻曾据此亲自进行过测量，结果证明利玛窦所言完全正确，对欧洲科技大为折服。当李之藻从利玛窦那儿获得许多全新的西方地理知识之后，马上意识到这种世界地图对中国人的吸引力将是巨大的。但李之藻深感利氏所绘制前版中文世界地图之狭隘，未尽西来《地球大观》原图的十分之一，欲增补之。于是利氏“乃取敝邑原图及通志诸书重为考定，订其旧译之谬与其度数之失，兼增国名数百，随其楮幅之空，载厥国俗土产。虽未能大备，比旧图亦稍赡云”[2]。

李之藻显然希望中文世界地图能更多反映西方人的地理知识，于是他动用工部资源，于万历三十年（1602）秋出版了利玛窦重新绘制的中文世界地图，改名为《坤舆万国全图》，李之藻还为此图撰写了一篇序文。

李之藻刻印的利玛窦《坤舆万国全图》一经问世，立刻供不应求，不得不重印多次，总数逾千份，流传于中国各地，并流传至朝鲜和日本，在当时影响很大，在中国地图学史上占有重要地位。[3]

《坤舆万国全图》由李之藻以木版刻印，由六条屏幅组成，可展可合，高1.79米，宽0.69米，拼合起来总长约4.14米。原图上有三个耶稣会的印章，图边绘制日月星辰装饰，十分精美。利玛窦还在新图上增添了一些新的注解和说明，除了他自己的序跋文之外，还附有李之藻等五位中国文人所写的题识。另外，《坤舆万国全图》还附有小图，对大图进行一系列的补充。此图一出，深受王公贵族、文人墨客的喜爱，并且在广泛的流传过程中出现了多种版本。但是，遗憾的是，迄今所知现存李之藻原刻版《坤舆万国全图》共有七件，全部保存在国外。[4]

《坤舆万国全图》还曾流传到日本、朝鲜等国家。据调查，《坤舆万国全图》于万历三十年秋天在北京问世，而次年即已传入朝鲜，可见其传播速度之快，也可证明此图的强大吸引力。明万历年间担任过朝鲜李氏王朝弘文馆副提学的李晬光（1563—1628），在其著名的实学思想代表作《芝峰类说》中记载：“万历癸卯，余忝副提学时，赴京回

1　转引自黄时鉴、龚缨晏：《利玛窦世界地图研究》，上海古籍出版社2004年版，第30—33页。
2　［意］利玛窦著，朱维铮主编：《利玛窦中文著译集》，复旦大学出版社2001年版，第182—183页。
3　关于李之藻刻印、传布利玛窦《坤舆万国全图》等史事，详见黄时鉴、龚缨晏：《利玛窦世界地图研究》，上海古籍出版社2004年版。
4　黄时鉴、龚缨晏：《利玛窦世界地图研究》，上海古籍出版社2004年版，第136—160页。

还使臣李光庭、权憘，以欧罗巴国舆地图一件六幅送于本馆。"[1]万历癸卯即为1603年，"六幅"的欧罗巴国舆地图，则必然是李之藻刻印的利玛窦《坤舆万国全图》。

利玛窦《坤舆万国全图》有三件存于日本，分别收藏在京都大学、宫城县县立图书馆、国立公文图书馆内阁文库。这三件都是万历三十年李之藻在北京刻印的利玛窦《坤舆万国全图》原刻版，而且传入日本的时间最迟不会晚于万历四十八年（1620）。李之藻的名字也随着《坤舆万国全图》的传播而传到各地。例如，在日本，有个名叫新井白石（1657—1725）的人曾写过一篇《万国坤舆图跋》，第一句话就是"浙西李之藻刻万国坤舆图"。[2]2009年，美国詹姆斯·福特·贝尔基金会从一位日本私人收藏家手中购得一幅《坤舆万国全图》，现藏于美国明尼苏达大学贝尔图书馆。有学者认为这是万历三十年李之藻原刻本的日本摹绘本，但也有学者认为这幅地图即是日本收藏的万历三十年李之藻的原刻本，理据之一是地图上的落款"钱塘张文涛过纸，万历壬寅孟秋日"与原刻一致。[3]

《坤舆万国全图》于万历三十年秋在北京刊行后，深受欢迎，一时供不应求，但李之藻因事回南方老家，顺便把印刷地图的木刻版也带去了杭州，故出现了断供。为应付朝廷和民间的需求，当时已皈依天主教的李应试（字省勿、省吾，教名保禄）请利玛窦重新绘制一份，这就是万历三十一年（1603）梓行的《两仪玄览图》。它与李之藻刻印的《坤舆万国全图》最大的不同在于由六条幅改成八条幅，此外的不同是图上的序跋题识，新增李应试、冯应京等六篇新作，利玛窦跋文落款改为万历三十一年癸卯。迄今，全世界仅发现两幅《两仪玄览图》存世，一幅藏在辽宁省博物馆，另一幅藏在韩国崇实大学。

笔者业师黄时鉴和学长龚缨晏合著的《利玛窦世界地图研究》第九章全面考证了李之藻原刻版《坤舆万国全图》现存七件在国外的收藏情况，除了刻印本之外，还有一些国内外收藏的彩色摹绘本，最主要的特征是图上有各种动物及船只，其中最著名的就是南京博物院收藏的彩绘本《坤舆万国全图》，通常称为"南博本"。《利玛窦世界地图研究》的结论是："上述这些彩绘本《坤舆万国全图》虽然各有一些差异，但基本上是相同的，它们一定来自一份共同的母本，而此母本又是依据（李之藻刻印）利玛窦1602年《坤舆万国全图》摹绘而成。"[4]

利玛窦去世后，继任中国耶稣会会长的龙华民派遣郭居静前往杭州开教，并指派刚到中国不久的金尼阁与澳门人钟巴相（即钟鸣仁）修士偕往。万历三十九年（1611），郭居静返回南京，同年李之藻丁父忧回故乡杭州，邀请郭居静赴杭州开教。同年五月，

1　黄时鉴、龚缨晏：《利玛窦世界地图研究》，上海古籍出版社2004年版，第118—135页。
2　龚缨晏：《欧洲与杭州：相识之路》，杭州出版社2004年版，第128页。
3　陈喆：《美国明尼苏达大学藏〈坤舆万国全图〉札记》，《天禄论丛》2019年第9卷。
4　黄时鉴、龚缨晏：《利玛窦世界地图研究》，上海古籍出版社2004年版，第153页。

郭居静、金尼阁和钟鸣仁一行三人抵达杭州，由李之藻招待，暂时住在李之藻在城外的别墅。六月，在李之藻的影响下，出身于名宦之家的杭州士人杨廷筠入教。从此，李、杨二人竭力协助教士们在杭州开展传教活动，而他们两位最大的贡献莫过于协助传教士翻译与出版西学书籍。

万历四十一年（1613），李之藻升任南京太仆寺少卿，与徐光启上疏请译西洋历法、开馆局以翻译西学，并荐举西方传教士参与修订历法。万历四十三年（1615），李之藻迁高邮制使，治南河，成绩显著。

万历四十八年（1620，泰昌元年），李之藻在杭州。李之藻的两份奏章可作为证明。一是李之藻在天启元年（1621）写的《奏为制胜务须西铳乞敕速取疏》，称"去年十月间"他还"在原籍时"，曾与杨廷筠等人"合议捐资"，派门人张焘到澳门购买大炮。二是新发现的《恭进收贮大炮疏》中李之藻说自己"前于万历四十八年，管河差满过家"。[1]

天启元年，清军陷辽沈，李之藻任光禄寺少卿兼工部都水清吏司事，上疏力主仿制西洋铳炮，以固防务。天启三年（1623）二月遭劾，以太仆寺少卿调任南京，寻罢官回籍（杭州），从事西学译述，至崇祯元年（1628）编刊《天学初函》。

崇祯二年（1629）七月，李之藻经徐光启推荐，奉旨到历局参与编译历书，经多次催促，至同年十一月离杭赴京供职。在不到一年的时间内译书多部，工作极其辛勤。崇祯三年（1630）九月，李之藻在北京去世。

回顾李之藻的一生，我们不得不说他与利玛窦的相遇是他一生的转折点，而且从各种史料来看，利玛窦在与明末中国士人的接触中，以西学为媒，双方亦师亦友，利、李两人堪称典范。这不仅反映在利玛窦的亲笔记录中，也体现在李之藻的实际行动中。

利玛窦在《耶稣会与天主教进入中国史》中多处谈到他与李之藻的关系，尤其是叙述了李之藻如何从世界地图走向钻研学习西方科学知识，又到亲自制作西洋测量工具和科学仪器，再到翻译和传播西方科学著作，从中可见是利玛窦激发了李之藻对西方科学的极大热情：

> 李我存是浙江杭州人，当神父们到达北京时他已经是工部的一位高官了。当他看到我们的《山海舆地全图》时才知道中国很小，只是世界的一部分。由于他天资聪颖，很快就理解了神父们所讲的真理，包括地球的大小及其球体的形状，与地球相对的十重天，以及太阳和其他比地球大很多的星球的大小，还有很多让别人难以置信的事情。这样，他与神父们成了过从甚密的好友，他希望在公务之余学习这些科学知识。他学会用克拉维奥神父《量天尺法》中的方

---

1 龚缨晏、马琼：《关于李之藻生平事迹的新史料》，《浙江大学学报（人文社会科学版）》2008 年第 3 期。

法制作各种日晷，还会用铜版制作星盘。他做了一个非常精美的星盘，又以清新优美的文笔描述了这两项工艺，并配以插图，与我们欧洲人所做的不相上下。他把此书命名为《浑盖通宪图说》，命人刊印，分为上下两卷，利神父给罗马耶稣会总会长和他的老师克拉维奥神父各寄了一份。他与利神父共同翻译了整部克拉维奥神父的著作《同文算指》，译著中没有丝毫遗漏，甚至还加上了一些内容，如求平方根法、求立方根法、求四次方根法，直到无穷。这在中国可算是一个伟大的奇迹。他还翻译了整部的《论天球》（Sfera），没有丝毫遗漏。继《几何原本》被译成中文之后，李我存又翻译了《圜容较义》和《经天该》。并且依据这些理论制成了天球和地球，相当精美。李我存在学了这些东西后，对西方学者的知识和才智都非常敬佩。对于圣教的事他知之甚多，要不是神父们发现他已经纳妾，早就为他施洗了，为此他也许诺把妾休掉。他承认圣教的真实性，并向他人宣传，劝人入教，他俨然就是一个教友了。他家里已有许多人领洗，表现得都很好。回到家乡后，他除了经常给神父写信和寄送礼品外，还命人刊印了《天主实义》，在当地发售。他还重印了《交友论》和神父们的其他一些著作。至此，足见他对我们的事业热爱之深。[1]

利玛窦又记录了李之藻对西方数学的浓厚兴趣："李我存因受同僚们忌妒而被贬黜，他已在家待了五年，不想再度为官了，但在利神父和其他朋友的劝说下，他才回到京城，出任一个州的知州。在居京待命的三四个月里，他如饥似渴地想跟利神父多学些东西，神父们也从不推辞，教授给他更高深的数学知识，解决了他在已翻译出版的《几何原本》中遇到的问题，他的学习兴趣很浓，听讲时专心致志。"[2]

利玛窦在他的个人书信中也经常向罗马耶稣总会长及传教士同人谈到李之藻对西方科学的兴趣和对"学术传教"的鼎力支持："昨天我把两座石制日晷赠与山东张邱的一位工部官员，日晷为平型，另一可以悬挂墙上。这位官员地位崇高，名李之藻，我在前信中已曾提及，他在北京跟我学习数学数年，非常好学，已撰写不少书籍，不久即将出版。在他的书中，对我——他的老师，称誉信至，这为传教非常有利。他以优美的文词介绍科学，使我不胜惊讶，因为连我自己也没有时间用意大利文去详细说明……我的学生李之藻，根据我的解说绘成图表送我，一份请转呈克拉威伍奥神父，相信他对此图表是十分熟悉的。"[3]

他又在《利氏致罗马高斯塔神父书》中称赞李之藻学习西方数学的能力很强："另一位学者名李之藻，四五年来我不时地介绍过他。他跟我学习数学，目前已回杭州（原

1　［意］利玛窦著，文铮译：《耶稣会与天主教进入中国史》，商务印书馆2014年版，第305—307页。
2　［意］利玛窦著，文铮译：《耶稣会与天主教进入中国史》，商务印书馆2014年版，第451页。
3　［意］利玛窦著，罗渔译：《利玛窦书信集》下册，光启出版社、辅仁大学出版社1986年版，第301页。

籍），杭州离北京约有两个月的行程。他已把在北京所学的编辑印刷成书。去年出版的是《浑盖通宪图说》，译自丁神父的大作 Astrolabio 并附其使用法。目前我只有两三本，所以我只能寄一本给总会长神父，想您当然会看到。从上言两册中的绘图，可以明了中国人能力之强，学到我们介绍的科学后，可以获得多大的成果啊！李之藻尚非教友，但相信他很快要受洗了。他把我写的《天主实义》重版了一次。"[1]

李之藻对利玛窦的师生之谊感怀于心，而且在利氏去世之后仍然矢志不渝，充分展示了李之藻这位晚明中国传统儒家士人对待外国友人和异质文化的敬重之志。金尼阁在1615 年初为回罗马汇报教务而整理利玛窦著作时，记录了利玛窦在北京的最后时刻，可见李之藻对利玛窦的深厚感情："（1610 年）5 月 3 日，神父一病不起，当天，病势已见好转的李我存派他自己的医生来照料神父，但医生开的药却未见成效。……利神父生前最后一位精神之子，进士李我存刚一得知至善的神父离开他的消息时，马上就派人到我们寓所表示慰问，并告诉我们，不要为棺材的事担心，他将为这位在几天内就给了他第二次生命的神父提供丧葬费用。"[2]

1621 年 7 月，由金尼阁重返中国时（1618 年）带来的葡萄牙籍耶稣会士傅汎际在杭州编写完成了《1621 年耶稣会中国年信》。这份发往欧洲耶稣会总部的年信记载了李之藻在利玛窦去世多年之后的南京教案期间挺身而出，竭力维护利玛窦墓园，使其得以完整保存下来的史实：

> 那个宦官，我们这片庄园的前主人，被关押了数年，被判处死，今年被释放出来，获得自由，保住了原本可能丢了的命，这赖于两位皇帝的驾崩。在万历皇帝去世与新皇帝登基之间，有了一个获得赦免和自由的可能，但是这事没发生在他身上，他还要等。万历的继位者只活了 20 天，然后就是当今皇上登基，他等到了。这名宦官没有尝试去司法机关（那里少有公正）申诉他的案子，而是派他的仆役来骚扰守墓和看家的一名教徒。进士良（即李之藻）只需找一天去对付这些滋事者即可，他带着一大帮随从来拜访利玛窦墓，以让宦官知道，那座墓园背后有朝中大员的保护。
>
> 如前文所述，在针对我们和我们友人的纷纷议论之中，沈㴶抵达了京师。坚决要求将我们逐出墓园的人并未收声，甚至要求夷平外国人的墓。
>
> 在得知这个情况后，进士良马上判断出其中不无危险，便立即去找负责墓园所在片区事务的官员商议此事。良向其陈述了其所耳闻的一部分，尤其是当良向他讲到墓园中所发生的事时，这名官员认为这事非常卑鄙，是对外国人的

1　[意]利玛窦著，罗渔译：《利玛窦书信集》下册，光启出版社、辅仁大学出版社 1986 年版，第 357 页。

2　[意]利玛窦著，文铮译：《耶稣会与天主教进入中国史》，商务印书馆 2014 年版，第 479—481 页。

侮辱，因为对中国人而言，逝者安息于墓地中是巨大的尊严和尊重。该官员发出了新的命令，确认我们对这片墓园的权利，这是皇帝对我们的恩典。良还坚持墓园要有专人看守，他们找到了与之相关的条款，根据此条，一名神父可以有更多的自由在修士的陪同下待在园中的那些房子里。

宦官知道了这一切。但他保持沉默，因为没有他法，就算是与他同一序列的人也向着我们。因为，一日，我们的修士正在园中的住处，一名宦官来到了这里。他是宫中最大的宦官之一，带了很多随从，进得屋来，立即向救世主像施礼，这幅圣像迄今从未从教堂撤下来过。随后落座，便与修士攀谈起来，询问起庞迪我神父和熊三拔神父的情况，话中带着情谊、思念；他还说："我不知道为什么要将如此的真君子从这里赶走。"最后，对墓园的权利，莫过于对其所有权每次更巩固一点儿，我们小心翼翼地捍卫着这项权利，不是为了它的物值，而是我们十分想在那座宫廷所在的都城树立一个标杆，表明我们受到了万历皇帝的优待。[1]

利玛窦去世后，获得明朝万历皇帝钦赐墓地，傅汎际 1621 年在杭州所撰教务报告中所记墓园在南京教案期间得到李之藻保护之史实，此前未见其他文献记载，可见葡文原始档案史料之价值。此墓地因后来又陆续有明末清初在华著名欧洲传教士邓玉函、罗雅谷、龙华民、汤若望、南怀仁、郎世宁等入葬，成为中西文化交流的珍贵遗存和重要见证，史称"滕公栅栏墓地"，简称"栅栏墓地"。今天墓地所在为北京市委党校（北京市行政学院）。早年出版的高智瑜、马爱德主编的《虽逝犹存：栅栏——北京最古老的天主教墓地》（英文版 1995 年，中文版 2001 年）一书中有关墓地历史的变迁，未见研究者提及李之藻护墓史事。

（二）引进西洋火炮：李之藻为挽救大明王朝的努力

万历四十七年（1619）二到三月，明朝与后金在辽东的萨尔浒之战是一个转折点。在这场战略决战中，明朝集中全国最精锐的数十万大军进攻努尔哈赤的后金军队，却以大败告终，从此失去在东北的战略优势，被迫由攻转守，大明东北蓟辽地区边疆形势日趋严峻。明朝以徐光启、李之藻、孙元化等为代表的一批开明士大夫，力排众议，强烈建议"西洋大铳可以制奴，乞招香山澳夷，以资战守"，并期望借助澳门葡人的火炮与战术，进行军事改革，提高明朝军队对抗后金的战斗力。

带头上疏提议采购西洋火铳的徐光启，却因有顾虑而请求李之藻和杨廷筠协助。此事的前因后果即由重返杭州的耶稣会士金尼阁在其用拉丁文撰写的《1621 年耶稣会中国

1 刘耿、董少新：《〈1621 年耶稣会中国年信〉译注并序》，李庆新主编：《海洋史研究》（第十五辑），社会科学文献出版社 2020 年版，第 413—414 页。

年报》中详细记录：

> 光启在未知葡人是否愿来，并能援助中国之先，不欲奏陈皇帝。（中略）乃致函中国教会两大闻人，即李之藻与杨廷筠，嘱派遣一二新教友前往澳门，告以此行必大有利于国家，尤能为教会树立大功，张弥额尔与孙保禄遂膺此选，二人抵澳门后，下榻于吾公学。葡人愿以正式官礼接待，而教中上司不允，盖二人虽朝廷官员，但以私人名义前来，并未奉旨。二人乃直陈来意，时葡人虽可托词不允，然二人竟未丝毫困难，捐资购得大炮四尊，寄送光启，以便献呈皇帝，以为军援。二人仍不以此为足，复自费聘请炮手四人，盖欲以此表示效忠于君也。[1]

金尼阁年报中所说的张弥额尔乃是天主教徒张焘的教名，保禄为孙学诗教名。从金尼阁年报可知，此次购铳的发起者是徐光启，积极捐资响应者为李之藻和杨廷筠，而计划制订者是李之藻，前往澳门采购者是张焘和孙学诗。李之藻天启元年疏文《奏为制胜务须西铳乞敕速取疏》中的追述也可证实徐光启发起、李之藻派人到澳门购铳的经历：

> 昨臣在原籍时，少詹事徐光启奉敕练军，欲以此铳在营教演，移书托臣转觅。臣与原任副使杨廷筠合议捐资，遣臣门人张焘间关往购，至则吞禁方严，无繇得达，具呈按察司吴中伟。中伟素怀忠耿，一力担当，转呈制、按两台，拨船差官伴送入吞。夷商闻谕感悦，捐助多金，买得大铳四门。议推善艺头目四人，与傔伴通事六人，一同诣广。此去年十月间事也。[2]

比较李之藻和金尼阁所述购铳经过，金氏年报可以采信。方豪《李之藻研究》指出，之藻此说"去年十月"为万历四十七年，而"昨臣在原籍"指泰昌年之藻丁内艰归里（杭州）。

从金氏年报记录可知，首次澳门购铳，一开始非常顺利，但由于此行为非官方行为，聘请的葡国炮手等人不得不中途返澳，后张焘等人自费将火炮运抵江西上饶，首次购炮最终半途而废。

天启元年（1621），明军在辽东战场失利，关外重镇辽阳、沈阳相继被后金攻陷，朝野震惊。无奈之下，朝廷启用精通西洋火器的徐光启和李之藻负责铸造大炮。李之藻被紧急任命为光禄寺少卿（此前被任命为广东布政司参政，因辽东军务而改任），后又受命监督军需。

天启元年四月，李之藻即向明熹宗呈上《奏为制胜务须西铳乞敕速取疏》，全面陈

1　方豪：《李之藻研究》，海豚出版社 2016 年版，第 229—230 页。
2　方豪：《李之藻研究》，海豚出版社 2016 年版，第 229 页。

述他的采购火炮、引进技师、培养军事人才的建议。在疏中，除了追述此前一年他和杨廷筠私派张焘购铳一事，他又陈述了西洋火炮之威力以及制造和使用的规制，并且强调西洋大炮虽然杀伤力惊人，但若无人掌握铸造、点放技术，就很难发挥增强明军战斗力的作用，因而李之藻强烈建议朝廷招募葡萄牙炮师，给予较高待遇，并专门派人学习火炮的制造与使用技术；但鉴于西洋火炮师一时远水解不了近渴，因而他建议访求尚在境内的西洋传教士，让他们协助翻译有关火炮图书资料，以便预先学习掌握相关知识，并建议朝廷尽快将滞留江西广信的四门大炮运抵北京。以下摘录的疏中段落，可见之藻对引进火炮和技师之策，思考精细：

> 昔在万历年间，西洋陪臣利玛窦归化献琛，神宗皇帝留馆京邸，搢绅多与之游。臣尝询以彼国武备，通无养兵之费，名城大都最要害处，只列大铳数门，放铳数人、守铳数百人而止。其铳大者长一丈，围三四尺，口径三寸……弹制奇巧绝伦，圆形中剖，联以百炼钢条，其长尺余，火发弹飞，钢条挺直，横掠而前，二三十里之内，折巨木，透坚城，攻无不摧。其余铅铁之力，可及五六十里。其制铳或铜或铁，煅炼有法，每铳约重三五千斤，其施放有车，有地平盘，有小轮，有照轮，所攻打或近或远，刻定里数，低昂伸缩，悉有一定规式。其放铳之人，明理识算，兼诸技巧，所给禄秩甚优，不以厮养健儿畜之。似兹火器，真所谓不饷之兵，不秣之马，无敌于天下之神物也。臣尝见其携来书籍，有此图样，当时以非素业，未暇讲译，不意玛窦溘先朝露，书遂不传。臣与道义相契，躬为殡殓，礼官奏赐葬恤。……但此秘密神铳，虽得其器，苟无其人，铸炼之法不传，点放之术不尽，差之毫厘，失之千里，总亦无大裨益。又其人生长广海，万里远来。……若论朝廷购募，当此吃紧用人之际，不妨更从优厚，用示鼓舞，庶肯悉心传授。……臣又惟致铳尚易，募人实难，道里固远近悬殊，警报则岁月难待。忆昔玛窦伴侣尚有阳玛诺、毕方济等，若而人、原非坐名旨遣选人，数其势不能自归。大抵流寓中土，其人若在，其书必存，亦可按图揣摩，豫资讲肆，是应出示招徕。……如果臣言可采，伏乞圣明俯允，敕下兵部复议停妥，马上差人填给勘合，一面前往广信府查将原寄大铳四门，督同张焘陆路押解来京……[1]

李之藻上奏的同时，兵部尚书崔景荣也上疏，请将滞留江西的四门大炮运抵北京。徐光启随后上呈《台铳事宜疏》，建议派人访求毕方济、阳玛诺等传教士。此后刑部侍郎邹元标等纷纷上奏请示朝廷购炮造炮。明熹宗遂决定将已购西洋大炮运送至北京，并

1　［明］徐光启撰，王重民辑校：《徐光启集》，中华书局 2014 年版，第 179—181 页。

正式由朝廷任命张焘、孙学诗为钦差，赴澳聘请葡籍炮师与购买火炮。后在两广总督胡应台的协助下，两位钦差携二十四尊西洋火炮、葡籍士兵百人一同启程回京。朝廷对西洋的火炮技术十分重视，葡籍炮师抵京后，皇帝即命令兵部安排人员训练炮手。

李之藻和徐光启等推荐毕方济、阳玛诺两位传教士进京协助购炮募兵事务，但据巴笃里（Daniello Bartoli，1608—1685，耶稣会官方史官，1663 年编著《耶稣会史：中国卷》）所记，实际进京的是龙华民与阳玛诺。巴氏记曰：

> 甫抵京，即至兵部报到，受殊礼款待，并以澳门援兵事相询。继又问及二人之军事学与炮术，二人据实以告，谓对于军事及火器确无所知。……但际此军务倥偬之时，亦非无可为力，盖可以约束澳门募来之士兵与炮手，使生活检点，服从命令，效忠皇上。诸大臣闻此，已极欣慰，乃出示上赐宅第一所，并按宫中仪注，各赐一马，以便访客及其他事务之用。未几，反对武装外人入京之奏纷然而至。……葡人除炮手而外，概不许入境。时有教士十二人已准备偕葡军同来，拟分往各省成立新传教区，至是，遂被剔除。[1]

巴笃里所述也道出一个实情：李之藻、徐光启效力明廷，助其购买西炮、招募葡兵，及荐举传教士为明朝所用，有助于解除南京教案以来的禁教令，让传教士从澳门重返内地传教。

李之藻上疏之后的天启元年下半年，有两门大炮运抵北京。其中一门大炮被调往辽东前线，并在天启六年（1626）的宁远之战中建立奇功，据说杀敌一万七千人，被封为"安边靖虏镇国大将军"。

李之藻于天启元年到任后，恪尽职守。他除了上呈《奏为制胜务须西铳乞敕速取疏》，提出购炮募兵的书面建议之外，又亲自参与西式炮台的部署和设计。他曾与"勋戚九卿台省司马之属"在北京"遍阅城楼"，他倡议建造欧洲式炮台，并与徐光启一起用木头制造了炮台模型。至六月，之藻始制成木质模型一座，还估算出了建造炮台所需的工料与费用；八月，光启始能"造一小式"，呈皇帝御览。但最后关于建造欧洲式炮台的建议被工部以"兴作甚烦，经费无出"的理由否决了。[2]

天启二年（1622）正月，后金攻占广宁等地，明军退守山海关。二月庚午（二月四日），太仆寺少卿何栋如上疏说，在此危急时刻，应当重用"光禄寺少卿李之藻"等人。同时，光禄寺少卿高攀龙也向皇帝建议说："近奉旨练兵教射之董应举，旧奉旨制造军需之李之藻，皆当加以职御。"这个建议最终被皇帝采纳。到了三月庚戌（三月十四

1　方豪：《李之藻研究》，海豚出版社 2016 年版，第 244—245 页。
2　方豪：《李之藻研究》，海豚出版社 2016 年版，第 240 页；龚缨晏、马琼：《关于李之藻生平事迹的新史料》，《浙江大学学报（人文社会科学版）》2008 年第 3 期。

184

日），朝廷任命"光禄寺少卿李之藻为太仆寺少卿"。[1]《明熹宗实录》卷二七天启二年十月记曰："太仆寺少卿管工部水司郎中事李之藻题'以夷攻夷'二策，内言西洋大铳，可以制奴，乞招香山澳夷，以资战守。"[2]朝廷接受了李之藻的这项建议。但同年七月，党祸起，徐光启、李之藻遭到守旧势力排斥而被迫离职，运送西洋火炮回内地的事也被搁置下来。再次赴澳聘请欧洲炮手的张焘等人，直到天启三年（1623）四月初三才回京，但李之藻早在同年二月已被调往南京任太仆寺少卿。

根据新发现的李之藻于天启三年二月呈送的《恭进收贮大炮疏》[3]，李之藻在离开北京之前，还是念念不忘从澳门购买回来的那几门西式大炮，他特上此疏意在请求皇帝"将前西洋大炮三位，并载铳原车三辆，查照收贮，备用施行"。拳拳报国之心，由此可见。但在南京的李之藻也很快就罢官回家了。他在为《寰有诠》所作的序中写道："余自癸亥（即天启三年）归田，即从修士傅公泛际结庐湖上。"至于后来葡籍炮师抵京后，在训练试炮时发生火炮炸膛事件，以及崇祯元年（1628）第二次征募西炮和葡兵，李之藻已不闻不问，在杭州的山水间，潜心于西学书籍的翻译和编刊。

（三）修订历法：李之藻引用西方科学倡导经世实学的尝试

中国古代传统历法一直被赋予政治、农事、生活、秩序、信仰等多重功能，因而是皇权的象征，严禁民间私自参与研习。明朝立国之初，官方历法一直沿用元代《授时历》的历法系统，稍作增损而已。明朝初年即有禁学天文的政策，"国初，学天文有厉禁，习历者遣戍，造历者殊死"[4]，把天文历法的传承局限在官方历法机构钦天监等极其狭窄的范围内，导致明代天文学止步不前，使得明代历法陈旧失修，误差越来越大。据《明史》记载，钦天监官员利用《大统历》和《回回历》对于交食的预报，从景泰年间至万历年间屡屡失误，直接影响皇权的尊严。因而明代士大夫从成化年间开始，不断提议改历或修历，但是一直到万历年初，均被礼部或者钦天监拒绝。直到万历三十八年（1610）钦天监再次推算日食错误，改用西法修正历法的倡议才开始正式被朝廷重视。

万历三十九年（1611），时任钦天监五官正的周子愚，因与传教士多有交往，并为熊三拔的天文学著作《表度说》作序，上书推荐庞迪我、熊三拔等西洋传教士参与修历："大西洋归化远臣庞迪峨、熊三拔等，携有彼国历法，多中国典籍所未备者。乞视洪武中译西域历法例，取知历儒臣率同监官，将诸书尽译，以补典籍之缺。"[5]

关于周子愚此疏的确切时间，《明神宗实录》卷四八九以及《国榷》卷八一都将此

1　龚缨晏、马琼：《关于李之藻生平事迹的新史料》，《浙江大学学报（人文社会科学版）》2008 年第 3 期。

2　方豪：《李之藻研究》，海豚出版社 2016 年版，第 245 页。

3　汤开建、马占军：《〈守圉全书〉中保存的徐光启、李之藻佚文》，《古籍整理研究学刊》2005 年第 2 期。

4　［明］沈德符：《万历野获编》卷二十，中华书局 1959 年版，第 524 页。"庞迪峨"即西班牙耶稣会士庞迪我。

5　［清］张廷玉等：《明史》卷三一，中华书局 1974 年版，第 528 页。"庞迪峨"即西班牙耶稣会士庞迪我。

事系于万历三十九年十二月，杨廷筠的《绝徼同文纪》收录周氏此疏原文，[1]时间仍为万历三十九年十二月，只是日期与《明神宗实录》和《国榷》相差15天，不过都已进入公历1612年1月。

礼部遂在周子愚上疏之后，正式上奏提出改历请求，并拟定参与修历人员的名单。李之藻被礼部推荐与西洋教士一起参与修历，《明史》记曰：

> 先是，大西洋人利玛窦进贡土物，而迪峨、三拔及龙华民、邓玉函、汤若望等先后至，俱精究天文历法。礼部因奏："精通历法，如云路、守己为时所推，请改授京卿，共理历事。翰林院检讨徐光启、南京工部员外郎李之藻亦皆精心历理，可与迪峨、三拔等同译西洋法，俾云路等参订修改。然历法疏密，莫显于交食，欲议修历，必重测验。乞敕所司修治仪器，以便从事。"疏入，留中。未几云路、之藻皆召至京，参预历事。云路据其所学，之藻则以西法为宗。[2]

李之藻被礼部列入推荐名单中并非偶然，因为他早在此前就与西教士补习天文历法。其中最著名的当推万历三十五年（1607）编译的《浑盖通宪图说》，北京首刊。

 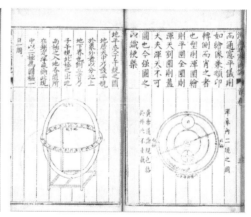

《浑盖通宪图说》书影一　　　　　《浑盖通宪图说》书影二

此书是由利玛窦口授、李之藻笔录的实用天文学著作，全书分两卷二十一部分，主要介绍了西方星盘制作原理及方法。上卷述星盘面上各种坐标网绘制法，包括赤道、黄道和地平坐标三种系统在平面上的投影；下卷介绍星盘的构造。因而李之藻笔录的《浑盖通宪图说》被称为中国第一部介绍西方天文仪器及早期画法几何知识的著作。值得指出的是，星盘作为一种先是在古希腊时期被当时的数学家和天文学家发明、后又在欧洲非常流行的天文仪器，在制作的时候常常需要很多数学知识，因此星盘在欧洲有"数学

1　龚缨晏、马琼：《关于李之藻生平事迹的新史料》，《浙江大学学报（人文社会科学版）》2008年第3期。
2　［清］张廷玉等：《明史》卷三一，中华书局1974年版，第528页。

之宝"的美称。[1]

另外李之藻还与利玛窦合作编译了《圜容较义》，主要介绍西方古典几何等数学知识。此著成书于万历三十六年（1608）十一月，而于万历四十二年（1614）在北京首刻，其时正是李之藻应诏进京修历之际。

其实，李之藻的西学导师利玛窦，早已把西洋天文历法纳入他的"学术传教"策略了。利玛窦进入内地传教后敏锐地发觉明末士人对修改历法特别关注，他便看到了天文历法对于在华实施"学术传教"的重要性。他在 1605 年 5 月 12 日上书耶稣会副总会长阿耳瓦烈兹神父时，要求立即派一位擅长天文学的传教士来中国服务：

> 最后我有一件事向您要求，这是我多年的希望，迄今未获得回音。此事意义重大，有利传教，那就是派遣一位精通天文学的神父或修士前来中国服务。……（中国人）对行星的轨道、位置以及日、月蚀的推算却很重视，因为这为编纂"历书"非常重要。我估计，中国皇帝每年聘用二百人以上，花费很多钱，编纂历书，且成立钦天监专司此职；目前中国使用的历书，有《大统历》与《回回历》两种，对推算日月蚀，虽然后者较佳些，但均不准确。[2]

李之藻在与利玛窦的交往中，学习积累了修订历法必备的西方天文学和数学知识，《明史》称"之藻则以西法为宗"，实至名归。可以说，李之藻是利玛窦"学术传教"在晚明士人中的成功范例。

李之藻被礼部列入参与修历人员推荐名单的时间应该已到万历四十年（1612）。李之藻丁父忧期满后即被起复任用，时在万历四十一年（1613），他的官衔已改为南京太仆寺少卿。李之藻也在这年完成了介绍欧洲数学的名著《同文算指》。他在序中自署万历癸丑，书于龙泓精舍，而"龙泓精舍"应该是李之藻在杭州的住所。不过，李之藻内心最放不下的则是受荐修订历法的重任，因而他在深思熟虑之后上呈《请译西洋历法等书疏》，全面介绍了西洋历法相比传统中法之优点，西洋天文观测仪器之精良，并阐述了他的修历主张。奏疏开头一句"兹者恭逢皇上圣寿五十有一"，按明神宗生于嘉靖四十二年（1563）计，五十一岁确为万历四十一年，之藻提出此疏的时间明确。李之藻首先在疏文中指出推算日月交食乃国家第一大事，而钦天监测算屡屡出错，虽然朝廷征求了通晓历算之士，但鉴于天文学长期以来禁止民间研习，造成"独学寡助"，见识有限，而始终未能破解其中奥秘，找到准确制订历法的一套方法：

> 盖合天地大衍周而复始之数。御历纪元，命曰万历，则亿万年无算之寿

1　杨泽忠：《利玛窦与非欧氏几何在中国的传播》，《史学月刊》2004 年第 7 期。
2　［意］利玛窦著，罗渔译：《利玛窦书信集》下册，光启出版社、辅仁大学出版社 1986 年版，第 301—302 页。

考，与亿万年不刊之历法，又若有机会之适逢。事非偶然，而其绍明修定之业，当有托始于今日者。迩年台监失职，推算日月交食，时刻亏分，往往差谬。交食既差，定朔定气，由是皆舛。夫不能时夜，不夙则莫，诗人刺焉。钦若昊天，敬授人时，尧典之所首载，以国家第一大事，而乘讹袭舛，不蒙改正。臣愚以为此殆非小失矣。天道虽远，运度有常，从来日有盈缩，月有迟疾，五星有顺逆，岁差有多寡。前古不知，借后人渐次推测，法乃慕备。惟是朝戢征求，士乏讲究，间有草泽遗逸，通经知算之士，留心历理者，又皆独学寡助，独智师心，管窥有限。屡改爽终，未有能确然破千古之谬，而垂万祀之准者。[1]

接着，李之藻便力荐西洋传教士庞迪我、龙华民、熊三拔、阳玛诺等人参与修订历法，并且详细列举了西洋天文历法较传统中法所具有的十四条独到之处：

> 伏见大西洋国归化陪臣庞迪我、龙化民、熊三拔、阳玛诺等诸人，慕义远来，读书谈道，俱以颖异之资，洞知历算之学，携有彼国书籍极多，久渐声教，晓习华音，在京仕绅与讲论，其言天文历数，有我中国昔贤谈所未及者，凡十四事：
>
> 一曰天包地外，地在天中，其体皆圆，皆以三百六十度算之。地径各有测法，从地窥天，其自地心测算，与自地面测算者，皆有不同。
>
> 二曰地面南北，其北极出地高低度分不等；其赤道所离天顶亦因而异，以辨地方风气寒暑之节。
>
> 三曰各处地方所见黄道，各有高低斜直之异，故其昼夜长短，亦各不同；所得日影，有表北影，有表南影，亦有周围圆影。
>
> 四曰七政行度不同，各自为一重天，层层包裹，推算周径，各有其法。
>
> 五曰列宿在天，另有行度，以二万七千余岁一周，此古今中星所以不同之故，不当指列宿之天为昼夜一周之天。
>
> 六曰月五星之天，各有小轮，原俱平行，特为小轮旋转于大轮之上下，故人从地面测之，觉有顺逆迟疾之异。
>
> 七曰岁差分秒多寡，古今不同；盖列宿天外，别有两重之天，动运不同。其一东西差出入二度二十四分，其一南北差出入一十四分，各有定算，其差极微，从古不觉。
>
> 八曰七政诸天之中，各与地心不同处所，春分至秋分多九日，秋分至春

---

1 ［明］李之藻：《李之藻集》，中华书局 2018 年版，第 18 页。

分少九日。此由太阳天心与地心不同处所，人从地面望之，觉有盈缩之差，其本行初无盈缩。

九曰太阴小轮，不但算得迟疾，又且测得高下远近大小之异，交食多寡，非此不确。

十曰日月交食，随其出地高低之度，看法不同，而人从所居地面南北望之，又皆不同；兼此二者，食分乃审。

十一曰日月交食，人从地面望之，东方先见，西方后见，凡地面差三十度，则时差八刻二十分，而以南北相距二百五十里，作一度；东西则视所离赤道以为减差。

十二曰日食与合朔不同，日食在午前，则先食后合；在午后，则先合后食。凡出地入地之时，近于地平，其差多至八刻，渐近于午，则其差时渐少。

十三曰日月食所在之宫，每次不同，皆有捷法定理，可以用器转测。

十四曰节气当求太阳真度，如春秋分日，乃太阳正当黄赤二道相交之处，不当计日匀分。

凡此十四事者，臣观前此天文历志诸书，皆未论及。或有依稀揣度，颇与相近。然亦初无一定之见，惟是诸臣能备论之，不徒论其度数而已，又能论其所以然之理。盖缘彼国不以天文历学为禁，西洋即以此等学如中国制科，五千年来通国之俊。曹聚而讲究之。窥测既核，研究亦审，与吾中国数百年来始得一人，无师无友，自悟自是，此岂可以疏密较者哉？观其所制窥天窥日之器，种种精绝。即使郭守敬诸人而在，未或测其皮肤，又况见在台监诸臣，刻漏尘封，星台迹断，晷堂方案，尚不知为何物者，宁可与之同日而论，同事而较也？

万历三十九年，曾经礼部具题要将平素究心历理，如某人、某人等，开局翻译，用备大典，未奉明旨。虽诸臣平日相与讨论，或窥梗概，但问奇之志虽勤，摘絜之功有限。当此历法差谬，正宜备译广参，以求至当。即使远在海外，尚当旁求博访，矧其献琛求宾，近集辇毂之下，而可坐失机会，使日后抱遗书之叹哉？[1]

由疏中可知，李之藻早在万历三十九（1611）前就与西教士研习天文历法，而万历三十九年礼部推荐修历人员名单中，之藻以"某人"代之，显然是在奏折中不便明言的自谦之意。

奏折的最后，李之藻又特别介绍了西洋传教士引进的各类西学书籍——水法之书、

1　［明］陈子龙等辑：《明经世文编》卷四八三，中华书局 1962 年版，第 5321—5322 页。

算法之书、测望之书、仪象之书、日轨之书、万国图志、医理之书、乐器之书、格物穷理之书、几何原本之书，几乎是当时传教士带来的全部西方科学简介，而且认为这些西学是有经世之用的"实学"，但是当务之急是尽快聘用已经年迈的庞迪我等西洋传教士，把这些西方天文历算书翻译过来，然后责令"畴人子弟"学习西洋测验之法。实测验证之后，再用西洋之法修订一部标准的官方历法范本"不刊灵宪"。历法修成之后，再考虑选择有经世实用价值的其他西学图书逐渐扩大翻译领域：

> 洪武十五年奉太祖高皇帝圣旨，命儒臣吴伯宗等译《回回历》《经纬度》《天文书》，副在灵台，以广圣世同文之化，以佐台监参伍之资。传之史册，实为美事。今诸陪臣真修实学，所传书籍，又非《回回历》等书可比。其书非特历术，又有水法之书，机巧绝伦。用之灌田济运，可得大益。又有算法之书，不用算珠，举笔便成。又有测望之书，能测山岳江河远近高深，及七政之大小高下。有仪象之书，能极论天地之体，与其变化之理。有日轨之书，能立表于地，刻定二十四气之影线，能立表于墙面，随其三百六十向，皆能兼定节气。种种制造不同，皆与天合。有万国图志之书，能载各国风俗，山川险夷远近。有医理之书，能论人身形体血脉之故，与其医治之方。有乐器之书，凡各钟琴笙管皆别有一种机巧。有格物穷理之书，备论物理事理，用以开导初学。有几何原本之书，专究方圆平直，以为制作工器本领。以上诸书，多非吾中国书传所有，想在彼国，亦有圣作明述，别自成家，总皆有资实学，有裨世用。深惟学问无穷，圣化无外；岁月易迈，人寿有涯，况此海外绝域之人浮槎远来，劳苦跋涉，其精神尤易消磨，昔年利玛窦最称博览超悟，其学未传。溘先朝露，士论至今惜之。今庞迪我等，须发已白，年龄向衰，遐方书籍，按其义理，与吾中国圣贤可互相发明。但其言语文字，绝不相同，非此数人，谁与传译？失今不图，政恐日后无人能解，可惜有用之书，不免置之无用。伏惟皇上久道在宥，礼备乐和，儒彦盈廷，不乏载笔供事之臣，不以此时翻译来书，以广文教，今日何以昭万国车书会同之盛？将来何以显历数与天无极之业哉！如蒙俯从末议，敕下礼部亟开馆局，征召原题明经通算之臣，如某人等，首将陪臣庞迪我等所有历法，照依原文译出成书，进呈御览。责令畴人子弟，习学依法测验，如果与天相合，即可垂久行用，不必更端治历，以滋烦费。或与旧法各有所长，亦宜责成诸臣细心斟酌，务使各尽所长，以成一代不刊灵宪，毋使仍前差谬，贻讥后世。事完之日，仍将其余各书，但系有益世用者，渐次广译。其于鼓吹休明，观文成化，不无裨补。[1]

---

1 〔明〕陈子龙等辑：《明经世文编》卷四八三，中华书局 1962 年版，第 5322—5323 页。

李之藻的《请译西洋历法等书疏》，实际上全面反映了他所了解和掌握的晚明以来欧洲传教士带来的西洋科学书籍涉及的全部知识门类，以及他对引进西方科学的理解和主张，可以说是李之藻西学观的核心思想阐述；尤其是鲜明提出这些门类的西学书"多非吾中国书传所有"，而且都是"有资实学，有裨世用"之学。其思想高度，足见李之藻为晚明倡导科技实学思潮之先锋。

李之藻上奏之后，礼科给事中姚永济等其他官员也跟进上奏请求开局修历，但朝廷中对是否开局修历一直争议不断，明神宗也将奏疏按下不表态。李之藻无奈只能等待，直到万历四十四年（1616）初，他才被任命为敕理河道工部郎中，前往高邮治水。不料，当年五月，南京礼部侍郎沈㴶上《参远夷疏》，猛烈攻击来华的天主教传教士图谋不轨，南京教案爆发。尽管徐光启、李之藻和杨廷筠竭力为传教士辩护，但明神宗依然下诏驱逐庞迪我等传教士，修历计划因此被耽搁十余年之久。直到崇祯二年（1629），钦天监官员用传统方法推算日食又一次失误，崇祯帝才下令设立"历局"，由徐光启领导，修撰新历。而李之藻仍然留在高邮治水，功绩卓著。

崇祯二年五月，礼部再疏请开局修历。七月，徐光启代礼部收疏论修历事，推荐李之藻参与修历。其时李之藻丁母忧服满在籍，徐光启请敕吏部起用李之藻，此后多次催促李之藻进京赴任。徐光启《修改历法，请访用汤若望、罗雅谷疏》提及之藻起程北上经过："臣之藻只奉简命，亦于去冬（崇祯二年）十一月自原籍杭州府起程前来，行至扬州、沧州两处，为因血疾再发，医疗耽延，今幸获痊，已于本月初六日陛见讫，旋即到局，协同臣光启恪遵原议规则，督率该监官生，在局供事，推求测验，改正诸法。"[1]

可见李之藻此次北上修历是抱病前往，崇祯三年（1630）五月抵京后，即到历局上任。其时清军已入侵，时局动乱，徐光启主要精力放在督造西洋火炮上，修历之事主要靠李之藻等人推进。同年九月，从徐光启上《修历因事暂辍，略陈事绪疏》末开列的已经完成的西洋历法翻译书单来看，李之藻参加者计有《历指》一卷、《测量全义》二卷、《比例规解》一卷、《日躔表》一卷，总计四种五卷注明"以上系臣光启、臣之藻陪同罗雅谷译撰"，前后四个月内完成，足见之藻之辛劳。崇祯三年九月，公历为1630年11月，李之藻卒于北京修历任所。虽然采用西洋历法编纂的《崇祯历书》直到崇祯六年（1633）十一月，即之藻去世三年后才完成，但是李之藻参与初期编译引进西洋历法的业绩功不可没。

（四）杨廷筠的人生轨迹：由佛入耶的"天主教儒者"

1.杨廷筠与传教士的接触

杨廷筠（1557—1627），字仲坚，号淇园，浙江杭州仁和县人，嘉靖三十六年出生

1　方豪：《李之藻研究》，海豚出版社 2016 年版，第 269—270 页。

于普通的官宦人家。祖父杨洲，曾中进士，任职工部主事，父亲杨兆坊为儒学生员。他于万历七年（1579）乡试中举，万历二十年（1592）进士及第，随即出任江西安福县知县。在任七年，杨廷筠严格按照一个儒家官员的职责行事，缓收赋税、重建粮仓、救济灾荒、积极办学，这段地方从政经历使其广受赞誉，赢得了"仁侯"的称号，并得以结交当时一些重要的儒家士大夫，包括"江右四君子"之一的刘元卿、阳明再传弟子王时槐等人。万历二十七年（1599），杨廷筠因出色的地方政绩调任北京，进入都察院，任监察御史。他与传教士的接触开始于北京。

迄今中外学者有关杨廷筠的研究成果中，共同确认一点：杨廷筠的宗教思想是从佛教走向天主教的。关于杨廷筠早年与佛教的关系，虽然史料不多，但可以确定以下几点：

其一，杨廷筠出生于一个信仰佛教的家庭，其父母曾经都是佛教徒。他早年习"王学"，出儒入佛，又是杭州著名居士，参与袾宏、虞淳熙等佛教领袖组织的讲学活动。

其二，杨廷筠生活于 16 世纪后半叶和 17 世纪前半叶，其时他的家乡杭州仍然是全国著名的佛教中心。明末佛教四高僧之一的袾宏，1571 年后于杭州云栖山结庐安居，世称莲池大师或云栖大师。袾宏早年研习儒家经典，更因出儒入佛后，对儒学取宽容调和态度，主张"儒释和会""儒佛配合"，为名士学者所推重。

其三，没有确切史料证明杨廷筠与袾宏本人有关系，但杨廷筠认识当时一些与袾宏关系密切的有影响的佛教人士冯梦祯、虞淳熙，并和著名的佛教徒董其昌和袁宏道有交往；杨廷筠的父亲是袾宏和虞淳熙所组织的"放生会"成员，他本人也参加过放生会的活动。

其四，天台山无尽传灯大师编订的《天台山方外志》收录有杨廷筠的作品，并有三篇诗文，其中一首为《读无尽老师维摩无我疏有感》诗，中有"西来秘密义，无复问维摩"一句，反映了杨廷筠对佛教的理解。[1]

杨廷均入教后的辟佛著作《天释明辨》，站在天主教立场批评佛教戒杀生的教义教条，从一个侧面反映出杨廷筠对佛教戒杀生教义的熟悉程度。而他改宗天主教的历程比较曲折，原因也在于他原来是一位有很深佛学修养的儒臣。

杨廷筠从结识传教士到皈依天主教，经历了近十年的时间。万历三十年（1602），杨廷筠在北京会见了利玛窦，讨论"名理"问题。限于自身知识结构，杨廷筠对利玛窦所谈西方数学几何，则无法理解；利玛窦也认为，杨廷筠没有徐光启、李之藻那样"聪明了达"。这是杨廷筠在十多年之后在为李之藻《同文算指》所作序言中追述的："往予晤西泰利公京邸，与谭名理累日，颇称金兰，独至几何圜弦诸论便不能解。公叹曰：

---

1 ［比］钟鸣旦著，香港圣神研究中心译：《杨廷筠——明末天主教儒者》，社会科学文献出版社 2002 年版，第 41—45 页。

'自吾抵上国，所见聪明了达，惟李振之、徐子先二先生耳。'未几，余有事巡方，卒卒未再叩，而公已即世。"[1]

万历三十三年（1605），杨廷筠出任苏松等府巡按御史时，向朝廷建议停止编派绫绞与河工加赋。《松江府志》记其相关事迹："三十二年巡视漕运，又二年巡按苏松，论改织绫绞，苏松不下三十万（匹），向无额编，何以供命？请悉罢止。又论河工加赋，苏、松、常、镇四府当天下什三，焚林竭泽，民岂堪此！言甚剀切，不报。"此后，他督导学政，为方孝孺在松江的后裔，做了不少善举。《松江府志》写道："求方正学嫡裔在松江者，复其姓，捐三百金，建求忠书院，祀正学衣冠。其子孙奉烝，尝不绝后。"万历三十七年（1609），杨廷筠转任江西副使，因屡屡上疏论及财税弊病，得罪高官而被迫辞职回杭州故里。关于回到杭州的生活，《杨淇园先生超性事迹》记录：

> 其自督学解组归也，左右图书，手未尝辍帙。越抚朱公，深相敬慕，将使都人士矜式，爰选西湖佳胜，藉皋比而推公讲席。公倡道学，结真实社，讨论勤修，遐迩知名。其优婆、比丘，袭竺乾衣钵之传者，恒以禅乘中之，于是公之门有礼僧之室焉，持珠受偈者环堵。公雅好施与，凡寺刹台殿，多所修建。[2]

辞职回乡后的杨廷筠，读书、交友、讲学、结社，浪迹于西湖边的佳境胜地，沉浸在崇佛施舍的信仰生活中。

关于杨廷筠的传记资料，《仁和县志》及《杭州府志》等官方记载均简略且多错误。[3] 上述《杨淇园先生超性事迹》，即为曾经长期在杭州活动的意大利耶稣会士艾儒略口授、丁志麟笔录的杨廷筠宗教传记。关于杨的信教过程，《杨淇园先生超性事迹》记载颇为详尽。[4]

杨廷筠与传教士的接触，自万历三十年（1602）在北京与利玛窦相遇后，一直未有进展。直到万历三十九年（1611）五月，李之藻携郭居静、金尼阁在杭州开教之后，杨廷筠在同乡好友李之藻家，目睹了一场传教士为之藻故去父亲举行的"西式葬礼"，他才开始真正关注天主教和传教士。为此他请当时住在之藻家中的郭居静、金尼阁到自己家中谈论天主教信仰，又在李之藻的长谈启发下，开始潜心探索"天学"。

郭居静和金尼阁神父向他讲解教义，他承认天主是天上和地球万物的主宰，但对它将会给信仰佛教的地方带来何种损害感到疑惑。为此，一场"神父与儒士"的东西辩论

1　[明]杨廷筠：《〈同文算指通编〉序》，[明]李之藻著，郑诚辑校：《李之藻集》，中华书局2018年版，第158页。
2　[意]艾儒略述，[明]丁志麟记：《杨淇园先生超性事迹》，[比]钟鸣旦、[比]杜鼎克、黄一农等编：《徐家汇藏书楼明清天主教文献》第1册，方济出版社1996年版，第217页。
3　关于杨廷筠生平，参见：[比]钟鸣旦著，香港圣神研究中心译：《杨廷筠——明末天主教儒者》，社会科学文献出版社2002年版；赵晖：《耶儒柱石——李之藻、杨廷筠传》，浙江人民出版社2007年版。
4　关于杨廷筠的生平事迹，近来又有学者从葡萄牙耶稣会士何大化的著作中有所发掘，参见：董少新：《葡萄牙耶稣会士何大化在中国》，社会科学文献出版社2017年版；薛晓涵：《中欧文化交流在明清之际的南京与杭州（1583—1707）——以耶稣会士与中国士人的互动为中心》，北京外国语大学博士论文，2021年。

热烈地展开，并且连续数日，而曾在杭州活动过的葡萄牙耶稣会士曾德昭则将这场"明朝末年的中西信仰对话"的历史性一幕记录在他的名著《大中国志》中：

> 他（杨廷筠）是首批拜访神父者之一，竭力为他的宗教信仰辩护，开始时以异乎寻常的热情激烈争论，支持他的教派；第二天和第三天都一样，共有九天，他一直提出新的理由，发出新的诘难，他不是有意进行抨击，只为探索真理。第九天他自己屈服了，喊道："真正的神，真正的律法，真正的教义。"[1]

当杨廷筠向神父表示希望立即受洗时，金尼阁没有答应，因为他除了妻子，还有一个侍妾，并且侍妾为他生了两个儿子。杨廷筠随即向李之藻诉苦，他作为一个以前的高官，心甘情愿为他们服务，而他们却以有侍妾拒绝了他，佛教肯定不会如此对待他。李之藻解释说，这恰恰是佛教僧侣不能与来自西方的传教士相比的原因，传教士希望拯救别人，但不愿为了你而破坏教规。

这又遇到了一个棘手的中西文化冲突问题：天主教戒律中"不二色"是基本规范，但明朝士人纳妾是普遍现象。杨廷筠正妻无子，纳妾生子不仅是他践行儒家孝道的基本操守，而且是他延续香火的伦常大事，这无疑与天主教强调的一夫一妻制教规相冲突。事实上，李之藻与利玛窦相交八九年未能入教的原因之一，也是纳妾问题。杨廷筠经过抉择，最终放弃了侍妾。两位欧洲传教士目睹了杨廷筠的诚意，1611年6月，为他入教受洗，赐予教名弥额尔，杨廷筠也是杭州皈依的第一位士人天主教徒。他们没有想到的是，西溪传教士墓地的第一块奠基石就是在这一天埋下的。

2.南京教案中杨廷筠建立的杭州传教士庇护所

杨廷筠与欧洲传教士的关系在南京教案期间（1616—1621）因杨廷筠在杭州大力庇护西教士而更为密切。万历四十四年（1616），南京礼部侍郎沈㴶发起了一场反西教运动，逮捕审讯西方传教士和中国教徒，朝廷亦下令驱逐内地的西方传教士，是为南京教案。当时杨廷筠和李之藻、徐光启等或写信或上疏，为天主教和传教士辩护。杨廷筠更是请各地的传教士到自己家中避难，为其传教活动提供经费。葡萄牙来华传教士阳玛诺在澳门编写并于1618年底发往欧洲耶稣会总部的报告《1618年耶稣会中国年信》（原文为葡萄牙文，今有中译本），记叙了南京教案期间杨廷筠庇护传教士的情况：

> 至于在中国内地的传教士们，大部分曾居住于和正居住在浙江省的省城杭州。我们的弥额而（Miguel）进士在以权力和能力庇护着它，正如天主安排天使长弥额而[2]为所有遭遇战事之教会的保护者、守护者一样，又派与弥额而同名

1　［葡］曾德昭著，何高济译：《大中国志》，上海古籍出版社1998年版，第248页。
2　这是《圣经》中提到的维护天主的一个天使的名字。

的杨廷筠来守卫这片特殊的教区。他与我们的敌人（沈潅）来自同一个故乡，天主使他在敌人面前有许多勇气和力量。杨廷筠清楚沈潅知道他，也很清楚沈潅知道他在以某种方式违抗皇帝的命令。尽管如此，我们在他家里，他不仅不害怕，而且还很高兴。每次见到我们，或与我们交谈，他都喜不自胜。他不厌倦地感谢天主赐他财富以及便利条件，使他可以在家中款待那些正在光荣地被追捕的人。因为现在事态平静、行事方便，所以神父们想恢复一些宗教活动，以履行圣职。而教友们也有更多的时间，比以往更加从容地聚会，这是其宗教热情和虔诚使然。杨廷筠同样也招待他们，鼓励他们要隆重地做这一切，在他家里，不必害怕。

杨廷筠的家就像是一个堡垒，我们不时从这里出击，去捕获灵魂的猎物，而我们共同的敌人在专横地控制着灵魂。[1]

阳玛诺在 1618 年的年信中还详尽记录了传教士在杨廷筠家的隐居生活以及杨廷筠为传教士积极申诉的情况：

起初，我们聚居乡间院墅，靠近府城，但是，随着敌人搬来同一座城，是时候撤回家里了。他（杨廷筠）将自己的房屋腾出一部分给我们，已经足够舒适，除了一个朝路的门是共用的之外，我们与他家的人是分开居住的。他留给我们足够的房间，以便我们做我们的工作，必要的附属建筑[2]也一应俱全，还给教堂留了地方，有几个厅用以接待教友和望道友。因为在这里面受到的干扰较少，杨廷筠就觉得在中国还有其他神父流落在他家之外四处躲藏，就是他的耻辱，于是他就写信给还在其他地方的人，要他们来找他，他家里是安全的。

但是，他收留的人越多，我们就越担心。在同一个地方聚集了这么多人，尤其是在这个地方还有我们的敌人，这是很危险的。我们的担心他都知道，只是还没有说。我们互相讨论，打算分开，因为我们害怕因为我们的缘故而连累杨进士。

他知道了，表现出了难过，他对我们说了如下的话：阁下们不必因为我而小心翼翼，与天主之律相关的事处在这么好的状态当中，我认为没什么可害怕的，就算教难再度发生，你们在我这里也很安全；我不说自己要坚守已接受之信仰，为了保住在中国的教会，我已准备好了，如有必要，可以丢掉官职、财富、家庭乃至生命。他是这样说的，我们相信他的心里也是这样想的。因为他将此事写信告诉其他奉教进士，激励、号召他们与其勠力于同一个目标。

1　董少新、刘耿：《〈1618 年耶稣会中国年信〉译注并序（上）》，《国际汉学》2017 年第 4 期。

2　指附属于教堂、修道院，用作贮藏室、宿舍和厨房等的建筑。

他的这份热忱不只是在我们和教徒面前展现，他对所有人都不忌讳。他的热忱同样体现在迎来送往中，他既有频繁的外出拜访，也被城里的官员和重要人物拜访。他会对所有人说，我们多么无辜，受到哪些冤屈。他取得了如此幸福的成功，以致于在这省城中，没有人不说我们好，都称颂我们的一切。[1]

沈潅发动的南京教案的高峰期在 1616—1617 年，朝廷下令驱逐耶稣会传教士，不过当时在华的 12 位欧洲籍耶稣会士，真正被驱逐的只有 4 位：庞迪我、熊三拔、谢务禄和王丰肃。其余的只是不公开露面而已，他们躲藏在杭州杨廷筠家里，凭借杨廷筠的影响力，没有被驱逐出杭州。因而，在 1617 年底，杭州成为全国欧洲传教士最多的城市，主要有 8 位神父——郭居静、毕方济、龙华民、罗如望、史惟贞、黎宁石、费奇规、艾儒略，以及同在杭州的另外几名中国籍修士，即出生于广东新会的钟鸣仁、钟鸣礼兄弟，出生于澳门的游文辉、邱良厚（Pascoal Mendes，1584—1640）、石宏基、邱良禀（Domingos Mendes，1582—1652）。至于被逐的王丰肃和谢务禄，在从北京到澳门的途中，也曾在杭州短暂停留。值得注意的是，龙华民、钟鸣仁和游文辉还在杨廷筠的小教堂内发圣愿。杨廷筠毫不讳言收容他们的事实。[2]

葡萄牙耶稣会士曾德昭也记述了杨廷筠在李之藻协助下皈依天主教，并在南京教案期间在杭州庇护传教士的情况：

> 李良博士协助他，当他受洗的教父；那里郭居静和金尼阁神父住在李良家，他们常跟迈可博士交谈，他带他们去（他常去的）乡间房屋，那里他可以更自由、清闲地跟他们谈上帝的律法。他经常这样做，终于归信并受洗；李良博士对此有一份功劳，使这样一个有地位的人物归信，给这所教堂一份厚礼。许多年来，在严重迫害的艰难困苦中，他始终接待、保护并且有力地支持我们。从那时以来，这两位博士：迈可和李良，成为我们圣教在中国的首领和支柱，因为，在大迫害的风暴时期，神父们被驱逐出国，其中有 8 个就藏身在该城。[3]

南京教案在 1618—1620 年渐趋平静，却不料又发生了山东白莲教首领徐鸿儒发动农民起义事件，朝廷随即下令严禁白莲教组织。在 1620—1621 年朝廷镇压山东白莲教和叛乱者期间，南京发生一起天主教徒涉案事件，沈潅同党遂乘机利用该案件，诬天主教与白莲教相同。南京部员徐如珂、余懋孳等迎合沈潅意旨，逮捕天主教徒。

但根据曾德昭 1622 年信的记载，事情的起因是南京一名天主教徒为被控为白莲教徒的邻居辩护而同军士发生冲突，军士冲进教徒家里搜查到十字架和耶稣基督画像后拘

---

1 董少新、刘耿：《〈1618 年耶稣会中国年信〉译注并序（下）》，《国际汉学》2018 年第 2 期。
2 ［比］钟鸣旦著，香港圣神研究中心译：《杨廷筠——明末天主教儒者》，社会科学文献出版社 2002 年版，第 110—111 页。
3 ［葡］曾德昭著，何高济译：《大中国志》，上海古籍出版社 1998 年版，第 293 页。

捕了此教徒，要他交代同党，并先后逮捕几十名天主教徒。一些与沈潅接近的官员上奏朝廷要求严厉查处天主教，实际上是将天主教与白莲教一样作为祸乱国家的"邪教"组织严加惩处。当时在杭州的中国耶稣会会长罗如望感到事态严重，请求杨廷筠和徐光启上书朝廷说明天主教与白莲教的不同，为天主教正名。杨廷筠随即写出《鸮鸾不并鸣说》一文，专门陈述了天主教与白莲教、无为教等邪教组织存在十四个方面的根本差异，强调"正教与邪教之别"：

> 邪教引人为恶，西教必引人向善。一不同也。
>
> 邪教事不傍理，西教必穷理尽性以至于命。二不同也。
>
> 邪教夜聚晓散，藏匿甚秘。西学偏于通都大邑，卜宅无人不可见。三不同也。
>
> 邪教所诱，皆乡愚之最下者。西士则与卿相诸名人游，以其所信向而各出序颂褒美之。四不同也。
>
> 邪教之书，皆市井俚语村，学究不屑观。西书有图、有说、有原本、有译本，每一种出，可以考三王，可以俟后圣，亦可以达。□尊而付史馆，是当与三藏五千卷□是□与五部六国论邪正。五不同也。
>
> 邪教敛钱自润，或用以图谋恶事。西士皆自食其力，非礼钱一文不受。又教人不贪非分之财，亦不得妄想非分之财。六不同也。
>
> 邪教妄言祸福，又以术使人见依冠影像，歆人以非望之富贵。西教但论人死后，善者得真福，恶者得真祸。又教人轻贱世福，忍受世祸。七不同也。
>
> 邪教男女混杂。西士自守童贞，又教人守贞。或守童身之贞，或守鳏寡之贞，或守一夫一妇之贞。凡淫言、淫行、淫心，悉禁绝之。八不同也。
>
> 邪教重人引进，各相约束。西教不轻进人，审其能悔罪克己志定而后受之。与人为友不为师，不受人一拜一揖。九不同也。
>
> 邪教入门必设立重誓，所传秘密之语，宁死不泄与教外之人。西教明白正大，所传经典教规人人能知之、能言之，但能守、能信者则入焉。十不同也。
>
> 邪教必按愚俗之所便，人喜易从。西学教人，求福必须为善，免祸必须改过；违人之便，人苦其难。十一不同也。
>
> 邪教多以幻法托名神通以动人。西士无求于世故，不祈动人；惟以人伦日用为宗，而究推生死去来之目，以相劝勉。十二不同也。
>
> 邪教惟以咒禁吓人，不容人与辩。西学惟求人多辩，有百折而百不止者。十三不同也。
>
> 邪教始于煽惑聚众，究竟图为不轨。西教十诫中，以孝顺为人道第一。始

于事父母，终于事君上、事官长如事父母，不得有违，违者为犯戒。又以为道德忠孝节义等事而受患难刑戮者，乃是真福。十四不同也。

以此诸端相提而论，白黑、水火、昼夜不当悬殊矣。而世犹疑之，则此属暗然自修，人不尽知。乡僻小民止得其改过悔罪之粗节，不能通达大义。地方恶少以其愚懦易侮，又或妒其善行，或恨其劝戒。缁髡之流又嫉其相抗、相辩，欲乘此机逐去之，以是为佛门金汤耳。[1]

杨廷筠在文中还提出识别邪教的稽查证实之法，并且提出可以从"西学""西士"两方面，即从天主教的教义学说及传教士个人的品行方面去判断天主教是正教而非邪教。

杨廷筠将他写成的《鸮鸾不并鸣说》这份陈述书分别寄给了北京和南京的官员，但官员们鉴于此事的高度政治敏感性和沈㴶同党的势力，而拒绝接受杨廷筠的建议。据曾德昭记述，南京方面负责审理该案的官员在回复杨廷筠的一封信中，仍然断言天主教和白莲教一样，有违抗朝廷、祸乱社会之心："阁下提到天主教不同于白莲教，并非真实，它们完全一样，两者都声言不服从皇帝或他的官员。从神父的行为可看出这点，他们按圣旨被逐出国境，仍然胆敢继续留下。"[2]

后来，徐光启得知有人想控告杨廷筠包庇耶稣会士，建议把传教士从杭州迁往其他地区。起初杨廷筠竭力反对，但最终为了教会而接受下来。

南京教案因镇压白莲教事件而复燃是在 1621 年 5 月，傅汎际在杭州编写完成《1621 年耶稣会中国年信》是在 1621 年 7 月，年信中记载了两次入阁担任内阁首辅大学士的叶向高（1559—1627）进京赴任，途经杭州时与杨廷筠和传教士交往的详细情况。这份记录表明，杨廷筠和当时在杭州避难的欧洲传教士主动寻求叶向高（年信中称他为"阁老"）的支持，促使朝廷解禁教会教士活动。为此，在杭州的耶稣会士还专门准备了精致的西洋奇器和世界地图作为赠送给叶向高的礼物，再次表明了耶稣会士善于用礼物结交士大夫的传教手段，而叶向高则明确表示反对沈㴶迫害传教士，并支持杨廷筠的庇护行为：

他从福建出发，前往京师，途经杭州。他认识此间的一名青年才俊，是在后者的家中认识的，这个年轻人娶了我们的弥额尔进士（杨廷筠）的一个女儿。阁老知道他的岳父家中有一些西方来的外国人，对这些人，阁老表示很喜

1　［明］杨廷筠：《鸮鸾不并鸣说》，［加］郑安德整理：《明末清初耶稣会思想文献汇编》第 28 册，北京大学宗教研究所 2003 年版，第 4—5 页。

2　［意］曾德昭：《大中国志》，上海古籍出版社 1998 年版，第 279 页。曾德昭在记述中将《鸮鸾不并鸣说》的作者误认为徐光启，学界也有人认为此文作者为徐光启，但钟鸣旦认为杨廷筠此文只是与徐光启一文的十四点辩护论点不谋而合，杨徐二文并非同一篇文章，没有其他材料可以证实杨廷筠此文为徐光启所作。相关论述参见［比］钟鸣旦著，香港圣神研究中心译：《杨廷筠——明末天主教儒者》，社会科学文献出版社 2002 年版，第 111—112 页。

欢。阁老还说道："我不知道出于什么动机和理由，某人（他指的是我们的那个敌人）迫害了这些人，我迫切地想要这些异国人通过自己的努力获得清誉，我很了解这些人和他们的教律，我知道无论在他们的男人中还是女人中都没有不好的东西，这些东西之中也没有我们国家可害怕的祸端。"还没有最高级别的官员接见过我们，我们一直在尝试各种途径去寻找机会，使阁老级别的官员能见见我们的（传教区）会长，但是，直到这个渺茫的希望快被放弃了，天主才为会长打开了这扇门。这位阁老姓叶，他派弥额尔年轻的女婿去通知神父，指定了一个阁老空闲的日子来与之对话。神父受到了极有礼貌和满怀友谊的接待，双方的长谈涉及了教会的各个方面。阁老多次重复道：只要他还活着，我们就不用害怕。为表达对其惠泽的感激，神父将早已准备好的礼物赠给阁老；阁老不想接受，但是神父坚持，为了表示友好、信任，阁老收下了一枚发条表、一个球仪，以及我们用中国雕版印制的一幅世界地图。

　　阁老还与弥额尔进士重逢，与他谈论了很多涉及我们的事情。最后，阁老辞别，留给我们满满的美好希望。[1]

南京教案的最后转机在于沈㴶依附魏忠贤，阉党内讧遭到弹劾下台，稍后又有李之藻、徐光启为朝廷募购澳门葡兵火铳，明朝廷也有意启用仍在内地的西洋传教士充当军事顾问，从而使朝廷的禁教令失效了。[2]

　　3.晚明西学东渐"杭州蛰伏期"的杨廷筠

两次高潮的南京教难，促成了杨廷筠、李之藻苦心经营的欧洲传教士杭州避难所，使其成为传教士们集聚学习、积蓄力量的大本营；而正是传教士们经历的这段"杭州蛰伏期"，客观上成就了杭州在晚明天学东传史上的中心地位。

　　正如在教难期间短暂停留过杭州的曾德昭（当时他叫谢务禄，被驱逐到澳门时途经杭州）记述的："杭州的驻地在迈可（杨廷筠）博士的庇护下是最发达的……所有事情都在这里处理，在受难时神父大多来到这里，有时人数相当多……每个圣日做弥撒，讲道，都有大量基督徒参加，还有许多新入教的信徒。"[3]甚至在天启年间教难再兴之时，杭州依旧是最先得到消息的，当时的教团总监罗如望也在杭州，在形势岌岌可危之时，传教士亦是齐聚在杨廷筠家商议，并在征得杨廷筠等人同意之后，再"散往他处"，分途躲避，静观其变。

　　南京教案期间，在传教工作处于半停顿的几年里，杭州成为全国欧洲传教士的集聚

1　刘耿、董少新：《〈1621年耶稣会中国年信〉译注并序》，李庆新主编：《海洋史研究》（第十五辑），社会科学文献出版社2020年版，第410页。
2　赵晖所著《耶儒柱石——李之藻、杨廷筠传》也持此观点，见该书第244页，浙江人民出版社2007年版。
3　［葡］曾德昭著，何高济译：《大中国志》，上海古籍出版社1998年版，第272页。

地，而且在杨廷筠的指导下，传教士们刻苦地学习中国的文学、文化习俗，为风暴过后能够更有效地传教默默做着准备。其中，隐居杭州的意大利耶稣会士艾儒略就是杨廷筠的得意"学生"，他在天启三年（1623）刊印了他的两部重要西学著作《西学凡》和《职方外纪》。杨廷筠为两书作了序，李之藻为《职方外纪》作序，其门生许胥臣则为《西学凡》作序。天启四年（1624），内阁首辅叶向高因参与弹劾魏忠贤失败，被迫退职归里，同时杨廷筠也因魏忠贤掌权而辞职归杭。原本就与杨廷筠和传教士有交情的叶向高特意途经杭州，邀请艾儒略赴福州传教。他们于1624年12月29日一起坐船到达福州，开始了艾儒略在闽25年的传教生涯。艾儒略因此在福建士人中赢得"西来孔子"的美誉。而"西来孔子"艾儒略的积淀，无疑来自教案期间杨廷筠、李之藻一手营造的"杭州蛰伏期"。

走过"蛰伏期"的欧洲传教士们，加深了对中西文化内涵的理解，更加沉浸到西学东渐与中西融合的事业中。其中慕名而来的傅汎际长居杭州，在李之藻的帮助下，完成了《名理探》和《寰有诠》的编译，将晚明的西学东渐从科学推向哲学的深度。

历经官场起伏的杨廷筠也迎来他最后的政治生涯。天启二年（1622），杨廷筠在好友邹元标的推荐下，复出为官，先后出任河南按察司副使、光禄少卿、顺天府丞等职，但据康熙《杭州府志》记载："以邹元标荐即家起补河南按察司副使，迁顺天府丞。天启四年秋，廷筠职提调，时会魏忠贤用事，诸不快者日夜媒孽其短。遂以试日大雨闭棘门稍迟，为提调者罪。而廷筠观时事已变，遂乞归。卒年七十有一。"[1]

据此可以推论，杨廷筠是因卷入明末东林党和阉党魏忠贤之政治斗争而被迫辞职的。而比利时学者钟鸣旦利用1625年的年信等西文史料，考证认为"杨廷筠也属于所谓东林党派"，并说杨廷筠"认识首善书院创办人之一邹元标，而且在北京认识了叶向高"，[2]而邹元标为东林党人，叶向高当时的政治立场与东林党人一致。再结合笔者前引傅汎际写于杭州的《1621年耶稣会中国年信》中所记录的，进京复职的叶向高在杭州时"还与弥额尔进士（杨廷筠）重逢，与他谈论了很多涉及我们的事情"，钟鸣旦指杨廷筠在政坛上属于东林党派不无道理。

入教后的杨廷筠，虽然信仰坚定，但毕竟生活在儒家传统支配的社会中，难以彻底抛弃儒家之学，因而他期望在辨别耶儒异同的基础上，竭力探寻天儒融合之道。他先后写作了《天释明辨》《圣水纪言》《代疑篇》《代疑续篇》《鸮鸾不并鸣说》等一系列辟佛、合儒和护教著作，并为传教士的西学著作《西学凡》《职方外纪》等作序。其中大部分作品写于南京教案期间及之后的天启年间。晚年的杨廷筠还在生活习俗中维护他的信仰，直到1627年12月去世，并以天主教的仪式举行了葬礼。

---

1 ［清］马如龙修，杨鼐等纂：康熙《杭州府志》卷三十，清康熙二十五年刻本，第15页。
2 ［比］钟鸣旦著，香港圣神研究中心译：《杨廷筠——明末天主教儒者》，社会科学文献出版社2002年版，第103—104页。

四、李之藻会通中西之学的成果：从《天学初函》到《名理探》

崇祯初年步入晚年的李之藻将自利玛窦入华，欧洲传教士践行"学术传教"策略以来，近五十年间"散在四方"的汉文西书，择其要者，汇为一函，名曰《天学初函》。《天学初函》作为我国古代文献中第一部西学丛书，它的编纂并不是对当时汉译西籍的简单编辑，而是以李之藻几十年对西学的接触和理解，试图借此对明末的西学东渐做一个总结性汇集，并借用传统文化中的理、器观对西学书籍做宏观分类，以寄托其以西学合儒、补儒之融合中西之学的愿望。

（一）《天学初函》的刊布和流传

崇祯元年（1628）或说崇祯二年（1629）编刊的《天学初函》分为理、器二编，每编十种，其书目如下。理编十种，如果除去附录的《唐景教碑》一卷，实际收录九种：

（1）《西学凡》一卷，艾儒略著，1623年首刻于杭州，介绍西洋文、理（哲学）、医、法、教（教律）、道（神学）六门学科。前有杨廷筠、许胥臣序。

（2）《唐景教碑附》一卷，习是斋藏版，载入1622年于西安出土的《大秦景教流行中国碑》碑文，末有李之藻《读景教碑书后》文一篇。

（3）《畸人十篇》二卷，利玛窦述，汪汝淳校梓。1608年首刻于北京，书意为利氏与当时名士探讨人生生死诸事。问答体。有李之藻、周炳谟、王家植、冷石生诸人撰序或题引。末附利玛窦作品《西琴曲意》八章。最后是凉庵居士（李之藻号）跋文。

（4）《交友论》一卷，利玛窦撰。1595年首刻于南昌，是利氏居南昌时，写给建安王的"交友之道"。前有冯应京、瞿汝夔序。

（5）《二十五言》一卷，利玛窦述，汪汝淳重刻本。1604年首刻于北京，伦理书，列二十五句修身格言，前有冯应京重刻二十五言序，末载徐光启跋。

（6）《天主实义》二卷，利玛窦述，1595年首刻于南昌，1601、1604年于北京重刻，分八篇讲论自然神学，驳佛、道二家，用中华典籍证明天主等。问答体，为利氏最重要的作品之一。前有李之藻、冯应京序文，利玛窦引文各一篇。

（7）《辩学遗牍》一卷，利玛窦撰，燕贻堂续梓版，1609年首刻于北京，杭州云栖寺莲池大师曾作"四《天说》"斥《天主实义》，利氏遂相对以辩之。是书由三部分组成——"虞德园铨部与利西泰先生书""利先生复虞铨部书""利先生复莲池大和尚竹窗天说四端"，末有凉庵居士跋。

（8）《七克》七卷，庞迪我撰，杨廷筠校梓版，1614年首刻于北京。申诉克制七宗罪之法，影响、流传皆佳。前有杨廷筠、郑以伟、曹于汴、陈亮采序言及庞氏自序。

（9）《灵言蠡勺》二卷，毕方济口授，徐光启笔录，慎修堂重刻版。1624年首刻于上海或嘉定。论述神学中的灵魂，陈垣先生谓《天学初函》诸编中是书说理最精。前有毕方济引文。

（10）《职方外纪》五卷，艾儒略增译，杨廷筠汇记。1623 年首刻于杭州，地理书，介绍五大洲各国风土民情、气候各胜，是继利玛窦《万国舆图》之后开中国人视野的又一部力作，有地图多幅。前有叶向高、杨廷筠序及艾儒略自序。

器编十种，内容涉及西洋水利、天文、数学、几何等。其中《测量异同》一卷，徐光启撰，不在目录中，附于《测量法义》之后，但"实自为卷帙"，故器编实际上收录了十一种书。

（11）《泰西水法》六卷，熊三拔撰说，徐光启笔记。1612 年首刻于北京，前五卷言水法，末卷为水力机械之图式：龙尾、玉衡、恒升、水库及药露诸器。前有徐光启、曹于汴、郑以伟序及熊三拔自撰《水法本论》。

（12）《浑盖通宪图说》二卷，李之藻演。1607 年首刻于北京。内容为天体球面投影图像，有详细说明，并附有恒星方位图。有之藻自序及樊良枢跋。

（13）《几何原本》六卷，利玛窦口译，徐光启笔授。1605 年（一说 1607 年）首刻于北京，后于 1611 年由徐光启、庞迪我及熊三拔"重阅一过，有所增定，出于前刻，差无遗憾"，出版了再校本。影响颇大，重刻无数。曾国藩曾于同治四年（1865）刻于南京，是书为欧几里得原著的前六卷（原著共十三卷）。前有光启《刻〈几何原本〉序》、《利玛窦译〈几何原本〉引》、光启《〈几何原本〉杂议》及《题〈几何原本〉再校本》。

（14）《表度说》一卷，熊三拔口授，周子愚、卓尔康笔记。1614 年首刻于北京。内容关于日晷之制法。有李之藻、熊明遇及周子愚序。

（15）《天问略》一卷，阳玛诺条答豫章周希令、秣陵孔贞时、巴国王应熊同阅。1615 年首刻于北京，关于托勒密天文学说的解释，问答体。前有孔贞时题《天问略》、王应熊刻《天问略》题词及阳玛诺自序。

（16）《简平仪说》一卷，熊三拔撰说，徐光启札记。1611 年首刻于北京。内容有关天体正投影仪器，同时可作日晷，兼作天顶及方位角定位之用。前有徐光启序。

（17）《同文算指》十卷，利玛窦授，李之藻演。1613 年首刻于北京。分前编二卷，通编八卷。为西法笔算书，有加、减、乘、除法及开方运算、练习题等。前有李之藻、徐光启序，通编前有杨廷筠序。

（18）《圜容较义》一卷，利玛窦授，李之藻演。此著成书于万历三十六年（1608）十一月，1614 年首刻于北京。内容为 18 道求面积和体积的几何题，涉及平面、立体、三角形、圆形和球形。前有之藻序。

（19）《测量法义》一卷，利玛窦口译，徐光启笔授。1607 年始译，刻于 1617 年，地点诸书未明，待考。为应用几何、申明《几何原本》之用。前有徐光启《题〈测量法义〉》一篇。

（20）《勾股义》一卷，利玛窦授，徐光启撰。1607 年始译，刻于 1617 年，地点待考。

关于《天学初函》理与器的分类，有学者指出李之藻本人对"天学"的理解显然受《易经》"形而上者谓之道，形而下者谓之器"的影响，但历来引人疑惑的是李之藻"理编"所收西书，为何列入介绍西洋地理知识的《职方外纪》？这关系到应该如何理解李之藻编刻此书之旨趣。

《天学初函》理、器二编之首，各有之藻所撰《刻〈天学初函〉题辞》，表明编刻此书之旨趣。其理编为讨论天主教理的书，"（天学）要于知天事天，不诡六经之旨。稽古五帝三王，施今愚夫愚妇，性所固然"。器编为论数学、天文、水利各科的译书。这十种科学译述，是我国近代以来翻译西方科学书籍最早的记录。

其中说道："若认识真宗，直寻天路，超性而上，自须实地修为。"李之藻的这句话宗教意味颇重，实际上他是在阐明"理"与"器"之间的关系，"器"为"理"之基，"理"处"器"之上。方豪先生认为："所谓'理'者，并非仅指教理而言，故叙述西洋学术之概要者，介绍世界地理者亦属焉。"[1]

不过，清乾隆年间编刊《四库全书》时，除收录《天学初函》器编，还收录了理编中的《职方外纪》。纪昀所撰《四库全书总目提要》对此解释说"其理编之《职方外纪》，实非言理，盖以无类可归而缀之于末"，并且明确表示《四库全书》之所以只收器编十种和理编《职方外纪》，意在："西学所长在于测算，其短则在于崇奉天主以炫惑人心。"因而将其余理编西书"概从屏斥，以示放绝"，而又将理编书目编入《四库全书总目》，以显示李之藻"左袒异端之罪焉"。[2]实际上明显表现出清初官方和学界普遍存在的"节取其技能，而禁传其学术"的实用主义态度。

陈垣《重刊〈灵言蠡勺〉序》云："之藻之意，本重在理编，使人知昭事之学之足贵，而《四库》及诸家所录，乃舍其理而器是求，真所谓买椟还珠者哉。"[3]陈垣此言显然是因为四库馆臣误解李之藻编刊《天学初函》之初衷，为李之藻鸣不平而发，却也道出了李之藻旨在引进和吸取兼具形上之"理"和形下之"器"的西学以倡导经世实学之真实用意。

《天学初函》一经问世，即受到明末清初士人的广泛传播，相关史实本著前已述及。这里需要特别指出的是，《天学初函》也为当时官方史书所收录，其中有 11 种被《明

1　方豪：《李之藻研究》，海豚出版社 2016 年版，第 194 页。
2　［清］永瑢等：《四库全书总目》卷一三四子部"杂家类"存目十一"《天学初函》"，中华书局 1965 年版，上册第 1136—1137 页。
3　陈垣：《重刊〈灵言蠡勺〉序》，徐宗泽编著：《明清间耶稣会士译著提要》，中华书局 1989 年版，第 203 页。

史·艺文志》收录，清代《四库全书》则收录器编及《职方外纪》，理编列入存目，共计22 种。其他各种官私藏书目及士人学者收藏、传阅、翻刻更是不计其数，可以说《天学初函》是明清学术史上影响最大、流传最广的西学丛书。

（二）《寰有诠》和《名理探》：李之藻晚年引进西方哲学的努力

《寰有诠》原刻本署名"波尔多曷后学傅汎际译义，西湖存园寄叟李之藻达辞"，早年方豪先生已解释："波尔多曷"系"葡萄牙"之旧译。杭州西溪传教士墓地中共有四人为葡萄牙耶稣会士——罗如望、黎宁石、伏若望、阳玛诺，皆称"玻耳杜嘉尔国人"，"玻耳杜嘉尔"亦是葡萄牙的旧译名。

傅汎际，字体斋，其出生时间，费赖之所撰列传（传四五）称 1587 年生，荣振华所撰列传（传三四二）为 1589 年。汉名傅姓取其原名之第一音，"汎际"为圣方济各之雅称。傅汎际 1618 年趁金尼阁携七千册西书重返中国之便，同行来华，初至江南嘉定学习语言，不久便于 1625 年到达杭州，与李之藻相随，直至 1630 年李之藻去世。前述，1621 年 7 月，傅汎际在杭州编写完成了《1621 年耶稣会中国年信》。傅汎际是李之藻晚年西学译著的重要伙伴之一，花甲之年的李之藻不惜耗时两年，与初通中文的傅汎际合作翻译了《寰有诠》，全书六卷，1628 年由李之藻在杭州出资刊印。

晚年李之藻翻译两部重要西学著作《寰有诠》和《名理探》非常艰难：一方面是翻译内容深入西方哲学思想领域的代表亚里士多德的著作；二是晚年李之藻患有眼疾，一直抱病坚持译作。李之藻在《译〈寰有诠〉序》中自述道："而惟是文言夐绝，喉转棘生，屡因苦难阁笔，乃先就诸有形之类，摘取形天土水气火所名五大有者而创译焉。"[1]在译成《寰有诠》前一年，李之藻与傅汎际已开始着手翻译《名理探》，此间，李之藻已经眇一目（失明），另一只眼睛也已经出现问题。可是，李之藻仍然坚持翻译这两部西学著作，这是出于他对引进亚里士多德逻辑学的追求。他在《译〈寰有诠〉序》中写道："缘彼中先圣后圣，所论天地万物之理，探原穷委，步步推明，繇有形入无形，繇因性达超性，大抵有惑必开，无微不破。"[2]

《寰有诠》是一部介绍古希腊哲学家亚里士多德宇宙论的著作，译自亚里士多德的《论天》。《寰有诠》采用的底本不是亚里士多德的原著，而是葡萄牙耶稣会开办的科英布拉大学使用的《论天》讲义，共四卷。它与亚里士多德的原著在内容上存在一定的差异：《论天》谈论亚里士多德原著中讨论的各个问题，在回答时加入了亚里士多德后学者的观点，以至于其中多有矛盾与冲突之处；《寰有诠》删除其相异的见解，只保留他们较为一致的看法。研究者指出，李之藻同傅汎际合译《寰有诠》，利用自己扎实的儒

---

1 ［明］李之藻著，郑诚辑校：《李之藻集》，中华书局 2018 年版，第 107 页。
2 ［明］李之藻著，郑诚辑校：《李之藻集》，中华书局 2018 年版，第 107 页。

学知识与西方有关宇宙论的诸多观点的融合、会通来解读并诠释亚里士多德有关宇宙论的观点。这是晚年李之藻从以西学合儒、补儒逐渐走向耶儒融合的一种尝试。

李之藻与傅汎际合作翻译的另一部西学名著是《名理探》，李、傅二人从 1623 年开始合作翻译此书，历经数年，直到 1629 年完稿五卷本《名理探》，1631 年于杭州刊刻出版。该书署名为傅汎际译义、李之藻达辞，也就是傅用中文讲解，李理解后用合适的辞表达写作。学界认为《名理探》是晚明西方传教士对亚里士多德逻辑学介绍得最为全面的汉文西书。

关于《名理探》崇祯四年（1631）杭州初刻本的卷数，方豪先生考证为五卷本，而非十卷本。[1] 1931 年，徐宗泽先生在汇编《明清间耶稣会士译著提要》时，在北京的北堂图书馆发现了李之藻和傅汎际二人翻译《名理探》所用的底本。《名理探》原名《亚里士多德辩证法注释大全》，1611 年在德国印行，是 17 世纪葡萄牙科英布拉大学耶稣会士的逻辑讲义。

李之藻同傅汎际合译《寰有诠》，为《名理探》的翻译打下了基础。《名理探》在中国学术史上的最大贡献在于它第一次系统地向中国介绍了西方逻辑学，并为我国近代逻辑学的发展奠定了基础。有学者指出：明末清初耶稣会士所引进的西方逻辑，开阔了中国学者的视野，从而使不少中国学者认识到中西思维之别首在逻辑；而逻辑为"百学之宗门"，"当务之急，莫先名理"，从而刺激了中国近代逻辑学的发展。[2]

五、从"心同理同"到经世实学：李之藻会通中西文化的理念

李之藻处在晚明社会"天崩地解"的时代，其时王学末流几经分化，或流于弃儒入佛的"狂禅"，或走向谈空说玄的"异端"，士林学界充斥空谈心性、虚玄浮躁的消极学风，将"一切国计民生，皆视为末务"，而以东林党人为代表的有识之士，则不遗余力地批判王学末流的虚浮学风，唤醒儒家正统"治国平天下"的"有用之学"，有力推动着明末实学思潮的高涨与传播。倾心于实学的李之藻，在接触西士西学之后，就将寻找经世实学的目标定位于利玛窦"学术传教"下的西学东渐。

李之藻在北京初识利玛窦，见到《山海舆地全图》之时，就意识到了西学的独特之处，进而倾心学习，亲身体验。在绘制新版世界地图《坤舆万国全图》时，他发现"其南北则征之极星，其东西则算之日月冲食种种，皆千古未发之秘"，因而他在《坤舆万国全图》序中不禁反问道：从那些入华传教士所带来的图书仪器来看，西方"夫亦奚得

1　方豪：《李之藻研究》，海豚出版社 2016 年版，第 178 页。
2　张西平：《明清间入华传教士对亚里士多德哲学的介绍》，《江海学刊》2001 年第 6 期。

无圣作明述焉者？"富有传统儒学修养的李之藻，坦然承认西方也有与中国一样的"圣作明述"，因而我们没有理由妄自尊大，而要虚心地学习域外的那些先进学问，而且这种学习，不能立足于儒家圣人孔子那样"天子失官，学在四夷"，或者是"礼失而求于野"这种居高临下的姿态，而是以平等的态度，将中西天文舆地之学等量齐观。李之藻面对亲自验证过的西方地图之学，在《坤舆万国全图》序中不得不承认："昔儒以为最善言天。今观此图，意与暗契，东海西海，心同理同，于兹不信然乎！"[1] 这也表明李之藻已经明确认识到，西方科学的实用性可以补益儒学，促进儒学的发展。自此，李之藻积极倡导"心同理同说"，并以此作为引进西学的思想基础，率先踏上了中西科学会通之路。

李之藻在 1605 年撰写的《〈天主实义〉重刻序》中，进一步阐发了他的"心同理同说"。他认为西人自古不与中国相通，中西传统学术路径自然不同，"初不闻有所谓义、文、周、孔之教，故其为说，亦初不袭吾濂、洛、关、闽之解"，但其在"知天事天大旨，乃与经传所纪，如券斯合"，即中西方在"知天事天"、研究天人关系的学说宗旨上是相互契合的，尤其是与古代儒家之说契合，只是在语言文字上不同而已："尝读其书，往往不类近儒，而与上古《素问》《周髀》《考工》《漆园》诸编，默相勘印，顾粹然不诡于正。至其检身事心，严翼匪懈，则世所谓皋比而儒者，未之或先。信哉！东海西海，心同理同。所不同者，特言语文字之际。"[2]

1607 年，李之藻在笔述利玛窦口授的《浑盖通宪图说》时，在西方天文仪器星盘的"图说"部分加入了自己的理解，并且将利玛窦传授的欧洲天文学理论与中国古代浑天说、盖天说以及《周髀算经》中的内容进行了比较和会通，进而在书中提出了一个中西混合型的黄道坐标模型，这实际上是在宣扬"浑盖调和说"。因而李之藻在其《〈浑盖通宪图说〉自序》中明确提出了"会通一二，以尊中历"[3] 的指导思想，并且将它贯穿全书。比如，他在书中借用中国传统的二十四节气拟合西方的黄道十二宫，作为黄道经度的尺度，以白羊宫为始点，以度为周天度，并以中历二十四气中的十二气为各次的始点，作为中西结合的黄经刻度，将西方黄道坐标的黄纬置换为中国的黄道内外度等。虽然李之藻会通中西历法的成果并不理想，但他显然力图对中国传统天文学与西方天文学进行会通，形成一种独特的会通体系，我们仍然可以将之视为李之藻在继续探索他所梦想的中西之学"心同理同"的内在学术理路。

随着李之藻对西洋天文历算之学的深入了解，他逐渐开始建构基于中西"心同理同"理念的引进吸收西方先进科学、会通中西之学的合法性和必要性。如前述 1613 年

---

1 ［意］利玛窦著，朱维铮主编：《利玛窦中文著译集》，复旦大学出版社 2001 年版，第 180 页。
2 ［意］利玛窦著，朱维铮主编：《利玛窦中文著译集》，复旦大学出版社 2001 年版，第 99—100 页。
3 ［意］利玛窦著，朱维铮主编：《利玛窦中文著译集》，复旦大学出版社 2001 年版，第 318 页。

呈上的《请译西洋历法等书疏》，全面介绍了李之藻理解的晚明以来欧洲传教士带来的全部西方科技知识门类，这也是李之藻会通中西思想的核心论述。其中，他提出西人"圣作明述"之学自有其传承统绪，认为西人携来天文历法、测望、仪象、水法、医理乃至格物穷理等各类西学书籍"多非吾中国书传所有，想在彼国亦有圣作明述，别自成家，总皆有资实学，有裨世用"。

不仅如此，李之藻在对西方舆地、天文历法之学深入研究的基础上，逐渐发现了数学的基础作用，要揭示事物内在的必然性，也必须运用"数"这一工具才可以验证，数学研究的用处涉及国计民生。1613年，李之藻在《〈同文算指〉序》中提出，西人算学"多昔贤未发之旨。盈缩勾股，开方测圆，旧法最难，新译弥捷。夫西方远人，安所窥龙马龟畴之秘，隶首商高之业？而十九符其用，书数共其宗，精之入委微，高之出意表，良亦心同理同，天地自然之数同欤！"[1] 而"数"正是儒家要求学生掌握的六种基本才能"六艺"之一，"数于艺，犹土于五行，无处不寓"。不仅如此，数作为儒学中关乎实学的一部分，它的衰落只会加剧当时的玄虚学风。要想纠正儒学的弊端，进而解决儒学的危机，振兴数学是必由之路。顺着"缘数寻理"的思想理路，李之藻晚年又致力于探求西学理器兼备的内涵，以及如何在更深、更高层次上实现会通中西之学的理想境界。

回顾李之藻的思想历程，可以大致理出一条主线：他经历了由天文学到数学，由数学而哲学，再到理器兼备、天儒（耶儒）融合的整体性思想历程。学界对于李之藻的思想轨迹早有研究，大多认同李之藻从传统儒学走向西学，由科技走向神哲学，兼融中西之学的心路历程。其中以孙尚扬先生较早提出的"从科学真理到启示真理"的观点颇具影响力。[2]

不过笔者更愿意将李之藻的学术思想归于晚明兴起的经世实学范畴。虽然"实学"一词在学界存在诸多争议，但正因为明末清初实学思潮的复杂性、多元性内涵，恰好符合鼎革时代，如李之藻这辈尝试以西方异质文化与东方传统文化的互补融合的过程，呈现新旧杂陈、多元交错的思想轨迹。我们从历史的眼光来看，在李之藻身上，既有传统儒家的修身齐家治国平天下的根基，又有浓厚的经世实学的时代特征，还有难以把握的儒家天主教徒特有的神哲学思维与士大夫家国情怀之间的矛盾、痛苦与平衡。比如李之藻作为明朝末年受重用的臣子，他恪尽职守地支持引进火炮、招募葡兵、修筑炮台，尤其是他为地方郡邑学校的祀孔礼乐仪制所精心编制的《頖宫礼乐疏》，透露出他对祭孔典礼的重视，这些行为如何与他的天主教神学信仰自洽？

1 ［意］利玛窦著，朱维铮主编：《利玛窦中文著译集》，复旦大学出版社2001年版，第649—650页。
2 此说首见于孙尚扬《基督教与明末儒学》，东方出版社1994年版，再见于氏著《明末天主教与儒学的互动》，宗教文化出版社2013年版。王丽的《李之藻西学历程探析》（山东大学硕士论文，2010年）一文将李之藻思想历程概括为四个阶段：1601年李之藻与利玛窦初识到1608年李之藻完成《圜容较义》，翻译过程中体现的"阐著实理"思想；1608年到1614年译著《同文算指》体现的"缘数寻理"思想；1623年到1631年《寰有诠》《名理探》中体现的"穷理诸学"思想；1628年编刻《天学初函》提出"理器二分"思想。

实际上我们只要回到李之藻身份的根基——科学家儒臣，再看从引进西洋天文历算等经世实学到探寻西方哲理的《寰有诠》《名理探》，李之藻一生追求"东海西海，心同理同"理想境界的思想脉络就会清晰多了。

对李之藻学术思想的内涵及其在历史上的影响力，我们还可以从另外一个角度去观察：作为他的故乡杭州，代表明清地方官府立场的地方志书中究竟对李之藻的事迹如何叙述、如何评价？

康熙《仁和县志》卷十七"李之藻传"如下：

> 李之藻，字我存，万历二十六年进士，由工部历官太仆卿。素精天文，崇祯初诏修历法，大宗伯首推之藻，召共事，采西洋法定五行、七政、岁差无讹。已奉命治河，在张秋浚泉百余，漕河始无浅阻患。南旺湖久田佃种淤塞，之藻特复之，蓄泄有方，河水得以流通，又开济南月河，浚彭室口以泄汶水之决，而北河皆治。其治南河也，会黄淮交涨，淮城危在旦夕。之藻起泾河、黄浦二闸以泄之，……两治河漕，咸著成绩。所著有《简平仪说》《頖宫礼乐疏》等书行世。[1]

清代《杭州府志》存世的有康熙、乾隆和光绪三部，但完整列传的仅有光绪《杭州府志》，方豪先生《李之藻研究》中有关汉文资料征引书目中列出"乾隆《杭州府志》卷一〇九"，但笔者从现存版本中并未找到相关资料，不知何故。现摘录光绪版《杭州府志》"李之藻传"如下：

> 之藻从西洋人利玛窦游，始以西法为宗。时大统法浸疏，礼部奏之藻精心历理，可与西洋人庞迪莪、熊三拔等同译西洋法，备参订修改。未几召至京参预历事。四十一年，之藻已改衔南京太仆少卿，奏上西洋法，荐迪莪、三拔及龙华民、阳玛诺等言其所论天文历数有中国昔贤所未及者，不仅能论其度数，又能明其所以然之理，其所制窥天窥日之器，种种精绝，乞敕礼部开局取其历法译出成书。崇祯二年七月诏与礼部尚书徐光启同修新法，之藻制浑盖通宪，言浑盖旧论纷纭，推步匪易。爰有通宪，范铜为质。平测浑天，截出下窥……又著《同文算指》前编二卷、通编八卷，《圜容较义》一卷，皆译利玛窦之书，又取利玛窦所译欧几里得《几何原本》及庞迪莪、熊三拔、阳玛诺、徐光启诸书，汇为《天学初函》，刊以行世。四年卒于官。他著又有《頖宫礼乐疏》十卷，记学校祀典仪注名物器数，其乐章诸谱皆因数制律自为一家之学。之藻没后，新法算书成，有许胥臣者著《盖载图宪》，纯以西书为据。盖自之藻创其

1 ［清］赵世安修，［清］顾豹文、［清］邵远平纂：康熙《仁和县志》卷十七，康熙二十六年刻本。

说，光启等继之，欧罗巴之秘尽泄矣。信民胥臣并钱塘人。胥臣又著有《禹贡广览》。[1]

特别说明一点，光绪《杭州府志》"李之藻传"尾有作者自注，所据资料为《明史·历志·徐光启传》《四库全书提要》《畴人传》。细读两份传记文字，不难看出，杭州地方史志对李之藻的生平叙事，其评价立场明显源于清朝官方的理念和主流学界的态度。

首先，以现存杭州方志来看，从清初的《仁和县志》到晚清的《杭州府志》都为李之藻单独列传，尽管比较简略，但至少说明在杭州官方眼里，李之藻是明末杭州的一代名人。不过康熙《仁和县志》将李之藻列入人物志的"治行"类，明显看重他在经世实学方面的功绩，这也是明末清初经世致用实学思潮高涨的一种投射。而到晚清的《杭州府志》中，李之藻则被归类于人物志的"畴人传"，显见杭州官府受清朝中叶以来官方对明清之际西学东渐秉持"节取技能，禁传学术"的立场和态度的影响，重在表彰李之藻引进西洋科技的事迹。

值得关注的是《仁和县志》中特别突出了李之藻治理黄河及漕运的功绩，这在杭州地方官府眼里自然是治国经世的功业。史载万历三十四年（1606），正在工部任职的李之藻受命参与治理黄河，撰有《黄河浚塞议》，朝廷对他的详细治理方案非常认同，派他赴山东治河。万历三十九年（1611），李之藻任开州（又名澶州，今河南濮阳）知州。赴任后，李之藻大力兴修水利，还用西洋算法查核隐匿钱谷之弊，政绩斐然。

另外有关李之藻的西洋科学著作，只提了《简平仪说》一卷，而通常说该书为熊三拔口授、徐光启笔录，万历三十九年北京首刻，但是《仁和县志》则称《简平仪说》为李之藻存世著作，大概是因为李之藻在杭州重刻《简平仪说》并将其收入《天学初函》器编，流传更广。《简平仪说》着力介绍使用简平仪观测太阳经纬度、定时刻、定纬度等方法，还简论大地是个球体的概念，属于实用天文学的著作，同样显示《仁和县志》的作者更看重李之藻经世致用的实学成就。

其次，两份传记中有关李之藻传世著作的记录中，除了列举天文历算学著作之外，都特别强调了《頖宫礼乐疏》行世。这在过去中外学界的李之藻研究中显然不是重点，不过近年来，艺术史研究者对《頖宫礼乐疏》学术价值的发掘，让我们更加有机会全面深入地了解李之藻在传统儒家礼乐制度发展史上的重要学术贡献及其透露的儒家思想

1　[清]龚嘉俊修，[清]李楁纂：光绪《杭州府志》卷一四七，台北成文出版社 1974 年版，第 2795 页。庞迪莪即西班牙耶稣会士庞迪我。

内涵。[1]

《頖宫礼乐疏》是李之藻所撰写的一本用于郡邑学校祭孔礼乐的论著。頖宫祭礼在传统礼制上称为释奠礼，不能将"頖宫"误写为"判宫""泮宫""叛宫"等，两者含义不同。李之藻在开州任上，极为重视学校教育，"谓孔庙不宜用俗乐"，力图恢复古礼古乐。为此，他"创乐器，选生徒为六佾舞"。同时，他还与当地名耆宿儒讨论祀典，在参考历代礼乐书籍的基础上，撰成《頖宫礼乐疏》十卷，对历代頖宫礼乐做详尽注疏，内容包罗与祭孔礼乐相关的礼节、礼物、礼器、音乐、乐律以及饮射等诸多物象，并配以图像说明。万历四十六年（1618），这部著作由其弟子冯时来刻印出版。《四库全书总目》评价此著"稽古证今，考辨颇为赅悉"，"足自为一家之学"。李之藻在书中表示他对明末太常所用的雅乐甚不赞同，指出《韶舞》手持干羽于两阶，兼具文、武之容，要比揖让谦逊的宋朝《化成天下之舞》更适合用于祭祀孔子，因而他十分强调《韶舞》在郡邑学校的祭孔典仪中是最为古雅的，同时强调祭孔最为古雅的服饰也是"深衣"。[2]可见《頖宫礼乐疏》一书对于"精于泰西之学"的李之藻而言，具有非同寻常的意义。事实表明，李之藻在认同天主教信仰的同时，并未排斥被正统天主教视为有"崇拜偶像"之嫌的儒家祭孔习俗，相反他还为正统祭孔典礼的弘扬倾注心血，非常难能可贵地体现了晚明士人中天学之道与中学之器同时并存的特殊文化现象。因而《頖宫礼乐疏》成为人们了解李之藻儒学思想弥足珍贵的一部著作，可以让我们更加清晰地看到李之藻作为"天主教儒臣"的真实面貌。而在明清之际中西文化首次交汇的历史背景中，考察李之藻《頖宫礼乐疏》一书的文化价值在于表明：李之藻和利玛窦在明末相逢，一方以天主教儒臣的身份迎接西学东渐，一方以传教士的身份开展文化适应与"学术传教"策略，双方都以高度的文化自觉性参与中西两大异质文化的首次正面碰撞，践行了异质文化交流的内在逻辑。利、李二人的相识相知堪称中西文化交汇的典范。杭州地方志书中对李之藻和《頖宫礼乐疏》一书的叙事，同样折射了明清之际中国主流社会对西学东渐和中西交汇的一种回应。

艺术史学者的成果表明：《頖宫礼乐疏》一书深刻影响了清代祀孔礼乐的发展，清代历次祀孔的乐章均保留此书所记仪序及基本音乐架构格式。时至今日，《頖宫礼乐疏》仍为中、日、韩等东亚国家和地区孔学礼乐文化研究考据的权威文献。

最后，《杭州府志》传记中称之藻"卒于官"，意在认可李之藻为官尽责的职业操守；同时，更加详细叙述李之藻在引进西方天文历算学方面的成就和影响，传记中还特

---

1 相关研究主要有：卓颐：《声歌各有宜——明代祭孔歌乐"歌者"七"格"的诠释意义》，《中国音乐》2019 年第 4 期；王玉鹏：《〈頖宫礼乐疏〉与李之藻对中国传统礼乐文化的贡献》，《中国天主教》2019 年第 4 期；车延芬：《明代文庙佾舞舞谱的比较研究》，《北京舞蹈学院学报》2020 年第 2 期；郭威、庞媛元：《从格图到登歌谱：明清太常雅乐歌谱初探》，《音乐研究》2021 年第 3 期；文学：《明代祭祀雅乐舞谱研究》，北京舞蹈学院硕士论文，2021 年；等等。

2 文学：《明代祭祀雅乐舞谱研究》，北京舞蹈学院硕士论文，2021 年，第 41—43 页。

别强调了李之藻天文历算学说的影响力："之藻没后，新法算书成，有许胥臣者著《盖载图宪》，纯以西书为据。盖自之藻创其说，光启等继之，欧罗巴之秘尽泄矣。"《杭州府志》的这段简短评语透露出三个要点：一是肯定李之藻编译引进西洋历算之学，对后来修订旧历、编制"新法算书"（即指清初在《崇祯历书》基础上新编的《西洋新法历书》）有首创之功。二是认定李之藻学习引进西学之举，直接带动后世学者"纯以西书为据"，并进一步掌握了西方天文历算学之奥秘，导致"欧罗巴之秘尽泄"，肯定其学术影响力。传记中提及的许胥臣著《盖载图宪》一卷，收入《四库全书》，书中收录十多幅天文图，均来自汤若望《新法历书》。另有《禹贡广览》三卷为四库著录，其自序署为钱塘许胥臣编次。又知许胥臣曾经为在杭州活动的意大利耶稣会士艾儒略《西学凡》作序《〈西学凡〉引》，自署"东海许胥臣识"[1]，未知写作时间，但杨廷筠《刻〈西学凡〉序》自署为天启癸亥年即 1623 年。另知许胥臣又为艾儒略《职方外纪》作序，而李之藻也有天启癸亥年所作《刻〈职方外纪〉序》。综合可知许胥臣乃明末钱塘人，生卒年不详，热衷西洋天文地理学，近代传教士、汉学家德礼贤（Pasquale M. D'Elia，1890—1963）和裴化行均将许乐善考证为许胥臣，已被证实错误。[2]不过许胥臣曾为艾儒略在杭州著作刊印的《西学凡》和《职方外纪》作序，可知他或与艾儒略、李之藻、杨廷筠等西学人士交往匪浅，又从其《〈西学凡〉引》所言，知其对明末西学东渐了解颇深："吾闻西国书言，大抵千里一译，距我中华，虽心同理同，而语言文字别有天地，尤不易知。自利氏观光三十年来，名公巨儒，相与投分研精，夫非一人一日而所能通译者，自《实义》《畸人》《七克》而外，不过度数器用诸书，千百之一二，非不欲译，不易译也。"[3]此处的《实义》《畸人》《七克》显然是指利玛窦所著《天主实义》《畸人十篇》及庞迪我著《七克》，从文中也知其赞同李之藻倡导的中西"心同理同说"，并大力翻译引进西学书籍，只是他感到翻译西学书籍不易。故《杭州府志》称许胥臣受李之藻的影响传习西洋历算之学，并非虚言。三是总结明末引进西方天文历算之学的历史功绩，将李之藻置于徐光启之前，而在明末清初有关西学东渐的历史叙事中，常见的是"徐李"。笔者以为《杭州府志》的作者并非仅仅出于有意表彰乡贤，而将李之藻置于徐光启之前，而是在明末西方天文历算学的东传史上，李之藻虽然与西教士和西学的接触晚于徐光启，但在学习引进西方科学方面要早于徐光启，比如从万历三十年（1602）开始李之藻就与利玛窦合作绘制《坤舆万国全图》，涉及天文、地理、数学等多种西方科学知识。可见，《杭州府志》对李之藻在西学东渐史上拥有的地位和影响力评价，虽然不全面，但名副其实。

1　徐宗泽编著：《明清间耶稣会士译著提要》，中华书局 1989 年版，第 293—294 页。
2　黄一农：《两头蛇：明末清初的第一代天主教徒》，上海古籍出版社 2006 年版，第 84 页。
3　徐宗泽编著：《明清间耶稣会士译著提要》，中华书局 1989 年版，第 293 页。

六、杨廷筠的中西互鉴之学：从总结西学汉籍到辟佛、补儒与耶儒融合论

杨廷筠与李之藻虽是同乡挚友，关系密切，然而两人接受天主教与西学的心路历程截然不同。前述，杨廷筠早在万历三十年就开始与利玛窦等欧洲传教士接触，不过此后很长一段时间，杨廷筠并未对天主教理论产生兴趣，只能算作对传教士抱有好感的士大夫，直到万历四十年（1612），在李之藻的鼓励下，弃佛入耶，在杭州由郭居静、金尼阁两位欧洲神父主持下皈依天主教，此后包括天启年间短暂复出为官，到他天启七年（1627）去世，杨廷筠实际上的天主教徒生涯共计十五年。这期间，他大部分时间都在杭州度过。

杨廷筠在受洗之后的十余年间，撰写了大量西学著作，经历了一个从总结西学到研究西学的过程。他最早撰写的一本西学书，实际上是一部晚明西学汉籍序跋、奏书公文的合集，兼收少量护教文章。此后，他又先后写作了《圣水纪言》《天释明辨》《代疑篇》《鸮鸾不并鸣说》《代疑续篇》等一系列辟佛、合儒和护教著作，并为传教士的重要西学著作写序跋，如为利玛窦《同文算指》作序、《辩学遗牍》作跋，为庞迪我《七克》作序，为艾儒略《西学凡》和《职方外纪》作序。

目前，学界对杨廷筠的护教代表作的成书时间仍有争议，笔者根据比利时学者钟鸣旦的考证认定为：《圣水纪言》约1617年前写作，孙学诗述，张文焘校，李之藻作序。《天释明辨》1621年前初版，1624年后再版，张赓作序。《代疑篇》1621年初版，有王征序（1621年）、李之藻序（无日期）。《代疑续篇》1625年后写成，1653年初版，张赓作序、跋（1635年）。《鸮鸾不并鸣说》约作于1622年。另有两部作品失传：《西学十诫诠解》大约1624年完成，叶向高作序；《广放生说》情况不详。[1]

钟鸣旦还根据清代著名藏书家丁丙所编撰的《杭州府志·艺文志》所收著作目录和祁承㸁的《澹生堂藏书目录》等民间资料对杨廷筠的其他著述和奏疏，列出一份作品名单——"据民间资料列出杨廷筠的著作"，附录在著作的第一编第二章的结尾处，但这些民间目录并没有收入杨廷筠的《代疑篇》《代疑续篇》《天释明辨》等护教著作。[2]以下重点介绍几部杨廷筠的西学代表作。

（一）《绝徼同文纪》: 晚明西学汉籍的序跋合集

明末的西学汉籍主要由三类组成：一是传教士自撰；二是传教士与中国士人合作编译；三是明朝士人自撰。杨廷筠的《绝徼同文纪》即是第三类西学汉籍。

1　［比］钟鸣旦著，香港圣神研究中心译：《杨廷筠——明末天主教儒者》，社会科学文献出版社2002年版，第80—84页。
2　［比］钟鸣旦著，香港圣神研究中心译：《杨廷筠——明末天主教儒者》，社会科学文献出版社2002年版，第51—52页。

《绝徼同文纪》杨廷筠自序成书于万历四十三年（1615），在《代疑篇》中则称为《同文纪》。钟鸣旦考证有崇祯二年（1629）重印本，现有日本内阁文库藏本。早年间《绝徼同文纪》仅见巴黎国家图书馆藏本，因而国内学者难得一见，幸近年来诸多大型西学汉籍文献丛书出版，将《绝徼同文纪》收录其中，使《绝徼同文纪》的学术价值更加彰显。

《绝徼同文纪》中的序、引、跋共计 69 篇（包括杨廷筠整理的明末所刊布的西学汉籍之序、引 59 篇，跋 10 篇），公移文 7 篇，外加熊士旂、张赓、刘胤昌每人撰写的一篇有关他们对天主教教义理解的短文，以及徐光启撰写的《〈几何原本〉杂议》，共计 80 篇。书中的序、引、跋共涉及传教士所翻译、明朝士大夫与传教士合译，以及传教士自撰的西学汉籍文献共计 23 部；7 篇公移文则是处理来华传教士相关事宜的公文，都是为传教士在华活动进行辩护的，或者是为来华传教士恳请恩典的，文中对来华传教士的人品、学识多有夸赞之词。序、引、跋作者总共 31 人，除 4 名为来华的耶稣会士（利玛窦、庞迪我、熊三拔、阳玛诺）外，其余均为明代儒士。李之藻的《天学初函》成书于崇祯二年，比杨廷筠的《绝徼同文纪》晚 14 年出版，因而在晚明西学东渐的文本总结上，杨廷筠领先于李之藻，当然贡献和影响均不及李之藻。

《绝徼同文纪》全书以辑录明代后期的西学汉籍序跋为主，很大程度上可将其看作一部序跋集，此外也兼收一部分涉及天主教、传教士的奏疏公文与护教文章。到清康熙年间，又由《绝徼同文纪》衍生出了另一部同类著作——清代刘凝（约 1625—1715）编撰的《天学集解》，收录文章数量超出《绝徼同文纪》数倍，但杨廷筠的开创之功诚为可贵。目前，国内可以见到的版本是由 2009 年台北利氏学社出版的钟鸣旦、杜鼎克、蒙曦主编的《法国国家图书馆明清天主教文献》，其第六册所收《绝徼同文纪》版本为手写体的影印版，共有 341 页。

《绝徼同文纪》与杨廷筠撰写的其他西学著作的不同之处在于，《绝徼同文纪》由杨廷筠辑录当时所流传的西学汉籍的序、引、跋成书，而《天释明辨》《代疑篇》《圣水纪言》等都是由杨廷筠自己撰写的西书。另外，杨廷筠在《绝徼同文纪》中并没有辑录任何对来华传教士和基督教不利的言论。

《绝徼同文纪》所整理的序、引、跋的内容主要涉及几方面：一是"天学"与"儒学""佛学"之间的关系；二是谈论中国古书中的"上帝"与天主教的"天主"之间的关系，利用儒家学说来论证"天主"的唯一性；三是谈论有关西洋几何学、地圆说、历数之学，大多表示出极大的认可，希望进一步翻译引进。《绝徼同文纪》还辑录和整理了 7 篇处理来华传教士相关事宜的公文。这 7 篇公文的内容主要围绕着明末历法的修订、利玛窦死后的墓地两方面展开，其中有 2 篇《礼部为明历法一本》《礼科为订正历法一本》是礼部为请求重新修订历法上呈给万历皇帝的奏疏，另有 4 篇与利玛窦的墓地直接相关。[1]

杨廷筠的《绝徼同文纪》编撰于万历四十三年（1615），其时正值南京教案前夕，沈潅已经到南京任职，并开始打压在南京的欧洲传教士和天主教徒。杨廷筠此时把礼部上呈的这 2 篇奏疏编辑到《绝徼同文纪》中，其利用官方文书来褒扬和吸收西学之用意显而易见。总之，杨廷筠的《绝徼同文纪》作为最早对明末西学汉籍进行整理的著作，有着独特的史料价值。

（二）杨廷筠的护教著作：辟佛、补儒与耶儒异同

杨廷筠与同为"三柱石"的李之藻、徐光启在对西学的关注点上颇为不同，徐光启和李之藻不仅仅是明末接受天主教士大夫的典型代表人物，更是晚明时期西学东渐的领军人物，但是杨廷筠对入华传教士带来的西方科学知识并没有过多关注。其主要原因之一在于杨廷筠与大多数传统儒家士大夫一样，其知识结构中缺少科学素养，正如前文已经提到的，杨廷筠在《〈同文算指通编〉序》中描述他与利玛窦相遇交谈的感受："往予晤西泰利公京邸，与谭名理累日，颇称金兰，独至几何圜弦诸论便不能解。"因而皈依天主教后的杨廷筠，更多关注的是天主教教理，随着中西耶儒之学碰撞的加深，尤其当这种冲突酿成南京教案时，杨廷筠作为儒家天主教徒，更能充当辨别耶儒异同、调和耶儒关系的角色。因而，在"三柱石"中，杨廷筠撰写的护教作品最多、最有影响力。

杨廷筠西学著作的主要内容就是阐释天主教教理，并以天主教徒的立场彻底批判佛教，同时竭力寻求天儒融合之道。

1.《代疑篇》《代疑续篇》

杨廷筠是一位具有深厚儒佛修养的传统士人，当他经过与利玛窦、郭居静、金尼阁等欧洲传教士的接触，并多次受到同乡好友李之藻的反复启发以后，终于走出了一条从排斥到理解再到接纳西学的信仰之路。天主教所代表的西方文化与儒家道统这两种异质传统如何沟通、对话？这是入华传教士与奉教儒士们共同面临的难题，其中最核心的是如何处理耶、儒同异关系。因而，杨廷筠的代表作《代疑篇》及《代疑续篇》，原名《征信篇》，以问答形式，试图对预设的儒者们必然会产生的一系列疑问逐一做出解答。

杨廷筠立论的基调是相信耶、儒二者本质是大同，不相冲突。但是他又感到不能牵强附会而不顾二者之间的差异。虽然入教后的杨廷筠可以做到舍弃儒家之学而皈依天主教，但是他仍然期望在不舍弃儒家之学、不违背儒家道统的基础上来为天主教辩护。因而，他主张儒者不必把天主教看作异端，在"畏天命""事上帝"上，天主教徒与儒者是一致的。《代疑篇》及《代疑续篇》的写作本意就是要在学理层面对耶、儒进行同异之

---

1 《绝徼同文纪》原文刊于［比］钟鸣旦、［比］杜鼎克、［法］蒙曦：《法国国家图书馆明清天主教文献》第 6 册，台北利氏学社 2009 年版，第 306—332 页。相关论述参见王卓：《论〈绝徼同文纪〉对西学汉籍的整理》，东北师范大学硕士论文，2017 年，第 34—37 页。

辨，并试图调和耶、儒两种道统，从而为儒者提供一条由"理解"而达"信仰"的路径。

《代疑篇》全书二十四节，每节都先假设有一儒者提出疑问，之后再将疑点逐一解答，内容涉及天主全知全能、佛教习俗的谬误、天主降生、圣母童身孕育等。杨廷筠此书可以称得上是一部天主教的护教著作。

《代疑篇》全书分上、下两卷。上卷十五节共五个部分，涉及在中西文化比较的层面上进行问答对话、辩诘答疑、比较说明耶儒的异同，使中国人相信基督教不仅与儒相合，更有补儒、超儒之处。其中上卷第二部分（书中第三、四、五、六、七节）是从天主教神学的角度对儒教和佛教理论进行批评辩驳，包括天堂地狱、天主与人和物之异同、斋戒之义、佛教之非、灵魂赏罚等方面。第三部分（书中第八、九、十、十一节）回答的是中国人对西方国家图书之多、天文地理、西国之遥、西士衣食自给的疑问。第四部分（书中第十二、十三节），是关于孝亲、娶妾、祭天礼仪的辩诘。第五部分（书中第十四、十五节）是对西士道德品格的说明。下卷九节共四个部分，主要是对天主教基督论教义进行介绍。

《代疑续篇》的头两章为《原同》和《崇一》，关于耶儒同异之辨的论述逻辑是：中国之学与西学是相同的，同时也有诸多差异；同与异都和谐地归于大同之"一"。其他几个章节大抵在此框架中论述。[1]

杨廷筠撰写的《代疑续篇》与《代疑篇》一样，都属于明末天主教的护教著作。根据比利时学者钟鸣旦的著作《杨廷筠——明末天主教儒者》，此书应当是 1623 年杨廷筠到达北京之后所作，完成于 1625 年，但直到 1653 年（清顺治十年）才初刻。[2] 杨廷筠在《代疑篇》中，曾多次站在天主教的立场上，对儒家思想进行批判，而杨廷筠撰写《代疑续篇》更多的是从儒家道统的角度为天主教进行辩护，他在此文中竭力与儒家站在同一战线上。杨廷筠在第一节的开篇处就明言："或问：西来之书，与吾中国，是同是异？曰：率同。"

2. 《天释明辨》

杨廷筠撰写《天释明辨》的主旨为"辨明天主教和佛教真伪"，站在天主教教义、神学立场，一方面批评佛教"依傍天学"，模仿效法，然而失其真义，另一方面阐发天主教有关教义。通过比较，辨明两者的真伪优劣，以便读者弃伪存真，返本归正。内容涉及佛教核心观念和教义如天堂地狱、轮回观念、佛及观音观念、佛三身观念、四大假合、苦空和禅观、大事因缘等，也涉及佛教教戒和教仪如佛教基本戒律、忏仪等，共计三十个条目。杨廷筠《天释明辨》的写作意图就在于辨别天主教和佛教在思想和教义上的看似相近、实则本质不同的"似是而非"之处，其中在总计三十个条目中涉及戒律、

---

1 ［明］杨廷筠：《代疑篇》，吴相湘主编：《天主教东传文献》，台湾学生书局 1965 年版。
2 ［比］钟鸣旦著，香港圣神研究中心译：《杨廷筠——明末天主教儒者》，社会科学文献出版社 2002 年版，第 251—252 页。

念诵、奉斋、禅观等实践层面和礼仪层面问题的占了一多半。

《天释明辨》对佛、耶在一些核心观念和教义上进行了辨别，从宗教教义上明辨佛、耶之别，排斥佛教。比如在杨廷筠看来，虽然佛、耶二教都以元素论来解释世间万物的构成，看起来差不多，但实质不同。杨廷筠首先阐述了天主教的四元行说——"西言四元行水、火、土、气"，天主创造万物，先是有四元行这样的原始质料，有了四元行之后再进行组合，从而构成了万物。而佛教也说世间万物由四元素构成，但是"释言四大地、水、火、风"，听闻天主教的四行之说，然后将其稍作改变，将"气"改成了"风"，实际上佛教之说是"四大假合"，因而杨廷筠在《天释明辨》当中专辟一节即第十八节"四大假合"来论述这一重要概念。杨廷筠在"四大假合"开篇即提出了何为四大假合这样的问题，在杨廷筠看来，佛教所说的"四大假合"原本就是天主教的四元行生万物之说，但是二者本质是不一样的。

可见杨廷筠在《天释明辨》中介绍天主教的四元行说的同时，亦将中国的传统儒家的五行说和佛教的四大假合学说进行了批判，而且改造了儒家的五行说和佛教的元素论。杨氏以耶教四行说来攻击偷换概念之后的佛教四大假合说，看似理论具足，无懈可击，然而只是用天主教的四行说来论证四大假合的不合理难免有些牵强附会。[1]

因而，杨廷筠撰写《天释明辨》的宗旨主要是在排斥佛教的态度之下，讨论佛教之非、耶教之好，从而达到护教、宣教的目的。为了论证佛教的矛盾性和不合理性，杨廷筠从佛教义理内部出发，援引儒家学说，并试图将佛教纳入天主教的理论框架。有学者指出，《天释明辨》中，杨廷筠通过批判佛教理论中四大假合和三世佛概念，第一次较为深入地阐发了他对于基督教宇宙观和三位一体核心观的理解和认识，反映出明末的第一代中国天主教徒对于西方基督教理论的了解和掌握已经达到了相当深入的程度。[2]

（三）杨廷筠的耶儒相融论：儒家基督徒角色

杨廷筠毕竟是一位正统出身的儒家士大夫，他进士及第，学优而仕，与当时的儒家一流学者们来往密切。首辅叶向高对他有极高的评价，东林党领袖邹元标曾经盛赞他为"好古者"，在他受洗 11 年之后，邹元标还推荐他出任河南按察司副使。学界大多认为杨廷筠的思想轨迹为从出儒入释，到由佛入耶，再到耶儒融合，甚至"以耶代儒"。因而中外学者明确界定杨廷筠是明末儒家基督徒或天主教儒者。我们从杨廷筠的个人著作和他为传教士西学著作所写的序跋文中可以清晰地看到他是如何来论述耶儒关系的。

明末首倡在华以适应策略传教的利玛窦在《天主实义》一书中，精心论证了"吾国天主即华言上帝"，通过大量引用儒家经典的记载，将天主教中的"天主"与儒学典籍中的"上帝"拟同，从而以合儒、附儒的手法推动天主教在明末的传播。利玛窦拟同耶

1 朱琳琳：《明末清初佛耶对话微探——以杨廷筠为例》，华东师范大学硕士论文，2015 年，第 24—26 页。
2 赵晖：《耶儒柱石——李之藻、杨廷筠传》，浙江人民出版社 2007 年版，第 248 页。

儒的传教策略也为其他入华耶稣会士和奉教士人所仿效。

杨廷筠接触利玛窦以后，虽然并未马上皈依入教，但他对利玛窦《天主实义》等汉文西书十分关注，万历四十三年（1615）完成的《绝徼同文纪》即可证明杨廷筠对西学书籍研读之深、积累之厚。

作为中国第一代皈依天主教信仰的儒家教徒，杨廷筠的护教著作受利玛窦《天主实义》拟同天儒的影响十分明显。在杨廷筠看来，儒学原本就是天学，只是在三代以后，在中土的天学开始衰落了，而利玛窦等西儒东来，传入天学，其目的就是要恢复上古时代的儒学正统，因而在利玛窦之后的耶稣会士与奉教士人眼中，天主教与古儒相合，而反对宋明以后的今儒。

杨廷筠在为耶稣会士庞迪我的著作《七克》所写的序言中，即明确表示天主教教义与儒家学说是"脉脉相符"的。

杨廷筠认为，天学不仅在事天、敬天、崇天等方面与儒学完全一致，而且天学的解说比古儒更为详细："惟西学一脉……果与仲尼知生知死，畏天之旨，不惟符合，而且详尽也。"[1] 正因为天学与儒学一致，且在事天之学上又比儒学更胜一筹，故杨廷筠撰写《代疑篇》《代疑续篇》等著作，旨在辨明天儒异同的基础上，实现其合儒、补儒甚至代儒的目的。他在《代疑篇》中如此论述天主教与儒学的关系：

> 宇宙独有至真无假之理，常存不灭，而此外似是之非，每足乱之。三代以前，道统在上。帝似皇，王似帝，似之正也，至霸而假矣。三代以后，道统在下。
>
> 衰周之世，有杨墨，似儒者也。秦汉以来有佛老，似杨墨者也。二氏之后有缁黄，则流为师巫，为符箓，为醮忏，为修炼，似佛老而更失矣。黎丘之丈人，抵掌之叔敖，世莫辨其真似。而惟我西方天学，乃始一切扫除，可与吾儒相辅而行。饮食之徒，不察其故，猥与左道，同类并讥，可不深为之辩也哉。西学以万物本乎天，天惟一主，主惟一尊。此理至正至明，与古经典，一一吻合。即言三位一体，理极难明，潜心听受，亦自确信。[2]

杨廷筠将传统儒学区分为三代以上的古儒与三代以后的近儒。三代以上，对此"至真无假之理"，儒家掌握并贯彻得较好，表现为"帝似皇，王似帝，似之正也，至霸而假矣"。三代以下，杨墨、佛老等学术混乱中华，故"世莫辨其真似"。而西学天主之说，一直坚守"天惟一主，主惟一尊"之至理，因而西学"与古经典，一一吻合"，即

1　[明]杨廷筠：《代疑续篇》，[加]郑安德编：《明末清初耶稣会思想文献汇编》第30册，北京大学宗教研究所2003年版，第13页。
2　[明]杨廷筠：《代疑篇》，[意]利玛窦等：《天主教东传文献》，台湾学生书局1965年版，第44—45页。

天学与古儒相合，"而惟我西方天学，乃始一切扫除，可与吾儒相辅而行"，这就是说天主教东传是来帮助儒家恢复三代之前的古儒之学，因而杨廷筠说："乃有西学，言天而确言主，实补吾儒之传；非仙非佛，超出三教之表。"[1] 即他主张西学可以用来补儒。

杨廷筠在为艾儒略天启三年（1623）于杭州刊印的《西学凡》所作的序中进一步阐明了天学与儒学的关系："儒者本天，故知天、事天、畏天、敬天，皆中华先圣之学也。《诗》《书》所称，炳如日星，可考镜已。自秦以来，天之尊始分；汉以后，天之尊始屈。千六百年天学几晦，而无有能明其不然者。利氏自海外来，独能洞会道原，实修实证，言必称昭事；当年名公硕士皆信爱焉。"[2] 这里清楚地表明了他的观点：一千六百年来，中国传统的"天学"几近晦暗，利玛窦等耶稣会士带来的西学使得"天学"重放光明。在该篇序文中，杨廷筠还对金尼阁带来的七千册西学书大为赞赏，并寄予厚望："所称六科经籍，约略七千余部，业已航海而来，且在可译，此岂蔡愔、玄奘诸人近采印度诸国，寂寂数简，所可当之者乎？"

因此，他决心与艾儒略等西人一起把它们翻译出来："假我十年，集同志数十手，众共成之。"[3] 可惜的是，他的抱负并没有实现，仅仅过了四年，杨廷筠就去世了。

杨廷筠在为艾儒略与《西学凡》同年刻印的重要西学著作《职方外纪》作序时，更加明确地指出："此真能知天事天，质之东海西海，不相谋而符即合者。"在艾儒略自序的末尾，他特别强调："淇园杨公雅相孚赏，又为订其芜拙，梓以行焉。"也就是说，《职方外纪》这部书是在杨廷筠的协助下完成的。

中外学界对杨廷筠的《代疑篇》《代疑续篇》《天释明辨》等护教代表作多有哲学思想和宗教学方面的深入研究，从这些研究成果可以看出：杨廷筠由佛入耶的思想轨迹受利玛窦《天主实义》比较佛、耶二教的影响较大，同时他也是在同乡好友李之藻的感染下，经过长时间的反复思考才皈依天主教的，其核心背景就在于杨廷筠是在儒家传统的熏陶下，佛教文化的浸润中，再走向天主教的。他在护教著作中对耶佛的深入辨析，并且引用儒家经典对佛教流弊的揭示，在在证明他浓厚的儒佛文化修养，因而许多研究者认为杨廷筠从头至尾并非一名纯粹的天主教徒，他在经历了由佛入耶、耶佛冲突的思想历程后，不仅没有与儒家、佛教疏远，反而因为天主教而再次同儒、佛并肩作战，正如杨廷筠在最后问世的《代疑续篇》中提出的，天主教"可与吾儒相辅而行"，可见中外学者称杨廷筠为儒家基督徒或天主教儒者实乃公允之论。

1　［明］杨廷筠：《代疑篇》，［意］利玛窦等：《天主教东传文献》，台湾学生书局 1965 年版，第 64 页。
2　［明］杨廷筠：《刻〈西学凡〉序》，徐宗泽编著：《明清间耶稣会士译著提要》，中华书局 1989 年版，第 292 页。
3　［明］杨廷筠：《刻〈西学凡〉序》，徐宗泽编著：《明清间耶稣会士译著提要》，中华书局 1989 年版，第 292 页。

第五章

浙西经史之学与西学的交汇

明清浙西之学内涵丰富而复杂，它与西学有所交汇的史实早已为先辈学者所指出，但尚无深入系统的考察。浙西之学的概念过于庞大，限于史料和学力，笔者只就浙西学术中的经学、理学、史学、文艺、科学等主类，外加佛学，如何与西学交汇，做一简要梳理，以期揭示浙学与西学相遇的深浅和复杂程度。同时为了篇幅相对平衡，又分为两章叙述。

一、浙西之学宗师顾炎武的西学观

被奉为浙西之学宗师、清初三大启蒙思想家之一的顾炎武，字忠清，被尊称为亭林先生，南直隶昆山（今江苏昆山市）人。早年曾加入复社，崇祯十六年（1643）捐纳国子监生。弘光朝曾任兵部司务，明亡后拒绝仕清，终生辗转，读书治学，学问渊博，对于国家典制、郡邑掌故、天文仪象、河漕、兵农及经史百家、音韵训诂之学，都有研究。晚年治经重视考证，开启明末清初朴学风气。他提出"经学即理学"的学术纲领，并将"学与行、治学与经世"合而为一，即主张儒家学者回归经书、重读经书；诂经之旨，在于追求切实致用。顾氏博极古今的学养、通经致用的思想，使他名列清初经学大师。他的著作主要有《日知录》《天下郡国利病书》《音学五书》《军制论》等。

笔者先前考述，顾炎武关注西学东渐，对西洋火器、天文历学等西方科技持明确的接纳和利用的态度，但对天主教则并不认同。[1] 值得指出的是，顾炎武的学术生涯受复社和几社经世致用学风的影响深远，尤其是其中的骨干陈子龙与顾炎武交往密切。陈子龙主编的《皇明经世文编》收录了徐光启、李之藻等明末西学派的经世实学著作。顾炎武撰于明崇祯十二年（1639）的《肇域志》和《天下郡国利病书》，从写作体例到著述内容都深受《皇明经世文编》的影响。

顾炎武在《日知录》和《菰中随笔》中曾谈及西洋天文学和汤若望所著《新法历引》，这是他接触过西学书籍的明证。他与清初会通中西天文历学的科学家王锡阐

---

1 徐海松：《清初士人与西学》，东方出版社 2000 年版，第 314—318 页。

（1628—1682，江苏吴江人）又有诗书交谊，并且有共同的实学思想，而从顾氏《广师》一文所言"学究天人，确乎不拔，吾不如王寅旭"[1]可以推知，他对王锡阐会通中西之学崇敬有加。有资料表明顾炎武与清初另一位著名的会通中西之学的学者薛凤祚（1599—1680，山东益都人）也有交往，并且充当了王锡阐与薛凤祚交往的引荐人。

顾炎武的著述反映出他对西洋火器、天文历学等西方科技成果持明确的接纳和利用的态度。他的经世大作《天下郡国利病书》中，就已经对西洋"佛郎机"火炮的引进与仿造有所关注，称西洋火炮可"用以守营门，破关隘"，以期用作守城破关的利器。而在《菰中随笔》中，他引述了汤若望《新法历引》中的"三余说"，并与传统的"四余说"做了比较。所谓"四余"是指传统星占学上所说的罗睺、计都、月孛、紫气四颗虚拟的星体。汤若望在新法中删除了紫气，而保留较具天文意义的其他三曜，并以新法推算各曜之行度，意欲剔除四余中的迷信成分，而凸显新法之新。[2]顾炎武对汤氏之说持明显的赞同态度："汤若望《新法历引》三余旧加紫气，名为四余，亦谓之四隐曜。然详求天行，实无紫气，且绝无当于推步之术，故西法弃而不录，第取三余，一罗睺、一计都、一月孛，……故《月离历指》详论其必无是曜也。"[3]

顺治初，汤若望据《崇祯历书》删订刊行《西洋新法历书》，其中《新法历引》一卷即为汤氏增入的著作，其余涉及西方天文学理论的五种《历指》几乎原封不动，《月离历指》即为五种之一。顾炎武在《日知录》中引述："日食，月掩日也；月食，地掩月也。今西洋天文说如此。"[4]这实际上就是来源于汤若望《西洋新法历书》中《月离历指》所介绍的西方天文学说。特别值得注意的是，顾炎武在此称新法"三余说"是经过"详求天行"的结果，意在说明它是一个言必有据的科学结论，这显然是在表达他倾向"三余说"的主要理由。

尤其在顾炎武的代表作《日知录》中，他对西洋天文历学的日月食理论等内容和天主教都做出了具体的回应。

首先，顾炎武从他务实的学风出发，对西洋天文历法并不排斥，而是在认可某些西洋天文学说的前提下，采取与黄宗羲等学者同样的思维逻辑，论证西学源于中国。如他通过对中国传统历法时刻制的考证，论证了西洋历法所采用的九十六刻为一日的计算方法，实本于南朝梁武帝。顾炎武曾相当准确地引述了西洋日月食理论："静乐李鲈习西洋之学，述其言曰：'月本无光，借日之照以为光曜。至望日，与地、日为一线，月见地不见日，不得借光，是以无光也。"[5]但他又提出了西洋日月食理论为中国古已有之之

---

1 ［清］顾炎武：《顾亭林诗文集》，中华书局 1983 年版，第 134 页。
2 参见黄一农：《清前期对"四余"定义及其存废的争执——社会天文学史个案研究（下）》，《自然科学史研究》1993 年第 4 期。
3 ［清］顾炎武：《菰中随笔》卷二下，敬跻堂丛书本。
4 ［清］顾炎武著，［清］黄汝成集释：《日知录集释》卷三十"月食"，中华书局 2020 年版，第 1503 页。
5 ［清］顾炎武著，［清］黄汝成集释：《日知录集释》卷三十"月食"，中华书局 2020 年版，第 1504 页。

说，他论道："日食，月掩日也；月食，地掩月也。今西洋天文说如此。自其法未入中国而已有此论。"

顾炎武的这种观点与他的好友王锡阐提出的"西学中源"论的核心思想如出一辙。不过，顾炎武仍然未能完全理解日月食的成因，提出"或曰不然……则地固未尝遮日月也"，而且也未跳出传统天人感应与星象迷信的旧观念，说："然则谓日食为一定之数，无关于人事者，岂非溺于畴人之术，而不觉其自蹈于邪臣之说乎？"[1]

其次，他对天主教的排拒虽然不像王夫之那样激烈[2]，但是仍以一种隐喻的方法希望清廷加以禁止。他说："《册府元龟》载：'开元七年，吐火罗国王上表：献解天文人大慕阇。智慧幽深，问无不知。伏乞天恩，唤取问诸教法，知其人有如此之艺能，请置一法堂，依本教供养。'此与今之利玛窦天主堂相似，而不能行于玄宗之世者，岂非其时在朝多学识之人哉？"[3]

顾炎武说这段话的真正含义，在于借古喻今。史载，唐开元七年（719），中亚吐火罗国支汗那王帝赊，曾推荐通晓天文学的摩尼教法师入唐，但唐玄宗对摩尼教并无好感，于开元二十年（732）下令禁断摩尼教，仅准"西胡"信奉。顾炎武意在呼吁当局效仿唐玄宗之举以禁天主教，不言而喻。

总结顾炎武对西学的态度，他虽然没有盲目排斥西方天文学，但也始终未能明确提出吸收西方科学的主张，更看不到他关注西方科学中蕴含的先进数理思维方式。尤其可悲的是，像顾炎武这样的一代启蒙思想家，竟然还死抱着传统星占术数的陈腐观念。可见西学东渐对顾炎武的影响极为有限。

再则顾炎武在《日知录》中对异族文化一度表现出较为开明的心态，承认历史上的中国也有不如夷狄的地方，说："历九州之风俗，考前代之史书，中国之不如夷狄者有之矣。"[4]然而，他也在同一部书中反复阐述了夷夏之防的传统观念，声称"夷夏之防，所系者在天下"[5]。尽管顾炎武没有像王夫之那样把西洋传教士归于"夷狄"，但他与西学保持的距离不能不说有其"夷夏大防"思想的影响。综合而言，顾炎武对西学抱着一种谨慎有余、略显保守的态度，与接纳西方科学方法保持着距离。

1　［清］顾炎武著，［清］黄汝成集释：《日知录集释》卷三十"日食"，中华书局2020年版，第1502页。
2　王夫之说："如近世洋夷利玛窦之称'天主'，敢于亵鬼倍亲而不恤也，虽以技巧文之，归于狄而已矣。"见《周易外传》卷五"系辞上传第八章"，《船山全书》第1册，岳麓书社1988年版，第1014—1015页。关于王夫之的西学观，参见徐海松：《清初士人与西学》第七章第三节，东方出版社2000年版。
3　［清］顾炎武著，［清］黄汝成集释：《日知录集释》卷二十九"西域天文"，中华书局2020年版，第1493页。
4　［清］顾炎武著，［清］黄汝成集释：《日知录集释》卷二十九"夷狄"，中华书局2020年版，第1479页。
5　［清］顾炎武著，［清］黄汝成集释：《日知录集释》卷七"管仲不死子纠"，中华书局2020年版，第371页。

二、浙西经学家胡渭、毛奇龄的西学观

胡渭（1633—1714），初名渭生，字朏明，号东樵，浙西德清人，明末清初经学家、地理学家。曾祖胡友信，明代隆庆进士，与归有光齐名。少避难山中，由母亲授学，十五岁为生员，屡试不中，后游学北京，任教冯溥家中。精于舆地之学，曾与阎若璩等助修《大清一统志》。他在经学上的突出成就是撰《易图明辨》十卷、《洪范正论》五卷，以充分的论据指出宋儒之谬误与附会。关于胡渭与西学的关系，目前仅从《洪范正论》卷五中发现一条史料："西人穆尼阁著天文实用篇，专测各方风雨。其法以太阴为主，五星冲照之而风雨生焉……理之至者，不以中外国人而有间。""渭按：舜在璇玑玉衡以齐七政。七政者，日月五星也。月之所从，岂止经星而无纬星哉。古星占之书亡逸，说洪范者但据传记之所有以为言耳。穆尼阁占法，盖出于古，仲尼曰'天子失官，学在四夷'，不得以西学而外之也。"[1]

胡渭以治经需要钻研中西方天文历学。值得注意的是，胡渭此处引用古人说法"天子失官，学在四夷"与当时逐渐兴起的"西学中源"论相关。

另有一位清代浙江经学家毛奇龄（1623—1713 或 1716），字大可，号秋晴，学者称西河先生，今杭州萧山人，如从历史上严格的行政分区来说，萧山属于浙东管辖，但在地理上萧山又因与杭州一江之隔，也有人将毛奇龄归入浙西学者之列。毛奇龄以经学名闻学界，他十分重视对《大学》的研究，抨击朱熹的《四书集注》，撰《四书改错》等。作为学者，毛奇龄自然也关注到西学传播的现象。他曾专门考察过天主教入华的历程，撰有《西教入中国录》：

> 西教者，大西洋国十字架耶苏教也。耶苏以设教为仇者所杀，钉其首足两手于十字架间，遂以此名。其徒利马窦，于明万历间由广东入中国，渐入留都，高论惊人，且出其所制自鸣钟、千里镜诸器，示人则大惊，号为西儒。留都礼部，遂咨送北京，大宗伯冯琦亟称之。乃言《大统历》有差，作修历局以居之。既而建天主堂于宣武门内，设耶苏及圣母像于堂。耶苏手执浑天仪，圣母手抱一儿，即耶苏也。其曰天主者谓耶苏，能主天事也……[2]

毛氏又撰《历法天在序》云："予尝窥旧历，与郡之士大夫追论三五，皆云西历最良。"可见毛奇龄的西学观也十分鲜明，即排斥天主教，吸收先进的西洋天文历学知识。

1　［清］胡渭：《洪范正论》卷五，清乾隆四年刻本，第 33 页。
2　［清］毛奇龄：《西河合集》一卷（全），乾隆补刊本。又知毛氏《西教入中国录》一文，不载于文渊阁四库全书本《西河文集》，却在稍晚刊出的文津阁四库全书本《西河集》卷一百十八中收录此文，见影印《文津阁四库全书·集部》第 441 册，商务印书馆 2005 年版，第 177 页。

三、清初浙西史家与传教士的交往和西学叙事

浙西史学虽不如浙东史学的地位崇高，但也有其特定的学术史定位。[1] 明末清初史学之表层已展现出西学东渐的多方面影响，迄今学界相关个案研究已有成果。从已经获得的一些史料来看，明清浙西史家受西学东渐影响最为显著的特色，是通过与传教士直接交往和汉文西书的翻译传播获得大量域外史地知识，在史学著作中或专列外国志传，或充实海外史地记录，拓展其史学叙事的视野和内容，乃至创新史学叙事方法。比如，浙江海宁人查继佐（1601—1676）于康熙十一年（1672）成书的《罪惟录·外国列传》，浙江钱塘人陆次云（生卒年未详）于癸亥年（1683）所著《八纮译史》及《译史纪余》卷一所记海外地理，均直接或间接地受到了西学东渐的影响。陆次云在其所撰《八纮译史》的例言中说，西洋人为"西域奇人，梯航异国"，西书《职方外史》一书"令人闻所未闻"，却"处处阐明彼教，听倦言繁"，[2] 可知陆次云的《八纮译史》由意大利耶稣会士艾儒略《职方外纪》的内容删削改写而成，其卷二"西部"就介绍了"荷兰""以西把尼亚（即西班牙）""拂郎察（即法兰西）""意大里亚（即意大利）""亚勒玛尼亚（即日耳曼，也就是德国）"等欧洲国家。[3]

需要特别指出的是，艾儒略因1616年南京教案爆发而逃到杭州杨廷筠家避难，1618年起正式在杭州传教，直到天启四年（1624）经明朝内阁首辅、福建人叶向高邀请才入闽传教。在杭州期间，艾儒略广交文士，并撰写出版了许多汉文西书。其中1623年就在杭州著成出版了介绍西方地理的《职方外纪》和首次引入西方教育体系的《西学凡》两部西学名著。陆次云自然可以读到《职方外纪》，只是他将书名"外纪"误为"外史"。陆次云惊异于西洋人的科学技术而厌弃传教士宣扬的天主教义，不过在《八纮译史》中他仍然热衷于介绍欧洲的异国风俗，"以西把尼亚"一条称该国"奉天主教，皆一夫一妇，无有二色"。书中介绍罗马教廷时，也以"教皇"相称。有学者认为这些明显受到了艾儒略所撰西学图书的影响。[4]

但是，对浙西史家与西学关系的探讨仍然需要做大量的史料挖掘工作，有关西学如何影响浙西史学的理论探讨还有待深入。笔者综合考察所得，浙西史家与西学的关系主要体现在以下几个方面。

（一）谈迁与传教士的交往和西学叙事

清初浙西史家中与西人、西学接触最深的要数布衣史学家谈迁。谈迁（1594—

---

1 钱茂伟：《明代浙西史学述略》，《浙江学刊》1993年第5期。
2 ［清］陆次云：《八纮译史·例言》，《丛书集成初编》第3263册，中华书局1985年版，第1页。
3 ［清］陆次云：《八纮译史》卷二，《丛书集成初编》第3263册，中华书局1985年版，第9、34—35页。《译史纪余》四卷，记录了国外风土异闻，见《丛书集成初编》第3264册，中华书局1985年版。
4 李奭学：《中西会通新探：明末耶稣会著译对中国文学与文化的影响》，《国际汉学》2015年第2期。

1658），原名以训，字仲木，号射父。明亡后改名迁，字孺木，号观若，自称"江左遗民"。浙江海宁人。终生不仕，以佣书、做幕僚为生。喜好博综，子史百家无不致力，对明代史事尤其注心。著有《国榷》《枣林杂俎》《北游录》等书。

他在赴北京谋生的第二年，即顺治十一年（1654）正月，就主动登门拜访了汤若望。他以一个史学家的观察力，详细记录了他与汤若望的见面过程，以及他在汤若望住所见到的新奇西洋事物：

> 癸巳。晨入宣武门。（元顺承门。俗因之。）稍左天主堂。访西人汤道末（若望）。大西洋欧罗巴国人。去中国二万里。万历戊午。航海至广州。其舟载千人。历二年。同辈十二人。至者七人。从江浙入燕。故相上海钱文定（龙锡）以治历荐。今汤官太常寺卿。领钦天监事。敕封通玄教师。年六十有三。霜髯拂领。先是。万历辛巳。欧罗巴国利玛窦入中国。始到肇庆。表贡耶苏像、万国图、自鸣钟、天琴等。庚戌卒。敕葬阜城门外二里。其徒先后至。严事天主。筑堂。其制狭长。上如覆幔。傍倚疏藻。绘诡异。供耶苏画像。望之如塑。右像圣母。母冶少。手一儿。耶苏也。耶苏译言救世者。一曰陡斯。汉哀帝元寿二年庚申生如德亚国。圣母玛利亚。本王族。童贞不嫁。忽娠天主。六十三卒。后三日复苏。升天。天主年三十三上升。其教耶苏曰契利斯督。法王曰俾斯玻。传法者曰撒责而铎德。（如利玛窦等。）奉教者曰契利斯当。祭陡斯以七日。曰米撒。其降生升天等日。曰大米撒。玛窦亡。其友庞迪我、龙华民辈。代主其教。今汤氏尤见重。登其楼。简平仪、候钟、远镜、天琴之属。钟仪俱铜质。远镜以玻璃。琴以铁丝。琴匣纵五尺。衡一尺。高九寸。中板隔之。上列铁丝四十五。斜击于左右柱。又斜梁。梁下隐水筹。数如弦。缀板之下底。列雁柱四十五。手按之。音节如谱。其书叠架。茧纸精莹。劈鹅翎注墨横书。自左而右。汉人不能辨。汤氏善饮啜。颇厚自奉。别而出。[1]

谈迁本节文字，虽然不是他专业史学著作中的史事叙述，但从中完全可以看出他以史学家独有的洞察力和叙事能力，呈现西洋传教士入华传教活动的关键人物和重要经历、耶稣教主的新异面貌、天主信仰的基本内容、天主教堂的独特形制，尤其是对传教士的西洋贡品耶稣像、万国图（世界地图）、自鸣钟、天琴（八音盒，也叫八音琴）、西洋书籍，除万国图之外均做细节描述，甚至提到汤若望饮酒的嗜好。

至于谈迁未能具体描述万国图的原因，笔者推测，从谈迁与汤若望的密切交往来观察，当时已身为明朝钦天监官员的汤若望宅居处没有存放欧洲地图。不过，这并不影响

---

1 ［清］谈迁：《北游录·纪邮上》，中华书局1960年版，第45—46页。

谈迁以史学家的笔法叙述西学东渐的风格：通过史家的描述，世人真切地了解到西洋传教士入华活动的真相以及充满异质文化气息的真实场景。

谈迁对西洋传教士利玛窦入华活动一事的正式史学书写，见于其私家史著《国榷》卷八一：

> （万历三十八年四月）壬寅，葬夷人利玛窦于□□门外。利玛窦，大西洋欧逻巴国人。入广南，兼通儒书。所著《交友论》《山海舆地全图》等书，制自鸣钟、铁琴、地球等器，俱巧异。其游南京，礼部右侍郎沈㴶奏逐之曰：访闽海则佛郎机人。其王丰肃，原名巴里狼雷[1]，先年同党诈行天主教于吕宋国，夺之，改号大西洋。谙星历。同人庞迪莪、毕□□、汤若望等行其教不废。
>
> ……
>
> 谈迁曰：利玛窦谓航西海二年达广南，今其徒不绝，抑皆自欧逻巴而至者乎？地果远，海果广，虽发未即至，至未即源源而来。沈文定所谓佛郎机人，理或有之。而《一统志》载西域默德那国，尚天教，谙术数，雕镂宫室，精巧颇似大西洋。吾意其人盖近是也。骀衍谈天，在中国已诞其说，况域外恢奇之士乎？安尽征信哉？[2]

另一条记录为利玛窦后人在京生事，见于《国榷》卷八二：

> （万历四十四年十二月）丙午夜，火星逆行翼宿。
>
> 发远夷王丰肃等于广东，听归本国，俱利玛窦后人，以在京生事也。[3]

从《国榷》上述记录可以看出，谈迁对西人西教的态度比其在私人笔记《北游录》中的叙述要明确得多。一则对利玛窦本人以"兼通儒书"评述，对利氏所著《交友论》、世界地图和西洋奇器以"俱巧异"评述，可见其持认同和赞赏的态度；二则从南京沈㴶排教事件到北京驱逐传教士王丰肃事件，尤其提及欧洲天主教传教士在吕宋（菲律宾）的"诈行天主教"事件来看，谈迁显然排斥天主教，并且表示对于传教士带来的各种西来新奇之说采取质疑的态度。这也是史学家"求真求实"之学术性格使然。

（二）张星曜首创宗教史叙事

清初史学之表层受西学东渐的多方面影响，尤其体现在耶稣会士所传输的天主教宗教精神开始出现在个别学者的史著之中。其中，一批入教士人出于传播宗教的需要，借助史书这一表现形式，开展与中国本土其他宗教的论战，从而使清初的某些私史著作闪

1　巴里狼雷，"巴里"即padre（神父）之译音，"狼雷"即王丰肃之姓Vagnoni后两音节"noni"之译音，其意为"狼雷神父"。
2　［清］谈迁：《国榷》，中华书局1958年版，第5020—5021页。标点为笔者所加。
3　［清］谈迁：《国榷》，中华书局1958年版，第5103页。标点为笔者所加。

烁着基督教的宗教精神。[1] 清初杭州天主教徒学者张星曜便是其中的代表。

张星曜出身于杭州一个文学世家。父亲张傅岩是当地的私塾老师，是明末天主教三柱石之一杨廷筠的学生。张星曜是明末第三代天主教的代表人物（第一代以徐光启为代表，第二代以韩霖和朱宗元为代表）。信教前，出入于儒道佛之间；信教后，他把大部分时间用在研究历史和宗教写作上，成为明末天主教的重要奉教派学者。

本著第二章已将张星曜作为在礼仪之争中杭州士人发出声音的重要代表，并论述其在促进"天儒"融合和中西文化交流方面做出的主要贡献。张星曜从 1678 年开始，大约编辑、撰写了 10 部著作，内容涉及解读礼仪、辟佛和补儒等。张星曜也是明末重要的基督教诗人，著有诗集《圣教赞铭》。

张星曜在批判佛道二教之外，还积极思考如何实现耶儒会通，而且在耶儒的"求同"和耶佛的"辨异"方面做了大量的深入研究和阐发，在明清汉语神学建构上贡献良多。特别是他的《天儒同异考》，张星曜历时数十年，在前代"合儒""补儒"基础上，提出"超儒"主张。有学者指出：张星曜对耶儒关系的处理，反映出清初礼仪之争给天主教徒带来的认同压力，也反映出张星曜对自己信仰外来宗教的合法性说明。[2]

换个角度思考，对于张星曜来说，他之所以致力于"耶儒会通"，也可透露出他的基本思想：传统与信仰两者是可以兼顾的，关键是如何对这两者进行协调与综合。

在与佛道的论战中，张星曜积累了大量的历史资料，而论战的经验则给张星曜这样的启示：不仅要搜集历史资料作为证据，而且要主动撰写历史，发动对佛教和道教的斗争。康熙二十九年（1690），星曜五十八岁，撰《历代通鉴纪事本末补后编》，简称《通鉴纪事补》，清代目录学家莫友芝（1811—1871）在《宋元旧本书经眼录》中对张星曜此书的卷帙有过详细记录：

> 《通鉴纪事本末补后编》五十卷（稿本），国朝仁和张星曜撰，以袁氏本末未有专纪崇信释老之乱国亡家为篇者，乃杂引正史所载，附以稗官杂记及诸儒明辨之语，条分类集，以为此书。其记历代佛氏之乱，曰历代君臣奉佛之祸（四卷）、曰佛教事理之谬（十卷）、曰佛徒纵恶之祸（五卷）、曰儒释异同之辨（五卷）、曰儒学杂禅之非（十卷）、曰历代圣贤君臣辟佛之正（七卷）。纪历代老氏之乱，曰历代君臣求仙奉道之祸（三卷）、曰道教事理之谬（二卷）、曰道士纵恶之祸（一卷）、曰儒老异同之辨（二卷，附释老异同）、曰历代君臣圣贤辟老之正（一卷）。学者欲知异教流失，得此总汇，亦易为明晰。星曜字

1　关于中西方"以史证教"与"以史驳教"的论战，详见阚红柳：《以史证教与以史驳教——清初天主教传播与中西方史学交流》，《青岛大学师范学院学报》2007 年第 1 期。

2　［清］张星曜著，肖清和、王善卿编注：《天儒同异考：清初儒家基督徒张星曜文集》卷首"内容简介"，橄榄出版有限公司 2015 年版；阚红柳：《清初私家修史研究——以史家群体为研究对象》，人民出版社 2008 年版。

紫臣，成书自序载康熙庚午，尚未刊行，此其手稿，丁卯初冬丁禹生（日昌）方伯新收借观记。[1]

据学者考证，现澳门中央图书馆分馆收藏有张星曜《通鉴纪事本末补后编》50 卷稿本，为传世孤本，原系浙江湖州嘉业堂藏书辗转流出。[2] 张星曜生活的杭州地区自古佛教兴盛，自明末以来即是佛教与天主教冲突激烈的地区之一，也是明末《圣朝破邪集》派反教士僧集聚的中心，直至清初，佛僧士人反天主教的活动不曾间断。张星曜编纂《通鉴纪事本末补后编》历经数十年之久，在其为该书写作序言的 1690 年前后，正值张鹏翮禁教（即杭州教案，详见本著第二章）从兰溪发端。到 1691 年，杭州地区兴起了攻击教堂、毁坏圣像、焚烧书板等激烈的反教活动。当时常驻杭州天主堂的意大利耶稣会士殷铎泽出面，在北京钦天监任职的耶稣会士徐日升和安多等人从中斡旋，方才平息骚乱，随后于 1692 年促成康熙帝"容教令"颁发。杭州教案显然对张星曜产生了深刻影响，因而张星曜在《历代通鉴纪事本末补后编》序中开门见山地表明编撰此书的立意宗旨即为"治"与"乱"，意在通过"辟佛（道）"与"补（正）儒"为天主教辩护。

从该书体例来看，其正文部分，以目次为序，从历代经史书籍中辑出有关佛道两教乱政害道之史料。第 1—41 卷是辟佛，第 42—50 卷是辟道，均涉及儒教的内容，既以此辟佛老，又意在补儒之不足，并在文后附加按语和评注："凡目之所及有为二氏辨者，必确究而备录之，亦以遵程子之意，集百十孟子与之讲明而廓清之耳。"换言之，张星曜认为释道两教的危害不仅在于其乱政害道，还在于两教对儒家之侵蚀，因而有必要将这些史料汇集成册以供人们研读领悟。他在该书凡例中声明："予集古今以来辩析二氏者，系之终简。盖乱极思治，豳风所以继曹桧也。"[3]

从该书内容来看，张星曜摘录的史料庞杂，并不拘泥于历代通鉴纪事本末，也收集有杨廷筠、徐光启和李之藻等儒家天主教徒的辟佛护教著作内容。不过，张星曜的宗旨在于辟佛，因而该书的编纂大纲包括历代君臣奉佛之祸、佛教事理之谬、佛徒纵恶之祸、儒释异同之辨、儒学杂禅之非、历代圣君贤臣辟佛之正、历代君臣求仙奉道之祸、道教事理之谬、道士纵恶之祸、儒老异同之辨、历代圣君贤臣辟老之正。方豪也认为张星曜此书意在"取佛老妄诞者辨之"，其"校订及门姓氏"所载编纂人员多达 68 人，其末语称："方今世俗溺佛者多，予素性寡交……犹忆数十年来，夜永灯青，质疑送难，历历在目。其间或假予书籍，或代予抄录，或助予校雠……"[4] 可知，张星曜为编纂《通

1　［清］莫友芝：《宋元旧本书经眼录·通鉴纪事本末补后编》，北京图书馆出版社 2000 年版。

2　吴青、陈焕强：《一部澳门所藏清初天主教史籍珍本：张星曜与〈历代通鉴纪事本末补后编〉》，澳门《文化杂志》2011 年第 81 期。

3　［清］张星曜编，吴青、肖清和、张中鹏整理：《历代通鉴纪事本末补后编》上册，齐鲁书社 2016 年版，凡例第 2 页。"豳风所以继曹桧也"：《诗经》中的"风"收录了十五国不同地区的民歌民谣，"豳风"是周王朝统治中心之民风，喻指治世和盛世，"曹风""桧风"之作，则作于东迁之后，此喻乱世。全句意指由乱而治，由乱世进入盛世。

4　［清］张星曜等编，吴青、肖清和、张中鹏整理：《历代通鉴纪事本末补后编》上册，齐鲁书社 2016 年版，凡例第 5 页。

鉴纪事本末补后编》花费了数十年心血，其编纂人员之多，收集史料之庞杂，足以成就此一独特的史学巨著。

从表面上看，《通鉴纪事本末补后编》作为护教论著，纯粹以辟佛道专著面世，专门补录的是佛道两教的内容，让世人明白儒家与释道之别，并站在儒家卫道者的角度，对释道两教展开批评。其内容虽然未直接涉及天主教，但实际上是试图从史料中寻找理据，为其补儒易佛、天儒融合论做历史性辩护。

可见，以纪事本末体记录历史上的佛道之祸，当为张星曜所首创。而利用中国传统史书体裁撰写宗教类纪事本末体史书，以达到名为批判佛道之论战、实为传播天主教辩护的宗教目的，更为中国史学史上之首例。这是明清间中西文化交流的产物，也是清初浙江史学与西学相遇之后呈现的新迹象。

美国学者孟德卫在其专著《被遗忘的杭州天主教徒》中对其人其书有专门探讨，并提出，"如果不是因为这部史书的缘故，张在中国历史上的贡献会被完全忽略，张星曜得以名列《杭州府志》(在邵晋涵纂《杭州府志》中，张星曜及其史书《通鉴纪事本末补后编》名列史部文献类)即因为该书的关系。张的其他关于天主教与中国文化的著作未能列入，因为官方人物传记的典型特征就是忽略宗教方面的各种著述。天主教与儒学不同，后者被认为是仕宦生涯的组成部分，而佛教、道教和天主教则属于更加隐私的范畴"[1]。但是，张星曜的宗教史叙事方式毕竟有其作为天主教徒强烈的个人色彩和中西宗教冲突的时代特色，作为一种史书体裁，只能视作一种私人修史的罕见特例，不能代表清初史学发展的主流，更不可能如孟德卫所说，《通鉴纪事本末补后编》可被视为"促进天主教移植中国文化领域的特洛伊木马"[2]。不过，西学东渐对清初浙江学者的史学叙事产生了影响则是一种客观存在。

四、清中后期浙西史家笔下的西学

（一）杭世骏笔下的中西交汇

杭世骏（1695—1773），清仁和（今杭州）人，字大宗，号堇浦，别号智光居士、秦亭老民、春水老人、阿骏，室名道古堂。杭世骏是清代有名的大学者，他学识渊博，精通经史诸学。黄虞稷（1629—1691）在康熙二十年（1681）应邀入明史馆撰修艺文志之前，《千顷堂书目》稿本已基本完成。书稿先为朱彝尊所藏，辛亥年由杭世骏购得，并做了校补。据杭世骏《〈千顷堂书目〉跋》："岁在辛亥。从曝书亭朱氏购得此本。亟

---

1 转引自阚红柳：《西学与清初史学》，《江淮论坛》2009 年第 4 期。

2 转引自阚红柳：《西学与清初史学》，《江淮论坛》2009 年第 4 期。

录出以箴史官之失。说者得无笑其迂乎。戊辰六月一日旧史杭世骏。"[1]该堂收藏有利玛窦、汤若望、庞迪我等耶稣会士与徐光启、李之藻、李天经等著译的多部西学著作。卷十三"天文类"所录包括《天学初函》器编类除《几何原本》外的所有西学著作。尤为可贵的是同卷"历数类"著录"徐光启《崇祯历书》一百十卷,又《历学小辨》一卷,又《历学日辨》五卷"[2]。《千顷堂书目》一面世,即引起学者的关注。清代的卢文弨、吴骞、朱文游、全祖望等人均对此书做过校注或评论,并被收入《四库全书》。

雍正九年(1731),应浙江巡抚程元章的请求,杭世骏和沈德潜等其他学者一起编修《浙江通志》,并著《两浙经籍志》。乾隆元年(1736)举鸿博,授编修,官御史,参加校勘《十三经》《二十四史》,撰修《三礼义疏》。乾隆八年(1743),因上疏言事,遭帝诘问,革职后以奉养老母和攻读著述为事。乾隆十六年(1751)得以平反,官复原职。乾隆十七年(1752)三月,杭世骏与全祖望应聘同赴广东,杭世骏任粤秀书院的院长,全祖望则任端溪书院的院长。杭世骏生平勤力学术,著述颇丰,著有《道古堂集》《榕桂堂集》等。如此博学大家,自然对西学东渐有所关注。

杭世骏所著《订讹类编续补》卷下"杂物讹·佛狼机"云:

> 《云谷卧余》:今之炮名佛狼机,人多不解其义。近阅《筹海图编》,始知佛狼机国名,非器名也。明正德间,顾金宪应祥著海道,有大舶二,直至广城怀邑,称佛狼机国入贡,使者名加必丹,时武宗南巡,夷使羁会国馆,一年后遣去,因遗此制。遂以地名器,如驴称卫,龟名倭句也。[3]

文中所提及的《筹海图编》是明代胡宗宪任职浙直总督时,聘请郑若曾等人为抗倭战争收集海防有关资料编辑而成的一部沿海军事图籍。全书共十三卷,包含沿海山沙图、中日来往事略、倭变情况、海防战术、兵船和兵器图说等。内含明嘉靖四十一年(1562)刊、明天启四年(1624)新安胡维极重刊两种版本。《筹海图编》可以说是古代中国最完备的海防宝典,为抗倭战争的胜利立下了汗马功劳。

杭世骏所称"佛狼机",在明清之际更加常见的译名是"佛郎机""佛郎西",当时此词实际上是对占据澳门之葡萄牙人的称呼,或指一种葡萄牙西洋火炮。"佛郎机"外文是Franks,应是法兰克。此译音来源于到中国朝贡做买卖的东南亚回教徒。阿拉伯、土耳其等地泛指欧洲为"佛郎机",即对"法兰克"阿拉伯文al-Frandj一词的转读。转来拐去,发生音变,到了中国就变成"佛郎机"了。"佛郎机"作为炮名,指葡萄牙之

1 [清]黄虞稷撰,瞿凤起、潘景郑整理:《千顷堂书目(附索引)》,上海古籍出版社2001年版,第797页。辛亥,即康熙十年(1671),戊辰为康熙十七年(1678)。
2 [清]黄虞稷:《千顷堂书目》,影印《文津阁四库全书·史部》第225册,商务印书馆2005年版,第314页。今有据适园丛书本为底本的瞿凤起、潘景郑整理的《千顷堂书目(附索引)》,卷十三"历数类"著录为"徐光启《崇祯历书》百二十卷",上海古籍出版社2001年版,第360页。
3 [清]杭世骏:《订讹类编续补》,上海书店出版社1986年版,第568—569页。

铜制后装式火炮，明初从交趾（今越南）传入中国。明嘉靖时加以改良，渐用铁铸。葡萄牙在明史上被称为佛郎机，明人常将葡萄牙、西班牙混称为佛郎机。清初佛郎机（佛郎西）主要指葡萄牙，但仍有沿袭旧称指西洋火炮。由此可见，杭世骏显然关注到欧洲国家地理知识的重要性。

杭世骏的西学观主要体现在他的《道古堂集》文集卷三十"梅文鼎传"中：

> 其论西历云：唐《九执历》，为西法之权舆。其后有婆罗门《十一曜经》及《都聿利斯经》，皆《九执》之属也。在元则有札马鲁丁《西域万年历》。在明则有马沙亦黑、马哈麻之《回回历》，以算陵犯，与《大统》同用者三百年，皆西之旧法也。利玛窦来宾崇祯朝，上海徐光启与西士汤若望译《崇祯历书》，本朝《时宪历》用之，则西洋新法所谓《欧逻巴历》也。汤氏所译，多本地谷与利氏之说，又复不同。[1]

传主梅文鼎（1633—1721），字定九，号勿庵，安徽宣城人。据学者考证，梅文鼎与西方传教士的直接接触仅有两次，而据梅氏自述，"尝于武林（指杭州）遇殷铎德，言彼国月日，又与斋日互异"[2]。这就是说梅文鼎首次与西洋传教士的接触发生在杭州，即康熙二十七年（1688）在杭州与意大利籍耶稣会士殷铎泽会晤。

康熙四十一年（1702），七十岁高龄的梅文鼎在其自编著作目录《勿庵历算书目》中称，他的学术生涯中，完成了八十余部天文历学和数学著作，"历学书六十二种，内已刻者十七种"，"算学书共二十六种，内已刻者十六种"。[3]梅学弟子江永（1681—1762），将其所著《数学》题名为《翼梅》，表示旨在发明和订正梅氏之学，又在书序中称梅氏为"历算第一名家"。浙东史学大家万斯同称赞梅文鼎著作"详而核，博而辨，卓然可垂世行远"[4]。足见梅氏之学在清初学界的影响力。

不过，在清初士人眼里，梅文鼎学术生涯的顶峰是其在康熙四十四年（1705）得到康熙帝的亲自召见，且二人交谈天文历学达三天之久，并获御赐"绩学参微"嘉名，"一时学士大夫莫不闻风想慕，其盛争相传诵，纪为美谈"[5]。可见，杭世骏为梅文鼎作传记，显然旨在表彰他在会通中西历算之学上的杰出贡献，从传文中也可看出梅文鼎会通中西之学的学术思想影响到了杭世骏。

值得注意的是，杭世骏引述梅文鼎所论《回回历》与西域天文历法源于唐代《九执历》，为"西法之权舆"，但又明确指出清初传教士汤若望编译的西洋新法，本源于利

1　［清］杭世骏：《道古堂集》，光绪十四年汪曾唯修本。
2　［清］梅文鼎：《勿庵历算书目·西国月日考》附注，《丛书集成初编》第20册，中华书局1985年版，第18页。
3　［清］梅文鼎：《勿庵历算书目》，《丛书集成初编》第20册，中华书局1985年版，第26、37页。
4　［清］万斯同：《石园文集》卷七《送梅定九南还序》，张寿镛辑：《四明丛书》第14册，广陵书社2006年版，第8439页。
5　［清］张必刚：《〈绩学堂诗文钞〉序》，梅文鼎撰，何静恒、张静河点校：《绩学堂诗文钞》，黄山书社1995年版，第366页。

玛窦引进的欧洲天文学家第谷（地谷）体系，"又复不同《回回历》与西域天文书"。此事的背景是梅文鼎晚年曾大力阐论"西学中源"说，但在学术认证路径上与另一位倡导"西学中源"说的学者王锡阐有所不同。王锡阐论证"西历源于《九执》"（详见下章），而梅文鼎论证"西学源于《周髀》"。虽然王锡阐和梅文鼎论述的"西学中源"说没有科学性，但在清初中西交汇的特殊历史背景下，此说蕴含的中国主流知识阶层被动应对西学东渐的文化心态和学术理念，正是中西文化首次正面碰撞的历史写照和时代特征。[1] 杭世骏所作"梅文鼎传"表明他既认可利玛窦、汤若望输入的西方天文历算知识，也赞赏徐光启、梅文鼎所做会通中西历学的工作，并且隐约认同梅文鼎的"西学中源"说。

（二）浙西考据史家赵翼"求真"笔法下的西学叙事

赵翼（1727—1814），字云崧，一字耘崧，号瓯北，又号裘萼，晚号三半老人，浙西常州人。清代文学家、史学家、诗人。乾隆二十六年（1761）进士。官至贵西兵备道。旋辞官，主讲于安定书院。长于史学，考据精赅。著有《廿二史札记》，是乾嘉朴学时代最为重要的一部史学著作，另有《陔余丛考》《檐曝杂记》《瓯北诗集》等。有学者指出："浙西史学，以科学实证为进路，拒斥笔削大义，摒弃宋儒法戒，揭露正史作伪；自顾炎武以后，王鸣盛、赵翼、钱大昕三位史学大师一时并出，卓立乾嘉学坛，产生了《十七史商榷》《廿二史札记》《廿二史考异》等史学巨著，堪称一代盛况。"[2]

学界评定赵翼等浙西史学家的最大特色之一是考辨真伪、讲求史实的实证史学风格。作为赵翼学术代表作的《廿二史札记》，其中有关天主教的记述是观察赵翼西学态度的重要依据：

> 意大理亚国在大西洋中。万历中，其国人利玛窦至京师，为《万国全图》，言天下有大洲五，第一曰亚细亚洲，凡百余国，而中国居其一。第二曰欧罗巴洲，凡七十余国，而意大理亚居其一。第三曰利未亚洲，亦百余国。第四曰亚墨利加洲。第五曰墨瓦蜡泥加洲，而域中大地尽矣。大抵欧罗巴诸国，悉奉天主教。天主耶稣生于女德亚，即古大秦国也。其国在亚细亚洲之中，西行教于欧罗巴。其始生在汉哀帝元寿二年庚申，阅一千五百八十一年，至万历九年，利玛窦始泛海九万里，抵广州之香山澳，其教渐行。二十九年入京师，以方物献，并贡天主及天主母图。礼部以《会典》不载大西洋名目驳之，帝嘉其远来，假馆授餐，公卿以下重其人，咸与交接，利玛宝（窦）安之，遂留居不去。三十八年卒。其年以历官推算日食多谬，五官正周子愚言，大西洋人庞迪我、熊三拔等，深明历法，其书有中国所不及者，当令采择，遂令迪我等同测

1 相关论述见笔者《清初士人与西学》第八章，东方出版社 2000 年版。
2 许苏民：《顾炎武与浙西史学》，《东南学术》2004 年第 1 期。

验。自利玛窦来后，其徒来者益众。有王丰肃、阳玛诺等，居南京，以其教倡行，官民多从之。礼部郎中徐如珂恶之，奏请逐回。四十六年，迪我等奏："臣与利玛窦等泛海九万里，观光上国。臣等焚修行道，尊奉天主，岂有邪谋，敢堕恶业，乞赐宽假。"帝亦不报，而其居中国如故。崇祯时，历法益舛，礼部尚书徐光启请令其徒罗雅谷、汤若望等以其国新法相参较。书成，即以崇祯元年戊辰为历元，其法视《大统历》为密焉。其人东来者，大都聪明特达之士，意专行教，不求禄利。所著书多华人所未道，故一时好异者咸尚之。其徒又有龙华民、毕方济、艾如略、邓玉函诸人，皆欧罗巴国之人也。统而论之，天下大教四：孔教、佛教、回回教、天主教也，皆生于亚细亚洲。……是佛教所及最广，天主教次之，孔教、回回教又次之。孔子集大成，立人极，凡三纲五常之道，无不该备，乃其教反不如佛教、天主教所及之广。盖精者惟中州清淑之区始能行习，粗者则殊俗异性皆得而范围之，故教之所被尤远也。试观古帝王所制礼乐刑政，亦只就伦常大端导之禁之。至于儒者所言身心性命之学，原不以概责之庸众，然则天道之包举无遗，固在人人共见之粗迹，而不必深求也哉。[1]

赵翼《廿二史札记》成书于乾隆六十年（1795），考察其《天主教》一文的写作背景是在乾隆四十年（1775）在华欧洲耶稣会传教团正式解散之后近二十年。乾隆帝对中国人信仰天主教深怀戒心，乾隆四十九年（1784）十一月的上谕更说："各省西洋人及内地人辗转传教，最为人心风俗之害。"[2]他害怕因天主教传播而引起社会动乱。乾隆五十年（1785），广东、广西、湖南、湖北、陕西、河南、四川、山西、山东、直隶、福建、浙江、江西、安徽、贵州等十五省，查获隐藏内地传教的西洋神父二十余人，与中国神父和信徒数十人俱押往北京监禁。可见，赵翼《天主教》一文可以说是在乾隆不断禁教的政治氛围下写作的，尤其可以检验其对西洋传教士和西学东渐的立场和态度。由此，我们可以通过解读《天主教》一文，透视赵翼这位考据史家独特的西学叙事笔法。

首先，通览《天主教》一文就会感到文中所述主要不是谈"宗教"而是记"事件"，即记述了意大利人利玛窦及其"欧罗巴国"的追随者来华传播天主教这一事件的过程，但重点记述了欧洲传教士在华从事的"知识传播"活动——从《万国全图》（即世界地图）上向中国人首次介绍的世界五大洲知识，到"深明历法"的传教士庞迪我、熊三拔帮助明朝修订历法，特别记录了崇祯年间徐光启与天主教士罗雅谷、汤若望合作采用西洋"新法"译编《崇祯历书》一事，这是明末入华欧洲传教士效命朝廷做的最有影响的

---

1 ［清］赵翼著，王树民校证：《廿二史札记校证》卷三四《天主教》，中华书局 1984 年版，第 791—792 页。
2 中国第一历史档案馆编：《清中前期西洋天主教在华活动档案史料》第 2 册，中华书局 2003 年版，第 545 页。

大事。赵翼明显持肯定态度，并赞扬"其法视《大统历》为密焉"。

其次，文中对东来之传教士称"大都聪明特达之士，意专行教，不求禄利"，也持开明态度。

再次，文中对传教士所著西学书籍传播的新知识也持赞赏态度，称"所著书多华人所未道，故一时好异者咸尚之"。

最后，将天主教与孔教（儒教）、佛教、回回教等量齐观，合称"天下大教四"，尤其将四大宗教的传播"广度"——影响力做了比较，"佛教所及最广，天主教次之，孔教、回回教又次之"，并进一步分析了孔教（儒教）的传播影响力为何不如佛教和天主教。赵翼首次提出两者教义的"精"与"粗"影响了它们的传播范围，正是孔教（儒教）宣扬的"身心性命之学"过于精致完备，导致其他"殊俗异性"的不同民族不能"行习"，反而教义"粗"的佛教、天主教在不同民俗和人性的群体中得到传播，影响深远。赵翼在此表达的"四大宗教影响力排名说""粗精教义影响传播论"，同时希望儒家学说传播应该做到"包举无遗""人人共见"，其所隐含的思想观念绝不可小觑。这种完全抛弃传统"夷夏之辨"观念而进行的天下四大教的"排名"，孔教与佛教、天主教的"比较"，其背后至少已经初具中外文化"平视""互鉴"的观念，而提出"包举无遗""人人共见"的儒学传播主张，更加隐含跨文化传播的国际视野。

关于赵翼《檐曝杂记》卷六"汤若望、南怀仁"条，所记汤、南两位教士年龄问题，遭到昭梿《啸亭续录》卷二"考据之难"条指责——"至袁简斋太史、赵瓯北观察……考据皆非所长"，"至赵瓯北《檐曝杂记》，以汤若望、南怀仁至乾隆中犹存，其言直同呓语，未审老叟何以昏愦若此，亦著述中一笑柄也"。[1]对此笔者做如下解读，先看赵翼原文：

> 余年二十许时，阅时宪书，即有钦天监正汤若望、监副南怀仁姓名，皆西洋人，精于天文，能推算节候。然不知其年寿也。后阅蒋良骐《东华录》，则汤若望当我朝定鼎之初，即进所制浑天星球一床，地平日晷、窥远镜各一具。其官曰"修政立法"。顺治九年，汤若望又进浑天星球、地平日晷仪器。（初曰"修政立法"，或前明所授官，或其自署。至钦天监正则本朝所授官也。是年又赐太常寺卿，管钦天监事。汤若望号通玄教师，又从钦天监正升大常卿衔。）康熙七年治历，南怀仁议奏：监副吴维烜所造八年时宪书，十二月应是九年正月，又一年两春分、两秋分种种错误。遂革维烜职，授南怀仁为监副。按国初至余二十许时，已一百二十余年。而二人在朝中已能制造仪器，必非少年所能，当亦在三四十岁。则余识其姓名时，盖已一百五六十岁矣。后阅《明

1　［清］昭梿：《啸亭续录》，中华书局 1980 年版，第 428 页。

史·徐光启传》，以崇祯时历法舛讹，请令西洋人罗雅谷、汤若望以其国新法相参较。书成，即以崇祯元年戊辰为历元。是崇祯初已有汤若望，则又不止一百五六十岁。嗣后又不知以何岁卒也。

《明史·外国传》：西洋人东来者，大都聪明特达之士，意专行教，不求禄利。其所著书，多华人所未道，故一时好异者咸尚之，如徐光启辈是也。[1]

其一，赵翼《檐曝杂记》成书于嘉庆十五年（1810），"汤若望、南怀仁"条写作要晚于《廿二史札记》的《天主教》一文，而《天主教》文中已经明确记述崇祯年间徐光启与天主教士罗雅谷、汤若望合作译编《崇祯历书》一事。此文中"国初"指崇祯九年或天聪十年（1636），而汤若望卒于康熙五年（1666），终年 74 岁，南怀仁卒于康熙二十七年（1688），终年 65 岁。赵翼即使不清楚汤若望确切死期，也不可能相信汤若望会活到一百五六十岁。赵翼文意显然非确指汤若望、南怀仁在当时仍然活着，而是指他们效力清朝距今的时间，他之所以这么说也是因为他确实不知道汤、南两位西教士去世的确切时间。

其二，赵翼《檐曝杂记》写作时的嘉庆年代，清朝延续前朝政策"禁止传教甚严"。嘉庆十年（1805），清廷又批准实施全面限制在京西洋人活动的措施。乾隆嘉庆朝有关传教士的材料自然十分敏感，讲求实证写史的赵翼难以获得西洋教士较为完整的生平事迹材料也在情理之中，因而赵翼明明白白写下"嗣后又不知以何岁卒也"。其完整语意不过是：汤、南两位教士效力钦天监之事距今已有一百多年了，汤、南两人不知哪年去世。

其三，赵翼再次借转录《明史·外国传》对西洋传教士进行褒评：西洋人专心传教，不图名利，传译西书，深受崇尚。

诚然，赵翼《廿二史札记》与《陔余丛考》等著作中的谬误错乱之处甚多，有学者解释"似由于瓯北聪敏过人，每得一义即笔之于书，而不复检原书"[2]，但这并不影响其清代三大考据史家的学术地位。而赵翼《檐曝杂记》"汤若望、南怀仁"条所透露的西学观亦与《廿二史札记》的《天主教》一文一致。

1　［清］赵翼：《檐曝杂记》，中华书局 1982 年版，第 103—104 页。
2　王树民：《赵翼的诗和史学》，《燕山大学学报（哲学社会科学版）》2000 年第 4 期。

第六章

浙西理学与西学的交汇

明清之际在实学思潮高涨下掀起了朱学复兴潮流。他们在反思明朝覆亡的过程中，普遍认为晚明王学的空虚是导致明亡的重要原因，于是继承明末东林学派回归朱学以重振理学的主张，在理学界掀起了一股"尊朱辟王"的社会思潮。浙西理学家陆陇其曾明确提出："救弊之法无他，亦惟有力尊考亭耳。"[1] 由于这一学术宗尚是在明清鼎革之际实学思潮高涨的背景下形成的，因此清初的朱学不能不带有某些实学的特征。而康熙帝在选择程朱理学作为其驭御全国的思想工具的同时，一再强调他提倡的是言行相符的"真理学"[2]，这又助长了清初朱学的实学风气。

上承明末以来的实学流变思潮，下得清初统治者的大力扶持，遂使标榜朱学的理学名士纷纷崛起于朝野。而际会于同一时空的西学东渐，则将大量与中国传统文化性质迥异的西方学术，以"泰西"实学的面貌呈现于正在寻求各种经世途径的明清士大夫面前。明末清初理学家们在选择以实救虚、复兴朱学的学术道路中，不会不对以实证、实测见长的西方学术视而不见，更何况以维护儒学道统相标榜的理学家们，面对浸浸而入的西方异质文化不可能不做回应。明清之际理学家作为当时中国知识界一个有重要影响的士人群体，他们与西学的接触及对此的反应，无疑是我们考察明清之际中西文化冲突与交流的一个重要方面，自然也是我们透视明清间浙学与西学的重要窗口。

明清间浙西理学乃是浙西之学的主干之一，若以大浙西定义，则清初理学两大人物，即所谓"二陆"——江苏太仓人陆世仪（1611—1672）和浙江平湖人陆陇其（1630—1692），无疑成为浙西理学的首要代表。前者被誉为"江南大儒"，后者被封为"本朝理学儒臣第一"[3]，一个是民间理学家，一个是官方理学代表。他们基于对当时学术风气的反思和社会现实的需求，力主向传统朱子学复归，积极阐扬朱子思想，主张理气合一和强调躬行践履，呈现共同的实学倾向，进而将明晚以来风行学界的西学纳入实学

1 ［清］陆陇其：《三鱼堂文集》卷五"答嘉善李子乔书"，浙江古籍出版社 2018 年版，第 84 页。"考亭"乃朱熹晚年讲学之地，此处代指朱熹。
2 参见中国第一历史档案馆整理的《康熙起居注》康熙二十二年十月二十四日，上曰："朕见言行不相符者甚多，终日讲理学，而所行之事全与其言悖谬，岂可谓之理学？若口虽不讲，而行事皆与道理符合，此即真理学也。"中华书局 1984 年版，第 2 册第 1089 页。
3 ［清］吴光西等撰：《陆陇其年谱》，中华书局 1993 年版，第 2 页。

的视野。关于二陆对西学的关注，笔者曾做专门考述[1]。但就明清之际浙西理学的总体而言，二陆显然不能代表全部，因而需要进一步深入考察当时浙西地区的理学家群体与西学接触和交流的面貌。

需要说明的是，虽然陆世仪是江苏太仓人，王锡阐是江苏吴江人，但在当时其所处仍然属于大浙西的地理区域，而且从他们的士人交游网络和学术活动范围而言，此二人也属于明清之际浙西之学的成员。陆世仪与陆陇其并称为"浙西理学名士"，而王锡阐从中年起，曾先后与张履祥、吕留良一起讲授"濂洛之学"，又与浙西学术领袖顾炎武交谊甚笃。

一、浙西理学名士张履祥、吕留良、应㧑谦的西学观

从清初浙西理学的传承脉络而言，学界认为浙西理学名家陆陇其之学是接受了浙江桐乡人张履祥（1611—1674，字考夫，号念芝，学者称杨园先生）"平实学风"影响而兴起的。[2]笔者经检索，发现张履祥与西学虽然接触不多，但从交游、考察与结社交友中得到了西学东渐的信息，并且表达了明确的立场。

张履祥在《愿学记二》中记道："崇祯间，杭州复有天主教，其术以算数、烧炼为事。从之者，先焚其祖宗神主，废绝祭祀，而后入其教。灭伦伤化，又有甚于沙门者。而大臣欺其君，反从而褒崇之，使从之者不啻归市。由是思之，其陷溺于夷狄者久矣，何待今日耶？"[3]从文中可知，张履祥对西学的主要内容大致了解，即除了天主教外，还包括"算数、烧炼"之西方科学技术，这里的"算数"指西方数学，而"烧炼"笔者以为是指崇祯年间由传教士引进的西洋火炮铸造技术。有一个推论不知是否成立：崇祯十五年（1642），刘宗周因强烈排斥由汤若望监造西洋火炮，为崇祯帝所不容而遭革职，当年十二月离京返乡。[4]同年，张履祥赴杭州应乡试，未中。后两年去绍兴拜刘宗周为师。张完全有机会了解明廷引进西洋火炮之事。这也许表明张履祥的西学观多少受到其业师刘宗周的影响。

不过，张履祥对待西学的立场总体上不如刘宗周严厉，他对西学是有一定包容度的。这又有两个依据：一是张履祥与精通西方天文历算的王锡阐可谓至交，曾命小儿子张维恭拜其为师："小儿维恭连年无师，竟无长益，今始得从寅旭（王锡阐的字）先生。"[5]显见，张履祥对王锡阐会通中西之学应该是认可的。二是张履祥重视农业和农学，

1　徐海松：《清初士人与西学》，东方出版社 2000 年版，第 220—235 页。
2　［清］张履祥：《杨园先生全集》上册，中华书局 2002 年版，"点校说明"第 1 页。
3　［清］张履祥：《杨园先生全集》中册，中华书局 2002 年版，第 748 页。
4　事见《刘子全书》卷十七附"召对纪事"，中华文史丛书第 7 辑，华文书局 1968 年版。
5　［清］张履祥：《杨园先生全集》上册，中华书局 2002 年版，第 38 页。

曾于顺治十五年（1658）撰成《补农书》，书成后以手抄本形式广为流传，终因张晚年清贫，没有刊印。庚子年（1660）他在答友人书中提到："所论秘笈之书，窃意云老未必欲印，仆亦不欲相劝。盖此书与黄氏所藏《农政全书》版不同……"[1]徐光启遗作《农政全书》，由徐的弟子陈子龙等人于崇祯十二年（1639）修订出版。该书"农田水利"部分收录了由西洋传教士熊三拔译传、介绍西方水利科技的专著《泰西水法》前四卷。张履祥对徐光启遗作《农政全书》的西学因素应该是了解的。

同样终生绝仕、坚守遗民之志，并拒绝应试博学鸿儒、死后数十年仍被雍正帝斥为"名教中之罪魁"的吕留良［1629—1683，字用晦，号晚村，浙江崇德（今桐乡）人］，也曾关注过西学东渐。如他在《西法历志序》中对明末崇祯朝编译西洋历法颇有赞赏之意，而对《崇祯历书》未及颁行深为惋惜。序云："烈皇帝究知其然，命礼臣督改之。敕广集众长，兼收西法，凡译书一百四十卷，皆西法也。时中外多故，未及会通，以颁布瀛宇，以继述高皇帝遗意，而京师变陷矣。岂远裔绝学，其得行于九夏，亦遇合有时，不可测欤？不然，以圣哲之主，前后译撰，而卒不得用，何成之难也。"[2]

他在"答谷宗师论历志"中又提出利用《崇祯历书》会通中西历学的见解："至烈皇帝时，始有西历一书，然未经会通中历，确有定论，颁布海宇，则此书在先朝尚为未定之书，但可资其议论，以究天学异同。"[3]

吕留良虽然始终怀有"夷夏之辨"的遗民之志，拒绝效力清朝，但他对清廷利用西洋天文历法这一具有明显"用夷变夏"色彩的行为，并未提出异议，反而建议利用《崇祯历书》"以究天学异同"，表现出他对中西历学的比较与会通持相当开明的态度。究其原因，除了引用西洋历法乃是先朝遗制这个感情因素之外，实学思潮的冲击无疑是促使吕留良思考如何接纳"远裔绝学"的根本因素。

考察吕留良与西学的关系，还有一个值得引起重视的因素，就是他与清初著名的遗民科学家王锡阐交谊深厚。他与熟悉西方历算之学的黄宗羲也多有交往。据吕留良自述，他曾辗转获赠一方刻有"耶苏三角丁圆文"的龙尾砚台。[4]值得一提的是，吕留良与黄宗羲因康熙五年（1666）争购散出的绍兴祁氏"澹生堂"藏书而交恶。而据《澹生堂藏书目》卷六、八、十著录，该堂收藏有十几部西书，主要有利玛窦之《天主实义》《畸人十篇》《交友论》《二十五言》《测量法义》《几何原本》等，以及《七克》《简平仪说》《西洋火攻图说》等。不管澹生堂散出的西书最终落于谁手，吕留良是有渠道获得西学书籍的。

清初浙西理学家中，浙江仁和（今杭州）人应撝谦（1615—1683，字嗣寅，号潜

1 ［清］张履祥：《杨园先生全集》上册，中华书局2002年版，第411页。
2 ［清］吕留良：《吕晚村先生文集》，中华书局2015年版，第146页。
3 ［清］吕留良：《吕晚村先生文集》，中华书局2015年版，第189页。
4 ［清］吕留良：《吕晚村先生文集》，中华书局2015年版，第203页。

斋），明亡后弃举子业，遂绝人事，闭户不出。康熙十七年（1678），诏征博学鸿儒，亦请辞，终身不仕，潜心理学，并躬行实践，曾与同乡组织狷社，授徒讲学。他的性理之学代表作主要有《性理大中》二十八卷、《教养全书》四十一卷，另有《潜斋文集》十卷传世。他与西学接触的材料是笔者从一个《潜斋文集》的清抄本中检获的。应氏曾为友人范道原的《筹算》作序，序中称：

> 崇祯之末……吾杭李我存先生译西国数学为《同文算指》，古筹算之法始复。其法尽为中夏所未曾有，如奇零归乘与几何测量，析及锱铢，穷致高深，莫出其右。但其书工于异巧而略于日用之庸规，不宜于初学。余每欲演其筹法，通以九章，为小学指南，年衰事冗，力未能也。[1]

这则史料至少为我们提供了几点重要信息：一是应撝谦认同李之藻（字我存）对西方科学知识的引进，并认为这有助于复兴我国传统科学；二是他认为西方数学既有创新，又有精妙高深之处，特别如几何测量、乘除之法；三是西洋数学不适合日常应用和初学入门；四是他有意推广应用西方数学。另外，应撝谦名著《性理大中》的校阅者群体中，即有张星曜的门生葛殿桢（字枚臣）、关樊桐（仙圃），以及杭州文人天主教徒诸际南（殿鲲）等。[2]

作为一名民间理学家，应撝谦有意吸纳致用之学，乃至西来之学，其开明程度是难能可贵的。我们从他的另一部代表作《教养全书》中也可看出，应撝谦主张的致用之学具有包容西方科学的雅量。该书共四十一卷，分选举、学校、治官、田赋、水利、国计、漕运、治河、师役、盐法十大考略，其体例仿《文献通考》，其内容又特详于明代史实。他自称其书之所以不载律算，因徐光启已有成书；不载舆地，因顾炎武、顾祖禹已纂辑。其经世致用的治学取向十分明显。

近年有学者发现应撝谦回应西学的一篇重要文章《天主论》[3]：

> 泰西之人自古不通中国，先儒每不知西海所在。自万历间，有利玛窦者与其徒浮海而来，以土物为贡，云：自彼国至中国凡九万里，传其国宗天主之教。自窦来后，其国人往往有至者，大抵聪明才辩，多有俊士。窦初入中国，一字不识，数年之后，能尽通经史之说。尝与莲池和尚书，往复诋斥佛学。杭李之藻译其数学为《同文算指》，松江徐光启译其度学为《几何原本》。几何者，其国先士欧几里得之书也，穷极巧辩，能量各重天之厚薄，日月星体与地远近几

1　［清］应撝谦：《应撝谦先生文集》卷二，读我书屋抄本。

2　应撝谦：《性理大中》，《续修四库全书·子部》第 949 册，上海古籍出版社 2002 年版，第 383—384 页。

3　笔者曾查阅《潜斋文集》多个版本及复旦大学收藏《应撝谦先生文集》善本，均无此文。后见谭树林《Matteo Ricci 之中文名字"利玛窦"新释》（《北京行政学院学报》2015 年第 6 期）征引《国朝文录》卷四录有应撝谦《天主论》一文。

许、大小几倍，地球围径、道里之数，与山岳楼台井谷之高深。造仪器，制机巧，用小转大，升高致远。窦没后，光启因月食奏，准征其徒侣，共成《崇祯历书》。其推测绵密，为自有历来所不及，然彼以此为艺也，而又有所谓穷理尽性之道，大约与佛氏正相反。余未多见其书，不能详也。

窃尝念佛氏生于中国之坤方，则西北乾方必有偏阳之教，与其道相反者。闻欧逻巴人在中国西北，尊天而贱地，殆即此乎。及询之西人果得，所谓天主者，盖生于汉哀帝时，如德亚国起匹夫，有母无父，其国徒众，翕然从之，化被远近。殁后千几百年，而西北诸国尽宗其教，余乃叹，易之为书，范围天地，一至于此。凡天地之阴，至西南而老极；天地之阳，至西北而老极。亢龙有悔，其在西北乎？疑阳必战，其在西南乎？中国之圣人有二：孔子，乾道也，而德合乎坤，得乾龙无首之义焉；老子，坤道也，而德承乎乾，得地道无成之义焉。相生而不相克，中和故也。入孝出弟，日用饮食，不亦易知乎？不亦简能乎？

吾观《几何》一书，用点画曲直，尽万形之变，天下之易知，诚无如此者。然而，其为道不简，从事于此，必至于杀精。吾观《金刚》一书，以无住生心，化被区域天下之简能，诚如无此者。然而，其为道不易，从事于此，必至于灭神。

天主罹患于西北，则阳亢故也；释迦剥肤于西南，则阴亢故也。西北之人，以无不知为贵，故乐于用心从事于此，则自生神；西南之人，以无知为贵，故乐于怠心从事于此，则自生精。极其教，则阳过者杀，阴过者灭矣。西北者，其天道之失中者乎；西南者，其地道之失中者乎。西北，寒胜之地，贵阳而不贵阴焉，中也；西南，暑胜之地，贵阴而不贵阳焉，中也。今二教者，将行于中国寒暑交和之地，而相战焉，则失足而败道也。子曰："乾坤成列，而易立乎，其中矣。乾坤毁，则无以见易。易不可见，则乾坤或几乎息矣。"又曰："天地设位，圣人成能，则上参天地，成人之位，易凶为吉，中而已矣。"[1]

应撝谦此文较为全面地反映了他的西学观。首先，他对来华传教的利玛窦等"泰西之人"称赞有加："自窦来后，其国人往往有至者，大抵聪明才辩，多有俊士。窦初入中国，一字不识，数年之后，能尽通经史之说。"

其次，他对天主教的态度相对温和。他以阴阳五行之论谈论佛教、孔老与天主教的关系，既无反教也无崇教之意，至少没有明显证据坐实方豪先生所称应撝谦为反天主教

1　[清]应撝谦:《天主论》，[清]姚椿辑:《国朝文录》卷四，光绪庚子（1900）春月扫叶山房石印本。

者[1]。从文中所说"今二教者，将行于中国寒暑交和之地，而相战焉，则失足而败道也"，结合上下文述及利玛窦与莲池展开的耶佛之辩，综合解读可见应氏似乎不赞成天主教与佛教相互攻击，应该像中国的二圣"孔子和老子"一样"相生而不相克，中和故也"，意为天主教和佛教都是中国的外来宗教，应该在中国的土地上相安共处。

再次，他对李之藻、徐光启译传的西洋科技知识表现出明显的赞赏乃至推崇的态度。他对徐光启译著《几何原本》引入的"度学"高度赞扬："几何者，其国先士欧几里得之书也，穷极巧辩，能量各重天之厚薄，日月星体与地远近几许、大小几倍，地球围径、道里之数，与山岳楼台井谷之高深。""吾观《几何》一书，用点画曲直，尽万形之变，天下之易知，诚无如此者。"他称赞西洋仪器："造仪器，制机巧，用小转大，升高致远。"他称赞引进西洋历法编译的《崇祯历书》："其推测绵密，为自有历来所不及，然彼以此为艺也。"

最后，他还提及传教士引进的"大约与佛氏正相反"的"穷理尽性之道"，这极有可能为宣扬天主教的教理书，或为涉及西方哲学、伦理和逻辑学等西学书，如应氏同乡李之藻与西教士合作翻译的西方逻辑学著作《名理探》等。可惜应氏"未多见其书，不能详也"。

综上所知，应撝谦作为清初浙西理学名士，对于明清之际传入的西学内容相当关注，不仅涉猎西方宗教和科学，而且开始触及西方哲学伦理等人文社科知识。

二、陆世仪"六艺"实学中的西学观与中西伦理撞击中的角色

陆世仪，字道威，自号桴亭，学者尊为桴亭先生。他自明末为学之始，即不满王学之虚空习气，而"力矫时趋，黜华崇实"。入清后，绝意仕途，潜心治学，长期居乡讲学。顺治末应邀赴东林、毗陵等地书院主讲，一时弟子达数百人之多。康熙十一年（1672）卒于家。陆世仪一生著述五十余种[2]，其治学宗旨为务求实用，乾隆时学者评说："世仪之学主于敦守礼法，不虚谈诚敬之旨。主于施行实政，不空为心性之功，于近代讲学诸家最为笃实。"[3]其最重要的代表作即为《思辨录》，时人称："今桴亭先生著述甚富，而微言奥义，尤炳著于《思辨录》一书。"[4]陆世仪虽然专修程朱理学，但并未一味墨守，而是有所发挥。他在论学中反对清谈，强调人的践履活动的重要性，他说："学问从致知得者较浅，从力行得者较深，所谓躬行心得也。"又说："不知不足以谓行，不行

1　方豪：《中国天主教史人物传》上册，中华书局1988年版，第74页。
2　［清］应宝时：《思辨录辑要后集·跋》，同治十三年刻本。又见《中国历史大辞典·清史》"陆世仪"，上海辞书出版社1992年版，第272页。
3　［清］永瑢等：《四库全书总目》卷九四《思辨录辑要》，中华书局1965年版，第798页。
4　［清］陆世仪：《陆桴亭思辨录辑要（一）》，《丛书集成初编》第668册，中华书局1985年版，"马序"第1页。

不得谓知。"[1] 这表明陆世仪在继承朱子"知行相须"观点的前提下，更强调践行的作用。因为重视力行，陆世仪的治学崇尚实用之学，对农田、水利、田赋、社会治安等国计民生问题都做过研究，因而其志存经世的"六艺"实学，广博通达，对于明末传教士输入的西方科学技术持相当开放的态度。

陆世仪的经世实学思想主要体现在他的《思辨录》等著作中。该书系陆世仪逐日累记学思所得，其初稿所记内容为自崇祯十年（1637）至顺治五年（1648），经好友江土韶、盛敬二人整理，编次类辑为《思辨录辑要》。顺治十八年（1661）刊行前，又补入顺治五年至十七年间所撰各条。初刻本分为前集二十二卷，后集十三卷。此书一问世，即受到清初士人学者的欢迎。顾炎武致书陆氏称："昨岁于蓟门得读《思辨录》，乃知当吾世而有真儒如先生者。"[2] 并将自己所著《日知录》寄奉请教。颜元也致书陆世仪称赞："当今之时，承儒道嫡派者，非先生其谁乎！"[3] 陆世仪去世后，张伯行对此书做了重订辑刊，将前后集通编为三十五卷，增补了陆氏顺治十八年后的续记。其中二十二卷刊入张氏《正谊堂全书》，即今《丛书集成初编》本。由于张伯行为一时理学名臣，此书遂广为流传。《四库全书》收录的即为三十五卷张刻本。道光中，安徽学政沈维乔依江、盛之旧重刊。同治十三年（1874）应宝时据沈本与张本校订重刊，"重出者悉删去之，有错杂可疑者则注于其下以仍其旧"[4]。

《思辨录辑要》的内容充分表现出陆氏之学的实学色彩，它自礼乐、学校、封建、贡赋到天文、地理、河渠、兵法，无不"源流毕贯"。他在书中倡导的治学主张，具有鲜明的经世致用的实学思想色彩："今人所当学者，正不止六艺，如天文、地理、河渠、兵法之类，皆切于用世，不可不讲。俗儒不知内圣外王之学，徒高谈性命，无补于世。"[5]

可见，陆世仪已经赋予儒家传统"六艺"之论新的内涵，他所提倡的经世之学"已超越了传统的以井田、学校即以周礼为基本内容的经世思想"[6]，而致力于各种切用于世的实用学问。《思辨录辑要》反映出陆世仪本人特别注重兵农水利之学，并明确主张学习西方科学知识，其治学范围和旨趣已远远超出一般的清初理学家。笔者此处探讨的重点不在于陆氏的理学思想[7]，而在于这位清初浙西理学家是如何关注来自欧洲的异质文化的，陆氏经世实学究竟容纳了多少西学因素。

（一）"六艺"实学中的西学因素

经笔者考察，陆世仪接触的西学范围涉及西方数学、天文、地理、火器等科技知

1 ［清］陆世仪：《陆桴亭思辨录辑要（一）》卷一"大学类"，张氏正谊堂本。
2 ［清］顾炎武：《顾亭林诗文集·亭林余集》"与陆桴亭札"，中华书局1983年版，第170页。
3 ［清］颜元：《颜元集·存学编》卷一"上太仓陆桴亭先生书"，中华书局1987年版，第49页。
4 ［清］应宝时：《思辨录辑要后集·跋》，同治十三年刻本。
5 ［清］陆世仪：《陆桴亭思辨录辑要（一）》，《丛书集成初编》第668册，中华书局1985年版，第13页。
6 陈鼓应等主编：《明清实学简史》，社会科学文献出版社1994年版，第521页。
7 有关陆世仪理学思想的新近研究成果，参见陈祖武：《清初学术思辨录》，中国社会科学出版社1992年版。

识，他对西学的关注已经直接影响到他注重践行的学术视野，并已触动其儒学伦理思想中的一些重要观念。在明清实学思潮高涨中诞生的陆氏"六艺"实学，已经明显融进了西学的因素，而他强调"切于用世"的实学思想，无疑是他接纳西学的前提。

首先，陆世仪主张的学校教育知识结构中已经包容了西学的内容。他提出学校的教育制度应该仿效宋代胡瑗的"湖学教法而损益之"，即设经义、治事两大类。其中"治事"一类应设立天文、地理、河渠、兵法诸科，并"各聘请专家名士，以为之长，为学校之师者"。他反对天文、兵法"皆当慎秘，不当设科于学校"的守旧观点，认为设立此学可使"储才有法，国家受天文兵法之利"[1]。从下述陆氏本人对西方天文历算等学的理解和吸取来看，"治事"之学显然涵盖西方科技知识。陆氏向学子们提出的一个"学有渐次，书分缓急"的读书计划中，即列有徐光启的《农政全书》。而《农政全书》"水利门"收录了由意大利传教士熊三拔口述、徐光启笔录的《泰西水法》的部分内容。此书是中国第一部介绍欧洲农田水利技术最新成就的专业著作，首次向国人展示了取水蓄水之法和水利工具，"水库"一词最早源于此书。

其次，承认"泰西几何"比中国《九章算术》中的勾股之法更精密，重视西方数学为其他应用科学之基础。他在《思辨录辑要》中记道：

> 西学有几何用法，《崇祯历书》中有之。盖详论勾股之法也。勾股法九章算中有之，然未若西学之精。嘉定孙中丞火东更为详注推演，极其精密，惜此书未刊，世无从究其学耳。[2]

从这段记录中，我们可以看出：一则表明陆世仪研读过明末徐光启、李之藻、李天经与汤若望、罗雅谷等传教士合作编译的西学巨著《崇祯历书》。须知该书虽以历书命名，但它实际上是一部介绍西方数理天文学方法，即几何模型方法的科学著作，而非中国传统天文学采用的纯代数方法。故陆氏称《崇祯历书》中有"几何用法"显然是内行话。此书应是陆氏学习西方天文历学、数学等科学知识的主要源泉。

二则透露陆氏从中西数学的比较中，已经认识到中国传统数学落后于西学，并赞成引进西方数学知识。此处，"嘉定孙中丞火东"即为孙元化（1581—1632，号火东，嘉定人），明末军事火炮技术专家，后师从徐光启引进西方数学，且皈依为天主教徒。他于万历三十六年（1608）据利玛窦、徐光启合译《几何原本》而纂《几何用法》，但"十余年无有问者"，至泰昌元年（1620）因友人索要而凭回忆重编一个节本。现有此书抄本传世。[3] 又曾删订《勾股义》，撰写《几何体论》《泰西算要》等著作。陆世仪评述

1　［清］陆世仪：《陆桴亭思辨录辑要》卷二十"治平类"，《丛书集成初编》第 670 册，中华书局 1985 年版，第 201 页。
2　［清］陆世仪：《陆桴亭思辨录辑要》卷十五"治平类"，《丛书集成初编》第 669 册，中华书局 1985 年版，第 151 页。
3　方豪：《中国天主教史人物传》上册，中华书局 1988 年版，第 235 页。

孙元化利用西方数学对勾股之法"详注推演，极其精密"，表示他读过并推崇孙氏的西算著作，这也表明陆世仪对引进西方数学持赞成态度。

此外，陆世仪对徐光启早年的实用数学著作也很感兴趣，如他在谈到"开河之法"时建议："（开河之法）其要处全在算土派工，算土莫善于徐玄扈先生送上海县公条例。"[1]这里所谓的"送上海县公条例"即指徐光启（号玄扈）于万历三十一年（1603）送给上海知县刘一爌的《量算河工及测验地势法》，其内详述勾股测算之法。

正是基于上述陆世仪对数学知识从理论到实践的关注，他十分强调数学为其他各门应用科学的基础。他指出："数为六艺之一，似缓而实急。凡天文、律历、水利、兵法、农田之类，皆须用算。"尤其可贵的是，陆氏主张只有精研数学、具备真才实学方能为世所用。他说："学者不知算，虽知算而不精，未可云用世也。"因而他特别强调在吸收西方数学时，必须做到"精熟"，曰"泰西筹算不如中国珠算之便，但珠算易差，须精熟斯妙耳"。[2]陆氏的这种以数学用世的思想，与明末徐光启所提"度数旁通十事"所包含的实用数学观如出一辙。这充分说明陆氏理学的开放性。

再次，在天文历法方面，他不抱华夷成见，认为西洋学说有可取之处，支持民间传习天文历学。中国古代天文历学一向为封建皇家所垄断，严禁私习，直至明初仍旧沿袭。自明中叶后开始松弛，明人沈德符称："国初，学天文有历禁，习历者遣戍，造历者殊死。至孝宗弛其禁。"[3]明末耶稣会士向中国输入西方天文学理论和仪器，以及《崇祯历书》的编刊和流行，更促进了民间传习天文学的兴趣。[4]陆世仪正处于明末清初中国天文学逐渐民间化的时代，而作为一名理学家，他对学习天文历法表现出了相当开明的态度。他说："若历数则人人当知，亦国家所急赖，自立法以来未闻有以天文历数犯禁者，如徐光启、邢云路诸公，则又明明以天文历数建明于时，何可不学也？"[5]

在这里，陆氏已经明确主张破除天文历学的官方垄断地位，他特别列举的徐光启，即在明末主持了大规模的引进西法、改革旧历的活动，从而使天文历算之学倡明一时。由此可见，陆氏对徐光启兴起钻研天文历算、会通中西之学相当推崇。

读《思辨录辑要》便知，陆氏不仅相当关注，而且有意吸纳西方天文历法知识。如他在论及"岁差"时公开承认，中国所测岁差数据远不如"近时西学"之精密，其原因是："盖欧罗巴人君臣尽心于天，终岁测验，故其精如此。"[6]可知，陆氏对西方天文历学有过一定的钻研，并且思考了西法精于中法的原因在于"尽心于天"和"终岁测验"。

而他在谈到天文图时，则说："盖天不如浑天，人知之矣。然浑天旧图，亦渐与天

1　［清］陆世仪：《陆桴亭思辨录辑要》卷十五"治平类"，《丛书集成初编》第669册，中华书局1985年版，第153页。
2　［清］陆世仪：《陆桴亭思辨录辑要》卷一"小学类"，《丛书集成初编》第668册，中华书局1985年版，第16页。
3　［明］沈德符：《万历野获编》卷二十，中华书局1959年版，第524页。
4　江晓原：《十七、十八世纪中国天文学的三个新特点》，《自然辩证法通讯》1988年第3期。
5　［清］陆世仪：《陆桴亭思辨录辑要》卷四"格致类"，《丛书集成初编》第668册，中华书局1985年版，第52页。
6　［清］陆世仪：《陆桴亭思辨录辑要》卷十四"治平类"，《丛书集成初编》第669册，中华书局1985年版，第144页。

不相似，惟西图为精密，不可以其为异国而忽之也。"[1] 这里，我们姑且不论他对中西天文图有多少研究，令人注目的是他所提出的对待"西图"的态度——"不以异国而忽之"，这已经触及长期影响儒家的传统"夷夏"保守思想。作为一名理学士大夫，对于外来的西方科学，不但不以"夷夏"观念盲目拒斥，反而主张认真地加以吸取，这不能不说是一种思想上的突破。这在清初理学界是难得的。

尤其难能可贵的是，陆世仪还亲自动手参与实验，通过简单模型来讲解传授天文地理知识。据四库本《思辨录辑要》记录：

> 予于戊子春，与诸及门论天体，闻者多不省，适有琉璃明灯，因令周生翼微，以空处为南北极，而画黄赤道及二十八宿于上，手转之，观者俱豁然。因思灯圆虽似天体，而人在外观，犹为未尽，有大力者，当为琉璃圆球，如屋大，刻画恒星赤道于上，而开其南极为隙，以入人，坐其中，设机转之，日月道亦另为机转之，而设火于外，琉璃体明，诸星灿然，首仰观便无一不与天合。中间大地，则刻木作地形，以水浮之，当天体旋转时，水与木仍居中不动，似颇与天地之形相合。[2]

此处戊子年，唯一所指即为顺治五年（1648）。陆世仪采用的简单天体模型类似于浑天仪。但陆世仪与同门弟子的实验颇有科学意味，似乎已经触及地圆说和地动说的边缘，虽然不具真正的实验科学价值，然而从中可见陆世仪的践行之学，似乎已经埋藏了走向科学探索的种子。

当然，陆世仪并非一位真正的科学家，而是一位哲学思想家，因此他不可能有很强的科学理解能力，且传统旧学对他的影响还根深蒂固。因此他对天体运动现象的解释呈现科学与谬误并存的矛盾状态：一方面，他承认日月五星的运行自有常规，并非象征吉凶之兆；另一方面，却又坚持认为天体的运行仍具星占学的意义。他说：

> 西学绝不言占验，其说以为日月之食，五纬之行，皆有常道、常度，岂可据以为吉凶，此殊近理。但七政之行，虽有常道、常度，然当其时，而交食凌犯，亦属气运，国家与百姓皆在气运中，固不能无关涉也。……亦不无小有微验，况国命之大乎？或以为西洋有所慎而不言，则得之矣。[3]

继次，质疑西学日月食理论与地圆之说。他对西方天文学的一些科学结论仍然表示难以理解和接受。例如他对西学日月食理论与地圆说即持怀疑甚至否定的态度。他说：

1　[清]陆世仪:《陆桴亭思辨录辑要》卷十四"治平类"，《丛书集成初编》第669册，中华书局1985年版，第141页。

2　[清]陆世仪:《思辨录辑要》卷二十五"天道类"，影印《文渊阁四库全书·子部》第724册，上海古籍出版社1987—1989年版，第221页。

3　[清]陆世仪:《陆桴亭思辨录辑要》卷十四"治平类"，《丛书集成初编》第669册，中华书局1985年版，第145—146页。

西学言日月蚀为地影所障，似亦有理，然即以地影之说求之，恐未必然。……月中之景，古今相传为山河大地，近以西洋望远镜窥之，良然。今为地影之说者曰：日之体大于地，地之体大于月，故日之光能及于月，而月之光每障乎地，其所以或障或不障者，以其去地远，中间空处多故也。[1]

但他从月中景象不是圆形而为散形，而且又是黑白不一的现象来判断，"则知地之形，未必为球，而地之大，未必仅大于月，地球间隔之说，犹有可议也"[2]。显然，陆氏对西人日月食之说仍表示不可理解。

而传教士输入的西方地圆说，更使陆世仪觉得难以理解。他写道：

问西法，地在天中，四围俱有生齿，海水周流於地，其说似不可信。然与古浑天所谓天形如卵者正相合。地在空中虽是荒唐，然云大气举之，似亦有此理如何曰此说，不但我辈难信，即传其学如李之藻者亦疑之。[3]

陆世仪此处强烈质疑西方地圆说不可信，其主要理由：一是地球悬在天中，四周布满生物，海水四周流淌，常识上来说不可能、不可信，因为正如他在另一处写道"若海水附地周流而行，尤非水无有不下之理？"[4]；二是连传播西方地圆说的李之藻本人也对此有所怀疑。这里透露陆世仪或与李之藻有交往，或者研读过他的西学著作。从陆氏否定地圆说的论据看来，显然是中国士大夫习惯的经验论思维方法，其想当然的主观性即是它的致命弱点。这与明末已经入传中国的，以实验为基础的西方演绎推理方法相比，无疑是落后与进步的对比。当然，我们也不能苛求陆世仪等明清间士人学者能推导或实证地圆说，实际上现代学者也常见力言西方地圆说在中国"古已有之"，许多当代论著也经常重复与古人相似的错误，并不是承认大地为球形就是地圆说。西方地圆说的关键一点还要看是否认为"天比地球大"，地相比"天"非常之小，学者指出中国古代之所以没有地圆说，其实将地球看得太大或许是关键原因之一。[5]

最后，重视利用西洋火器。研习兵阵之学是陆世仪"六艺"实学的重要内容。其研究重点有二：一为阵法，二为兵器。他对当时入传的先进武器西洋火炮的发展尤为关注："夫近代之火器，则始于交趾而弥甚于西洋。西洋之器，其大者能摧数仞之城，能击数十里之远，当之者无不糜烂。自有此器，而守者不可为守，战者不可为战矣。"他已经认识到西洋火炮的发展给中国传统兵法中的攻防体系带来的冲击，并主张国家采用

1　［清］陆世仪：《陆桴亭思辨录辑要》卷十四"治平类"，《丛书集成初编》第 669 册，中华书局 1985 年版，第 142 页。
2　［清］陆世仪：《陆桴亭思辨录辑要》卷十四"治平类"，《丛书集成初编》第 669 册，中华书局 1985 年版，第 143 页。
3　［清］陆世仪：《思辨录辑要》卷二十五"天道类"，影印《文渊阁四库全书·子部》，上海古籍出版社 1987—1989 年版，第 724 册。
4　［清］陆世仪：《思辨录辑要后集》卷三"天道类"，清同治刻本。又见［清］陆世仪：《思辨录辑要》卷二十五"天道类"，影印《文渊阁四库全书·子部类》第 724 册，上海古籍出版社 1987—1989 年版，第 220 页。
5　江晓原：《中国古代到底有没有地圆学说？》，《中国典籍与文化》1997 年第 4 期。

它而非排斥它，故说："因念国家既有此器，将凭以为长城，欲尽去之，不可得矣。"但他担心火炮为"盗贼"所用，会对封建国家的统治造成危害，因而在"尝欲思一断绝之法而不得"之后，又主张当局实行严厉管制。他建议凡是管理火器之官员都要像天文官一样世袭，禁止民间私习火器，且只在京师一地设立火器营。[1]陆氏对西洋火器的重视，自然要比崇祯年间刘宗周等保守士人将引进西洋火器斥为"不恃人而恃器""创为奇技淫巧"[2]这类的愚见进步得多。

（二）陆世仪"西学观"的亮点和局限

上述笔者所见陆世仪接触西士、西学的文献材料虽然不多，但已足见他对西学的关注和研读颇有深度。首先，陆氏读过明末传播的以《崇祯历书》为代表的西学著作，并且了解和熟悉晚明西学派杰出代表李之藻的西学观，陆氏接触西学的广度和深度已属明清士人的先进行列。

其次，陆世仪承认部分西学之精超过中国旧学，并积极主张引进数学、火器，表明他的西学观已融入其强调践行的理学思想。从他对西学的评述中，显见他有独到之处，比如他在《思辨录辑要》中指出："西学有几何用法，《崇祯历书》中有之。盖详论勾股之法也。勾股法九章算中有之，然未若西学之精。"[3]显然，陆世仪的这种见解大大超过了当时的普通士人学者，因为他看到的不仅仅是一部新天文历法书，更有西洋历书中蕴藏的"几何用法"，而且明确提出我国的传统勾股之法不如"西学之精"。这种承认西学先进的见解，也是徐光启、李之藻西学观中的核心思想之一，可见陆世仪对西方科学的认知，明显超越了当时许多仍以"夷夏之论"贬低西方科技的保守士人学者的见识，也明显超过了"西学中源"说的鼓吹者，可谓清初浙西理学的亮点。

最后，陆世仪毕竟不是科学家，他的西学观具有明显的时代局限性。从他质疑西方日月食理论和地圆说来看，他对西洋科学的理解尚处于矛盾和浅表阶段。

（三）中西伦理冲突中的儒士角色

前述以利玛窦为首的入华耶稣会士奉行适应中国传统的"学术传教"路线，在传播西方宗教伦理中竭力采取拟同、合儒策略。从利玛窦1595年写成第一部汉文著作《交友论》，到1614年刊印的徐光启、庞迪我合著《七克》，再到1661年在杭州出版的卫匡国《逑友篇》，这些并非用西方基督教教义，而是采用西方交友之道、为人处世的伦理格言，来宣扬西学可以起到合儒乃至补儒的效果。明清间士人大多对直接宣扬天主教教义非常排斥，但利玛窦、庞迪我和卫匡国这些宣传西方伦理的中文著作，因暗含与中国

1　［清］陆世仪：《陆桴亭思辨录辑要》卷十七"治平类"，《丛书集成初编》第669册，中华书局1985年版，第174页。
2　详见本著第九章"一、刘宗周的西学观及其影响"。
3　［清］陆世仪：《陆桴亭思辨录辑要》卷十五"治平类"，《丛书集成初编》第669册，中华书局1985年版，第151页。

传统五常（仁义礼智信）伦理拟同的倾向，而获得一些著名文士的高度评价，这些西书中的伦理格言也被不少中国士人认同。因而考察明清间中西文化的碰撞深度及其影响，有一个重要的视角就是观察与西学有过接触，甚至深度研究过西学的中国儒士，他们面对西学冲击的反应如何。

法国汉学大家谢和耐在其名作《中国与基督教——中西文化的首次撞击》中，就敏锐地观察到了明清中西文化冲突中的浙江士人具有典型的角色意义。比如他在著作中选用陆世仪作为案例，揭示了中西伦理思想观念上的根本对立，论述了陆世仪作为儒家士人面对西方基督教的宗教伦理、天堂地狱、生死报应说，为何没有接受。谢著中指出："（中国儒士）这种对天堂和地狱存在的否认，不会引起认为根本不存在任何报应，而是报应要根据死者留下的美名或遗臭行为，就在本世或对其家族后裔施加影响。事实上，大部分文人都对命运保持着坚定自若的态度。"[1]

从陆世仪著作的有关论述中，可以看出他依然保持着传统儒家的生死观、鬼神论和果报说。[2] 陆世仪认为既然人、物是由阴阳之气凝聚而产生的，那么人一旦死亡也就意味着阴阳之气将消散，回归天地之间："人死则魂升魄降，复归于天地也。"人死后是否真的存在鬼神呢？陆世仪以燃烧的灯比喻生命，以灯灭之后的烟比喻鬼。他说："人死之有鬼，犹木烬之有烟，皆气之余也。"由此，陆世仪明确断言："君子止有事人、知生学问，更无事鬼、知死学问也。"即陆世仪认为儒家追求的人生目的不在死后，而在人生之中，实现目的的方式也不在鬼神，而在人间。由此，陆氏进一步导向儒家追求的并不仅限于个人的人格修养，更是社会整体福祉的改善，这才是儒家君子"事人、知生学问"的关键所在。

陆世仪虽然承认人世间存在善恶报应，但认为报应不必借助鬼神审判、三世轮回或天堂地狱便可实现。陆世仪认为各种宗教信仰，尤其是异端邪说，正是利用了幽明、死亡、鬼神这些容易让人迷惑、无法捉摸、无法证实的说法来建立起自己的一套学说："天地间只有幽明、死生、鬼神六个字最难理会，最易惑人。凡异端邪教，无不从此处立说，以其无可捉摸、无可对证，所谓乘人之迷也。"[3]

陆世仪指出，生死轮回、天堂地狱、因果报应之类的说教，不仅难以使人信服，而且也不符合认知逻辑，因为如果必须借助人死之后幽冥之中的鬼神赏罚、轮回转世，才能最终完成福祸与善恶的匹配，实现因果报应的话，那就是成了"幽胜于明"，乃是违反常理的："天地之间，阴不能胜阳，夜不能胜昼，岂有幽胜于明之理？"因而，陆世

---

1 ［法］谢和耐著，耿昇译：《中国与基督教——中西文化的首次撞击》，商务印书馆 2013 年版，第 148 页。
2 详见傅锡洪：《"君子止有事人、知生学问"——陆世仪与明清之际儒家生死、鬼神论的新动向》，《安徽大学学报（哲学社会科学版）》2018 年第 2 期。
3 ［清］陆世仪：《思辨录辑要》卷二十五"天道类"，影印《文渊阁四库全书·子部》第 724 册，上海古籍出版社 1987—1989 年版，第 223 页。

仪认为果报不在幽冥之中，而只在现实世界。但现实中之所以"自古忠孝受殃，奸恶幸免者"，陆世仪认为这是暂时和偶然的，不可能为恶遝于一世，人们最终仍然会明白孰善孰恶，而给予其应有的奖惩："忠孝虽受殃，奸恶虽幸免，然事定之后，或易世之后，未有不表扬忠孝，追罚奸恶者。是即所谓果报也。岂藉于不可见闻之空言乎？"[1]可见，陆世仪不可能接受晚明天主教传教士宣扬的天主造物、灵魂不灭、赏善罚恶、天堂地狱那套说教。笔者还以为，从陆世仪与西学的接触深度来看，他所说的"凡异端邪教，无不从此处立说"很可能包含了天主教。无论怎样，陆世仪"六艺"经世实学中的西学因素和中西宗教冲突背景下的儒家伦理思想，都表征了一位浙西理学名士在明清间中西文化撞击中所做回应的多重历史意义。

三、陆陇其与耶稣会士的交往及其对西学的取舍

陆陇其，字稼书，学者多称之为当湖先生，常与陆世仪并举"二陆"，曾因世仪之子所请而作《陆桴亭思辨录序》。康熙九年（1670）进士，曾任嘉定、灵寿两地知县，官至监察御史。他为官清廉，刚正不阿，颇得时誉；加之他专心致力于程朱之学，攻阳明之学不遗余力，所以故世后声名大振。同为理学名士的张伯行，在陇其卒后十七年（即 1709 年）评述其学行道：本朝理学"笃信朱子之道而力行之者，尤莫如陆稼书先生。先生之为学也，主敬以立其本，穷理以致其知，返躬以践其实，一以朱子为准绳"；又"本其所学，以见诸实用者，两膺邑宰，德教深洽于民心"，因而"士大夫倾心景慕，海内学者闻其名，敛衽起敬。读其书，恍然如入道之有规矩，油然自得其心之所同然。皆其学之由体以达用者也"。[2]张氏的评说多少有点溢美，不过陆陇其在清初理学界声名之高，确是事实。至雍正初，他成为有清一代第一个从祀孔庙的理学名臣。乾隆初赐谥清献，追赠内阁大学士，故乾隆时人对他的评价更高："陇其传朱子之学，为国朝醇儒第一。"[3]《四库全书总目》收录其著作十一部，主要有《三鱼堂文集》等。另有张伯行刻《陆稼书先生文集》、《指海》本《三鱼堂日记》（二卷，1839 年刊，收入《丛书集成初编》）、柳树芳校刊本《陆清献公日记》（十卷，笔者所见版本，题道光辛丑即 1841 年刻，胜溪草堂藏版，但卷首又有张履道光二十二年即 1842 年序，故必为后刻之校刊本）等著作传世。有关陆陇其与传教士和西学的接触，主要见于他的《三鱼堂日记》《陆清献公日记》以及由他的同乡吴光西所辑的《陆稼书先生年谱》等。有必要指出的是，《指海》本《三鱼堂日记》与柳校本《陆清献公日记》在内容上互有出入，特别是《指

---

1 ［清］陆世仪：《思辨录辑要》卷二十五"天道类"，影印《文渊阁四库全书·子部》第 724 册，上海古籍出版社 1987—1989 年版，第 224 页。

2 ［清］张伯行：《正谊堂文集》卷七《陆稼书文集序》，《丛书集成初编》第 2484 册，商务印书馆 1936 年版，第 94 页。

3 ［清］永瑢等：《四库全书总目》卷九四"三鱼堂剩言"，中华书局 1965 年版，第 799 页。

海》本缺丙午至乙卯日记，致使陆陇其与西学接触的大量事迹失载，故笔者引用史料以柳本为主，并参考《指海》本《三鱼堂日记》及吴光酉辑《陆稼书先生年谱》等文献。

（一）陆陇其与西洋传教士和西学书籍的接触

在清初士人中，像陆陇其这样有机会直接、多次接触传教士的并不多见。康熙十四年（乙卯，1675）和十七年（戊午，1678），陆陇其曾先后到北京与西教士及钦天监历官问谈西学。这是他一生中接触西学最多的时期。有关他与西教士的交往事迹按时间先后，简述如下。

1. 陆陇其与耶稣会士利类思、南怀仁的交往

陆陇其在北京交往的主要是两位耶稣会士，即意大利人利类思和比利时人南怀仁。他首次与西教士晤面，是在康熙十四年三月进京赴部谒选之际。据《陆清献公日记》所载[1]，他从三月十九至四月十九日与利类思、南怀仁多次交往晤谈，并获赠西书多部，开始对西方天文历学产生兴趣。当时，南怀仁早已为钦天监监副（康熙八年任），主持西法修历事务，且正为康熙讲授西学、制造西式火炮。利类思则专心于著书传教，自然乐于接见像陆陇其这样的中国士大夫，陇其也"以扇、笔、笺送利类思"（《日记》四月十九日条）。康熙十七年四月陆陇其再度进京，七月（年谱记八月）又赴钦天监与邵武峰谈西法。陆氏记载的有关细节与背景摘述如下。

康熙乙卯（十四年）三月十九日"游天主堂，见西人利类思，看自鸣钟。利送书三种曰《主教要旨》、曰《御览西方要纪》、曰《不得已辨》，又出其所著《超性学要》示余，其书甚多，刻尚未竟"。此四种书均为利类思译撰或参编。《主教要旨》刻于康熙七年（1668），为宣扬天主教教义书，徐宗泽称它"为导引教外人研究圣教之书，多哲理"[2]。《御览西方要纪》系利氏与安文思、南怀仁同编，康熙八年（1669）刻，为进呈康熙以条答皇上所问西洋风土国俗之书。其中如"西学""西士""教法"诸条，简介了西方文字、文理学科、天主教教义及教士等内容。《不得已辨》为南怀仁专门驳杨光先反西教之作《不得已》而著，刻于康熙四年（1665）。而《超性学要》则是欧洲天主教神学名著圣托马斯·阿奎那《神学大全》的节译本，今传利氏译本有三十卷，自顺治十一年（1654）至康熙十七年分部续刊而成。[3]陆陇其所见必为顺治十一年所刻之部分《论天主性体》四卷（卷首有清初名臣胡世安序。续译第二部分，至康熙十五年始刻），这与陆氏所言"其书甚多，刻尚未竟"完全吻合。利类思送《超性学要》给陆陇其，其意显然在于传扬天主教教义。

---

1 以下所引据《陆清献公日记》（简称简称《日记》），道光辛丑胜溪草堂刻本。
2 徐宗泽编著：《明清间耶稣会士译著提要》，中华书局 1989 年版，第 167 页。
3 参见［法］费赖之著，冯承钧译：《在华耶稣会士列传及书目》，中华书局 1995 年版，第 243—244 页；方豪：《中国天主教史人物传》中册，中华书局 1988 年版，第 83—85 页。

三月廿八日"南敦仁遣人送《赤道南北两总星图》"。南敦仁应为南怀仁，因怀仁字敦伯。南氏此书又名为《赤道南北星图》，刚于三年前（1672）刊印。

四月初五"至天主堂晤利类思，以《中星简平规图》归。因前南敦仁送星图有'时盘'，未知用法，故以问利……"南怀仁著有《简平规总星图》，陆氏所得《中星简平规图》即为该书一部分。查费赖之《在华耶稣会士列传及书目》、徐宗泽《明清间耶稣会士译著提要》均不著此书刊印时地，陆氏所记可证该书必在康熙十四年初之前刊出。

四月初八"西人利类思以南怀仁《不得已辨》来送。因前初五日，愚曾以岁差及太阳过宫之疑叩之，故以此书相赠"。南怀仁此书专为驳斥杨光先攻击西洋历法之作《摘谬十论》，故又称《历法不得已辨》，康熙八年（1669）刊。

以上所记，为陆陇其通过与传教士的交往，直接接触西学书籍与西学知识的情况，具有相当可靠的真实性。然而，根据《日记》反映，陆陇其在北京还亲自购买、借阅了一些最新出版或流行较广的西学图书。此外，陆陇其从其交游圈中也能间接获得西学信息。比如他在《日记》中记载："又同昆友会诸际南名殿鲲，其人有经济之才。"[1]这位被陆陇其称赞为"经济之才"的友人诸际南，乃杭州文人天主教徒，曾校阅过耶稣会士利类思、安文思、南怀仁合编的《西方要纪》，在杭州曾与比利时耶稣会士鲁日满有过密切往来，诸氏还赠送给杭州儒家天主教徒张星曜不少"天教之书"。[2]

2.陆陇其所见西学书籍的内容与价值简介

乙卯五月廿五，在北京报国寺购买《日躔表》两本，自述"乃西洋历书中之一种也"。此曰西洋历书，应指汤若望在顺治二年（1645）据明末《崇祯历书》删定之《西洋新法历书》。

同年闰五月初六又从友人处借阅《灵台仪象志》，"其书凡十六卷，内二卷系仪象图，另为大板，凡一百十七图"。此书刻于康熙十二年（1673），陆氏专门借阅此书，意在特别关注最新的西洋科学知识。此条记载可证，南怀仁《灵台仪象志》（全称《新制灵台仪象志》）一书，原刻本应为十六卷，这与南氏自述也完全一致，其中图二卷另为一种大刻本。然费赖之作"南怀仁传"将此书分列为《仪象志》十四卷、《仪象图》二卷，或许即出于《仪象图》"另为大板"之故，但费氏之说容易使人误解为两部书。

戊午（十七年）正月廿九"会王天市携南怀仁所送《坤舆图说》《熙朝定案》及戊午《七政历》以归，盖因吉水有天主堂，天市迁吉水而南怀仁送之也"。《坤舆图说》刻于康熙十一年（1672），是继艾儒略《职方外纪》后介绍西方地理学的又一重要西学著作。而陆氏有关《熙朝定案》的记录，为研究该书的版本流传提供了一个重要证据。《熙朝定案》专门收录与西教士相关的奏疏及谕旨等文献，具有较高史料价值。《天主教

1　［清］陆陇其：《三鱼堂日记》卷下，《丛书集成初编》第 2985 册，中华书局 1985 年版，第 76 页。
2　方豪：《中国天主教史人物传中册》，中华书局 1988 年版，第 101 页。

东传文献》初编与续编中，分别影印了梵蒂冈图书馆藏不分卷本与方豪私藏本。但这两本内容各异，前者自康熙七年至十二年，后者则始于二十三年，中间有十一年断缺，方豪据柏应理用拉丁文撰写的天主教中文书目（撰于康熙二十五年），知该书原为三册三卷，故判定"天壤间当有一本，始为完璧"[1]。另据《圣教信证》甲本（纪事至康熙十七年）著录，《熙朝定案》为两卷。因此，陆氏于康熙十七年所见《熙朝定案》，虽未注明卷册，但不可能为方豪提及的三卷本，只能为二卷本、不分卷本或另一种原刻本。

戊午三月初三"有书客来……又兑得旧板《伊洛渊源录》《西洋天问略》"。明末耶稣会士阳玛诺著有介绍西方历学的《天问略》，刻于1615年，崇祯二年（1629）被辑入《天学初函》。陆陇其既曰《西洋天问略》为旧板书，则可知他当时见到的应为明末刊本。

从上述陆陇其直接接触过的西学图书来看，他涉猎的西学内容已包括了欧洲宗教神学、天文、历算、地理等，但他最感兴趣的是西方天文历算知识。

陆氏曾向南怀仁询问过有关浑天仪的情况，并亲自到天主堂去观看浑天球，称赞"西人最巧算"（《日记》乙卯三月廿一、廿三日条）。有一次，当陆氏就岁差等天文历法方面的问题询问利类思时，利氏建议他去阅读南怀仁的《不得已辨》，并赠予此书，陆氏果然"读之豁然，西法曾未易吹毛"，意指西法之精密确实到了难以吹毛求疵的地步（《日记》乙卯四月初八日条）。又如四月十三日，陆氏再次向利氏请教西法的时刻度分，陆氏做了详细记录："会利类思，愚因阅南怀仁《不得已辨》云：太阳在本道，永久平行，一日约五十九分，疑日一日行一度。西法以一日为九十六刻，则宜有九十六分，如何云五十九分？举以问利。"利氏作答："西法一日分为九十六刻，一度止分为六十分，盖度自度、日至日。度至三百六十，日有三百六十五，故一日平行约五十九分也。"且建议陇其要弄懂西洋历法"须尽看诸历书"。由此可见，陆氏对西洋天文历学曾经做过一番钻研。

（二）陆陇其对西学的取舍

1. 陆陇其对清初历法之争的态度

陆陇其还明确反对杨光先之流的反西学论点，他在乙卯四月初八的日记中写道："午未间，杨光先之说方才行，士子为《历法表》者，有云：'知平行实行之说，尽属尘羹；考引数根数之谈，俱为海枣。'何轻易诋呵如此？"戊午年他又看到了杨光先的《不得已》书，其中杨氏以为驳西法最有力的一条理据，即以西法二百五十里而差一度计算，那么欧洲距中国应是九万里，而利玛窦只说八万里，岂非自相矛盾？但陆陇其认为

1 方豪：《影印〈熙朝定案〉第二种序》，吴相湘主编：《天主教东传文献续编》第1册，台湾学生书局1966年版，第56页。方豪对《熙朝定案》的判断是正确的，今中科院自然科学史所、故宫博物院均藏有三卷抄本，现有韩琦、吴旻校注：《熙朝崇正集 熙朝定案（外三种）》，中华书局2006年版。

杨氏此说其实验不倒西法。他引用傅维鳞（字掌雷）《明书》中的观点，认为造成中西距离有八万、九万、十万之异说的原因是"皆以海程计，势迂回，若有陆路可通，不过五万里"（《日记》戊午五月廿七条）。

2. 陆陇其对清初会通中西之学的肯定

从上文所述可见，陆陇其与西学的直接接触远多于陆世仪，直至庚午岁（1690，卒前两年）始与清初会通中西科学的名家梅文鼎相交于京邸，[1] 次年（辛未）正月初六，他"从梅定九借郑世子《历学新意》"。四月廿九，又在拜访李光地（号厚庵）时谈梅氏历学，对光地所言"梅定九之历书皆从前所未有"印象深刻。九月十五至天津会梅文鼎，得梅氏所言"本朝言历者，有吴江王寅旭（即王锡阐），其历法高于陈献可"。从字里行间可见，陆氏对清初会通中西之学的两位大家梅文鼎和王锡阐持赞赏态度。

3. 陆陇其对西学的取舍

戊午七月廿六（年谱为八月），陆氏又赴钦天监拜访历官邵武峰，请教岁差等天文知识，"邵言西法不能出古法之范围，而多改头换面以自异。如岁差消长之法，西法不能异于古也……惟以地为圆体，此为独得。而弧矢算法，亦胜于郭守敬"（此条记录并见于《三鱼堂剩言》卷十）。邵氏的西学观颇为独特：一方面，他承认西方地圆说为"独得"，并认为与西方历学相应的计算方法也胜过中国的传统古法；另一方面，他又说西法不出中国传统历法的范围，大多为改头换面与标新立异之说。这种议论与当时开始流行的"西学中源"说颇有几分相似。看来，邵武峰的西学观明显地表现为在接纳西方科学的同时，竭力维护中国传统科学的思想倾向。从陆陇其对邵氏有关岁差的解说做肯定性的评价（"武峰之言凿然"）来看，他对邵氏的西学观大致持认同的态度。

但是，陆陇其明确拒绝了天主教教义，他表示："西人之不可信，特亚当、厄袜及耶稣降生之说耳。"（《日记》乙卯四月初八日条）显然，西方传教士利类思、南怀仁等想方设法宣扬的天主教信仰，对于陆陇其来说依然是难以理解的。总体而言，陆陇其采取了肯定西方科技而排斥西方宗教的立场。

从浙西理学"二陆"的西学观来看，与陆世仪一样，陆陇其关注西学与尊奉理学并不矛盾，他是把历算之学作为儒家经世之学的一部分而加以接受的。陆世仪接触传教士和西学书籍虽然远不如陆陇其频繁，但陆世仪看待西学的那种精义之论，远非陆陇其可比。其中的主要原因，恐怕在于陇其之学与世仪之学的差异：世仪为学，志存经世，六艺实学，广博通达；陇其治学专以"尊朱辟王"为事，深陷门户，学识偏狭，而对于西方异质文化的接纳自然大打折扣。然而，陆陇其比起那些空谈"夷夏之辨"，将西方科技也一概排斥的保守派士大夫，又要开明得多，他毕竟对西方天文历学有所钻研，有所

---

1 ［清］梅文鼎撰，何静恒、张静河点校：《绩学堂诗文钞》卷五"书陆稼书先生谳言后"，黄山书社 1995 年版，第 152 页。

接纳。

综上所论，浙西理学家与西方传教士和西学的接触、交汇，尤其是理学家的学术思想中包含了某些西学因素，其本身就意味着明清之际浙学与西学相遇的广度和深度，构成一段明清之际浙西学者正面回应西学东渐的历史轨迹。

四、王锡阐会通中西之学对浙西理学家的影响

王锡阐（1628—1682），字寅旭，号晓庵，江苏吴江人（属于明清之际的浙西地区）。他十七岁时明王朝灭亡，这位年轻志坚的读书人，竟然选择投河、绝食来表达他的亡国之痛，虽经父母劝阻，但立下遗民绝仕之志，终其一生。入清后他与顾炎武、吕留良、张履祥、潘柽章、朱彝尊、万斯大等遗民士人交游讲学，隐居不仕，潜心于中西天文历学研究，"每遇天色晴霁，辄登屋卧鸱吻间，仰察星象，竟夕不寐"，终致"兼通中西之学，自立新法"。[1] 他曾根据圭表，改进历法，取得很大成绩。在天体运行理论方面，有独到的见解，首创了日月食的初亏和复圆方位角的计算方法。在解释行星运行轨道时，也有近于引力学说的探索。他一生重视科学实践，经常进行天文观测。独立地发明计算金星、水星凌日的方法，并提出精确计算日月食时间的方法。在中国科技史上，王锡阐成为清初精研西法、会通中西的著名科学家，与当时北方的历算名家薛凤祚并称为"南王北薛"。王锡阐因矢志忠于故国而在明朝遗民中受到很大尊敬，成为清初东南遗民圈子中的重要人物。他在天文学上会通中西的高深造诣，则使遗民们引以为豪。

从中年起一直到晚年，王锡阐先后与张履祥、吕留良、钱澄之等一起讲授"濂洛之学"，即北宋周敦颐和二程（程颢、程颐）的哲学。在清初复兴古学的风气中，流行"宋学""汉学"之分，王锡阐属于宋学中的程朱学派。王锡阐一生以志节自励，忍饥挨饿，不出远门，几十余年如一日。晚年的王锡阐贫病交加，当他的朋友吕留良来看他时，他连粗茶淡饭也招待不起，只有拿出自己的诗篇作为招待。同乡弟子潘耒（1646—1708，字次耕，一字稼堂）在《〈晓庵遗书〉序》中称赞王锡阐"坦夷粹白，内行洁修，砥节固穷，有古人之操"，确实恰如其言。

1.王锡阐的会通中西思想

王锡阐有关会通中西的思想，主要见于他的杂著《历策》《历说》（均收录于《晓庵遗书·杂著》）及与友人的往来文书中，而其会通中西科学的成就则主要体现在他的《晓

---

1 ［清］阮元：《畴人传》卷三四"王锡阐上"，商务印书馆 1935 年版，第 421 页。

庵新法》《五星行度解》《圜解》等著作中。[1]

王锡阐是最早从《崇祯历书》入手学习西方天文学的中国学者之一。梅文鼎称"王书则从《历书》悟入"[2]。而此书对锡阐最具深意的影响，在于他接受了徐光启"熔彼方之材质，入大统之型模"的会通说，并成为其日后从事比较、研究和兼采中西之学的指导方针。王锡阐对当时摒弃中法而专用西法的倾向，持明确的批评和反对态度。他指出："万历季年，西人利氏来归，颇工历算。崇祯初，命礼臣徐光启译其书，有《历指》为法原，历表为法数，书百余卷，数年而成，遂盛行于世，言历者莫不奉为俎豆……且译书之初，本言取西历之材质，归大统之型范，不谓尽堕成宪，而专用西法如今日者也！"[3]

王锡阐认为这部广为流传的《崇祯历书》，其实并未遵循当初由徐光启确定的从翻译到会通的计划，没有真正实现既定的会通目标：取西法之"材质"，归中法之"型范"，"言历者"不加详察，盲目崇奉，从而导致了一边倒专用西法的局面。接着，他将这种结果归咎于徐光启逝世之后的"继其事者"，指责他们仅仅止于翻译的层面，而未能深入融汇中西之法。他说："文定以为：欲求超胜，必须会通；会通之前，先须翻译。翻译有绪，然后令甄明大统、深知法意者，参详考定。其意原欲因西法而求进，非尽更成宪也。乃文定既逝而继其事者，仅能终翻译之绪，未遑及会通之法，至矜其师说，齮龁异己，廷议纷纷。……今西法且盛行，向之异议者，亦诎而不复争矣。"[4]

其实王锡阐对徐光启会通观的理解是不正确的，至少是不全面的。不过，王锡阐只是借此表达徐光启开创的会通中西之业仍是未竟之业，他有意继承推进。

王锡阐在进一步比较了中西历法之后得出的结论为：西法未必尽善，中法未必尽失。他说："吾谓西历善矣，然以为测候精详可也，以为深知法意未可也；循其理而求通可也，安其误而不辨未可也。"[5]

他在《晓庵新法》自叙中，具体列举了西法"不知（中法）法意者"五条，为中法辩护；又指出西法"当辨者"十端，对西法本身也提出了批评。后在《五星行度解》中，他又有西法"六误"之说，对《崇祯历书》中的西法行星运动理论提出批评。

王锡阐对西法的质疑，大多数是属于天文历算方面的专业性问题，但其中有一些是因文化差异而造成的中西方独树一帜的差别，其本身的确难以区别是非高下。如在节气

1 王锡阐的著作主要收录于其同乡弟子潘耒所辑《晓庵遗书》，今有清道光守山阁丛书本、光绪十七年刻本及《丛书集成续编》本；又［清］王锡阐著，［清］张海珊：《晓庵先生文集》三卷，道光年间抄本。另外《松陵文录》与《畴人传·王锡阐》亦有辑录。其中《晓庵新法》又收入《四库全书》《丛书集成初编》。《圜解》抄本于20世纪50年代末由严敦杰先生重新发现，今收入《中国科学技术典籍通汇·数学卷》，河南教育出版社1993年版。《晓庵遗书》十五卷，今见于《丛书集成续编》第78册（据木犀轩丛书光绪刻本影印），新文丰出版公司1991年版，上海书店1994年版，第170册。
2 ［清］梅文鼎：《绩学堂诗文钞》卷五"锡山女人《历算》书跋"，黄山书社1995年版，第158—159页。
3 ［清］阮元：《畴人传》卷三四"王锡阐上"，商务印书馆1935年版，第422、424页。
4 ［清］王锡阐撰，潘耒辑：《晓庵遗书·历说一》，《丛书集成续编》第78册，新文丰出版公司1991年版，第783—784页。
5 ［清］王锡阐：《〈晓庵新法〉自序》，《丛书集成初编》第1324册，中华书局1985年版，第1页。

推步问题上，西法以"定气法"为标准指责中法"平气法"所推节气有误，王锡阐认为这实际上是由中西历两种方法的差异造成的，他在详细辨析后指出，中历"平气法"本身"非谬也"，这个说法是有道理的。[1]王锡阐的用意无非在于阐明：尽管西法测算之精优于中法，但西法对中法的有些指责是站不住脚的，原因是西人不懂中法之精义。

同时，王锡阐对西法的批判，从科学角度讲，虽有不少错误，但他提出西法也有不完善之处的结论无疑是正确的。他在《历说》篇中，又进一步指出西法并非一成不变而不能改进："以西法有验于今可也，如谓不易之法，无事求进，不可也。"[2]康熙十一年（1672），他在给友人万斯大（1633—1683，字充宗，黄宗羲弟子）的信中，公开亮明了他的结论性观点："其实《大统》未必全失，西人未必全得。"[3]既然中法未必尽失，那么中西历法之争缘何中法处于下风？王锡阐认为："旧法之屈于西法也，非法之不若也，以甄明法意者之无其人也。"[4]这就是说，中法之所以屈居下风，并非历法理论落后于西法，而是中国缺乏精通法意、敢于献身历学事业的应用型人才。

必须指出的是，尽管王锡阐通过比较中西历法得出中西法各有长短的结论，具有一定的合理性，但他对西法所做的具体批评并非全部正确，而为中法所做的辩护，则大多是错误的，其中不乏感情用事的偏见。[5]

2. 王锡阐的"西学中源"说

王锡阐为了实现将西法全面纳入中法的"会通"目标，精心构建了一套说法，即所谓西法原本于中法，即所谓"西学中源"说。他的有关论述主要见于其杂著《历策》和《历说》等文章中。如他在《历说》中说："《天问》曰：圆则九重，孰营度之。则七政异天之说，古必有之。近代既亡其书，西说遂为创论。余审日月之视差，察五星之顺逆，见其实然。益知西学原本中学，非臆撰也。"[6]

在《历策》中他进一步阐论其说："今考西历所争胜者不过数端，畴人子弟骇于创闻，学士大夫喜其瑰异，互相夸耀，以为古所未有。孰知此数端悉具旧法之中，而非彼所独得乎！"接着他列举了五条西法"悉具旧法之中"的具体证据："一曰平气定气以步中节也，旧法不有分至以授人时，四正以定日躔乎？一曰最高卑以步朏朒也，旧法不由盈宿迟疾乎？一曰真会视会以步交食也，旧法不有朔望加减食甚定时乎？一曰小轮岁轮以步五星也，旧法不有平合定合晨夕伏见疾迟留退乎？一曰南北地度以步北极之高

1 此据黄一农：《清初天主教与回教天文家间的争斗》，《九州学刊》1993年第3期。
2 ［清］王锡阐著，潘耒辑：《晓庵遗书·历说一》，《丛书集成续编》第78册，新文丰出版公司1991年版，第784页。
3 ［清］王锡阐著，［清］张海珊编：《晓庵先生文集》卷二，道光年间抄本；［清］凌淦编：《松陵文录》卷十"答万充宗书"，同治十二年刻本。
4 ［清］王锡阐著，潘耒辑：《晓庵遗书·历策》，《丛书集成续编》第78册，新文丰出版公司1991年版，第782页。
5 江晓原：《王锡阐及其〈晓庵新法〉》，《中国科技史料》1986年第6期；杜石然主编：《中国古代科学家传记》，科学出版社1993年版，第1005—1015页。
6 ［清］王锡阐著，潘耒辑：《晓庵遗书·历说五》，《丛书集成续编》第78册，新文丰出版公司1991年版，第786页。

下，东西地度以步加时之先后也，旧法不有里差之术乎？"[1]

王锡阐列举的这五个方面证据，涉及日月运动、行星运动、交食、定节气以及授时，它们几乎涵盖了当时历法的所有主要方面。这就是说，即使是西法所夸耀的胜过中法之处，也是中国古已有之。那么为何当今西法得以"争胜"中法呢？王锡阐的结论是西人窃取了中法的"法意"。不过他同时又指出，即便是"西人窃取其意"，然而"讵能越其范围，就彼所命创始者？"[2] 意思是说，西法终究不可能超越中法的范围，自命为创始之说。

但是正如有的学者已经指出的，王锡阐提出的五条例证，实际上只是表明中国传统天文学的常用代数方法也能实现与西法同样的功能——授时、定节气、预推交食和五星运动，并不表明两者在方法上相同[3]，更不能证明两者具有源流上的必然联系。

在康熙十一年（1672）写给友人万充宗的书信中，王锡阐更是语出惊人，他从怀疑"西人果能无所承受自创密率乎"出发，考证出西法原本中法的确切来源竟是唐代的《九执历》。这是他鼓吹"西学中源"说的另一大重要论据。他说："西历源于《九执》，而测候稍精，但《九执》仅有成法，不言立法之故，故使西人得以掠其绪余，簧鼓天下。兹亦不必求诸隐深，举其浅显易见之粗迹，无非蹈袭剽窃之左券，即如岁、月、日、时、宫闰、月闰、最高、最卑、次轮、引数、黄道九十度限、月离二三均数、五纬中分较分之属，无一不本《九执》。"[4]

《九执历》是唐朝印度裔中国人瞿昙悉达编译的印度天文学著作。在唐朝时，它的推算方法确实比汉历更为精密。应该说，王锡阐看到西洋天文学与印度古历法具有渊源关系是有道理的，但遗憾的是他把源流关系搞颠倒了。因为《九执历》中反映的印度天文学，实际上引进了不少古希腊天文学的概念和计算方法。看来，精通中国传统历法的王锡阐在判断西历与《九执历》源流关系上出现失误，恐怕不仅仅是因为学术研究上的疏忽，主要应归咎于他先入为主的"西法原本中法"的偏见。

至此，王锡阐全面论证了"西学中源"说。可以说，他从中法屈于西法的现实中，为找回中法的"自尊"，做到了自圆其说。然而此说的非科学性显而易见。

3. 王锡阐对顾炎武、吕留良、张履祥、潘耒等人的影响

王锡阐与浙西学术名家张履祥、顾炎武交往最密。顾炎武与王锡阐有诗书交谊，并在思想上共具反对陆王心学、讲求"濂洛之学"的立场，因而他从实学思想出发，对锡阐之学崇敬有加，其《广师》一文称"学究天人，确乎不拔，吾不如王寅旭"[5]。保存

---

1 ［清］王锡阐著，潘耒辑：《晓庵遗书·历策》，《丛书集成续编》第 78 册，新文丰出版公司 1991 年版，第 782 页。
2 ［清］王锡阐著，潘耒辑：《晓庵遗书·历策》，《丛书集成续编》第 78 册，新文丰出版公司 1991 年版，第 782 页。
3 参见杜石然主编：《中国古代科学家传记》，科学出版社 1993 年版，第 1005—1015 页。
4 ［清］凌淦编：《松陵文录》卷十"答万充宗书"，同治十三年刻本。
5 ［清］顾炎武：《顾亭林诗文集》，中华书局 1983 年版，第 134 页。

在《晓庵先生文集》中的与顾氏书札，抨击陆王心学甚力，王锡阐和顾氏平日论学的宗旨，如出一辙。至于谈到身体力行，王锡阐十分推崇张履祥。可知王锡阐治学、为人二者并重。

王锡阐在康熙十九年（1680）与顾炎武的通信中讨论过"声音之学"问题，其中谈及明末入传中国的西方音韵学："声音之学有二，一则未有文字而求音韵之原，与乐律相表里，一则既有文字而求字音之正，与六书相表里……西人《耳目资》绝无伦次，亦不足采。"[1]

这里王锡阐提及的《耳目资》即为明末入华耶稣会士金尼阁所撰的《西儒耳目资》。天启五年（1625），金尼阁在杭州开始编撰此书，次年正式出版。金尼阁是利玛窦创制的第一个拉丁字母的汉语拼音方案最主要的直接继承者，因而学术界常常把这套拼音系统称为"利－金方案"。故《西儒耳目资》对于中国音韵学的研究是有影响的。虽然王锡阐认为西人金尼阁之书"绝无伦次，亦不足采"，但他与顾炎武共同关注过这部中西结合的特殊著作毋庸置疑。

有趣的是，顾炎武还是促成王锡阐与薛凤祚取得首次（也是唯一一次）通信联络的中间人。康熙七年（1668）八月，王锡阐应顾炎武的推荐致信薛凤祚，请教有关天文历学问题，并且希望获得薛氏有关占候、推步、制器之书，信曰：

> 去春，顾宁翁盛陈先生东州宿望，学无不窥，尤邃天官家言。仆生无他嗜，唯于历象之学究心多年，然而僻在江表，既少书器，又无师授。是以志弥苦而求弥疏，岁弥深而感弥甚……敢以疑数端，请正高明。……鄙怀先生所有占候、推步、制器之书，肯从鸿便附宁翁处，惠教百一。[2]

从信中可知，顾炎武（即顾宁翁）向王锡阐引介薛凤祚时在康熙六年（1667）春，而王锡阐向薛凤祚索要的历学书，也希望通过顾炎武来传递。由此可见，王氏致薛凤祚之信，不仅为王、薛交往之珍贵见证，而且为学术界发现顾炎武与薛凤祚也有结交之谊提供了确证。

尤其值得重视的是，王锡阐的"西学中源"说很可能对顾炎武产生了影响。顾炎武在《日知录》中明确宣称西洋日月食之说，实为中国古已有之："日食，月掩日也；月食，地掩月也。今西洋天文说如此。自其法未入中国而已有此论。"[3]据知，《日知录》初稿八卷始刊于康熙九年（1670），两年后印出样本，后屡经增补修订，至康熙二十一年（1682）顾炎武去世前夕才完稿，康熙三十四年（1695）由潘耒重编为三十二卷刊行。

1 ［清］王锡阐著，［清］张海珊编：《晓庵先生文集》卷二"又（与顾亭林）"，道光年间抄本。
2 ［清］王锡阐著，［清］张海珊编：《晓庵先生文集》卷二"贻薛仪甫书"，道光年间抄本。
3 ［清］顾炎武著，［清］黄汝成集释：《日知录集释》卷三十"月食"，中华书局 2020 年版，第 1503 页。

而王锡阐对《日知录》颇为关注,他在康熙十九年(1680)致顾炎武的信中说:"前岁教云以《日知录》见赠,不知浮沉何所,可更以一册相贻否?近著并望惠教一二。"[1] 此见顾炎武在康熙十八年(1679)曾答应送《日知录》给锡阐,而锡阐实际看到《日知录》至少在康熙十九年以后。从后来锡阐给潘耒的一封信中曾评价"《日知录》高深广博,《钱粮论》精切详明,有关学术民瘼甚巨",并连说两个"钦服",[2] 可以证实王锡阐的确获赠并研读此书。巧合的是,顾炎武与王锡阐同于康熙二十一年去世(顾卒于正月,王卒于九月)。可见,顾、王之间的学术交流与他们的学术生涯相伴始终,同时前述王锡阐谈论"西学中源"说的主要文章《历说》《历策》等,均写于《日知录》初刊的康熙九年之前[3],而不断修订中的《日知录》本身又是顾、王晚年学术交流的一件要事,故笔者推论顾炎武的"西学中源"思想很可能是受王锡阐启发的结果,应该说是成立的。

此外,王锡阐与清初著名遗民学者张履祥、吕留良、朱彝尊、万斯大、潘耒等均有交往。张履祥是清初名重一时的崇朱辟王的实学派学者,王锡阐也因学宗程朱而仰慕张氏之学,晚年客居语溪吕留良家期间,即"与张考夫、钱云门、吕用晦讲濂洛之学"[4]。张履祥曾于康熙十年(1671)命其子维恭从锡阐受学,又在康熙十二年(1673)《与王寅旭》的信中称赞锡阐为"南服之英贤"[5]。

康熙十年锡阐寓居语溪期间,突发"阴阳之患,不能出户",幸得吕留良与何汝霖(字商隐)悉心医护照料,才得保住性命。[6] 从吕留良也竭力主张要继承《崇祯历书》"未及会通"的事业来看,他的思想与王锡阐取"材"归"范"说的中西会通观是一致的。

朱彝尊与王锡阐一同披阅过一册西士南怀仁所编的《灵台仪象志》,显见朱、王对西洋天文历学有共同的兴趣。

至于万斯大与王锡阐的关系,前述康熙十一年(1672)王锡阐的"答万充宗书"可以为证。

而潘耒与王锡阐知交更深,既为同乡故旧,也有师生之谊。潘耒早年随锡阐学习历算之学,后来又成为王锡阐的学术助手。康熙十一年王锡阐写信给潘耒,请他在北京帮助购买《天文实用》《五纬表》,特别是西士南怀仁所编《辛亥七政》书(辛亥即康熙十年),意在考证西洋历法之异同,信中认为南怀仁之西历"恐与汤氏(指汤若望)所推微有异同,亦考验是非之一端也"[7]。事实证明,王锡阐对南怀仁历法的判断是正确的。王

---

1 [清]王锡阐著,[清]张海珊编:《晓庵先生文集》卷二"又与书(上章涒滩)",道光年间抄本。上章涒滩即干支"庚申"别称,指康熙十九年(1680)。

2 [清]王锡阐著,[清]张海珊编:《晓庵先生文集》卷二"与顾亭林书",道光年间抄本。

3 有关王锡阐这些文章写作年代的断定,参见席泽宗:《试论王锡阐的天文工作》,《科学史集刊》1963年第6期。

4 [清]潘耒:《遂初堂集》卷六《〈晓庵遗书〉序》,《四库全书存目丛书·集部》第249册,齐鲁书社1997年版,第795页。

5 [清]张履祥:《杨园先生全集》卷六"书三",《四库全书存目丛书·子部》第163册,齐鲁书社1997年版,第136页。

6 事见[清]王锡阐著,[清]张海珊编:《晓庵先生文集》卷二"与吕仁左书"(这是一封劝说吕留良兄子吕仁左改邪归正的书信)、《晓庵先生诗集》卷二"怀商隐二首",道光年间抄本。

7 [清]王锡阐著,[清]张海珊编:《晓庵先生文集》卷二"答潘次耕书",道光年间抄本。

锡阐晚年已明确同意由潘耒为他整理和收集著作，于康熙十九年（1680）在致潘耒的信中做了特别交代，如云："《历法》六篇（即《晓庵新法》六卷）为门人宋德交携之闽中，不知知交中或尚录得否？""《历说》每写一通，辄为人持去，云高处有之，兄自索之可也。"[1] 这里王锡阐不仅为我们提供了他的代表作《晓庵新法》与《历说》等流播学界的第一手资料，而且也告诉我们这样一个事实：潘耒是在王锡阐的直接指示下开始编辑《晓庵遗书》的，故他对传播王氏会通中西之学所做的贡献是别人无法替代的。同时，与王锡阐相知颇深的潘耒，对王氏之学所做的评价也颇为贴切，他说："吾邑有耿介特立之士，曰王寅旭……尤邃于历学，兼通中西之术，非徒习其法，而心知其意；非徒知其长，而能抉摘其短。自立新法，用以测日月食，不爽秒忽。神解默悟，不由师传，盖古洛下闳、张平子、僧一行之俦也。"[2]

1　[清]王锡阐著，[清]张海珊编：《晓庵先生文集》卷二"又上章涒滩（答潘次耕书）"，道光年间抄本。
2　[清]潘耒：《遂初堂集》卷六《〈晓庵遗书〉序》，《四库全书存目丛书·集部》第249册，齐鲁书社1997年版，第795页。

第七章

浙西文艺家与西学的关系

一、明末浙西文学家与西学

沈德符（1578—1642），明朝浙江秀水人。万历四十六年（1618）中举人。自幼生长于北京，曾在国子监读书。利玛窦万历二十九年（1601）进京后，沈德符在北京与利氏相见，二人有关于辟佛方面的对话。沈著《万历野获编》历来获得学界高评，且极具史料价值，可笔者仍然将沈德符归为浙西文学家行列：一则沈氏以作家的观察力和文笔写下的《万历野获编》具有重要史料参考价值，但毕竟与史学家的史学著作有别，确切地说，《万历野获编》是一部具有重要史料价值的文人笔记；二则从沈氏另著《清权堂集》《万历前三朝朝章国故里巷琐语》《靡不备战》《秦玺始末》《飞凫语略》《敝帚轩剩语》《顾曲杂言》等也可见其主要为文学家，既以其独特的诗学风格自成一家，于明末清初诗坛影响颇深，又对戏曲、小说多有考证，是一位独具慧眼的文学家。

正是沈德符以其独特的文学家的视野和笔调，利用在北京与意大利耶稣会士利玛窦交往的经历与博览群书包括汉文西书的条件，为后人留下了许多珍贵的晚明传教士和西学东渐的史事记录。正如《万历野获编》的书名所示，其资料价值在于"野之所获"，即主流官方视野之外的史事杂闻。

沈德符的《万历野获编》二十卷首次编成于明朝万历三十四至三十五年（1606—1607），即沈德符入国子监为贡生前后。万历四十六年沈德符考中举人。次年应礼部会试落第，中年南返，沈氏又操笔续录，于是年冬编成续编十卷（上海古籍出版社版记续编十卷，但中华书局版记续编十二卷，此因所据古代刻本不同）。正续编前后间隔十二年。沈德符逝于崇祯十五年（1642），生前未能看到《万历野获编》的刊行。

沈德符《万历野获编》的记述起于明初，迄于万历末年，上至朝廷故事，下至民间风俗，描绘了明朝社会的生动画卷，补正史之未尽，记正史之所缺，在明代笔记中堪称上乘之作。清代浙西学者朱彝尊谓其"事有左证，论无偏党，明代野史，未有过焉者"[1]。晚清浙东学者李慈铭称其"议论平允，而考证切实，远出《笔麈》《国榷》《孤树裒谈》

---

1 ［清］朱彝尊：《静志居诗话》卷十七，人民文学出版社 1990 年版，第 515 页。

《双槐岁抄》诸书之上，考明事者，以此为渊薮焉"[1]。

（一）沈德符笔下的西人西学

沈德符《万历野获编》卷三十《外国》有《大西洋》一篇，又《利西泰》一篇，记录他与意大利耶稣会士利玛窦相交及利氏与其同伴在华传教活动经历。其《大西洋》原文如下：

> 利玛窦，字西泰，以入贡至，因留不去。近以病终于邸，上赐赙葬甚厚，今其墓在西山。往时予游京师，曾与卜邻，果异人也。初来即寓香山岙，学华言，读华书者凡二十年[2]。比至京，已斑白矣。入都时在今上庚子年，涂经天津，为税监马堂所谁何，尽留其未名之宝，仅以天主像及天主母像为献。礼部以所称大西洋为《会典》所不载，难比客部久贡诸夷，姑量赏遣还。上不听，俾从便僦居。玛窦自云：其国名欧逻巴，去中国不知几千万里。今琐里诸国亦称西洋，与中国附近，列于职贡，而实非也。今中土士人授其学者遍宇内，而金陵尤甚。盖天主之教，自是西方一种，释氏所云旁门外道，亦自奇快动人。若以为窥伺中华，以待风尘之警，失之远矣。
>
> 丙辰，南京署礼部侍郎沈㴶、给事晏文辉等，同参远夷王丰肃等。以天主教在留都，煽惑愚民，信从者众，且疑其佛郎机夷种，宜行驱逐，得旨。丰肃等送广东抚按，督令西归。其庞迪义等，晓知历法，礼部请与各官推演七政，且系向化西来，亦令归还本国。至戊午十月，迪义等奏曰：先臣利玛窦等千余人，涉海九万里，观光上国，食大官者十七载。近见要行驱逐，臣等焚修学道，尊奉天主，如有邪谋，甘堕恶业，乞圣明怜察，候风归国。若寄居海屿，愈滋猜疑，望并南京等处陪臣，一并宽假。疏上不报。闻其尚留香山岙中。
>
> 万历二十九年二月庚午朔，天津河御用监少监马堂，解进大西洋利玛窦进贡土物并行李，时吾乡朱文恪公以吏部右侍郎掌礼部尚书事，上疏曰："《会典》止有琐里国，而无大西洋，其真伪不可知。又寄住二十年，方行进贡，则与远方慕义特来献琛者不同，且其所贡天主、天主母图，既属不经，而随身行李，有神仙骨等物。夫既称神仙，自能飞升，安得有骨？则唐韩愈所谓凶秽之余，不宜令入宫禁者也。况此等方物，未经臣部译验。径行赍给，则该监混进之非，与臣等溺职之罪，俱有不容辞者。又既奉旨送部，乃不赴部译，而私寓僧舍，臣不知何意也？乞量给所进行李价值，照各贡译例，给与利玛窦冠带，速令回还，勿得潜住两京，与内监交往，以致别生支节，且使眩惑愚民。"

---

1 ［清］李慈铭著，由云龙辑：《越缦堂读书记》卷十一，中华书局 2006 年版，第 1150 页。
2 "凡二十年"，当指利玛窦 1582 年抵达澳门，其间居停肇庆、韶关、南昌、南京等地，至 1601 年抵达北京，其间历时二十年。

不报。……[1]

此文冠名"大西洋"，反映晚明多数士人热衷于西洋奇闻异事的"猎奇"心理。文中主要回忆记录利玛窦进京过程，以及礼部围绕利氏进贡朝觐之事展开的奏请活动，其中所录奏疏内容均有史料价值。其中又有几处涉及晚明西教士活动史事的重要记录。

其一，沈德符称"近以病终于邸，上赐赙葬甚厚，今其墓在西山。往时予游京师，曾与卜邻，果异人也"，透露两个重要信息：一是沈氏在北京期间曾与利玛窦比邻而居，显见有直接交往机会，后文《利西泰》一则也证实沈德符和利氏曾就"诽释氏"发生对话，利氏等西教士出于宗教立场，排斥佛教是其明末传教活动的重要内容。二是利玛窦逝于万历三十八年（1610），而《万历野获编》二十卷首次编成于明朝万历三十四至三十五年，则知沈德符《大西洋》一文为《万历野获续编》所作，正是明晚西学东渐高涨之时。

其二，沈氏记录"丙辰，南京署礼部侍郎沈淮、给事晏文辉等，同参远夷王丰肃等"即为基督教在中国遭遇到的第一次教案南京教案的真实历史记载。丙辰即明神宗万历四十四年（1616），反教事件的两位发起人：一是礼部侍郎署南京礼部尚书沈淮，字铭镇，浙西乌程（今湖州）人。明万历二十年（1592）进士，万历四十三年（1615）到南京任职。二是晏文辉，字伯充，号怀泉，江西南昌人，万历二十六年（1598）进士，次年任武进县知县，万历三十三年（1605）迁刑部主事，后任南京礼科给事中。沈淮先后三次上疏攻击天主教"煽惑愚民，信从者众，且疑其佛郎机夷种"，要求"驱逐"，最终导致南京教案发生。沈氏提及的"远夷王丰肃"即为意大利耶稣会士王丰肃。王丰肃于万历三十二年（1604）抵达澳门，万历三十三年进入南京传教，并担任南京传教会的会长。[2] 教案发生后，一些传教士如王丰肃、谢务禄等在南京被逮捕，官方宣布了天主教的一系列罪行。十二月，庞迪我、熊三拔等人从北京被押解至澳门。他们所建立的教堂被拆毁，一些墓地也遭到破坏。这次教案是明朝末年西洋传教士在华遭遇的第一次重大挫折。教案持续了三年时间，直到天启元年（1621）沈淮被撤职，天主教又重新恢复了活动。

其三，文中"不报"意指该奏章未获万历皇帝的批准。关于此事，利玛窦称："礼部的官员看到皇帝对他们提出的处理意见不予理睬，非常难堪，而北京其他的官员都认为这表明皇帝宽容神父们。甚至还认为神父们暗中与宫内有交谊的太监勾结，使皇帝不批奏折，以此来报复蔡某羁押神父的不当之举。大家还认为把在中国居住了多年，与国

1　［明］沈德符：《万历野获编》下册，中华书局 1959 年版，第 783—784 页。标点为笔者所加。引文中提及的庞迪義，即庞迪我。
2　据《利氏致罗马马塞利神父书》（1605 年 2 月撰于北京），［意］利玛窦著，罗渔译：《利玛窦书信集》下册，光启出版社、辅仁大学出版社 1986 年版，第 264 页："王丰肃神父去年被派前来中国服务，目前住南京会院，曾送来两只可带在颈项上的钟表，以便有机会好赠送给中国皇帝和要人。"

内名士显贵素有交往的利玛窦神父这样羁押在四夷馆是一种侮辱。还有人认为，是马堂在宫内众多的朋友左右了此事。……一个月后，礼部见皇帝的批复迟迟不下，生怕皇帝怪罪他们，便又上了一道奏折，态度与第一次大相径庭，其中未提太监一个字，也没再说神父们一句坏话，反而大加褒奖神父前来进贡的热忱，提议赐给神父比上道奏折中更多的东西。神父得到了这道奏折的副本，其言辞颇佳，但若要皇帝批复，似乎还欠缺一点，皇帝虽然愿意留住神父，但若没有大臣们的建议，他是不敢违背中国礼法的。管理钟表的太监们也不希望神父们离开京城，唯恐时钟出了毛病没人会修理。因为皇帝非常喜爱那只小巧的时钟，日夜带在身边，若是偶尔不能报时，太监们就无法应付了。……神父们曾告诉礼部的官员，在奏折中加上'准许居留京城'的内容，但他们始终不肯，说这样会与中国法律相抵触。此后，他们又接二连三地上过奏折，虽然每次的结果对神父们都更加有利，但都没有准许留京的内容，因此此事始终未得解决。"[1] 从利玛窦的记录来看，他们被留居北京很重要的原因是修理自鸣钟的需要。

沈德符《万历野获编》卷三十之《利西泰》一文如下：

> 利西泰发愿，力以本教诱化华人，最诽释氏。曾谓余曰：君国有仲尼，震旦圣人也，然西狩获麟时已死矣。释迦亦葱岭圣人也，然双树背痛时亦死矣。安得尚有佛？余不谓然，亦不以为忤。性好施，能缓急人。人亦感其诚厚，无敢负者。饮啖甚健，所造皆精好，不权子母术，而日用优渥无窘状，因疑其工炉火之术，似未必然。其徒有庞顺阳，名迪我，亦同行其教，居南中，不如此君远矣。渠病时搽擦苏合油等物遍体，云其国疗病之法如是。余因悟佛经所禁香油涂身者，即此是也。彼法既以辟佛为主，何风俗又与暗合耶？利甫逾知命而卒。[2]

此条文字记录虽然涉及沈氏与利玛窦的"耶儒""耶佛"对话，但沈氏对利玛窦的排佛之论显然不赞同，却也出于礼貌而不当场反驳，"余不谓然，亦不以为忤"，因为他似乎对利玛窦本人及西洋风俗更感兴趣。沈德符关注了利玛窦的为人品格、生活嗜好："性好施，能缓急人。人亦感其诚厚，无敢负者。饮啖甚健"；又关注其携带的西洋生活用品"所造皆精好""日用优渥"。最后，特别提及天主教礼仪中的傅油圣事。传统基督教派的七大圣事之一即是司铎在危重病人身上涂抹经过祝圣的橄榄油这一仪轨，象征将病人付托给基督并祈求赐予安慰和拯救。而在佛教经典中也有"涂香"礼仪，根据《四十华严》卷十一中说，涂香共有十种功德，但是涂香在古印度，只限于在家居士使用，出家人是不允许用香涂抹身体的。沈德符显然了解佛经有关"涂香"仪轨，故讽刺

---

1 ［意］利玛窦著，文铮译：《耶稣会与天主教进入中国史》，商务印书馆 2014 年版，第 295—296 页。
2 ［明］沈德符：《万历野获编》下册，中华书局 1959 年版，第 785 页。

天主教"既以辟佛为主，何风俗又与暗合耶？"

（二）钱希言和朱怀吴记录的利玛窦和西学

1. 钱希言《狯园》以异类的眼光记录利玛窦和西学

钱希言（1562—1638），字象先，后避祖讳改为简栖，南直隶常熟人，是明代后期吴中地区著名的山人。游浙东、荆南、江西，与王穉登、屠隆、汤显祖交。钱希言一生笔耕不辍，著有《狯园》《桐薪》《戏瑕》《听滥志》《桃叶编》《二萧篇》《讨桂编》《织里草》《辽邸记闻》等，晚年将之编为《松枢十九山》。在其诸多作品中，又以小说成就引人注目，其种类多样，风格各异，在明代小说史上具有重要的地位。

关于钱希言在晚明文学史上的地位，综合学者所论：钱氏在明代万历文坛声名远播，以创作之丰富与交游之广泛获得了同时代人的认同，又因其特殊的生存状态所体现的晚明士人群体分化的新动向以及在此基础上展现的山人心史而使其作品具有一定的文学、文化学意义。在行迹上，"游"是钱希言生活的常态，从幼年逃避家难到成年后谋食于公卿间而成为山人，他的一生以"游"而终；在心态上，他刚做山人时自称"秦川贵公子"，壮年后却以"天地间一废人"重新定位自己的现实角色，"废人"既是发愤之语，也是冷眼自观。钱希言的山人行径与山人心态给他的文学创作以深刻影响，他游走于权贵之门的谋生方式决定了诗歌内容以投赠与唱和酬酢为主，而奔走四方、交游甚夥又使他掌握了大量故事素材和小说史料，奠定了他在晚明文言小说史中的位置。基于以上各层面的深入考察，钱希言在晚明文坛的特殊意义也得以形成清晰的指向，他既是我们把握明代山人行迹及其心态的重要个案，又是我们了解晚明文言小说发展史的关键环节。

钱希言志怪小说的代表作即为《狯园》。其篇幅较长，文采斐然，内容取材广泛，分为神仙道化、释异报应、淫祀妖怪、奇闻异物四大类；艺术特色上体现为较强的游戏色彩、教化特色，以及师法传奇的创作追求，这是整部小说的亮点。笔记小说《桐薪》，内容包罗万象，艺术特色上具有较强的"格物"性质，兼备浓郁的感伤色彩。

《狯园》十六卷，有钱希言万历癸丑（1613）的自序，可知，该书应成于1613年之前。《狯园》卷四《仙幻》篇有《利玛窦》一文，文中记录了利玛窦之死，可知钱氏的利玛窦传记写作于利氏于万历三十八年（1610）去世后不久。原文如下：

> 利玛窦，大西国人，游于中华十五年矣。衣服语言、饮食礼乐，无不中华，但不娶耳。彼国无佛法，亦不通儒教，第奉天主为尊，其像是一妇人，手中所抱者，即天主也。妇人像若西王母，而绘彩之色，绚烂非常，望若七宝庄严者。然既以其像进圣母，张壁凛凛，便敕收藏于库。其所进自鸣琴、自鸣钟，皆按刻漏而鸣，若吾中华有自鸣更鼓之属，天子甚异之，赐赉

无数，日给飧钱，因养之京师。玛窦他所制自鸣鼓吹，未进上者尤奇。一拨关捩，众乐皆鸣，今京师市中有制成出卖者。所携经籍，皆梵字，其印装之巧，纸墨之精，中华所不及也。玛窦慧性绝伦，虽数万亿言，一览而得，人谓其胸有成案，故能然。据云"学识字如造屋然"，疑即吾儒"以一贯万"之义矣。往常刻广舆地图于金陵，用五色以别五方，中华幅员大如弹丸黑子。庚戌年夏，中疫卧病，服参而死，始知其无他道术，是外夷中一异人也。[1]

钱希言此文记录的西学信息主要有以下几条：

其一，利玛窦"游于中华十五年矣"，如果从文末记利氏去世之"庚戌年"即明万历三十八年倒算，即万历二十三年（1595），利玛窦已在南昌传教。钱希言曾在江西游历，利玛窦在南昌传教时，三十三岁的钱氏有可能获悉。但利玛窦于万历十一年（1583）抵达肇庆，在中国内地首次传教，从此开始算起十五年之后的万历二十六年（1598），为利氏首次进入北京，短暂停留后返回南京，而到"庚戌年"去世，在华传教活动时间至少二十七年。钱希言所称利玛窦"游于中华十五年"或指钱氏首次获悉利氏至其去世为十五年。显见，钱希言对利玛窦入华传教经历信息不全。

其二，全文重点描述利玛窦的生活习俗和个人学识、西洋天主教信仰、西洋书籍、西洋奇器、世界地图。其中谈到西洋书籍的印制技术，"所携经籍，皆梵字，其印装之巧，纸墨之精，中华所不及也"。这些描述加上承认在经籍图书的制作上中国不如西洋，表明钱希言对待西方文化的态度较为开明。然而，他仍然将利玛窦归为"外夷中一异人"。

钱希言《狯园》卷五"释异"之"西里僧"一条更将利玛窦及其随从归为"西域异人"：

明万历年间，海宇宁谧，边陲晏然，九译来庭，千里却献。时有西域异人利玛窦者，航海梯山，来朝圣君，贡自鸣钟、长明灯、天主绘像，内宫珍重，终莫测其制也。于是天子异之，非时引问，命四夷馆宾焉。将授一散职官，玛窦辞不敢拜，但服中国衣冠，往来公卿缙绅之家，共相酬对而已。时同舟而济者凡八十一人。庚戌之夏，玛窦病疫，卒于京师，而此八十一人亦后先命过，止存二人，流落吴越间，并年近百岁，眉长尺许，环穿耳上，轻健如未老人，众呼之为西里僧矣。后此二人，结庐杭州之钱唐门内水沟桥下，言人祸福，最多神验。有难解事，叩之立解，累年不举烟火，而好事相访，设具相留，间出

---

1 ［清］钱希言：《狯园》卷四，《续修四库全书·子部》第1267册，上海古籍出版社2002年版，第597页。

珍膳异果，谈者莫不玩味忘归。又能用勾股法，以测天地高深广远之数，凡所推步，一一无差，其术与阴阳五行家稍异。或云：即周髀算法，大抵方为数始，圆为数终，圆始于方，方终于圆。得其理，甚无难也。上海徐翰林光启，昔言尝授数学于玛窦，其理以一贯万，疑即此法。[1]

文中所述真假混杂，读者自然难辨真伪，不过有几处叙述值得探究：

其一，钱氏以"西里僧"称呼利玛窦的追随者，并且有二人"结庐杭州之钱唐门内水沟桥下"，其说虽然荒诞，但明末利玛窦在肇庆现身传教之初，为了获得中国人的认同，确曾有意将自己打扮成僧人，时称"西僧"，后来在中国士人建议下才改换"儒服"。如首位获准在华居留的传教士罗明坚即自称"天竺国僧"，而利玛窦亦误认为僧袍是中国官员"所能恩赐最体面的服饰了"[2]。可见钱希言"西里僧"之说并非空穴来风。而万历三十九年（1611）李之藻守孝返回杭州，确实带来两位欧洲传教士即郭居静、金尼阁，在杭州首次开教。

其二，文中述及"西里僧"在杭州传教"又能用勾股法，以测天地高深广远之数，凡所推步，一一无差，其术与阴阳五行家稍异"，显然是指西洋教士采取的"学术传教"策略。其中"或云：即周髀算法，大抵方为数始，圆为数终，圆始于方，方终于圆。得其理，甚无难也"，此处，钱希言将西教士采用的历算测量方法与中国传统勾股法、周髀算法类比，其意义或非一般。因为清初康熙年间高涨的"西学中源"说，其主要阐论者梅文鼎即将西方历算之学的源头论证为中国古代传统的《周髀》之学。[3]

其三，钱希言《狯园》所述西人西学信息，真假杂糅，一则体现钱氏志怪小说作家的风格，二则表明当时部分浙西文人仍将西人西学归入"异类"，存在明显的"猎奇"心态，这也是异质文化交流之初常见的现象。

2.朱怀吴：最早与利玛窦对话的杭州人之一

朱怀吴，钱塘人。万历二十五年（1597）举人，万历四十三年（1615）任蒙城教谕，天启间署泰宁知县，又迁邵武府同知，官至刑部郎中。据《昭代纪略》朱怀吴序，《昭代纪略》前四卷是"索诸名臣所编而善次之，分为四集"，而第五卷则是以"琐事有关切者，别为一集，以便稽览，而略于隆、万以后"，可知第五卷应为朱怀吴本人亲历亲闻之人、事。从卷五中"利玛窦"条的内容看，该传完成的时间当在南京教案后不久，且知朱怀吴与利玛窦在南京曾有接触，利、朱之间还有问学对话。文中的"吾"即朱怀吴。但《昭代纪略》刊于天启六年（1626）[4]，因《昭代纪略》过去流传较少，现将朱

1　［清］钱希言：《狯园》卷五，《续修四库全书》第1267册，上海古籍出版社2002年版，第613页。
2　［意］利玛窦著，罗渔译：《利玛窦书信集》上册，光启出版社、辅仁大学出版社1986年版，第40页。
3　参见徐海松：《清初士人与西学》第八章，东方出版社2000年版。
4　谭树林：《Matteo Ricci之中文名字"利玛窦"新释》，《北京行政学院学报》2015年第6期。

怀吴《昭代纪略》卷五"利玛窦"条转录如下：

万历二十八年，有利玛窦者与其徒庞迪莪诣阙。利姓，玛窦名，本姓利著，今去"著"。自言大西洋国人，国在天竺西，不知所谓佛教者。去中国八万里，行三年，以万历八年始至，自彼国而抵海，乃登大舶，可容千五百人，千人摇橹，茫无津涯，惟风所之，又数万里而后达于海南诸国，至海南诸国，达粤不远矣。彼其国，素不知东方有中国之大如此者，知之，自七八年内，而未有能通；通之，自渠始。又西大海耳，所贵文字，如虫篆，自西而东横行，纸甚坚，十译馆中无有，似天方、回回而非。

自言其国广大，不异中国，有七十余国，正北亦有虏，防之如中国之防虏，有坚城、火器、弓矢，内地虽有城，不必坚。此七十余国者各有主，而尚未尊；尊为教化主，其令能废置诸国王而俯听焉。教化主起于齐民，初有圣人仁德者设是教，严事天主。天主者，天神也，天主有母无父，至今家家皆像天主母、天主及圣人，而祝之教之，所尊者三：一天，二父母，三君。

而窦来中国始知有佛教，言佛尊己不尊天，不足事也。其圣人亦有著书，比吾之六经。凡为诸生者，须市数十金之书乃给，而试一书生须数月之力。其俗凡读书学道者不娶，中制科为荣耳，不必官，从此而往为耆旧。耆旧约有二三千人，而推其中之齿德最高者为教化主，共辅之。故教化主甚尊威福，予夺生杀，脱于口，行于七十余国中，以至长治而不乱焉。俗三十始娶，无二妻，虽国王亦尔，无子则传侄，家有三子者，二人不娶，犹子即其子也，女多亦不嫁。

亦以银钱为用，玉石非罕不为珍，金锡以为器。国无盗百年，有一盗，以为怪而堕之。历以节气为断，不数月。无占卜谶术，好楼居以辟湿，楼可走马，旋而上。国王出，则人簇而观，慰劳之，不辟人。语云："人不婚宦，情欲失半。"夫以七十余国而常睦，岂天性独璞茂哉？亦教化主之力。教化主虽宦不婚，无内累则私营寡而征求少，又夹持以多贤，起于齐民，终于齐民，不公平何之？故长为人所宗，此合孔墨老释桓文为一人，而势足行其德者也。且婚配少，生齿不繁，于是少私寡欲而赡裕。虽国王，束于制，无二色，复何淫辟昏荡之忧？吾闻其言而慕之，胜于建德之国云。

俗自有音乐，所为琴，纵三尺，横五尺，藏椟中，弦七十二，以金银或炼铁为弦，各有柱，端通于外，鼓其端而自应，窦以此献天子。又有自鸣钟者，秘不知其术，而大钟鸣时，正午一击，初未二击，以至初子十二击；正子一击，初丑二击，以至初午十二击。小钟鸣刻，一刻一击，以至四刻四击。盖气机所为，他人不能为也。尝言彼国人，他无所精，故精于观天，有暑器类吾仰仪，又有四刻漏，以沙为之，他尚多。其教以早拜天，愿己今日不生邪心，不道邪言，不为邪行；晚复拜天，陈己今日幸无邪心，无邪言，无邪行；久则早晚更愿己生如千善心，道如千善言，为如千善行。如此不废，著书皆家人语。

窦始至肇庆、韶州，复至南昌，学汉音，读孔氏书，故能通吾言。始来偕十余人，今死大半。自二十五离家，犹童子体，尝为《山海舆地全图》，荒大比邹衍言，大地浮于天中，天之极西即通地底而东，极北即通地底而南，人四面居其中。吾诘之："地底人不在水中乎？不下坠乎？"彼云："地底人以下为上，上为下，水附于地，不丽于天，水特居天中心耳，大抵皆气摄也。"抑鲛人居水，理或有之，顾吾未敢信。

窦游南都，从礼科给引，以其天主像三及自鸣钟诸物来献，道经临清，为税阉马堂搜而献之。腊月入京师，馆饩于礼部，礼部请冠带之，听其自便，不报。窦亦自言："幼慕道，逾艾[1]不娶，无子，非有他觊，惟闻圣化，远来得安插居已矣。馆饩非所愿。"亦不报，资用之不乏。每市药入，一日辄与人，人言有丹术云。万历三十七年死，葬于京师。其徒庞迪峩仍居京师，王封肃等居南京，各以其教耸动士庶，从者云集。南京礼部侍郎沈㴶再疏论之，驱诸广东，其徒遂解云。[2]

朱怀吴《昭代纪略》卷五"利玛窦"记述的天主教、西洋器物、天文地理、西洋习俗等西学信息虽然没有深入专业层次，但朱氏观察仍较深刻，尤其是他对天主教的宗教礼仪习俗、社会教化功能及世界地图等的理解和感想，颇具时代色彩。

其一，文首有关利玛窦译名，称"利姓，玛窦名，本姓利著，今去'著'"，有学者据此认为利著当即"Ricci"之原始译音，可知当时还将利玛窦的西文名"Matteo Ricci"译为利著玛窦者。但也有学者指出"Ricci"不能音译成"利著"，而且迄今尚未发现利玛窦曾使用复姓"利著"的任何文献记载。"利玛"乃 Matteo Ricci 各取前两个字母"Ma"和"Ri"之音译，"窦"本应为"老窦"，取自粤方言"老窦（豆）"，原意为"父亲"，用来称谓神职人员，可以引申为"神父"，这恰与利氏之"神父"身份契合；因此，"利玛老窦"即"利玛神父"之意。同时依中国人名用字习惯，将"老"字去掉，即为"利玛窦"。晚明时"利玛窦"已成为 Matteo Ricci 约定俗成的中文姓名书写形式。[3]可见，朱怀吴称利玛窦"本姓利著，今去'著'"之说乃望文生义之猜测。

其二，文中评述天主教传播之广、影响之大的原因，认为是其"教化主之力"，即

1　《礼记·曲礼上》曰："五十曰艾，服官政。""逾艾"即五十余岁。
2　［清］朱怀吴：《昭代纪略》卷五，具体版本不详。引文中提及的王封肃即意大利耶稣会士王丰肃，又名高一志。
3　谭树林：《Matteo Ricci 之中文名字"利玛窦"新释》，《北京行政学院学报》2015 年第 6 期。

"教化主虽宦不婚，无内累则私营寡而征求少，又夹持以多贤，起于齐民，终于齐民，不公平何之？"此将天主教的教化之力归结为"不婚"、无私利、齐民的"公平"做法，显示作者朱怀吴正面看待晚明的天主教传播，而且表达仰慕之意："吾闻其言而慕之，胜于建德之国[1]云。"如此肯定天主教教化功能的非教徒士人，在晚明并不多见。

其三，朱氏参观《山海舆地全图》，诘问地圆说之论"地底人不在水中乎？不下坠乎？"在明末清初的文人中具有普遍意义，虽然传教士以"气摄"说解释并无多少科学道理，但地圆说对于坚守"天圆地方"的中国传统士人的冲击实在太大，即便像朱怀吴这样相对开明的文人也一时难以接受。

二、浙西书画家笔下的西学

明清之际浙西地区的其他一些文艺书画杂家，甚至一些名不见经传的学者，也为我们提供了一些重要的中西文化交汇资料。

（一）李日华笔录中的西人西学

李日华（1565—1635），字君实，号九疑、竹懒等，浙江嘉兴人，万历二十二年（1594）进士。起初出任江西九江推官兼瑞昌县令，后来遭受谗言，调任河南汝州州同，后转西华知县。其间母亲去世，丁忧在家，便以此居家侍养父亲十余年。再次出仕时，在南京任礼部仪制主事，中途辞官归家赡养父亲。父亲去世，服丧结束后，又出任礼部尚宝司丞。后再度辞官归里，不再出仕。李日华生性淡泊，与人无忤，精通书画、文学，藏书数万卷，《明史·文苑传》记载他与董其昌、王惟俭等鼎足而三，"世所称博物君子"。

李日华虽然精于书画艺术，但他著作宏富，有《恬致堂集》《紫桃轩杂缀》《味水轩日记》《六研斋笔记》等，其内容多为后代学者称引。关于李日华与西学的关系，笔者此前从他的《味水轩日记》中检得一条史料："岳之律云：利玛窦乃香山澳主所遣，以侦探中朝者，为近日有扫除香山澳之议故也。澳中有寺，玛窦曾为寺中僧。"[2]此即说明利玛窦受澳门主教派遣来华传教。学界通过李氏《紫桃轩杂缀》早已知道他曾与利玛窦见过面。

从其他著作中检得的材料来看，李日华不仅与利玛窦相交面谈，更有赠诗作文，对其称赞有加。李日华对西人西学的观察，主要体现在他所撰的"大西国"一文中：

> 大西国，在中国西六万里而遥，其地名欧海。国列三主：一理教化，一掌
> 会计，一专听断。人皆畏听断者，而教化、会计独其尊等耳。旁国侵掠，亦听

---

1 "建德之国"乃《庄子》中虚构的无为而治的理想国。
2 ［明］李日华：《味水轩日记》卷一，《北京图书馆古籍珍本丛刊》第 20 册，书目文献出版社 2000 年版，第 39 页。

断者征发调度。然不世及，须其人素积望誉，年过八十而有精力者，众共推立之，故其权不久而劳于运用，人亦不甚歆美之。地多犀象虎豹，人以捕猎为生，亦有稻麦菜茹之属。文字自为一体，不知有儒、道、释教，国中圣人皆秉教于天主。天主者，以为最初生人生物之主也，立庙共祠之。其言天地万物之理，与中国异，谓天有三十二层，地四面悬空，皆可著人。日大于地，地大于月，地之最高处有阙，日月行度适当阙处，则光为映蔽而食。五星高低不等，火最上，水最下，金、木、土参差居中，故行度周天有迟速。其言皆著图立说，亦颇有可采处。自古迄今，不知有中国。至世庙末年，国人利玛窦者，结十伴航海，漫游历千余国，经六万里，凡六年，抵安南而入广东界，时从者俱死。玛窦有异术，人不能害，又善纳气内观，故疾莫不作。居广二十余年，尽通中国语言文字。玛窦紫髯碧眼，面色如桃花，见人膜拜如礼，人亦爱之，信其为善人也。余丁酉秋遇之豫章，与剧谈，出示国中异物，一玻璃画屏，一鹅卵沙漏，状如鹅卵，实沙其中，而颠倒渗泄之，以候更数。携有彼国经典，彩阘金宝杂饰之，其纸如美妇之肌，不知何物也。云其国之树皮，治薄之如此耳。玛窦年已五十余，如二三十岁人，盖远夷之得道者，汗漫至此，已不复作归计。余赠之诗云："云海荡朝日，乘流信彩霞。西来六万里，东泛一孤槎。浮世常如寄，幽栖即是家。那堪作归梦，春色任天涯。"彼真以天地为阶闼，死生为梦幻者，较之达磨流沙之来，抑又奇矣。[1]

结合其他诗文材料，我们大致可以勾勒出李日华与西人西学的主要关系：

其一，李日华与利玛窦的结交。从"余丁酉秋遇之豫章，与剧谈"来看，李日华应该是在万历二十五年（1597），于江西南昌（古称豫章）任职时结识利玛窦。利玛窦向他展示了许多他未曾见过的"异物"，两人还进行了"剧谈"，就是天南海北地侃大山，内容涉及西方的风土、政治、宗教、天文，以及利玛窦的来华经历和将来打算。李日华为其事迹与精神所感，于是写下了这首《赠大西国高士利玛窦》之诗："云海荡朝日，乘风弄紫霞。西来六万里，东泛一孤槎。浮世原如寄，幽栖到处家。那堪作归梦，春色任天涯。"[2]

刘侗（1593—约1636）、于奕正（1597—1636）合撰并成书于崇祯八年（1635）的《帝京景物略》中收录另一首李日华《赠利玛窦》诗："云海荡落日，君犹此外家。西程

1　［明］李日华：《紫桃轩杂缀》卷一，《四库全书存目丛书·子部》第108册，齐鲁书社1997年版，第13—14页。
2　［明］李日华：《李太仆恬致堂集》卷五，《四库禁毁书丛刊·集部》第64册，北京出版社1998年版，第178页。此诗也在《大西国》文中记录，但无诗名，文字略有差异。

九万里，东泛八年槎。虔洁尊天主，精微别岁差。昭昭奇器数，元本浩无涯。"[1]

李日华在《紫桃轩杂缀》一书的《大西国》一文中记载了他与利玛窦的交往，以及写作此诗的背景，但记叙的时间有误："至世庙末年，国人利玛窦者，结十伴航海……"此言利玛窦嘉靖（"世庙"即明世宗嘉靖皇帝）末年来中国，实为万历年间。当时，利玛窦结伴十人航海漫游前来中国。一行人途经千余个邦国，航程六万余里，耗时六年，才抵达越南，然后转入广东地界。到岭南后，因不适应当地湿热的气候环境，其他同伴相继生病离世，唯有利玛窦得以幸免，并就地居住二十余年，尽通中国语言和文字。李日华称"玛窦紫髯碧眼，面色如桃花，见人膜拜如礼，人亦爱之，信其为善人也"。

其二，李日华所见西洋奇器。利玛窦展示了玻璃画屏、鹅卵沙漏、圣经经典等"异物"。李日华对精巧的沙漏和图书颇感兴趣，详细记载了它们的特征。前者状如鹅卵，但有沙含于其中，来回颠倒，可以反复漏沙，其作用在于可以计算时间。西方经典图书则用金宝镶刻，纸张如美妇之肌，细看之下是使用该国特殊树皮治薄而成的。

其三，李日华了解到的西洋国、西文、西教、西政等西洋风情知识。李日华通过与利玛窦"剧谈"，了解到"大西国，在中国西六万里而遥，其地名欧海"，当地有许多犀象虎豹，人们以捕猎为生，但也有稻麦菜茹等种植业。"文字自为一体，不知有儒道释教，国中圣人皆秉教于天主。天主者，以为最初生人生物之主也，立庙公祠之。"在政治方面，"国列三主：一理教化，一掌会计，一专听断。人皆畏听断者，而教化、会计独其尊等耳"，即指其中央机构三足而立，但以"听断者"——教皇为首，另有负责具体教化的各级教司，以及征税官。同时指出虽然教皇大权独揽，但非世袭，须由众人推立德高望重者担任，因此当人掌权时一般都较年迈，且疲于应付各种杂务，人们也不羡慕这事。李日华记录的欧洲国家政治制度及其运作方式，与当时真实历史进程中的欧洲国家政治略有不同，似乎更像是梵蒂冈罗马教皇国的统治架构。这或许是利玛窦对李日华采取的更高层次的"学术传教"策略。

其四，李日华对大西国的天文历法知识感兴趣。李日华最为感兴趣的是大西国对天文的看法，"其言天地万物之理，与中国异，谓天有三十二层，地四面悬空，皆可著人。日大于地，地大于月，地之最高处有阙，日月行度适当阙处，则光为映蔽而食。五星高低不等，火最上，水最下，金、木、土参差居中，故行度周天有迟速"，并直指"其言皆著图立说，亦颇有可采处"，这表明李日华既与利玛窦交谈，又阅读过不少图文并茂的西学图书，并从中获得西方天文历算知识，明显表现出了接纳采用西方科学的开明思想。

---

1 ［明］刘侗、［明］于奕正：《帝京景物略》卷四"西城内"，北京古籍出版社1982年版，第154页。汤开建先生认为李日华此诗并非《赠大西国高士利玛窦》的另一个版本，而是李日华赠利玛窦的另一首诗，参见汤开建汇释、校注：《利玛窦明清中文文献资料汇释》，上海古籍出版社2017年版，第417页。

其五，李日华对利玛窦个人的品行学识深表崇敬。李日华称利玛窦是"远夷之得道者"，指其当时已五十余岁，但面如二三十，大概是西人与中国人体质特征不同，以及他的养生有方之故。且李日华对利玛窦从遥远的大西国漫游至中华，又"不复作归计""真以天地为阶闼，死生为梦幻者"的壮举钦佩不已，因而多次赠诗表达敬意。上述所引《赠利玛窦》诗中称："虔洁尊天主，精微别岁差。昭昭奇器数，元本浩无涯。"有学者认为李日华此诗非常准确地把握住了利玛窦的特点——"虔（诚）（纯）洁"地尊崇天主，精确地纠正历法上的差错，又具有西洋机械和数学方面的科学知识，其知识之深广，无边无涯。[1]

从李日华的记述与诗文来看，他与利玛窦也可谓一见如故。他本人并不认为利玛窦所持所论是什么奇技淫巧或天方夜谭，而是以理性去理解和辨析它们。同时，对于利玛窦的修道人生，又以道家、儒家的精神加以理解会通，甚至可以共情。这其实也代表了明末社会士人的精神以及他们对中国之外世界的理解与接纳，与清代士人的故步自封和浅鄙认知，真是判若云泥。同时，从利玛窦处看，他艰难来华，可以说开启了西学东渐的序幕，促进了中西文明的交流，他与李之藻合作的明朝《坤舆万国全图》至今仍是国之瑰宝，在世界文明交流史中也有其重要意义。

（二）彭孙贻《客舍偶闻》记录的西人西学

彭孙贻（1615—1673），浙江海盐武原镇人，字仲谋，一字羿仁，号茗斋。明末清初学者，彭孙遹（1631—1700）从兄。彭孙贻擅治经史百家之学，凡氏族、方技、释老、稗乘之书，靡不毕究。又善诗，工墨兰，为明末一大家。又颇留心于史事，曾与同邑吴仲木（吴蕃昌）创"瞻社"，同时受到贤士推崇，时称"武原二仲"。著作有《茗斋诗文集》《流寇志》《茗斋诗余》《茗斋杂记》《彭氏旧闻录》《客舍偶闻》《方士外纪》《国恩家乘录》《明朝纪事本末补编》五卷、《虔台逸史》《甲申以后亡臣表》《靖海志》等十余种。清康熙十二年（1673），与童申祉同纂《海盐县志》十卷，未刊，抄本今藏南京图书馆。

彭孙贻对西人西学的记录主要见于其康熙戊申年（康熙七年，1668）所撰的《客舍偶闻》。其书中记录了有关利玛窦和汤若望引进西洋历法以为朝廷修历所用之事迹：

> 万历时，李之藻、徐光启知历律，称经纬渐差，宜修改《大统历》，然未
> 有要领。已而西洋欧罗巴人利玛窦泛海至中国。玛窦博学多材，艺居香山岛
> 读书三年，尽通中国语言文字，携门人汤若望、艾儒略、阳玛诺、毕方济等
> 十二人入都。利玛窦精天文律历诸法，光启等与言皆以为不如。因令上书请

1 ［日］平川祐弘著，刘岸伟、徐一平译：《利玛窦传》，光明日报出版社 1999 年版，第 300 页。转引自汤开建：《利玛窦明清中文文献资料汇释》，上海古籍出版社 2017 年版，第 417 页。

令西人参与历法，诏许之。玛窦以西洋历法论改历事，著书未竟而死。若望等续成之，名《崇祯历书》，历未成而鼎革。世祖定北京，遂用之，名《时宪历》。……赐若望号"通元国师"，赐一品服。[1]

同时，彭孙贻在《客舍偶闻》中对清初"康熙历狱"期间，汤若望等西洋传教士受到迫害之事表达了自己的看法："西人法既尽善，改其题署之失，正之可也。若望诚有罪，罪其人，不废其术也。譬之国史，迁以腐废，固以党死，晔以逆诛，《史》《汉》诸书固不废也。"[2] 从中可见彭孙贻表露的西学观：他对传教士引进的西洋历法持明确的肯定态度，而对待"康熙历狱"事件中受迫害的西洋传教士则主张区别对待西人与西学，做到"罪其人，不废其术"。这在清初中西历法之争的背景下已是士人学者较为明智的公允之论。

早年间，学者方豪在《从〈红楼梦〉所记西洋物品考故事的背景》一文中，述及西洋葡萄酒甚详，并引述彭孙贻《客舍偶闻》中的资料，记录了一段汤若望与宁波天一阁创始人范钦的曾孙范光文（1600—1672，字潞公，号耿仲）共同品尝葡萄酒的佳话：

> 汤若望……取西洋蒲桃酒相酌，启一匣锦囊，又一匣出玻璃瓶，高可半尺，大于碗，取小玉杯二，莹白无瑕，巧工无匹。谓吏部范公曰："闻公大量，可半杯。"若望斟少许相对，吏部以为少。若望笑曰："此不可遽饮，以舌徐濡之。"潞公如言，才一沾舌，毛骨森然若惊，非香非味，沁入五脏，融畅不可言喻，数舐酒尽，茫茫若睡乡，生平所未经。若望亦如寐，良久各醒。仆从饮半杯，仆不能起。若望命取粥，各举一碗，身柔缓，须扶乃登车。仆从皆跟跄欹侧归。[3]

范钦曾孙范光文，清顺治六年（1649）进士，曾担任过礼部主事、陕西学政等职，因而彭孙贻《客舍偶闻》中称范光文为"吏部范公"，而"潞公"则是范光文的字。后范光文以正直得罪上司，罢归居家。康熙四年（1665），范光文为扩建天一阁做出了贡献。康熙十二年（1673），学者黄宗羲到鄞县，范光文和胞弟范光燮决定破例带领黄宗羲登天一阁藏书楼，读所未见之书，并抄为书目。六年之后，黄宗羲《天一阁藏书记》问世。

汤若望入清后，即于1644年担任钦天监监正，到1658年晋升为一品光禄寺大夫。范光文在1649年之后升迁吏部文选司，1651年担任陕西乡试主考官。可以推测汤范两人在北京共同品尝葡萄酒的时间在1650年前后。彭孙贻《客舍偶闻》所述"西洋蒲桃

1 ［清］彭孙贻：《客舍偶闻》，柘柳草堂本。
2 ［清］彭孙贻：《客舍偶闻》，柘柳草堂本。
3 方豪：《红楼梦西洋名物考》，浙江人民美术出版社2017年版，第111页。

酒"之"蒲桃"应为"葡萄"之异写，汤若望请范光文品尝的葡萄酒"一匣锦囊，又一匣出玻璃瓶"，应为两种葡萄酒，又从范光文的饮酒体验"潞公如言，才一沾舌，毛骨森然若惊，非香非味，沁入五脏"来判断，他品尝的应该就是玻璃瓶装的白兰地之类的烈性蒸馏葡萄酒，即便是有酒量的范光文也是"半杯"即醉，"身柔缓，须扶乃登车"，而仆从更是"踉跄欹侧"而归。彭孙贻《客舍偶闻》的这则精彩记录，为我们留下了一件发生在北京的浙江士人与德国传教士间关于西洋葡萄酒早期入华传播的风雅趣事。

康熙二十五年（1686），荷兰贡品中有"葡萄酒两桶"。然其时清帝对外人所贡之物颇具戒心，未必贸然饮用。二十余年后，康熙四十八年（1709）正月二十五日，始有上谕曰：

> 前者朕体违和，伊等跪奏：西洋上品葡萄酒，乃大补之物，高年饮此，如婴儿服人乳之力，谆谆泣陈，求朕进此，必然有益。朕鉴其诚，即准所奏，每日进葡萄酒几次，其觉有益，饮膳亦加；今每日竟进数次，朕体已经大安。念伊等爱君之心，不可不晓谕朕意。今传众西洋人，都在养心殿，叫他们知道。钦此！[1]

此后，各省西人进酒者纷然而至。同年三月，江西巡抚郎廷极（1663—1715）奏报在饶州（今江西省鄱阳县）的西洋人殷宏绪（即法国耶稣会士殷弘绪，François-Xavier Dentrecolles，1664—1741，1699 年 6 月至华，在江西景德镇传教多年）进献西洋葡萄酒 66 瓶。次年，两广总督赵弘灿、广东巡抚范时崇又奏有西洋人李国震（即李国正，Emmanuel Ozorio，葡萄牙耶稣会士，1691 年至澳门）呈交进献朝廷的葡萄酒 15 瓶，云系西洋人何大经所进呈。[2] 此外，进一般洋酒之西人更不计其数。直至雍正、乾隆时，外国使节尚有进红、黄、白各色葡萄酒者，而大臣亦以得葡萄酒为荣。浙西海宁人查慎行的《敬业堂诗集》也有咏西洋葡萄酒的诗篇。

三、浙西词学宗师朱彝尊与西学的接触

朱彝尊（1629—1709），字锡鬯，号竹垞，晚号小长芦钓鱼师，别号金风亭长，浙江秀水人。他博通经史，擅长诗词，为"浙西词派"创始人，与陈维崧（1625—1682，今江苏宜兴人）并称"朱陈"，与王士祯［1634—1711，原名王士禛，号阮亭，又号渔洋山人，山东新城（今桓台县）人］称南北两大诗宗（南朱北王）。康熙十八年（1679），举博学鸿词科，除翰林院检讨。其时汪琬［1624—1691，长洲（今苏州）人］、

1　方豪：《红楼梦西洋名物考》，浙江人民美术出版社 2017 年版，第 107 页。
2　方豪：《红楼梦西洋名物考》，浙江人民美术出版社 2017 年版，第 110—111 页。

潘耒、毛奇龄均在此列。康熙二十二年（1683），入直南书房，并入明史馆纂修《明史》。著有《曝书亭集》80卷，《日下旧闻》42卷，《经义考》300卷；选《明诗综》100卷，《词综》36卷（汪森增补）等。

朱彝尊与西学的接触，首见于前述所撰《潜采堂书目》四种之三、之四著录有西洋书43本及方以智《物理小识》《通雅》。虽然未详细列出西洋书目，然而朱彝尊所得方以智《物理小识》《通雅》两著中大量引用西学知识，旨在将西方科学纳入其全新的"质测之学"。如《物理小识》卷一"历类"和《通雅》卷十一"天文·历测"都介绍了西方地圆论、九重天说、黄赤道、岁差、日月食、历法等天文知识，以及西方寒热五带说、世界五大洲说等地理知识。《通雅》卷十七"地舆"比较了中西地图，而在卷首之一"音义杂论·考古通说"中则明确肯定了西方地图入传的价值："至太西人，始为合图，补开辟所未有。"[1]另外，朱彝尊的士人交流圈中也不乏王锡阐这样熟悉西学的天文历算学家，因而朱氏对西学有所了解是显而易见的。

另有史料证实，朱彝尊、阎若璩曾与清初精研西方历算学的大家王锡阐和梅文鼎，以及理学名臣李光地，先后共同校阅过一册康熙朝著名欧洲传教士南怀仁所编的《灵台仪象志》。他们看过的这部书至今仍保存在北京图书馆。此册乃李光地于丁未年（1667）从南怀仁处索赠，卷首南怀仁"弁言"之后有光地题识，并署"山阴阎若璩校一通""锡鬯、寅旭同观"（锡鬯为朱彝尊字，寅旭为王锡阐字），又署"宣城梅文鼎借览"。从朱彝尊《曝书亭集》中更可找到其接触西学、表明态度的实证史料。[2]

其一，朱彝尊所撰《书冯尚书元飙题首善书院诗后》：

> 万历二十九年二月庚午朔，天津河御用监少监马堂，进大西洋利玛窦所贡土物。时先文恪公以礼部侍郎掌本部尚书事，疏言《会典》止有西洋琐里国，无所谓大西洋，其真伪不可知。又寄住二十年方行进贡，与远方慕义献琛者不同，且所贡天主、天主母图，既属不经，而行李中有神仙骨，夫既称神仙，自能翀举，安得遗骨，此韩愈所云凶秽之余，不宜令入宫禁者也。乞速勒归国，勿许潜居两京，与内监交往，以致别生支节，眩惑愚民。疏进，不报。迨天启初元，邹忠介、冯恭定同官都察院，都人建首善书院于大时雍坊，为讲学之所。二年，御史倪文焕诋为伪学，是岁，毁先圣栗主，燔经籍于堂中，踣其碑。西洋人汤若望以其国中推步之法，证《大统历》之差，徐宫保光启笃信之，借书院作历局，遂踞踞其中，更名天主堂书院，废而逆祠建矣，诵冯公诗，

---

1 ［清］方以智：《通雅》卷首一，影印《文津阁四库全书·子部》第283册，商务印书馆2005年版，第222页。
2 笔者曾于《清初士人与西学》（东方出版社2000年版）第二章中提及朱彝尊与西学的接触；汤开建汇释、校注的《利玛窦明清中文文献资料汇释》（上海古籍出版社2017年版）搜集了更多相关史料。

足当诗史。[1]

其二，朱彝尊《静志居诗话》卷十五"朱国祚"条："陆丽京[2]云：易称知几，诗咏明哲，朱文恪足当之。闻利玛窦进异物，公曰'此辈小智，足矣惑人，将来必有助之更历法者'……"[3]

其三，朱彝尊《书先太傅奏疏尺牍卷后》："先太傅通籍后，未尝引书记相助，故生平疏牍皆自具草。彝尊少日，睹有容堂西庑，留有四楗，经乱尽失之。既而搜访掇拾五十年，装界成六册。书其后曰：先公万历中以礼部左侍郎掌本部尚书事，清德著闻。是时，朋党纷争，先公中立不倚，惟力持谠议，抗疏建储。迨册立旨下，出仪注于袖，信宿而大典行。他若劾郑国泰外戚不当预国事，利玛窦宜勒其归国，琉球遣使，当仍依会典差给事行人，不可失信外蕃，在政府日，救邹公元标、王公纪，皆存朝廷大体。即如尺牍草稿，十九多与封疆大臣论边防，绝不及私也。《明史》开局，同官已为先公立传。近闻执政有断自万历三十五年止之议，是公之列传犹属未定，留此六册，贻我子孙，庶几他日有览，彝尊跋尾，知不诬其祖，稍见先公立朝之大节焉。"[4]

朱彝尊跋文所述为万历二十九年（1601）利玛窦首次进京，向万历皇帝进献贡品。据史料记载，利玛窦进贡 16 件礼物，有圣母像、自鸣钟、西洋琴、一张更加丰富详细的世界地图《万国舆图》等。行文中透露，朱彝尊对利玛窦进京传教持明显反对态度。

万历三十八年（1610），利玛窦在北京去世后，耶稣会士继续在北京等地进行传教活动。崇祯二年（1629），徐光启受命组织历局，编译《崇祯历书》，旨在利用西方先进的天文历法知识编制历法。德国耶稣会士汤若望自明崇祯三年（1630）进京后，参与编译《崇祯历书》。崇祯七年（1634），汤若望协助徐光启完成了卷帙浩繁的《崇祯历书》，共计 46 种 137 卷。朱彝尊跋文中显然对徐光启设立历法局编制《崇祯历书》，引进西洋人汤若望参与历法修订工作表示不满，而称天主堂为"逆祠"又明证他反对天主教的态度。

从跋文《时先文恪公以礼部侍郎掌本部尚书事》结合"朱国祚"条、《书先太傅奏疏尺牍卷后》可知，朱彝尊曾祖父为朱国祚（1559—1624），谥文恪。朱国祚在任礼部侍郎时，反对利玛窦入贡，并接连五次向皇上呈上奏折，陈述他让利玛窦离开北京的理由，要求"勒其归国"或送回南方。但是所有的奏折都没有得到回音。[5]可见，朱彝尊在文中称天主堂为"逆祠"，可以反映他对西洋人及天主教的态度与其曾祖父朱国祚一致，

1 ［清］朱彝尊：《曝书亭集》卷四四，商务印书馆 1935 年版，第 736—737 页。
2 即陆圻（1614—？），字丽京，钱塘人。明末诗人、名医，为"西泠十子"之一。
3 ［清］朱彝尊：《静志居诗话》卷十五，《续修四库全书·集部》第 1698 册，上海古籍出版社 2002 年版，第 361 页。
4 ［清］朱彝尊：《曝书亭集》卷五三，商务印书馆 1935 年版，第 861 页。
5 关于朱国祚与利玛窦的关系，据［美］邓恩著，余三乐、石蓉译：《从利玛窦到汤若望：晚明的耶稣会传教士》，上海古籍出版社 2003 年版，第 67 页。

均持反对态度。

四、民间画师《海错图》上的西学东渐

康熙三十七年（1698），钱塘人聂璜在云游各地，考察不同生态环境中各种水生生物的习性后，将自己游历东南海滨所见过的鱼、虾、贝、蟹等现实和传说中的水族绘成四册，加以注释点评，即成《海错图》。作者聂璜的生平记载寥寥，仅知其字存庵，号闽客，浙江钱塘人，生卒年不详，是位生物学爱好者，也是擅长工笔重彩博物画的高手。

"海错"一词不是指海量的错误，"错"为种类繁多、错杂的意思，出典于《尚书·禹贡》："厥贡盐绨，海物惟错。""海错"是我国古代对于海洋生物、海产品的总称。聂璜的《海错图》共有四册，前三册藏于北京故宫博物院，第四册则藏于台北故宫博物院。《海错图》共描绘了300多种海洋生物，包括不少海滨植物。全书不仅有栩栩如生的海物绘图，也包含了聂璜对每一种生物所做的细致入微的观察、考证与描述，每篇文字长短不一，均配以一首朗朗上口的赞诗作为小结。这部民间画师创作的作品在完成后便没了下落，直到雍正四年（1726），此书才又重出江湖，副总管太监苏培盛将其带入了宫中，之后，乾隆、嘉庆、宣统等皇帝皆翻阅过这部图谱。乾隆很喜欢《海错图》，把这本书收录进了自己编纂的《石渠宝笈续编》中。《石渠宝笈》及其续编是收录清代皇室书画珍品的大全。

2014年的时候，北京故宫博物院把珍藏的三册《海错图》翻印，出版了一本《清宫海错图》，由此《海错图》更为大众所知。

据《〈海错图〉序》所言，聂璜大约从康熙六年（1667）起"客台瓯几二十载"，即在浙江台州和温州生活了二十多年，后于康熙丁卯年（1687）完成《蟹谱三十种》一书。他曾云游贵州、湖北、河北、天津、云南等地，在中国南部海滨地区停留了很久，自号"闽客"，以客居福建福宁、福清、泉州等地时间为久。比较有意思的是，聂璜热衷于四处云游，长期详细考察不同生态环境下水生物的种类、物种特征、迁徙、繁殖和习性等，去过交通不发达的云南和贵州，但未到过广东和海南，似乎不好理解。康熙三十七年，聂璜将其游历东南海滨所见鱼、虾、贝、蟹等现实和传说中的水族绘图成册，即《海错图》。《海错图》第三册"吸毒石"一幅中，聂璜称自己寓居福宁时曾接触过天主教传教士。文中提及赠送聂璜两枚吸毒石的万多默（Thomas Croquer，1657—1729），系多明我会的传教士，康熙三十九年（1700）因为颜珰主教与康熙皇帝发生冲突，而在福州遭到当地耶稣会士的排斥，之后被驱逐。

值得特别提出的是，聂璜不仅重视本土文献，也关注来华西人的汉文著述，如泰西的《西洋怪鱼图》、艾儒略的《职方外纪》《西方答问》等。他认为这些汉文西书："但

纪者皆外洋国族，所图者皆海洋怪鱼，于江、浙、闽、广海滨所产无与也。"或以为这些汉文西书的作者西洋传教士来华后，没有注意到中国沿海地区江、浙、闽、广等海滨所产的鱼类，不能满足他强烈的求知欲。《海错图》的创作，就是聂璜对弥补明清汉文西书此类记述空白的尝试。

明末清初，入华欧洲耶稣会士利玛窦、艾儒略及南怀仁等践行"学术传教"策略，将大量流传于欧洲的天文、地理、数学等方面知识译介至中国。其中的西方地理学知识，以利玛窦所绘《坤舆万国全图》、南怀仁所绘《坤舆全图》，以及与地图相对应的文本艾儒略的《职方外纪》及南怀仁的《坤舆图说》最为明清士人所知。这些汉文西书传播的西方地理知识，即包含有"海族"也就是海洋生物知识。

国内学者邹振环等对《坤舆万国全图》《职方外纪》《坤舆全图》《坤舆图说》中记述的"海族"所涉及的海洋生物知识进行了学术溯源和科学分析，同时强调这些记载是"地理大发现以来关于海洋的新知识"，并为中国人"带来了大航海时代以来建立起来的新知识传统"。[1]邹振环教授认为聂璜的《海错图》对光怪陆离的水族有着全面、生动、细致的表现。就知识的丰富性而言，《海错图》不仅超过了"康熙百科全书"《古今图书集成》"博物汇编·禽虫典"的"异鱼部"，以及《闽中海错疏》《然犀志》《记海错》等记述海洋动物的文献，也超越了承载着海洋动物新知识的汉文西书《西方答问》《职方外纪》《坤舆图说》；在《海错图》四册中，许多已知的海洋动物通过"复合图文"被细致地呈现了出来，堪称中国海错文献和海洋动物绘画史中绝无仅有之作。[2]

《海错图》使我们得以一窥先人对于海洋生物的认知和想象，配上憨态可掬的生物绘图，实为一本饱富趣味的"古人科普绘本"。书内还介绍了各种可食用物种的烹饪方法，不愧为舌尖上的民族，对吃的执念亘古不变。

由于时代所限，《海错图》中自然有很多不靠谱之处，比如有些动物聂璜未曾亲见，仅根据他人描述绘制而成，关于生物习性的记载也是真假混杂。书中还描述了很多东南沿海一带的坊间传说与民间故事，各种光怪陆离的神秘生物也包含其中。

1　邹振环：《明末清初输入中国的海洋动物知识——以西方耶稣会士的地理学汉文西书为中心》，《安徽大学学报（哲学社会科学版）》2014年第5期。
2　邹振环：《杭州民间画师聂璜及其〈海错图〉》，杭州文史研究会、杭州市政协文化文史和学习委员会编：《15世纪以来长三角地区的社会变迁与转型》，杭州出版社2022年版，第469—492页；邹振环：《交流与互鉴：〈清宫海错图〉与中西海洋动物的知识及画艺》，《华东师范大学学报（哲学社会科学版）》2020年第3期。

第八章

明清之际浙江士僧与传教士的
耶儒、耶佛论辩

随着西人在明末社会的活动和西教、西书的传播，西学内含的西方宗教、哲学和伦理思想及其承载的西方世界观、价值观和人生观，乃至呈现的欧洲政经体制、生活习俗、文教礼仪，均与中国传统社会和民族文化大相径庭，其与中国本土社会日积月累的文化的冲突持续升级。尤其是利玛窦实施的"排佛合儒"传教策略和《天主实义》等汉文西书的刊行，其强烈的排佛、贬佛言论，激起晚明士僧的强烈反弹，由此展开一轮耶佛论战。终于在万历四十四年（1616）的明朝陪都南京，演变成了第一场中西文化的政治性激烈冲突，这次的反天主教事件，被称为南京教案。

南京教案的发起者沈㴶，其背后的支持者方从哲（祖籍浙江德清）乃浙党头领、当朝权臣，而参与护教、保教的人士中就有著名的明末天主教三大柱石：上海的徐光启、杭州的李之藻和杨廷筠。支持沈㴶反教的另一股强大力量是佛教僧人和保守派士人，也以来自杭州的佛教居士虞淳熙、佛学高僧祩宏为骨干。至万历四十五年（1617），教案发展到高潮，明朝下令驱逐在华传教士。

其实，南京教案只是晚明传教士进入内地以后，逐渐积累的耶教（天主教）与佛教、儒家争辩冲突的一次集中爆发。自明末万历年间以利玛窦为首的耶稣会士入华开始，佛耶二教之间的相互征伐论辩——从利玛窦著述《天主实义》抨击佛道并在士大夫阶层广泛流传，至南京教案，再到佛僧士人集结的反天主教文集《圣朝破邪集》《辟邪集》的产生——一直延续到清初。

值得一提的是，明清间的耶佛论战，双方均留下了相关文献：传教士方面是大量的著作与传教信札；在佛教方面，有《圣朝破邪集》的刊定，保存了关于这段历史的记载。作为明末反西教、反西学言论的集大成之作的《圣朝破邪集》初刻于崇祯十二年（1639）的浙江，主编徐昌治及《圣朝破邪集》的写作骨干也是浙江人，尤其是当年耶佛论辩双方的骨干成员杨廷筠、虞淳熙、冯梦祯等均为杭州同一佛教组织"放生会"或"胜莲社"成员，又同为利玛窦等欧洲传教士结交的晚明士人交际圈内的成员，因而明清之际的这场耶佛论战更像是发生在浙江境内尤其是浙西地区的一场中西文化面对面的遭遇战。

多年来，国内外学者持续关注这段中西文化正面冲突的历史，仅国外学者发表的重要论著就有：法国学者谢和耐的《中国与基督教——中西文化的首次撞击》、加拿大籍韩裔学者郑安德的《明末清初天主教和佛教的护教辩论》、比利时学者钟鸣旦的《杨廷筠——明末天主教儒者》、美国学者孟德卫的《被遗忘的杭州基督徒》等。而国内学界更有大量相关论著刊出。[1]

一、浙江地区的耶儒、耶佛之争

明末的反西学士人，从沈㴒于万历四十四年（1616）三上《参远夷疏》，到崇祯末年黄贞等人的破邪之论，正是从"夏夷之辨"的传统观念出发，猛烈回击传教士宣扬的西方宗教与文化。沈㴒指出，西教士们"自称其国曰大西洋，自名其教曰天主教"，这就是对"大明"国号与"天子"皇号的亵渎[2]，言下之意是说西洋夷邦小国，没有资格用"大"或"天主"之类的尊号。魏濬指斥利玛窦的世界地图是对"中国当居正中"观念的挑战，其说"荒唐惑世"。[3]张广湉则说得更为直接："近有外夷，自称天主教者，言从欧逻巴来，已非向所臣属之国。然其不奉召而至，潜入我国中，公然欲以彼国之邪教，移我华夏之民风，是敢以夷变夏者也。"[4]

他们尤其感觉到了明末输入的西方宗教和科技对儒学文化的强力冲击，因而疾呼西学流播之危害："今日天主教书名目多端，……纵横乱世，处处流通，盖欲扫灭中国贤圣教统"[5]，"最惨而毁圣斩像，破主灭祀，皆以藐我君师，绝我祖父，举我纲常学脉而扫尽者也"[6]。黄贞则明确指出，西教士来华的目的就是实现其"用夷变夏"的阴谋，他说："利玛窦辈，相继源源而来中华也。乃举国合谋，欲用夷变夏而括吾中国君师两大权耳。"[7]而传教士输入的西洋科技，则被明末士大夫们斥为"夷技"。他们称利玛窦的"星文律器"并非"未见未闻"，而是"原在吾儒覆载之中"，并且与"吾儒性命之说"相比，只不过是"外夷小技"。[8]鉴于明朝廷已经公开采用西法修历的严酷现实，明末士人即把西方天文历学列为重点排斥的"夷技"。他们认为"今西夷所以耸动中国，骄语公卿者，惟是历法"[9]，而崇祯朝会同西人引用西法改历之举，更是彻头彻尾的"用夷变

---

1 较新的国内外相关研究综述可参见张璐澜：《场域视角下的虞淳熙与明季佛耶初争》，浙江大学硕士论文，2020 年。据笔者所见，较新的专题研究论文主要有吴莉苇：《介乎国体安危与华夷之辨之间——晚明政府对待外来宗教态度辨析》，《中华文史论丛》2012 年第 3 期；吴莉苇：《晚明杭州佛教界与天主教的互动——以云栖袾宏及其弟子为例》，《中华文史论丛》2014 年第 1 期；肖清和：《人际网络与反教运动：〈圣朝破邪集〉人物关系考》，《世界宗教研究》2013 年第 6 期；周黄琴：《论云栖袾宏与天主教人士的"异域"对话》，《法音》2015 年第 10 期。
2 ［明］沈㴒：《参远夷疏》，夏瑰琦编：《圣朝破邪集》，建道神学院 1996 年版，第 59 页。
3 ［明］魏濬：《利说荒唐惑世》，夏瑰琦编：《圣朝破邪集》，建道神学院 1996 年版，第 183 页。
4 ［明］张广湉：《辟邪摘要略议》，夏瑰琦编：《圣朝破邪集》，建道神学院 1996 年版，第 276 页。
5 ［明］黄贞：《请颜壮其先生辟天主教书》，夏瑰琦编：《圣朝破邪集》卷三，建道神学院 1996 年版，第 152 页。
6 ［明］苏及寓：《邪毒实据》，夏瑰琦编：《圣朝破邪集》，建道神学院 1996 年版，第 180 页。
7 ［明］黄贞：《尊儒亟镜叙》，夏瑰琦编：《圣朝破邪集》，建道神学院 1996 年版，第 156 页。
8 ［明］李灿：《劈邪说》，夏瑰琦编：《圣朝破邪集》，建道神学院 1996 年版，第 271 页。
9 ［明］谢宫花：《历法论》，夏瑰琦编：《圣朝破邪集》，建道神学院 1996 年版，第 305 页。

夏"。他们疾呼这是"举尧舜以来中国相传纲纪之最大者而欲变乱之"[1]，并揭露西教士为明廷修历效劳，有其险恶的政治图谋："夫尧治世必以治历明时为国家之首务，此辈之擅入我大明即欲改移历法，此其变乱治统、觊图神器，极古今之大妄诞。"[2] 显然，从沈㴶到《圣朝破邪集》派的明末士大夫，他们反西教、反西学的立场和观点是基于传统的"夷夏之辨"。

耶稣会士入华的初期曾经按照佛教的形式以"西僧"的面貌来进行传教活动。他们和佛教徒之间有着平和的交往，传教士初来时学习汉语的课本也是佛教的经文。但后来在欧洲天主教传教士决定采取"合儒易佛"的路线后，传教士和佛教之间的关系就开始紧张起来。利玛窦曾与当时著名的禅师云栖祩宏展开讨论。基于此因，晚明四大高僧之一的云栖祩宏则特意撰写了《天说》之文予以回应与驳斥。然面对祩宏之论，天主教方面却因利玛窦的病逝而陷入无法回应之尴尬状态，所以一名天主教徒以利玛窦的名义撰写了《利先生复莲池大和尚〈竹窗天说〉四端》之文，对祩宏《天说》进行了逐一回应，从而使佛耶之辩得以推进与展开。

崇祯八年（1635），宁波天童释圆悟作《辨天初说》，派禅客送到杭州天主堂，希望和传教士傅汎际展开辩论。接着他又写了《辨天二说》《辨天三说》，再次要求和传教士辩论，并称"理无二是，必须归一"，"欲与辩论，以决是非"，自信心溢于言表，口气也咄咄逼人，但傅汎际仍是婉言谢绝，就不出面论战。圆悟斥传教士"食言"。

被誉为明末四大师之一的蕅益大师（释大朗）也是一位反对天主教的重要人物。他在《刻〈辟邪集〉序》中说："有利马窦、艾儒略等，托言从大西来，借儒术为名，攻释教为妄，自称为天主教，亦称天学。……迨来利、艾实繁有徒，邪风益炽，钟振之居士于是乎惧，著《初征》《再征》，以致际明禅师。"[3] 他之所以写这两篇文章反驳天主教，是因为当时天主教对佛教不断的批评，他看到了传教士所著的《三山论学记》《圣教约言》《西来意》等书。这说明当时的佛耶论战之激烈。

佛教、儒家信徒联合对天主教的反驳，主要代表作就是《圣朝破邪集》。这本书是儒士佛教信徒黄贞所辑。当时艾儒略在福建传教影响很大，黄贞本人直接和艾儒略有过辩论。崇祯八年，黄贞写下《不忍不言》，对儒佛各界批评天主教不力提出不满。崇祯十年（1637），黄贞将福建文人们的批耶文章汇编成《破邪集》。接着，他带着自己所写的这些反对教会的文章来到浙江，天童寺密云圆悟禅师等人支持他的立场。崇祯十二年（1639），黄贞将《破邪集》交给了浙江"佛门同志"费隐通容。佛门弟子浙江的盐官徐昌治和费隐通容将福建和浙江两地"破邪"之作汇辑为《圣朝破邪集》。这部作品实际

1　［明］沈㴶：《参远夷疏》，夏瑰琦编：《圣朝破邪集》，建道神学院 1996 年版，第 61 页。

2　［明］林启陆：《诛夷论略》，夏瑰琦编：《圣朝破邪集》，建道神学院 1996 年版，第 285 页。

3　［明］释大朗：《刻〈辟邪集〉序》，吴相湘编：《天主教东传文献续编》第 2 册，台湾学生书局 1966 年版，第 905—906 页。

是儒佛共同完成的。《圣朝破邪集》中所收文章的作者有僧人释圆悟、释普润、释通容、释大贤、释成南等。《圣朝破邪集》中士人的文章占了大多数。

二、《辩学遗牍》与耶佛论战：利玛窦、虞淳熙、杨廷筠的论辩角色

万历十七年（1589），利玛窦遇到了出身名门的士大夫瞿汝夔。在瞿汝夔的建议与协助下，利玛窦开始蓄发称儒，广泛与地方名士交流，他这才意识到真正在中国社会占据主流地位的是儒家思想和儒家士大夫。[1]自此，以利玛窦为首的耶稣会士迅速改变传教策略，脱下僧装，改穿儒装，头戴方巾，由"西僧"改为"西儒"，开始实施新的适应中国文化的传教策略——"补儒易佛"：以西学补充儒家之不足，拉拢儒家士人，批判、贬低佛道，以争夺信众。

明末四大高僧之一的智旭（1599—1655），俗名钟始声，字振之，苏州木渎人，剃度后命名智旭，时人称为蕅益智旭，又名际明，号"八不道人"。佛教与基督教正面碰撞的历史契机，让他成长为最擅长反击天主教的论战名僧。他在初版于1643年的《辟邪集》（含《天学初征》《天学再征》）中指出："有利马窦、艾儒略等，托言从大西来，借儒术为名，攻释教为妄，自称为天主教，亦称天学。"[2]可见，在智旭看来，贬低佛教、鄙视佛教是利玛窦确立"补儒易佛"传教策略的基础之一。

学界普遍认为，入华天主教传教士曾经凭借严密的思辨说理，一度在晚明耶佛之辩中取得绝对优势。但蕅益智旭的回应也不逊色，其代表作《辟邪集》是晚明佛教与天主教论战中最为精悍而独到的作品。有学者指出，《辟邪集》刊印流通，"却找不到有反驳言论的记录"。[3]因而《辟邪集》被称为明末佛教反击西方天主教的终战之作。智旭在书中一人化出三种身份和角色：一位是以儒生身份出现的在家居士钟始声（振之），作为《辟邪集》的撰写者；一位是与钟始声通信和对话的出家禅师际明；一位是为《辟邪集》写序的僧人释大朗。[4]智旭认为晚明佛门对于天主教虽然群起而攻之，但水平有限，效果不佳，其问题的症结在于：一是方法和思路不对，不应站在佛教的立场，而要站在儒家的立场，即以"辟耶而尊儒"的方法批判天主教，才能达到"借彼矛，攻彼盾"的效果；二是反击内容上没有抓住天主教的要害，即以批判天主教的"天主论"揭露传教士"合儒"的实质，以儒家经典和理性逻辑为主反对天主教，才有较强的反教说服力。

成就蕅益智旭反击西方天主教终战之论的重要基础条件之一，就是以杭州、南京为

1 关于明末士人瞿汝夔与利玛窦的交往，详见黄一农：《两头蛇：明末清初的第一代天主教徒》第二章，上海古籍出版社2006年版。
2 释大朗：《刻〈辟邪集〉序》，吴相湘编：《天主教东传文献续编》，台湾学生书局1966年版，第2册，第905页。
3 释圣严著，关世谦译：《明末中国佛教之研究》，台湾学生书局1988年版，第54页。转引自杨净麟：《略论蕅益智旭的〈辟邪集〉对天主教天主观的批判》，《宗教学研究》2010年第4期，第95页。
4 杨净麟：《略论蕅益智旭的〈辟邪集〉对天主教天主观的批判》，《宗教学研究》2010年第4期，第95页。

中心地区展开的晚明耶佛之辩和耶儒论战。尤其是以云栖祩宏、虞淳熙、杨廷筠等为代表的明末杭州士僧均加入论辩双方阵营，为《辟邪集》的问世做了理论铺垫，为蕅益智旭成为明末耶佛论战的理论高手提供了批判天主教的思辨理路和方法。

晚明天主教排斥佛教之论始见于首位入华耶稣会士罗明坚所著的《天主圣教实录》，但天主教排斥攻击佛教的首领利玛窦的言论则全面展现在他于万历三十一年（1603）刊行的《天主实义》中。《天主实义》从万历二十二年（1594）开始写作，到二十四年（1596）完成。其实利玛窦早在南京时（1595—1600）就开始与佛教徒进行面对面的辩论了。他先与南京大理寺卿李汝祯辩论，后与金陵名僧三淮和尚即雪浪大师黄洪恩辩论，但辩论的具体内容雪浪大师并无文献留下，仅有西方文献《利玛窦中国札记》和书信集的有关描述，据此所述，利玛窦在与雪浪大师的论辩中，利氏至少在形式上取得了胜利。

从利玛窦对谈话经过的描述可见，他那时已经确立对佛教坚决打压的严厉态度。他还从这次会谈中受启发，特意在《天主实义》（1595—1603 年扩充定稿）增补与此次论题有关的批评泛神论的一章。在《天主实义》中，利玛窦结合以往与佛教界辩论的经验，以及自己对佛教的理解，开始对佛教进行全面攻击。他在第二、五、六、七章中对空无说、六道轮回说、因果报应、天堂地狱观、杀生与斋戒等这些佛教的核心教义均做出严厉的批评。万历三十五年（1607）撰成的《畸人十篇》作为《天主实义》的姊妹篇几乎重复了《天主实义》中关于轮回和斋戒的言论，同时深化了对佛教之现世报和天堂地狱论的批评。利玛窦在这两部著作中对佛教思想的批判主要有三方面：

第一，佛教提倡"空无"，亦即虚无，此与天主教教义完全背离。此论点还散见《天主实义》第二篇《解释世人错认天主》等处。

第二，六道轮回观念及戒杀与斋戒观念。《天主实义》第五篇《辩排轮回六道、戒杀生之谬说，而揭斋素正志》专门反驳这一系列观念，《畸人十篇》第六篇《斋素正旨非由戒杀》继续此种讨论。

第三，佛教地狱观念及本世之报观念的谬误，主要见于《天主实义》第六篇《释解意不可灭，并论死后必有天堂地狱之赏罚，以报世人所为善恶》和《畸人十篇》第八篇《善恶之报在身之后》。[1]

利玛窦对佛教教义的批判实际上是试图全面否定佛教宗教理论，进而否定其在社会上传播的合法性，利氏的宗教排他性显露无遗。比如，利玛窦认为天主教早于佛教产生，后者借用了前者的理论。他说："天主教，古教也。释氏西民，必窃闻其说矣。"又说："释氏借天主天堂地狱之义，以传己私意邪道。"[2] 他还认为佛教的善恶报应说来源于

---

1 参见吴莉苇：《晚明杭州佛教界与天主教的互动——以云栖祩宏及其弟子为例》，《中华文史论丛》2014 年第 1 期。

2 ［意］利玛窦著，朱维铮主编：《利玛窦中文著译集》，复旦大学出版社 2001 年版，第 26 页。

古希腊毕达哥拉斯学派（利玛窦《天主实义》原文中译称"闭他卧剌"，即今译毕达哥拉斯）。[1] 这无疑是从根本上否定了佛教理论的独创性。同时，利氏对"顿悟成佛""诵念成佛"等佛教修行方法进行批评，又对佛教僧侣大加丑化和嘲笑，普通僧侣在他看来懒散无知、声名狼藉，简直就是一群"撒旦教士"，即使对雪浪大师等高僧，利玛窦的评价也很低。[2]

利玛窦《天主实义》中的这种激烈排佛言行，一经刊出，就引起晚明佛教界的巨大震动。佛界领军人物袾宏被推举做出反应，但袾宏一直隐忍不发。直到万历三十五年底或次年初，曾师从云栖袾宏大师受戒皈依的杭州佛教居士虞淳熙，应杭州知府翁周野之邀为利玛窦《畸人十篇》作序，终于挺身而出，开始代表佛教与利玛窦进行论辩。

虞淳熙（1553—1621），杭州钱塘人，历任兵部职方司主事、礼部主客司员外郎、吏部稽勋司员外郎。早年便已信佛，自万历二十一年（1593）罢官还乡后，专心修佛，并配合袾宏倡导大规模放生活动。虞淳熙尝为佛教大藏经《嘉兴藏》（又名《径山藏》）的募刻作序。五台山刻方册大藏之时，虞氏曾与陆光祖、冯梦祯、管志道、傅光宅、王世贞、曾乾亨、徐琰、于玉立、汪道昆、瞿汝稷、袁了凡、陶望龄、焦竑等奉佛士人，撰写了募集资金、创刻方册入藏的劝化性文章，呼吁社会各界共襄刻经之盛举，这些劝募文章后来合刊为《刻藏缘起》。[3] 受袾宏放生思想影响，其时杭州僧俗兴起结放生社之风，其中最具声势者为"胜莲社"。据万历《钱塘县志·纪士》"冯梦祯"条："时与僧莲池、邵重生、虞淳熙兄弟、朱六复诸公结放生社……"[4] 而《南屏净慈寺志》卷六"檀护"篇中称云栖袾宏与虞淳熙、虞淳贞、黄汝亨、冯梦祯、葛寅亮诸公共结"放生社"。[5] 虞淳熙乃是胜莲社的初创成员之一，且为《胜莲社约》执笔。

虞淳熙于受邀为《畸人十篇》作序之际，特地致书利玛窦评《畸人十篇》，但对利玛窦的回信明显表示不满，将利氏回函转寄袾宏（可能也送去利玛窦的著作），希望袾宏出面批驳。由于袾宏婉拒，虞淳熙便认真阅读《天主实义》，于万历三十六年（1608）的某个时间撰写与利玛窦《天主实义》展开耶佛辩论的文章《〈天主实义〉杀生辩》。[6]

虞淳熙和利玛窦围绕天释（耶佛）二教进行讨论的两篇应答文章——《虞德园铨部与利西泰先生书》和《利先生复虞铨部书》，均收录在《辩学遗牍》一卷的前半部。其后半部又收录《利先生复莲池大和尚〈竹窗天说〉四端》一文。《辩学遗牍》一卷后被

1　利玛窦《天主实义》第五篇《辩排轮回六道、戒杀生之谬说，而揭斋素正志》称："西士曰：古者吾西域有士，名曰闭他卧剌，其豪杰过人，而质朴有所未尽，常痛细民为恶无忌，则乘己闻名，为奇论以禁之。为言曰：行不善者，必来世复生有报，或产艰难贫贱之家，或变禽兽之类，暴虐者变为虎豹，骄傲者变为狮子，淫色者变为犬豕，贪得者变成牛羊，偷盗者变作狐狸、豺狼、鹰鹞等物；每有罪恶，变必相应。"［意］利玛窦著，朱维铮主编：《利玛窦中文著译集》，复旦大学出版社2001年版，第48页。
2　参见马晓英：《晚明天主教与佛教的冲突及其影响》，《世界宗教研究》2002年第4期。
3　章宏伟：《明代万历年间江南民众的佛教信仰——以万历十七年至二十年五台山方册藏施刻文为中心的考察》，《清华大学学报（哲学社会科学版）》2016年第5期。
4　［明］佚名：万历《钱塘县志》，清光绪十九年刊本，第261页。
5　［明］释大壑：《南屏净慈寺志》卷六，明万历汪淳刻本，第170页。
6　引自吴莉苇：《晚明杭州佛教界与天主教的互动——以云栖袾宏及其弟子为例》，《中华文史论丛》2014年第1期。

李之藻收为《天学初函》理编第七种，明言为利玛窦著作，又有李之藻撰"凉庵居士跋"、杨廷筠撰"弥格子跋"排列在一起，无人怀疑。

考察现有的史料可以发现，利玛窦和虞淳熙两人之间确实有书信往来，也就天释二教问题进行过争论。反西教人士编撰的《圣朝破邪集》收录了虞淳熙所著《〈天主实义〉杀生辩》，虞氏在该文开头就提到"利清泰玛窦书来，欲与余辩，一月而阐《实义》不得，今其书具在"[1]。天启三年（1623）刻印的虞氏文集《虞德园先生集》也收入了《答利西泰》一信，这充分证明了虞淳熙与利玛窦之间有过书信往来；而利玛窦在其致耶稣会总会长阿桂委瓦的信中也提到了和虞淳熙的通信以及他们讨论的话题内容，证明两人就利玛窦的辟佛主张进行过讨论。

> 浙江省佛、道都很兴盛。有一位学者曾多年在北京朝廷中担任要职，目前返回故里，大力推动佛教，看了我的《畸人十篇》，给我写了一封长信，盛赞内容丰富，有益人生，但请我不要反对佛说，很客气地劝我，否则将有祸患产生。为回答他，我写了一封信，告诉他有关我们的立场，对上主的依持与对真理的执着……这位学者把上言两封信印刷出版……[2]

虞淳熙为利玛窦所著《畸人十篇》写的序，收录在他的《虞德园先生集》卷六，他与利玛窦书信往复的《虞德园铨部与利西泰先生书》也收录在他的个人文集《虞德园先生集》卷二十二中，改题为《答利西泰》。既为答，则利氏当先有书信致虞氏。

利、虞二氏辩教过程中，还有一位重要参与者，就是杭州云栖寺名僧袾宏大师。《辩学遗牍》中《利先生复虞铨部书》他是读过的。袾宏大师《云栖遗稿》里有《答虞德园铨部》一则，信中袾宏与虞氏讨论《利先生复虞铨部书》，函称："利玛窦回柬，灼然是京城一士夫代作。向《实义》《畸人》二书，其语雷堆艰涩。今柬条达明利，推敲藻绘，与前不类，知邪说入人，有深信而力为之羽翼者。"并表示："倘其说日炽，以至名公皆为所惑，废朽当不惜病躯，不避口业，起而救之。"[3]虞淳熙在《〈天主实义〉杀生辩》中也说："云栖师尝言：诸群若皆信受，我将著破邪论矣。"可见袾宏的反教会态度要比虞氏猛烈些。袾宏也果然写了《天说一》《天说二》《天说三》《天说余》，分为四条加以反击。针对利玛窦在《天主实义》中对佛教的指摘而作的条答，收在他的《竹窗三笔》中。《竹窗三笔》的刊布时间是万历四十三年（1615），同年秋，袾宏大师圆寂。

前文已提及《辩学遗牍》的后半部分，又收录了《利先生复莲池大和尚〈竹窗天说〉四端》一文，显然是针对袾宏大师的《〈竹窗天说〉四端》做出反驳。然而，袾宏

1　［明］虞淳熙：《虞德园先生集》卷二四，《四库禁毁书丛刊·集部》第 43 册，北京出版社 1998 年版，第 250—251 页。虞淳熙与利玛窦往来书信，也见［意］利玛窦著，朱维铮主编：《利玛窦中文著译集》，复旦大学出版社 2001 年版，第 657—662 页。

2　［意］利玛窦撰，罗渔译：《利玛窦书信集》，光启出版社 1986 年版，第 369 页。

3　［意］利玛窦著，朱维铮主编：《利玛窦中文著译集》，复旦大学出版社 2001 年版，第 663 页。

《竹窗三笔》刊刻时，利玛窦已去世五年，自然不可能读过《竹窗三笔》，因《辩学遗牍》中收录此文时将题名中的"复"直接改为"利先生"，让人一看好像是利玛窦本人直接回复之文，所以明季佛教人士指出这肯定是教会人士的伪托。但李之藻、杨廷筠都为《辩学遗牍》作跋，崇祯二年（1629）《辩学遗牍》又被收入《天学初函》理编，与利玛窦的著作排列在一起，对于如此明显的错误李之藻为何没有发现？是否有意为之，意在借用利玛窦的名义提高反击佛教的声势？这的确是耐人寻味。

不过，最早公开指出这个错误的就是后来新崛起的《圣朝破邪集》派反西教人士、袾宏的世俗弟子张广湉。而围绕《辩学遗牍》的真假展开的讨论，几乎演变成明末耶佛论战的一桩公案。先看杨廷筠以"弥格子"署名为《辩学遗牍》所作跋文内容：

> 予视沈僧《天说》，予甚怜之。不意未及数月，竟作长逝耶！闻其临终自悔，云"我错路矣，更误人多矣"。有是哉？此诚意所发，生平之肝胆毕露，毫不容伪也。今之君子，所以信奉高僧者，以其来生必生西方净乐土也。西方错路乎？彼既认为非高明者，宜舍非以从是，否则不为后日之莲池乎？噫！予读此书，津津有味乎其辩之明，亦惟恐众生堕此危池耳，又岂得已而述耶！弥格子识。[1]

多年后，张广湉撰《证妄说》，对《辩学遗牍》及杨廷筠跋文做出全面反驳：

> 天教中刻有《辨学遗牍》一书，乃辨吾云栖《天说》四则而作也。考云栖出《天说》时，西人利氏已殁五载，不知此作出自何人之笔，而伪云利氏所辨，读之不胜惊叹。今据事直证其诬。缘彼文繁不能尽录，仅将伪跋刻列于首，愿相与共证之……

> 乙亥秋月，有禅客从四明来，出天童和尚《辨天初说》见示，予因持往天教堂中索其答辨。时彼堂中称傅先生者出会，赠予《辨学遗牍》一帙，内载《利先生复虞铨部书》，及《利先生复莲池大和尚〈竹窗天说〉四端》，后有凉庵居士跋。予正骇且疑，适禅客复持闽中所刻遗牍，又增有弥格子一跋，更诬先师错路误人之伪语。予益叹其荒诞怪妄，不得不即其所说之诬，而一一直证其奸也。按先师《天说》三则，《天说余》一则皆《竹窗三笔》篇末之语。篇首先师自序，识其岁月，乃万历四十三年乙卯之春，刻成未印，而先师以是年七月初四日圆寂，以后方渐流行。阅彼教中所刻利子行实，盖玛窦先于万历三十八年庚戌四月已没，而同侣庞迪峨等乞收葬骸骨疏文，亦称玛窦于万历三十八年闰三月十九日年老患病身故。准二说去先师著《竹窗三笔》之时，相

---

1 ［意］利玛窦著，朱维铮主编：《利玛窦中文著译集》，复旦大学出版社 2001 年版，第 681 页。

隔五载。安有未见其说而先为立辨之理？先师序文纪岁，《玛窦行实》亡期，昭然显著，有目共见者，犹乃公然欺妄，况其他乎！弥格子跋云："予视沈僧《天说》，予甚怜之，不意未及数月竟作长逝耶。"据此数句，彼亦自供《三笔》为先师临殁之书矣。夫乙卯前既无竹窗之《三笔》，而庚戌后何有鬼篆之玛窦哉！此其脱空之谎一也。弥格子跋又云："闻其临终自悔云：'我错路矣，更误人多矣！'"嗟嗟！先师无此语，莫谤先师好，先师临终一段光明，预期告灭，示寂之日，缙绅云集，僧俗环绕，远近奔赴者肩摩踵接，室内外满逾千众。予时亦在室中，共聆嘱累之言，静听末后之训，念佛面西而逝。弥格子于亲见亲闻者之前，造此无根妄语，不知其欺心几许。况此跋刻于闽中，而浙板无之，盖谓可以欺千里外之闽人，而浙中之耳目难掩耳。先师西逝至今二十余年，而此《辨牍》始出，其不敢出于当年而出于近日者，彼将谓亲炙者物故必稀，吠声者随波易惑耳。因知答虞德园先生之书，亦属乌有先生之作矣，此其脱空之谎二也。[1]

张广湉引用杨廷筠所作跋文作为证据，推断在万历四十三年（1615）前尚无《竹窗三笔》一书，而利玛窦早在万历三十八年（1610）就已去世，所以不可能"未见其说而先为立辨之理"；因此张广湉断言整部《辩学遗牍》都是托利玛窦之名的"乌有先生之作"。

据祩宏为《竹窗三笔》所作序文，其文确实是在万历乙卯（1615）后才付印，故张广湉的质疑是有一定道理的。但张氏所引证据有些牵强之处。根据杨廷筠的跋文，他看过《天说》，而祩宏是在这之后"未及数月，竟作长逝"。据杨氏所言并不能得出所谓"三笔为先师临殁之书矣"的结论。而且祩宏在万历乙卯春为《竹窗三笔》刊印作序，于当年七月初四日去世，正合杨廷筠的"未及数月"之言。张广湉引其目睹祩宏示寂之日的情景，认为杨廷筠跋文中说所闻祩宏临终之语是捏造"无根妄语，不知其欺心几许"。但祩宏在为《竹窗三笔》所作序文中就曾自评："兹度八旬，颇知七十九年之非，而自觉其心之未惬然也。"[2] 杨廷筠在跋文中所说闻其临终自悔之语应源出于此，杨氏所说颇有夸张之处，但也不能说是无端捏造。

《辩学遗牍》中所载《利先生复莲池大和尚〈竹窗天说〉四端》一文，应非利玛窦所作。自张广湉《证妄说》提出疑问以来，这一点已得到学界的公认。至于该文的真正作者，据陈垣考证，认为《辩学遗牍》"必教中一名士所作"[3]。孙尚扬先生撰《〈辩学遗

1　［明］张广湉：《证妄说》，夏瑰琦编：《圣朝破邪集》，建道神学院 1996 年版，第 353—355 页。《辨学遗牍》也作《辩学遗牍》。
2　［明］祩宏：《莲池大师全集》下册，华夏出版社 2011 年版，第 153 页。
3　［意］利玛窦著，朱维铮主编：《利玛窦中文著译集》，复旦大学出版社 2001 年版，第 686 页。

牍〉作者考》[1]进一步考证，认为徐光启的可能性最大。他认为该文作者应具备三方面条件：一、精通佛理；二、精通西学（指西方自然科学知识）；三、对于辨别儒释耶之是非有一贯之主张。明末中国天主教三大柱石中，李之藻不符合第一项条件，杨廷筠不符合第二项条件，只有徐光启完全符合这三项条件，而且徐光启之孙徐尔默所编《徐文定公集引》中，记载徐光启著述有《拟复〈竹窗天说〉》一文，更是证明徐光启为文章作者的有力证据。但也有学者认为从陈垣发现的闽刻本《辩学遗牍》署名弥格子跋来看，似以原作者为杨廷筠更为"近实"。[2]

晚明耶佛论战的第一阶段，随着论辩主角利玛窦和虞淳熙、袾宏的先后去世而告一段落，但其耶佛论战激起的中西文化冲突并没有结束，反而随着南京教案的发生而形成佛教僧人与保守士人的联合，即所谓《圣朝破邪集》派。双方不仅围绕耶佛教义展开深度论战，而且触及"夷夏之辨"等事关社会政治秩序安危的敏感问题，进而掀起反西教、西士、西学浪潮。其中上述袾宏世俗弟子张广湉即是其中的反西教代表之一，而南京教案的反复兴起，也是中西耶佛论战波及晚明王朝社会治安而引发政治冲突的明证。

三、杭州佛僧袾宏与利玛窦的耶佛之辩

前述万历三十五年（1607）底或次年初，佛教居士虞淳熙应邀为利玛窦《畸人十篇》作序。随即，虞淳熙又特地致书利玛窦评《畸人十篇》，收到利玛窦回信后，虞淳熙明显感到不满，便把利玛窦的回函转寄给了袾宏，希望袾宏出面批驳，袾宏当即复函虞淳熙，首次表达对利玛窦及其著作《天主实义》《畸人十篇》中辟佛之说的看法，全文如下：

> 利玛窦回柬，灼然是京城一士夫代作。向《实义》《畸人》二书，其语雷堆艰涩。今柬条达明利，推敲藻绘，与前不类，知邪说入人，有深信而力为之羽翼者。然格之以理，实浅陋可笑，而文亦太长可厌。盖信从此魔者，必非智人也。且韩、欧之辩才，程、朱之道学，无能摧佛，而况蠢尔么魔乎！此么魔不足辩，独甘心羽翼之者可叹也。倘其说日炽，以至名公皆为所惑，废朽当不惜病躯，不避口业，起而救之。今姑等之渔歌牧唱、蚊喧蛙叫而已。[3]

袾宏指出，利玛窦给虞淳熙的回函明显是出于在北京的某一位士大夫之手，因为在袾宏看来，此前利玛窦的《天主实义》《畸人十篇》两部书用词晦涩难懂，而今回函

1　该文附录于孙尚扬：《基督教与明末儒学》，东方出版社 1994 年版，第 44—48 页。又见孙尚扬：《明末天主教与儒学的互动》，宗教文化出版社 2013 年版，第 25—32 页。

2　［意］利玛窦著，朱维铮主编：《利玛窦中文著译集》，复旦大学出版社 2001 年版，第 656 页。

3　［意］利玛窦著，朱维铮主编：《利玛窦中文著译集》，复旦大学出版社 2001 年版，第 663 页。

词简意达，辞藻讲究，显然出自不同人之笔，此人一定是深信西学而甘当西人"羽翼"者。袾宏认为，其实利氏之说本身"浅陋可笑"，难以撼动佛教，而且其信徒并非明智之人，因而总体上利玛窦排佛之论没有什么大不了，不过是"蚊喧蛙叫"的杂音而已。但是他担心的是，倘若利氏之说为社会"名公"所接受，那么威胁就严重了，届时他将"不惜病躯，不避口业，起而救之"。可见，袾宏真正忧虑的是利玛窦排佛之论对正统儒家士大夫的影响。不过，袾宏仍然选择隐忍，甚至利玛窦于万历三十八年（1610）去世，他也沉默不语。直到万历四十三年（1615），疾病缠身的袾宏终于不再隐忍，专门撰写了《天说》三论外加《天说余》，共计《天说》四则，逐条回应与辩驳利玛窦《天主实义》对佛教的诘难。

德国汉学家耿宁（Iso Kern）推测，促使袾宏最终撰写《天说》反击耶教的原因，可能与杨廷筠改宗天主教直接相关。[1] 前文已述，万历三十九年（1611）李之藻引西教士郭居静、金尼阁来杭州开教，杨廷筠成为第一位受洗改宗的杭州儒士教徒，而杨廷筠曾是袾宏门下居士。这也表明，袾宏多年前担心的名公儒士为耶教之说所惑的情况真实地发生了，耿宁之说是可信的。

然而，面对袾宏之论，天主教方面却因利玛窦的病逝而陷入无法回应之尴尬状态，所以有一位深通中西佛耶之学的天主教名士假托利玛窦的名义，撰写了《利先生复莲池大和尚〈竹窗天说〉四端》一文（前述学者考证可能是徐光启所写），对袾宏《天说》进行了逐一回应，从而使晚明佛耶之辩得以推进与展开。

上述利玛窦自确定"补儒易佛"传教策略后，不断发起对佛教的攻击，而且在《天主实义》中对佛教的"空""轮回说""杀生"等思想进行了集中的批判。基于此类攻击，作为晚明四大高僧之一的云栖袾宏，进行了几个方面的反击驳论，成为当时佛教界首批辟邪的代表人物。

（一）关于天主之辩

利玛窦采取"补儒易佛"策略，在其著述《天主实义》《畸人十篇》《交友论》中大量引用《中庸》《礼记》等先秦儒家经典作为依据，极力论证天主教与儒家相契相近。此外，基于其利用儒学进入中国社会的需要及基督教本身具有的排他性，利玛窦对佛、道二教尤其佛教进行批判，认为佛教思想来源于西方哲学，而且抄袭了基督教的某些教义。书中还对佛教的"空""轮回说""杀生"等思想进行了集中的批判。在《天主实义》中，利玛窦阐论天地万物既不是生于佛道之"空无"，亦不是来自儒学的"太极"与"理"，而是由"天主"所创造。然此"天主"既非天地所可比拟，亦非鬼神与人所可匹配，而是无始无终但又全知、全能、全善，所以从庶民到天子都应该无条件地敬事

1　吴莉苇：《晚明杭州佛教界与天主教的互动——以云栖袾宏及其弟子为例》，《中华文史论丛》2014 年第 1 期。

"天主"。

袾宏早在万历三十六年（1608）回复虞淳熙的信中，就已表明他是读过利玛窦《天主实义》《畸人十篇》的。袾宏在《天说一》的辩驳中，没有针对利玛窦对佛教"空"论的批判做出回应，而是直接判定利玛窦对"天说"根本不了解。天主教所说的"天主"不过是佛教宇宙观中万千世界中的一个小天主"忉利天王"而已，只是天主教非要借用来自佛教的"天主"一词指称自己的至高神，将佛教中的一个小小的"忉利天王"视为天主教的宇宙之主宰。因此，袾宏《天说一》从佛教的宇宙系统观出发，对"天"及"天主"加以辨析，使人明白为何"天主"（忉利天王）不过相当于一个诸侯：

> 彼虽崇事天主，而天之说，实所未谙。按经以证，彼所称天主者，忉利天王也，一四天下三十三天之主也。此一四天下，从一数之而至于千，名小千世界，则有千天主矣。又从一小千数之而复至于千，名中千世界，则有百万天主矣。又从一中千数之而复至于千，名大千世界，则有万亿天主矣。统此三千大千世界者，大梵天王是也。彼所称最尊无上之天主，梵天视之，略似周天子视千八百诸侯也。彼所知者，万亿天主中之一耳。余欲界诸天，皆所未知也。又上而色界诸天，又上而无色界诸天，皆所未知也。又言："天主者，无形无色无声。"则所谓天者，理而已矣。何以御臣民，施政令，行赏罚乎？[1]

众所周知，佛教将众生世界分为欲界、色界、无色界三界，其中欲界中的天道又分四天王天、忉利天、夜摩天、兜率天、化乐天、他化自在天之"六天"。

袾宏认为天主教所谓的"天主"上帝实际上就是佛教的"忉利天王"，而这样的天主不是唯一的，仅仅是佛教宇宙观系统——"小千世界—中千世界—大千世界""万亿天主"中的一位而已，更遑论另外尚有欲界其余诸天、色界诸天及无色界诸天了。天主教的"天主"与佛教中的统御"三千大千世界"的"大梵天王"，那不过是众诸侯王与君王之间的关系。

所以，在袾宏看来，利玛窦所谈之"天"非常狭隘，而天主教人士之所以出此怪言、谬论，是因为"彼虽聪慧，未读佛经，何怪乎立言之桀也"。因而，袾宏在《天说三》中进一步指出，中国传统文化中具有丰富的天说，如"二帝三王"的"宪天而立极"之说，孔孟的"知天""畏天""律天""乐天""则天"等说，也就是说中国古代思想中关于"天"的学说已经非常充分，又何需一个新创之西来天学来论"天"？

袾宏还通过把"天主"判定为"理"的方式来消解"天主"的人格意识，从而使对方陷入无以"御臣民，施政令，行赏罚"的矛盾之中。在袾宏看来，既然"天主"是

---

1 ［明］袾宏：《莲池大师全集》下册，华夏出版社 2011 年版，第 196 页。

"无形无色无声"的，那它就是中国传统文化中的"理"。而天主教在极力从事"文化适应"传教策略时，不仅用中国传统中的"天"与"上帝"比附天主教的"天主"，而且有时甚至用"理"去加以论说，从而使"天主"陷入利玛窦自我批判的矛盾境地之中。

可见，袾宏站在儒佛一贯的立场上对儒家之天加以肯定，并以儒家的天说来辅助反驳天主教的天主观，对利玛窦合儒、补儒，继而做超儒之想象进行了直接的回击。

而假托利玛窦之名的某天主教名士撰写《利先生复莲池大和尚〈竹窗天说〉四端》一文做出回应：首先，作者主要借用西学中的"天文地理知识"来论证佛教中的"三十三天""四天下""三千大千"等地理概念是否有依据，而断然认定佛僧之说"谬悠无当之语"或"祖邹衍大瀛海之说"不可信。其次，作者从"天文知识自相舛错""剽窃中西天文学""天文地理互相矛盾"的角度来论证佛经知识的"错谬"。最后，作者认为"天主"虽然"无形无色无声"，但其不是"理"，而是"神"，并具有"至上性"与"唯一性"。

事实上，利玛窦以天主附会儒家的"天"和"上帝"，但儒家之"天"与天主教的"天主"是不尽相同的；天主教教士之所以将两者进行比附，从一开始就是一种"文化适应"性传教策略。儒家对天的理性主义理解与天主教对天的人格神意义上的信仰崇拜之间的区别，以及二者在"入世与出世"观上的根本冲突，决定了利玛窦等传教士的"天儒融会"只能是浅层次的比附。

（二）关于杀生与戒杀之辩

佛教的基本理论中，众生皆是宿世父母，杀生食肉，即是杀食过去世的父母，且杀生断人慈悲种子，不利佛教修行，因而佛教的五戒之首即为"不杀生"。事实上，中国传统儒道文化中，无论就儒学的"仁"而言，还是道家的"道"来说，都强调对生命的尊重，而对此佛僧戒杀之律怀有好感。但是利玛窦在《天主实义》第五篇中却对佛教的"戒杀生之说"进行了大肆批判。

天主教以上帝为至高无上的神，上帝创造了天地万物，山川、树木、粮食等皆是供人所用，动物自然也是用来食用的。利玛窦在《天主实义》中即认为，宰杀牲畜符合上帝创生万物以为人用的意愿，人们应该对上帝的仁慈心存感恩之情。

天主教徒针对佛教的戒杀思想设问：如果真如《梵网经》所言，一切有生皆是宿生父母，杀而食之即是杀己父母，如此推理，则人们亦不应该行婚娶之事、不应该设置奴婢仆人、不应该乘骑骡马，否则岂不是婚娶、役使、乘跨自己过去世的父母？

云栖袾宏恰恰是历代高僧之中提倡放生最积极的一位，对于此种设难，他当然竭力反驳。据佛教经典，《梵网经》是放生的理论依据，《金光明经》则是开设放生池的依据。因而，放生是从戒杀而衍生的，也可以说，戒杀的进一步必定是放生。如果能够既戒杀又放生，当然功德倍增。袾宏一向倡导戒杀放生，他主要借用天主教较为认可的儒家学说来进行批驳。他说，《梵网经》首戒杀生，恐其为过去世父母，但亦只是有可能并非定是往昔世的父母。再者，物皆有命，有命皆有知觉，杀生一事断物性命，最为惨毒。男女婚嫁、车马僮仆等人世间的常法，与杀生根本不是一个层面上的问题，岂可相提并论？袾宏以佛教的因果观为立场，力辩杀生不可不戒，并且指出天主教徒不信因果、以杀生为常事之邪说，破人正见，实在是遗患无穷。

面对袾宏之论，《利先生复莲池大和尚〈竹窗天说〉四端》一文又做了详尽回应。首先，在此文作者看来，"杀生"功罪与否不可一概而论，而要依"动机"而定。其次，若谓杀生为"天下古今之大过大恶"，那为何"天主未尝有是命"、中西圣贤无"是训"、世界万国无此"律"呢？最后，"戒杀"亦将"使世上之人灭绝"。因为在"生人之初"，人不仅要通过"杀生"来"自卫"，而且还要借助"杀生"来获得相应的食物。

（三）六道轮回与灵魂不灭

利玛窦对于佛教的轮回说，首先是从学说的起源处进行了否定，他在《天主实义》第五篇中指出佛教的轮回说是对西方毕达哥拉斯思想的窃取。其次，在利玛窦看来，佛教的轮回说存在六大"逆理"之处，比如：倘若有轮回之事，为何今世无人能忆起前世之事？倘若有轮回之事，则必然导致同为禽兽而魂却不一的尴尬状况等。

袾宏则借助儒学经典的相关记载来论证佛教轮回说与人的"嫁娶""使令"不相冲突，以及指摘天主教"人死其魂常在"说的荒诞性。在袾宏看来：首先，《梵网经》中所指的"一切有生皆宿生父母，杀而食之，即杀吾父母"之本意在于"深戒杀生"，而不是禁人嫁娶与役使动物。如从儒学经典的记载看，《礼记》中不仅"禁同姓为婚"，而且无论买妾还是娶妻都要通过占卜之方式来判定其是否为己父母，然后才可进行。其次，如若像利玛窦所述那样，"人死其魂常在，无轮回者"，那么为何"禹、汤、文、武"等各朝圣君明王不去训诫、惩罚"桀、纣、幽、厉"等历代暴君呢？最后，若无轮回，那儒书中为何载有大量前世之例呢？

针对袾宏之论，《利先生复莲池大和尚〈竹窗天说〉四端》一文又做了逐条批驳：首先，袾宏对《梵网经》中的解释仍存有较多矛盾之处。如作者认为，不仅"戒杀与不戒婚娶"相矛盾，而且以"卜筮"来"决疑"亦"甚难"，以及"引喻儒家事理不当"。其次，作者认为尽管无轮回，但是人死其魂仍常在，否则的话，不仅无法实施善恶之报，而且与佛教的"成佛升天""六道轮回"思想相矛盾。最后，尽管儒书上有些转生的记载，但并非"载于儒书便为可信"，其实转生之说多为"讹传"。[1]

---

1 上述关于耶佛论辩的分析参见刘红梅：《论明末佛教与天主教的文化交涉——以莲池袾宏为中心》，《辽宁行政学院学报》2008年第11期；周黄琴：《论云栖袾宏与天主教人士的"异域"对话》，《法音》2015年第10期。

综上所述，明末耶佛论辩中，事实上，袾宏对天主、杀生与灵魂不灭的驳斥已经触及天主教教义的中心，对戒杀与因果轮回的辩护则涉及佛教的基本理论，这些问题的交涉反映出两种不同宗教在宇宙、人生根本问题上的理论分歧。可见，两种不同宗教在宇宙观、思维方式上存在差异。

从明末虞淳熙、袾宏等佛教士僧与杨廷筠、利玛窦等传教士的耶佛论辩开始，再扩展到《圣朝破邪集》派士僧群体的加入，双方论辩的内容已经超出了宗教的范畴，而具有中西文化交锋的意义。借鉴中外学者的研究成果，综合来看这场论辩的历史意义，主要有以下几点：

其一，明末天主教与佛教之争实际上是中西宗教文化乃至传统文化之争。

其二，明末佛教与天主教的论辩中，既有非理性的宗教排他性，也有理性色彩的交锋。其中杭州士僧对天主教的反驳内容，的确揭示了天主教的问题，并从中说明了儒家文化的基本特点。

其三，论辩双方都缺乏宗教宽容的精神。正如法国汉学家谢和耐指出的，僧侣与传教士们"彼此之间互相指责以损害对方的宗教为代价而犯下了盗用教义的错误，以至于将之曲解到无法辨认的程度了"[1]。

作为身处这场论辩中心区域的晚明杭州儒佛人士，他们在遭遇利玛窦等传教士主动发起的耶佛论争时，普遍表现出文化焦虑，因而在论辩中表现出来的"华夏中心论""夷夏之分"的观念限制了这些儒生与僧人的视野。从历史的眼光来审视，明末佛耶论争引起中西文化正面碰撞后，本土知识阶层在坚守本土文化与接受外来文化时如何协调和保持理性，仍然有许多历史经验和教训可以吸取和总结。

1　[法]谢和耐著，耿昇译：《中国与基督教——中西文化的首次撞击》，商务印书馆2013年版，第85页。

第九章

明末清初浙东学派开创者
黄宗羲与西学

三百多年前的明末清初，由欧洲入华耶稣会士充当主要媒介的第一波西学东渐，揭开了东西方两大文化系统直接交流的序幕。从本章开始，我们将关注的是一群来自当时中国经济和文化最发达地区、具有深厚儒家文化修养的"浙东"士人学者，他们在与西方文化不期而遇后所做出的种种反应。笔者认为，他们在构建其独树一帜的学术风格和学术思想时，对于西来之学的接触和理解，可以视为明清之际东西方文化之间展开的一场平等的对话，颇具典型意义！

众所周知，浙东学派是一个既有地域性特点又具时代特色的学术流派，它在有清一代学术文化史上占有相当重要的地位。需要说明的是本章所说的明末清初浙东学派，仅指从黄宗羲到章学诚的浙东学术群体。自从章学诚首次命名和阐释何谓"浙东学术"以来，中外学术界对浙东学派的研究已相当深入。如梁启超的《清代学术概论》和《中国近三百年学术史》、何炳松的《浙东学派溯源》等，都从不同的角度论述过清代浙东学派。20世纪90年代以来的研究成果，则以《浙东学派研究》《浙东学术史》《论浙东学术》[1]三部论著为代表，而相关的学术论文则难计其数。新近的研究则以吴光先生为代表，他对浙东学派的概念和内涵做了新的界定。他指出："浙东学派"的名称最早是由黄宗羲提出来的，指的是明初以来今绍兴、宁波地区学术发展的主要脉络，即浙东学统，或曰浙东学脉，而非现代意义的学派。近代学术大师梁启超首先提出了现代意义上的"浙东学派"概念，但梁氏之论也存在偏颇之处，即把浙东学派仅仅看作一个史学流派。实际上，以黄宗羲为首的清代浙东学派，是一个崛起于清初、延续至清末，涵括经学、史学、文学、科学等多个领域而以经史之学为主体的学术流派。[2]

作为清代学术史上的一大重要学派，浙东学派对明清之际的西学东渐是否有所反应，这似乎已经不是一个新的学术问题；因为梁启超早在20世纪初发表的两部清代学术史著作中，就曾专门论述过黄宗羲等浙东学人受西学启发而倡导研治历算学的成就[3]。然而学术界对清代浙东学派究竟如何回应西学，西学东渐究竟对该学派产生了怎样的影

---

1 王凤贤、丁同顺：《浙东学派研究》，浙江人民出版社1993年版；管敏义主编：《浙东学术史》，华东师范大学出版社1993年版；方祖猷、滕复主编：《论浙东学术》，中国社会科学出版社1995年版。
2 吴光：《为"清代浙东经史学派"正名》，《光明日报》2008年10月19日第7版。
3 详见梁启超著，朱维铮校注：《梁启超论清学史二种》，复旦大学出版社1985年版，第47、486—488页。

响，至今仍然缺乏从整体上进行的系统、深入研究。尽管已有学者从科学史的角度对黄宗羲、黄百家父子与西学的关系做过专题研究[1]，但鲜见从学术思想史的角度探讨清代浙东学派的西学渊源。从本章开始，笔者将在广泛利用文集、笔记、年谱、杂著等原始资料的基础上，综合考察清代浙东学派的主要代表人物黄宗羲（1610—1695，余姚人）、黄百家（1643—1709，余姚人）、万斯同（1638—1702，鄞县人）、全祖望（1705—1755，鄞县人）、章学诚（1738—1801，绍兴人）等对西学东渐的反应，力图探析他们回应西学的立场、观点及其演变的思想轨迹，并揭示清代浙东学术中的西学因素。而从浙东学术的师承源流而言，黄宗羲的西学观明显受到其业师刘宗周的影响，因而考察清初浙东学派的西学渊源要从明晚大儒刘宗周开始。刘宗周作为黄宗羲的业师、蕺山学派创始人、宋明理学殿军，其学术思想的影响遍及浙东和浙西之学，因而考察他与西学的接触和他对西学的反应，有助于我们深入理解明清之际由虚向实的学术思潮中，浙东经世学术的嬗变轨迹。

一、刘宗周的西学观及其影响

明末儒学大师刘宗周（1578—1645），字起东，别号念台，浙江山阴（今绍兴）人，学者称念台先生，又称蕺山先生。《明史》卷二五五"刘宗周传"、黄宗羲《明儒学案》等史料记载，记其生平简历：明万历二十九年（1601）进士，天启元年（1621）召为礼部主事，累官光禄丞、太仆少卿，因疏劾阉党魏忠贤被削籍，归乡讲学、著书。崇祯初任顺天府尹，累官左都御史，又以忤旨削职为民。福王监国时，再起复官，崇祯十四年（1641）迁吏部左侍郎，崇祯十五年（1642）八月擢左都御史，十二月底（已入1643年）又因痛陈时政，遭削籍还乡。清军南下，杭州失守后，于顺治二年（1645）绝食而亡。

刘宗周与西洋传教士虽无直接接触，但他自崇祯二年（1629）赴任顺天府尹，累官左都御史，至崇祯十五年因政见不合圣意，被迫辞官归里，其间一直仕宦京城。这期间正值晚明西学东渐的高潮。他恰与积极主张吸收西学的徐光启同朝为官，但他们在面对西洋传教士引进的"西学"和"天学"时，却站到了对立的立场上。[2]

刘宗周在崇祯十五年闰十一月（1642）的一份未及呈上的奏疏中较为全面地论述了他鲜明反对"西学"（天主教）和"天学"（西洋历法、火器）的西学观：

1　杨小明：《黄宗羲的科学研究》，《中国科技史料》1997年第4期；杨小明：《哥白尼日心地动说在中国的最早介绍》，《中国科技史料》1999年第1期；杨小明、冯芒：《理论高度与实践深度的统一——试论黄百家的科学真理观》，《科学技术与辩证法》1999年第2期。

2　笔者早年间曾探讨过刘宗周的西学观及其影响：《论黄宗羲与徐光启和刘宗周的西学观》，《杭州师范学院学报》1997年第4期；《晚明大儒刘宗周的西学观及其影响》，刊于《浙江经济文化史研究》论文集，杭州出版社2001年版，第226—280页。

何谓异端之教？则佛、老而外，今所称西学者是。始万历中，西夷利玛窦来中国，自言航海九万里而至，持天主之说以诳惑士人，一时无识之徒稍稍从而尊尚之，遂为南礼卿沈㴶论列以去。不意其徒汤若望等，越十余年复入中国，遂得夤缘历局以行其一家之说，又有西洋火器逞其长技。皇上因而羁之京师，至表之为天学，而其教浸浸行于中国矣。臣窃意历家之说大抵随疆域以分占候，故四夷各有星官，未必尽行于中国也。而今且设局多年，卒未有能究其旨者，至历法为之愈讹。况一技若火器，岂中国有道圣人所恃乎？不恃人而恃器，兵事之所以愈不振也。若天何主乎？天即理也。今以为别有一主者，以生天而生人物，遂令人不识祖宗、父母，此其说诬可一日容于尧舜之世！而近者且倡仁山大会，以引诱后进，率天下之人而叛君父者，必此之归矣。[1]

从此疏中可见，刘宗周的西学观实际上主要包含两大内容：一是排斥西方传教士传播的"西学"，特指当时传教士的"天主之说"，并且蔑称利玛窦等入华传教士为"西夷"，定性他们宣扬的天主教为"异端之教"；二是反对明朝采用由传教士参与引进的"天学"，即以西洋历法、西洋火器、矿物学为主的西方实用科技。

（一）刘宗周的反"天学"立场

1.晚明的中西历法之争与刘宗周反对用西法修历

明代官方一直采用历法"双轨制"，主要以元代郭守敬《授时历》改编而成的《大统历》为主，同时参用基于阿拉伯天文学的《回回历》，即伊斯兰教历。《大统历》和《回回历》始终是被明朝官方正式采用的两部历法。从明成化年间（1465—1487）开始，因为依据官方历法推测天象屡次不准，误差越来越大，不断有人上书提出改历。但因历法改革事关王朝政治伦理和国计民生，一直争议不绝而被屡次搁置。

自万历二十三年（1595）开始，先后有朱载堉、邢云路、范守己等人上奏要求改历。官方天文历法机构钦天监上奏希望能够召用西洋人来翻译西方历法，以弥补中国典籍之不足，作为修改旧历的一种参考。万历三十九年（1611），钦天监官员周子愚奏请擅长西学的士人徐光启和李之藻与西洋传教士庞迪我等人，共同翻译西洋历法，协助历法修订工作。但鉴于保守人士反西教、西历的声潮高涨，李之藻参与的用西法修历并未获得朝廷支持。

崇祯二年（1629），崇祯帝下决心宣布开局修历，且令徐光启主持历局，着手系统引入西方天文学知识，编纂历书。光启还以朝廷名义力邀"李之藻速与起补，蚤来供事"[2]。

---

1 ［明］刘宗周：《辟左道以正人心以扶治运疏》，吴光主编：《刘宗周全集》第 3 册，浙江古籍出版社 2007 年版，第 204—205 页。
2 方豪：《李之藻研究》，海豚出版社 2016 年版，第 271 页。

　　李之藻抱病赴京，至崇祯三年（1630）五月才到历局上任。同年，耶稣会士汤若望经由当时的礼部尚书徐光启疏荐，开始供职于钦天监，正式成为明朝官员。其时，清军入侵威胁日重，徐光启把主要精力放在督造西洋火炮上，因而修历之事主要靠李之藻等人推进。同年九月，李之藻因过劳病故在岗位上。[1] 崇祯六年（1633）徐光启逝世，由李天经继续主持修历，至崇祯七年（1634）采用西洋历法编制的《崇祯历书》全部完成，共得 137 卷。这是中国历史上第一次系统地、大规模地引进欧洲天文学、数学等科学知识，堪称中国天文学史和西方科学东传史上一座空前的里程碑。

　　在《崇祯历书》的编译过程中，历局聘请了在华耶稣会士龙华民、罗雅谷、邓玉函、汤若望等参与编译，节译了包括哥白尼、伽利略、第谷、开普勒等著名欧洲天文学家的著作。但明廷任用西洋传教士、采用西洋历法修订旧历之举，遭到了朝野保守士人的猛烈抨击。徐光启去世后，历法之争愈演愈烈，"是时言历者四家，《大统》《回回》外，别立西洋为西局，文魁为东局。言人人殊，纷若聚讼焉"[2]。可见，围绕明朝官方是否采用西洋历法，以取代传统旧《大统历》和《回回历》，在明末士大夫中引起了一场中西历法之争的轩然大波。

　　综观明末中西历法之争，其焦点主要集中在两个层面上：一是科学层面上的中西历法理论之争，据《明史》记载，自崇祯二年（1629）至十六年（1643）共有八次实测较量，结果西法全胜。二是涉及中西意识形态差异的观念之争。在中国，天文历法自古以来被赋予一种特殊的文化观念，传统的宇宙天体说还往往具有哲学、伦理学上的意义，如天圆地方说就被阐发为天尊地卑的封建等级观念，而历法更被视为王朝统治权的象征、封建正统延续的标志。引进一种异族的天文历法，甚至由"西夷"直接参与，这对于一向尊奉"华夏中心"观念的中国士大夫来说，无异于公开的"用夷变夏"。这集中体现在明末反西学高潮的标志《圣朝破邪集》中。《圣朝破邪集》收集了自崇祯八年（1635）至十二年（1639）闽浙士僧的反西教、反西学言论，其矛头首指西教士在明廷的改历活动，因为在保守士僧看来"今西夷所以耸动中国、骄语公卿者，惟是历法"[3]，并且传教士来华即想以西法改移历法，此其变乱治统，觊图神器，极古今之大妄"[4]，此"为千古未闻之大逆"[5]。

　　鉴于反对者众多，新历《崇祯历书》在崇祯七年编完之后并没有立即颁行。直到崇祯十六年八月，崇祯帝"已深知西法之密"，遂下定决心颁布新历，但颁行《崇祯历书》的命令未及实施，明朝即已灭亡。此后，新历的优劣之争一直持续了十年。《明史》中

1　关于李之藻以西法参与历局修订历法之事，详见本著第四章第三节"（三）修订历法：李之藻引用西方科学倡导经世实学的尝试"。
2　［清］张廷玉等：《明史》卷三一，中华书局 1974 年版，第 536 页。
3　［明］谢宫花：《历法论》，夏瑰琦编：《圣朝破邪集》，建道神学院 1996 年版，第 305 页。
4　［明］林启陆：《诛夷论略》，夏瑰琦编：《圣朝破邪集》，建道神学院 1996 年版，第 285 页。
5　［明］许大绥：《圣朝佐辟》，夏瑰琦编：《圣朝破邪集》，建道神学院 1996 年版，第 191 页。

记录了发生过的八次中西天文学的较量，包括日食、月食、木星、水星、火星的运动。明清易代之际，留在北京城内的汤若望删改《崇祯历书》至 103 卷，进呈清朝，并由顺治帝将其更名为《西洋新法历书》[收入《四库全书》时，因避乾隆（弘历）讳，易名为《西洋新法算书》]，新历正式拥有清朝官方历法身份。

刘宗周自崇祯二年赴任顺天府尹，正是崇祯帝设历局以西洋历法修改旧历的当年，他累官至左都御史，直至崇祯十五年（1642）底削籍还乡，其间一直仕宦京城。身为朝官，他自然对当时波及朝野的中西历法之争耳闻目睹，并且多次在奏书和朝会上明确陈述他反对西洋历法、宗教和传教士的鲜明立场。

刘宗周虽然对中西历理知之甚浅，但他明显表现出反对西法的态度。上文所录他在崇祯十五年闰十一月写的《辟左道以正人心以扶治运疏》中指出：“臣窃意历家之说大抵随疆域以分占候，故四夷各有星官，未必尽行于中国也。而今且设局多年，卒未有能究其旨者，至历法为之愈讹。”刘宗周在此疏中指斥的外夷历说，显然指徐光启、李天经先后主持历局以西法改历之事。而从刘宗周拒斥西洋历法的理由来看，他的着眼点不是中西历理之辨，而是：一则强调地域差异，西历和其他四夷天文历法一样，也未必适用中国；二则指出历局自崇祯二年设立至今，已有十多年，但历法改革始终未能消除错讹，意指历局仍然对西洋历法未能研究透彻，不得要领。刘宗周在此确实点中了明末历法改革的要害——新修历法《崇祯历书》直到崇祯末年都没有得到正式颁行。

实际上，依西洋历法修订的《崇祯历书》之所以未能正式颁布施行，其主要原因之一就在于朝廷官员内部分歧很大，四历（大统、回回、魏文魁法、西法）之间“言人人殊，纷若聚讼”，甚至历局官员的意见也不统一，当时管理其他历局事务的代州知州郭正中（浙江海宁人）则认为“中历必不可尽废，西历必不可专行”[1]，四历各有短长，提出参合诸家、兼收西法的主张。而刘宗周等在朝官员与民间《圣朝破邪集》派的反西洋历法言行，形成强大的政治阻力，导致《崇祯历法》无法颁布执行。

2.晚明朝廷购买西洋火炮、招募西洋技师与刘宗周的强烈排斥

明朝自正德年间首次接触西洋火器之后，历经嘉靖、万历、天启、崇祯各朝，始终致力于引进和仿制西洋火器，并且不惜代价多次赴澳门购买火炮、招募葡萄牙籍火炮技师（铳师）。刘宗周在疏文中反对的“天学”是指为晚明朝廷所同意用于修订历法和抵御外敌入侵而引进的西洋历法和西洋火炮等实用技术，而在崇祯年间，与刘宗周同朝为官的开明士人徐光启、李之藻、李天经等，正与汤若望等在华欧洲传教士共同参与其事。

事实上，明朝官方第一次接触到西洋火炮“佛郎机火铳”是在明正德十二年

---

1 ［清］张廷玉等：《明史》卷三一，中华书局 1974 年版，第 543 页。

（1517）八月首个葡萄牙官方派遣的托梅·皮雷斯（Tome Pires）访华使团到达广东珠江口屯门澳，葡萄牙舰船行西方礼节鸣放礼炮之时。这在当时还被中国人看来是愚蠢而具有挑衅性之举。但明朝官方很快看到了这种西洋火炮的军事价值，正德年间任广东东莞县白沙巡检的何儒，用计从葡萄牙人那里盗取了佛郎机炮的制造方法，在日后的海战中，明军大量使用佛郎机以打击海上敌对势力，"中国之有佛郎机诸火器盖自儒始也"。

晚明，包括"佛郎机""鸟铳""红夷大炮"在内的西洋火器伴随着欧洲势力东渐传入中国。其中，鸟铳即滑膛枪的传入发生在嘉靖二十七年（1548），主持海禁和抗倭的浙江巡抚朱纨，派遣都指挥卢镗率军在浙江舟山取得双屿岛大捷之后，从葡萄牙战俘口中得到了先进的鸟铳即滑膛枪制造技术："获善铳者，授其肯綮。命马宪制器，李槐制药，始精绝云。"[1] 据《明会典·火器》记载，兵仗局在嘉靖三十七年（1558）仿制了一万支鸟铳，这是明朝制成的第一批大规模火器。

嘉靖以后，明军装备的轻型手铳被鸟铳取代。中国的火器研制者又在仿制西洋火器的过程中，不断创新与发展。此后中国的火器便开始向火绳枪炮的方向发展。但16世纪时的西方火器在技术和应用上都取得了长足进展，尤其是西洋火炮技术水平逐渐高于中国。[2] 而明朝在万历年间（1573—1620），火器仿制和革新几乎处于停滞状态，品种单一。这种状态一直持续到万历末年，士臣徐光启大力呼吁朝廷购买并仿制西方红夷大炮，才使得明代火器技术发展登上新的台阶。[3]

晚明朝廷正式出面购买西洋火器，据先辈学者方豪认为仅有两次，但有学者依据葡文和中文文献的最新研究表明，实际上仅在崇祯年间，明廷招募葡兵及购置西洋大炮就有多次，且崇祯朝最后一次向澳门寻求西洋大炮和火炮技师（铳师）发生在崇祯十六年（1643）。[4] 当然，晚明朝廷招募葡兵、购买火炮影响最大的确实是方豪先生所指的两次[5]：第一次在泰昌元年（1620），徐光启致函李之藻，请求其与杨廷筠共同商议捐献款物以购炮一事，并派遣李之藻的门生张焘、孙学诗前往澳门处理购炮事宜。[6] 第二次在崇祯二年（1629），徐光启申请再次赴澳门购买火炮，招募葡兵铳师（懂技术的炮手），并且还有意引进制造技术，从澳门"取善炮西洋人赴京应用"。澳门葡萄牙籍商人当即捐献出十门大炮、若干火绳枪以示对朝廷的支持。葡萄牙耶稣会士陆若汉（Joao Rodrigues，1561—1633）、葡国统领公沙·的西劳（Goncalvo Teixeira Correa，?—1632）统率招募的葡国铳师和随从一行人，从广州出发沿水路向北京进发。崇祯三年（1630）正月，公沙·的西劳一行抵京，负责练兵及教授火炮使用，颇有成效。随后，公沙和陆若汉被徐

1　［明］王鸣鹤：《登坛必究》卷二九，解放军出版社、辽沈书社1990年版，第3906页。
2　王兆春：《中国火器史》，军事科学出版社1991年版，第136页。
3　张小青：《明清之际西洋火炮的输入及其影响》，《清史研究集》第四辑，四川人民出版社1986年版，第48—106页。
4　董少新、黄一农：《崇祯年间招募葡兵新考》，《历史研究》2019年第5期。
5　方豪：《中西交通史》下册，岳麓书社1987年版，第767—776页。
6　详见本著第四章第三节"（二）引进西洋火炮：李之藻为挽救大明王朝的努力"。

光启安排到山东登州，帮助明军在此铸造西洋火炮和训练炮手，促使登州成为当时全国闻名的西式火器制造中心。崇祯四年（1631）九月爆发吴桥兵变，公沙率葡兵和明军参加登州保卫战，不幸被孔有德叛军攻破，明军损失惨重，公沙等多名葡兵阵亡，登州城内大批先进的红夷大炮等西式火器落入叛军手中。崇祯六年（1633）四月，孔有德投降后金，带去曾受葡籍炮手专门训练的西式火炮精兵，还有所缴获的诸多先进火器，使得明朝与后金双方的军事力量对比发生重大变化。

晚明天启、崇祯年间，明廷一方面大力从澳门购买火炮、招募葡兵，引进先进西洋火炮和技术人才，另一方面又命令大规模仿制西洋火器。从李之藻和孙元化开始主持仿制工作，到徐光启倡导军事改革，以全面仿制先进的西洋火器为核心，同时十分注重提高火炮铸造质量，加强人才队伍、火炮使用和技术保密等制度化建设，并得到了同期效力于明朝历法修订的德国耶稣会士汤若望提供的火炮铸造技术支持。

刘宗周入朝为官时，汤若望确实为明朝仿制西洋火炮做出重要贡献。崇祯九年（1636），皇太极即位并改国号为清。明朝面对清军进攻的危急形势，朝内大臣急寻对策："一日朝中大臣某过访若望，与言国势颠危，及如何防守等事。若望在谈话中言及铸炮之法，甚详明。此大臣因命其铸炮。若望虽告知其所知铸炮术实得之于书本，未尝实行，因谢未能，然此大臣仍强其为之。盖其以为若望既知制造不少天文仪器，自应谙悉铸炮术也。"[1]

其时，明廷还制定了使用重炮构筑北京城防工程体系的方案，并在皇宫旁设立铸造厂一所，由汤若望负责监制："若望竟制成战炮二十门，口径之大，有足容重四十磅炮弹者。已而又制长炮，每一门可使士卒二人或骆驼一头负之以行。所需铸炮之时亘两年。"[2]汤若望从此走上专业为明朝制造火炮之路。

刘宗周写《辟左道以正人心以扶治运疏》的当年七月，汤若望因修历制器有功，获得崇祯帝赏赐御题"钦褒天学"匾额一方，礼部题本中说明的褒奖理由是："远臣汤若望创法立器，妙合天行，今推步前劳已著，讲解后效方新，功宜首叙。乃道气冲然，力辞田房之给，理当先给扁楔，以示褒异。"[3]而据前引刘宗周此疏文中指斥汤若望等传教士参与明朝历局"以行其一家之说"，显然是指崇祯年间先后主持历局的徐光启、李天经，会同西洋传教士以西法改历，修订《崇祯历书》之事。刘宗周又在疏文中称汤若望等西洋传教士"越十余年复入中国，遂得夤缘历局以行其一家之说，又有西洋火器逞其长技。皇上因而羁之京师，至表之为天学"。这表明刘宗周非常清楚汤若望等西洋传教士参与当时朝廷抗敌、修历等攸关政权根基命运的大事，同时也恰好为我们清楚解读了崇祯帝颁赐汤若望"天学"匾额的含义：当时所谓的"天学"，实际上包含了汤若望在

1　［法］费赖之著，冯承钧译：《在华耶稣会士列传及书目》，中华书局1995年版，第171页。
2　［法］费赖之著，冯承钧译：《在华耶稣会士列传及书目》，中华书局1995年版，第171页。
3　韩琦、吴旻校注：《熙朝崇正集　熙朝定案（外三种）》，中华书局2006年版，第38—39页。

历局修订历法和制造西洋火炮两件功劳。结合笔者上述晚明自嘉靖、万历到天启、崇祯各朝君臣对待"钦褒天学"和传教士的态度来看,朝廷的主流政策一直是赞成引进先进的西洋火炮和西洋历法,并大力支持传教士帮助明朝仿制西洋火炮和修订历法。

刘宗周对西洋火器的排斥立场始终如一,即便在朝廷召开的君臣对策讨论会上,他也敢于在崇祯帝面前提出反对意见。关于刘宗周与崇祯帝的这场争议,发生在崇祯壬午(十五年)闰十一月二十七日(公历已是1643年1月),事件经过在《刘子全书》奏疏所附"召对纪事"及其弟子黄宗羲所撰《子刘子行状》等文献中均有记载。

当年冬天,内外交困的崇祯帝召对中左门,与群臣商议御敌之策。上谕"今日以灭寇为第一义,此外俱可缓"。御史杨若桥奏曰:"臣前有切实可行之效一疏,举远臣汤若望制火器,如西洋无间等炮,可以设布城上,亦可那用行间。上曰:'城守大炮不便移动,各边隘口不患无炮,总在用得其法。'若桥对曰:'无如汤若望。'上曰:'尔与之讲求。'"[1]杨若桥提议再次任用汤若望监制火炮,并让汤若望参与强化火炮布阵的城防策略,显然得到崇祯帝的支持。但是,参加召对会议的左都御史、正二品大臣刘宗周竟然公然反对,并陈述理由,崇祯帝面露不快,当场否决刘宗周之说,且看文献记录:

> 先生出班跪奏曰:"杨御史之言非也。臣闻古之用兵,太上汤、武之仁义,其次桓、文之节制,以故师出有名,动有成绩。今纵不能一于仁义,亦当以节制为本。乃纪律、步伐全不讨究,但见今日讲火器,明日讲火器。任彼到一城破一城,至一邑陷一邑,岂无火器而然与?先臣戚继光在塞上……何尝专恃火器!此其已事彰彰可师也。且火器彼此共之,我可以御彼,则彼得之亦可以制我,不见河间反为火器所陷乎?今武备积弱而难言者,正徒讲火器而置兵法不问,不恃人而恃器,所以愈用兵而国威愈损也。至汤若望,西番外夷,向来倡邪说以鼓动人心,已不容于圣世。今又创为奇技淫巧以惑君心,其罪愈不可挽。乞皇上放还彼国,以永绝异端,以永遵吾中国礼教冠裳之极。
>
> 上意不怿,曰:"火器乃国家长技,汤若望非东寇西夷可比,不过命其一制火器,何必放逐?……"
>
> 先生又奏曰:"火器终无益于成败之数。国家之大计当以法纪为主。……"[2]

显然,刘宗周当场反对御史杨若桥推荐汤若望制造火器,其揭示的反对理由包含了两个层次:一是从现实的军事角度看,刘宗周认为徒讲火器而置兵法不问,只靠器用而不靠人才,必然导致"愈用兵而国威愈损";二是从更深层次的政治层面来看,刘宗周

1　［明］刘宗周:《恭承圣谕感激时艰敬矢责难之谊以图报称疏》附"召对纪事",吴光主编:《刘宗周全集》第3册,浙江古籍出版社2007年版,第234—235页。

2　［明］刘宗周:《恭承圣谕感激时艰敬矢责难之谊以图报称疏》附"召对纪事",吴光主编:《刘宗周全集》第3册,浙江古籍出版社2007年版,第235—236页。

认为汤若望等西番外夷，不仅"倡邪说以鼓动人心"，而且"今又创为奇技淫巧以惑君心，其罪愈不可挽"，并强调治国大计，要以法纪为主，这与前引刘宗周在《辟左道以正人心以扶治运疏》中声称"况一技若火器，岂中国有道圣人所恃乎？"，其理念如出一辙。

刘宗周在任用汤若望制造西洋火器这个攸关王朝安危的关键问题上固执己见，对急于灭寇的崇祯帝来说，显然是不合时宜、难以接受的，因而引起"上意不怿"而遭到崇祯帝训斥式的反驳。但从中也可以看出，刘宗周这种将国防急需西洋火器的现实需求做过度政治化解读的言论，表面上看是为了杜绝传教士借"西洋火器呈其长技"，实际上是源于其传统儒家士大夫根深蒂固的"夷夏之辨"排外观念。不过，在崇祯帝眼里，维护王朝统治的现实需求，显然超过了刘宗周基于传统儒家思想伦理的政治诉求，其排斥汤若望和西洋火器的主张自然不为崇祯帝所容，刘宗周终因"奏对忤旨"而遭革职，十二月二日被迫辞职，初七日离京返乡。[1]

3. 刘宗周排斥汤若望编译《坤舆格致》引进欧洲采矿冶金技术

安徽桐城人方以智（1611—1671）是明末清初较早关注并研究西学的著名科学家和思想家，他的《浮山文集》保留了刘宗周拒斥汤若望编译矿冶学科技著作《坤舆格致》的珍贵史料。[2] 方以智在其《钱钞议》中写道：

> 大抵银钱之源，本出于矿而行钱行钞之源，本立于信。信若不立，虽严刑叠敕，岂有益哉。周官荒政舍禁，则矿穴常时闭之，恐民务末而轻农也。然铜铁之冶，原未尝禁，而滇黔之矿又何尝闭耶？但当令有司司之，勿轻遣内臣耳。前年远臣进《坤舆格致》一书，而刘总宪斥之。近日蒋臣献钞法，而倪大司农奏而官之。然钞造不能行者，以未先识禁银行钱，通商屯盐之几，信无从立，而徒以片楮令人宝之，岂有此情理哉？[3]

方以智在此提到的进呈《坤舆格致》的"远臣"，显然是指汤若望。方氏所称"倪大司农"则为户部尚书倪元璐，而"刘总宪"就是指刘宗周。查《历代职官表》可知明制以"左都御史通称总宪"[4]，而从《明史·七卿表》又知崇祯朝为官左都御史者，姓刘的仅刘宗周一人。[5] 另据方以智《物理小识》记载，《坤舆格致》一书于崇祯庚辰（十三年，即1640年）进呈，而上述刘宗周于崇祯十五年八月擢任左都御史，正与方氏所说"前

1　［明］刘宗周：《感激天恩恭陈谢悃疏》《恋阙瞻天恭申辞悃疏》，吴光主编：《刘宗周全集》第3册，浙江古籍出版社2007年版，第244、247页。

2　该则史料原文见于方以智《钱钞议》，笔者据《四库禁毁书丛刊》本《浮山文集前编》卷四"曼遇草"全文引录，方氏《钱钞议》曾部分引用于潘吉星《阿格里柯拉〈矿冶全书〉及其在明代中国的流传》一文，《自然科学史研究》1983年第1期。

3　［清］方以智：《浮山文集前编》卷四"曼遇草·上·钱钞议"，《四库禁毁书丛刊·集部》第113册，北京出版社1998年版，第527—528页。

4　［清］黄本骥编：《历代职官表》，中华书局1965年版，第45页。

5　据《明史》卷一一二《七卿表》及卷三六〇"刘宗周"，刘宗周于崇祯十五年八月上任，十二月削籍。

年"进呈此书完全合时。

为了更好地理解汤若望编译《坤舆格致》的科学价值和历史意义，我们需要简要了解《坤舆格致》的知识来源和编译传播过程。迄今学界研究认为，汤若望编译《坤舆格致》的西学底本就是欧洲著名矿业冶金学著作《矿冶全书》。该书著成于1550年，但首次出版时间为作者去世后的1556年3月，用拉丁文写成。作者阿格里柯拉（Georgius Agricola，1494—1555）是文艺复兴时期德国著名的采矿冶金学家，被誉为"矿物学之父"。《矿冶全书》包括12卷和1篇序言，共有精美插图292幅，全面而细致地展示了采矿和冶金的各种技术，成为当时欧洲最为先进的矿业书，一度成为当时欧洲采矿业的教科书，被誉为划时代的矿冶巨著。此书一经出版就被译成多种不同语言，在世界范围内广为流传。1557年的首个德语版就被重印了17次。[1]

据魏特（Alfons S. J. Väth，1874—1937）《汤若望传》考证，[2]《矿冶全书》的原版西书首次传播入华是在1621年，当年法国传教士金尼阁在欧洲购募"西书七千部"重返中国，[3]《矿冶全书》就包含在内。明末科学家王徵《奇器图说》中称，《奇器图说》即为金尼阁携来中国的"其七千余部中之一支"。而从成书于1627年，由邓玉函口授、王徵译绘的《奇器图说》卷一"原解表性言"中得知，辑成此书所依据的若干西学底本之作者："今时巧人之最能明万器所以然之理者，一名未多，一名西门。又有绘图刻传者，一名耕田，一名刺墨里。此皆力艺学中传授之人也。"[4]根据李约瑟等人的考证，此处提到的"耕田"，无疑就是阿格里柯拉，因Agricola在拉丁文中是"农夫"之意，所以意译为"耕田"。[5]

《坤舆格致》成书之时正值明末内外交困、政府财政空虚之时，接替徐光启主持历局的李天经，在出色完成修历工作之后，提出一项改革建议，即主张通过开发矿产来充实国库。为此，他和同在历局修历的汤若望商议后，决定把《矿冶全书》这部西洋书译成中文出版，再建议朝廷颁发到各地，为增加金属矿藏开发量、填补战争造成的财政亏空提供实用科技知识支撑。但李天经的这一主张一直受到诸多朝臣的反对，刘宗周便是其中突出的一位。

因而《坤舆格致》的翻译和传播，时常受到保守官僚和时局变化的掣肘，并非一帆风顺，但在晚明王朝意图通过"开矿"来缓解财政压力的强烈愿望驱使下，《坤舆格致》的翻译进程仍然得以推进，总体可分为四个阶段：[6]

第一阶段为崇祯十一年（1638）至崇祯十二年（1639），进行了一部分的翻译工作。

1 董琪：《南图藏〈坤舆格致〉抄本研究》，上海师范大学硕士论文，2019年，第9页。
2 ［德］魏特著，杨丙辰译：《汤若望传》第1册，台湾商务印书馆1960年版，第46—47页。
3 关于金尼阁"西书七千部"入华详见本著第三章第二节"（一）返回欧洲募集'西书七千部'入华"。
4 黄兴涛、王国荣编：《明清之际西学文本：50种重要文献汇编》第3册，中华书局2013年版，第1129、1137页。
5 潘吉星：《阿格里柯拉的〈矿冶全书〉及其在明代中国的流传》，《自然科学史研究》1983年第1期。
6 潘吉星：《阿格里柯拉的〈矿冶全书〉及其在明代中国的流传》，《自然科学史研究》1983年第1期。

　　第二阶段是崇祯十二年到崇祯十三年（1640），在请旨续进之后，继续开展翻译工作直到结束。李天经第一次向崇祯帝进呈《坤舆格致》是在崇祯十二年。他在上疏《代献刍荛以裕国储事》时说道："谨先撰译缮绘，得《坤舆格致》三卷，汇成四册，敬尘睿览，尚有煎炼炉冶等诸法一卷……"可知首次进呈崇祯帝的《坤舆格致》是尚未译完的三卷本。

　　第三阶段是崇祯十三年到崇祯十六年（1643），在这一时期，《坤舆格致》是否应该刊刻颁行，各地采矿是否应按书中所介绍的技术方法来执行，成为有关官员着重讨论的问题。这正是刘宗周在朝议中竭力排斥汤若望译编进呈《坤舆格致》之际。

　　李天经在崇祯十三年上《遵旨续进〈坤舆格致〉疏》中写道：

　　　　臣报国有心，点金无术，因于旁通十事内，采择西庠《坤舆格致》一端，成书三卷，于去岁七月内恭尘御览，随奉圣旨。……窃思今天下之言开采者比比，而卒无一效者，其法未详也。盖开采不惟察寻地脉有法，试验有法，采取有法；即煎炼炉冶，其事较难，其法较密。前所进书，虽备他法，而煎炼炉冶之法，书尚未成。既奉明旨"纂辑续进"，微臣曷敢少缓，因即督同远臣汤若望及在局办事等官，次第纂辑，务求详明，昼夜图维。于今月始获卒业，为书四卷，装潢成帙，敬尘御览。倘蒙鉴察，勒发开采之臣，果能一一按图求式，依文会理，尽行其法，必可大裕国储。[1]

　　崇祯帝的朱批为："这续进《坤舆格致》留览，余该部议复。钦此钦遵。"可知《坤舆格致》翻译完成后，确实为四卷本。同时，李天经显然理解了引进西洋矿冶学的重点在于采矿和冶金的方法，因而这也是他与汤若望译编《坤舆格致》的重点：一是"察寻地脉有法，试验有法，采取有法"的采矿之法；二是"煎炼炉冶之法"，即矿产的冶炼之法。

　　第四阶段则是崇祯十六年到崇祯十七年（1644），此书刚刚刊行各地，明王朝便在李自成起义军入京中覆灭，不到两月北京又被清兵攻克，《坤舆格致》的颁行工作便戛然而止了。

　　此书译好后，未能及时付诸刊刻，主要原因之一就在于遭到了几位朝中大臣的极力反对。其中，时任左都御史刘宗周是先锋之一。虽然迄今所见刘宗周的奏疏文稿等原始文献中，尚未发现刘宗周本人在朝廷上反对汤若望《坤舆格致》的直接证据，但有三方面证据可证实其排斥的态度：

　　其一，前述方以智《钱钞议》中明确写道："前年远臣进《坤舆格致》一书，而刘

1　［明］李天经：《遵旨续进〈坤舆格致〉疏》，李杕编：《徐文定公集》卷四，上海徐汇藏书楼 1933 年版，第 87 页。

总宪斥之。"方以智乃明末清初科学家和实学思想家,他与刘宗周弟子黄宗羲等浙江学人交往密切,他的"通几""质测"之学中包含对西洋科技的接受与中西会通的努力,其学行事迹广为士人学界公认,因而所言宗周排斥《坤舆格致》之说可信度极高。

其二,排斥汤若望《坤舆格致》与刘宗周在崇祯朝上宣示的政治理念和治国主张相符。崇祯十五年(1642),内外交困的崇祯帝在与群臣商议御敌灭寇之策时,刘宗周在回答崇祯帝"今南下之敌如何扫荡?"时提出关键在于"吏、兵二部得其人",而他认为造成"今日祸败不可救"局面的原因是选用官员"但论才望,不论操守",而真正有用的官员"其要在文官不爱钱,武官不惜死"。因此,他提出在国家危急用人之际,选才的标准应该是"先操守,后才望"。但崇祯帝却说"济变之日,先才而后守"[1],刘宗周的建议自然被皇帝抛弃。从中也可窥知,在刘宗周看来,汤若望翻译引进《坤舆格致》用于地方开矿冶金、增加钱财收入,有悖于他"文官不爱钱"的主张,因而刘宗周反对汤若望进呈《坤舆格致》顺理成章。

其三,排斥汤若望《坤舆格致》与刘宗周始终公开反对崇祯帝采用西洋历法、火炮乃至汤若望等西教士的主张完全一致。此见本节上下文所述史实,便可一目了然。

值得一提的是,刘宗周正是因为在朝廷任用汤若望制炮、采用西洋火炮御敌的政策上当面与崇祯帝发生冲突,在崇祯十五年十二月因"忤旨"而被革职。崇祯十六年十二月,刘宗周的同乡好友倪元璐(1594—1644,字玉汝,号鸿宝,绍兴上虞人)时任户部尚书兼翰林院学士,上书《请停开采疏》,反对朝廷依据汤若望《坤舆格致》等西洋技法开采矿产:"时国用匮绌,泰西人汤若望多艺能,精术数,奏上《火攻》、水利、《坤舆格致》诸书,上善之,谕户部奉行开采。府君(指倪元璐——引者注)力陈未便。"并指出开采矿产会造成劳费、毁伤庐墓、动伤地形、矿使为害、矿卒殃民等危害。[2]

虽然崇祯帝颁发《坤舆格致》以推行西洋采矿之法遭遇刘宗周、倪元璐等朝臣的极力劝阻,但崇祯帝的态度很坚决,直到崇祯十六年(1643)下令刻印《坤舆格致》一书,下发给地方官员,并派遣汤若望赴蓟辽总督军前传习采法。但不幸的是,明朝在几个月后即告灭亡。

虽然《坤舆格致》未能颁行全国,在地方上发挥实际作用,但该书传播的西方矿学知识和技术仍然被部分有识之士认可,其中就包括王徵、方以智等人。正如方以智在《钱钞议》中明确指出采矿乃银钱之源:"大抵银钱之源,本出于矿。"此亦反衬刘宗周观念之迂腐。

1　此番君臣对话,见吴光主编《刘宗周全集》第3册《恭承圣谕感激时艰敬矢责难之谊以图报称疏》附"召对纪事",浙江古籍出版社2007年版,第237—238页。潘吉星《阿格里柯拉的〈矿冶全书〉及其在明代中国的流传》(《自然科学史研究》1983年第1期)认为此次"御前会议上,御史杨若桥荐举汤若望廷试火器时,可能也顺便提到了《坤舆格致》,而遭左都御史刘宗周斥之,使崇祯帝不悦"。但从笔者所见《刘子全书》卷十七附"召对纪事"与《刘宗周全集》第3册的"召对纪事"文献中均未发现刘氏提及汤若望《坤舆格致》。

2　潘吉星:《阿格里柯拉的〈矿冶全书〉及其在明代中国的流传》,《自然科学史研究》1983年第1期。

《坤舆格致》在明朝灭亡后，随之销声匿迹，学者潘吉星认为该书已经在兵火中散佚。直到 2015 年南京图书馆意外发现了一部《坤舆格致》手抄本，学者韩凤冉撰文详尽展示了手抄本的概况[1]，极大推进了《矿冶全书》和《坤舆格致》在中国传播及影响的学术研究。2017 年《坤舆格致》韩凤冉点校本，又被收入周振鹤主编《明清之际西方传教士汉籍丛刊》第 2 辑。[2]

根据南图抄本披露的信息，《坤舆格致》在清代的传播过程中，仍有浙江学者做出贡献。其中校勘者严杰（1763—1843）字厚民，号鸥盟，浙江钱塘人，被阮元聘为西席（家塾教师或幕友）数十年，曾为阮元刊刻《十三经注疏》和《皇清经解》的得力助手。严杰在道光五年（1825）八月赴广东学海堂为阮元刊刻《皇清经解》时，从岭南著名书画家、收藏家叶梦龙处获得《坤舆格致》，同时又从天台周璞斋处借得另一部《坤舆格致》，然后比照校勘。[3]

经学者综合判断，南图《坤舆格致》抄本的抄写时间应该在乾隆嘉庆时期，该书后经严杰校勘。严杰在识语中特别指出，由于"国初开采之禁严"，将《坤舆格致》原文中的"金、银、铜、铝（铅）、锡"等字分别用"槿、引、铳、奄、心"等字替代，此外尚有"忝"代替"铁"等。但这种对应替换并不彻底，原文中仍然偶尔出现"金""银""铁"等字。[4]

总之，刘宗周拒斥汤若望进呈《坤舆格致》之事，至少可以表明刘氏拒绝西洋科技绝非一时一事之举，而是基于他对西学的自我理解和思想主张，换言之是受其西学观支配的。

（二）刘宗周对传教士"天学"的排斥

刘宗周西学观的另一大要义是对西方天主教教义的排斥。刘氏一生笃信儒家学说，而崇祯年间为官京师，身处西学东渐的中心，逐渐认识到天学与儒学的差异和冲突。当他目睹西来之学"至表之为天学，而其教浸浸行于中国"，尤其是当他看清西教士借西洋科技之长以宣扬"天主之说"的真面目时，他开始意识到所谓的"天学"是一种有扰乱儒学圣道危险的异端之学。为此，他愤然疾呼："今天下皆知有异端之祸，而不知异端之祸，异端之教为之也"，"何谓异端之教？则佛、老而外，今所称西学者是"。[5]因此他对西人和西学采取了全面斥逐的态度，在奏疏中明确提议："仰祈皇上将西人汤若望等立驱还海，毁其祠宇，悉令民间燔其文字。"[6]

---

1 韩凤冉：《南图藏严杰校本汤若望〈坤舆格致〉初考》，《中国典籍与文化》2015 年第 4 期。
2 ［德］汤若望著，韩凤冉点校：《坤舆格致》，周振鹤主编：《明清之际西方传教士汉籍丛刊》第 2 辑第 8 册，凤凰出版社 2017 年版，第 93—206 页。
3 参见韩凤冉：《南图藏严杰校本汤若望〈坤舆格致〉初考》，《中国典籍与文化》2015 年第 4 期。
4 韩凤冉：《南图藏严杰校本汤若望〈坤舆格致〉初考》，《中国典籍与文化》2015 年第 4 期。
5 ［明］刘宗周：《辟左道以正人心以扶治运疏》，吴光主编：《刘宗周全集》第 3 册，浙江古籍出版社 2007 年版，第 204 页。
6 ［明］刘宗周：《辟左道以正人心以扶治运疏》，吴光主编：《刘宗周全集》第 3 册，浙江古籍出版社 2007 年版，第 206 页。

值得指出的是，刘宗周斥逐天主教并非逞一时之快的盲目排外之论，而是在澄清了西学和儒学中的"天"的本质差异之后做出的理性判断。众所周知，敬天、事天本是中国儒学的传统。利玛窦等传教士为了迎合中国士大夫的心理，曾引用中国儒家经典附释天主教的"天主"即是中国人所崇奉的"上帝"，此所谓"吾国天主，即华言上帝"[1]的附儒和合儒之论。此论在当时得到了徐光启、杨廷筠等一批明末士大夫的赞同和支持，但也遭到了包括刘宗周、黄宗羲在内的许多士大夫的反对，他们看出儒学中的"天""上帝"与天主教的"天主"其实根本是两回事。

且看刘宗周对"天主"说的批驳："若天何主乎？天即理也。今以为别有一主者，以生天而生人物，遂令人不识祖宗、父母，此其说讵可一日容于尧、舜之世……率天下之人而叛君父者，必此之归矣。"[2]在刘宗周的哲学中，天即是理，而理的根本又是气，即所谓"盈天地间一气而已矣"[3]，进而强调了他的气本论："或曰：'虚生气。'夫虚即气也，何生之有？吾溯之未始有气之先，亦无往而非气也。"[4]显然在刘宗周看来，"气"才是万物之根本，并否认"气"是非物质性的实体所生。

从刘宗周对西人"天主之说"的揭露中，可以看出他已经洞见了天主教最核心的教义：一个超自然的人格神，即天主或上帝。而在刘宗周的宇宙观中，并不存在一个主宰天地万物的超世的精神实体。这便是天学与儒学的根本差异。应该说，刘宗周对天主教的拒斥主要还是基于一位饱学儒士的理性思辨。

刘宗周在《辟左道以正人心以扶治运疏》中蔑称利玛窦为"西夷"，且定性"持天主之说"的"西学"为"异端之教"。文中又称"遂为南礼卿沈㴶论列以去"，即指明万历四十四年（1616）由礼部侍郎署南京礼部尚书沈㴶发起的明末第一场大规模反西教运动南京教案事件，导致一批在北京和南京活动的欧洲传教士被逮捕和驱逐，而另外一批传教士则逃到杭州，受到了杨廷筠等奉教士人的庇护。在疏文中显示了刘宗周对沈㴶的排教言论和反教运动心存拥护，而将天主教明确定性为"异端之教"。

（三）刘宗周西学观的影响

刘宗周身为朝臣，敢于明确反对传教士的"西学"和"天学"，恰好说明晚明西学东渐确实遭遇朝廷保守士人的反对，而从利玛窦到汤若望等耶稣会士之所以获得朝廷重用，也非表明统治者接受其"西学"宗教，而是因为其拥有"天学"知识，即看重其在天文历法和西洋火炮等实用科技方面为朝廷效力。正因为如此，明王朝即使在政权摇摇欲坠的最后时刻，仍于崇祯十七年（1644）正月颁赐汤若望"旌忠"匾额一块[5]，以表彰

---

1 ［意］利玛窦著，朱维铮主编：《利玛窦中文著译集》，复旦大学出版社 2001 年版，第 21 页。
2 ［明］刘宗周：《辟左道以正人心以扶治运疏》，吴光主编：《刘宗周全集》第 3 册，浙江古籍出版社 2007 年版，第 204—205 页。
3 ［明］刘宗周：《语类九·原旨·原心》，吴光主编：《刘宗周全集》第 2 册，浙江古籍出版社 2007 年版，第 280 页。
4 ［清］黄宗羲：《明儒学案》下册，中华书局 1983 年版，第 1520 页。
5 ［清］黄伯禄：《正教奉褒》上册，上海慈母堂 1904 年版，第 17 页。

他的修历制器之功。而刘宗周之所以反对明廷任用汤若望修历制器，是因为在刘宗周看来，汤若望等西教士的真实意图在于利用西洋实用科技获得朝廷的信任，利用历法与中国政治的特殊关系来获取传播天主教教义的威信。

刘宗周出于这种基于儒家哲学思想的西学观，必然会循着体用无间、道器合一的逻辑理路，对于西人西学一概排斥，进而走向盲目排外的结局，并且在前述召对朝会上，他当面向崇祯帝指出汤若望"倡邪说以鼓动人心"和"创为奇技淫巧以惑君心"，竭力主张用暴力手段驱逐西洋教士、排斥西教和西学："仰祈皇上将西人汤若望等立驱还海，毁其祠宇，悉令民间燔其文字。"

不过，刘宗周虽因任用西人西器一事屡次触怒皇上，被削籍回乡，但他的西学观仍然影响了明末清初的士林学界，尤其是他在浙东地区的弟子们，大多对于西人、西教、西学做出了回应，但立场和态度不一，甚至对立。比如根据全祖望撰《子刘子祠堂配享碑》所列刘宗周及门弟子中，慈溪张成义（字能信，又字秉修）就是天主教徒。他曾在崇祯庚辰（崇祯十三年，1640 年）为宁波鄞县天主教徒朱宗元阐扬天主教教义的著作《答客问》作序。[1] 崇祯癸未（即崇祯十六年，1643 年），又为葡萄牙耶稣会士孟儒望（又作孟如望，1640 年起在宁波传教）的《炤迷四镜》（又称《天学四镜》）作《孟先生〈天学四镜〉序》。序言中，张成义围绕该著宣扬的天主教四大主张（即所谓"四镜"）——万物真主、不灭灵性、死后永报、真教唯一，逐一做了引导性简要阐释，以表彰此书的传教意义。[2]

值得关注的是，刘宗周之学在明清学界影响广泛，其西学观不仅对浙东学子产生影响，同时也波及浙西士僧。浙西理学名家陆世仪，少从刘宗周讲学，而陆氏对明末西方天文历法、数学、地理、火器等相当关注，虽然同样排斥天主教，但承认西学有精于中学之处，而主张引用西方实用科技。陆世仪的西学观虽然不同于其师刘宗周，但陆氏理学中的致用践行特色及其对传统儒家伦理的传承，仍可看出面对西学冲击的浙江士人所做反应的师承。[3]

再如刘宗周之师，浙江德清人许孚远（1535—1604），其子许大受曾为晚明四大高僧之一云栖袾宏的弟子，寓居杭州时，有许多机会与传教士来往。他曾与意大利耶稣会士艾儒略讨论天主教的创造论，天启三年（1623）作《佐辟》"十辟"全面反驳天主教对儒佛道的攻击[4]，是《圣朝破邪集》派反西方宗教最具系统性的文本，但两年后又骤然转向，突然停止了反基督教运动，而且决定销毁他的书。另外，明末浙江嘉善人魏学濂

1　龚缨晏：《明清之际的浙东学人与西学》，《浙江大学学报（人文社会科学版）》2006 年第 3 期。
2　徐宗泽编著：《明清间耶稣会士译著提要》，中华书局 1989 年版，第 337—339 页。
3　参见本著第六章第二节"陆世仪'六艺'实学中的西学观与中西伦理撞击中的角色"。
4　许大受此著已整理出版，［法］梅谦立（Thierry Meynard）、杨虹帆校注，赖岳山校核：《明·许大受〈圣朝佐辟〉校注》，台湾佛光大学佛教研究中心近世东亚佛教文献与研究丛刊，2018 年。

（1608—1644，字子一，号内斋），自称在学问上最佩服其师长刘宗周，"所奉手抠衣者，蕺山一人而已"[1]。崇祯十年（1637）刘宗周曾致信魏学濂，批评时人无法做到"体用一原"，并指出"今世不知有圣贤之学久矣"，而借机勉励魏学濂"以忠孝立身，以名节道义砥俗，自不至蹈此流弊"。[2] 然而，魏学濂显然没有遵行师训，他成了明末最早信奉天主教的士大夫之一，曾与朱宗元共同校订耶稣会士孟儒望所述《天学略义》[3]，而且处在中西之学碰撞的矛盾中，背负忠孝节义与传播福音的十字架。[4]

当然，刘宗周在浙东的及门弟子中，黄宗羲对西学的态度，与他有着明显的师承关系。以竭诚师道著称的黄宗羲早在天启六年（1626）即遵父命师从刘宗周，自称"先生于余有罔极之恩"[5]，因此刘宗周的西学观自然会对黄宗羲产生影响。黄宗羲在《子刘子行状》与《明儒学案·蕺山学案》中，对其师拒斥西洋火炮一事均做了记叙，即是明证。但黄宗羲师承刘宗周西学观的深层次原因，主要是基于他本人对明末清初西学东渐的关注和认识。

刘宗周对西学的态度，一直为黄宗羲所关注。然而，在如何对待传教士和西洋科学的问题上，黄宗羲要比其师刘宗周表现得更为理智和开明。比如在对待传教士汤若望的态度上，师徒意见相左。前述刘宗周强烈排斥朝廷任用汤若望修历制器，甚至不惜与崇祯帝翻脸，要求驱逐汤若望，但黄宗羲却在一首诗中奉汤若望为其历算学之启蒙师："西人汤若望，历算称开辟。为吾发其凡，由此识阡陌。"[6] 而且颇为耐人寻味的是黄宗羲在《蕺山学案·忠端刘念台先生宗周》的传记中记叙同一件崇祯朝火器之争事件时，却删略了刘宗周斥责汤若望的言论（详见本章第一节所述）。笔者认为这种删削，并非单纯的文字修订，而是在一定程度上反映出黄宗羲对刘宗周西学观的态度，即在对待西方科学的问题上，背离了业师的主张。

不过，黄宗羲对其师的西学观也有明显的继承：摒弃刘宗周拒绝"天学"（西洋历法、火器）的同时，却接受了他排斥"西学"（天主教）的立场。

黄宗羲在对待天主教教义的问题上，明显具有师学的烙印，师生同斥天主教为邪说。其根源在于黄宗羲投师刘宗周，深得蕺山之学宗旨。他对世界本原的理性思考，直接师承于刘宗周的理气观。从刘宗周的"盈天地间一气而已"和"气即理也"到黄宗羲

---

1 ［清］黄宗羲：《翰林院庶吉士子一——魏先生墓志铭》，吴光主编：《黄宗羲全集》第 20 册，浙江古籍出版社 2012 年版，第 432 页。

2 ［明］刘宗周：《答魏生子一》，吴光主编：《刘宗周全集》第 3 册，浙江古籍出版社 2007 年版，第 338—339 页。

3 孟儒望《天学略义》扉页有"槜李魏学濂、甬东朱宗元校正"，该书收录于《天主教东传文献续编》第 2 册，台湾学生书局 1966 年版。

4 详见黄一农：《两头蛇：明末清初的第一代天主教徒》第五章，上海古籍出版社 2006 年版，第 178—228 页。

5 ［清］黄宗羲：《思旧录·刘宗周》，吴光主编：《黄宗羲全集》第 1 册，浙江古籍出版社 2012 年版，第 311 页。

6 ［清］黄宗羲：《南雷诗历》卷三《赠百岁翁陈赓卿》，吴光主编：《黄宗羲全集》第 21 册，浙江古籍出版社 2012 年版，第 855 页。

的"天地间只有一气充周，生人生物"[1]和"理气合一"[2]论，其间的思想演进理路可谓一脉相承。既然师生二人都认为"气"是宇宙万物的最终本原，这就意味着在理论上否定了有主宰宇宙的任何精神实体的存在，也就从根本上排斥了宣扬天主至上神的天主教教义。

在明末清初浙学与西学的相遇中，刘宗周与黄宗羲在西学观上的师承关系具有特殊的时代意义。刘宗周与徐光启虽然同朝为官，但对西洋教士和西方科学却采取了截然相反的态度。徐光启主张全面吸收西学，并以"会通"求"超胜"的西学观成为近代科学思想启蒙的先锋；而刘宗周却以永遵"中国礼教"的旗号，排拒一切西方宗教和科学，俨然是圣学道统的捍卫者。[3]作为时代思潮更替的先锋，黄宗羲没有固守师说，而是潜心钻研。他通过研读《崇祯历书》吸取了徐光启会通中西的科学思想，接受了徐光启西学观中的思想精华，从而成为明末清初的思想启蒙者、浙东学术的开山祖师。

二、黄宗羲与传教士和西学的接触

明末清初士林学界在总结明朝覆亡的教训时，大多将矛头指向晚明时期以王学末流为代表的空疏学风，认为其导致政治、社会、文化各方面弊端丛生，进而危害社会的稳定发展和民生福祉，因而兴起一股崇实黜虚的实学思潮。其中以黄宗羲为代表的浙东学人，其经世致用之学堪称明清之际实学思潮之中坚。作为倡导浙东经世学术的领袖，黄宗羲对晚明以来风靡一时的西来之学，自然不会漠不关心，尤其是对传教士带来的西洋实用科技早已耳闻目睹。因而，黄宗羲经世之学中的西学因素，乃是我们考察清代浙东学派思想内涵不可或缺的一个方面。据笔者考证，从黄宗羲父子到章学诚等清代浙东学人，均对明清之际的西学东渐有所瞩目，其中黄氏父子与西方传教士还有过直接交往。

（一）黄宗羲与汤若望等耶稣会士的交往

关于黄宗羲与西教士和西学的接触，笔者于几年前做过专题研究，拙著《清初士人与西学》第七章又做过进一步论述。[4]当时笔者曾推论黄宗羲与德籍耶稣会士汤若望似有直接交往，主要论据是：一为全祖望作《明司天汤若望日晷歌》[5]，记黄宗羲曾得过汤若望所赠日晷。而该日晷几经流传，归于近代著名学者罗振玉。罗氏《金泥石屑·附说》不

1　[清]黄宗羲：《孟子师说》，吴光主编：《黄宗羲全集》第1册，浙江古籍出版社2012年版，第57页。

2　[清]黄宗羲：《孟子师说》，吴光主编：《黄宗羲全集》第1册，浙江古籍出版社2012年版，第147页。

3　参见徐海松：《论黄宗羲与徐光启和刘宗周的西学观》，《杭州师范学院学报》1997年第4期。

4　徐海松：《黄宗羲与西学》，黄时鉴主编：《东西交流论谭》，上海文艺出版社1998年版；《清初士人与西学》，东方出版社2000年版。

5　[清]全祖望著，朱铸禹汇校集注：《全祖望集汇校集注》下册，上海古籍出版社2000年版，第2061—2062页。

仅记叙了此日晷的流传经历，而且还附录日晷之拓片。[1] 从晷面铭文"修正历法远西汤若望创制"和"崇祯十五年岁次壬午"判断，汤、黄相交应在崇祯十五年（1642）。此一来龙去脉十分清晰的日晷，可以视作汤、黄直接交往之物证。二为黄宗羲晚年诗作《赠百岁翁陈赓卿》（作于壬戌年，1682），诗中公然称汤若望为其西洋历算学之师："西人汤若望，历算称开辟。为吾发其凡，由此识阡陌。"[2] 双方知遇之深自显，此乃汤、黄相交之有力佐证。

今笔者再举一条更有说服力的史料，它见于黄百家的《黄竹农家耳逆草》："盖先遗献（指百家之父黄宗羲）于明末时，曾与泰西罗昧韶、汤道未若望定交，得其各种抄刻本历书极备。"[3] 百家所记，不仅证实了黄宗羲与汤若望定交之事实，而且首次提及黄宗羲与另一位明末来华耶稣会士罗雅谷也有直接交往。罗雅谷是明末入华耶稣会士中科学素养最好者之一，他与另一位耶稣会士邓玉函都是欧洲早期著名科学机构罗马灵采学院的成员，也是在《崇祯历书》的编译中贡献颇大的西洋传教士。罗雅谷在历局期间，除了与汤若望合作指导中国天文历算学家，传授西洋新法之外，还独立译撰了《日躔历指》《月离历指》《五纬历指》《测量全义》《比例规解》等著作，以及《日躔表》《月离表》《五纬表》等篇章。可知，《崇祯历书》中有关西洋天文学日月五星基本理论及天文历法用表、测量理论和测天仪器的介绍等重要内容，主要是由罗雅谷负责完成的。又知，黄百家所述其父黄宗羲获得的"各种抄刻本历书"中，应该包括罗雅谷译编的西法历书。[4] 从现存黄宗羲文集可知，他对《崇祯历书》的内容相当熟悉。他在康熙年间刊出的《西历假如》等书中，大量引用过《崇祯历书》中的资料，以介绍西洋天文历学知识，并称《崇祯历书》为"关系一代之制作"，建议把该书的译编作为明代历学的一件要事写入《明史·历志》。[5] 显然，黄宗羲的这些西洋天文历算知识至少有一部分来自汤、罗二位教士的直传。

笔者以为考明黄宗羲与耶稣会士汤若望、罗雅谷有直接交往，是有学术意义的。因为它无疑有助于我们全面和深入地探析黄宗羲学术思想的渊源，有助于我们对明末清初浙学与西学的交流渠道有一确切的体认。

（二）黄宗羲在交游活动中与西学的接触

有关黄宗羲与西学接触的具体史事，概述如下。黄宗羲的生活年代（1610—1695）是中国封建社会学术文化的变革时代，也是明末清初西学东渐的关键时期。明中叶后，

---

1 罗振玉记曰："汤若望手制日晷二，其小者不知谁氏所藏，其大者初藏黄梨洲先生家，后归全谢山先生，先生有长歌记其事。吴中顾子山观察（即顾文彬），官宁绍台道时得之甬上，予又得之顾氏。此器垂三百年皆为吾乡人所藏，亦一奇矣。"见《金泥石屑·附说》卷下，广仓学宭丛书乙类《艺术丛编》第九册，上海仓圣明智大学民国五年铅印本。
2 该诗收入黄宗羲《南雷诗历》卷三，吴光主编：《黄宗羲全集》第 21 册，浙江古籍出版社 2012 年版，第 855 页。
3 ［清］黄百家：《黄竹农家耳逆草·上王司空论明史历志》，中国国家图书馆藏康熙刻本。
4 《崇祯历书》在明末或已有全本或分册刊本问世。
5 ［清］黄宗羲：《答万贞一论明史历志书》，吴光主编：《黄宗羲全集》第 19 册，浙江古籍出版社 2012 年版，第 186—187 页。

一股反对蹈虚弄空学风而倡导崇实致用的实学思潮正逐步成长。而由传教士积极输入的西方历算、地理、火炮和器用之学，大大开阔了当时知识界的学术视野，徐光启等先进学者将其视为泰西"实学"加以吸纳，从而推动了明清实学思潮的兴盛。黄宗羲作为明清鼎革之际博学卓识的一流学者，对浸浸而入的西学之风自然不会熟视无睹。尽管未见黄宗羲与西教士直接交往的确证（至多仅有一次尚未证实的晤面），但他接触并吸收西学却是事实。关于他接受西学的途径，现仅能从相关文献中探知一二。

考察黄宗羲的交游访学经历，可以推知他很可能在崇祯年间即已接触西学。明代的西学东渐有两件大事发生在崇祯年间：一为崇祯二年（1629）李之藻在杭州辑刻第一部西学丛书《天学初函》，将西教士传译的二十种宗教和科学著作"胪作理、器二编，编各十种"[1]。此书"在明季流传极广，翻板者数本"[2]。二为徐光启、李天经会同耶稣会士邓玉函、罗雅谷、汤若望等译编《崇祯历书》，至崇祯七年（1634）十一月分五次进呈，共计 46 种 137 卷。此书系统介绍了以丹麦天文学家第谷的宇宙体系为基础的西方天文学，为明末几成"绝学"的传统历算学注入了新的活力。梨洲自述："余束发交游，所见天下士，才分与余不甚悬绝而为余之所畏者，桐城方密之、秋浦沈昆铜、余弟泽望及子一四人。"[3]此四人中，方以智（字密之）和魏学濂（字子一）均在崇祯年间与西教士有直接交往。子一约于崇祯十五年（1642）为葡萄牙耶稣会士孟儒望"较（校）正"所著《天学略义》一书。密之流寓南京（1634—1639）时，曾于崇祯九年（1636）拜访意大利耶稣会士毕方济，"问历算、奇器"[4]，并有诗赠毕氏："先生何处至，长揖若神仙。言语能通俗，衣冠更异禅。不知几万里，尝说数千年。我厌南方苦，相从好问天。"[5]密之仕宦北京（1640—1644）时，与西士汤若望交善而"精天学"[6]。梨洲于崇祯十二年（1639）赴南京应试时患疟疾，密之为诊尺脉。壬午（1642）在北京，密之言河洛之数，梨洲赞其"另出新意"。而现存黄宗羲著述中提及的西教士仅为与方以智交往过的毕方济和汤若望。虽然梨洲与这两位西士是否相交尚无确证，但密之是梨洲了解西士和西学的中介之一应无疑议。

梨洲发愤读书始于崇祯初年，当时他就表现出废虚求实的治学志向，"愤科举之学锢人生平，思所以变之"，因而对经史、九流、百家、天文、历算之书，"无所不窥者"。据其自述，他从庚午（1630）至辛巳（1641），曾数度寓居南京黄居中家，将其千顷堂

1　［明］李之藻：《刻天学初函题辞》，《天学初函》第一册，台湾学生书局 1965 年版，第 4 页。
2　陈垣：《重刊〈灵言蠡勺〉序》，《陈垣学术论文集》第一集，中华书局 1980 年版，第 67 页。
3　［清］黄宗羲：《翰林院庶吉士子一——魏先生墓志铭》，吴光主编：《黄宗羲全集》第 20 册，浙江古籍出版社 2012 年版，第 432 页。
4　［清］方以智：《膝寓信笔》，［清］方昌翰编：《桐城方氏七代遗书》，光绪十四年刊本。
5　［清］方以智：《方子流寓草》卷四《赠毕今梁》，清康熙此藏轩刻本。
6　［清］方中通：《陪诗》卷二《与西洋汤道未先生论历法》，清刻本。

之藏书翻阅殆遍。[1] 而据黄虞稷《千顷堂书目》著录，该堂收藏有利玛窦、汤若望、庞迪我等耶稣会士与徐光启、李之藻、李天经等著译的多部西学著作。卷十三"天文类"所录包括《天学初函》器编类除《几何原本》外的所有西学著作。尤为可贵的是同卷"历数类"著录"徐光启《崇祯历书》一百十卷，又《历学小辨》一卷，又《历学日辨》五卷"，并列有子目。[2] 但《千顷堂书目》卷十三"天文类"在《四库全书》文渊阁本、文津阁本中皆没有著录《几何原本》，而适园丛书本（收录于《丛书集成续编》第4册）"天文类"则收录了此书，但没有收入《乾坤体义》（利玛窦撰）。又《西洋测食略》一书，《千顷堂书目》四库全书本将其归于"历数类"，而适园丛书本则归于"天文类"。又《千顷堂书目》文津阁本将《西洋火攻图说》的作者之一张涛误写为"张画"。[3]

经查对《徐光启集》（王重民辑校）卷七、卷八和《明史·艺文志》及阮元《畴人传·徐光启》所列《崇祯历书》子目，可以判定千顷堂之《崇祯历书》系略有残缺的明刊本。这是《崇祯历书》明刊本的最早著录之一。梨洲在千顷堂完全有机会研读《崇祯历书》等西学书。下文将有充分资料证明黄宗羲十分熟悉此书的内容，并认为该书"关系一代之制作"，建议将其编制过程写入《明史·历志》。而丁巳年（1677）梨洲所撰《黎眉郭公传》透露，他对崇祯朝中西历法之争也相当了解："时言历者四家，原设大统、回回而外，别立西洋为西局，布衣魏文魁为东局，彼此排击，言人人殊……西人欲主西法，而以中法为佐；公欲主中历，而以西洋诸历为佐。"[4] 其时崇祯帝虽有意采纳西法编历，终因郭正中（别号黎眉）等保守派的反对而未果。以上足见，黄宗羲在崇祯年间即对西洋历法有所了解，这成为他日后研究西学的起点。

另据梨洲自述，他在庚寅（1650）三月曾至常熟访钱氏（牧斋）书房，"馆于绛云楼下，因得翻其书籍，凡余之所欲见者，无不在焉"。[5] 查钱氏《绛云楼书目》卷二历算类即著录西书十部，多数为《天学初函》所收，如利玛窦《几何原本》、艾儒略《西学凡》、阳玛诺《天问略》等。牧斋晚年有致梨洲尺牍言："自国家多事以来，每谓三峰之禅，西人之教，楚人之诗，是世间大妖孽。三妖不除，斯世必有陆沉鱼烂之祸。今不幸而言中矣！"[6] 由此可见，西书、西教是梨洲与牧斋共同关注之事。

现据梨洲遗墨，虽然可资证明其与西士有过直接交游的材料不多，但如笔者上述所

1　［清］黄宗羲：《天一阁藏书记》，吴光主编：《黄宗羲全集》第19册，浙江古籍出版社2012年版，第101—103页；黄宗羲：《思旧录·黄居中》，吴光主编：《黄宗羲全集》第1册，浙江古籍出版社2012年版，第332页。

2　［清］黄虞稷《千顷堂书目》卷十三"历数类"，文渊阁本和文津阁本《千顷堂书目》均记"徐光启《崇祯历书》一百十卷"，而适园丛书本《千顷堂书目》则记"徐光启《崇祯历书》百二十卷"。见影印《文津阁四库全书》第225册，商务印书馆2005年版，第314页；《丛书集成续编》第4册，新文丰出版社1991年版，第357页。今有以适园丛书本为底本的瞿凤起、潘景郑整理：《千顷堂书目（附索引）》，上海古籍出版社2001年版。

3　［清］黄虞稷：《千顷堂书目》卷十三"历数类"，影印《文津阁四库全书·史部》第225册，商务印书馆2005年版，第314、315、313页；《丛书集成续编》第4册，新文丰出版社1991年版，第355、356、352页。

4　［清］黄宗羲：《南雷诗文集》，吴光主编：《黄宗羲全集》第19册，浙江古籍出版社2012年版，第222页。

5　［清］黄宗羲：《天一阁藏书记》，吴光主编：《黄宗羲全集》第19册，浙江古籍出版社2012年版，第102页。

6　［清］黄宗羲：《南雷诗文集附录·交游尺牍》，吴光主编：《黄宗羲全集》第21册，浙江古籍出版社2012年版，第979页。

言，有两件文物可以作为直接交往的佐证：一是黄宗羲从挚友梅朗中（字朗三）处得一西教士馈赠的龙尾砚，另一件即是西士汤若望赠送他的日晷。

明末清初来华西教士，为结交中国士大夫，常以方物馈赠。其事虽小，却也能在一定程度上透露出交往双方对中西文化交流的态度。黄宗羲不仅把西士所赠龙尾砚奉为"绝品"，且赋诗记其辗转得失："一砚龙尾从西士，传之朗三传之我。燕台颓洞风尘中，留之文虎亦姑且。十年流转归雪交，治乱存殁泪堪把。……昔年送女入甬东，穴避偷儿不相假。吾时闻之在中途，欲行不前奈两踝。"[1] 梨洲嫁女至甬东途中失砚，时在顺治十一年（1654）冬，而诗云此砚已有十年流转，可知西士赠砚至少当在崇祯末年。有趣的是，此砚遭窃十一年后失而复得，并转赠吕留良（号晚村）。《吕晚村文集》卷六《友砚堂记·八角研》记："余姚黄太冲名宗羲所赠也。研八角而不匀，角当四正，体狭长，两旁角阔，颋又狭于下，背作屈角，三足。有铭，即用六朝回文旧语，而中刻耶苏三角丁圆文。其质则歙之龙尾也。……未几失去，又十一年而复得之，遂以见赠。"[2] 晚村所谓八角研即梨洲之龙尾砚。既知此砚"未几失去"，则可推知梨洲得砚当在失砚之时即顺治十一年前不久。而顺治十年（1653）后正是他告别"游侠"生涯，开始潜心学术之际。又知此砚转赠晚村时在康熙四年（1665），并非方豪先生所说的顺治十七年（1660）。砚铭"耶苏三角丁圆文"者，方先生解释为"峨特式字也。称以耶稣者，亦以拉丁文为教会常用语"[3]，这种看法恐不确切。笔者认为，晚村所述砚铭实指耶稣会会徽。它由拉丁文"JHS"、十字架和三枚交叉三角形铁钉构成，外以光芒圆圈相衬，这与晚村所称甚合。"JHS"系拉丁文"Jesus Hominum Salvator"词头缩写，意即"人类的救世主耶稣"。该会徽多见于明末清初耶稣会士带来的西书，[4] 也见于其所著中文教理书。西人撰著的第一部中文教理书——罗明坚的《天主圣教实录》，其崇祯年中重刊本扉页上即印有此会徽。今知，耶稣会士也曾将其会徽铭刻在相关的器物上。如清代乾隆时制造的出口葡萄牙的一件瓷器"圣水盆"上即铭有"ＩＨＳ"会徽。可见，梨洲转赠晚村的龙尾砚必出自在华耶稣会士。又据得砚时间推断，赠砚西士疑为喜结中国士人的汤若望。而晚村称以"耶苏三角丁圆文"者，乃是明清士人指称耶稣会会徽的罕见实例。耶稣会士借重中国文房之宝龙尾砚结交士大夫，并铭刻中国六朝回文于耶稣会会徽，足见其迎合中国文化习俗以推行"学术传教"策略之良苦用心。梨洲、晚村与龙尾砚的因缘，堪称显例。

梨洲所得汤若望馈赠之日晷，事见全祖望《明司天汤若望日晷歌》，诗名下自注"得之南雷黄氏"，又有诗末几句为证："昨过南雷搜故物，片石瞥见委书林；二十八宿

1　［清］黄宗羲：《南雷诗历》卷一《读上蔡语录上蔡家极有好玩后尽舍之一好砚亦与人慨然赋此》，吴光主编：《黄宗羲全集》第21册，浙江古籍出版社2012年版，第806页。梨洲书室名雪交亭。

2　［清］吕留良：《吕晚村先生文集》，中华书局2015年版，第203页。

3　方豪：《拉丁文传入中国考》，《方豪六十自定稿》上册，台湾学生书局1969年版，第9页。

4　上海图书馆所藏十六、十七世纪西书插图中多见耶稣会会徽，参见上海图书馆编：《上海图书馆西文珍本书目》，上海社会科学出版社2016年版。

扪可拾，四游九道昭森森。大荒有此亦奇儿，摩挲置我堂之襟。"[1]谢山言之凿凿，殆非虚言。史载，汤若望从崇祯七年（1634）起，向朝廷进呈或自制望远镜、日晷、星晷等西洋仪器。此后至康熙五年（1666）去世，他一直没有离开过京城。黄宗羲在此期间唯有壬午年（即崇祯十五年，1642）到过北京，并和热心西学且曾与汤若望交善的方以智促膝深谈"河洛之数"。再从梨洲晚年赋诗称汤若望为其历算之师来看，梨洲曾与汤若望在北京相晤交谈，汤若望即以日晷见赠。恰巧这件日晷辗转被民国金石学家罗振玉收藏，其拓片收录在他的《金泥石屑·附说》中，而且日晷上的铭文清楚显示汤若望制作于崇祯十五年岁次壬午，可见黄宗羲于崇祯十五年在北京与汤若望见面，并得到汤氏日晷赠品是真实的历史。这也是清初耶稣会士汤若望继承利玛窦"学术传教"策略，主动结交中国士人学者，试图推进合儒补儒传教事业的历史见证。关于全祖望《明司天汤若望日晷歌》详见下章第四节。

黄宗羲与西学的接触，还有来自另外两方面的重要影响：一是他的日本之行，二是他的业师刘宗周。关于梨洲东渡日本问题，至今仍为学术界一大悬案，然而大多倾向于认为梨洲在顺治初年到过日本。有关此行的见闻，录于梨洲的《日本乞师》、《海外恸哭记》和《御史中丞冯公墓志铭》。三文均记叙了在日本发生的反西教运动，有些细节描述显示为梨洲亲眼所见。据考，《日本乞师》和《海外恸哭记》初稿约成于顺治六年（1649）以后，二者都是梨洲亲身经历的记述，史料真实可信。《海外恸哭记》云："先是，欧罗巴国欲行其教于日本，其教务排释氏，中国之所谓西学也。日本佞佛，乃杀欧罗巴之行教者。欧罗巴精火器，所发能摧数十里，举国仇日本，驾大舶，置火器，向其城击之……"[2]《日本乞师》所述日人排教情形更为详尽："日本发兵尽诛教人，生埋于土中者无算，驱其船于岛口之陈家河焚之，绝西洋人往来。置铜板于五达之衢，刻天主像于其上，以践踏之。囊橐有西洋物，即一钱之细，搜得必杀无赦。"[3]从日本天主教传播史可证，梨洲赴日时正值德川幕府禁教与锁国期间，1638 年幕府镇压了带有浓厚反禁教色彩的岛原起义。当时的日本学者井臼石推测，到 1651 年止，幕府杀害的天主教徒为二十万至三十万。黄宗羲所述乃是中国学者记载日本幕府反西教运动的第一手资料。从中可以看出，梨洲对西教士和天主教徒在日本的遭遇及西洋火器的威力印象深刻。如梨洲所说，欧罗巴教即中国之西学，则他的日本之行所得到的西学印象是负面的，这与梨洲后来斥天主教为邪说的态度不无关系。

梨洲于天启六年（1626）遵父命从师刘宗周。梨洲以竭诚师道著称，自称"先生于余有罔极之恩"，故刘宗周对西学之态度，不能不对梨洲产生影响。壬午（1642）八月，

1　［清］全祖望著，朱铸禹汇校集注：《全祖望集汇校集注》下册，上海古籍出版社 2000 年版，第 2061—2062 页。
2　［清］黄宗羲：《海外恸哭记》，吴光主编：《黄宗羲全集》第 2 册，浙江古籍出版社 2012 年版，第 200 页。
3　［清］黄宗羲：《行朝录》卷八，吴光主编：《黄宗羲全集》第 2 册，浙江古籍出版社 2012 年版，第 165 页。

刘宗周官至都察院左都御史。其时明廷已处于内外交困的危局，崇祯帝有意使用西洋大炮保卫关内城池，召群臣议于中左门。御史杨若桥推荐西人汤若望监制火炮，刘宗周却公开反对，其理由据梨洲《子刘子行状》记曰："不恃人而恃器，国威所以愈顿也。汤若望唱邪说以乱大道，已不容于尧舜之世，今又作为奇巧以惑君心，其罪愈无可逭。乞皇上放还本国，永绝异教。"[1] 此番迂腐之论，曾遭到崇祯帝的斥责，明末清初史家计六奇（1622—约1687）在其史著《明季北略》卷十八"刘宗周削籍"条也记录了此事："（崇祯十五年）闰十一月，召廷臣于中左门。……又问御敌，御史杨若桥举西洋人汤若望习火器。宗周曰：唐宋以前并无火器，自有火器辄依为重，误专在此。上色不怿……"并记录了崇祯帝斥责宗周曰"火器终为中国长技"，随即"命宗周退"，[2] 火器之论成为刘宗周被削籍还乡的重要原因之一。但梨洲所撰《蕺山学案》在记叙这场火器之争时，却删略了刘宗周斥汤若望的言论，仅曰："召对中左门，御史杨若侨言火器，先生劾之曰：'御史之言非也，迩来边臣于安攘御侮之策，战守屯戍之法，概置不讲，以火器为司命，不恃人而恃器，国威所以愈顿也。'"[3]

此种删削，想必并非简单的文字取舍，应与清初西学东渐的形势有关，也在一定程度上反映了梨洲对西学的态度。据考，梨洲《子刘子行状》作于康熙四年（1665，或说六年、七年），时值以杨光先为首的保守派掀起反西学浪潮——"康熙历狱"期间。在清初第一大教案"康熙历狱"中，当时在北京为朝廷效力的汤若望被革职下狱，钦天监中奉教的李祖白等五位中国高级天文官遭斩，并祸及全国各地入华西教士，至康熙八年（1669）始得翻案。康熙十一年（1672），保守知识分子杨燝南因抨击西法而被康熙帝判罚刑徒，此一事件表明，康熙对西人、西法的态度发生变化。《明儒学案》自序曰书成于丙辰（康熙十五年，1676）之后。其时，康熙帝正热衷于学习西洋科学，耶稣会士南怀仁等应召为康熙帝的西学启蒙老师，同时康熙多次召令南怀仁督造西洋火炮，以供平定三藩之乱急用，至康熙十四年（1675）和十六年（1677）曾两度发旨，将南怀仁所造火炮送至正在江西、湖南前线与吴三桂作战的安亲王军中。显然，黄宗羲明知其师刘宗周当年排斥西洋火器之论已不合时宜。而更主要的是，康熙十五年前后的黄宗羲对西洋科技的态度，已经明显表露出与其师对西学认识的差异。因此我们可以推论：黄宗羲在《蕺山学案》中删略了刘宗周攻击西教士和西洋火炮的过激言论，似有淡化处理其师保守的西学观之意。

黄宗羲与西学的接触受其业师影响的另外一条线索，即是同为刘门弟子的同学圈。前述师事刘宗周的学子嘉善魏学濂（字子一）与宗羲是通家之好，既同入南京国子监，

1　[清]黄宗羲：《子刘子行状》，吴光主编：《黄宗羲全集》第1册，浙江古籍出版社2012年版，第216页。
2　[明]计六奇：《明季北略》卷十八，《续修四库全书·史部》第440册，上海古籍出版社2002年版，第194—195页。
3　[清]黄宗羲：《明儒学案》卷六二《蕺山学案·忠端刘念台先生宗周》，吴光主编：《黄宗羲全集》第17册，浙江古籍出版社2012年版，第887—888页。"杨若侨"亦写为"杨若桥"。

又为复社同志，学濂更视宗羲如胞弟，而宗羲则视学濂为其最值得敬畏的天下四大才子之一。学者黄一农据谈迁《国榷》、彭孙贻《流寇志》考证，魏学濂为天主教徒。[1] 另外，魏学濂曾参与校订葡萄牙耶稣会士孟儒望所著《天学略义》（1642 年在宁波刻印）、《炤迷镜》（又题《炤迷四镜》《天学四镜》，1643 年在宁波刊印）。而参与这两部书校订的人员名单中，有 6 名西洋传教士——艾儒略、毕方济、阳玛诺、徐日升、贾宜睦（Girolamo de Gravina，1603—1662）、梅高（Jose Estevao de Almeida，1612—1647），以及儒家教徒朱宗元、张能信等。另有儒家教徒张赓为《天学略义》作序。其中朱宗元、张能信、魏学濂关系密切，又与孟儒望等欧洲来华传教士交往频繁。朱宗元曾到省城杭州延请阳玛诺赴宁波传教，而张能信既是刘宗周的嫡传弟子，又在朱宗元影响下成了天主教徒，黄宗羲与张能信、魏学濂则同为刘宗周的弟子。黄宗羲的著作中之所以没有提及朱宗元，可能与政治立场有关，因为朱宗元成为清朝贡生时，黄宗羲和张能信却正在参加反清斗争。[2]

三、黄宗羲对西学的研究

梨洲是一位兼通文理的学术大家，他所撰述的自然科学著作有二十种左右，涉及天文、数学、地理等学科。嘉庆初，阮元撰《畴人传》，将他列入科学家行列，可谓名副其实。明末清初由耶稣会士传入的西方科学以天文历算学最有成就，梨洲研究西学，亦以西洋历算学为主。

今据梨洲现存书目所示或以其科学传人陈讦所述判断，他的有关西洋历算学著作约有七种：《西历假如》《新推交食法》《时宪历法解》《勾股图说》《开方命算》《测圜要义》《割圆八线解》。由于梨洲有关西洋历算学的著作大多佚失，现仅存《西历假如》一卷，目前不可能全面评述梨洲对西学研究的成就。现据《黄宗羲全集》及其他著述中的有关资料，做一简要考述。

原沈善洪主编《黄宗羲全集》第 9 册附录名为"黄宗羲学"《日月经纬》（原题《新推交食法》）二卷（现收入吴光主编《黄宗羲全集》第 18 册附录），吴光先生已据稿本字迹审断其确非梨洲遗墨，又据稿本未完跋文认为"所言'明季西儒所撰历书'曾经梨洲寓目批校亦未可知"[3]。但笔者细读该书，可以断定其非梨洲《新推交食法》之原作，因书中卷一有两处提到"今以雍正乙巳岁为历元……"，卷二有一处提到"今起雍正乙已岁至甲申年止……"，卷二还有两处提到"假如乾隆二十五年……"。[1]梨洲卒于康熙三十四年（1695），显见《日月经纬》系乾隆以后人所作或增补。

梨洲深入研究中西历法并取得成果，是在他积极投身抗清政治斗争的顺治初年。由于历法攸关国家正统之大事，故新朝颁历乃历代登极大典之一。顺治二年（1645）十二月，梨洲即为南明鲁王政权进呈所作《监国鲁王大统历》，次年颁行浙东。顺治四年（1647），梨洲抗清兵败避居化安山，仍刻苦研治中西历算学，并多有著述。梨洲回忆此番经历道："余昔屏穷壑，双瀑当窗，夜半猿啼怅啸，布算籔籔，自叹真为痴绝。及至学成，屠龙之伎，不但无所用，且无可与语者，漫不加理。"[2]又在《王仲㧑墓表》中云："丁亥，访某山中，某时注《授时历》，仲㧑受之而去。"表文中再次透露了他当时对历算之学后继乏人、几成绝学的忧虑心情："自某好象数之学，其始学之也无从叩问，心火上炎，头目为肿。及学成，而无所用。屠龙之技，不待问而与之言，亦无有能听者矣。跫然之音，仅一仲㧑。"[3]顺治六年（1649），梨洲因受鲁王朝权臣张名振排挤，失去兵权，闲时"日与尚书吴公钟峦坐船中，正襟讲学，暇则注《授时》《泰西》《回回》三历而已"[4]。

以上史料说明，梨洲在顺治年间研究中西历算学，其旨意有二：一为编历用世；二为授人传世。然而他面对的现实是：一则南明政权日暮途穷，而他又决意不为清朝所用；二则历算之学无人问津。因而他只能感叹其历算知识为无用的屠龙之技。《避地赋》中所唱"悲屠龙之技兮，仅世外之可传"，即是梨洲当年心态之写照。

顺治十年（1653）后，梨洲脱离政治斗争，专心于著述和讲学。学以经世致用是其学术思想的基本特征。他提出"经术所以经世，方不为迂儒之学"。他曾赞赏王正中"好读实用之书，不事文采"的学风。梨洲本人更是身体力行，研治经世实学。他在丙申（顺治十三年，1656）所作《亡儿阿寿圹志》中自述："予注律吕、象数、周髀、历算、勾股、开方、地理之书，颇得前人所未发。"[5]可见，他退出政坛后，对自然科学的研究更加深入。当然，梨洲作为明清鼎革之际一代学术大师，其地位主要是在康熙年间奠定的。他研究西学的成就及传播西学的活动也主要出现在康熙年间。这与清初西学东渐的形势又是相呼应的。

由于顺治、康熙二帝对耶稣会士的优容政策，清初成为西学东渐的黄金时代。清廷定鼎北京当年，汤若望便取得为新朝治历之权，受命用新法编制民历，名为《时宪》历；同年十月奏进《顺治二年时宪书》，面题"依西洋新法"五字，颁赐百官通行天

1　吴光主编：《黄宗羲全集》第 18 册，浙江古籍出版社 2012 年版，第 456、470、492、497 页。
2　［清］黄宗羲：《叙陈言扬勾股述》，吴光主编：《黄宗羲全集》第 19 册，浙江古籍出版社 2012 年版，第 32—33 页。
3　吴光主编：《黄宗羲全集》第 20 册，浙江古籍出版社 2012 年版，第 307 页。
4　［清］全祖望：《梨洲先生神道碑文》，吴光主编：《黄宗羲全集》第 22 册，浙江古籍出版社 2012 年版，第 6 页。
5　吴光主编：《黄宗羲全集》第 20 册，浙江古籍出版社 2012 年版，第 528 页。

下。明末编制的《崇祯历书》，也经汤若望删改，以《西洋新法历书》之名于顺治二年（1645）十一月进呈颁行。西洋新法遂风靡一时。康熙帝尤好西学，召请耶稣会士南怀仁、白晋等为师，学习西洋科学，更助推了西学的传播。清初士人亦以好治西洋历算且会通中西为风尚。其中成就最高者为薛凤祚与王锡阐，当时有"南王北薛"之称。薛凤祚初从魏文魁学习中国传统历法，顺治中至南京，向波兰籍耶稣会士穆尼阁学习西洋新法，并协助穆氏翻译《天步真原》等西学著作，遂"本《天步真原》而作会通"，"尽传其术"。研究表明，薛凤祚的天文学理论主要取自穆尼阁的《天步真原》，并会通中西。他的代表作《历学会通》刊于康熙三年（1664）。其中一部《天学会通》是专门解说推算交食之法的，并且采用简捷、精密的"表算之例"推算。但该书对西法有一个重要的变动，是"以西法六十分通为百分"，即采纳中国传统历法《授时历》的 100 分 1 度的划分法取代西法的 60 分制。

薛氏《天学会通》是黄宗羲《西历假如》的主要参考资料之一。黄宗羲在《西历假如》"交食"部分明确提示说："以上依海岱薛凤祚本。著其所查表名及数目舛错，为之更定，使人人可知，无藏头露尾之习。"[1] 经本人仔细比对，"交食"部分确实本于薛凤祚的《天学会通》。但是黄宗羲在吸收《天学会通》的同时，也对该书内容有个别订正之处，如"求太阳实会度"条，薛氏注为双女宫，梨洲注谓"当在人马宫，此必有误。今姑依薛本"。

《西历假如》实际上是一部用表算法解说推算历法的通俗读物（现收入吴光主编《黄宗羲全集》第 18 册附录）。它的内容分"日躔""月离""五纬""交食"四部分，分别是依据西洋历法关于日、月、五星及日、月食的计算方法，采用现成的西法计算表格及数据，举例介绍推算日、月食法和日、月、五星位置法。《西历假如》由姜希辙（号定庵）刻于康熙癸亥（1683）。姜序言："余友黄梨洲先生，所谓通天地人之儒也……尝入万山之中，芨舍独处。古松流水，布算簌簌，网络天地。其发明历学十余种，间以示余。余取其《假如》刻之。梨洲亦颇吝惜。余曰：'圣人之学，如日行天，人人可见。凡藏头露尾私相受授者，皆曲学耳。夫以儒者所不知，及知而不以示人者，使人人可以知之，岂非千古一快哉！'梨洲曰：'诺。'"[2] 序中所言"万山之中"即指梨洲顺治初年避居山中，又知《西历假如》是应定庵请求方同意刊印示人，此为初刻本当无疑议。现北京图书馆藏有康熙癸亥年姜氏初刻本。由此看来，黄炳垕《黄梨洲先生年谱》于顺治四年（1647）丁亥条，称梨洲所著《西历假如》"约在此数年中"并不正确。前述《西历假如》称引用过薛凤祚的著作，也可证梨洲此书必为康熙三年（1664）薛氏《历学会通》刊后撰成或增订。经本人查考，《西历假如》的其他三部分"日躔""月离""五

1　吴光主编：《黄宗羲全集》第 18 册，浙江古籍出版社 2012 年版，第 290 页。
2　吴光主编：《黄宗羲全集》第 20 册，浙江古籍出版社 2012 年版，第 255 页。

纬"所据资料来源于《崇祯历书》，梨洲在书中引用了《崇祯历书》的天文数据表等许多资料。前述，梨洲于明末即有机会研读《崇祯历书》。康熙十八年（1679）诏修《明史》，总裁徐元文征梨洲门人万言（字贞一）同修。后万言承徐氏之命，请梨洲审阅《明史·历志》稿，要他"去其繁冗，正其谬误"。梨洲复书万言（《答万贞一论明史历志书》），对《崇祯历书》的历史地位和科学价值有公正、精审的评价。一方面，他对清初某些好谈西学者湮没《崇祯历书》编译者功绩的行为提出批评："及《崇祯历书》既出，则又尽翻其说，收为己用，将原书置之不道，作者译者之苦心，能无沉屈？"本着对历史负责的态度，他指出："顾关系一代之制作，不得以繁冗而避之也。以此方之前代，可以无愧。"[1] 他亲自为《明史·历志》稿补撰了有关《崇祯历书》的编制经过。现今所见《明史·历志》比较系统地叙述了自崇祯二年（1629）徐光启主持修历和改历过程中的中西之争，至清初把《崇祯历书》"用为时宪书"的经过。这与黄宗羲的建议不无关系。另一方面，他列举了《崇祯历书》中的恒年表、周岁平行表等十一种数据表，指出："盖作者之精神，尽在于表，使推者易于为力。"[2] 此论足证梨洲对该书研读颇深。而在《西历假如》刻印前一年（壬戌，1682），梨洲撰《赠百岁翁陈赓卿》诗"西人汤若望，历算称开辟。为吾发其凡，由此识阡陌"，即已坦言汤若望为其西洋历算学之启蒙师，而汤若望正是《崇祯历书》的主要传译者。

概而言之，梨洲《西历假如》本《天学会通》和《崇祯历书》而作，而后两部书又是直接受穆尼阁、汤若望等传教士输入的西方天文历学的影响，因此梨洲的西方历算学知识实源于入华耶稣会士。

四、黄宗羲对西学的吸纳与排斥

西学作为外来文化传入以后，在中国社会引起的反应十分复杂。事实上，西学或天学一词在 17 世纪中国文人眼里，既指西教士传入的西方宗教、伦理、哲学方面的学说，也包括西方的天文历算及其他科学技术。明末清初士人对西学的反应，既因人因时而异，也因西学的不同而有不同的取舍。耶稣会士所传西方科学由于其学术方法和内容与明清实学思潮的学术旨趣相符，从而成为明清实学派士人吸收和借鉴的资料。而西学中的天主教神学与儒学正统观念有质的差异，大多数士人难以接受。黄宗羲通过与西学的接触，对包括天主教在内的西学采取了既有吸纳也有排拒的理性主义态度，成为清初士人早期西学观的代表之一。

黄宗羲政治社会思想的代表作《明夷待访录》，撰成于康熙元年（1662），全面描绘

1　吴光主编：《黄宗羲全集》第 19 册，浙江古籍出版社 2012 年版，第 186 页。
2　吴光主编：《黄宗羲全集》第 19 册，浙江古籍出版社 2012 年版，第 187 页。

了他设计的理想社会的蓝图。他在对这个社会的文化教育与选官制度的设想中，特别主张将号为"绝学"的历算、测量、火器、水利等涉及科学技术的专门学问，列入国家选拔人才的范围，要求奖励在"绝学"上实有研究发明者。他说："绝学者，如历算、乐律、测望、占候、火器、水利之类是也。郡县上之于朝，政府考其果有发明，使之待诏。否则罢归。"[1] 须知，梨洲所说的这些"绝学"正是明末清初西学东渐的主要西方科学门类，也是被梨洲誉称为"言西洋之法，青出于蓝，冰寒于水"的徐光启所着力吸纳和会通的泰西"实学"。显然，黄宗羲的"绝学"思想是接受西学影响的结果，这种强调实学、实绩的主张已经超脱了传统旧学的思维方式。

如果说《明夷待访录》仅仅是黄宗羲经世实学思想借鉴西学的开端，那么到海昌（今海宁市）讲学（1676—1680）则已是黄宗羲以西学为致用实学思想的实践。梨洲讲学一改明人空谈流弊，注重讲授自然科学知识，并鼓励学生自由辩论，独立创见，提出"各人自用得着的，方是学问"的见解。他告诫学生，要反对"封己守残""天崩地解，落然无与吾事"的迂儒学风。海昌县令许三礼（号酉山）深慕梨洲讲学风格，特邀其主讲，且从梨洲学习有关授时、西洋、回回三历的科学知识，两人引为"知己"。最令梨洲欣慰的是培养出了一位有志于科学研究的青年学子陈讦（字言扬）。他曾教导这位得意门生"句三股四弦五，此大较也，古来巨公大儒从事于实学者，多究心焉，可弗讲乎"[2]，明确提出以数学为经世实学的思想。梨洲门生万经在《寒村七十寿序》中回忆海昌求学时的盛况道："维时经学、史学以及天文、地理、六书、九章至远西测量推步之学，争各磨厉，奋气怒生，皆卓然有以自见。"[3] 其称"远西测量推步之学"即指西方历算学。显然这是梨洲讲授的致用学问之一。陈讦不负师诲，传梨洲历算之学，且会通中西，著成《勾股述》二卷、《勾股引蒙》五卷。据《勾股述》自序言："余获侍梨洲黄先生门下，受筹算开方，因著开方发明，后因暇请卒业勾股。"[4] 乃知陈讦此著是继承师学的续编。梨洲也欣然为该书作序，对这位继业弟子大加称道，特别指出正当有人对西洋历算"襄之为独绝"之际，陈讦敢于面对西学的挑战著书立说，不仅实现了梨洲多年来以历算之学授人用世的夙愿，而且唤起了借西学以继绝学的希望。《勾股引蒙》则是陈讦会通中西算法的代表作。其"凡例"有言："知中法自有勾股以来未尝礼失而求诸野，但制器之巧当推西法耳。"是书杂采梅文鼎、程大位等人的算学著作与《同文算指》《测量全义》等西学著作，"由浅入深，循途开示"地讲解中西算学。

黄宗羲海昌讲学的言行，表明他是在以自然科学为经世实学的思想前提下，来接受、容纳西方历算之学的。但是他并不满足于接受西方科学的成果，而是抱有吸纳西学

1 ［清］黄宗羲：《明夷待访录·取士下》，吴光主编：《黄宗羲全集》第1册，浙江古籍出版社2012年版，第17页。
2 ［清］阮元：《畴人传》卷四一"陈讦"，商务印书馆1935年版，第513页。
3 吴光：《黄宗羲与清代学术》，吴光主编：《黄宗羲论》，浙江古籍出版社1987年版，第132页。
4 ［清］阮元：《畴人传》卷四一"陈讦"，商务印书馆1935年版，第513页。

的科学方法以重振中国科学的高远之志。他对徐光启"言西洋之法，青出于蓝，冰寒于水"的称赞，尤其是对《崇祯历书》的科学评价，充分证明了这种志趣。前述，梨洲十分推崇徐光启主编的《崇祯历书》，特别是十余种"使推者易于为力"的数据表。但是他针对《授时历》等传统历法不载"其作法根本"，而使人不知历法原理的缺陷，向参修《明史》的弟子万言指出《明史·历志》稿徒列西洋推法，也只是一种"终于墙面"的浅层借鉴。他提出："某意欲将作表之法，载于志中，使推者不必见表，而自能成表，则尤为尽善也。"[1] 其意在让更多的中国学者掌握作表之法。而既然要掌握《崇祯历书》中历算数表的编制方法，则必然会涉及西方的天文数学理论，甚至从观测实证到演绎推理的方法。梨洲表述的这种由表及里、追本溯源的治学思想，已经触及吸纳西方科学方法的深层次问题，具有变革传统科学思想方法的启蒙意义。而黄宗羲的这种思想，与17世纪中国向西方寻找科学真理的先行者徐光启的思想方式一脉相承。黄和徐都认为，中国科学发展的主要障碍是宋明以来理学家们的空谈臆断和象数神秘主义。黄说："有宋名臣，多不识历法，朱子与蔡季通极喜数学，乃其所言者，影响之理，不可施之实用。康节作《皇极书》，死板排定，亦是纬书末流。"[2] 他还深刻揭露了明儒喻春山所编历书中以易卦划定昼夜长短等"假妄之谈"，指出这是"舍明明可据之天象，附会汉儒所不敢附会者，亦心劳而术拙矣"[3]。这与徐光启批判的"名理之儒士苴天下之实事"和"妖妄之术谬言数有神理"的观点是一致的。因而破除传统科学中的虚妄和迷信，吸收和借鉴西方科学的成果与方法以振兴中国科学，是黄和徐共同的愿望。徐光启与利玛窦讲论西学时，感受最深的是西学的科学方法"一一从其所以然处，指示确然不易之理，较我中国往籍，多所未闻"[4]，因而他坚持把介绍西方科学方法的"法原"作为译编《崇祯历书》的重点。他在进呈《历书总目表》中强调："一义一法，必深言所以然之故，从流溯源，因枝达干……明之者自能立法，传之其人……"[5] 可以看出，黄宗羲继承了徐光启编译《崇祯历书》的科学思想。按照徐光启的说法，他把吸收西学的成果或方法，比喻为"鸳鸯绣出""金针度人"，而他追求的目的是"使人人真能自绣鸳鸯"，[6] 黄宗羲欲使推者自能成表的观点与徐光启"金针度人"的先见如出一辙。尽管黄宗羲没有像徐光启那样，对西方科学的演绎推理方法做具体的阐述，但他已经开始洞察西方科学方法的价值，并有意倡导中国学者加以吸纳。这一思想体现了清初士人反思传统科学落后原因的理性觉醒，对于清初经世实学的兴盛具有科学方法上的启蒙意义，同时也代表了清初启蒙学者对待异质文化态度的理性主义。

1　［清］黄宗羲：《答万贞一论明史历志书》，吴光主编：《黄宗羲全集》第19册，浙江古籍出版社2012年版，第187页。
2　［清］黄宗羲：《答万贞一论明史历志书》，吴光主编：《黄宗羲全集》第19册，浙江古籍出版社2012年版，第186页。
3　［清］黄宗羲：《答范国雯问喻春山律历》，吴光主编：《黄宗羲全集》第19册，浙江古籍出版社2012年版，第166页。
4　［明］徐光启著，王重民辑校：《徐光启集》下册，中华书局2014年版，第344页。
5　［明］徐光启著，王重民辑校：《徐光启集》上册，中华书局2014年版，第377页。
6　［明］徐光启著，王重民辑校：《徐光启集》上册，中华书局2014年版，第78页。

黄宗羲对天主教的排斥态度，笔者过去已有所论。概而言之，除了他自己与传教士交往中获得的认知之外，还受到两个外在因素的影响：一是前述受其业师刘宗周排斥传教士和反对天主教言行的影响；二是他在顺治初年的日本之行，目睹日本反天主教运动。梨洲学友钱谦益在康熙初年一封致梨洲的尺牍中透露，他们共同视天主教为世间之妖孽。黄宗羲现存著作中明确斥逐天主教的言论，则见于其晚年所作《破邪论·上帝》篇："为天主之教者，抑佛而崇天是已，乃立天主之像记其事，实则以人鬼当之，并上帝而抹杀之矣。此等邪说，虽止于君子，然其所由来者，未尝非儒者开其端也。"[1] 在此，黄宗羲对天主教宣扬的"天主"论做了批驳，并斥为邪说，其排斥天主教之立场十分坚定。

五、黄宗羲的"中学西窃"说

黄宗羲在汲取西方科学的成果乃至方法的同时，提出了西方数学源于中国勾股之学的重要观点，全祖望将其概括为"中学西窃"说："尝言勾股之术，乃周公、商高之遗，而后人失之，使西人得以窃其传。"[2] 实际上这也可以概称为众所周知的"西学中源"说。

黄宗羲论述"中学西窃"说的一段文字见于他所作《叙陈言扬勾股述》："勾股之学，其精为容圆、测圆、割圆，皆周公、商高之遗术，六艺之一也。自后学者不讲，方伎家遂私之。……珠失深渊，罔象得之，于是西洋改容圆为矩度，测圆为八线，割圆为三角，吾中土人让之为独绝，辟之为违天，皆不知二五之为十者也。"[3] 这段话中，梨洲表达了两层意思：其一，指出了西洋数学乃是中国失传的勾股之学，犹如"珍珠"失落深渊而为"罔象"（传说中的水怪）所得。其二，具体列举了西学窃取中法的证据。当然，今人看来此说的非科学性显而易见。问题在于黄宗羲当时立此一说的真实意图如何？

"西学中源"说曾是明清间部分士大夫排斥西学的理由，但这与黄宗羲对西方科学的实际态度不符。因此，只有把"中学西窃"说置于梨洲的思想体系中考察，才能透析其真正的动机和目的。作为一名深受传统文化熏陶、具有强烈民族意识的学者，黄宗羲在接受外来文化时必然会触及儒学传统思想中的夷夏之论。尽管随着清初民族矛盾的逐步缓和，梨洲"夷夏之辨"的观点趋于弱化，他受清朝命官许三礼县令所邀赴海昌讲学，与晚年撰《破邪论》欲以"一炭之光"向清廷敷陈己见即是明证，但是由传统"华夏中心"论衍生的民族自尊意识依然强烈，还不能完全突破"用夏变夷"的思想樊篱。而他经世致用的学术思想，反对"守一先生之言"以求会通各家学说的思维方式，又使他确实看到了西洋科技优于中学的"独绝"之处。既要吸纳西学之长，又要避免"用夷

1　吴光主编：《黄宗羲全集》第 1 册，浙江古籍出版社 2012 年版，第 179 页。

2　［清］全祖望：《梨洲先生神道碑文》，吴光主编：《黄宗羲全集》第 22 册，浙江古籍出版社 2012 年版，第 10 页。

3　吴光主编：《黄宗羲全集》第 19 册，浙江古籍出版社 2012 年版，第 32 页。

变夏"之嫌，那么论证西学源于中学就是合乎逻辑的思路。正如他把及门弟子陈訏著《勾股述》的意义看成"使西人归我汶阳之田"[1]（汶阳为春秋时齐国人归还鲁国之地），恰好道出了"中学西窃"说的主旨：增强自信，借鉴西学以重振传统科学。可见，梨洲"中学西窃"说的前提并非为了排拒西学，而是出于对民族科学文化的自尊和自强。然而应当指出，黄宗羲与同时代王锡阐等清初士人提出的"中学西源"说，其动机是值得肯定的，但是他们的思想方法是错误的，对清初社会充分吸收西学的成果，尤其是西学中有异于中学的先进成分设置了思想障碍。这又充分说明，黄宗羲吸纳西学是以儒学为框架的，在思想上仍有其矛盾和局限之处。

但是，黄宗羲对耶稣会士竭力向中国士大夫传播的天主教教义则坚决拒斥。梨洲年逾八十所作的一部哲学、政治、思想著作《破邪论》，其《上帝》篇对社会上流行的四种上帝说一一做了批判，其中对天主教的天主说评道："为天主之教者，抑佛而崇天是已，乃立天主之像记其事，实则以人鬼当之，并上帝而抹杀之矣。此等邪说，虽止于君子，然其所由来者，未尝非儒者开其端也。"[2]天主教以供奉天主为宗旨，梨洲否定天主为上帝，并斥为邪说，其排拒天主教教义之意十分明显。前述，梨洲《子刘子行状》记叙业师刘宗周斥西士汤若望"唱邪说以乱大道"，要求永绝其教。而《刘子全书》所收刘宗周作于崇祯十五年（1642）闰十一月奏疏《辟左道以正人心以扶治运疏》说得更明白："何谓异端之教？则佛、老而外，今所称西学者是。始万历中，西夷利玛窦来中国，自言航海九万里而至，持天主之说以诳惑士人。"[3]师生二人同斥西教为"邪说"在感情上是一致的，但是二者拒斥天主教的思想前提是有差异的。刘宗周以西学不容于尧舜之世为由，一概排拒，连西洋火器也不容纳，实为"夷夏之辨"观念下的盲目排外。而梨洲反对天主教则是基于理性认识上的冲突，即唯物主义的天道观与唯心主义的上帝观之间的对立。黄宗羲在《破邪论》《孟子师说》等著作中多次阐述了他的气本论天道观。他说："天地间只有一气充周，生人生物。"[4]在《上帝》篇中进一步说："天一而已，四时之寒暑温凉，总一气之升降为之。其主宰是气者，即昊天上帝也。"[5]既然"气"是天地万物的最终本源，那么在理论上就意味着排除了"气"之外的任何精神实体的存在，从而在世界观的高度上排斥了天主教的神学唯心论。

利玛窦等耶稣会士曾苦心孤诣地改"西僧"为"西儒"，希望借助西方科学真理的威望引导中国士大夫迈向天主教神学的所谓"启示真理"。然而在儒家文化深厚土壤中成长起来的黄宗羲身上，传教士们的希望落空了，他虽然接受了他们输入的西方科学，但是拒绝了他们宣扬的天主教教义。

1　［清］黄宗羲：《叙陈言扬勾股述》，吴光主编：《黄宗羲全集》第19册，浙江古籍出版社2012年版，第33页。
2　吴光主编：《黄宗羲全集》第1册，浙江古籍出版社2012年版，第179页。
3　吴光主编：《刘宗周全集》第3册，浙江古籍出版社2007年版，第204页。
4　［清］黄宗羲：《孟子师说》，吴光主编：《黄宗羲全集》第1册，浙江古籍出版社2012年版，第57页。
5　［清］黄宗羲：《破邪论·上帝》，吴光主编：《黄宗羲全集》第1册，浙江古籍出版社2012年版，第179页。

第十章 明清之际浙东史家与西学的交汇

一、明末清初浙东史家张岱与西学

张岱（1597—1689），又名维城，字宗子，又字石公，号陶庵、天孙，别号蝶庵居士，晚号六休居士，浙江山阴人。明末清初史学家，是公认成就最高的明代文学家，但其史学成就有目共睹。他与谈迁、万斯同、查继佐并称"浙东四大史家"。其代表著作有《石匮书》《陶庵梦忆》《西湖梦寻》等。其中《石匮书》是张岱的纪传体史书，顺治十一年（1654）春初步完稿，张岱作自序。书中的"神宗本纪""历法志""方术列传"等篇目，不同程度地记述了耶稣会士入华史迹，尤其关注西洋传教士东来给明末社会带来的变化，并力求以公正客观的立场记录中西交汇的历史，从中表明浙东史家之立场和主张，体现了浙东史家对西学东渐史的叙事风格。其中以《石匮书》卷二〇四"利玛窦列传"最具代表性：

> 利玛窦者，大西洋国人，去中国八万里，行三年，以万历八年[1]始至。自彼国而抵海，乃登大舶，可容千五百人者，千人摇橹，茫无津涯，惟风所之。数万里而达海南诸国。自海南诸国，又数万里而达粤西。自言其国广大，不异中国，有七十余国，正北亦有虏，防之亦如中国之防虏，有坚城、火器、弓矢，内地虽城，不必坚。此七十余国各有主而不自尊尊，惟教化主，其令能废置诸国主而俯听焉。教化主者，起于齐民，初有圣人仁德者设是教，严事天主。天主者，天神也，天主有母无父，至今家家皆像天主母、天主及圣人而祝之、教之。所尊者三，一天、二父母、三君。而窦来中国始知有佛教，言佛尊己不尊天，不足事也。
>
> 其圣人亦著书，比吾之六经。凡为诸生者，须市数十金之书乃给，而试一书生，须数月之力。其俗凡读书学道者不娶，中制科为荣耳，中制科亦不必就官，从此而往为耆旧。耆旧约有二三千人，而推其中之齿德最高者为教化主，共辅之。故教化主甚尊，威福予夺生杀脱于口，行于七十余国中，以至长治而

1　万历八年为公元 1580 年，利玛窦来华为 1582 年，则应为万历十年。

不乱焉。俗三十始娶，无二妻，虽国主亦尔。无子则传侄，家有三子者，二子不娶，犹子即其子也，女多亦不嫁。亦以银钱为用，玉石非罕不为珍，金锡以为器。国无盗，百年有一盗，以为怪而堕之。历以节气为断，不数月，无占卜谶术。好楼居，以避湿，楼可走马旋而上。国主出，则人簇而观，慰劳之，不辟人。国主亦借教化主以弹压其国，教化主虽宦不婚，无内累，则私营寡而征求少，又夹持以多贤，起于齐民，终于齐民，不公平何之，故长为人所宗。此合孔墨老释桓文为一人，而势足行其德者也。且婚配少，生齿不繁，于是少私寡欲而赡裕。虽国主亦束于制，无二色，复何淫辟昏荡之有哉。

俗自有音乐，所为琴纵三尺，横五尺，藏椟中，弦七十二，以金银或鍊铁为弦，各有柱端通于外，鼓其端而自应，窦以此献天子。又有自鸣钟，秘不知其术，而大钟鸣时，小钟鸣刻，以定时候。尝言彼国人他无所长，独长于天文，有晷器，类吾浑天仪。又有四刻漏，以沙为之，他尚多。其教早起拜天，愿己今日不生邪心，不道邪言，不为邪行；晚复拜天，陈己今日幸无邪心，无邪言，无邪行。久则蚤晚愿己生如千善心，道如千善言，为如千善行，如此不废。著书皆家人语。

窦始至肇庆、赣州，复至南昌。学汉音，读孔氏书，故能通吾言。始来偕十余人，死亡大半。自二十五离家，犹童子体。尝为《山海舆地全图》，荒大比邹衍。言大地浮于天中，天之极西即通地底而东，极北即通地底而南，人四面居其中，多不可信。窦游南都，从礼科给引，以其天主像三及自鸣钟诸物来献。道经临清，为税阉马堂搜而献之。腊月入京师，馆饩于礼部，请冠带之，听其自便，不报。窦亦自言幼慕道，逾艾不娶，无子，非有他觊，惟闻圣化远来，得安插居已矣。馆饩非所敢望，亦不报，资用亦不乏。每市药入，一日辄与人，人言有丹术云。万历三十七年死，葬于京师。其徒庞㧾迪仍居京师，王封肃等散居南京、淮安、武林，各以其教耸动士民，从者甚众。南京礼部侍郎沈㴶再疏论驱诸广东，后复散居各地，聚徒如故。所著有《西士超言》数十余卷。

《石匮书》曰：天主一教，盛行天下，其所立说愈诞愈浅。《山海经》《舆地图》，荒唐之言，多不可问。及所出铜丝琴、自鸣钟之属，则亦了不异人意矣。若夫《西士超言》一书，敷词陈理，无异儒者。倘能通其艰涩之意，而以常字译太玄，则又平平无奇矣。故有褒之为天学，有訾之为异端，褒之、訾之，其失均也。[1]

1　［明］张岱：《石匮书》，《续修四库全书·史部》第 320 册，上海古籍出版社 2002 年版，第 205—207 页。文中"庞㧾迪"即庞迪我。

另外，张岱在《石匮书》卷三四《〈历法志〉总论》之后写的评语，则透露出他对明末以来西洋历法等科技知识入华传播的关注：

> 《石匮书》曰：夫历律者，千古之死数也；推测者，千古之活法也。活法非死数则不确，死数非活法则不灵。然数活而能使之死法死，而能使之活，神而明之，则又存乎其人矣。我明自刘基治历明时七政无爽，至万历朝，而日月薄蚀之候常差数刻，神庙忧之，开局京畿，集四方明历之人使之修历，讫无成效。此时利玛窦以西学流入中国，所传西洋历法迥异寻常，共时推测占候，颇亦有验，而钦天监灵台保章诸官以为外夷而轻视之，遂与之凿枘不入。故终利玛窦之身而不得究其用，则是西学虽精而法以人废也。桓君山曰：凡人贱近贵远，亲见杨子云禄位容貌不能动人，故轻其书，此是千古痛病。龙门载笔至腐刑而始重其文，卞氏抱璞至刖足而方钦其宝，盖世之肉眼成心，非久不化，由古及今，大概然矣。[1]

《石匮书》对西洋教士、西洋科技的记录，突出显示了张岱以史家笔法回应西学东渐的立场和态度，主要体现在以下几方面。

其一，对西洋历法的看法。张岱在"利玛窦列传"中称大西洋国人特别擅长天文测量之术："尝言彼国人他无所长，独长于天文，有晷器，类吾浑天仪。又有四刻漏，以沙为之，他尚多。"又在《〈历法志〉总论》评语中说："夫历律者，千古之死数也；推测者，千古之活法也。活法非死数则不确，死数非活法则不灵。然数活而能使之死法死，而能使之活，神而明之，则又存乎其人矣。"

张岱将天文历律之法比喻为"死法"，而将天文观测推算比喻为"活法"，即认为传统历法需要不断通过实测更新，而真正让历律达到推算准确的关键则在于推测之人。张岱的这一认知，基本接近方法、实践和人三者关系的科学认知。因而，张岱认为万历年间明神宗开历局修订历法，汇集"四方明历之人"却始终未见成效，而运用西洋历法推测占候，均得到验证，但精通西洋天文技术的利玛窦却"不得究其用"，原因在于官方天文机构钦天监里的保守人士因为利玛窦的"外夷"身份而轻视他，结果造成西学虽精却用非其人。

张岱对明末守旧势力排斥利玛窦和西洋历法的记述已非单纯的就事论事，而充分展现了其史才、史识。尤其是他将异常精准的西学得不到应用与官方机构守旧派"夷夏之辨"的排外观念和用人陋习联系起来，超越了明清之际开明士人大多注重实用科技而轻视人才选用的思想水平，表现出浙东史学家思考的深度和高度。

1　［明］张岱：《石匮书》卷三四，《续修四库全书•史部》第318册，上海古籍出版社2002年版，第589页。

其二，对于天主教的看法。张岱在"利玛窦列传"中评说："天主一教，盛行天下，其所立说愈诞愈浅。《山海经》《舆地图》，荒唐之言，多不可问。及所出铜丝琴、自鸣钟之属，则亦了不异人意矣。若夫《西士超言》一书，敷词陈理，无异儒者。倘能通其艰涩之意，而以常字译太玄，则又平平无奇矣。故有褒之为天学，有訾之为异端，褒之、訾之，其失均也。"[1]

从中可见，张岱对西学的看法尤其是对天主教的态度颇为中庸，不仅客观记述了时人对天主教的两种不同态度，而且以史家的身份表明了公正的立场，认为对天主教"褒之为天学"或"訾之为异端"必然导致立场"失均"，都是失之偏颇的立场。实际上，张岱是在提醒人们，盲目信从与强烈排斥都不是客观公允的态度。

另外，张岱提及利玛窦"所著有《西士超言》数十余卷"，"敷词陈理，无异儒者"，有学者在杨廷筠1615年编撰的《绝徼同文纪》著录中发现"《西士超言》小引"一条，知《西士超言》的作者实为张岱的祖父浙江绍兴人张汝霖（约1561—1625，字肃之，号雨若，晚年号介园居士），其摘录利玛窦所著《畸人十篇》而成一卷。因利氏原著为十篇，故张岱误称《西士超言》为"数十卷"。[2]

其三，对利玛窦传教事迹的看法。张岱在"利玛窦列传"中评说："学汉音，读孔氏书，故能通吾言……自二十五离家，犹童子体……窦亦自言幼慕道，逾艾（年过五十）不娶，无子，非有他觊，惟闻圣化远来"，"尝为《山海舆地全图》，荒大比邹衍。言大地浮于天中，天之极西即通地底而东，极北即通地底而南，人四面居其中，多不可信"。

张岱在"利玛窦列传"中对利玛窦及其随从庞迪我、王封（丰）肃（1624年重返内地后改名高一志）等在南京、武林（杭州）等地的传教活动，以及沈淮发动的南京教案，尤其对利氏为传教使命谨守的节操和品行，以及他在传播西方地图和地圆说时遭遇的不信任，均以其史学家的洞察、文学家的笔调做了客观叙述，并且以"《石匮书》曰"这一史家体例做出自己的评论。虽然有客观平和之论，但他对"《山海经》《舆地图》，荒唐之言，多不可问"等否定西洋地理学新知的评论，仍然存在明显的局限性。不过，无论如何评价，张岱的《石匮书》在记录明清之际中西文化交流史迹方面都留下了浙东史家的烙印。

---

1 ［明］张岱：《石匮书》卷二〇四，《续修四库全书·史部》第320册，上海古籍出版社2002年版，第207页。

2 ［明］杨廷筠：《绝徼同文纪》，［比］钟鸣旦、［比］杜鼎克、［法］蒙曦编：《法国国家图书馆明清天主教文献》第6册，台北利氏学社2009年版，第281—282页；汤开建汇释、校注：《利玛窦明清中文文献资料汇释》，上海古籍出版社2017年版，第134页。

二、黄百家与西学的接触及其研究

黄百家（1643—1709），字主一，号不失，又号末史，别号黄竹农家。他是黄宗羲的季子，其主要事迹是在康熙二十六年（1687）后进京参修《明史》，曾负责《明史·历志》等数种史志的撰写，有《明史·历志》稿八卷，今存二卷抄本。其他著述主要有《学箕初稿》二卷、《黄竹农家耳逆草》不分卷（卷首署名为《学箕三稿》）、《幸跌草》三卷、《勾股矩测解原》二卷，以及与人合编的《黄氏续录》五卷[1]，为其父校注《宋元学案》等。

（一）黄百家与传教士和西学的接触

黄百家与西学的接触，首先是受其父亲的影响。百家自述："（其父）昔尝于空山静夜，苦用十年之功，通悟中西三历之理，故百家得闻绪余耳。"[2] 而他与西士、西学的全面接触则是在进京参修《明史》期间。

关于黄百家在京修史的起讫时间，今人多有误解。如进京时间有人定为 1680 年，而离京南归时间大多定为 1690 年。[3] 笔者依据黄百家《万季野先生斯同墓志铭》与《黄氏续录》中的自述，订正了在此问题上的错误。黄百家在万氏墓志铭中记曰："丁卯以后，则与先生同修《明史》于立斋先生京邸。庚午夏仲，立斋先生南还，余亦为监修张素存先生及诸总裁所留，又与先生同修《明史》于江南会馆。时余以先遗献年老，不能久留，遂任史志数种，归家成之。"[4] 此见黄百家进京修《明史》的确切时间是丁卯（1687），而庚午（1690）以后又入江南会馆续修。今人曾据此误认为百家南归时间在庚午年，其实百家所述只是表明在京不能久留，而非确指庚午年南归。好在笔者于《黄氏续录》中发现了黄百家自述的南归确切时间："百家自辛未年（1691）出都，弃不应试，今名黄竹农家。"[5] 因此，黄百家在京修《明史》的起讫时间应是 1687—1691 年。这也使我们确切地了解了黄百家在北京与西人、西学接触的时间。

黄百家与欧洲传教士的交往，见于他在《黄竹农家耳逆草》中的自述："又百家修史在京时，亦曾与敦伯南公怀仁、寅公徐公日升、平施安公多频相往返，尽得本朝颁行新历之奏疏缘由与杨光先、吴明烜之争讼颠末最悉最真。"[6] 与黄百家频相交往的三人，正是清初在华的著名传教士南怀仁、徐日升和安多。其中徐氏熟谙音乐，安多精于数学，

1　笔者于 2000 年 6 月赴黄氏父子家乡浙江省余姚市考察时，得见此书。该书系清刻本，共五卷，署"竹桥裔孙"黄炳垕（字德宏）校梓，卷首有黄百家作《〈黄氏续录〉发凡》，有郑梁（寒村）作于康熙癸未年（1703）的"黄德宏传"，内称"又与主一共辑成《黄氏续录》，……《续录》刻成，主一属余为序"。可知，《黄氏续录》系黄百家、黄炳垕编校，郑梁序。
2　［清］黄百家：《黄竹农家耳逆草·上王司空论明史历志》，中国国家图书馆藏清康熙刻本。
3　黄爱平：《万斯同与〈明史〉纂修》，方祖猷、滕复主编：《论浙东学术》，中国社会科学出版社 1995 年版，第 353 页；杨小明：《哥白尼日心地动说在中国的最早介绍》，《中国科技史料》1999 年第 1 期。
4　［清］钱仪吉纂：《碑传集》卷一三一，中华书局 1993 年版，第 3907—3908 页。
5　［清］黄百家、［清］黄炳垕编校：《黄氏续录》卷四《失余稿序》，浙江省余姚市图书馆藏清刻本（五卷本）。
6　［清］黄百家：《黄竹农家耳逆草·上王司空论明史历志》，中国国家图书馆藏清康熙刻本。

前者奉清廷委派以译员身份参与中俄《尼布楚条约》的谈判签约，而后者继南怀仁之任，充任钦天监监副，并为康熙帝进讲几何算术与天文仪器知识。徐、安二人，在南怀仁于1688年去世后一度全权代理钦天监监正，直到1694年奉命出使欧洲的闵明我返回中国为止。[1] 既知上述黄百家在京期间为1687—1691年，则黄百家与南怀仁的交往时间很短，因怀仁于1688年1月即已去世，而他与徐、安两位教士交往正值他们代理钦天监监正期间。此可推见，黄百家主要是因纂修《明史·历志》之需而与南、徐、安三位西人结交的。

关于黄百家在京都与西学相关的活动，笔者又从黄百家参编的《黄氏续录》中新检到一则史料。其中一首作于乙亥年（1695）的"感遇诗"，头两句是"曾登观象台，仪象绝千古"，在原注中还列举了南怀仁于1673年所造的六件天文观测仪器，且称赞这六件仪器"用铜所铸，巨丽精工，不可殚述"。从"曾登观象台"一句的语气看来，黄百家显然是在追忆此事。结合上述黄百家南归的确切时间，则至少可以推定他考察观象台的时间在1687—1691年。据笔者所知，黄百家是实地考察过南怀仁所造六件西式天文仪器的少数清初学者之一。他亲赴观象台考察，显然是为了深入了解西洋科技，表明他不仅注重西方科学的理论知识，而且关注西方科技的实用价值。另外，黄百家还曾获得过"切身之器"——西洋眼镜，为此他专门作《眼镜颂》一文，描述了西洋眼镜具有明目之"神术"的切身感受，并对其他西洋实用制器大为赞赏："西人制器无器不精，水使锯纺，钟能自鸣，重学一缕，可引千钧，种种制作不胜具论。"[2]

另据德国学者科兰尼（又译"柯拉霓"，Claudia von Collani）从西方文献中发现的[3]，黄百家曾向当时在北京的意大利耶稣会士毕嘉请教过西学问题，又在毕嘉的帮助下撰写了一篇有关西学的短文（文中涉及天主教），并在史局同行的赞成下刊印了此文。后来他又寄了一份给法国耶稣会士白晋。白晋还得到了黄百家的手稿，他在1707年致安多的信中又介绍了该文的内容，同时提到了黄百家在京城的修史活动。白晋于1688年进京，此时黄百家已在北京参修《明史》。1693年，白晋受康熙派遣出使法国，至1697年再回到中国。看来，黄百家与毕嘉、白晋两位传教士均有直接往来。对照黄百家与毕嘉在京活动的时间，黄、毕相交与撰刊短文均在1690—1691年[4]，即黄百家入京城江南会馆续修《明史》之际。而黄百家致函白晋的具体时间，很可能在1691年南归之后至1693年白晋赴法国之前，因为似乎难以想象黄百家在1693年后致函远在法国的白晋。

另外，黄百家在著述中提及的其他欧洲传教士还有穆尼阁，以及由他译述的西学

1　［法］荣振华著，耿昇译：《在华耶稣会士列传及书目补编》，中华书局1995年版，第760页。
2　［清］黄百家：《黄竹农家耳逆草·眼镜颂》，中国国家图书馆藏清康熙刻本。
3　转引自韩琦：《从〈明史·历志〉的纂修看西学在中国的传播》，刘钝等编：《科史薪传》，辽宁教育出版社1997年版。
4　据［法］荣振华著，耿昇译：《在华耶稣会士列传及书目补编·毕嘉》，毕嘉在京时间仅为1690—1691年，中华书局1995年版，第253页。

著作《历学会通》《天步真原》。穆氏是清初在华的著名耶稣会士，他与方以智、方中通父子及薛凤祚交好，而薛氏传穆氏之学所作的《天学会通》曾为黄宗羲《西历假如》引征。

此外，黄百家在京城时还向梅文鼎请教过天文历法知识，而当时的梅氏已是名闻士林的精通中西历算学的科学家。

综合上述中西文献的记载，我们得知黄百家在京期间与南怀仁、徐日升、安多、白晋、毕嘉等多位西方传教士相交频繁，并且还实地考察过安置西洋天文仪器的观象台。此外，他还关注过西士穆尼阁的西学著作，以及清初会通中西名家梅文鼎和薛凤祚的历算之学。看来，黄百家对西人、西学的了解不在其父之下，尤其是他利用在北京活动之便，通过交友访学、实地考察和亲自使用，了解和领悟了西洋科技的实用价值。

（二）黄百家对西学的研究和传播

黄百家继承父志，其钻研西方科学之精之深，可谓青出于蓝而胜于蓝。他在全面回顾了中国传统历法的变革之后，认真比较了中西历法的优劣，提出了几个重要的论点：其一，传统历法今胜于昔，指出"历法之道，至后世而愈密"，降至元代郭守敬《授时历》"可谓集大成矣"；其二，西历精于中历，自从明万历年间"西洋之法入，而言天之事更详矣"，即便是集传统历法之大成的《授时历》依然"不若西历之精密也"[1]；其三，中西历法在技术方法上存在差异，指出《授时历》首创的弧矢割圆术"甚繁难"，"平心而论，实不如西术之三角八线，又简便又精密"[2]。

尤其突出的一点是，黄百家在辨别中西天文历学之优劣时，不仅仅局限于理论上的阐述，而且注重通过实地考察来加以确认。例如他对中西天文仪器的评价，就是在亲自考察了北京观象台之后做出的："郭守敬所制浑仪正方案等较之南（指南怀仁）制远不可比。"[3]黄百家正是抱着这种开明和科学的态度，深入钻研西方科学的。

此外，黄百家还一直关注并跟踪西洋天文历学入传的进展。他曾敏锐地观察到清初顺治年间西士穆尼阁所作《历学会通》和《天步真原》包含了新的西洋天文历法知识，指出穆氏"私取新法书补苴而删订之，较前又加密焉"[4]。他的这种不断进取的科学精神，终于促成他在清代中西文化交流史上充当了一个重要角色：他是迄今所知最先把哥白尼的日心地动说比较准确地介绍给公众的清初学者。对此中外学者已有论述。[5]有关的原始文献主要见于黄百家在1691年离开北京南归之后撰写的《天旋篇》一文与其晚年为

---

1 ［清］黄百家：《黄竹农家耳逆草·天旋篇》，中国国家图书馆藏清康熙刻本。
2 ［清］黄百家：《黄竹农家耳逆草·上王司空论明史历志》，中国国家图书馆藏清康熙刻本。
3 ［清］黄百家、［清］黄炳垕编校：《黄氏续录》卷四《感遇诗（乙亥）》，浙江省余姚市图书馆藏清刻本（五卷本）。
4 ［清］黄百家：《黄竹农家耳逆草·天旋篇》，中国国家图书馆藏清康熙刻本。
5 日本学者小川晴久于1980年发表《东亚地动说的形成》一文，依据《宋元学案》中的注文发现黄百家最早介绍了哥白尼的日心地动说，中译文发表于《科学史译丛》1984年第1期。后有江晓原对托勒密、哥白尼、第谷天文学说传入中国做系列研究；杨小明《哥白尼日心地动说在中国的最早介绍》一文，提供了《天旋篇》等关键史料，《中国科技史料》1999年第1期。

《宋元学案·横渠学案上》所作的注文。黄百家在《天旋篇》中记曰：

> 至明正德间，而有歌白泥（即今译哥白尼）别创新图，自外而内作圈八
> 重：外第一重为恒星，各系原处，永古不动，即天亦不动。第二重为填星道。
> 三重岁星道。四重劳惑道。五重地球道。地球日东旋于本道一周，地球之旁，
> 别作一小圈为月道，附地球之本体，其圈在八重之外，月绕地球周围而行。六
> 重为太白道。七重辰星道。中为太阳，如枢旋转，不移他所。[1]

《宋元学案·横渠学案上》黄百家注文：

> 百家谨案：地转之说，西人歌白泥立法最奇：太阳居天地之正中，永古不
> 动，地球循环转旋，太阴又附地球而行。依法以推，薄食陵犯，不爽纤毫。盖
> 彼国历有三家，一多禄茂，一歌白泥，一第谷。三家立法，迥然不同，而所推
> 之验不异。究竟地转之法难信。[2]

此处，"多禄茂"即托勒密，希腊数学家、天文学家和地理学家，"第谷"为丹麦天
文学家。有学者指出，哥白尼天文学说早在明末《崇祯历书》中已有初步介绍，同时也
要客观看待第谷体系，虽然在科学上不如哥白尼学说先进，但日心地动说在明末崇祯
年间的欧洲仍未取得科学上的压倒性胜利，因而第谷体系在历法应用方面仍具暂时先进
性，同时入华耶稣会士并未刻意阻挠哥白尼天文学说的传播。[3] 综合看来，明清之际真正
关注托勒密、哥白尼、第谷等西方天文学在华传播的士人学者并不多见，而黄百家的关
注和钻研显得十分可贵，学界称他是对哥白尼学说最早关注并做科学思考的中国学者。
不过，非常遗憾的是，《宋元学案》作为黄宗羲晚年的未完成作品，曾经过黄百家的续
修，全祖望的增补，方成一部完整巨著，但是不仅一直未能刊刻，而且长期没能进入清
代学人的视野，连《四库全书总目提要》也完全没有提到它。直到道光十八年（1838）
首刊，却毁于鸦片战争，光绪五年（1879）才再次成功翻刻出版。黄百家的科学眼光和
真知灼见湮没无闻了 170 多年。

（三）黄百家对天主教的认知

黄百家与西教士交往颇多，并且在当时的西学传播中心北京停留多年，按理他对传
教士的宗教使命及天主教学说不会没有感想，然而就笔者所见黄百家著述中，他几乎只

1　［清］黄百家：《黄竹农家耳逆草·天旋篇》，中国国家图书馆藏清康熙刻本。
2　［清］黄宗羲原著，全祖望补修：《宋元学案》卷十七，中华书局 1986 年版，第 675 页。
3　关于托勒密、哥白尼、第谷天文学在中国的传播，参见江晓原：《明末来华耶稣会士所介绍之托勒密天文学》，《自然科学史研
　　究》1989 年第 4 期；《〈崇祯历书〉的前前后后（上）》，《中国典籍与文化》1996 年第 4 期；《第谷（Tycho）天文体系的先进性
　　问题——三方面的考察及有关讨论》，《自然辩证法通讯》1989 年第 1 期；《论耶稣会士没有阻挠哥白尼学说在华传播——西方天
　　文学早期在华传播之再评价》，《学术月刊》2004 年第 12 期。

字未提。唯有《宋元学案·晦翁学案上》有一则"百家案语"中谈及西方灵魂学说："泰西人分人物三等：人为万物之首，有灵魂；动物能食色，有觉魂；草木无知，有生魂。颇谛当。"[1] 这是笔者检得的唯——条可算涉及天主教学说的史料。黄百家所言源自明末从利玛窦《天主实义》到毕方济《灵言蠡勺》等天主教教理书中所宣扬的西方"亚尼玛之学"，即灵魂学说。该学说把世界之魂分为三种：生魂，即草木之魂；觉魂，即禽兽之魂；灵魂，即人魂。并且认为三者有高低之分，其中唯有灵魂能够独立存在。因此"灵魂"说成为利、毕等西教士宣扬灵魂不灭论的宗教理论基础。问题在于，虽然黄百家确实表示西方灵魂说"颇谛当"，但要由此推论他已经接受了天主教的"灵魂不灭"论，理由尚不充分。退而论之，即使黄百家内心对天主教神学有一定的认知度，但至少也让人觉得他是浅尝辄止或多有顾忌。

三、万斯同对西学的评价和取舍

作为清代中叶浙东学派的传人，万斯同虽然没有像黄氏父子那样深入地接触过西人、西学，但当时西学之风正处于由鼎盛走向衰落之际，加之他长期在北京参与修纂《明史稿》，作为黄学门人，不可避免地要接触和正视西学。

万斯同（1638—1702），字季野，号石园，浙江鄞县（今宁波市海曙区）人。他从小拜师著名学者黄宗羲，擅长经史之学。康熙十八年（1679），清朝特设博学鸿词科延揽天下人才，又重开明史馆。当年，万斯同即应明史馆总裁徐元文的多次征召入京。遵黄宗羲嘱咐，他进京后寓居于徐元文家，不署衔，不受俸，以布衣身份参与修史，直至康熙四十一年（1702）卒于北京。其间除了几次短暂南归，他在北京参与《明史》编撰的时间逾 20 年。他与张岱、谈迁、查继佐合称为"浙东四大史家"。

（一）万斯同与西学的接触

万斯同在京修史期间，正值清初西学东渐的高潮期，而且当时的北京无疑是全国最大的学术交流中心，同时也是西学流播中心，包括明史馆馆员在内的大批清初士人都与西士、西学有过接触，趋尚西学之风正盛。万斯同长期置身其间，无论交友还是治学过程中，对西学必然有所瞩目，何况他作为深具中国传统文化修养的学者，更不可能对充满异质文化气息的西来之学熟视无睹。

今从万斯同《明史稿》"历志"和"方技传"、《石园文集》卷七《送梅定九南还序》、《新乐府》卷下《欧罗巴》诗等文献中[2]，可以确知万斯同研读过汤若望修订的《西

---

1 ［清］黄宗羲原著，全祖望补修：《宋元学案》卷四八，中华书局 1986 年版，第 1521 页。
2 笔者所见万斯同《明史稿》，藏于国家图书馆善本部，《石园文集》系民国《四明丛书》本，《新乐府》系《又满楼丛书》1925 年刊本。亦分别收于方祖猷主编：《万斯同全集》第 6—8 册，宁波出版社 2013 年版。

洋新法历书》、梅文鼎编著的《中西算学通》《历学疑问》以及明末入华西士之先驱利玛窦等人编译的西学书籍。

值得指出的是，万斯同对西学的反应，明显受到黄氏父子及其在京结识的挚友刘献廷和梅文鼎的影响。[1] 万斯同《明史稿》卷二七至卷三一收录的《明史·历志》稿，即凝聚了黄氏父子的心血。需要说明的是，经笔者把黄百家《明史·历志》稿二卷与万斯同《明史·历志》稿卷二七、卷二八仔细比对，发现二者并非完全相同，而是略有增删。除了互有几处衍字或脱漏之外，还有几处文句上的歧异则足以影响文意。如黄百家《明史·历志》稿卷二有一句"天经言历法告成，请赐改正颁行一代之大典，总名新法书为《崇祯历书》"，此句不见于万氏《明史·历志》稿。又如同卷黄稿"其后西洋则有亚而封所、哥白泥、麻日诺、未叶大、第谷辈更加密焉"一句，万稿在此句前多出一句"而西洋多禄某更为穷测详推"。笔者推测，这种现象是否可以理解为万斯同在汇编《明史·历志》稿时曾对黄氏《明史·历志》稿略做修订？不过，黄氏《明史·历志》稿中对明末西学东渐及其主要媒介利玛窦等"大西洋人"的褒评，几乎全部被万斯同接纳，而且在万氏《明史·历志》稿抄本卷三九七"方技传"中列入了"利玛窦传"，这更能进一步说明他对明末以来的西学东渐是关注和了解的。

（二）万斯同对西学的评价

万斯同对西方科学也有明确的评价。万氏对传教士输入西洋科学的总体印象是"善天文历数，诸技艺皆巧绝"，用他自己的诗句来形容就是："欸然慕义来中华，历学精微诚可嘉。惊人奇技尤巧绝，鲁输马均曷足夸。"[2] 当然，他最为关注的也是西洋天文历法。他对造成明代历法疏误的原因有过深刻的揭示：其一是用非其人，"通晓其学者，往往不见用"；其二是专门委任的历法官，"死守一郭守敬之法而不知变"。因此，他非常赞成明末崇祯年间用西法改历与清初正式采行西洋新法之举。他在一篇送别友人梅文鼎的序文中明确表达了他的观点："迨西法既入，其说实可补中国所未及。崇祯初，尝设官置局，博征天下通晓历法者，与相辨析，于是西人所著即名《崇祯历法》，而以元年戊辰为历元，其书实可施用。今世所行《西洋新法历书》，即《崇祯历书》也，但易其名而未始易其说。"[3]

（三）万斯同对天主教的排斥

万斯同排斥天主教之论，主要见于上文引征过的《欧罗巴》诗中。他指出，利玛窦

1　参见徐海松：《清初士人与西学》第五章第二节，东方出版社 2000 年版。

2　［清］万斯同：《新乐府》卷下"欧罗巴"，赵诒琛汇编《又满楼丛书》1925 年刊本。另见方祖猷主编：《万斯同全集》第 8 册，宁波出版社 2013 年版，第 437 页。

3　［清］万斯同：《石园文集》卷七《送梅定九南还序》，张寿镛辑：《四明丛书》第 14 册，广陵书社 2006 年版，第 8439 页。另见方祖猷主编：《万斯同全集》第 8 册，宁波出版社 2013 年版，第 266 页。

等人"所设天主教怪妄特甚。其徒相继而来，几延蔓于中国，中国人多惑其教者"。他对天主教在华流播的后果深表忧虑，写道："萌芽今日已渐长，他日安知非祸胎。"因而他不仅驳斥了利玛窦等传教士们宣扬的"天儒合一""以天补儒"之论，并且提出了非常激进的排教主张："诗书文物我自优，何烦邪说补其欠。会须驱斥使崩奔，一清诸夏廓邪氛。火其书兮毁其室，永绝千秋祸乱根。"

（四）万斯同对"西学中源"说的推崇

万斯同则是梅文鼎"西学中源"论的最早推崇者。万氏早在 1693 年前就已经读到了梅氏阐论"西学中源"的名著《历学疑问》（即万氏所称《历学辨疑》），且看他对梅氏之论的赞赏："梅子既贯通旧法，而又兼精乎西学，故其所著《历学辨疑》，旁通曲畅，会两家之异同，而一一究其指归。乃知西人所矜为新说者，要皆旧法所固有，而西学所独得者，实可补旧法之疏略。此书出，而两家纷纭之辨可息，其有功于历学甚大。"[1] 需要指出的是，尽管梅文鼎是清初倡论"西学中源"说最有影响力的集大成者，然而以万斯同当时在京都学术界的声望（1693 年后，万氏仍在明史馆），他对梅氏"西学中源"说的积极响应，无疑对此说的广泛流播起了推动作用。

四、全祖望的西学观

全祖望（1705—1755），字绍衣，号谢山、鲒埼亭长，作为清代中叶浙东学派的代表人物，他的学术地位早就为乾嘉学术大家阮元称道："经学、史才、词科，三者得一足以传，而鄞县全谢山先生兼之。"[2] 20 世纪初清学史名家梁启超在着力表彰全祖望经史之学的成就和影响时[3]，已开始涉及全祖望对西学的反应[4]。而比梁氏更早评述全祖望西学观的学者是陈垣，他对全祖望关于基督教在华传播的评价不以为然。[5] 方豪也因全祖望收藏西洋日晷并撰《明司天汤若望日晷歌》而将其列为明清间与入华西人有接触的士大夫代表之一。[6]

1　[清]万斯同：《石园文集》卷七《送梅定九南还序》，张寿镛辑：《四明丛书》第 14 册，广陵书社 2006 年版，第 8439 页。另见方祖猷主编：《万斯同全集》第 8 册，宁波出版社 2013 年版，第 266 页。

2　[清]阮元：《全谢山先生经史问答序》，《揅经室集》，中华书局 1993 年版，第 544 页。

3　梁启超论全祖望学术主要见其《清代学术概论》《中国近三百年学术史》，具体内容可据梁启超著，朱维铮校注《梁启超论清学史二种》附录"人名索引·全祖望"所列页码检索（漏记第 200 页），复旦大学出版社 1985 年版。

4　梁启超《清代学术概论·六》曰"〔黄宗羲〕又好治天算，著书八种，全祖望谓'梅文鼎本《周髀》言天文，世惊为不传之秘，而不知宗羲实开之'"，在《中国近三百年学术史·十六》又称"因治西算而印证以古籍，知吾国亦有固有之算学，因极力提倡以求学问之独立，黄梨洲首倡此论"，可见梁氏认为全氏概述并认同黄宗羲的西学观。

5　陈垣：《从教外典籍见明末清初之天主教》第四、十一节，原刊《国立北平图书馆刊》1934 年第 8 卷第 2 号，今收入《陈垣学术论文集》第一集，中华书局 1980 年版。

6　方豪：《拉丁文传入中国考》，《方豪六十自定稿》上册，台湾学生书局 1969 年版，第 9 页。

（一）全祖望对黄宗羲西学观的继承

全祖望作为黄宗羲的私淑弟子，其贡献之一是对黄宗羲的学术成就和学术思想做了整理、总结和表彰。黄宗羲与西学的接触和成就已见前述，因而全祖望在整理黄宗羲学术遗产的过程中，对梨洲之学中的西学渊源了如指掌，而为了表彰和传承梨洲之学，自然会涉及黄宗羲的西学观。

如全祖望撰写的《梨洲先生神道碑文》，全面评述了黄宗羲一生的学术和思想，尤其详列了梨洲所撰《西历假如》《勾股图说》《测圜要义》等中西历算著作，且评述道："其后梅征君文鼎本《周髀》言历，世惊以为不传之秘，而不知公实开之。"[1] 在全祖望看来，清初历算大家梅文鼎所作西方历算源于中国古代《周髀算经》之论，世间以为是揭秘之创见，其实黄宗羲早就开始探索研究了。

全祖望还接受了汤若望赠送给黄宗羲的日晷，并作诗《明司天汤若望日晷歌》记其事，诗名下自注"得之南雷黄氏"。全诗如下：

> 测天量日真古学，九章五曹远可寻；姬公商高志成法，坠绪茫茫胡陆沉？
> 自从鲜于洛下后，累朝聚讼成商参；春秋三十六日食，卫朴沈括谬扰挦。
> 岂期礼失求之野，欧罗巴洲有遗音。明初兼采三历说，疏通早已开蹄涔。
> 吾闻五洲之说颇荒诞，芊区瓜畴界莫侵。亚细亚洲居第一，神州赤县细弗任。
> 渊原将无出邹衍，存而不论戒狂淫。何物耶稣老教长，西行夸大传天心。
> 观光厥有大里利，庞熊毕艾龙邓俱同岑，九万里余来上国，星官角艺俯首空沉吟。
> 泰西绝学乃骤贵，直上灵台冈不钦。就中大臣徐与李，心醉谓足空古今。
> 司天大监汤瓯使，日晷精妙泯嵯嵾。想当制器尚象时，不传秘术宝南金。
> 天子临轩百僚集，敬授特敕夸思深。为忆利生初庋止，一枝托迹拟微禽。
> 香山旅舍听夜雨，北平墓树泣秋霖。如何所学顿昌大，不胫而走且骎骎。
> 谁识周髀旧经在，蛛丝马线待神针。汶阳之田本吾土，广陵之散非亡琴。
> 坐教唐子纂大宗，重黎有知定弗歆。峨峨南雷子黄子，九流兼综振百瘖。
> 古松流水算籁籁，乃悟北鲊即南鳈。可惜唐邢诸先辈，扶中抑西力不禁。
> 容圆测圆割圆历历在，底须三角八线矩度别自昇釜鬵。
> 贯穿微言得缘起，有如皎日出层阴。吴王梅氏嗣之出，廓清之功良有壬。
> 始知中原才不乏，爝火终必归照临。昨过南雷搜故物，片石瞥见委书林。

---

[1] ［清］全祖望：《梨洲先生神道碑文》，吴光主编：《黄宗羲全集》第 22 册，浙江古籍出版社 2012 年版，第 10 页。

　　二十八宿扪可拾，四游九道昭森森。大荒有此亦奇儿，摩挲置我堂之襟。[1]

　　全祖望的《明司天汤若望日晷歌》可谓全面概述了中国天文历算之学的发展历程，尤其是对明末清初中西天文历算学的交流发展成就做了形象艺术的概括，从中透露了全氏对西人、西教和西学的立场与态度。其中有以下几点较为鲜明，值得关注：

　　其一，中国天文历算之学有悠久的历史传统，只是暂时失传了，但遗珠保留在欧洲。谢山历数从姬公、商高、鲜于、洛下（落下闳）到卫朴、沈括的中国古代天文历算之学兴衰历程，指出："岂期礼失求之野，欧罗巴洲有遗音。明初兼采三历说，疏通早已开蹄涔。"意指中国传统历算之学衰落失传，但在欧洲却保留了中国的传统之学，我们可以通过民间重新找回，明朝初年兼采三种历法就是开端。这实际上仍然是抱着对传统中学的盲目自信的心态。

　　其二，天文历算科技，自明末入华欧洲传教士输入，号称"泰西绝学"，在汤若望与徐光启、李之藻等中西士臣的努力下得以复兴，在测量仪器制造方面成绩突出，一时传播兴盛，但却不知道所谓的"泰西绝学"其实是本源于《周髀算经》。再从"泰西绝学乃骤贵，直上灵台罔不钦。就中大臣徐与李，心醉谓足空古今"这几句来体会，全氏在语句间似乎含有影射徐光启、李之藻过于沉醉西学之意，但他仍然接受了西洋历学之精的事实。诗中所言"何物耶稣老教长，西行夸大传天心。观光厥有大里利，庞熊毕艾龙邓俱同岑。九万里余来上国，星官角艺俯首空沉吟"全面透露了谢山心目中的西士和西学："耶稣"指天主教；"大里利"指利玛窦，因利氏为意大利人；"庞熊毕艾龙邓"则分别指明末入华的耶稣会士庞迪我、熊三拔、毕方济、艾儒略、龙华民、邓玉函。这批传教士乃是明末来华传播西学的中坚力量，但用语口气上，明显带有讽贬西教、西士及西方文明之意味。而"观光""上国"与"吾闻五洲之说颇荒诞，芊区瓜畴界莫侵"这些语句，则明显带有传统"夷夏之辨"和居高临下的民族优越感。

　　其三，肯定其师和本土科学家为复兴天文历算之学所付出的心血，表彰他们在融汇古今中西之学、复兴传统历学、揭示"西学中源"方面取得的成就，同时感慨中国不乏科技人才，坚信能够重振绝学"爝火之光"。这里全祖望所说黄宗羲的"九流兼综"，邢云路等的"扶中抑西"均指他们的天文历算著作；而王锡阐和梅文鼎的"廓清之功"，显然是指王锡阐著《晓庵新法》、梅文鼎撰《历学疑问》等著作中，既有容圆、测圆、割圆等传统中学术语，又用三角、八线、矩度等西学名词，即指王、梅两人在会通中西历算之学中，大力阐论西学源于中学。[2]

1　［清］全祖望著，朱铸禹汇校集注：《全祖望集汇校集注》下册，上海古籍出版社 2000 年版，第 2061—2062 页。

2　详见徐海松：《清初士人与西学》第八章，东方出版社 2000 年版。

其四，描述汤若望制作日晷之精美。谢山在诗中注明所得日晷系汤若望赠送黄宗羲，前述已考证黄宗羲在京时间与汤若望所赠日晷铭刻的日期完全相吻合，几经辗转，民国初年日晷为近代著名金石学家罗振玉收藏，并有日晷之拓片附录其所著《金泥石屑·附说》传世。但此后，学界曾一度不知日晷下落。可幸，汤若望自制的另一台日晷被收藏在故宫博物院里。

据记载，汤若望曾于1642年（崇祯十五年）和1644年（顺治元年）制作两台新法地平日晷，而送给黄宗羲的即为第一台。从罗振玉的拓片上看，日晷上部刻有"新法地平日晷"六字，右侧有"崇祯十五年岁次壬午日躔东井吉旦"，左侧刻"修政历法远西汤若望创制"。日晷上的刻度所用计时名称，是中国传统的干支计时法，并有二十四节气，但属于新式西洋日晷，并非中国传统的赤道式日晷。汤若望之所以在日晷上铭刻中国传统干支纪年，显然是为了迎合中国士人学者的习惯，可见其践行适应、合儒传教策略之用心。

（二）全祖望对西学的取舍和"西学中窃"说

表明全祖望与西学交往的另外两首有文献价值的诗歌：一为《二西诗》之"欧罗巴"，二为《观天》。全祖望《二西诗》之"二西"，一曰乌斯藏，一曰欧罗巴。前者是指明朝对西藏的称呼，泛指古代西域；后者乃明朝所称的西洋，主要指欧洲，代指西方天主教。其《二西诗》"欧罗巴"云：

> 五洲海外无稽语，奇技今为上国收。
>
> 别抱心情图狡逞，妄将教术酿横流。
>
> 天官浪诩庞熊历，地险深贻闽粤忧。
>
> 凤有哲人陈曲突，诸公幸早杜阴谋。[1]

谢山此诗透露出的西学观，明显呈现对西洋科技和宗教的取舍态度，但从"奇技今为上国收""天官浪诩庞熊历"两句来看，他对输入的西方科技仍抱有警惕、忧虑的态度，实乃天朝上国保守心态的体现。而他对西洋天主教的排斥态度也非常鲜明。他明确警告传教士传播的那套宗教"教术"有"图狡逞""酿横流"的风险，不过好在早有"哲人"洞察其阴谋、陈述其风险了，早已做好了曲突徙薪和防微杜渐的准备。

谢山《观天》诗透露的西学观，其思想理路与上述《明司天汤若望日晷歌》类似，只是更加鲜明地表达出"中学西窃"和"西学中源"的思想。节选其诗部分曰：

1　［清］全祖望著，朱铸禹汇校集注：《全祖望集汇校集注》下册，上海古籍出版社2000年版，第2253—2254页。

《周髀》《宣夜》，自古纷然。周公不作，商高失传。遂令历象，仍世谬悠。

上国乏材，求之海外。蠡镜侨夷，自称津逮。高坐灵台，五官下拜。

间有学者，思综中西。所见则是，其力莫几。三历同异，孰窥藩篱？

哲后曰：吁！朕足了之。周商之学，西人窃剿之。假而不返，莫探讨之。

"爰持玑衡，筹算舂容。测圆割圆，以次折衷。二十八宿，扣于朕胸"

则有布衣，召对宣室。所见与天同，奏其著述。益喜不孤，重黎叹绝。

布衣之老，谁受遗书？有孙茫然，哲后为"吁"。"朕其授汝"，即侍石渠。[1]

谢山在《观天》诗中所表达的西学思想，主要体现在两大方面：

一则表达《周髀》《宣夜》等传统天文历算之学后继失传，流失海外，其中的西学实际上是私下剽窃中学所得，而且西学"假而不返"，假借中学之后又故意不做说明，让后人无法探讨西学的真正源头。这就是清中前期一度流行的"中学西窃"说。

联系上述《明司天汤若望日晷歌》来看，全祖望直接师承了黄宗羲的"中学西窃"论，且将其师推崇为"西学中源"说的首倡者，置于王锡阐、梅文鼎等名家之上。既然西学源于中学，那么为何还要引进西学？全祖望采纳了在清初士人中颇为流行的一种解释："岂期礼失求之野，欧罗巴洲有遗音。"

二则《观天》诗中"则有布衣，召对宣室。所见与天同，奏其著述。益喜不孤，重黎叹绝"几句，是谢山以史家笔法，叙述康熙帝和民间布衣学者梅文鼎君民互动，共同探讨中西历算学之盛事，以进一步表达其"西学中源"的思想。史载，康熙年间，为投皇上所好，梅文鼎于1702年将力倡"西历中源"说的《历学疑问》经李光地进呈康熙御览，得到康熙赏识，后于1705年获得三次召见，并得康熙亲赐"绩学参微"四字褒奖。其后康熙《御制三角形推算法论》一文也明确提出"西历""原出自中国"之说，形成君民唱和，共同宣扬"西学中源"论的盛况。[2] 但谢山担忧梅文鼎后继无人，"布衣之老，谁受遗书？有孙茫然"，实指梅文鼎之孙、吏部侍郎梅瑴成，虽然也被圣祖康熙召入南书房，却未谙其祖文鼎之学。谢山《观天》诗表达的忧虑，也正反映了他所处的雍、乾时代，因罗马教廷与清朝关系恶化，各地禁教严厉，而"节取技能，禁传学术"的思想开始主导官方和学界，从而导致中西交流日益衰落的状况。

1　［清］全祖望著，朱铸禹汇校集注：《全祖望集汇校集注》上册，上海古籍出版社2000年版，第44—45页。
2　详见徐海松：《清初士人与西学》第八章第三节"1.梅文鼎的'西学中源'论"，东方出版社2000年版。

五、章学诚对西学的态度和评述

学术界对浙东学派之殿军章学诚的研究由来已久，然而关于他究竟有没有关注过西学，仅就笔者所见，限于史料而迄今仍少有人论及。尽管笔者搜集到的相关资料可谓凤毛麟角，但至少可以证明章学诚对西学是有反应的。

笔者检得的一则史料是章学诚为梅文鼎的受业弟子刘湘煃所作的传记，它收录于《章氏遗书·湖北通志检存稿三》[1]。关于刘湘煃的事迹，过去人们仅有的依据是阮元《畴人传》的一篇传记[2]。刘湘煃，字允恭，湖北江夏人，因为仰慕梅文鼎以历算知名当世，不惜变卖家产，远走千余里，从湖北来到安徽受业于梅氏门下，成为梅文鼎的得意弟子。他后来因帮助梅文鼎完善了代表作《历学疑问补》以及关于内行星的几何模型而受到梅氏赏识。

经笔者比对，两个刘湘煃传（以下简称"章传"与"阮传"）的异同，除了刘氏字号章传称"元恭"、阮传为"允恭"之外，主要有以下几点区别：从写作时间上看，章氏修《湖北通志》在乾隆五十八年（1793），而《畴人传》刊于嘉庆四年（1799），显然章传要早于阮传；从内容上看，章传的篇幅大约是阮传的六倍，其中部分叙事情节甚至用词上有重叠，但阮传的所有内容不出章传之外；从材料来源看，阮传注明是《识学录》（此书待考），而章传的依据之一是刘湘煃书目中一篇未署名的小传，然"其文皆简略，不足以传其人"。由此可见，阮传是否参考过章传尚无充足的证据，但笔者对比二传的意义在于可以确认章传的文献价值要高于阮传。

章传全面评述了刘湘煃的学术成就，主要包括他在天文历算、舆地、河漕、食货、兵农等经世要务方面的著述和事迹。传中对刘氏有代表性的十多部著作做了述评，天文历算方面如《订补〈历学疑问〉》三卷、《五星法象编》五卷、《推日食算稿》一卷、《恒星经纬表根》一卷等，章氏的评语是"皆以补新法历书之所未备"；地理方面如《〈读史方舆记要〉订》三十卷、《建置沿革图考》一卷等；农学方面则对徐光启《农政全书》、王祯《农书》等三部农书做过合订，"为书三卷"。章传指出"湘煃著书甚富，自编其目为六十余种"，然而大多"仅存遗目"。在所列刘著存目中，可以检出几种涉及西学的书目：《论历象之学学者所宜深讨》一篇、《论历学古疏今密》二篇、《六书世臣说》一卷（自注讨论王锡阐《历法》、薛凤祚《天学会通》、梅文鼎《历算丛书》等六部名作）、《〈奇器图说〉订》六卷。

显而易见，章学诚为了写作刘湘煃传，对于刘氏著作中的西学内容势必认真研读。例如他将刘氏《五星法象编》的学术价值评为"以明造表之法，以正历书之误，以补五

1　[清] 章学诚：《章学诚遗书》，文物出版社 1985 年版，第 279—281 页。
2　[清] 阮元：《畴人传》卷四十，商务印书馆 1935 年版，第 506—507 页。

356

星之法原", 并指出"文鼎深契其说, 笔为之赞, 摘其要语, 自为《五星纪要》。今刻于梅氏《历算丛书》"。又如章氏指出刘著《推日食算稿》是"依时宪法", 而《恒星经纬表根》是"用弧三角法"而作;《建置沿革图考》则是"规法皇舆全览之图, 如其经纬, 缩于尺幅, ……分色别注古名于今界上, 楮墨无多, 而观者便之"。此外, 章传在论及徐光启《农政全书》时, 称该书"详细典雅, 然须大有力者而始可为", 可知章学诚对明末吸纳西学大家徐光启的著作必有所涉猎。当然, 更值得我们关注的是, 章学诚对明末清初西学东渐所持的态度。

章学诚对西方科学的评价, 因其置身于乾嘉时代的政治和学术氛围, 而显得有所隐晦。然而, 从他所作的刘湘煃传中, 仍可窥视其对西方科学的态度。章学诚对传主刘湘煃继梅文鼎之志, 借西方科学以重振我国传统科技"绝学"所取得的学术成就大加彰扬, 其中特别提到刘氏在吸收西洋天文历法与地理学知识方面所做的贡献。如利用"时宪法""弧三角法"等著书立说, "以补新法历书之所未备";仿照由西洋传教士测绘的《皇舆全览图》之经纬法, 撰写《建置沿革图考》等。传文中, 章学诚称赞刘氏"学术精粹", 并表明他的写作动机即是对刘氏的"绝学孤诣"有意"为之恢张表襮"。鉴于此, 章学诚对明末清初西方科学之入传及中国学者对它的吸收和借鉴, 持肯定和赞赏的态度已无可置疑。

章学诚虽然没有提及"西学中源"说, 但他竭力表彰的刘湘煃正是梅文鼎的高足。据章氏在传文中所述, 梅文鼎对这位弟子的评价是"刘生好学精进, 启予不逮", 曾经把他论证"西学中源"说的名著《历学疑问》"属之讨论, 湘煃为之著订补三卷"。今见梅氏《历算丛书》中之《历学疑问补》仅为二卷, 是否源于湘煃订补之三卷本待考, 但至少可以认定刘湘煃师承了梅文鼎的"西学中源"论。而章学诚又特别摘录了刘氏阐论"西学中源"说的一个例证:"至元郭守敬出, 而五星始有推步经度之法。而纬度则犹未备。至于西法, 旧亦未有纬度, 至地谷而后始有推步五星纬表, 然亦在守敬后矣。"[1] 我们且不说从科学上考察中西两位天文学家郭守敬与地谷(即第谷)谁优谁劣, 但仅从刘氏将地谷之西法置于郭守敬之后可见, 其"崇中抑西"的思想倾向与"西学中源"论是非常合拍的。章学诚至少间接地受到过"西学中源"论的影响。

六、清代浙东学术风格中的西学因素

关于清代浙东学派的学术渊源及其学术特点, 前人多有论述。学者们认为浙东学派大致有三个基本特点:其一是具有经世致用的学术传统;其二是具有反对封建专制的启

---

1 [清]章学诚:《章学诚遗书》, 文物出版社 1985 年版, 第 280 页。

蒙色彩；其三是具有擅长史学的特点。那么，在促使浙东学派形成这些学术特点的诸多因素中，有多少来自西学东渐的影响？尽管关于浙东学术风格中的西学因素，客观上是一个难以界定的问题，但从历史学的角度，笔者所能做到的是尽可能揭示一些相关的证据，并由此做出一些合理的推论。

（一）经世致用学风与"绝学"思想

明末清初的学术思想界涌动着一股实学思潮，它以"崇实黜虚"和"经世致用"为其学术宗旨。以黄宗羲为代表的浙东学派是倡导这种学术思潮的中坚和骨干，而经世致用正是该学派自成一体、一以贯之的传统学风。巧合的是明清之际的实学思潮与西学东渐交汇于同一时空。大量史实证明，实学思潮与西学之风有其内在的联系。[1] 就清代浙东学派而言，其经世致用思想中包含西学因素的一个明证，即是从黄宗羲到章学诚一直积极倡导的"绝学"思想。所谓"绝学"，原意指中断失传之学，而明清士人往往将湮没不闻的中国传统学术如历学、算术等称作"绝学"。

黄宗羲是一位非常重视躬身践履和学以致用的学术思想家。他不仅在自己的学术研究中贯彻其治学宗尚，而且常以经世实学思想来教导他的弟子。如他在海昌讲学期间，曾告诫学生"各人自用得着的，方是学问"。在教导得意门生陈䚟时，更是提出了把数学研究作为经世实学的重要思想："句三股四弦五，此大较也，古来巨公大儒从事于实学者，多究心焉，可弗讲乎？"[2] 而陈䚟接受师训，传承业师的历算之学，完成了两部融合中西算法的专著《勾股述》和《勾股引蒙》。其中黄宗羲在《勾股述》序言中，特别赞扬陈䚟敢于迎接西学的挑战，其研究成果具有复兴民族科学而"使西人归我汶阳之田"之功。不难看出，黄宗羲以数学为经世实学的思想包含了西学的成分。而他在《明夷待访录》中阐述的"绝学"思想，则更是接受西学影响的明证："绝学者，如历算、乐律、测望、占候、火器、水利之类是也。郡县上之于朝，政府考其果有发明，使之待诏。否则罢归。"[3] 在此，黄宗羲把"绝学"作为未来理想社会中开展文教工作必需的文化知识，并且作为国家选拔人才的考核指标。从他列举的"绝学"内容来看，无论其知识内涵还是价值取向，显然都已经超越了传统旧学的范畴。这无疑是接受西学影响的结果。黄宗羲本人还身体力行，将他的学术研究领域扩展到除天文历算以外的地理、物理、生物等多种实用科学[4]，如他自己所述："予注律吕、象数、周髀、历算、勾股、开方、地理之学，颇得前人所未发。"[5]

万斯同与全祖望也都明确表达了他们的经世致用思想。万氏说："至若经世之学，

---

1 参见徐海松：《清初士人与西学》第一章第三节，东方出版社 2000 年版。
2 ［清］阮元：《畴人传》卷四一"陈䚟"，商务印书馆 1935 年版，第 513 页。
3 ［清］黄宗羲：《明夷待访录·取士下》，吴光主编：《黄宗羲全集》第 1 册，浙江古籍出版社 2012 年版，第 17 页。
4 参见杨小明：《黄宗羲的科学研究》，《中国科技史料》1997 年第 4 期。
5 ［清］黄宗羲：《亡儿阿寿圹志》，吴光主编：《黄宗羲全集》第 20 册，浙江古籍出版社 2012 年版，第 528 页。

实儒者之要务，而不可不宿为讲求者。"[1] 谢山则提倡"圣贤所重在实践，不在词说"[2]。章学诚更是黄宗羲"绝学"思想的继承者。他作刘湘煃传的宗旨就是为了表彰刘氏的"绝学孤诣，经世之业"，且自述其写作动机曰："此篇原未免有意敷张，盖以世尚辞华，而绝学孤诣，易于埋晦。故取人琴俱没，而举世无闻者，为之恢张表襮……示人弃我取之别裁焉。"如前所述，章学诚所推崇的刘氏"绝学"就是包含了西方天文历算、舆地、兵农之学的经世要务。

（二）注重实证、强调演进的史学观与西方科学思想

清代浙东学术最为突出的是其史学成就，学界对黄、万、全、章诸位的史学观已多有研究。其中注重史料和史实的考证，强调历史发展变化的演进规律，这是他们共有的史学观。而明清之际输入的西方科学，正是以观测、实验和数理逻辑推论为特点的。前述浙东学人通过日晷、望远镜、观象台和西学书籍等西学载体，真切地了解了西方科学的特点。或许有人会说，浙东学人的史学观是在传统学术演变的基础上提炼出来的，但笔者要强调当浙东学人在中西之学的比较中公开承认西学的长处时，西方科学的学术方法和鲜明特征至少会成为他们从事学术研究的一种参照或启示。因此，笔者认为以下揭示的浙东史学与西方科学在学术方法和主张方面存在某种契合，似非偶然。

黄宗羲在甬上证人书院讲学时，曾表达过他的治史宗旨："先生始谓学必原本于经术，而后不为蹈虚，必证明于史籍，而后足以应务，元元本本，可据可依。"[3] 因而他的治史方法带有鲜明的实证色彩。他的著作如《明文海》《明儒学案》等都是在收集数以千计的各种历史文献的基础上，并且在做了考辨真伪之后，历经十多年编撰而成的。他在写作《四明山志》《今水经》等历史地理学著作时，也是做了考求古迹、辨正文献甚至实地考察等工作。

万斯同接受其师注重实证的史学观，在《明史》的编撰中得到了充分的体现。而他主张历史是在发展变化的、学术是在不断演进的史学观，则与西学东渐的影响不无关系。他在谈到历代法制制度的演变时指出："夫物极而则必变，吾子试观今日之法治，其可久而不变耶？"[4] 而在谈到中国天文历法的沿革时，他特别强调了"变"的重要。他指责明代历法官员"死守一郭守敬之法而不知变"，并指出："夫守敬之法非不善，然在当时已不能无少误，乃历三百年之久，犹且坚执其死法，其于历果能无误耶？……迨西

1　［清］万斯同：《石园文集》卷七《与从子贞一书》，张寿镛辑：《四明丛书》第14册，广陵书社2006年版，第8433页。又见方祖猷主编：《万斯同全集》第8册，宁波出版社2013年版，第260页。

2　［清］全祖望：《鲒埼亭集外编》卷十六《杜洲六先生书院记》，《四部丛刊初编·集部》第294册，上海书店出版社1989年版，第23—24页。

3　［清］全祖望：《鲒埼亭集外编》卷十六《甬上证人书院记》，《四部丛刊初编·集部》第294册，上海书店出版社1989年版，第23—24页。

4　［清］万斯同：《石园文集》卷七《与从子贞一书》，张寿镛辑：《四明丛书》第14册，广陵书社2006年版，第8433页。又见方祖猷主编：《万斯同全集》第8册，宁波出版社2013年版，第260页。

法既入，其说实可补中国所未及。"[1] 在此，万斯同的演进史观已经成为他支持引用西洋历法以改订旧历的指导思想。

被梁启超誉为浙东"第三位史学大师"与"历史哲学家"的全祖望和章学诚，继承并发展了先师们的史学观。谢山强调治史应该"推原其故"，"反复考定而后得之"。[2] 章氏提出了"辨章学术、考镜源流"的治学思想，主张通过分门别类、厘清著录，来揭示每一种学问的渊源与流变，从而对一种学术潮流或学派之得失做出客观的评价。当然，单单从全、章二人的史学观很难看出他们是否接受了西方科学的影响。但是，从浙东史学的源流上，从全、章二人史学观的师承上，至少可以指出他们熟练运用的实证方法与进化史观，曾经受到过西学东渐的刺激和影响。

（三）早期民主启蒙思想与西学东渐

清代浙东学派的开创者黄宗羲，在批判封建君主专制、构建理想社会蓝图时提出的一些主张，被学术界认为是具有启蒙意义的初步民主思想。其中最为著名的一个论点是"公非是于学校"。此论原出于黄宗羲的《明夷待访录·学校》。他说："天子之所是，未必是，天子之所非，未必非。天子亦遂不敢自为非是，而公非是于学校。"有学者认为这是近代议会政治的雏形，有的则认为这是一种主张以学术指导政治的民主思想。[3] 我们在此关注的是黄宗羲的这种思想有无西学的渊源。

笔者认为，这一段话的核心是强调判断是非曲直的标准不是君主而是学问和知识。在黄宗羲眼里，学校是一个传授知识、研究学术和培养各类专业技术人才的机构，因此他赋予"学校"一个新的功能：决断是非的场所。尽管笔者没有找到黄宗羲直接从西书中吸取这种思想的材料，但是至少有两点可以明确：其一，黄宗羲的主张显然是亘古未有的创新之论。其二，在当时流播的西书中，确实介绍了不同于我国传统学校的欧洲式学校教育制度。如耶稣会士艾儒略的《西学凡》、《职方外纪》卷二"欧逻巴总说"。[4] 同时艾儒略介绍的欧洲学校也是一个考核学生、选拔官员的学术机构。虽然这种比照还不足以论证黄宗羲"学校"思想的西学渊源，但似乎也不能完全排除他从西书中得到启示的可能性。

综上所述，作为清代主流学派之一的浙东学派，对西学东渐所做的回应已经涉及当时入传西学的主要内容——西方科学和宗教，并且开始触及西方科学思想和方法等深层次的内容。尽管浙东学人接受的西学因素还不足以促使他们完全突破传统儒学思想的框

1　［清］万斯同：《石园文集》卷七《送梅定九南还序》，张寿镛辑：《四明丛书》第 14 册，广陵书社 2006 年版，第 8439 页。又见方祖猷主编：《万斯同全集》第 8 册，宁波出版社 2013 年版，第 266 页。

2　［清］全祖望：《经史答问》卷八《诸史问目答郭景兆》，《四部丛刊初编·集部》第 293 册，上海书店出版社 1989 年版，第 17 页。

3　张岱年：《黄梨洲与中国古代的民主思想》，吴光主编：《黄宗羲论》，浙江古籍出版社 1987 年版，第 4 页。

4　［意］艾儒略著，谢方校释：《职方外纪校释》，中华书局 1996 年版，第 69—70 页。

架，但是在他们取得的一些学术创见中无疑包含了西学的影响。这或许就是明清之际中西方文化首次直接对话的时代特征。

参考文献

一、原始文献

陈垣编:《康熙与罗马使节关系文书》,故宫博物院 1932 年版。

杜文凯编:《清代西人见闻录》,中国人民大学出版社 1985 年版。

韩琦、吴旻校注:《熙朝崇正集 熙朝定案(外三种)》,中华书局 2006 年版。

黄兴涛、王国荣编:《明清之际西学文本:50 种重要文献汇编》,中华书局 2013 年版。

汤开建汇释、校注:《利玛窦明清中文文献资料汇释》,上海古籍出版社 2017 年版。

吴相湘编:《天主教东传文献》,台湾学生书局 1965 年版。

吴相湘编:《天主教东传文献三编》,台湾学生书局 1984 年版。

吴相湘编:《天主教东传文献续编》,台湾学生书局 1966 年版。

夏瑰琦编:《圣朝破邪集》,建道神学院 1996 年版。

张西平等主编:《梵蒂冈图书馆藏明清中西文化交流史文献丛刊(第二辑)》,大象出版社 2019 年版。

张西平等主编:《梵蒂冈图书馆藏明清中西文化交流史文献丛刊(第一辑)》,大象出版社 2014 年版。

浙江省地方志编纂委员会编:《雍正朝〈浙江通志〉》,中华书局 2001 年版。

中国第一历史档案馆编:《康熙朝满文朱批奏折全译》,中国社会科学出版社 1996 年版。

中国第一历史档案馆编:《清中前期西洋天主教在华活动档案史料》,中华书局 2003 年版。

[比]钟鸣旦、[比]杜鼎克、黄一农等编:《徐家汇藏书楼明清天主教文献》,方济出版社 1996 年版。

[比]钟鸣旦、[比]杜鼎克、王仁芳等编:《徐家汇藏书楼明清天主教文献续编》,台北利氏学社 2013 年版。

[比]钟鸣旦、[比]杜鼎克主编:《耶稣会罗马档案馆明清天主教文献》,台北利氏学社 2002 年版。

[德]G. G.莱布尼茨著,[法]梅谦立、杨保筠译:《中国近事——为了照亮我们这个时代的历史》,大象出版社 2005 年版。

[法]杜赫德编,耿昇等译:《耶稣会士中国书简集:中国回忆录》,大象出版社 2005 年版。

[法]金尼阁:《西儒耳目资》,文字改革出版社 1957 年版。

[法]李明著,郭强、龙云、李伟译:《中国近事报道(1687—1692)》,大象出版社 2004 年版。

[加]郑安德编:《明末清初耶稣会思想文献汇编》,北京大学宗教研究所 2003 年版。

[美]苏尔、[美]诺尔编,沈保义、顾卫民、朱静译:《中国礼仪之争西文文献一百篇(1645—1941)》,上海古籍出版社 2001 年版。

[明]陈善等修:万历《杭州府志》,万历七年刻本。

[明]陈子龙等辑:《明经世文编》,中华书局 1962 年版。

[明]李日华:《李太仆恬致堂集》,《四库禁毁书丛刊·集部》第 64 册,北京出版社

参考文献

1998 年版。

［明］李日华:《味水轩日记》,《北京图书馆古籍珍本丛刊》第 20 册,书目文献出版社 2000 年版。

［明］李日华:《紫桃轩杂缀》,《四库全书存目丛书·子部》第 108 册,齐鲁书社 1997 年版。

［明］李之藻辑:《天学初函》,台湾学生书局 1965 年版。

［明］刘侗、［明］于奕正:《帝京景物略》,北京古籍出版社 1982 年版。

［明］刘宗周著,吴光主编:《刘宗周全集》,浙江古籍出版社 2007 年版。

［明］聂心汤修,［明］虞淳熙纂:万历《钱塘县志》,清光绪十九年武林丁氏刊本。

［明］吴本泰:《西溪梵隐志》,清光绪七年武林丁氏八千卷楼刊本。

［明］徐光启著,王重民辑校:《徐光启集》,中华书局 2014 年版。

［明］徐光启撰,石声汉校注:《农政全书校注》,上海古籍出版社 1979 年版。

［明］张岱:《西湖梦寻》,清光绪七年武林丁氏八千卷楼刊本。

［葡］曾德昭著,何高济译:《大中国志》,上海古籍出版社 1998 年版。

［葡］傅汎际译义,［明］李之藻达辞:《名理探》,生活·读书·新知三联书店 1959 年版。

［清］查继佐:《罪惟录》,浙江古籍出版社 1986 年版。

［清］查慎行:《人海记》,北京古籍出版社 1989 年版。

［清］方以智:《浮山文集前编》,《四库禁毁书丛刊·集部》第 113 册,北京出版社 1998 年版。

［清］方以智:《通雅》,影印《文津阁四库全书·子部》第 283 册,商务印书馆 2005 年版。

［清］方以智:《物理小识》,商务印书馆 1937 年版。

［清］方以智:《膝寓信笔》,［清］方昌翰编:《桐城方氏七代遗书》,光绪十四年刊本。

［清］方中通:《陪集》,康熙继声堂刻本。

［清］龚嘉儁修,李格纂:光绪《杭州府志》,台北成文出版社 1974 年版。

［清］顾炎武:《菰中随笔》,敬跻堂丛书本。

［清］顾炎武:《顾亭林诗文集》,中华书局 1983 年版。

［清］顾炎武:《顾炎武全集》,上海古籍出版社 2011 年版。

［清］顾炎武:《天下郡国利病书》,广雅书局本。

［清］顾炎武著,［清］黄汝成集释:《日知录集释》,中华书局 2020 年版。

［清］杭世骏:《道古堂集》,光绪十四年汪曾唯修本。

［清］杭世骏:《订讹类编续补》,上海书店出版社 1986 年版。

［清］黄百家、［清］黄炳垕编校:《黄氏续录》,浙江省余姚市图书馆藏清刻本(五卷本)。

［清］黄百家:《黄竹农家耳逆草》,中国国家图书馆藏康熙刻本。

［清］黄百家:《明史·历志》,中科院图书馆藏抄本。

［清］黄百家:《学箕初稿》,《四库全书存目丛书·集部》第 257 册,齐鲁书社 1997 年版。

［清］黄伯禄:《正教奉褒》,上海慈母堂 1904 年版。

［清］黄虞稷:《千顷堂书目》,影印《文津阁四库全书·史部》第 225 册,商务印书馆 2005 年版。

［清］黄虞稷撰,瞿凤起、潘景郑整理:《千顷堂书目(附索引)》,上海古籍出版社

363

2001 年版。

　　[清] 黄宗羲:《明儒学案》, 中华书局 1985 年版。

　　[清] 黄宗羲著, [清] 全祖望补修:《宋元学案》, 中华书局 1986 年版。

　　[清] 黄宗羲著, 沈善洪主编:《黄宗羲全集》, 浙江古籍出版社 1985—1994 年版。

　　[清] 黄宗羲著, 吴光主编:《黄宗羲全集》, 浙江古籍出版社 2012 年版。

　　[清] 计六奇:《明季北略》,《续修四库全书·史部》第 440 册, 上海古籍出版社 2002 年版。

　　[清] 李慈铭著, 由云龙辑:《越缦堂读书记》, 中华书局 2006 年版。

　　[清] 陆次云:《译史纪余》,《丛书集成初编》第 3264 册, 中华书局 1985 年版。

　　[清] 陆次云:《八纮译史》,《丛书集成初编》第 3263 册, 中华书局 1985 年版。

　　[清] 陆陇其:《陆清献公日记》, 道光辛丑胜溪草堂刻本。

　　[清] 陆陇其:《三鱼堂日记》,《丛书集成初编》第 2985 册, 中华书局 1985 年版。

　　[清] 陆陇其:《三鱼堂文集》, 浙江古籍出版社 2018 年版。

　　[清] 陆世仪:《桴亭先生文集》, 清代刻本。

　　[清] 陆世仪:《陆桴亭思辨录辑要》,《丛书集成初编》第 668 册, 中华书局 1985 年版。

　　[清] 陆世仪:《思辨录辑要后集》, 同治十三年刻本。

　　[清] 吕留良:《吕晚村先生文集》, 中华书局 2015 年版。

　　[清] 马如龙修, 杨鼐等纂: 康熙《杭州府志》, 康熙二十五年刻本。

　　[清] 毛奇龄:《西河合集》, 乾隆补刊本。

　　[清] 毛奇龄:《西河集》, 影印《文津阁四库全书·集部》第 441 册, 商务印书馆 2005 年版。

　　[清] 梅毂成辑:《梅氏丛书辑要》, 乾隆二十二年承学堂刊本。

　　[清] 梅文鼎:《绩学堂诗文钞》, 黄山书社 1995 年版。

　　[清] 梅文鼎:《勿庵历算书目》,《丛书集成初编》第 20 册, 中华书局 1985 年版。

　　[清] 彭孙贻:《客舍偶闻》,《丛书集成续编》第 95 册, 新文丰出版公司 1991 年版。

　　[清] 彭孙遹:《松桂堂全集》, 乾隆刊本。

　　[清] 钱曾:《述古堂书目》, 粤雅堂丛书本。

　　[清] 钱曾编:《也是园藏书目》,《丛书集成续编》第 5 册, 新文丰出版公司 1991 年版。

　　[清] 钱希言:《狯园》,《续修四库全书·子部》第 1267 册, 上海古籍出版社 2002 年版。

　　[清] 钱仪吉纂:《碑传集》, 中华书局 1993 年版。

　　[清] 全祖望:《鲒埼亭集外编》,《四部丛刊初编·集部》第 294 册, 上海书店出版社 1989 年版。

　　[清] 全祖望著, 朱铸禹汇校集注:《全祖望集汇校集注》, 上海古籍出版社 2000 年版。

　　[清] 阮元:《畴人传》, 商务印书馆 1935 年版。

　　[清] 谈迁:《北游录》, 中华书局 1960 年版。

　　[清] 万斯同:《石园文集》, 张寿镛辑:《四明丛书》第 14 册, 广陵书社 2006 年版。

　　[清] 万斯同:《新乐府》,《又满楼丛书》1925 年刊本。

　　[清] 万斯同著, 方祖猷主编:《万斯同全集》, 宁波出版社 2013 年版。

　　[清] 王宏翰:《医学原始》, 上海科学技术出版社 1989 年版。

　　[清] 王闻远:《孝慈堂书目》,《丛书集成续编》第 5 册, 新文丰出版公司 1991 年版。

　　[清] 王锡阐:《晓庵新法》,《丛书集成初编》第 1324 册, 中华书局 1985 年版。

　　[清] 王锡阐:《晓庵遗书》,《丛书集成续编》第 78 册, 新文丰出版社公司 1991 年版。

［清］王锡阐著，［清］张海珊编：《晓庵先生文集》，道光年间抄本。

［清］魏荔彤编：《梅勿庵先生历算全书》，雍正元年兼济堂刊本。

［清］魏修、裘琏等纂：康熙《钱塘县志》，《中国地方志集成·浙江府县志辑》第 5 册，上海书店出版社 2011 年版。

［清］吴光西：《陆稼书先生年谱定本》，雍正写本。

［清］徐乾学：《憺园文集》，《四库全书存目丛书·集部》第 242—243 册，齐鲁书社 1997 年版。

［清］徐乾学辑：《传是楼书目》。广东省立中山图书馆、中山大学图书馆编：《六编清代稿钞本》第 270—271 册，广东人民出版社 2014 年版。

［清］颜元：《颜元集·存学编》，中华书局 1987 年版。

［清］杨光先：《不得已》，黄山书社 2000 年版。

［清］应撝谦：《应潜斋先生集》，读我书屋抄本（复旦大学图书馆藏）。

［清］永瑢等：《四库全书总目》，中华书局 1965 年版。

［清］张伯行：《正谊堂文集（附续集）》，《丛书集成初编》第 2483—2486 册，商务印书馆 1936 年版。

［清］张履祥：《杨园先生全集》，中华书局 2002 年版。

［清］张鹏翮：《张文端公全集》，清刻本。

［清］张廷玉等：《明史》，中华书局 1974 年版。

［清］张星曜著，肖清和、王善卿编注：《天儒同异考：清初儒家基督徒张星曜文集》，橄榄出版有限公司 2015 年版。

［清］章学诚：《章学诚遗书》，文物出版社 1985 年版。

［清］赵世安修，［清］顾豹文、［清］邵远平纂：康熙《仁和县志》，康熙二十六年刻本。

［清］朱彝尊：《静志居诗话》，《续修四库全书·集部》第 1698 册，上海古籍出版社 2002 年版。

［清］朱彝尊：《静志居诗话》，人民文学出版社 1990 年版。

［清］朱彝尊：《曝书亭集》，商务印书馆 1935 年版。

［清］朱彝尊：《潜采堂书目》，《丛书集成续编》第 5 册，新文丰出版公司 1991 年版。

［西］闵明我著，何高济、吴翊楣译：《上帝许给的土地——闵明我行记和礼仪之争》，大象出版社 2009 年版。

［西］帕莱福等著，何高济译：《鞑靼征服中国史·鞑靼中国史·鞑靼战纪》，中华书局 2008 年版。

［意］艾儒略著，谢方校释：《职方外纪校释》，中华书局 1996 年版。

［意］利玛窦、［法］金尼阁著，何高济、王遵仲、李申译：《利玛窦中国札记》，中华书局 1983 年版。

［意］利玛窦著，罗渔译：《利玛窦书信集》，光启出版社、辅仁大学出版社 1986 年版。

［意］利玛窦著，文铮译：《耶稣会与天主教进入中国史》，商务印书馆 2014 年版。

［意］利玛窦著，朱维铮主编：《利玛窦中文著译集》，复旦大学出版社 2001 年版。

［意］马国贤著，李天纲译：《清廷十三年：马国贤在华回忆录》，上海古籍出版社 2004 年版。

《清代诗文集汇编》编纂委员会：《清代诗文集汇编》第 105 册，上海古籍出版社 2010 年版。

二、研究著作

陈村富主编：《宗教与文化论丛（1994）》，东方出版社1995年版。

陈垣：《陈垣学术论文集》第一集，中华书局1980年版。

崔维孝：《明清之际西班牙方济会在华传教研究（1579—1732）》，中华书局2006年版。

董少新：《葡萄牙耶稣会士何大化在中国》，社会科学文献出版社2017年版。

杜石然主编：《中国古代科学家传记》，科学出版社1993年版。

方豪：《方豪六十自定稿》，台湾学生书局1969年版。

方豪：《红楼梦西洋名物考》，浙江人民美术出版社2017年版。

方豪：《李之藻研究》，海豚出版社2016年版。

方豪：《中国天主教史人物传》，中华书局1988年版。

龚缨晏：《欧洲与杭州：相识之路》，杭州出版社2004年版。

顾卫民：《中国天主教编年史》，上海书店出版社2003年版。

顾裕禄：《中国天主教述评》，上海社会科学院出版社2005年版。

韩琦：《通天之学：耶稣会士和天文学在中国的传播》，生活·读书·新知三联书店2018年版。

侯外庐主编：《中国思想通史》，人民出版社1960年版。

黄时鉴、龚缨晏：《利玛窦世界地图研究》，上海古籍出版社2004年版。

黄时鉴：《黄时鉴文集Ⅲ·东海西海——东西文化交流史（大航海时代以来）》，中西书局2011年版。

黄一农：《两头蛇：明末清初的第一代天主教徒》，上海古籍出版社2006年版。

孔小礼：《莱布尼茨与中国文化》，首都师范大学出版社2006年版。

李天纲：《中国礼仪之争：历史·文献和意义》，上海古籍出版社1998年版。

李文潮、［德］H.波塞尔编，李文潮等译：《莱布尼茨与中国：〈中国近事〉发表300周年国际学术讨论会论文集》，科学出版社2002年版。

梁启超：《中国近三百年学术史》，中华书局2015年版。

梁启超著，朱维铮校注：《梁启超论清学史二种》，复旦大学出版社1985年版。

罗常培：《罗常培文集（第3卷）》，山东教育出版社2008年版。

罗光：《教廷与中国使节史》，光启出版社1961年版。

梅荣照主编：《明清数学史论文集》，江苏教育出版社1990年版。

孙尚扬、［比］钟鸣旦：《一八四〇年前的中国基督教》，学苑出版社2004年版。

孙尚扬：《明末天主教与儒学的互动》，宗教文化出版社2013年版。

席泽宗、吴德铎主编：《徐光启研究论文集》，学林出版社1986年版。

徐海松：《清初士人与西学》，东方出版社2000年版。

徐宗泽：《中国天主教传教史概论》，上海书店出版社2010年版。

徐宗泽编著：《明清间耶稣会士译著提要》，中华书局1989年版。

张岱年：《中国哲学大纲》，中国社会科学出版社1994年版。

张国刚：《从中西初识到礼仪之争：明清传教士与中西文化交流》，人民出版社2003年版。

张铠：《西班牙的汉学研究（1552—2016）》，中国社会科学出版社2017年版。

张西平、［意］马西尼等主编：《把中国介绍给世界：卫匡国研究》，华东师范大学出版社2012年版。

张西平、罗莹:《东亚与欧洲文化的早期相遇:东西文化交流史论》,华东师范大学出版社 2012 年版。

张西平:《传教士汉学研究》,大象出版社 2005 年版。

张西平:《欧洲早期汉学史——中西文化交流与西方汉学的兴起》,中华书局 2009 年版。

张先清:《帝国潜流:清代前期的天主教、底层秩序与生活世界》,社会科学文献出版社 2021 年版。

赵晖:《耶儒柱石:李之藻、杨廷筠传》,浙江人民出版社 2007 年版。

周萍萍:《十七、十八世纪天主教在江南的传播》,社会科学文献出版社 2007 年版。

朱维铮:《走出中世纪(增订本)》,复旦大学出版社 2007 年版。

朱维铮主编:《基督教与近代文化》,上海人民出版社 1994 年版。

卓新平、许志伟主编:《基督宗教研究(第 2 辑)》,社会科学文献出版社 2000 年版。

邹振环:《晚明汉文西学经典:编译、诠释、流传与影响》,复旦大学出版社 2011 年版。

〔比〕高华士著,赵殿红译:《清初耶稣会士鲁日满常熟账本及灵修笔记研究》,大象出版社 2007 年版。

〔比〕钟鸣旦,陈妍蓉译:《礼仪之争中的中国声音》,上海人民出版社 2021 年版。

〔比〕钟鸣旦著,香港圣神研究中心译:《杨廷筠——明末天主教儒者》,社会科学文献出版社 2002 年版。

〔德〕多米尼克·萨克森迈尔著,张旭鹏译:《在地之人的全球纠葛:朱宗元及其相互冲突的世界》,商务印书馆 2022 年版。

〔德〕魏特著,杨丙辰译:《汤若望传》,台湾商务印书馆 1960 年版。

〔法〕艾田普著,许钧、钱林森译:《中国之欧洲》,河南人民出版社 1994 年版。

〔法〕安田朴、〔法〕谢和耐等著,耿昇译:《明清间入华耶稣会士和中西文化交流》,巴蜀书社 1993 年版。

〔法〕安田朴著,耿昇译:《中国文化西传欧洲史》,商务印书馆 2000 年版。

〔法〕费赖之著,冯承钧译:《在华耶稣会士列传及书目》,中华书局 1995 年版。

〔法〕费赖之著,梅乘骐、梅乘骏译:《明清间在华耶稣会士列传(1552—1773)》,天主教上海教区光启社 1997 年版。

〔法〕高龙鞶著,周士良译:《江南传教史(第二册)》,辅仁大学出版社 2013 年版。

〔法〕高龙鞶著,周士良译:《江南传教史(第一册)》,辅仁大学出版社 2009 年版。

〔法〕裴化行著,管震湖译:《利玛窦神父传》,商务印书馆 1998 年版。

〔法〕裴化行著,萧浚华译:《天主教十六世纪在华传教志》,商务印书馆 1936 年版。

〔法〕荣振华等著,耿昇译:《16—20 世纪入华天主教传教士列传》,广西师范大学出版社 2010 年版。

〔法〕荣振华著,耿昇译:《在华耶稣会士列传及书目补编》,中华书局 1995 年版。

〔法〕维吉尔·毕诺著,耿昇译:《中国对法国哲学思想形成的影响》,商务印书馆 2000 年版。

〔法〕谢和耐著,耿昇译:《中国与基督教——中西文化的首次撞击》,商务印书馆 2013 年版。

〔法〕谢和耐著,耿昇译:《中国与基督教——中西文化的首次撞击》,上海古籍出版社 1991 年版。

〔美〕孟德卫著,陈怡译:《奇异的国度:耶稣会适应政策及汉学的起源》,大象出版社 2010 年版。

〔清〕莫友芝:《宋元旧本书经眼录》,北京图书馆出版社 2000 年版。

［日］平川祐弘著，刘岸伟、徐一平译：《利玛窦传》，光明日报出版社 1999 年版。

［意］曼斯缪·奎尼、［意］米歇尔·卡斯特诺威著，安金辉、苏卫国译：《天朝大国的景象：西方地图中的中国》，华东师范大学出版社 2015 年版。

Nicolas Standaert ed.（钟鸣旦主编）：Handbook of Christianity in China, Volume One: 635-1800（《中国基督教史研究手册·第一卷：635—1800 年》），Brill，2001（博睿出版社 2001 年版）.

三、研究论文

白尚恕：《〈测量全义〉底本问题的初探》，《科学史集刊》第 11 辑，地质出版社 1984 年版。

包兆会：《历史文化名人信仰系列之四十三：张赓》，《天风》2017 年第 7 期。

陈登：《明末王门后学与天主教的传播》，《湖南大学学报（社会科学版）》2003 年第 2 期。

陈卫平：《明清之际西学流播与中国本土思想的接应》，《南京大学学报（哲学·人文科学·社会科学版）》2009 年第 6 期。

陈卫平：《王学对明清之际西学的接应及其意义》，《贵州文史丛刊》2016 年第 1 期。

戴红宇：《论明清鼎革之际实学的特征》，《大理大学学报》2019 年第 5 期。

董少新、刘耿：《〈1618 年耶稣会中国年信〉译注并序（上）》，《国际汉学》2017 年第 4 期。

董少新：《17 世纪来华耶稣会中国年报评介》，《历史档案》2014 年第 4 期。

董少新：《明末奉教天文学家邬明著事迹钩沉》，《中华文史论丛》2012 年第 3 期。

董少新：《西文史料与中国史研究》，《中国史研究动态》2013 年第 1 期。

杜松寿：《罗马化汉语拼音的历史渊源——简介明季在西安出版的〈西儒耳目资〉》，《陕西师范大学学报（哲学社会科学版）》1979 年第 4 期。

封传兵、邓强：《〈西儒耳目资〉出版：明末中西语言文化的交流与会通》，《图书馆工作与研究》2013 年第 12 期。

戈宝权：《谈金尼阁口授、张赓笔传的伊索寓言〈况义〉——明代中译〈伊索寓言〉史话之三》，《中国比较文学》1986 年第 1 期。

戈宝权：《谈利玛窦著作中翻译介绍的伊索寓言——明代中译伊索寓言史话之一》，《中国比较文学》1984 年第 1 期。

戈宝权：《谈牛津大学所藏〈况义〉手抄本及其笔传者张赓》，《中外文学因缘——戈宝权比较文学论文集》，北京出版社 1992 年版。

戈宝权：《谈庞迪我著作中翻译介绍的伊索寓言——明代中译伊索寓言史话之二》，《中国比较文学》1985 年第 1 期。

戈宝权：《张赓——福建最早的外国文学翻译者》，《福建外语》1984 年第 1 期。

龚缨晏、陈雪军：《康熙"1692 年宽容敕令"与浙江》，《浙江社会科学》2007 年第 2 期。

龚缨晏、马琼：《关于李之藻生平事迹的新史料》，《浙江大学学报（人文社会科学版）》2008 年第 3 期。

龚缨晏：《关于康熙时期的几起天主教案子——梵蒂冈图书馆所藏相关中文文献研究》，《社会科学战线》2007 年第 3 期。

龚缨晏：《明清鼎革之际中国天主教徒朱宗元及其同伴——读〈在地之人的全球纠葛：朱

宗元及其相互冲突的世界〉有感》,《史学理论研究》2023 年第 6 期。

龚缨晏:《明清之际的浙东学人与西学》,《浙江大学学报（人文社会科学版）》2006 年第 3 期。

郭书林:《〈西儒耳目资〉异读研究》,北京语言大学硕士论文,2006 年。

韩凌:《洛克中国观的知识来源初探》,《北京行政学院学报》2018 年第 4 期。

韩琦:《康熙时代的江南天主教徒与"礼仪之争"》,《国际汉学》2021 年第 3 期。

韩琦:《南巡、传教士和外交:兼论康熙对礼仪之争和教廷特使多罗来华的反应》,澳门《文化杂志》2018 年第 102 期。

黄时鉴:《马可波罗游记与西方古地图上的杭州》,中国元史研究会、杭州文史研究会编:《马可波罗游历过的城市 QUINSAY:元代杭州研究文集》,杭州出版社 2012 年版。

黄兴涛、王国荣:《〈明清之际西学文本〉的编辑缘起和有关说明》,黄兴涛、王国荣编:《明清之际西学文本:50 种重要文献汇编》第一册,中华书局 2013 年版。

黄一农:《明末清初天主教传华史研究的回顾与展望》,《新史学》1996 年第 1 期。

计翔翔:《金尼阁携西书七千部来华说质疑》,《文史》1996 年第 41 辑。

计翔翔:《明末在华天主教士金尼阁事迹考》,《世界历史》1995 年第 1 期。

纪建勋:《"中国礼仪之争"的缘起和中西学统的关系》,《世界历史》2019 年第 1 期。

江晓原:《〈崇祯历书〉的前前后后（上）》,《中国典籍与文化》1996 年第 4 期。

江晓原:《第谷（Tycho）天文体系的先进性问题——三方面的考察及有关讨论》,《自然辩证法通讯》1989 年第 1 期。

江晓原:《开普勒天体引力思想在中国》,《自然科学史研究》1987 年第 2 期。

江晓原:《论耶稣会士没有阻挠哥白尼学说在华传播——西方天文学早期在华传播之再评价》,《学术月刊》2004 年第 12 期。

江晓原:《明末来华耶稣会士所介绍之托勒密天文学》,《自然科学史研究》1989 年第 4 期。

江晓原:《十七、十八世纪中国天文学的三个新特点》,《自然辩证法通讯》1988 年第 3 期。

江晓原:《王锡阐及其〈晓庵新法〉》,《中国科技史料》1986 年第 6 期。

江晓原:《中国古代到底有没有地圆学说?》,《中国典籍与文化》1997 年第 4 期。

李奭学:《中西会通新探:明末耶稣会著译对中国文学与文化的影响》,《国际汉学》2015 年第 2 期。

李文潮:《莱布尼茨书信与著作全集》,《文景》2008 年第 12 期。

李熊熊:《天主教杭州开教前史》,《中共杭州市委党校学报》2009 年第 4 期。

李秀芳:《莱布尼茨〈中国近事〉研究》,东北师范大学硕士论文,2015 年。

李智:《"礼仪之争"中的"中国声音"——清初中国儒家天主教徒张星曜》,《基督宗教研究》2021 年第 1 期。

刘耿、董少新:《〈1621 年耶稣会中国年信〉译注并序》,李庆新主编:《海洋史研究》2020 年（第十五辑）,社会科学文献出版社 2020 年版,第 395—440 页。

罗丽达:《一篇有关康熙朝耶稣会士礼仪之争的满文文献》,《历史档案》1994 年第 1 期。

罗莹:《利安当与"中国礼仪之争"》,《国际汉学》2023 年第 2 期。

吕颖:《清代来华法国传教士刘应研究》,《福建师范大学学报（哲学社会科学版）》2014 年第 3 期。

毛瑞方:《关于七千部西书募集若干问题的考察》,《历史档案》2006 年第 3 期。

毛瑞方：《金尼阁与中国早期西学文献》，《枣庄学院学报》2017 年第 4 期。

梅晓娟：《翻译目的与翻译策略的选择——论〈况义〉中的天主教化和中国化改写》，《外语学刊》2008 年第 2 期。

潘吉星主编：《李约瑟文集（修订版）》，辽宁科学技术出版社 2024 年版。

潘鼐：《梵蒂冈藏徐光启〈见界总星图〉考证》，《文物》1991 年第 1 期。

钱存训：《近世译书对中国现代化的影响》，《文献》1986 年第 2 期。

阙维民：《南京博物院利玛窦〈坤舆万国全图〉藏本之诠注》，《历史地理研究》2020 年第 3 期。

沈坚：《卫匡国墓墓地的演变》，《杭州文博》2014 年第 1 期。

宋黎明：《"死亦为鬼雄"——卫匡国神父墓地及其传奇》，《杭州文史》2017 年第 4 辑。

宋黎明：《罗明坚绍兴之行始末》，《澳门理工学报》2016 年第 4 期。

孙承晟：《明末传华的水晶球宇宙体系及其影响》，《自然科学史研究》2011 年第 2 期。

孙承晟：《明清之际西方光学知识在中国的传播及其影响——孙云球〈镜史〉研究》，《自然科学史研究》2007 年第 3 期。

孙小淳：《〈崇祯历书〉星表和星图》，《自然科学史研究》1995 年第 4 期。

谭慧颖：《〈西儒耳目资〉概念术语辨源》，《暨南学报（哲社版）》2006 年第 1 期。

谭树林：《Matteo Ricci 之中文名字"利玛窦"新释》，《北京行政学院学报》2015 年第 6 期。

汤开建、马占军：《〈守圉全书〉中保存的徐光启、李之藻佚文》，《古籍整理研究学刊》2005 年第 2 期。

王加：《鲁本斯笔下着明朝服饰的金尼阁》，王明明主编：《大匠之门 31》，广西师范大学出版社 2021 年版。

王青：《〈伊索寓言〉在中国的译介史研究》，河北大学硕士论文，2018 年。

王申：《明末清初传教士在杭州刊刻书籍活动探赜》，《古籍整理研究学刊》2016 年第 4 期。

王伟斌：《明清浙江天主教史编年考论》，广西师范大学硕士论文，2015 年。

王仲男、方环海：《西方汉学中汉字注音一瞥》，《汉字文化》2014 年第 4 期。

魏京翔：《〈中华帝国历史、政治、伦理与宗教论集〉文献来源初考》，《国际汉学》2021 年第 3 期。

席泽宗：《试论王锡阐的天文工作》，《科学史集刊》1963 年第六期。

夏瑰琦：《明末天主教杭州开教与活动考述》，《世界宗教研究》1994 年第 3 期。

夏清瑕：憨山大师佛学思想研究，学林出版社 2007 年版。

肖清和：《"求同"与"辨异"：明清第三代基督教徒张星曜的思想与信仰初探》，《比较经学》2013 年第一辑。

肖清和：《张星曜与〈天儒同异考〉——清初中国天主教徒的群体交往及其身份辨识》，赵建敏主编：《天主教研究论辑（第 4 辑）》，宗教文化出版社 2007 年版。

谢子卿：《法国耶稣会士郭弼恩〈1692 年康熙宽容天主教传教诏令史〉（节译）》，澳门《文化杂志》2015 年第 96 期。

徐光台：《西学对科举的冲激与回响——以李之藻主持福建乡试为例》，《历史研究》2012 年第 6 期。

徐海松：《从会通中西到"西学中源"——清初科学家的思想轨迹及其影响》，《中外关系史论丛》第六辑，大象出版社 1999 年版。

徐海松：《黄宗羲与西学》，《东西交流论谭》，上海文艺出版社 1998 年版。

徐海松：《论黄宗羲与徐光启和刘宗周的西学观》，《杭州师范学院学报》1997 年第 4 期。

徐海松：《清初汤若望的"通天"角色与西学东渐》，《杭州师范学院学报》1998 年第 1 期。

徐海松：《王宏翰与西学新论》，黄时鉴主编：《东西交流论谭（第二集）》，上海文艺出版社 2001 年版。

徐海松：《耶稣会士与中西文化交流论著目录》，黄时鉴主编：《东西交流论谭（第二集）》，上海文艺出版社 2001 年版。

许光华：《16 至 18 世纪传教士与汉语研究》，《国际汉学》2000 年第 2 期。

许文敏：《徐日升：中瑞两国历史上的第一名使者》，《国际汉学》2015 年第 4 期。

薛晓涵：《中欧文化交流在明清之际的南京与杭州（1583—1707）——以耶稣会士与中国士人的互动为中心》，北京外国语大学博士论文，2021 年。

杨慧玲：《梵蒂冈图书馆藏明清中西文化交流史重要文献——对梵蒂冈图书馆藏稿抄本 Borg.cin.503 的初步研究》，《史学史研究》2016 年第 2 期。

杨小明：《哥白尼日心地动说在中国的最早介绍》，《中国科技史料》1999 年第 1 期。

杨扬：《〈伊索寓言〉的明代译义抄本——〈况义〉》，《文献》1985 年第 2 期。

杨泽忠：《利玛窦与非欧氏几何在中国的传播》，《史学月刊》2004 年第 7 期。

岳峰、郑锦怀：《西方汉学先驱罗明坚的生平与著译成就考察》，《东方论坛》2010 年第 3 期。

张宝宝：《多明我会士闵明我与洛克的"中国笔记"》，《国际汉学》2022 年第 3 期。

张岱年：《黄梨洲与中国古代的民主思想》，吴光主编：《黄宗羲论》，浙江古籍出版社 1987 年版。

张西平、全慧：《中法文化交流早期使者白晋著述研究》，《中华读书报》2024 年 3 月 6 日第 17 版。

张西平：《西方汉学的奠基人罗明坚》，《历史研究》2001 年第 3 期。

张西平：《中西文化交流史研究三论：文献、视野、方法》，《国际汉学》2012 年第 1 期。

张先清：《多明我会士黎玉范与中国礼仪之争》，《世界宗教研究》2008 年第 3 期。

张先清：《皇帝、朝臣、传教士：耶稣会士闵明我与清初礼仪之争的一段插曲》，《广东社会科学》2014 年第 5 期。

赵殿红：《西班牙多明我会士闵明我在华活动述论》，《暨南学报（哲社版）》2009 第 5 期。

赵晓阳：《传教士与中国国学的翻译——以〈四书〉〈五经〉为中心》，鞠曦主编：《恒道》（第二辑），吉林文史出版社 2003 年版。

郑诚：《李之藻家世生平补正》，《清华学报》（台湾新竹）2009 年第 4 期。

郑锦怀、岳峰：《金尼阁与中西文化交流新考》，《东方论坛》2011 年第 2 期。

周燕：《法国耶稣会士兼"国王数学家"李明及其〈中国近事报道〉研究》，浙江大学博士论文，2008 年。

朱维铮：《利玛窦在中国·渗入王学开拓的空间》，《走出中世纪（增订本）》，复旦大学出版社 2007 年版。

朱维铮：《晚明王学与利玛窦入华》，《中国文化》2004 年第 1 期。

邹振环：《汉文西书新史料的发现及整理与重写学术史》，《河北学刊》2014 年第 1 期。

［比］高华士著，赵殿红译：《耶稣会士鲁日满账本》，《暨南史学》2002 年第一辑。

［德］柯蓝妮著，王潇楠译：《颜珰在中国礼仪之争中的角色》，《国际汉学》2010 年第

1 期。

　　［荷］惠泽霖著，［美］李国庆译注：《北堂书史略》，《文献》2009 年第 2 期。

　　［美］孟德卫著，吴莉苇译：《中国礼仪之争研究概述》，《国际汉学》2000 年第 1 期。

　　［美］夏伯嘉：《明末至清中叶天主教西文文献中的中国：文献分布与应用讨论》，《复旦学报（社会科学版）》2010 年第 5 期。

　　［日］山田庆儿：《近代科学的形成与东渐》（该文原为作者 1983 年来华讲演底稿），《科学史译丛》1984 年第 2 期。

　　Haisong Xu（徐海松）："The Reaction of Scholars to the Work of Ferdinand Verbiest, S. J. during the Kangxi-Qianlong Reign"（《清康乾间士人对南怀仁著作的反应》），*Louvain Chinese Studies* VI, 1999, pp.73-83（《鲁汶汉学研究》1999 年第 6 期）.

后记

　　明清之际以入华耶稣会士为媒介的中西文化首次正面碰撞和双向反应，现已蔚为中外学界研究的一大热门领域，自然有其独特的历史内涵、人文价值和国际影响。本著以历史上的浙西、浙东地理概念为空间，以浙江士人为主角，以浙人之学为线索，试图以区域文化的视野来窥探这场延续百年以上的中西异质文化相遇中的地方学术团体和个人的历史叙事与思想表达，从中探索明清之际浙江士人学者群体对西学东渐的种种反应及其蕴含的中西文化交流的历史启迪。

　　本著从立项到完稿，经历了数年时间，其体例和内容亦做多次调整，而在写作和定稿阶段，又巧遇新冠疫情和国际关系紧张，这反而让我更加坚定地认为：从探讨中西两大文明系统相遇和互鉴的历史足迹中，汲取历史的启示，始终是有助于我们认识和处理国际交往中的文化差异和矛盾的历久弥新的重要命题，哪怕从小小的一个区域、一件事情、一个问题开始。

　　限于学力，笔者既不敢奢望自己有高屋建瓴的学术眼界，也不敢想象拙著有宏大叙事的能力，更不敢指望拙著有超出地方历史视角的学术价值。而是依靠近年来中外学界积累的丰富研究成果以及自身二十多年来从事中外关系史教研工作的学术积淀，就明清之际浙学与西学交汇之后，在多个思想文化和学术流派领域呈现出来的一些特征和面貌，做些梳理和个案实证探索，并通常以士人学者和学派代表中的西学因素或回应态度，作为研究成果的表达方式。总体看来，各章所论仍然显得琐碎、离散，难以达到系统性地从浙西和浙东学术的内在思想逻辑和观念深度来揭示西学东渐冲击下的明清浙学演进理路。

　　不过，本著选题终究属于我所致力的专业研究领域，而且写作期间，我已经走过了三十多年职业生涯，因而在岁月如歌的感慨中，倾注心血，努力把拙作塑造成一个人生节点的自我标签。遥想当年于从杭州大学向浙江大学演进中的西溪校园求知求学，笔者深蒙恩师黄时鉴教诲，念兹在兹，如今痛惜恩师仙逝，十年倏忽而过。值此完稿之际，自当敝帚自珍，告慰先师。

本著在文献史料的收集、研究框架的制订、学术成果的引用、写作体例的调整等方面，幸得浙江大学和宁波大学教授龚缨晏、浙江大学教授杨雨蕾等同门师友的慷慨支持，在此谨申谢忱！

同时，本著涉及的中外文献史料研读和国内外相关研究成果的吸收，贯穿笔者几十年的教研生涯，其中受益良多的有中国中外关系史学会原会长耿昇、北京外国语大学教授张西平、台湾清华大学教授黄一农、德国埃尔朗根-纽伦堡大学教授朗宓榭（Michael Lackner）等著名学者的研究，一并敬谢在心。

最后，本著征引的原始文献力求标注最新版本页码，部分重要文献采用多版本注释方法，意在保留更多研究历程和文献信息，而拙著中如若出现遗漏、误读、错讹之处，敬请读者斧正。

杭州师范大学　徐海松

2023 年 9 月写于杭州西溪君庐寓所